21 世纪法学系列教材配套辅导用书

民事诉讼法练习题集

（第六版）

主　编　江　伟　肖建国
副主编　黄忠顺

中国人民大学出版社
· 北京 ·

出版说明

法学练习题集系列自2006年出版以来，已经发行了15年。在这15年中，这套书受到了广大法学师生的喜爱，屡屡登上法学畅销书的排行榜。作为编者，我们倍受鼓舞，为能够为中国法学教育事业的发展贡献一点微薄的力量而感到由衷的喜悦，同时也深感自己身上的担子更重了。

这套书的设计初衷是帮助学生通过做练习的方式来检测、巩固所学知识，并通过案例分析、论述等题型的设计，进一步提高解决实务问题的能力和开阔学术研究的视野，通过“应试”的方式提高学习能力。从广大读者的反馈来看，这一设计初衷较好地实现了：学生通过精心设计的同步练习，更好地掌握了本学科的知识，加深了对司法实务问题的理解，并对一些法学学术前沿问题有所涉猎。

具体来讲，这套书有如下一些特点：

第一，帮助学生系统掌握本门学科知识。这套书参照法学课程通用教材设计章节体系，每本练习题集的每章下设“知识逻辑图”栏目，提纲挈领地勾画了一章的内容中不同知识点之间的逻辑关系，能帮助学生更好地理解知识体系、结构、逻辑关系，快速记忆本章的核心知识点。其后设计了名词解释、单项选择题、多项选择题、简答题、案例分析题、论述题等常见题型的自测题，突出了本章的重点、难点知识点，并提供了详细的答案分析，从而不仅可以开阔学生的眼界，帮助学生了解不同类型考题的不同形态，掌握其解题方法，而且可以培养和增强学生的综合实战能力。除每章的自测题外，全书还专门设计了三套综合测试题，学生可以在学完本门课程后自己测验一下对这门课程总的学习效果。

第二，帮助学生通过国家统一法律职业资格考试。法学专业的学生在经过系统学习之后，通过法律职业资格考试应当是顺理成章的事情，然而，法律职业资格考试在大多数法学院校学生中的通过率并不高。这套书从历年法律职业资格考试（司法考试）的试题中精选了部分经典的试题，帮助学生在上学期间了解法律职业资格考试的难度、考查的角度和形式，并进行有针对性的学习和准备。

第三，帮助学生准备考研。一方面，这套书从一些法学名校（如中国人民大学、北京大学、中国政法大学等）的历年考研试题中精选了部分试题；另一方面，这套书专门设计了“论述题与深度思考题”栏目，以拓展学生学术视野，同时，对考研的学生掌握论述题的答题方法和技巧亦有较大帮助。

我们的思路可归纳为：通过似乎回到“应试教育”模式、进行同步练习这样一种“俗”的方式，来达到我们强化“专业教育”的大而不俗的目的。

法学教育进入了新时代，更加强调法学专业学生对国家全面依法治国方略的学习和理解，更加强调法律职业伦理的塑造，更加强调法治人才对法治理论的实际运用能力。原来的“司法考试”升级为“国家统一法律职业资格考试”，无论是客观题还是主观题，都更加强调对案例分析能力的考查。作为一门实践性、应用性很强的学科，法学案例教学的重要性日益凸显。

为了回应新时代法学教育的需求，我们对这套书进行了全新的改版升级。一方面，我们适当增大了各类案例题型（案例型选择题、案例型分析题、案例型论述题）的比例。另一方面，我们力图运用新的出版技术手段，更好地为广大读者服务。在保留原有优势和特色的基础上，我们为每本书增加了相配套的视频讲解，选择书中的重点和难点题目，由作者进行更详细的分析和讲解。每本书附数字学习卡，扫码即可观看全部视

频。除此之外，为方便读者学习，在有视频解析的题目下也配有二维码，读者扫码即可观看相关的讲解视频。

此外，为了更好地为广大读者服务，我们计划建立读者答疑群。购买正版图书的读者可以凭所附的数字学习卡，一书一码，扫码进微信答疑群，我们会请相关书的作者不定期地进行集中的答疑。在这里，您既可以跟全国的读者进行交流，又可以得到专家学者的指导，从而能在学习上获得更多的帮助和支持。

最后，推荐大家关注中国人民大学出版社法律分社的微信公众号，“人大社法律出版”。这里不仅有大量的出版资讯，还有不少的数字资源，是跟我们联系的另一条渠道。

您的喜爱是我们前行的动力，衷心希望这套练习题集能够做得越来越好，在您的前进道路上略尽绵薄之力。

2021 年 11 月

扫码关注“人大社法律出版”

第六版修订说明

本书是21世纪法学系列教材《民事诉讼法》的配套练习题集。2006年，本书第一版正式出版，由江伟教授担任主编，参加编写工作的作者还有杨剑、陈恩泽、沈磊、谢俊、崔蕴涛、贺季敏等。2009年，江伟教授组织作者对本书进行修订，出版第二版。2013年，肖建国教授负责对本书进行第二次修订，出版第三版，由江伟教授、肖建国教授共同担任主编。2015年、2019年，肖建国教授两次负责修订本书，分别出版第四、五版。

自本书第五版出版以来，《中华人民共和国民事诉讼法》《最高人民法院关于适用〈中华人民共和国民事诉讼法〉的解释》分别经历了两次修改，最高人民法院出台了不少新的司法解释与指导性案例，民事诉讼法学理论与实践也不断发展。基于此，肖建国（中国人民大学法学院教授、博士研究生导师）、黄忠顺（华南理工大学法学院教授、博士研究生导师）负责对本书进行第五次修订，形成本书第六版。在本次修订过程中，刘宏林、徐晓譞、张俏、严淳杰、骆晓岚、赵佳诺等参加了部分章节的修订或校对工作。为了更加深入地讲解重难点，本书为读者制作了部分题目的配套视频。配套视频制作工作主要由刘宏林承担。

由于编者水平所限以及修订时间仓促，本书在内容及文字表述上缺点和错误在所难免，欢迎读者批评指正。有关意见和建议请与编者联系，邮箱为：zhongshunhuang@vip.163.com。

肖建国

2024年2月

本书法律、法规、公约缩略语

法律、法规、立法解释、司法解释及公约等的名称	缩略语
● **法律、行政法规**	
中华人民共和国民事诉讼法（2023 年）	《民诉法》
中华人民共和国海事诉讼特别程序法（1999 年）	《海事诉讼特别程序法》
中华人民共和国仲裁法（2017 年）	《仲裁法》
中华人民共和国公证法（2017 年）	《公证法》
中华人民共和国企业破产法（2006 年）	《破产法》
中华人民共和国劳动争议调解仲裁法（2007 年）	《劳动争议调解仲裁法》
中华人民共和国农村土地承包经营纠纷调解仲裁法（2009 年）	《农地承包调解仲裁法》
中华人民共和国人民调解法（2010 年）	《人民调解法》
中华人民共和国人民法院组织法（2018 年）	《法院组织法》
中华人民共和国民法典（2020 年）	《民法典》
中华人民共和国商标法（2019 年）	《商标法》
中华人民共和国专利法（2020 年）	《专利法》
中华人民共和国著作权法（2020 年）	《著作权法》
中华人民共和国公司法（2023 年）	《公司法》
中华人民共和国票据法（2004 年）	《票据法》
中华人民共和国保险法（2018 年）	《保险法》
中华人民共和国海商法（1992 年）	《海商法》
中华人民共和国证券法（2019 年）	《证券法》
中华人民共和国涉外民事关系法律适用法（2010 年）	《涉外法》
中华人民共和国消费者权益保护法（2013 年）	《消费者法》
中华人民共和国环境保护法（2017 年）	《环境法》
中华人民共和国工会法（2021 年）	《工会法》
中华人民共和国劳动法（2018 年）	《劳动法》
中华人民共和国劳动合同法（2012 年）	《劳动合同法》
中华人民共和国土地管理法（2019 年）	《土地管理法》
中华人民共和国合伙企业法（2006 年）	《合伙企业法》
中华人民共和国产品质量法（2018 年）	《产品质量法》
中华人民共和国城市房地产管理法（2019 年）	《房地产法》
中华人民共和国行政诉讼法（2017 年）	《行政诉讼法》
中华人民共和国国家赔偿法（2012 年）	《国家赔偿法》
中华人民共和国律师法（2017 年）	《律师法》
中华人民共和国刑事诉讼法（2018 年）	《刑诉法》
中华人民共和国刑法（2020 年）	《刑法》
中华人民共和国反家庭暴力法（2015 年）	《反家暴法》

中华人民共和国香港特别行政区基本法（1990 年）	《香港基本法》
中华人民共和国澳门特别行政区基本法（1993 年）	《澳门基本法》
医疗事故处理条例（2002 年）	《医疗事故条例》
工伤保险条例（2010 年）	《工伤保险条例》
诉讼费用交纳办法（2006 年）	《交费办法》

● **立法解释**

全国人大常委会关于司法鉴定管理问题的决定（2015 年）	《鉴定决定》

● **司法解释和其他规范性文件**

关于适用《中华人民共和国民事诉讼法》的解释（2022 年）	《民诉解释》
关于适用《中华人民共和国行政诉讼法》的解释（2018 年）	《行诉解释》
关于适用《中华人民共和国刑事诉讼法》的解释（2021 年）	《刑诉解释》
关于在审理经济纠纷案件中涉及经济犯罪嫌疑若干问题的规定（2020 年）	《民刑交叉规定》
关于适用《中华人民共和国仲裁法》若干问题的解释（2008 年）	《仲裁法解释》
关于审理涉及公证活动相关民事案件的若干规定（2020 年）	《公证规定》
民事案件案由规定（2020 年）	《案由规定》
关于建立健全诉讼与非诉讼相衔接的矛盾纠纷解决机制的若干意见（2009 年）	《衔接意见》
关于人民调解协议司法确认程序的若干规定（2011 年）	《司法确认规定》
关于确定民事侵权精神损害赔偿责任若干问题的解释（2020 年）	《精神赔偿解释》
关于审理人身损害赔偿案件适用法律若干问题的解释（2022 年）	《人身赔偿解释》
关于审理道路交通事故损害赔偿案件适用法律若干问题的解释（2020 年）	《交通事故赔偿解释》
关于审理利用信息网络侵害人身权益民事纠纷案件适用法律若干问题的规定（2020 年）	《信息网络侵权规定》
关于审理环境民事公益诉讼案件适用法律若干问题的解释（2020 年）	《环境公益诉讼解释》
关于生态环境侵权案件适用禁止令保全措施的若干规定（2021 年）	《环境侵权禁止令规定》
关于在民事审判工作中适用《中华人民共和国工会法》若干问题的解释（2020 年）	《工会法解释》
关于适用《中华人民共和国公司法》若干问题的规定（一）（2014 年）	《公司法规定一》
关于适用《中华人民共和国公司法》若干问题的规定（二）（2020 年）	《公司法规定二》
关于适用《中华人民共和国公司法》若干问题的规定（三）（2020 年）	《公司法规定三》
关于适用《中华人民共和国公司法》若干问题的规定（四）（2020 年）	《公司法规定四》
关于适用《中华人民共和国公司法》若干问题的规定（五）（2020 年）	《公司法规定五》
关于适用《中华人民共和国保险法》若干问题的解释（一）（2009 年）	《保险法解释一》
关于适用《中华人民共和国保险法》若干问题的解释（二）（2020 年）	《保险法解释二》
关于适用《中华人民共和国保险法》若干问题的解释（三）（2020 年）	《保险法解释三》
关于适用《中华人民共和国保险法》若干问题的解释（四）（2020 年）	《保险法解释四》
关于审理民事案件适用诉讼时效制度若干问题的规定（2020 年）	《诉讼时效规定》
关于审理涉及驰名商标保护的民事纠纷案件应用法律若干问题的解释（2020 年）	《驰名商标解释》
关于审理建筑物区分所有权纠纷案件适用法律若干问题的解释（2020 年）	《区分所有权解释》
关于审理物业服务纠纷案件适用法律若干问题的解释（2020 年）	《物业纠纷解释》
关于审理专利纠纷案件适用法律问题的若干规定（2020 年）	《专利规定》
关于审理商标民事纠纷案件适用法律若干问题的解释（2020 年）	《商标解释》
关于商标法修改决定施行后商标案件管辖和法律适用问题的解释（2020 年）	《商标解释二》
关于审理著作权民事纠纷案件适用法律若干问题的解释（2020 年）	《著作权解释》
关于适用《中华人民共和国民法典》合同编通则若干问题的解释（2023 年）	《合同编通则解释》

关于审理植物新品种纠纷案件若干问题的解释（2020 年） 《植物新品种解释》
关于审理侵害植物新品种权纠纷案件具体应用法律问题的若干规定（2020 年） 《植物新品种规定》
关于审理涉及计算机网络域名民事纠纷案件适用法律若干问题的解释（2020 年） 《网络域名解释》
关于审理技术合同纠纷案件适用法律若干问题的解释（2020 年） 《技术合同解释》
关于审理建设工程施工合同纠纷案件适用法律问题的解释（一）（2020 年） 《建设工程解释一》
关于审理食品药品纠纷案件适用法律若干问题的规定（2021 年） 《食品药品规定》
关于适用《中华人民共和国民法典》婚姻家庭编的解释（一）（2020 年） 《婚姻家庭解释一》
关于适用《中华人民共和国》合同编通则若干问题的解释（2023）年 《合同编通则解释》
关于审理买卖合同纠纷案件适用法律问题的解释（2020 年） 《买卖合同解释》
关于审理融资租赁合同纠纷案件适用法律问题的解释（2020 年） 《融资租赁合同解释》
关于适用《中华人民共和国海事诉讼特别程序法》若干问题的解释（2008 年） 《海诉法解释》
关于审理民事级别管辖异议案件若干问题的规定（2020 年） 《管辖异议规定》
关于加强人民法院审判公开工作的若干意见（2007 年） 《审判公开意见》
关于诉讼代理人查阅民事案件材料的规定（2020 年） 《查阅规定》
关于严格执行公开审判制度的若干规定（1999 年） 《公开审判规定》
关于审判人员在诉讼活动中执行回避制度若干问题的规定（2011 年） 《回避规定》
关于进一步加强合议庭职责的若干规定（2010 年） 《合议庭职责规定》
关于改革和完善人民法院审判委员会制度的实施意见（2010 年） 《完善审委会意见》
关于巡回法庭审理案件若干问题的规定（2016 年） 《巡回法庭规定》
关于人民法院民事调解工作若干问题的规定（2020 年） 《法院调解规定》
关于人民法院合议庭工作的若干规定（2002 年） 《合议规定》
关于当事人申请财产保全错误造成案外人损失应否承担赔偿责任问题的解释（2005 年） 《保全赔偿解释》
关于民事诉讼证据的若干规定（2019 年） 《证据规定》
关于适用《关于民事诉讼证据的若干规定》中有关举证时限规定的通知（2008 年） 《举证时限通知》
关于人民法院对外委托司法鉴定管理规定（2002 年） 《委托鉴定规定》
关于以法院专递方式邮寄送达民事诉讼文书的若干规定（2004 年） 《专递送达规定》
关于对经济确有困难的当事人提供司法救助的规定（2005 年） 《司法救助规定》
关于民事诉讼法律援助工作的规定（2005 年） 《法律援助规定》
关于适用简易程序审理民事案件的若干规定（2020 年） 《简易程序规定》
关于进一步加强司法便民工作的若干意见（2009 年） 《便民意见》
关于人民法院对民事案件发回重审和指令再审有关问题的规定（2003 年） 《重审规定》
关于民事审判监督程序严格依法适用指令再审和发回重审若干问题的规定（2015 年） 《重审规定二》
关于规范人民法院再审立案的若干意见（试行）（2002 年） 《再审立案意见》
关于适用《中华人民共和国民事诉讼法》审判监督程序若干问题的解释（2020 年） 《审判监督解释》
关于受理审查民事申请再审案件的若干意见（2009 年） 《再审审查意见》
人民检察院民事诉讼监督规则(2021 年) 《检察监督规则》
关于严格执行案件审理期限制度的若干规定（2008 年） 《审限规定》
关于人民法院办理执行案件若干期限的规定（2006 年） 《执限规定》
关于审理企业破产案件若干问题的规定（2002 年） 《破产规定》
关于适用《中华人民共和国企业破产法》若干问题的规定（一）（2011 年） 《破产规定一》
关于适用《中华人民共和国企业破产法》若干问题的规定（二）（2020 年） 《破产规定二》

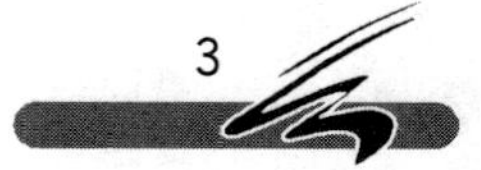

规定全称	简称
关于适用《中华人民共和国企业破产法》若干问题的规定（三）（2020 年）	《破产规定三》
关于人民法院执行工作若干问题的规定（试行）（2020 年）	《执行规定》
关于适用《中华人民共和国民事诉讼法》执行程序若干问题的解释（2020 年）	《执行解释》
关于执行权合理配置和科学运行的若干意见（2011 年）	《执行权配置意见》
关于正确适用暂缓执行措施若干问题的规定（2002 年）	《缓执规定》
关于人民法院民事执行中查封、扣押、冻结财产的规定（2020 年）	《查封规定》
关于网络查询、冻结被执行人存款的规定（2013 年）	《网络查控存款规定》
关于人民法院与银行业金融机构开展网络执行查控和联合信用惩戒工作的意见（2014 年）	《网络查控和信用惩戒意见》
关于人民法院民事执行中拍卖、变卖财产的规定（2020 年）	《拍卖规定》
关于人民法院委托评估、拍卖工作的若干规定（2011 年）	《委托评估拍卖规定》
关于冻结、拍卖上市公司国有股和社会法人股若干问题的规定（2001 年）	《冻结规定》
关于执行程序中计算迟延履行期间的债务利息适用法律若干问题的解释（2014 年）	《迟延利息解释》
关于高级人民法院统一管理执行工作若干问题的规定（2000 年）	《执行统管规定》
关于执行和解若干问题的规定（2020）	《执行和解规定》
关于委托执行若干问题的规定（2020 年）	《委托执行规定》
关于公证债权文书执行若干问题的规定（2018 年）	《公证执行规定》
关于民事执行中变更、追加当事人若干问题的规定（2020 年）	《变更当事人规定》
关于人民法院办理仲裁裁决执行案件若干问题的规定（2018 年）	《仲裁执行规定》
关于人民法院执行公开的若干规定（2006 年）	《执行公开规定》
关于依法规范人民法院执行和金融机构协助执行的通知（2000 年）	《金融机构协助通知》
关于依法规范人民法院执行和国土资源房地产管理部门协助执行若干问题的通知（2004 年）	《房地产执行通知》
关于加强信息合作规范执行与协助执行的通知（2014 年）	《工商协助执行通知》
关于建立和完善执行联动机制若干问题的意见（2010 年）	《执行联动意见》
关于限制被执行人高消费的若干规定（2015 年）	《限制高消费规定》
关于依法制裁规避执行行为的若干意见（2011 年）	《制裁规避执行意见》
关于刑事裁判涉财产部分执行的若干规定（2014 年）	《刑事裁判财产执行规定》
关于涉外民商事案件诉讼管辖若干问题的规定（2020 年）	《涉外管辖规定》
关于涉外民事或商事案件司法文书送达问题若干规定（2020 年）	《涉外送达规定》
关于适用《中华人民共和国涉外民事关系法律适用法》若干问题的解释（一）（2020 年）	《涉外法解释一》
关于涉港澳民商事案件司法文书送达问题若干规定（2009 年）	《涉港澳送达规定》
关于内地与香港特别行政区法院相互委托送达民商事司法文书的安排（1999 年）	《内地与香港送达安排》
关于内地与澳门特别行政区法院就民商事案件相互委托送达司法文书和调取证据的安排（2001 年）	《内地与澳门送达取证安排》
关于人民法院办理海峡两岸送达文书和调查取证司法互助案件的规定（2011 年）	《两岸司法互助规定》
关于内地与香港特别行政区相互执行仲裁裁决的安排（2000 年）	《内地与香港执行仲裁裁决安排》
关于内地与香港特别行政区法院相互认可和执行当事人协议管辖的民商事案件判决的安排（2008 年）	《内地与香港认可和执行判决安排》
内地与澳门特别行政区关于相互认可和执行民商事判决的安排（2006 年）	《内地与澳门认可和执行判决安排》
关于内地与澳门特别行政区相互认可和执行仲裁裁决的安排（2007 年）	《内地与澳门认可和执行仲裁裁决安排》

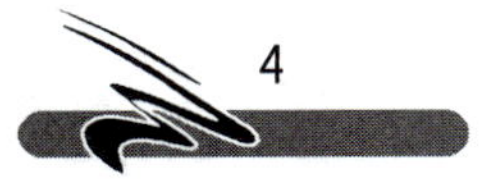

关于涉台民事诉讼文书送达的若干规定（2008 年）	《涉台送达规定》
关于认可和执行台湾地区法院民事判决的规定（2015 年）	《认可执行台湾地区判决规定》
关于中国公民申请承认外国法院离婚判决程序问题的规定（2020 年）	《判决承认规定》

- **国际公约**

关于向国外送达民事或商事司法文书和司法外文书公约（1991 年加入）	《海牙送达公约》
关于从国外调取民事或商事证据的公约（1997 年加入）	《海牙取证公约》
承认及执行外国仲裁裁决公约（1986 年加入）	《纽约公约》

目　录

第一章　民事诉讼与民事诉讼法

知识逻辑图

- 民事纠纷解决机制
  - 民事纠纷的概念和特点
    - 民事纠纷，又称民事争议，是指平等主体之间发生的以民事权利义务为内容的社会纠纷
    - 特点
      - 民事纠纷主体之间法律地位平等
      - 民事纠纷的内容是对民事权利义务的争议
      - 民事纠纷的可处分性
  - 民事纠纷解决机制的种类
    - 自力救济
      - 含义：纠纷主体依靠自身力量解决纠纷
      - 种类
        - 自决：一方凭借自己的力量使对方服从
        - 和解：双方相互妥协和让步
    - 社会救济
      - 含义：指依靠社会力量处理民事纠纷
      - 种类
        - 调解：第三者依据一定的道德和法律规范，对发生纠纷的当事人摆事实、讲道理，促使双方在相互谅解和让步的基础上，达成最终解决纠纷的一种活动
        - 仲裁：纠纷主体根据有关规定或者双方协议，将争议提交一定的机构，以第三者居中裁决解决纠纷的一种方式
    - 公力救济
      - 含义：利用国家公权力解决民事纠纷
      - 种类
        - 行政裁决：行政机关基于法律规定处理民事纠纷的制度
        - 诉讼：实质是由国家审判机关在纠纷主体参加下，处理特定的社会纠纷的一种最有权威和最有效的机制
    - 各类纠纷解决机制的关系：各类纠纷解决方式都有自己的特点。在多元化的纠纷解决体制中，民事诉讼具有基础性的作用。它作为民事权利的最后一道防线，具有支撑、维持其他纠纷解决方式的作用

- 民事诉讼
  - 民事诉讼的概念和特点
    - 概念：人民法院、当事人和其他诉讼参与人，在审理民事案件的过程中所进行的各种诉讼活动，以及由这些活动所产生的各种诉讼关系的总和
    - 特点
      - 民事诉讼是必须严格依照法律规定进行的法院审判活动
      - 法院在诉讼过程中起到重要作用
      - 民事诉讼过程的阶段性和连续性
  - 民事诉讼的目的
    - 概念：是指国家设立民事诉讼制度所期望达到之目标或结果
    - 研究民事诉讼目的的意义
      - 可以为民事诉讼法学的其他基本理论提供一个更高层次的理念
      - 可以为我国民事诉讼立法的完善提供一个基本指导方向
      - 可以为法官进行法律解释提供方向性的指导

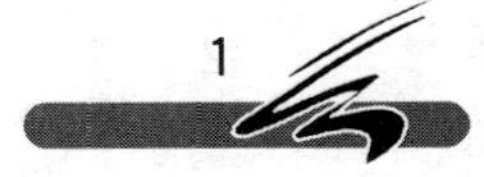

- 民事诉讼
  - 民事诉讼的目的
    - 学说
      - 国外
        - 私权保护说：代表学者萨维尼。该说认为民事诉讼的目的就是确保法官依照客观实体法对当事人实体权利予以保护
        - 维护私法秩序说：代表学者标罗。该说认为民事诉讼的目的是从整体上维护国家私法秩序
        - 纠纷解决说：代表学者兼子一。该说认为民事诉讼是在合理解决纠纷的过程中逐渐发展、形成的，其目的在于纠纷的强制解决
        - 程序保障说：以英美学者及日本学者井上治典为代表。该说认为国家设立民事诉讼制度是为了确保当事人双方在程序过程中法律地位平等
        - 权利保障说：代表学者竹下守夫。该说认为民事诉讼制度基于宪法所保障的权利是实体法的实质权，民事诉讼是实现实质权的救济手段
        - 多元说：对于民事诉讼目的的认识，应当站在作为制度设置、运作者的国家和作为制度利用者的当事人的双重立场上进行
      - 我国
        - 多元说：民事诉讼目的应当具有多重性和层次性
        - 纠纷解决说：以国家强制力解决民事纠纷
        - 程序保障说：鉴于诉讼程序本身在民事诉讼中的核心地位，以及其在经验和理念层次上表现出来的重要性，民事诉讼的目的应当是程序保障
        - 利益保障说：民事诉讼目的应当是保障实体利益和程序利益
  - 民事诉讼模式
    - 概念：民事诉讼制度和程序运作所形成的结构中各种基本要素及其关系的抽象形式
    - 当事人主义
      - 概念：是英美法系国家赖以解决民事纠纷的民事诉讼原则，是指在民事纠纷解决中，诉讼请求的确定，诉讼资料、证据的收集和证明主要由当事人负责
      - 成因：自由主义诉讼观认为，民事诉讼是涉及私人利益的纠纷，运作诉讼程序的主导权应当由当事人持有，法院在诉讼中是严格中立者，只就事实作出法律上的判断，而不能超越当事人意思自治的界限。另外，私法自治原则和市场经济是当事人主义形成的更深层次的原因
    - 职权主义
      - 概念：是指法院在诉讼程序中拥有主导权。它可分为职权进行主义和职权探知主义两个方面的内容，具体指在民事诉讼中，程序的进行以及诉讼资料、证据的收集等职能由法院担当和行使
      - 成因：一是当事人主义支配下的诉讼程序造成审判迟延、程序复杂以及费用增加等后果。二是作为当事人主义基础的自由主义思想。随着19世纪末产业革命的兴起、城市化和大规模化纠纷的产生，为了迅速且经济地解决纠纷，各国开始强化民事诉讼中的法院职权
    - 案件审理过程中法院与当事人的作用分担
      - 诉讼程序的启动、终结及审理对象的确定
      - 有关审理的诉讼资料及证据收集
      - 程序的进行

- 民事诉讼法
  - 概念
    - 狭义：又称形式意义上的民事诉讼法，指国家颁布的关于民事诉讼的专门性的法律
    - 广义：又称实质意义上的民事诉讼法，除了民事诉讼法，还包括《宪法》和其他实体法、程序法中有关民事诉讼的规定。在我国还包括最高人民法院发布的指导民事诉讼的规范性文件
  - 性质
    - 民事诉讼法是部门法
    - 民事诉讼法是基本法
    - 民事诉讼法是程序法
  - 效力
    - 对事效力：指人民法院依照民事诉讼法审理的民事案件的范围
    - 对人效力：指民事诉讼法适用于哪些人
    - 空间效力：指民事诉讼法适用的空间范围
    - 时间效力：指民事诉讼法的效力期间
  - 与相邻法律部门的关系
    - 与民事实体法的关系：程序法与实体法密不可分，两者必须同时存在，互为依存，表现为形式与内容的统一；程序法是法律的形式和内在生命的表现
    - 与刑事诉讼法的关系：两者都是程序法的范畴，都是为了保证实体法关系的实现而规定的诉讼程序的法律。两者的区别在于，具体目的和任务不同，起诉的主体不同，某些基本原则不同，某些审判程序不同以及执行程序不同
    - 与破产法的关系：破产程序是人民法院审理破产案件所必须适用的非讼程序。破产法是实体法和程序法的统一体。民事诉讼法的许多基本原则和基本制度都适用于破产程序
    - 与其他民事程序法的关系
      - 与公证法的关系：公证法是民事程序法的一种。两者调整对象不同，活动性质不同，以及具体程序不同
      - 与人民调解法的关系：人民调解具有民间自治性，属于非讼程序。人民调解所达成的协议具有民事合同性质，不具有强制执行力
      - 与仲裁法的关系：仲裁具有自治性，仲裁协议具有排除法院管辖的效力。仲裁中的某些程序需要适用民事诉讼法，如财产保全等

- 民事诉讼法律关系
  - 概念：民事诉讼法律、法规所调整的人民法院、当事人及其他诉讼参与人之间存在的以诉讼权利义务为内容的具体的社会关系
  - 特征
    - 内容上由审判法律关系和争讼法律关系构成
    - 体现了法院审判权和当事人诉讼权利的有机结合
  - 学说发展
    - 国外学说发展
      - 德国学者标罗提出，民事诉讼法律关系明确当事人与法院之间的权利义务关系，强调法院的中立性。该说对其他大陆法系国家产生深刻影响
      - 德国学者哥尔德施密特的“诉讼法律状态说”提出，以对有利判决的期望和避免不利判决带来的负担这两种观念来代替诉讼法律关系中的权利义务观念
    - 我国学说认为：民事诉讼法律关系的特点在于
      - 法院总是民事诉讼法律关系的一方主体，且始终处于主导地位
      - 法院与各诉讼参与人之间具有既相互独立又相互联系的性质：民事诉讼法律关系的形成，以当事人的诉权和法院的审判权为基础，与发生在平等主体之间的民事法律关系具有不同性质

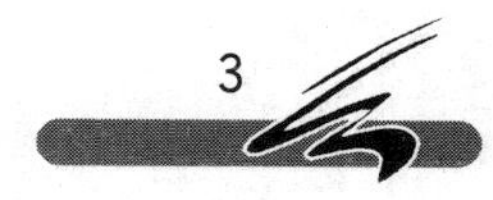

- 民事诉讼法律关系
  - 要素
    - 主体
      - 概念：指在民事诉讼中享有诉讼权利和承担诉讼义务的国家机关、公民、法人和其他组织
      - 范围
        - 人民法院
        - 人民检察院
        - 诉讼参加人（当事人和诉讼代理人）
        - 其他诉讼参与人
    - 内容
      - 概念：指民事诉讼法律关系主体依照诉讼法律规范所享有的诉讼权利和承担的诉讼义务
      - 不同主体的诉讼权利和义务
        - 人民法院基于国家审判权享有诉讼权利和承担诉讼义务
        - 人民检察院基于国家法律监督权享有诉讼权利和承担诉讼义务
        - 当事人的诉讼权利和诉讼义务范围比较广泛
        - 诉讼代理人基于诉讼代理权享有诉讼权利和承担诉讼义务
        - 其他诉讼参与人的诉讼权利和诉讼义务因其参加诉讼身份不同而不尽相同
    - 客体
      - 概念：指民事诉讼法律关系主体的诉讼权利和诉讼义务所指向的对象
      - 内容
        - 人民法院和当事人之间：案件的客观事实和实体权利请求
        - 人民法院和人民检察院之间：生效裁判认定的事实和适用的法律
        - 人民法院和其他诉讼参与人之间：案件的客观事实
        - 当事人之间：诉讼理由和诉讼请求
        - 当事人与其他诉讼参与人之间：案件的客观事实

名词解释与概念比较

1. 民事纠纷
2. 民事诉讼
3. 民事诉讼目的（考研）
4. 民事诉讼模式（考研）
5. 当事人主义与职权主义（考研）
6. 民事诉讼法律关系
7. 民事诉讼法律关系主体
8. 诉讼事件与诉讼行为

选择题

（一）单项选择题

1\. 民事诉讼法与民族自治地方的规定相冲突时，应当适用（　　）。

A. 民事诉讼法的规定

B. 民族自治地方的规定

C. 报全国人大常委会决定

D. 如果民族自治地方的变通规定或补充规定履行了批准和备案程序，那么适用民族自治地方的规定

2\. 中国球员李某在德国某俱乐部踢球，因合同与该俱乐部发生纠纷，该球员在德国提起民事诉讼，请问其是否应当按照我国民事诉讼法起诉？（　　）

A. 应当

B. 不应当

C. 取决于德国法院的决定

D. 取决于李某的选择

3\. 我国民事诉讼法的时间效力采取（　　）原则。

A. 从旧兼从轻　　B. 从旧

C. 从新　　D. 从旧兼从重

4\. 下列哪种行为不属于诉讼活动？（　　）

A. 调查取证

B. 采取强制措施

C. 起诉

D. 审判委员会讨论案件

5\. 依据诉讼法理论，仲裁属于哪种纠纷处理机制？（　　）

A. 公力救济　　B. 自力救济

C. 社会救济　　D. 司法救助

6\. 民族自治地方的人民代表大会根据宪法和民事诉讼法的原则，结合当地民族的具体情况，可以制定

变通或者补充民事诉讼法的规定，但须经有关机关批准。请问广西壮族自治区人民代表大会的有关规定应报请什么国家机关批准？（　　）

A. 广西壮族自治区人民代表大会常务委员会

B. 广西壮族自治区人民政府

C. 全国人民代表大会常务委员会

D. 国务院

7. 下面关于我国民事诉讼法效力范围的描述，哪一个是正确的？（　　）

A. 中国人在外国进行民事诉讼可适用中国的民事诉讼法

B. 外国人在中国进行民事诉讼应适用中国的民事诉讼法

C. 民法具有域外效力，因此民事诉讼法也具有域外效力

D. 民事诉讼法不具有溯及既往的效力

8. 下列关于民事诉讼和仲裁异同的哪一表述是正确的？（　　）

A. 法院调解达成协议一般不能制作判决书，而仲裁机构调解达成协议可以制作裁决书

B. 从理论上说，诉讼当事人无权确定法院审理和判决的范围，仲裁当事人有权确定仲裁机构审理和裁决的范围

C. 对法院判决不服的，当事人有权上诉或申请再审，对仲裁机构裁决不服的可以申请重新仲裁

D. 当事人对于法院判决和仲裁裁决都有权申请法院裁定不予执行

9. 甲公司与乙公司因合同纠纷向 A 市 B 区法院起诉，乙公司应诉。经开庭审理，法院判决甲公司胜诉。乙公司不服 B 区法院的一审判决，以双方签订了仲裁协议为由向 A 市中级人民法院提起上诉，要求据此撤销一审判决，驳回甲公司的起诉。A 市中级人民法院应当如何处理？（　　）

A. 裁定撤销一审判决，驳回甲公司的起诉

B. 应当首先审查仲裁协议是否有效，如果有效，则裁定撤销一审判决，驳回甲公司的起诉

C. 应当裁定撤销一审判决，发回原审法院重审

D. 应当裁定驳回乙公司的上诉，维持原判决

10. 张芬，70 岁，5 年前借给赵丰 5 000 元，约定 1 年后归还，但一直未向其索要。现张芬贫困潦倒，丈夫早逝，无子无女，仅靠拾荒度日，而赵丰家境富裕。张芬向法院起诉，要求赵丰归还欠款并加算利息。法院应当（　　）。

A. 裁定不予受理

B. 应当受理，并主动审查诉讼时效是否存在中止、中断、延长事由

C. 虽然诉讼已过时效，但结合案件的具体情况，法院应判决对张芬的诉讼请求予以部分支持

D. 应当受理案件，但赵丰可以提出不履行抗辩

11. 有关民事诉讼与人民调解的关系，下列表述正确的有（　　）。

A. 人民调解委员会调解案件，如违反法律规定的，人民法院应当及时予以制止

B. 当事人经调解达成协议后不能向法院提起诉讼

C. 人民调解是民事诉讼的前置程序，当纠纷发生时，应先由人民调解委员会调解后才能向法院起诉

D. 人民调解委员会制作的调解书不具有强制执行力

视频讲题

12. 下列关于民事诉讼法律关系说法错误的有（　　）。

A. 审判法律关系是指法院与当事人和其他一切诉讼参与人之间形成的民事诉讼法律关系

B. 争讼法律关系是指当事人之间以及当事人与其他诉讼参与人之间形成的民事诉讼法律关系

C. 民事诉讼法律关系体现了法院审判权和当事人诉讼权利的有机结合

D. 在民事诉讼法律关系中，法院的审判权应当被置于制约当事人诉权行使的优先地位

13. 下列关于诉讼主体的说法错误的是（　　）。

A. 诉讼主体在诉讼程序中享有诉讼权利和承担诉讼义务

B. 诉讼主体有权实施使诉讼程序发生、变更或消灭的诉讼行为

C. 诉讼法律关系主体的外延要包含诉讼主体的外延

D. 委托代理人是诉讼主体

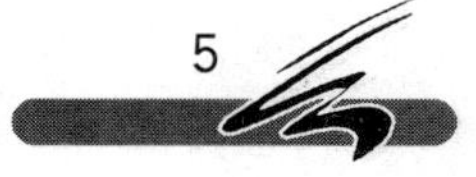

14. 下列关于其他诉讼参与人的说法错误的是（　　）。

A. 狭义的其他诉讼参与人仅指证人、鉴定人、勘验人和翻译人员

B. 广义的其他诉讼参与人是指除人民法院外所有参加诉讼的人

C. 狭义的其他诉讼参与人虽然是民事诉讼法律关系的主体，但不是诉讼主体

D. 狭义的其他诉讼参与人参加诉讼只与人民法院发生审判法律关系，与当事人不发生关系

15. 下列说法错误的是（　　）。

A. 人民法院对民事案件进行审理并作出裁判既是人民法院的权力，又是人民法院的义务

B. 在民事诉讼中，当事人一方提供的证人是为提供方服务的，其从属于提供方

C. 人民检察院诉讼权利和诉讼义务的基础是法律监督权

D. 诉讼代理人在民事诉讼中同当事人享有相似的法律地位，未经特别授权的委托代理人除外

16. 张某与李某产生邻里纠纷，张某将李某打伤。为解决赔偿问题，双方同意由人民调解委员会进行调解。经调解员黄某调解，双方达成赔偿协议。关于该纠纷的处理，下列哪一说法是正确的？（　　）

A. 张某如反悔不履行协议，李某可就协议向法院提起诉讼

B. 张某如反悔不履行协议，李某可向法院提起人身损害赔偿诉讼

C. 张某如反悔不履行协议，李某可向法院申请强制执行调解协议

D. 张某可以调解委员会未组成合议庭调解为由，向法院申请撤销调解协议

17. 关于民事诉讼法的性质，下列哪一说法是正确的？（　　）

A. 根据其调整的社会关系，民事诉讼法是程序法

B. 根据其在法律体系中的地位，民事诉讼法是程序法

C. 根据其规定的内容，民事诉讼法是程序法

D. 根据公法与私法的划分标准，民事诉讼法是程序法

视频讲题

18. 关于民事仲裁与民事诉讼的区别，下列哪一选项是正确的？（　　）

A. 具有给付内容的生效判决书都具有执行力，具有给付内容的生效裁决书没有执行力

B. 诉讼中当事人可以申请财产保全，在仲裁中不可以申请财产保全

C. 仲裁不需对案件进行开庭审理，诉讼原则上要对案件进行开庭审理

D. 仲裁机构是民间组织，法院是国家机关

（二）多项选择题

1. 王某是某电网公司员工，在从事高空作业时受伤，为赔偿问题与电网公司发生争议。王某可以采用哪些方式处理争议？（　　）

A. 可以向本公司劳动争议调解委员会申请调解，调解不成的，可以申请劳动仲裁

B. 可以直接向劳动争议仲裁委员会申请仲裁，对仲裁裁决不服的，可以向法院提起诉讼

C. 可以不申请劳动仲裁而直接向法院起诉

D. 如果进行诉讼并按简易程序处理，法院开庭审理时，可以申请先行调解

2. 在民事诉讼中，法院对下列哪些事项可以不经当事人申请而作出处理？（　　）

A. 诉讼中裁定财产保全

B. 决定回避

C. 裁定移送管辖

D. 裁定先予执行

3. 民事诉讼与民商事仲裁都是解决民事纠纷的有效方式，但两者在制度上有所区别。下列哪些选项是正确的？（　　）

A. 民事诉讼可以解决各类民事纠纷，仲裁不适用与身份关系有关的民事纠纷

B. 民事诉讼实行两审终审，仲裁实行一裁终局

C. 民事诉讼判决书需要审理案件的全体审判人员签署，仲裁裁决则可由部分仲裁庭成员签署

D. 民事诉讼中财产保全由法院负责执行，而仲裁机构则不介入任何财产保全活动

4. 我国民事诉讼法适用的空间范围包括（　　）。

A. 我国的领海

B. 我国的领空

C. 我国领土的延伸部分

D. 我国驻外使领馆

5. 民事诉讼程序的工具价值包括（　　）。

A. 程序公正价值

B. 实体公正价值

C. 私法秩序价值

D. 程序效率价值

6. 下列哪些法律关系不是民事诉讼法律关系？（　　）

A. 原告与其代理人之间的法律关系

B. 证人与被告之间的法律关系

C. 原告律师与被告律师之间的法律关系

D. 人民法院与指定的鉴定人之间的法律关系

7. 我国民事诉讼法的效力，是指民事诉讼法发生作用的范围，包括（　　）。

A. 对人的效力

B. 民事诉讼法的时间效力

C. 对事的效力

D. 民事诉讼法的空间效力

8. 下列案件中，适用民事诉讼法审理的有（　　）。

A. 甲因房屋租赁与房主产生纠纷，向法院起诉

B. 乙不服税务机关征税的决定向法院起诉

C. 丙因劳动关系与用人单位产生纠纷，经劳动仲裁委员会仲裁后，丙不服仲委会裁决向法院起诉

D. 丁生产的专利产品被人仿造，丁向法院起诉

9. 下列案件适用民事诉讼法审理的有（　　）。

A. 甲失踪3年杳无音信，其妻到法院要求宣告甲失踪

B. 李某欠王某1 000元迟迟不还，王某无奈之下请求法院向李某发出支付令

C. 张某不服税务机关征税额的决定向法院起诉

D. 王某因工伤赔偿数额与公司产生纠纷，王某向劳动仲裁委员会申请仲裁，现对仲裁裁决不服向法院起诉

10. 下列哪些法律关系是民事诉讼法律关系？（　　）

A. 李某起诉儿子要求儿子给付赡养费案件中，李某与法院之间的法律关系

B. 王某诉郑某财产损害赔偿一案中，证人李某与法院之间的关系

C. 王某诉刘某侵占宅基地一案中，王某与法院之间的关系

D. 李某与郑某土地使用权纠纷一案中，乡政府进行了处理，李某与乡政府之间的法律关系

11. 下列关于民事诉讼法律关系的说法正确的有（　　）。

A. 民事诉讼法律关系的主体包括人民法院、人民检察院、诉讼参加人和其他诉讼参与人

B. 证人既是民事诉讼法律关系的主体又是民事诉讼主体

C. 民事诉讼法律关系主体的外延等同于诉讼主体的外延

D. 是民事诉讼法律关系的主体不一定是诉讼主体

（三）不定项选择题

1. 甲厂生产了一批啤酒卖给乙酒吧。某日，一客人丙在乙酒吧消费时被突然爆炸的啤酒瓶划伤，于是丙向乙酒吧提出了人身伤害的赔偿请求。因双方协商不成，丙起诉到A区法院。法院经审查将甲厂列为无独立请求权第三人。甲厂认为A区法院对该案无管辖权，遂提出管辖权异议，但被告知无独立请求权第三人无异议权。该案体现出（　　）。

A. 程序内在价值与外在价值的冲突

B. 程序公正与秩序的矛盾

C. 程序内在价值与外在价值的一致性

D. 程序内在价值与外在价值的协调

2. 甲因房屋租赁问题与房主乙发生纠纷，他们的纠纷有可能通过下列哪些方式解决？（　　）

A. 二人和解

B. 请居委会的主任进行调解

C. 到仲裁委员会申请仲裁

D. 一方起诉至法院

3. 张桃与李杏签订了一份产品购销合同，同时订立了仲裁协议。后因合同履行问题发生纠纷，对仲裁协议的效力双方也有异议，哪些机构可以对该仲裁协议的效力问题作出决定？（　　）

A. 人民法院　　　　B. 仲裁委员会

C. 公证机关　　　　D. 人民调解委员会

4. 上题中，如果张桃请求仲裁委员会就仲裁协议的效力作出决定，李杏请求人民法院作出决定，则由（　　）裁定。

A. 仲裁委员会

B. 人民法院

C. 仲裁委员会和人民法院共同

D. 仲裁委员会或者人民法院均可

5. 甲和乙因遗嘱继承发生纠纷而诉至法院，丙认为双方争执的遗嘱继承物属自己所有，作为第三人参加到诉讼中来，并请律师丁代理诉讼。邻居戊出庭作证，法庭请己鉴定遗嘱真伪

(1) 在本案中是诉讼当事人的有（　　）。

A. 甲　　B. 乙　　C. 丙　　D. 丁

(2) 该案中的其他诉讼参与人包括哪些？（　　）

A. 丙　　B. 丁　　C. 戊　　D. 己

简答题

1. 民事诉讼与仲裁同为民事纠纷的解决方式，它们之间的关系如何？简述民事诉讼与仲裁之间的关系。（考研）

2. 简述诉讼指挥权的内容。

3. 简述民事诉讼法与人民法院组织法的关系。

4. 简述民事诉讼法律关系的特征。

5. 简述民事法律关系与民事诉讼法律关系的异同。

6. 请简要评析民事诉讼制度中法官、原告、被告三方的相互关系。（考研）

7. 请概括民事纠纷解决方式。（考研）

案例分析题

太阳水泥有限公司排放的污水污染了东岭村甲、乙、丙三个人共同承包的水库，使其受损达 5 万元。三个人联合向法院提出诉讼要求索赔。在法院审理过程中，甲委托丁作为自己的诉讼代理人，法院指定鉴定人戊对与本案有关的专门事项进行鉴定。问：

(1) 本案的民事诉讼法律关系主体有哪些？

(2) 本案的当事人有哪些？

(3) 本案的诉讼主体有哪些？

论述与深度思考题

1. 试述关于民事诉讼目的的主要学说及发展变迁，并谈谈研究民事诉讼的目的有何价值。

2. 试论民事诉讼法与民事实体法的关系。（考研）

3. 试述在民事诉讼中，法院及诉讼参与人（诉讼参加人及其他诉讼参与人）具体的权利义务。

参考答案

名词解释与概念比较

1. 民事纠纷又称民事争议，是法律纠纷和社会纠纷的一种，具体指平等主体之间发生的以民事权利义务为内容的社会纠纷。民事纠纷作为纠纷的一种，一般来说是违反了民事法律规范而引起的。

2. 民事诉讼是指人民法院、当事人和其他诉讼参与人，在审理民事案件的过程中所进行的各种诉讼活动以及由这些诉讼活动所产生的各种诉讼关系的总和。

3. 民事诉讼目的是指国家设立民事诉讼制度所期望达到的目标或结果。民事诉讼目的之理论（民事诉讼目的论），与诉权论、诉讼标的论、诉讼法律关系论、既判力论，共同构成民事诉讼法的基本理论。

4. 民事诉讼模式具体指民事诉讼制度和程序运行所形成的结构中各种基本要素及其关系的抽象和概括。学者提出“民事诉讼模式”这一概念的目的在于，借用其来描述一国民事诉讼体制的基本特征。

5. 当事人主义是指在民事纠纷解决中，诉讼请求的确定，诉讼资料、证据的收集和证明主要由当事人负责；职权主义是指在民事诉讼中，程序的进行以及诉讼资料、证据的收集等权能主要由法院担当和行使。无论是当事人主义还是职权主义，都是对民事诉讼体制特征的笼统界定，运用这两个概念分析具体问题时切忌教条化、片面化。

6. 民事诉讼法律关系是受民事诉讼法律、法规所调整的在民事诉讼过程中所产生的法院与诉讼参与人之间的法律关系，包括法院与当事人之间的关系及法院与其他诉讼参与人之间的关系。有学者认为，民事诉讼法律关系不仅包括法院与当事人和其他诉讼参与人之间的关系，还包括当事人之间以及当事人和其他诉讼参与人之间的关系。

7. 民事诉讼法律关系主体，是指在民事诉讼中享有诉讼权利和承担诉讼义务的人民法院、人民检察院、诉讼参加人（当事人、诉讼代理人）和其他诉讼参与人（证人、鉴定人、勘验人员、诉讼辅佐人、翻译人员）。

8.

诉讼事件	诉讼行为
不以人的意志为转移的一切客观情况。主要是指不可抗力的事实，这些事实在法律规定的情况下，能够引起诉讼法律关系的发生、变更和消灭	民事诉讼法律关系主体在诉讼过程中依法所进行的各种诉讼活动。诉讼行为是诉讼上的主要事实

选择题

（一）单项选择题

1. 答案：D

《民诉法》第 17 条规定："民族自治地方的人民代表大会根据宪法和本法的原则，结合当地民族的具体情况，可以制定变通或者补充的规定。自治区的规定，报全国人民代表大会常务委员会批准。自治州、自治县的规定，报省或者自治区的人民代表大会常务委员会批准，并报全国人民代表大会常务委员会备案。"如果民族自治地方依法制定了变通或者补充的规定，并履行了批准和备案程序，那么当《民诉法》的规定与该民族自治地方的规定相冲突时将适用民族自治地方的规定。

2. 答案：B

我国民事诉讼法的空间效力仅适用于中华人民共和国领域内，一般不具有域外效力。这与实体法的空间效力是不相同的。

3. 答案：C

民事诉讼法具有溯及既往的效力。民事诉讼法生效后，不论是审理民事诉讼法生效前受理的民事案件，还是审理民事诉讼法生效后受理的案件，人民法院都应适用新生效的民事诉讼法。

4. 答案：D

诉讼活动，既包括人民法院的审判活动，如案件的受理、调查取证、采取强制措施、作出裁判等；又包括诉讼参与人的诉讼活动，如原告起诉、被告提出答辩或反诉、证人出庭作证等。并非人民法院的活动都是诉讼活动，如法院合议庭评议案件的活动、审判委员会讨论案件的活动就不是诉讼活动，而是法院的内部行为，这种活动是由《法院组织法》所调整的。

5. 答案：C

依据纠纷处理的制度和方法的不同，民事纠纷的处理机制可以分为三类，即自力救济、社会救济与公力救济。其中，自力救济包括自决与和解，社会救济包括诉讼外调解和仲裁，公力救济是指诉讼和行政裁决。

6. 答案：C

理由同前述第 1 题。

7. 答案：B

民事诉讼法适用于在中华人民共和国领域内进行民事诉讼的一切自然人、法人或其他组织，外国人在中国进行民事诉讼，应当适用我国民事诉讼法；民事诉讼法一般不具有域外效力，这一点与刑法、民法等实体法不同。依据现行《刑法》第 7、8、10 条的规定，刑法具有直接的域外效力；而民法经过冲突规范的指引，亦可以在国外适用。民事诉讼法具有溯及既往的效力，民事诉讼法生效后，不论是审理民事诉讼法生效前受理的案件，还是审理民事诉讼法生效后受理的案件，人民法院都应适用新生效的民事诉讼法。

8. 答案：A

《民诉法》第 100 条第 1 款规定："调解达成协议，人民法院应当制作调解书。调解书应当写明诉讼请求、案件的事实和调解结果。"《仲裁法》第 51 条规定："仲裁庭在作出裁决前，可以先行调解。当事人自愿调解的，仲裁庭应当调解。调解不成的，应当及时作出裁决。调解达成协议的，仲裁庭应当制作调解书或者根据协议的结果制作裁决书。调解书与裁决书具有同等法律效力。"因此，一般来说，法院调解达成协议不能制作判决书，而仲裁机构调解达成协议可以制作裁决书。故 A 项正确。

9. 答案：D

《仲裁法》第 26 条规定："当事人达成仲裁协议，一方向人民法院起诉未声明有仲裁协议，人民法院受理后，另一方在首次开庭前提交仲裁协议的，人民法院应当驳回起诉，但仲裁协议无效的除外；另一方在首次开庭前未对人民法院受理该案提出异议的，视为放弃仲裁协议，人民法院应当继续审理。"应当选 D 项。

10. 答案：D

根据《民法典》第 188 条的规定，民事案件诉讼时效一般为 3 年。不过，根据《民法典》第 192、193 条的规定，诉讼时效期间届满属于义务人的抗辩权，须义务人主张方可适用，如果诉讼时效期间届满后，

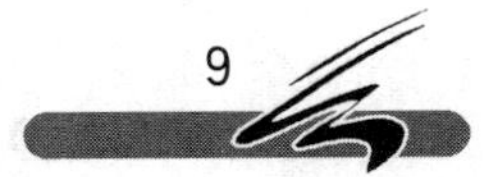

义务人仍同意履行，则其不得以诉讼时效期间届满为由进行抗辩；义务人已经自愿履行的，不得请求返还。人民法院不得主动适用诉讼时效的规定。因而，诉讼时效届满的法律效果是义务人获得抗辩权，只要义务人未提出抗辩，法院即应就案件行使审判权，不能在案件受理后未经当事人主张而径行查明诉讼时效的中止、中断、延长等事由，并就此判决驳回诉讼请求。因而，选项ABC错误，正确答案为选项D。

11. 答案：D

人民法院有权审查人民调解的合法性。《人民调解法》第32条规定："经人民调解委员会调解达成调解协议后，当事人之间就调解协议的履行或者调解协议的内容发生争议的，一方当事人可以向人民法院提起诉讼。"根据《人民调解法》第33条的规定，人民调解协议经法院司法确认有效后才具有强制执行力。所以D项正确。

12. 答案：D

从根本上讲，国家设置审判权并交由法院行使，目的就是保障当事人诉权的充分行使和依法实现，所以诉权被置于制约审判权行使的优先地位。

13. 答案：D

委托代理人只有经过当事人的特别授权，能够自己决定起诉、上诉、撤回诉讼等引起诉讼法律关系发生、变更或消灭的诉讼行为时，才能成为诉讼主体；否则委托代理人就只能是诉讼法律关系的主体，而不是诉讼主体。

14. 答案：D

其他诉讼参与人参加诉讼，既要与人民法院发生审判法律关系，又要与当事人发生争讼法律关系。

15. 答案：B

在诉讼中，证人具有自己独立的诉讼地位，并不从属于提供方。证人为查明案件事实，配合法院对诉讼程序的指挥，而不是单纯服务于提供方。

16. 答案：A

《人民调解法》第32条规定："经人民调解委员会调解达成调解协议后，当事人之间就调解协议的履行或者调解协议的内容发生争议的，一方当事人可以向人民法院提起诉讼。"

17. 答案：C

法律依照其内容的性质，可以分为实体法与程序法。

18. 答案：D

A项错误：我国《仲裁法》第62条规定，"当事人应当履行裁决。一方当事人不履行的，另一方当事人可以依照民事诉讼法的有关规定向人民法院申请执行。受申请的人民法院应当执行"。B项错误：《仲裁法》第28条第1款规定，"一方当事人因另一方当事人的行为或者其他原因，可能使裁决不能执行或者难以执行的，可以申请财产保全"。C项错误：《仲裁法》第39条规定，"仲裁应当开庭进行。当事人协议不开庭的，仲裁庭可以根据仲裁申请书、答辩书以及其他材料作出裁决"。D项正确：《仲裁法》第14条和第15条规定，"仲裁委员会独立于行政机关，与行政机关没有隶属关系。仲裁委员会之间也没有隶属关系"；"中国仲裁协会是社会团体法人。仲裁委员会是中国仲裁协会的会员"。《宪法》第128条和《法院组织法》第2条规定：中华人民共和国人民法院是国家的审判机关。

（二）多项选择题

1. 答案：ABD

《劳动法》第79条规定："劳动争议发生后，当事人可以向本单位劳动争议调解委员会申请调解；调解不成，当事人一方要求仲裁的，可以向劳动争议仲裁委员会申请仲裁。当事人一方也可以直接向劳动争议仲裁委员会申请仲裁。对仲裁裁决不服的，可以向人民法院提起诉讼。"劳动争议实行仲裁程序前置，当事人不能不经过劳动仲裁而直接向法院起诉。故A项、B项正确，C项错误。如果进行诉讼并按简易程序处理，法院开庭审理时，可以申请先行调解。故D项正确。

2. 答案：ABC

《民诉法》第103条第1款规定，人民法院对于可能因当事人一方的行为或者其他原因，使判决难以执行或者造成当事人其他损害的案件，根据对方当事人的申请，可以裁定对其财产进行保全、责令其作出一定行为或者禁止其作出一定行为；当事人没有提出申请的，人民法院在必要时也可以裁定采取保全措施。故A项正确。最高人民法院《回避规定》第4条规定："审判人员应当回避，本人没有自行回避，当事人及其法定代理人也没有申请其回避的，院长或者审判委员会应当决定其回避。"故B项正确。《民诉法》第37条规定："人民法院发现受理的案件不属于本院管辖的，应当移送有管辖权的人民法院，受移送的人民法院应

当受理。”故C项正确。根据《民诉法》第109条的规定，人民法院裁定先予执行，须依当事人的申请。故D项不选。

3. 答案：ABC

《仲裁法》第3条规定了不能仲裁的事项范围，包括：(1) 婚姻、收养、监护、扶养、继承纠纷；(2) 依法应当由行政机关处理的行政争议。所以A项是正确的。B项的表述也是正确的，民事诉讼以两审终审为原则，仲裁则实行一裁终局。《民诉法》第155条第2款规定：“判决书由审判人员、书记员署名，加盖人民法院印章。”《仲裁法》第54条则规定：“……裁决书由仲裁员签名，加盖仲裁委员会印章。对裁决持不同意见的仲裁员，可以签名，也可以不签名。”所以C项也是正确的。D项的前半段是正确的，但是后半段错误。《仲裁法》第28条前两款规定：“一方当事人因另一方当事人的行为或者其他原因，可能使裁决不能执行或者难以执行的，可以申请财产保全。当事人申请财产保全的，仲裁委员会应当将当事人的申请依照民事诉讼法的有关规定提交人民法院。”所以，仲裁当中也是可以申请财产保全的，并且仲裁委员会应当依法向人民法院提交当事人的申请。因此，不能说仲裁机构不介入任何财产保全活动。

4. 答案：ABCD

根据《民诉法》的规定，我国民事诉讼法适用于整个中华人民共和国的领域，包括领土、领空、领海和领土的自然延伸部分。而我国的领土包括我国的驻外使领馆。

5. 答案：BC

民事诉讼程序的工具价值即外在价值，包括实体公正价值和私法秩序价值。

6. 答案：ABC

按通说，民事诉讼法律关系是指人民法院和一切诉讼参与人之间在诉讼过程中发生的由民事诉讼法调整的诉讼上的权利义务关系。人民法院是民事诉讼法律关系的核心，因此民事诉讼法律关系的一方必定是人民法院。

7. 答案：ABCD

民事诉讼法的效力包括对事、对人、空间、时间四个方面的效力。

8. 答案：ACD

民事诉讼法的对事效力即对哪些案件应当依照民事诉讼法规定进行审理。根据《民诉法》的规定，民事诉讼法适用于平等主体间的因民事法律关系发生的争议，如劳动关系争议、合同关系争议、专利纠纷等。而B项中因征税产生的争议属于行政争议，故不适用民事诉讼法审理。

9. 答案：ABD

民事诉讼审理的案件包括各种民事纠纷。选项D是法律规定的劳动纠纷仲裁前置，对仲裁处理结果不服，仍以对方当事人为被告提起民事诉讼。选项C为行政争议，通过行政诉讼解决。

10. 答案：ABC

通说认为，民事诉讼法律关系是指人民法院和一切诉讼参与人之间在诉讼过程中发生的由民事诉讼法调整的诉讼上的权利义务关系。理由同前述第6题。选项D中的乡政府是行政机关，不是民事诉讼法律关系的主体。

11. 答案：AD

民事诉讼法律关系主体的外延要大于诉讼主体的外延，但诉讼主体一定是民事诉讼法律关系主体。证人是民事诉讼法律关系主体，但不是诉讼主体。

（三）不定项选择题

1. 答案：AB

无独立请求权第三人有可能承担不利的法院裁判，本应享有当事人的法律地位，有管辖异议权，但法律为了维护程序原则的连续性，并未顾及实际救济手段日益变化的需要。这充分体现出程序公正与秩序的矛盾，即程序内在价值与外在价值的冲突。

2. 答案：ABCD

房屋租赁关系纠纷属于民事纠纷，民事纠纷的解决方式包括和解、调解、仲裁和诉讼。

3. 答案：AB

《仲裁法》第20条规定：“当事人对仲裁协议的效力有异议的，可以请求仲裁委员会作出决定或者请求人民法院作出裁定。一方请求仲裁委员会作出决定，另一方请求人民法院作出裁定的，由人民法院裁定。”所以，因仲裁协议的效力发生争议的，人民法院和仲裁委员会都有权作出裁决。

4. 答案：B

理由同上题。

5. (1) 答案：ABC

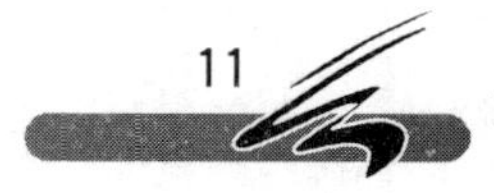

当事人是与案件的处理结果有着直接的利害关系，以自己的名义，就特定的民事争议要求法院行使民事裁判权的人及相对人，包括原告、被告、共同诉讼人、第三人和诉讼代表人。

（2）答案：CD

其他诉讼参与人仅指证人、鉴定人、勘验人员和翻译人员。丙属于当事人，丁属于诉讼参加人。

简答题

1. 民事诉讼是指由审判机关主持，在纠纷主体参加下，解决民事纠纷的一种纠纷处理机制；仲裁是指纠纷主体根据协议将争议提交特定的第三方，由该第三方居中作出评判的纠纷解决方式。同为纠纷解决方法，民事诉讼与仲裁有密切的联系，也有着很大的差异。联系主要表现在：（1）都存在中立于纠纷主体之外的第三方，并且无论是诉讼还是仲裁，裁决一旦作出即对纠纷主体产生拘束力。（2）诉讼支持仲裁，并对仲裁有监督作用。仲裁过程中的强制措施、仲裁裁决的强制执行，都需要由法院来进行，并且法院可以通过不予执行仲裁裁决等方式对仲裁实施监督。

仲裁与诉讼的区别主要表现在：（1）两者的性质不同，仲裁属于社会救济，诉讼属于公力救济。虽然仲裁带有一定的司法性，但民间性及自治性是它的本质属性，诉讼则为国家司法活动，有着国家强制性、严格的规范性。（2）仲裁与诉讼受理案件的范围不同，仲裁处理的纠纷一般限于合同纠纷和其他财产权属纠纷，涉及人身关系的婚姻、收养、监护、扶养、继承纠纷不能仲裁，但这些纠纷可以通过诉讼解决。（3）仲裁过程中贯彻广泛的意思自治原则，当事人对仲裁员、仲裁程序等有很大的选择权，诉讼则不然。（4）仲裁实行一裁终局原则，诉讼则可以上诉，存在二审甚至三审。

2. 诉讼指挥权是法院为了保证程序的进行而依职权运行诉讼程序的权能，它是职权主义的具体体现。诉讼指挥权的主要内容包括：（1）指挥程序进行的权能，含指定或变更期日、期间及中止诉讼程序等；（2）在庭审中指挥当事人进行合理、有效的辩论；（3）根据辩论的实际情况，调整辩论的顺序，对辩论进行限制、分离或者合并；（4）对当事人之间不明确、不清楚的陈述及主张行使释明权，促使当事人补充或完善自己的陈述、主张。诉讼指挥权的行使，使法院在民事诉讼中的权能与当事人的明确区分，有助于及时、有效地解决民事纠纷。

3. 人民法院组织法规定人民法院的任务、组织机构和活动原则，民事诉讼法规定人民法院审判民事案件的原则和程序。因此，人民法院组织法的规范往往与民事诉讼法的规范相一致。例如，人民法院组织法所规定的人民法院依法独立审判、公开、合议等原则，也是人民法院依照民事诉讼法审判民事案件时必须遵守的原则。

但民事诉讼法与人民法院组织法分属两个不同的法律部门，它们是从不同的角度来规范那些相同的原则和制度的，这些相同的原则、制度在民事诉讼法中的内容更为具体化。人民法院组织法与民事诉讼法的区别主要在于：（1）调整对象不同。民事诉讼法调整人民法院和一切诉讼参与人在诉讼中所进行的诉讼活动以及由此产生的诉讼法律关系；人民法院组织法调整人民法院行使国家审判权时所必须遵守的组织与活动关系。（2）适用范围不同。民事诉讼法适用于民事案件的审判和执行，人民法院审判民事案件不仅要遵守民事诉讼法，还要遵守人民法院组织法；而人民法院组织法是人民法院审理任何案件都必须遵守的。

4. 民事诉讼法律关系的特征如下。

（1）民事诉讼法律关系是由审判法律关系和争讼法律关系构成的特殊的社会关系。审判法律关系表现为人民法院和当事人之间以及人民法院和其他诉讼参与人之间在审判过程中发生的法律关系。争讼法律关系表现为当事人之间以及当事人与其他诉讼参与人之间在诉讼的进行过程中受民事诉讼法调整的法律关系。

（2）民事诉讼法律关系体现了法院的审判权和当事人的诉讼权利的有机结合。

5. 同：两者同属于“民事”范畴的法律关系。两者的根本点和最终目的都是要保护国家的民事流转，保证社会正常的民事秩序。

异：（1）民事法律关系是因民法等实体法的调整而发生的；而民事诉讼法律关系是因民事诉讼法的调整而发生的。

（2）作为民事法律关系内容的民事权利义务关系，在当事人之间具有平等、自愿的特征；而诉讼主体在诉讼中的权利以民事诉讼法的规定为准，诉讼主体之间的权利义务一般不具有等价有偿的属性，甚至不完

全是自愿的。

（3）民事法律关系发生和存在于民事流转当中；而民事诉讼法律关系发生和存在于民事诉讼过程中。

（4）两种法律关系的功能和作用不同。民事法律关系最终使当事人之间的民事权利义务得以实现，民事交往获得成功；而民事诉讼法律关系的运转结果是使当事人之间的民事法律纠纷得以解决。

6. 本题主要考查民事诉讼构造理论。

民事诉讼构造是指原告、被告、审判方三方在民事诉讼过程中的组合方式和相互关系。民事诉讼构造的形式是三角构造。从外在表征看，三角构造的基本含义是指作为双方当事人的原告与被告平等对立，法官作为裁判的第三方居于其中，居于其上，公正裁判案件，以达到解决纠纷的目的。直观地看，这种诉讼构造呈“等腰三角形”状，故而被称为三角构造。

三角构造有以下几个特点。

首先，原告与被告平等。这种平等包含三方面的含义：一是原告和被告在诉讼中的法律地位完全平等，双方都是诉讼主体；二是原告和被告的诉讼权利义务相同或者对应，又称为“武器平等”；三是法院或法官对双方给予平等的保护和平等的制裁，在法官看来，原告和被告都是当事人，法院与双方的距离是相等的，即所谓“等腰”。

其次，审判者居中裁判。这里的“居中”是指审判者居于三角形的顶端，与双方当事人的距离相等，而不是居于原、被告之间线性关系的中点，与双方处于平等的地位。审判者居中裁判的内在要求是：第一，审判者与当事人分离，法官作为独立的第三者来解决当事人之间的冲突；第二，审判的非偏向性（即等距离性），在诉讼过程中，法官有义务与双方当事人保持相等的司法距离，不得偏向原、被告任何一方。

最后，原、被告的攻击防御关系构成诉讼过程的主线。原、被告之间由于具有利益的冲突性，受各自利己动机的驱使，他们的观点、主张必然截然不同或完全相反，因而原、被告之间发生积极对抗。

7. 民事纠纷的解决方式，是指缓解和消除民事纠纷的方法和制度。根据纠纷处理的制度和方法的不同，民事纠纷的解决方式有三种，即自力救济、社会救济和公力救济。

自力救济是指纠纷主体依靠自身力量解决纠纷，以达到维护自己权益的目的，包括自决与和解。和解须以当事人的合意为条件。

社会救济包括调解（诉讼外调解）和仲裁，它是依靠社会力量处理民事纠纷的一种机制。调解是指第三者依据一定的道德和法律规范，对发生纠纷的当事人摆事实、讲道理，促使双方在相互谅解和让步的基础上，最终解决纠纷的一种活动。仲裁是指纠纷主体根据有关规定或者双方协议，将争议提交一定的机构，该机构作为第三者居中裁决的一种纠纷解决方式。调解一般具有较好的社会效果，但是是否调解成功，往往与当事人之间的让步以及调解者对双方的影响力密切相关。仲裁比较适合那些专业性较强、涉及商业秘密或者当事人不希望纠纷的解决公开化的民事纠纷，但是其能否适用与纠纷的性质以及当事人诉诸仲裁的意愿相关。

公力救济是指诉讼。诉讼实质是由国家审判机关在纠纷主体参与下，处理特定的社会纠纷的一种最有权威和最有效的机制。民事诉讼可以满足那些希望对事实和法律都要搞清楚的当事人的要求，但其以花费双方当事人及国家相当的人力、物力、财力和时间为代价。

在多元化的纠纷解决体制中，民事诉讼具有基础性的作用。

案例分析题

（1）本案的民事诉讼法律关系主体有：人民法院、太阳水泥有限公司、甲、乙、丙、丁、戊。

（2）本案的当事人有：原告，即甲、乙、丙；被告，即太阳水泥有限公司。

（3）本案的诉讼主体有：人民法院，原告甲、乙、丙和被告太阳水泥有限公司。

论述与深度思考题

1. 在国外，德国和日本把民事诉讼的目的作为一个课题来研究，并形成了完整学说体系。但事实上，关于民事诉讼的目的从来就没有形成过统一的认识，也不可能形成统一的认识，每一种目的论无非都是特定语境、特定历史背景的产物。“私权保护说”是自由资本主义时代的产物，与当时所奉行的“个人主义”理念相一致；“维护私法秩序说”是垄断资本主义时代的产物，与当时奉行的“社会本位主义”理念相适应；

“纠纷解决说”反映了现代资本主义社会扩大民事诉讼解决纠纷功能的需要；“程序保障说”则反映了宪制国家对宪法所规定的基本人权的关注。虽然对民事诉讼目的的探讨难以形成统一的认识，但这一讨论本身无论是对理论还是对实践而言都是极富意义的。关于目的论的有关讨论，可参见江伟、肖建国主编：《民事诉讼法》，9版，10～12页，北京，中国人民大学出版社，2023；［日］高桥宏志《民事诉讼法制度与理论的深层分析》，林剑锋译，1～21页，北京，法律出版社，2003。

2. 关于民事诉讼法与民事实体法的关系，主要有三种看法：程序工具论、程序本位论和折中论。不可否认，民事诉讼法具有实现民事实体法的功能，但并不能因此就说民事诉讼法从属于民事实体法，民事诉讼法亦具有其独立性。从总体上来看，民事诉讼法和民事实体法应该是协调发展的，但是两者毕竟有着不同的调整对象和调整方法，有着各自的运行机制和发展规律，所以不存在也不应该存在一个谁主谁次、谁服从于谁的问题。无论是民事实体法还是民事诉讼法，都是法院进行民事诉讼并作出裁判所依循的规范。可参见江伟、肖建国主编：《民事诉讼法》，9版，18页，北京，中国人民大学出版社，2023。

3. 民事诉讼法律关系的主体不同，其所表现的具体的诉讼权利义务也不尽相同。在民事诉讼中，人民法院、人民检察院、当事人、诉讼代理人和其他诉讼参与人分别具有不同的诉讼权利义务。可参见江伟、肖建国主编：《民事诉讼法》，9版，23～24页，北京，中国人民大学出版社，2023。

第二章　诉与诉权

知识逻辑图

- 民事之诉
  - 诉的含义与构成要素
    - 含义：是程序请求与实体请求的统一体
      - 程序内涵，即原告请求法院行使审判权
      - 实体内涵，即诉讼标的和诉讼请求的实体内容
    - 诉的构成要素
      - 诉的主体：原告和被告
      - 诉的客体：诉讼标的与诉讼请求
      - 诉的原因：案件实体事实，包括民事法律事实和民事纠纷事实
  - 诉讼标的与诉讼请求
    - 诉讼标的：指当事人之间争议的请求法院审判的民事实体法律关系或者民事实体权益
    - 不同类型诉的诉讼标的与诉讼请求
      - 给付之诉：标的是原告主张的具有给付内容的实体法律关系，或者是当事人（或原告）主张的给付请求权。诉讼请求则是给付什么或给付多少、请求作为或不作为
      - 确认之诉：诉讼标的是争议的民事法律关系（或民事权益），或者原告对该民事法律关系（或民事权益）所主张的（否定性）支配权。诉讼请求则是请求法院判决确认争议的民事法律关系（或民事权益）成立或不成立、有效或无效
      - 形成之诉：诉讼标的是原告主张变动的具体民事法律关系（或民事权益），或者原告对该民事法律关系（或民事权益）所主张的形成权。诉讼请求则是请求法院变动某项民事法律关系（或民事权益）
  - 诉的类型和诉的识别
    - 诉的类型
      - 给付之诉
        - 含义：指原告请求被告履行一定给付义务之诉
        - 种类
          - 请求的给付内容
            - 金钱给付之诉
            - 实物给付之诉
              - 特定物给付之诉
              - 种类物给付之诉
            - 行为给付之诉
          - 请求履行的义务是否到期
            - 现在给付之诉
            - 将来给付之诉
      - 确认之诉：指原告请求法院确认其主张的民事法律关系或者民事权益存在或者不存在之诉
      - 形成之诉：指原告利用法院判决变动已成立或既存的民事法律关系或民事权益之诉
    - 诉的识别
      - 根据诉的主体来识别
      - 根据诉讼标的来识别
      - 结合案件的原因（事实）来识别

- 民事之诉
  - 诉的合并与诉的变更
    - 诉的合并
      - 含义：诉的合并，是指法院将分别提起的两个或两个以上有某种联系的诉合并在一个诉讼程序进行审理或裁判的诉讼制度
      - 种类
        - 诉的主观合并：又称诉的主体合并，即诉讼当事人的合并，亦即当事人一方或双方为两人以上的诉。其典型形态是必要共同诉讼和以其为基础的群体诉讼
        - 诉的客观合并：指在同一诉讼程序中，同一原告（包括反诉原告）对同一被告（包括反诉被告）提出两个以上诉讼标的（提出两个以上的诉）之合并
    - 诉的变更
      - 含义
        - 狭义：又称替换变更，指在同一诉讼程序中，同一原告对同一被告以新的诉讼标的替换原诉的诉讼标的，从而将原诉替换为新诉
        - 广义：还包括追加变更，即维持原来的诉讼标的而另外增加诉讼标的
      - 请求权竞合与诉的变更：根据我国现行法律规定，对于请求权竞合的处理办法有：
        - （1）由原告就侵权之诉和违约之诉选择其一起诉
        - （2）在审理过程中，通过诉的变更获得有效保护

- 反诉
  - 含义：指在本诉的诉讼过程中，本诉的被告以本诉的原告为被告，提起的与本诉相关的诉。反诉以本诉为存在前提，无本诉则无反诉。但反诉具有一定的独立性，若本诉撤回或者终结而反诉尚未审结的，则应继续审理反诉直至作出判决
  - 要件
    - 在通常情况下，反诉是本诉被告对本诉原告提起的
    - 在法庭辩论结束前提起反诉
    - 反诉与本诉必须适用相同的诉讼程序
    - 反诉与本诉在诉讼标的、诉讼请求或案件事实方面存在着法律上的牵连关系
    - 反诉应当向审理本诉的法院提起，并且反诉的管辖必须合法
  - 反诉的程序
    - 反诉的提起：提交反诉状。在简易程序中，可以口头提起反诉。反诉案件由提起反诉的当事人自提起反诉次日起 7 日内预交案件受理费
    - 反诉的审查与受理：法院应当依职权审查是否具备反诉条件。不具备反诉条件的，法院应当裁定不予受理或驳回起诉
    - 反诉的审理：法院受理反诉后，应当在同一程序中合并审理本诉与反诉。对于本诉与反诉应当分别作出裁判。反诉不因本诉撤回或终结而失去效力
    - 二审程序或再审程序中的反诉：对于在二审程序或再审程序中提起的反诉，根据当事人自愿的原则进行调解，调解不成的则告知当事人另行起诉；双方当事人同意按照二审程序与本诉一并审理的，可以一并裁判
  - 反诉与诉讼抵销
    - 在法律性质方面：反诉是一个相对独立的诉；诉讼抵销并非一个相对独立的诉，并不改变本诉原、被告的诉讼地位
    - 在提起要件或申请要件方面：反诉的提起应当符合起诉要件，同时应当具备诉的合并要件和反诉的特殊要件；诉讼抵销无此要求
    - 在审判方面：即使本诉被撤回或终结，反诉也可以继续审理下去，并应对本诉和反诉分别作出判决；诉讼抵销与原告之诉只得合并审理，并因原告之诉不存在而失效，且对诉讼抵销不得作出单独的判决
    - 在既判力方面：对反诉作出的判决，不论胜败，一旦确定，就有既判力；本案判决对成功抵销的债权具有既判力，未抵销的债权不受既判力的约束，可以提起诉讼

- 民事诉权
  - 含义
    - 民事诉权是当事人向法院行使的请求权，是当事人平等享有的宪法基本权
    - 具有程序内涵和实体内涵
      - 诉权的程序内涵：在程序上请求法院行使审判权，旨在启动诉讼程序
      - 诉权的实体内涵：诉讼标的和诉讼请求中实体法律关系或实体权益请求
    - 诉权与诉讼权利
      - 联系
        - 诉权的行使是当事人行使诉讼权利的前提条件
        - 诉讼权利的行使有助于实现诉权的实体内容或行使诉权的目的
      - 区别
        - 诉权主体是当事人，而诉讼权利主体包括当事人、法院和证人等
        - 与诉权主体相对的义务主体是法院，而与诉讼权利主体相对的义务主体是法院、对方当事人或证人等
        - 诉权通常仅可一次行使，而诉讼权利通常可多次行使
        - 从内涵上讲，两者有本质区别
  - 要件
    - 行使要件
      - 主体方面：指有权请求诉讼救济的主体，包括有当事人能力、当事人适格等
      - 客体方面：包括法院对案件拥有民事审判权、诉的利益、不受既判力或一事不再理等
    - 消灭
      - 已被合法提起诉讼或处于审理过程中的民事纠纷
      - 法院已经作出确定判决的民事纠纷
      - 已经作出具有既判力的其他法律文书的民事纠纷
      - 法院按照《民诉法》第 154 条的规定，裁定终结诉讼的
      - 撤诉后，法律或司法解释规定不得再起诉的民事纠纷
      - 被执行人对第三人拥有到期债权时，在强制执行中，法院依法裁定执行该债权的，对该债权纠纷，被执行人没有诉权
      - 对于涉外民事纠纷，外国法院作出的判决或者国外仲裁机构作出的裁决等，被我国法院承认的
      - 对于涉港、澳、台民事纠纷，港、澳、台地区法院作出的判决或仲裁机构作出的裁决等，被大陆或内地法院认可的
  - 保护
    - 在制度层面保护民事诉权
    - 在实务层面保护民事诉权
  - 滥用诉权
    - 构成要件
      - 主观故意
      - 客观行为
    - 规制
      - 法院应当主动调查，当事人也有权请求法院驳回
      - 法院应当驳回虚假诉讼行为或者认定其无效
      - 虚假诉讼人负担诉讼费用和对方当事人的律师费
      - 虚假情节比较严重的，作为妨害民事诉讼行为，根据《民诉法》第 115 条或第 116 条，加大罚款或者拘留等措施的适用力度
      - 给对方当事人造成损失的，应当赔偿损失
      - 当事人双方恶意合谋通过诉讼来侵害第三人合法权益的，第三人有权以有独立请求权第三人的身份提起参加之诉；若已经作出判决或判决在执行中，第三人可以提起异议之诉，请求法院撤销或者变更判决
      - 通过审判监督程序纠正已生效的虚假诉讼判决、裁定、调解书
      - 构成犯罪的追究刑事责任
      - 建立诉讼诚信制度和综合治理机制，将严重虚假诉讼作为严重失信行为纳入国家征信系统

名词解释与概念比较

1. 诉与诉权
2. 诉讼标的与诉讼请求
3. 确认之诉与变更之诉
4. 诉的合并与追加诉讼请求

选择题

（一）单项选择题

1. 下列哪一种民事诉讼请求属于给付之诉？（　　）

A. 甲起诉请求乙停止损害其名誉

B. 丙起诉丁请求撤销两人之间的买卖合同

C. 男方起诉前妻，请求将两人之子判归前妻抚养

D. 王某起诉李某，请求解除收养关系

视频讲题

2. 李明将房子租给王海居住，月租金 500 元。现在王海欠了李明 6 个月的房租未给，被李明诉诸法院，要求缴清房租。请问本案的诉讼标的是什么？（　　）

A. 李明租给王海的房子和王海欠李明的房租 3 000 元

B. 李明要求王海支付的 3 000 元租金

C. 李明提出诉讼请求所依据的其与王海之间存在的房屋租赁关系

D. 李明、王海与人民法院之间的诉讼关系

3. 下列哪一种民事诉讼请求属于确认之诉？（　　）

A. 某女起诉前夫，要求将两人之女判归自己抚养

B. 老刘起诉刘晓明，要求解除收养关系

C. 李明起诉王海，请求判决两人之间的买卖合同无效

D. 王林向法院起诉孙晓辉，请求判决两人离婚并分割夫妻共同财产

4. 乙租住甲的房屋，甲起诉乙要求其支付拖欠的房租。在诉讼中，甲放弃要求乙支付房租的请求，但要求法院判令解除与乙的房屋租赁合同。下列关于本案的哪种说法是正确的？（　　）

A. 甲的主张是诉讼标的的变更

B. 甲的主张是诉讼请求的变更

C. 甲的主张是诉的理由的变更

D. 甲的主张是原因事实的变更

5. 下列关于给付之诉的说法错误的是（　　）。

A. 给付之诉的诉讼请求只能针对物，而不能针对行为

B. 根据请求履行的义务是否到期，给付之诉可以分为现在的给付之诉和将来的给付之诉

C. 给付之诉的显著特点就是判决的可履行性

D. 太阳公司请求法院判决月亮公司停止非法使用其专利的诉讼请求是给付之诉

6. 下列属于消极的确认之诉的是（　　）。

A. 要求确认收养关系成立

B. 要求终止婚姻关系

C. 要求确认合同关系无效

D. 要求改变共有关系

7. 下列说法错误的是（　　）。

A. 诉讼参加人包括当事人和诉讼代理人

B. 民事诉讼法律关系的主体包括人民法院、人民检察院、诉讼参加人和其他诉讼参与人

C. 狭义的其他诉讼参与人仅包括证人、鉴定人、勘验人和翻译人员

D. 诉讼参加人都是民事诉讼中的诉讼主体

8. 下列说法错误的有（　　）。

A. 诉讼代理人的诉讼权利和诉讼义务是基于诉讼代理权而产生的

B. 法定诉讼代理人的诉讼权利和诉讼义务同当事人相同

C. 当事人和诉讼代理人统称为诉讼参加人

D. 诉讼代理人是民事诉讼法律关系的主体，也是诉讼主体

9. 陈国忠在安定庄有五间瓦房，陈国忠的儿子陈良在外地工作，2022 年陈国忠去世，陈国忠的五间瓦房由其侄子陈治一家暂住。2023 年陈治未经陈良同意，将房子卖给了同村的胡双龙，陈良听说后立即将陈治告上法庭，法院经审理后判决陈治将卖房所得款项全部返还陈良，陈治不服，提起上诉。在上诉审理过程中，陈治提起反诉，要求陈良返还其对房屋的修缮金。

问：二审法院应当如何处理陈治的反诉？（　　）

A. 应当将反诉与本诉一并审理、判决

B. 直接将案件发回重审

C. 可以对反诉进行调解，调解不成的发回重审

D. 可以对反诉进行调解，调解不成的告知陈治另行起诉

10. 甲公司起诉要求乙公司交付货物。被告乙公司向法院主张合同无效，应由原告甲公司承担合同无效的法律责任。关于本案被告乙公司主张的性质，下列哪一说法是正确的？（　　）

A. 该主张构成了反诉

B. 该主张是一种反驳

C. 该主张仅仅是一种事实主张

D. 该主张是一种证据

11. 刘某习惯每晚将垃圾袋放在家门口，邻居王某认为会招引苍蝇并影响自己出入家门。王某为此与刘某多次交涉未果，遂向法院提起诉讼，要求刘某不得将垃圾袋放在家门口，以保证自家的正常通行和维护环境卫生。关于本案的诉讼标的，下列哪一选项是正确的？（　　）

A. 王某要求刘某不得将垃圾袋放在家门口的请求

B. 王某要求法院保障自家正常通行权的请求

C. 王某要求刘某维护环境卫生的请求

D. 王某和刘某之间的相邻关系

12. 关于反诉，下列哪一选项是正确的？（　　）

A. 甲诉乙侵权纠纷一案，乙提出反诉后，甲自觉理亏而撤回了本诉，法院则应当将反诉终结审理

B. 某法院对自己作出的某案件的二审判决进行再审时，被告提出反诉，法院对此应当进行调解，调解不成的，告知另行起诉

C. 丙诉丁交付货物，丁聘请了律师，并出具了仅写明“全权委托”字样的授权委托书，庭审中丁的律师可以代替丁提出反诉

D. 戊诉己借款纠纷案，己在庭审中对戊提出人身损害赔偿的反请求，法院对此应当进行调解，调解不成的，告知另行起诉

13. 甲的邻居乙买来建筑材料，准备在房后建一杂物间，甲认为会挡住自己出入的通道，坚决反对。乙不听。甲向法院起诉，请求法院禁止乙的行为。该诉讼属于哪类诉？（　　）

A. 确认之诉　　B. 形成之诉

C. 给付之诉　　D. 变更之诉

14. 甲因乙久拖房租不付，向法院起诉，要求乙支付半年房租 6 000 元。在案件开庭审理前，甲提出书面材料，表示时间已过去 1 个月，乙应将房租增至 7 000 元。关于法院对甲增加房租的要求的处理，下列哪一选项是正确的？（　　）

A. 作为新的诉讼受理，合并审理

B. 作为诉讼标的变更，另案审理

C. 作为诉讼请求增加，继续审理

D. 不予受理，告知甲可以另行起诉

15. 关于诉的分类的表述，下列哪一选项是正确的？（　　）

A. 孙某向法院申请确认其妻无民事行为能力，属于确认之诉

B. 周某向法院申请宣告自己与吴某的婚姻无效，属于变更之诉

C. 张某在与王某协议离婚后，又向法院起诉，主张离婚损害赔偿，属于给付之诉

D. 赵某代理女儿向法院诉请前妻将抚养费从每月 1 000 元增加为 2 000 元，属于给付之诉

16. 刘某与曹某签订房屋租赁合同，后刘某向法院起诉，要求曹某依约支付租金。曹某向法院提出的下列哪一主张可能构成反诉？（　　）

A. 刘某的支付租金请求权已经超过诉讼时效

B. 租赁合同无效

C. 自己无支付能力

D. 自己已经支付了租金

（二）多项选择题

1. 甲、乙之间签订一份服装买卖合同，合同到期后甲没有交货，乙诉甲违约，要求甲履行合同；甲则向法院主张服装买卖合同无效，要求法院确认合同无效。本案所涉及的诉的种类有（　　）。

A. 确认之诉　　B. 给付之诉

C. 变更之诉　　D. 反诉

2. 下列属于给付之诉的有（　　）。

A. 要求判决赔偿损失

B. 请求判决履行合同

C. 请求判决合同无效

D. 请求判决离婚

3. 下列哪些情形可以引起诉的合并？（　　）

A. 乙和丙分别租用甲的房屋但都欠房租不交，甲将乙和丙同时诉诸法院
B. 李某起诉张某返还借款以及迁出所占房屋
C. 王某起诉离婚并请求分割财产
D. 李某起诉周某和王某违反合同

4. 下列关于诉权的说法正确的是（　　）。
A. 诉权优先于诉讼程序产生，而诉讼权利则产生于诉讼程序开始之后
B. 诉权指向诉讼程序的开始和对当事人民事权益的保护与强制实现，而诉讼权利则指向诉讼行为
C. 诉讼权利是诉权在诉讼中的具体体现
D. 诉权的行使以诉讼行为的行使为外在载体

5. 关于诉的种类的表述，下列哪些选项是正确的？（　　）
A. 甲公司以乙公司违约为由，诉至法院要求解除合同，属于变更之诉
B. 甲公司以乙公司的履行不符合约定为由，诉至法院要求乙公司继续履行，属于给付之诉
C. 甲向法院起诉乙，要求返还借款 1 000 元，乙称自己根本没有向甲借过钱，该诉讼属于确认之诉
D. 甲公司起诉乙公司，要求乙公司立即停止施工或采取有效措施降低噪声，属于变更之诉

6. 下列关于诉的要素的说法正确的是（　　）。
A. 诉的要素是构成一个诉必须具备的不可缺少的因素
B. 诉的要素包括当事人、诉讼请求和诉讼理由
C. 只有具备了诉的要素，诉才能够特定化，法院才能确定明确的审理对象
D. 法院裁判中不能包含不被诉的要素之一诉讼请求所包容的内容

7. 下列哪些诉讼请求是确认之诉？（　　）
A. 李老汉向法院起诉要求其养子李大海给付赡养费
B. 李明向法院起诉要求法院判决其父亲的遗嘱有效
C. 王芳向法院起诉要求法院判决其与孙进的婚姻关系无效
D. 李海向法院起诉要求撤销其在王平威胁下签订的买卖祖传古董的合同

8. 下列关于诉的说法正确的是（　　）。
A. 诉是当事人获得司法保护的一种请求
B. 诉是当事人用来保护自己民事权益的一种救济手段
C. 诉是法院行使审判权的前提
D. 诉的主体只能是当事人

9. 2022 年 8 月，设立于同一行政区域内的甲公司向乙公司订购了 40 台电脑，协议约定乙公司于 2023 年 1 月 31 日之前交货，甲公司于 2023 年 3 月 15 日之前付清货款。乙公司按期向甲公司交付了 40 台电脑，但甲公司只在 2023 年 3 月向乙公司交付了 29 台电脑款，其余 11 台电脑款一直未交付。2024 年 1 月，乙公司起诉，要求甲公司支付余款及其利息，法院受理了此案。甲公司认为乙公司的电脑质量不合格，准备提起反诉。关于提起反诉的解答，下列哪些选项是正确的？（　　）
A. 甲公司的反诉在主体、管辖和牵连关系上都是符合反诉条件的
B. 该反诉应该在答辩期届满之前提出
C. 反诉所需要交纳的受理费较通常的起诉减半收取
D. 该反诉已经超过了诉讼时效，法院应依法裁定不予受理

10. 关于反诉，下列哪些表述是正确的？（　　）
A. 反诉应当向受理本诉的法院提出，且该法院对反诉所涉及的案件也享有管辖权
B. 反诉中的诉讼请求是独立的，它不会因为本诉的撤销而撤销
C. 反诉如果成立，将产生本诉的诉讼请求被依法驳回的法律后果
D. 本诉与反诉的当事人具有同一性，因此，当事人在本诉与反诉中诉讼地位是相同的

视频讲题

11. 关于反诉，下列哪些表述是正确的？（　　）
A. 反诉的原告只能是本诉的被告
B. 反诉与本诉必须适用同一种诉讼程序
C. 反诉必须在答辩期届满前提出

D. 反诉与本诉之间须存在牵连关系，因此必须源于同一法律关系

（三）不定项选择题

一日，乙陪同甲前往商场买冰箱，乙因商场地面滑而摔倒，致使右手臂骨折，因此花费了大量医药费。甲、乙认为责任在商场，要求商场赔偿损失，商场不予理睬，因此发生纠纷。

1. 上述案件中享有诉权的是（　　）。

A. 甲

B. 乙

C. 商场

D. 商场工作人员

2. 如果一方当事人起诉，则诉讼法律关系有（　　）。

A. 甲和法院的关系

B. 乙和法院的关系

C. 商场和法院的关系

D. 甲、乙和商场的关系

简答题

1. 简述诉的要素。
2. 简述诉的特征。
3. 简述诉权与诉讼权利的区别。
4. 简述诉权的外延。

案例分析题

李明和王晓然签订买卖一幅名画的合同。合同约定的交付日期到达后，李明拒绝交付该名画，王晓然起诉李明到法院，要求法院判决李明交付该名画，而李明提出反诉，要求法院确认该合同无效。在诉讼的进行过程中李明的父亲李玉向法院提出该名画系自己所有，李明无权处分。

问：在本案中存在哪些具体的诉讼请求？它们各属于诉的分类中的哪一类？

论述与深度思考题

试论诉权与审判权之应然关系。

参考答案

名词解释与概念比较

1.

诉	诉权
诉是当事人向法院提出的，就一定的民事纠纷要求法院作出利己裁判的诉讼请求	诉权是民事纠纷的主体所享有的，请求国家司法机关公正地解决他们之间存在的民事纠纷的权利，也就是纠纷当事人向法院提起诉的权利

2.

诉讼标的	诉讼请求
诉讼标的是当事人之间产生争议的并要求法院加以裁判的民事法律关系	诉讼请求是指诉方当事人向法院提出的关于如何处理其与对方当事人之间民事纠纷的主张

3.

确认之诉	变更之诉
一方当事人请求法院确认其与对方当事人之间的法律关系是否存在的诉	一方当事人请求法院作出裁判以改变或者消灭自己与对方当事人之间某种既存的民事法律关系的诉

4.

诉的合并	追加诉讼请求
法院将两个或两个以上的彼此之间有关联的单一之诉合并到一个诉讼程序中进行审理并予以裁判的制度	在诉讼进行过程中，当事人在诉讼请求不变的基础上，又提出了新的诉讼请求

选择题

（一）单项选择题

1. 答案：A

给付之诉是指一方当事人请求法院判令对方当事人向自己履行一定给付的诉。其最大的特点是生效判决的可执行性，所指的给付是广义的给付：既可以是现行的给付，也可以是将来的给付；给付的内容既可以是物的给付，也可以是行为的给付；至于行为的给付，则既包括积极作为的行为给付，也包括消极不作为的行为给付，如停止某种侵权行为的实施等。所以

本题A项是给付之诉，也是本题的正确答案。

2. 答案：C

诉讼标的是指当事人之间发生争议，请求法院裁判的民事权利义务关系，即C项所述的房屋租赁关系。诉讼标的与诉讼标的物不同，标的物是指该争议法律关系指向的对象，即A项所述的房屋和租金。任何一个诉都具备诉讼标的，但不一定都有标的物，只有财产案件才有诉讼标的物。财产案件中的诉讼标的物是权利的客体。

3. 答案：C

确认之诉是指请求法院确认当事人之间是否存在或不存在某种法律关系的诉。C项请求法院判决合同无效也就是请求法院确认当事人之间不存在有效的合同关系。A、B、D项都是要求变更当事人之间的法律关系，是变更之诉。

4. 答案：B

诉由诉的主体、诉讼标的、诉的理由构成。诉讼标的指双方当事人发生争议而请求法院作出裁判的民事法律关系。诉的理由指当事人向人民法院请求裁判保护和进行诉讼的根据。诉讼请求指当事人向法院提出的具体请求。在本题中，甲、乙因为租赁合同发生争议，甲放弃原来主张的要求乙支付房租的请求，而要求法院判令解除与乙的房屋租赁合同。在这个变更的过程中，诉讼标的一直是租赁合同关系，诉的理由和原因事实一直是乙拖欠房租，故诉讼标的、诉的理由和原因事实都没有变更，而是诉讼请求发生了变更，故应选B。

5. 答案：A

给付之诉的诉讼请求针对的不仅可以是物的给付，也可以是行为的给付，如停止实施某项行为，或要求实施某项行为。

6. 答案：C

消极的确认之诉是指原告起诉要求法院确认其主张的法律关系不存在的诉。B项为变更之诉。

7. 答案：D

诉讼参加人包括当事人和诉讼代理人，诉讼代理人中的委托诉讼代理人只有经过特别授权才能成为诉讼主体。

8. 答案：D

诉讼代理人中的委托诉讼代理人只有经过特别授权才能成为诉讼主体。

9. 答案：D

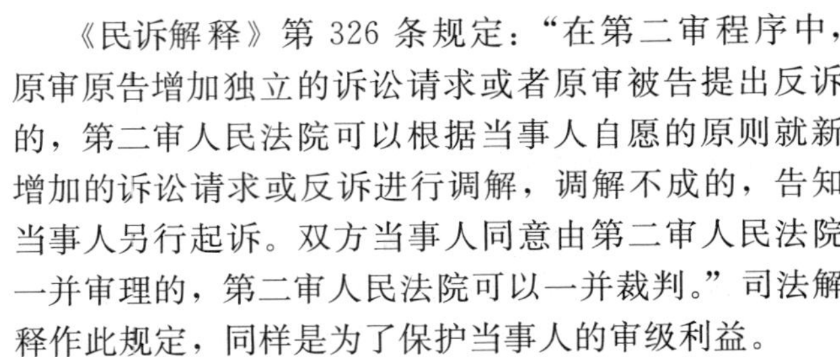
《民诉解释》第326条规定："在第二审程序中，原审原告增加独立的诉讼请求或者原审被告提出反诉的，第二审人民法院可以根据当事人自愿的原则就新增加的诉讼请求或反诉进行调解，调解不成的，告知当事人另行起诉。双方当事人同意由第二审人民法院一并审理的，第二审人民法院可以一并裁判。"司法解释作此规定，同样是为了保护当事人的审级利益。

10. 答案：A

反诉，是指在本诉的诉讼程序中，本诉被告针对本诉原告向法院提出的与本诉相关的诉。反诉不同于反驳，反驳是指被告针对原告提出的诉讼请求和理由，从实体和程序上、从事实上和法律上予以辩驳。反驳的目的虽然也在于使原告的诉讼目的无法实现，但是它并非向原告提出独立的诉讼请求。本题中，被告乙公司向法院提出合同无效的同时，向法院提出了独立的诉讼请求，即要求原告承担合同无效的法律责任。故本题中乙公司的主张是反诉，而非反驳。因此，本题的正确答案是A项。

11. 答案：D

诉讼标的是指民事当事人之间争议的请求法院审判的民事实体法律关系或者民事实体权利。本题中A、B、C项都属于诉讼请求，只有D项是"权利义务关系"，即诉讼标的。因此，本题的正确答案是D。

12. 答案：B

反诉，是指在本诉的诉讼程序中，本诉被告针对本诉原告向法院提出的与本诉相关的诉。本诉和反诉虽然有牵连关系，但是二者属于两个独立的诉。反诉提出后，即使本诉的诉讼请求被放弃或者撤回，也不影响反诉的存在，法院仍然要对反诉进行审理并作出裁判。故A项说法错误。《民诉解释》第326条规定，在第二审程序中，原审原告增加独立的诉讼请求或原审被告提出反诉的，第二审人民法院可以根据当事人自愿的原则就新增加的诉讼请求或反诉进行调解，调解不成的，告知当事人另行起诉。双方当事人同意由第二审人民法院一并审理的，第二审人民法院可以一并裁判。故B项说法正确。《民诉解释》第89条第1款规定，当事人向人民法院提交的授权委托书，应当在开庭审理前送交人民法院。授权委托书仅写"全权代理"而无具体授权的，诉讼代理人无权代为承认、放弃、变更诉讼请求，进行和解，提起反诉或者上诉。故C项说法错误。反诉必须与本诉之间存在牵连关系，

即存在法律上或者事实上的联系。D项中戊对己提出的是借款纠纷方面的请求，而己对戊提出的是关于人身损害赔偿方面的请求，二者不论从法律上还是事实上都没有联系，所以己不能因此提起反诉，法院应当告知己提起新的诉讼，更谈不上调解。故D项说法错误。

13. 答案：C

按照当事人诉讼请求的目的和内容的不同，可以把诉分为确认之诉、给付之诉、变更之诉。确认之诉是指原告请求法院确认自己与被告之间是否存在某种民事法律关系的诉。确认之诉的客体为法律关系。给付之诉，是指原告请求法院判令被告向其履行某种特定给付义务的诉讼。原告要求被告履行的给付义务既包括给付一定数额的货币和财产，也包括为或不为某种特定的行为。变更之诉又称形成之诉，是指法院以判决改变既存的某种法律关系的诉。据此，本题中甲请求法院禁止乙的行为属于给付之诉。因此C项正确。

14. 答案：C

诉讼请求是原告以诉讼标的为基础提出的具体实体请求。诉讼标的是指当事人之间发生争议的民事实体法律关系或者当事人所享有的民事实体权利。甲将房租增加至7 000元，属于诉讼请求的增加。根据《民诉法》第143条的规定，原告增加诉讼请求，被告提出反诉，第三人提出与本案有关的诉讼请求，可以合并审理。

15. 答案：C

根据诉讼标的之性质和内容，可将诉分为给付之诉、确认之诉和形成（变更）之诉。给付之诉，是指原告请求被告履行一定给付义务之诉。确认之诉，是指原告请求法院确认其主张的民事法律关系（或民事权益）或者特定的法律事实是否存在或者是否合法有效之诉。形成（变更）之诉，是指原告请求法院运用判决变动已成立或既存的民事法律关系（或民事权益）或者特定的法律事实之诉。根据三种诉的定义可知，选项C正确。A项是申请认定无民事行为能力案件，所适用的是特别程序，不属于诉讼案件，故A项错误。B项属于确认之诉。D项属于变更之诉，是请求将原有的法律关系的内容进行变更。

16. 答案：B

反诉，是指在本诉的诉讼程序中，本诉的被告以本诉的原告为被告，提起的与本诉相关的独立的诉。反诉的独立性体现为若本诉撤回或终结而反诉尚未审结时，应当继续审理反诉。ACD项均只构成被告的抗辩，若原告撤诉，法院无法继续就被告的主张进行审理，只有B选项“合同无效”的主张可以在原告撤诉后转化为确认合同无效之诉。因此B项正确。

（二）多项选择题

1. 答案：AB

乙要求甲履行合同是一种给付之诉，甲要求确认合同无效是一种确认之诉。

2. 答案：AB

C项为确认之诉，D项为变更之诉。

3. 答案：ABCD

诉的合并是指法院将两个或两个以上彼此之间有牵连的诉合并到一个诉讼程序中审理和裁判。其中A、D项是诉的主体的合并，B、C项是诉的客体的合并。

4. 答案：ABCD

诉权产生于诉讼程序之前，是符合法律规定的公民、法人、其他组织都具有的权利。诉权和诉讼权利之间有着内在的联系，诉权在诉讼程序过程中要通过具体的诉讼权利和诉讼行为来实现。

5. 答案：AB

根据请求的内容不同，可以将诉分为确认之诉、给付之诉、变更之诉（形成之诉）。A项中甲公司请求法院解除业已合法存在的合同法律关系，当属变更之诉，是正确的。B项中甲公司诉请法院判令乙公司继续履行合同，显属给付之诉，是正确的。C项中甲公司与乙公司虽然表面上是对于是否存在借款法律关系存在争议，要求法院确认，但实际上该诉所要解决的问题是甲要求乙偿还借款的诉讼请求能否获得支持，仍然是给付之诉。D项中甲公司的诉讼请求是要求乙公司立即停止施工或采取有效措施降低噪声，还是给付之诉，因为给付之诉不仅包括积极的作为内容，也包括消极的不作为内容，停止施工就是给付的一种表现样态。所以正确的答案是A、B项。

6. 答案：ABCD

诉的要素是一个诉必不可少的因素，只有具备了这些要素，诉才能够特定化。诉的要素包括当事人、诉讼请求和诉讼理由。当事人在提出诉时，必须提出法院作出判决的具体诉讼请求，以便为法院划定明确的审理范围。

7. 答案：BC

A 选项为给付之诉，不存在确认的诉讼请求。D 选项为变更之诉。可撤销的合同在撤销之前是具有法律效力的，撤销之后，法律效力溯及地消灭，法律关系就不存在了，所以是变更之诉。

8. 答案：ABCD

诉是特定原告对特定被告向法院提出的审判特定实体法主张的请求。诉的主体只能是当事人。民事诉讼遵循不告不理原则，因此诉是法院行使审判权的前提。

9. 答案：AC

所谓的反诉，是指在诉讼进行过程中，本诉的被告以本诉原告为被告，向受理本诉的人民法院提出与本诉具有牵连关系的、目的在于抵消或者吞并本诉原告诉讼请求的独立的反请求。本题中，甲公司认为乙公司的电脑质量不合格而反诉乙公司，主体是符合条件的；而且本题中甲公司的反诉与本诉中乙公司请求支付余款及其利息是有牵连关系的，所以 A 项的说法是正确的。《民诉解释》第 232 条规定："在案件受理后，法庭辩论结束前，原告增加诉讼请求，被告提出反诉，第三人提出与本案有关的诉讼请求，可以合并审理的，人民法院应当合并审理。"故而一般认为，反诉应在法庭辩论结束前提起，而非本题 B 项所说的答辩期届满前。因此 B 项的说法是错误的。《交费办法》第 18 条规定，被告提起反诉、有独立请求权的第三人提出与本案有关的诉讼请求，人民法院决定合并审理的，分别减半交纳案件受理费。所以 C 项是正确的。D 项存在两处错误：一是反诉并未超过诉讼时效。根据《民法典》第 188 条和《诉讼时效规定》第 4 条的规定，可以确定履行期限的合同纠纷，诉讼时效期间从履行期限届满之日起计算 3 年，本题约定的乙公司的履行期限是 2014 年 1 月 31 日，至甲公司准备提起反诉时，尚未超过 3 年。二是即便超过诉讼时效，法院也不应裁定不予受理。根据《民诉解释》第 219 条和《诉讼时效规定》第 2 条的规定，当事人超过诉讼时效期间起诉的，人民法院应予受理，且当事人未提出诉讼时效抗辩，人民法院不应对诉讼时效问题进行释明。受理后对方当事人提出诉讼时效抗辩，人民法院经审理认为抗辩事由成立的，判决驳回原告的诉讼请求。因此 D 项的说法是错误的，本题正确答案是 AC 项。

10. 答案：AB

本题主要考查反诉制度。反诉，是指在本诉的诉讼程序中，本诉的被告以本诉的原告为被告，提起的与本诉相关的诉。反诉具有以下特征：（1）当事人的同一性与特定性。在反诉中，同一当事人发生了诉讼地位的转换，但这并不意味着当事人因此具有相同的诉讼地位，因为一方当事人既是本诉的原告又是反诉的被告，另一方当事人既是反诉的原告又是本诉的被告。结合本题，D 项说法认为当事人的同一性会导致当事人诉讼地位相同是错误的。（2）诉讼请求的独立性。反诉是本诉被告利用已开始的诉讼程序提出的反请求，它本身不因本诉的消灭而消灭。反诉提出后，即使本诉的诉讼请求被放弃或撤回，反诉依然存在。结合本题，B 项说法正确。（3）诉讼目的具有对抗性。被告提出反诉的目的在于抵消或吞并原告提起的诉。但是反诉与本诉在实质上是相互独立的两个诉，反诉的成立并不必然意味着法院要驳回本诉的诉讼请求。结合本题，C 项说法认为一旦反诉成立即产生驳回本诉诉讼请求的法律后果是错误的，该说法过于绝对，是错误的。反诉的提出要满足以下条件：（1）须由本诉的被告向本诉的原告提出；（2）须在本诉进行中提出；（3）须向受理本诉的法院提出，且受诉法院对反诉有管辖权；（4）须与本诉适用同一诉讼程序；（5）须本诉与反诉之间存在牵连关系。结合本题，A 项说法正确。

11. 答案：AB

《民诉解释》第 232 条规定：在案件受理后，法庭辩论结束前，原告增加诉讼请求，被告提出反诉，第三人提出与本案有关的诉讼请求，可以合并审理的，人民法院应当合并审理。故选项 C 错误。《民诉解释》第 233 条规定：反诉的当事人应当限于本诉的当事人的范围。反诉与本诉的诉讼请求基于相同法律关系、诉讼请求之间具有因果关系，或者反诉与本诉的诉讼请求基于相同事实的，人民法院应当合并审理。故选项 A、B 正确，选项 D 错误。

（三）不定项选择题

1. 答案：BC

乙虽然没有购买商品，但是其是在商场摔倒的，商场就有责任，所以，乙有诉权。甲的权利没有受到

损害，所以甲没有诉权。诉权不仅为原告所享有，而且为被告所享有，所以商场也有诉权。

2. 答案：ABC

甲虽然不是当事人，但可以作为证人与法院形成诉讼关系。诉讼法律关系是以法院为核心的，因此不选 D 项。

简答题

1. 诉有三个要素：诉的主体、诉的客体和诉的原因。诉的主体是指直接发生民事纠纷的双方主体，即原告与被告。诉的客体包括诉讼标的与诉讼请求，诉讼标的和诉讼请求共同构成法院审判的主要对象或主要范围。诉的原因是指权利发生事实，具体包括民事法律事实和民事纠纷事实。

2. 诉有以下特征：

（1）诉是当事人期望获得司法保护的一种请求；

（2）诉是当事人用来保护自己民事权益的一种救济手段；

（3）诉是法院行使审判权的前提。

3. 诉权与诉讼权利是两个不同的概念，两者的区别表现在以下方面。

（1）两者的内涵和意义不同。诉权包含程序意义上的诉权和实体意义上的诉权两个方面的内容，分别指向诉讼程序的开始和对当事人民事权益的保护与强制实现，有无诉权直接关系到当事人能否获得司法保护。而诉讼权利是指民事诉讼法律关系主体为一定诉讼行为的可能性，它指向诉讼行为。

（2）两者产生的时间不同。诉权产生于当事人民事权益受到侵犯或发生争执之时，显然优先于诉讼程序。而诉讼权利则是产生于诉讼程序之后，只有行使诉权才能使当事人享有诉讼权利。

（3）两者的权利主体不同。诉权的主体是具备法定条件的公民、法人和其他组织。而诉讼权利的主体就是民事诉讼法律关系的主体。

4. 诉权的外延分为程序意义上的诉权外延和实体意义上的诉权外延两个方面。程序意义上的诉权，是指当事人发动诉讼程序，要求法院给予司法救济的权利。这种意义上的诉权，只要具备法律规定的条件，公民、法人和其他组织就都可以行使。其外延不仅包括起诉权和反诉权，还包括上诉权和申请再审权，后两者是起诉权和反诉权的自然延伸。实体意义上的诉权是指当事人请求法院通过审判强制实现其民事权益的权利。其外延表现为期待胜诉权（请求权）。这种意义上的诉权，从民事法律关系发生时就为权利主体所享有，只有在其民事权利受到侵犯或发生争议时才能行使。

案例分析题

本案中存在三个具体的诉讼请求：

（1）王晓然提出的请求李明给付名画的诉讼请求，该诉讼请求为给付之诉。

（2）李明提出的确认合同无效的诉讼请求，该诉讼请求为确认之诉。

（3）李玉提出的请求法院确认名画属于自己的诉讼请求，该诉讼请求属于确认之诉。

论述与深度思考题

在诉权与审判权的关系中，诉权处于核心地位，是本位，是基点。国家设置审判权的目的就是确保公民诉权的实现。诉权以及作为其具体表现形态的各种诉讼权利所涉及的事项，均属受当事人自主支配的自治领域，审判权不仅不能侵犯这一领域，而且应当充分保护这一领域的独立性和完整性。与审判权相比，诉权应当被置于制约审判权行使的优先地位，而审判权的行使则应以保障当事人诉权的实现为宗旨。

第三章　民事诉讼法基本原则

知识逻辑图

- 概述
  - 概念：民事诉讼法的基本原则是指在民事诉讼的整个过程中或在重要的诉讼阶段起指导作用的准则
  - 功能
    - 立法准则的功能
    - 行为准则的功能
    - 引导创造性司法的功能
  - 体系
    - 共有原则
      - 审判权由人民法院行使原则
      - 人民法院对案件独立进行审判原则
      - 以事实为根据，以法律为准绳原则
      - 使用本民族语言文字进行诉讼原则
      - 检查监督原则
    - 特有原则
      - 当事人平等原则
      - 辩论原则
      - 诚信原则
      - 处分原则

- 当事人平等原则
  - 含义：当事人在民事诉讼中享有平等的诉讼权利，人民法院审理民事案件应当平等地保障当事人行使诉讼权利
  - 内容
    - 当事人的诉讼地位平等
    - 人民法院应平等地保障当事人行使诉讼权利
  - 根据
    - 是公民在法律面前一律平等的宪法性原则在民事诉讼法领域的具体体现
    - 是程序公正的基本要求
    - 是民事实体法平等原则在民事纠纷解决领域的必然延伸

- 辩论原则
  - 含义：指民事诉讼的当事人就有争议的事实问题和法律问题，在法院的主持下陈述各自的主张和意见，互相进行反驳和答辩，以维护自己合法权益
  - 内容
    - 辩论原则贯穿于民事诉讼的全过程
    - 辩论的范围包括程序与实体两方面的内容
    - 辩论可以采用口头和书面两种形式
    - 人民法院应当保障当事人充分行使辩论权
  - 大陆法系国家民事诉讼中的辩论主义内涵
    - 直接决定法律效果发生的主要事实必须在当事人的辩论中出现，法院不能以当事人没有主张的事实作为判决的基础
    - 对于双方当事人都没有争议的事实，法院应当作为判决的基础
    - 法院对证据的调查，原则上仅限于当事人提出的证据，而不允许法院依职权主动调查证据

- 诚信原则
  - 含义：即诚实信用原则，指法院、当事人以及其他诉讼参与人在审理民事案件和进行民事诉讼时必须公正、诚实和善意
  - 确立根据
    - 个人本位主义的传统诉讼观向社会本位主义的现代诉讼观转变的需要
    - 适应现实诉讼关系多样化与复杂化的需要
    - 该原则在全部法领域中不断得到重视的结果
  - 适用
    - 对当事人
      - 禁止恶意制造诉讼状态
      - 禁止矛盾行为
      - 禁止滥用诉讼权利
      - 真实义务
      - 诉讼促进义务
    - 对法院
      - 禁止滥用自由裁量权
      - 禁止突袭裁判
    - 对其他诉讼参与人：在民事诉讼中实施诉讼行为时应诚实善意

- 处分原则
  - 含义：指民事诉讼当事人有权在法律规定的范围内，自由支配和处置自己依法享有的民事权利和诉讼权利
  - 内容
    - 处分权的主体是当事人
    - 处分权的对象是民事权利和诉讼权利
    - 体现
      - 民事诉讼程序是否开启，由当事人决定
      - 当事人的诉讼请求决定法院的审判对象
      - 诉讼开始后，原告可以申请撤回起诉，从而终结诉讼程序
      - 在诉讼中，当事人可以选择放弃自己的诉讼权利和实体权利
      - 当事人可以选择是否上诉、对生效的裁判是否申请再审以及是否申请强制执行等
  - 与审判权的关系
    - 处分权制约审判权
    - 审判权监督处分权
    - 审判权应当保障处分权的行使

- 检察监督原则
  - 含义：指人民检察院有权对民事诉讼实行法律监督
  - 检察监督的内容和方式
    - 对人民法院作出的生效判决、裁定、调解书实行监督，监督方式是提出抗诉或再审
    - 对审判人员在民事审判中的违法行为进行监督，监督方式为提出检察建议
    - 对民事执行活动进行法律监督，监督方式主要是提出检察建议

名词解释与概念比较

1. 民事诉讼法的基本原则
2. 当事人诉讼权利平等原则
3. 处分原则
4. 法院调解原则
5. 同等原则与对等原则

选择题

（一）单项选择题

1. 民事诉讼法规定，人民检察院有权对民事诉讼

实行法律监督。下列哪一种情形属于人民检察院进行民事检察监督的范围？（　　）

A. 陪审员丁某审理合同纠纷案件的过程中接受当事人礼金 1 000 元

B. 证人马某接受当事人礼金 2 000 元并提出了对该当事人有利的证言

C. 法官周某就某仲裁案件向仲裁员提供了对该案件当事人红星公司有利的咨询意见，红星公司以咨询费名义付给周法官 6 000 元

D. 法官陈某长期为某公司免费做法律顾问

视频讲题

2. 根据我国民事诉讼法关于检察监督的规定，人民检察院通常不会监督以下哪种行为？（　　）

A. 人民法院的审判行为

B. 人民法院的执行行为

C. 民事公益诉讼中原告的撤诉行为

D. 民事私益诉讼中被告的认诺行为

3. 有关我国民事诉讼中的处分原则，正确的是（　　）。

A. 民事诉讼中的处分，是指当事人对实体权利的支配

B. 我国处分原则是建立在“私法自治”基础上的诉讼原则，当事人完全可以自由处分

C. 当事人处分应该受人民法院依法监督

D. 不同当事人的处分权是完全相同的

4. 当事人诉讼权利平等指的是（　　）。

A. 当事人诉讼权利相同

B. 当事人诉讼地位相同

C. 当事人诉讼义务相同

D. 诉讼地位平等以及诉讼权利的对等性

5. 甲向法院起诉，要求判决乙返还借款本金 2 万元。在案件审理中，借款事实得以认定，同时，法院还查明乙逾期履行还款义务近 1 年，法院遂根据银行同期定期存款利息，判决乙偿还甲借款本金 2 万元，利息 520 元。关于法院对该案判决的评论，下列哪一选项是正确的？（　　）

A. 该判决符合法律规定，实事求是，全面保护了权利人的合法权益

B. 该判决不符合法律规定，违反了民事诉讼的处分原则

C. 该判决不符合法律规定，违反了民事诉讼的辩论原则

D. 该判决不符合法律规定，违反了民事诉讼的平等原则

6. 关于民事诉讼法基本原则在民事诉讼中的具体体现，下列哪一说法是正确的？（　　）

A. 当事人有权决定是否委托代理人代为进行诉讼，是诉讼权利平等原则的体现

B. 当事人均有权委托代理人代为进行诉讼，是处分原则的体现

C. 原告与被告在诉讼中有一些不同但相对等的权利，是同等原则的体现

D. 当事人达成调解协议不仅要自愿，内容也不得违法，是法院调解自愿和合法原则的体现

7. 王某以借款纠纷为由起诉吴某。经审理，法院认为该借款关系不存在，王某交付吴某的款项为应支付的货款，王某与吴某之间存在买卖关系而非借用关系。法院向王某作出说明，但王某坚持己见，不予变更诉讼请求和理由。法院遂作出裁定，驳回王某的诉讼请求。关于本案，下列哪一说法是正确的？（　　）

A. 法院违反了不告不理原则

B. 法院适用裁判形式错误

C. 法院违反了辩论原则

D. 法院违反了处分原则

8. 关于民事诉讼的基本原则，下列哪一选项是正确的？（　　）

A. 当事人诉讼权利平等原则意味着当事人拥有相同的诉讼权利

B. 处分原则意味着法院无权干涉当事人诉讼权利的行使

C. 原告提起诉讼与被告进行答辩是辩论原则的表现

D. 调解原则适用于民事审判程序和民事执行程序

9. A 县法院对甲诉乙侵权纠纷一案未经开庭审理即作出了判决，该审判行为直接违反了下列哪一项原

则或者制度？（　　）

A. 违反了当事人诉讼权利平等原则

B. 违反了辩论原则

C. 违反了合议制度

D. 违反了回避制度

10. 村民甲、乙因相邻关系发生纠纷，甲诉至法院，要求判决乙准许其从乙承包的土地上通过。审理中，法院主动了解和分析甲通过乙土地的合理性，听取其他村民的意见，并请村委会主任做双方工作，最终促成双方同意调解。调解时邀请了村中有声望的老人及当事人的共同朋友参加，双方互相让步达成协议，恢复和睦关系。关于法院的做法，下列哪一说法是正确的？（　　）

A. 法院突破审判程序，违反了依法裁判原则

B. 他人参与调解，影响当事人意思表达，违反了辩论原则

C. 双方让步放弃诉求和权益，违反了处分原则

D. 体现了司法运用法律手段，发挥调解功能，能动履职的要求

11. 关于民事诉讼基本原则的表述，下列哪一选项是正确的？（　　）

A. 外国人在我国进行民事诉讼时，与中国人享有同等的诉讼权利义务，体现了当事人诉讼权利平等原则

B. 法院未根据当事人的自认进行事实认定，违背了处分原则

C. 当事人主张的法律关系与法院根据案件事实作出的认定不一致时，根据处分原则，当事人可以变更诉讼请求

D. 环保组织向法院提起公益诉讼，体现了支持起诉原则

12. 社会主义法治的价值追求是公平正义，因此必须坚持法律面前人人平等原则。下列哪一民事诉讼基本原则最能体现法律面前人人平等原则的内涵？（　　）

A. 检察监督原则

B. 诚实信用原则

C. 当事人诉讼权利平等原则

D. 同等原则和对等原则

13. 根据《民诉法》规定的诚信原则的基本精神，下列哪一选项符合诚信原则？（　　）

A. 当事人以欺骗的方法形成不正当诉讼状态

B. 证人故意提供虚假证言

C. 法院根据案件审理情况对当事人提供的证据不予采信

D. 法院对当事人提出的证据任意进行取舍或否定

（二）多项选择题

1. 下列哪些选项正确地体现了我国民事诉讼法的辩论原则？（　　）

A. 辩论权的行使，不仅仅在法庭辩论阶段，而且贯穿于诉讼的全过程

B. 未经法庭辩论和质证的证据，通常情况下不得作为法庭裁判的根据

C. 当事人可以就案件的实体问题进行辩论，也可以就案件的程序问题进行辩论

D. 当事人提交的书面答辩状也属辩论的一种形式

2. 在民事诉讼中，下列哪些程序不适用法院调解？（　　）

A. 公示催告程序

B. 发回重审后的诉讼程序

C. 由人民检察院提起抗诉引起的再审程序

D. 执行程序

3. 下列哪些程序中可以适用辩论原则？（　　）

A. 第二审程序　　B. 审判监督程序

C. 督促程序　　D. 选民资格案件

4. 下列哪些体现了民事诉讼法的处分原则？（　　）

A. 案件审理过程中，原告撤回诉讼

B. 被告在一审中败诉，却没有依法提出上诉

C. 判决发生法律效力后，被告不执行判决，原告向法院申请强制执行

D. 法院依照审判监督程序对生效民事判决提起再审

5. 下列对当事人诉讼权利平等的认识，哪些是正确的？（　　）

A. 法律赋予当事人双方的权利可以是对等的，不必完全相同

B. 对某外国给予最惠国待遇，是对诉讼权利平等原则的践踏

C. 法院只强调当事人诉讼权利平等，而没有措施保障，这样违背平等原则

D. 法院对国有企业与个人之间的经济纠纷，给国有资产更多的保护，防止国有资产流失，这种

做法违反了民事诉讼法的平等原则

视频讲题

6. 检察监督的内容包括（　　）。

A. 对法院审理民事案件的过程和审判结果实施监督

B. 对民事审判活动中的其他违法犯罪行为实行监督

C. 对审判人员在民事诉讼中的违法犯罪行为进行监督

D. 对法官的违纪行为进行监督

7. 民事诉讼中的诚信原则适用主体包括（　　）。

A. 法院

B. 当事人

C. 其他诉讼参与人

D. 案外人员

8. 关于辩论原则的表述，下列哪些选项是正确的？（　　）

A. 当事人辩论权的行使仅局限于一审程序中开庭审理的法庭调查和法庭辩论阶段

B. 当事人向法院提出起诉状和答辩状是其行使辩论权的一种表现

C. 证人出庭陈述证言是证人行使辩论权的一种表现

D. 督促程序不适用辩论原则

9. 根据检察监督原则，对人民法院发生法律效力的判决、裁定，依据法定的事实和理由实行监督的方式是（　　）。

A. 向法院提出检察建议

B. 向法院提出质询

C. 由人民检察院提出抗诉

D. 由人民检察院改判

（三）不定项选择题

1. 在民事诉讼中享有处分权的主体包括（　　）。

A. 法院　　　　B. 当事人

C. 证人　　　　D. 鉴定人

2. A区人民法院为了提高法院的案件受理总数，让法院民警主动下乡动员乡镇企业起诉债务人，这种做法违反了民事诉讼法的（　　）原则。

A. 当事人诉讼权利平等原则

B. 支持起诉原则

C. 处分原则

D. 法院调解原则

3. 下列对民事诉讼法的基本原则的理解正确的是（　　）。

A. 调解原则是民事诉讼法的基本原则，但是在民事执行中不能进行调解

B. 当事人在民事诉讼中可以处分自己的民事诉讼权利，也可以处分自己的民事实体权利

C. 当事人提交书面的答辩状并不是辩论的形式

D. 对等原则是指在民事诉讼中双方当事人享有的诉讼权利不完全一致，但是是相对应的

4. 甲和乙因为房屋买卖合同发生民事纠纷，后诉至法院，下列哪些诉讼行为是行使辩论权的体现？（　　）

A. 甲聘请律师丙作为其代理人参加法庭调查

B. 乙提交书面答辩状

C. 乙和甲在法庭上展开激烈争论

D. 丙代表甲请求陪审员丁回避

5. 甲、乙二厂因购销合同纠纷诉至法院，在审理过程中，双方均同意以调解方式解决纠纷，达成协议，并制作了调解书，但在送达前，一方反悔。此时，人民法院应（　　）。

A. 不予理睬

B. 根据另一方当事人的申请，予以强制执行

C. 及时判决

D. 重新进行调解

简答题

检察监督的内容和方式。

案例分析题

案情：甲系某大学三年级女生。20××年5月5日，甲到国际知名连锁店乙超市购物，付款结账后取回自带的手袋，正要走出超市大门时，被超市保安阻

拦。保安怀疑甲携带了未结账的商品，欲将甲带到超市值班经理办公室处理。甲予以否认，争执过程中引来众多顾客围观。后在经理办公室，甲应值班经理要求出示了所买商品及结账单据。值班经理将甲自带的手袋打开检查，并叫来女工作人员对甲进行了全身搜查，均未查出未结账的商品，遂将甲放走。事后，甲在超市被搜身的消息在本校乃至其他高校传开，甲成了备受关注的“新闻人物”，对甲形成了巨大的精神压力，出现了失眠、头晕等症状，无法继续学业，医生建议其做心理治疗。甲认为乙超市侵害了自己的人格权，遂提起诉讼，请求判决乙超市赔偿精神损害 10 万元。

一审法院认为乙超市不能提出没有强令甲脱去内衣进行搜查的证据，故对脱衣搜查的事实予以认定；认为乙超市的搜查行为侵犯了甲的人格权，且侵权情节恶劣，后果较为严重，同时考虑到当地经济发展水平较高，判决被告赔偿精神损害 11 万元。乙超市不服，提出上诉。

请问本案一审判决违反了民事诉讼的什么基本原则?

论述与深度思考题

1. 试述我国民事诉讼法规定的辩论原则与大陆法系国家辩论原则的关系。

2. 试论诚实信用原则在民事诉讼中的体现。

参考答案

名词解释与概念比较

1. 民事诉讼法的基本原则，是指在民事诉讼过程中起指导作用的准则，也是人民法院、当事人和其他诉讼参与人进行民事诉讼活动必须遵循的准则。

2. 当事人诉讼权利平等原则，是指当事人在民事诉讼中应当平等地享有和行使诉讼权利，人民法院审理民事案件，应当平等保障和便利当事人行使诉讼权利。

3. 处分原则，简单地讲是指当事人在法律规定范围内处置自己的民事权利和民事诉讼权利的自由受法律保护。

4. 法院调解原则，是指人民法院在审理民事案件时，对能够调解的案件应根据自愿和合法的要求，以说服劝导的方式，促使争议双方互谅互让，达成协议，解决纠纷。

5. 同等原则，是指一国公民、组织在他国进行民事诉讼时，与他国公民、组织享有同等的诉讼权利和承担同等的诉讼义务。对等原则，是指一国法院在民事诉讼中对他国公民、组织的诉讼权利加以限制的，他国法院对该国公民、组织的民事诉讼权利给予同样的限制。同等原则与对等原则具有密切联系，同等原则是目的，对等原则是促使和保障同等原则实现的手段，是同等原则的必要补充。

选择题

（一）单项选择题

1. 答案：A

根据《民诉法》第 14 条的规定，人民检察院实行法律监督的范围是整个民事诉讼。选项 A 是陪审员的受贿行为，应该进行法律监督。

2. 答案：D

根据《民诉法》第 14、246 条规定，人民法院的审判行为、执行行为均属于检察监督的范围。在民事公益诉讼中，原告的自认行为可能损害社会公共利益，故属于人民检察院监督的范围。在民事私益诉讼中，被告的认诺行为是其行使处分权的结果，除非存在极其特殊的例外情形，不属于检察监督的范围。

3. 答案：C

我国民事诉讼中当事人的处分权不是绝对的，民事诉讼中的国家干预原则具体体现为人民法院的监督，这是处分原则的题中之意。

4. 答案：D

当事人诉讼权利平等是指双方当事人诉讼地位平等，既享有部分相同的诉讼权利，也享有部分对等的权利。

5. 答案：B

处分原则是民事诉讼的一项基本原则，其在民事诉讼中有若干方面的表现，例如民事诉讼程序是否开启由当事人决定；当事人在起诉时有权选择司法保护的范围和司法保护的方法；诉讼开始后，原告可以申请撤回起诉，从而终结诉讼程序。本题中，原告甲的诉讼请求仅限于要求乙偿还本金 2 万元，并未涉及逾期还款的利息。法院超出原告的诉讼请求，判令被告在偿还 2 万元本金之外还加付利息 520 元，显然违背了民事诉讼的处分原则。故选 B 项。

6. 答案：D

当事人有权决定是否委托代理人代为进行诉讼，是处分原则的体现；当事人均有权委托代理人代为进行诉讼，是诉讼权利平等原则的体现。因此，A项和B项错误。原告与被告在诉讼中有一些不同但相对等的权利，是诉讼权利平等原则的体现。同等原则是指外国人、无国籍人和外国组织在我国进行诉讼，依照法律规定，在起诉、应诉、申请回避、进行辩论、提起上诉等方面，与我国公民、组织享有同样的权利，承担同样的义务，不因国籍不同而受限制。因此C项错误。根据《民诉法》第9条和第96条的规定，人民法院审理民事案件，应当根据自愿和合法的原则进行调解；调解不成的，应当及时判决。调解达成协议，必须双方自愿，不得强迫。调解协议的内容不得违反法律规定。因此，D项正确，当选。

7. 答案：B

选项A错误：不告不理原则是民事诉讼法的基本原则，表现为法院审理民事纠纷的范围（诉讼内容与标的）由当事人确定，法院无权变更、撤销当事人的诉讼请求。选项B正确："驳回原告诉讼请求"应该用"判决"的形式，不能用"裁定"。因此，法院适用裁定形式错误。选项C错误：题干中给出"……王某坚持己见"，由此可知，王某行使了辩论权，法院并没有违反辩论原则。选项D错误：本案中"……王某坚持己见，不予变更诉讼请求和理由"正是王某对自己的权利进行处分的体现，法院根据王某的处分作出相应的处理，并没有违反处分原则。

8. 答案：C

当事人诉讼权利平等原则是指双方当事人的诉讼地位平等；双方当事人平等地行使诉讼权利，同时，人民法院平等地保障双方当事人行使诉讼权利；对当事人在适用法律上一律平等。诉讼权利平等并不意味着双方当事人的诉讼权利相同，故A项说法错误。处分原则是指民事诉讼当事人有权在法律规定的范围内，处分自己的民事权利和诉讼权利。这里强调"法律规定的范围内"，意味着当事人行使处分权并不是完全没有限制的，需要在法律规定的范围内行使。因此选项B说法错误。辩论原则是指诉讼当事人有权对争议的问题进行辩论，具体是指在人民法院主持下，当事人有权就案件事实和争议问题，各自陈述自己的主张和根据，互相进行反驳和答辩，以维持自己的合法权益。原告起诉和被告答辩都是辩论原则的体现，故C项说法正确。调解原则是指人民法院在审理民事案件的时候，可以根据自愿和合法的原则进行调解。也就是说，调解原则只适用于审判程序中，并不包括执行程序。故D项说法错误。

9. 答案：B

《民诉法》第12条规定，人民法院审理民事案件时，当事人有权进行辩论。A县法院未经开庭审理即作出了判决，侵犯了当事人的辩论权，违反了辩论原则。

10. 答案：D

参见《民诉法》第9、96、98条的规定。

11. 答案：C

《民诉法》第5条规定的"外国人、无国籍人、外国企业和组织在人民法院起诉、应诉，同中华人民共和国公民、法人和其他组织有同等的诉讼权利义务"属于同等原则的体现，A选项错误。法院未根据当事人的自认进行事实认定是违反辩论原则的体现，B选项错误。《民诉法》第15条规定："机关、社会团体、企业事业单位对损害国家、集体或者个人民事权益的行为，可以支持受损害的单位或者个人向人民法院起诉。"支持起诉的起诉人依旧是受损害的单位或个人，而非支持者，D选项错误。

12. 答案：C

检察监督原则参见《民诉法》第14条，诚实信用原则参见《民诉法》第13条，当事人诉讼权利平等原则参见《民诉法》第8条，同等原则和对等原则参见《民诉法》第5条。

13. 答案：C

诚实信用原则要求当事人在实施诉讼行为时应当诚实和善意，要求法院在审理和裁判民事案件时应当公正、合理，要求其他诉讼参与人在民事诉讼中实施诉讼行为时应诚实善意。选项A、B、D都违反了诚实信用原则，只有选项C符合诚实信用原则的要求。

（二）多项选择题

1. 答案：ABCD

我国民事诉讼法规定的辩论原则的具体含义包括以下几个方面的内容：辩论原则贯穿于民事诉讼的全过程，包括一审、二审和再审程序；辩论的内容既可以是程序方面的问题，也可以是实体方面的问题；辩论可以是口头形式的也可以是书面形式的；只有在法

庭上经过辩论的事实和证据材料，才能作为人民法院裁判的根据。

2. 答案：AD

根据《民诉解释》第 143 条，适用特别程序、督促程序、公示催告程序的案件，婚姻等身份关系确认案件以及其他根据案件性质不能进行调解的案件，不得调解。另外，执行程序的任务在于使生效法律文书确认的权利义务得以实现，因此执行程序中同样不适用调解。

3. 答案：AB

辩论原则强调当事人在法院的主持下，对各自主张进行陈述，并互相进行反驳。因此，在督促程序和选民资格案件这类非对抗性程序中，无法适用辩论原则。

4. 答案：ABC

处分原则强调当事人在法律规定的范围内处分自己的实体权利和诉讼权利。法院的审判行为不属于处分原则作用的范围。

5. 答案：ACD

B 选项错误地理解了最惠国待遇。我国对外国人实行国民待遇，不影响诉讼权利平等原则。

6. 答案：ABC

检察监督的对象是人民法院的民事审判活动，而法官的违纪行为如果不是发生在审判案件的过程中，则不属于检察监督的内容。

7. 答案：ABC

诚实信用原则要求当事人在实施诉讼行为时应当诚实和善意，要求法院在审理和裁判民事案件时应当公正、合理，要求其他诉讼参与人在民事诉讼中实施诉讼行为时应诚实善意。

8. 答案：BD

辩论原则是指在人民法院主持下，当事人有权就案件事实和争议问题，各自陈述自己的主张和根据，相互进行反驳和答辩，以维护自己的合法权益。辩论权之行使贯穿于诉讼的整个过程，即贯穿于从当事人起诉到诉讼终结的整个过程，不限于一审程序中开庭审理的法庭调查和法庭辩论阶段。因此，A 项错误。辩论的表现形式及方式是多种多样的，辩论既可以通过口头形式进行，也可以运用书面形式表达，当事人向法院提出起诉状和答辩状就是在行使其辩论权。因此，B 项正确。《民诉法》第 12 条规定，人民法院审理民事案件时，当事人有权进行辩论。据此可知，辩论权行使的主体是诉讼当事人。证人不是诉讼当事人，证人出庭陈述证言是证人在履行作证义务，而非是在行使辩论权。因此，C 项错误。辩论原则是当事人就案件事实和争议的问题进行对质和辩论的情况。而督促程序是一种非讼程序，它不解决当事人之间权利义务关系的争议。在整个程序过程中，没有双方当事人对质，不存在对权利义务关系本身的争议问题，也就没有辩论原则适用的余地。因此，督促程序不适用辩论原则，D 项正确。

9. 答案：AC

根据《民诉法》第 218 条，检察院对人民法院发生法律效力的判决、裁定，既可以通过检察建议的方式，也可以通过抗诉的方式实现检察监督。

（三）不定项选择题

1. 答案：B

民事诉讼中的处分原则指的是当事人有权在法律规定的范围内处分诉讼权利和实体权利，其主体仅限于当事人。而证人和鉴定人属于其他诉讼参与人。

2. 答案：C

民事诉讼当事人有权在法律规定的范围内处分自己的实体权利和诉讼权利，不受其他任何单位和个人的干涉。对于民事纠纷，当事人既有通过起诉进行司法解决的权利，也有不起诉而通过其他手段解决的权利。

3. 答案：AB

提交答辩书也是辩论权的行使方式之一。所以 C 项错误。对等原则是指，一国法院在民事诉讼中对他国公民、组织的诉讼权利加以限制的，他国法院对该国公民、组织的民事诉讼权利给予同样的限制。对等原则是促使和保障同等原则实现的手段，是同等原则的必要补充。而双方当事人享有相同或对应的诉讼权利是平等原则的体现。

4. 答案：BC

辩论权的行使既包括口头辩论，也包括书面辩论，因此 B、C 项应选。A、D 项都不属于行使辩论权，而是委托诉讼代理人和回避权的行使，因此不选。

5. 答案：C

根据《民诉法》第 102 条，调解未达成协议或者调解书送达前一方反悔的，人民法院应当及时判决。故 C 选项正确。

简答题

根据《民诉法》第 14、246 条的规定，检查监督的对象是人民法院的民事审判活动和民事执行活动，主要监督法官的审判行为和执行行为。具体而言，一是对人民法院作出的生效判决、裁定、调解书实行监督，监督的方式是依法定条件和程序提出抗诉或提出再审检察建议。二是对审判人员在民事审判中的违法行为进行监督，监督的方式主要是向同级人民法院提出检察建议。三是对民事执行活动实行监督，监督的方式主要是提出检察建议。此外，《民诉法》第 221 条规定，人民检察院因履行法律监督职责提出检察建议或者抗诉的需要，可以向当事人或者案外人调查核实有关情况。

案例分析题

本案一审判决存在的问题是：一审判决数额超出了原告的请求范围，违反了处分原则的要求，因而是错误的。

论述与深度思考题

1. 大陆法系国家的辩论原则与我国民事诉讼法的辩论原则虽然名称相同，但内涵有较大区别。大陆法系国家的辩论原则依附于当事人主义的诉讼模式，而我国现行民事诉讼法虽然弱化了法院的职权因素，但与当事人主义还存在一定的距离。可参见江伟、肖建国主编：《民事诉讼法》，9 版，38～60 页，北京，中国人民大学出版社，2023。

2. 诚信原则原为民法上的一项重要原则，它是将道德原则法律化而形成的解释法学上的概念。在民事诉讼领域适用诚实信用原则，是随着社会的发展才逐步完成的。现在，在各个实行市场经济的国家，诚实信用原则已经渗透到各个民事诉讼程序之中，不仅在审判程序，而且在执行程序、破产程序等方面，法官都在积极、频繁地适用诚实信用原则来解决新产生的复杂纠纷及法律问题。可参见江伟、肖建国主编：《民事诉讼法》，9 版，60～63 页，北京，中国人民大学出版社，2023。

第四章　民事诉讼法的基本制度

知识逻辑图

- 合议制度
  - 概念：指由三名以上的审判人员组成审判集体，代表人民法院行使审判权，对案件进行审理并作出裁判的制度
  - 意义
    - 使事实的认定更趋客观、全面和准确，防止和减少单个人在事实认定上的片面性
    - 有助于审判人员更加准确地理解和适用法律，防止和克服其认识上的偏差，从而使裁判更趋公正、法律适用更趋统一
    - 有利于实现法院系统内部的自行监督和制约，防止法官个人武断和对审判权的滥用
  - 组成
    - 方式
      - 由审判员和人民陪审员组成合议庭
      - 由审判员组成合议庭
    - 情形
      - 第一审案件合议庭的组成
      - 第二审案件合议庭的组成
      - 重审、再审案件合议庭的组成
  - 活动规则
    - 合议庭审判长的确定及职责
    - 案件承办法官的确定及职责
    - 合议庭的职责
    - 合议庭的评议规则
  - 合议庭与审判委员会、院长、庭长的关系

- 回避制度
  - 概念：指审判人员和其他有关人员，遇有法律规定的不宜参加案件审理活动的情形时，退出某一案件的审理活动的制度
  - 法定原因
    - 《民诉法》的规定
      - 是本案的当事人或者当事人、诉讼代理人的近亲属
      - 与本案有利害关系
      - 与本案当事人、诉讼代理人有其他关系，可能影响对案件的公正审理
      - 接受当事人、诉讼代理人请客、送礼，或者违反规定会见当事人、诉讼代理人
    - 《回避规定》
  - 适用对象：审判人员、法官助理、书记员、司法技术人员、翻译人员、鉴定人、勘验人、执行员和检察人员
  - 方式
    - 自行回避，即审判人员或其他有关人员认为自己具有法律规定的应当回避的情形时，主动要求不参与本案的审理活动
    - 申请回避，即当事人及其法定代理人认为审判人员或其他有关人员具有法律规定的应当回避的情形，而以口头形式或书面形式申请他们回避
    - 指令回避，即审判人员或其他人员具有法律规定的应当回避的情形，其本人没有自行回避，当事人及其法定代理人也没有申请其回避时，法院依职权决定其回避

- 回避制度
  - 程序
    - 回避的申请：既可以采取口头形式，也可以采取书面形式，并说明理由。回避的申请应当在案件开始审理时提出，但回避事由是在案件开始审理后知道的，也可以在法庭辩论终结前提出
    - 法院作出是否回避的决定
    - 救济程序：申请复议

- 公开审判制度
  - 概念：指人民法院对民事案件的审理和宣判应当依法公开进行的制度
  - 意义
    - 有利于促进和保障司法公正
    - 可以增强司法裁判的公信力
    - 促使当事人和其他诉讼参与人正确行使诉讼权利
    - 进行法制宣传教育
  - 内容
    - 审判主体应当公开，即审理案件的审判人员和参与决定案件结果的人员及记录人员应当公开
    - 向当事人公开和向社会公开
    - 不仅指法庭审判的公开，也包括其他程序阶段的公开
    - 不仅指形式上的公开，更重要的是贯彻实质上的公开
    - 既可以通过张贴公告、通知等传统方式公开，也可以在报纸、电视等媒体上公开，还可以通过互联网公开
  - 例外
    - 涉及国家秘密的案件
    - 涉及个人隐私的案件
    - 离婚案件和涉及商业秘密的案件，当事人申请不公开审理的，可以不公开审理
    - 法院调解原则上不公开进行，当事人同意公开的除外；调解协议内容不公开，但为保护国家利益、社会公共利益、他人合法权益，法院认为确有必要公开的除外
    - 法律另有规定的其他不公开审理的案件

- 两审终审制度
  - 概念：指一个民事案件经过两级人民法院的审判就宣告终结的制度
  - 例外
    - 最高人民法院直接受理和审判的一审民事案件
    - 依照特别程序审理的案件
    - 依照督促程序、公示催告程序和小额诉讼程序审理的案件
  - 理由
    - 依据当时的经济和文化发展情况，便利于当事人进行诉讼，减少讼累
    - 可以使高级人民法院和最高人民法院摆脱审理过多上诉案件的工作负担，从而集中精力搞好对审判业务的指导、监督工作
    - 能够保证案件的公正审判
    - 我国的审判监督程序可以弥补审级较少的不足
  - 缺陷和完善

- 陪审制度
  - 概念：指审判机关吸收法官以外的公民参与案件审判活动的制度
  - 种类
    - 英美法系的陪审团制
    - 大陆法系的参审制
  - 意义
    - 更好地实现司法民主和诉讼民主
    - 更好地实现普通民众对司法的监督，维护司法权的健康运行
    - 能够弥补职业法官在知识、经验和能力上的不足
    - 有利于普法教育
  - 我国陪审制度的内容

名词解释与概念比较

1. 独任制与合议制
2. 陪审制度
3. 回避制度
4. 公开审判制度
5. 两审终审制

选择题

（一）单项选择题

1. 有关民事诉讼中实行公开审判的表述哪些是正确的？（　　）

A. 案件的审理、合议庭的评议、判决的宣告应当公开

B. 对涉及国家秘密的案件不公开审理，但宣判要公开

C. 对于涉及个人隐私的案件，人民法院应当根据当事人申请不公开审理

D. 离婚案件只能不公开审理

2. 有关公开审判制度，正确的是（　　）。

A. 不公开审理的案件可以不必开庭审理

B. 不公开审理的案件宣判时应当公开

C. 涉及个人隐私的案件是否公开审理，由当事人申请法院决定

D. 涉及商业秘密的案件，法律明文规定不公开审理

3. 有关合议制度，正确的是（　　）。

A. 一审案件可以由审判员一人审理

B. 实行合议制一定事事都要由合议庭研究决定

C. 二审合议庭可以由审判员三人以上组成，也可以由审判员和陪审员三人以上组成

D. 陪审员三人以上可以组成合议庭

4. 下列案件，应公开审理的是（　　）。

A. 某公司工程师李某将自己所在公司的商业秘密提供给其他公司，造成公司很大损失

B. 李某因泄露王某个人隐私而被王某起诉到法院

C. 王某因不堪丈夫的虐待而起诉离婚，并向法院申请不公开审理

D. 16 岁的李某因损害他人财物被告上法庭

5. 下列哪些情形不需要回避？（　　）

A. 人民陪审员李某为本案原告的叔叔

B. 书记员何某是本案被告某公司的股东

C. 审判员宋某为本案原告代理律师的大学同学

D. 审判长朱某与本案原告代理人（常在本院办案）刘律师认识，但无私交

6. 法律未明文规定公开审理或不公开审理的案件，应当（　　）。

A. 一律公开审理　　B. 可以公开审理

C. 一律不公开审理　　D. 可以不公开审理

7. 某法院审理甲诉乙一案，丙、丁、戊 3 人组成合议庭，院长丙任审判长，甲申请丙回避。此回避的审查决定权在于（　　）。

A. 该院审判委员会

B. 上级人民法院院长

C. 同级人民检察院检察委员会

D. 合议庭

8. 二审人民法院在对上诉案件的审理过程中，发现该案一审的陪审员李小明是本案原告李某的弟弟，而李小明并没有自行回避，双方当事人也没有申请回避。请问：二审法院应该如何处理？（　　）

A. 视为当事人放弃申请回避的权利，继续审理

B. 裁定中止诉讼

C. 裁定撤销原判，发回重审

D. 报上级人民法院处理

9. 在民事诉讼中，书记员的回避由（　　）决定。

A. 院长　　B. 审判委员会

C. 审判长　　D. 自己

10. 关于陪审制度，下列说法错误的是（　　）。

A. 在我国，陪审制度适用于任何审级

B. 案件是否实行陪审由法院根据具体情况决定

C. 陪审员在人民法院执行职务的过程中与审判员有同等的权利和义务

D. 陪审员不仅有权参与案件事实的审理，而且也有权参与案件法律适用的判断

11. 下列关于合议庭的说法错误的是（　　）。

A. 合议庭的组成因审级的不同而不同

B. 陪审员在合议庭中同审判员有同等的权利

C. 陪审员可以担任合议庭的审判长

D. 选民资格案件必须由审判员组成合议庭进行审理

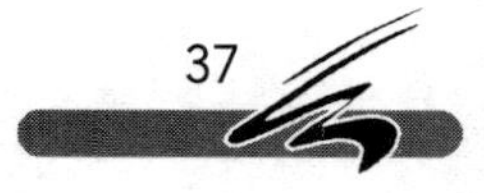

视频讲题

12. 下列说法中错误的是（　　）。

A. 发回重审的案件法院应重新组成合议庭，原合议庭的组成人员不能再参加重审案件的合议庭

B. 再审案件，原来是第一审的按照第一审程序另行组成合议庭，原来是第二审的按照第二审程序组成合议庭

C. 再审案件原来是第二审或上级法院提审的，按照第二审程序组成合议庭

D. 再审案件原来是第一审的，可以由另外的审判员独任重新审理

13. 对于下列哪个案件，人民法院应当不公开审理？（　　）

A. 孙燕与吕鹏的离婚之诉

B. 王霞和刘达的民事侵权案件，涉及王霞的个人隐私

C. 太阳公司的技术秘密被月亮公司窃取，太阳公司提出侵权之诉

D. 王三未经权利人孙二同意擅自使用其专利制造产品，孙二提起侵权之诉

14. 在甲诉乙名誉权纠纷案件中，在开庭审理前，甲以合议庭成员丙与本案有利害关系为由申请丙回避，又以书记员丁是乙的同学为由申请丁回避。请问：对丙、丁的回避分别由谁决定？（　　）

A. 审判长　审判长　　　B. 合议庭　审判长

C. 院长　审判长　　　D. 院长　院长

15. 关于回避，下列哪一说法是正确的？（　　）

A. 当事人申请担任审判长的审判人员回避的，应由审判委员会决定

B. 当事人申请陪审员回避的，应由审判长决定

C. 法院驳回当事人的回避申请，当事人不服而申请复议，复议期间被申请回避人不停止参与本案的审理工作

D. 如当事人申请法院翻译人员回避，可由合议庭决定

16. 关于民事诉讼中的公开审判制度，下列哪一选项是错误的？（　　）

A. 公开审判制度是指法院审理民事案件，除法律规定的情况外，审判过程及结果应当向群众、社会公开

B. 公开审判是指法院审理案件和宣告判决一律公开进行的制度

C. 涉及国家秘密的案件，属于法定不公开审理的案件

D. 离婚案件，属于当事人申请不公开审理，法院决定可以不公开审理的案件

17. 唐某作为技术人员参与了甲公司一项新产品研发，并与该公司签订了为期2年的服务与保密合同。合同履行1年后，唐某被甲公司的竞争对手乙公司高薪挖走，负责开发类似的产品。甲公司起诉至法院，要求唐某承担违约责任并保守其原知晓的产品的秘密。关于该案的审判，下列哪一说法是正确的？（　　）

A. 只有在唐某与甲公司共同提出申请不公开审理此案的情况下，法院才可以不公开审理

B. 根据法律的规定，该案不应当公开审理，但应当公开宣判

C. 法院可以根据当事人的申请不公开审理此案，但应当公开宣判

D. 法院应当公开审理此案并公开宣判

（二）多项选择题

1. 依照民事诉讼法的规定，人民法院依法不公开审理的民事案件有（　　）。

A. 离婚案件

B. 涉及商业秘密的案件

C. 涉及个人隐私的案件

D. 涉及国家秘密的案件

2. 关于申请回避，正确的有（　　）。

A. 当事人申请回避必须说明申请回避的理由

B. 人民法院应在申请回避的5日内作出决定

C. 申请人对人民法院的决定不服，可以向原法院申请复议一次

D. 复议期间，被申请回避的人员应暂停参加本案的工作

3. 下列有关民事诉讼中人民法院审判组织的表述，正确的是（　　）。

A. 适用简易程序审理的案件由审判员一人独任审理

B. 人民法院审理第二审案件可以由审判员和陪审员组成合议庭

C. 人民法院审理第一审普通程序民事案件，由审判员、陪审员共同组成合议庭或由审判员组成合议庭

D. 审理再审案件，原来是第一审的，按照第一审程序组成合议庭，原来是第二审或提审的案件，按照第二审程序组成合议庭

4. 下列哪些法院可以适用独任制审理民事案件？（　　）

A. 青岛市四方区人民法院

B. 深圳市龙岗区布吉镇人民法庭

C. 深圳市中级人民法院

D. 广东省高级人民法院

视频讲题

5. 下列人民法院的哪些做法是对两审终审制度的违反？（　　）

A. 最高人民法院审理的一审案件，不允许当事人对判决提起上诉

B. 人民法院依照特别程序审理的案件，不允许当事人对案件提起上诉

C. 一审人民法院适用简易程序审理的案件，不允许当事人提起上诉

D. 二审法院审理过程中，原审被告提出反诉，法院调解不成作出判决

6. 李某诉王某欠钱不还一案中，由某县人民法院组成合议庭进行审理。合议庭组成人员中，陪审员张某是李某的侄子，证人牛某是李某的女儿，书记员赵某是王某的表哥，李某的代理人孙某是其表弟。本案中应当回避的人是（　　）。

A. 张某　　B. 牛某　　C. 赵某　　D. 孙某

7. 下列关于合议庭的说法正确的有（　　）。

A. 合议庭由审判长主持

B. 合议庭是集体审判组织，其活动实行民主集中制

C. 合议庭成员均享有同等的权利，承担同等义务

D. 当合议庭成员意见不能达成一致时实行少数服从多数的原则

8. 根据我国《民诉法》和相关司法解释的规定，下列关于审判组织的哪些表述是正确的？（　　）

A. 再审程序中只能由审判员组成合议庭

B. 二审法院裁定发回重审的案件，原审法院应当组成合议庭进行审理

C. 法院适用特别程序审理案件，陪审员不参加案件的合议庭

D. 中级人民法院作为一审法院时，合议庭可以由审判员与陪审员共同组成，作为二审法院时，合议庭则一律由审判员组成

9. 下列说法正确的是（　　）。

A. 两审终审制是指第二审所作的判决、裁定为终审判决、裁定，当事人不得就此再进一步提出上诉

B. 人民法院依照特别程序和督促程序、公示催告程序所审理的案件是一审终审

C. 我国的上诉审既是法律审又是事实审

D. 最高人民法院审理的一审案件是二审终审的例外

10. 关于陪审制的说法正确的是（　　）。

A. 陪审制使公众对司法的监督作用得以充分发挥

B. 陪审员直接参与法律的执行，从理念上讲代表公众意志

C. 在我国，陪审员既参加案件事实的判断，又参加法律适用的判断

D. 陪审员制度适用于我国的任何审级的诉讼程序

11. 王某与钱某系夫妻，因感情不和，王某提起离婚诉讼，一审法院经审理判决不准予离婚。王某不服，提起上诉，二审法院经审理认为应当判决离婚，并对财产分割与子女抚养一并作出判决。关于二审法院的判决，下列哪些选项违反了民诉法的原则或制度？（　　）

A. 处分原则　　B. 辩论原则

C. 两审终审制度　　D. 回避制度

12. 根据我国民事诉讼法和相关司法解释的规定，下列关于审判组织的哪些表述是错误的？（　　）

A. 第二审程序中只能由审判员组成合议庭

B. 二审法院裁定发回重审的案件，原审法院可以由审判员与陪审员共同组成合议庭

C. 法院适用特别程序，只能采用独任制

D. 独任制只适用于基层法院及其派出法庭

13. 关于合议庭评议案件，下列哪些表述是正确的？（　　）

A. 审判长意见与多数意见不同的，以其意见为准判决

B. 陪审员意见得到支持、形成多数的，应按该意见判决

C. 合议庭意见存在分歧的，也可提交院长审查决定

D. 审判人员的不同意见均须写入笔录

14. 以下案件中不能适用独任制审理的有（　　）。

A. 某消费者权益保护协会提起的消费民事公益诉讼案件，销售额仅100元

B. 15名债权人共同向一名债务人诉请清偿债务，一审法院判决支持诉讼请求，被告提起上诉的二审案件

C. 原告向下落不明的被告主张解除合同，一审法院判决驳回原告诉讼请求，原告上诉的二审案件

D. 当事人就一审法院裁定不予受理不服提起上诉的二审案件

（三）不定项选择题

某法院审理王某诉赵某一案中，审判员李某、张某、孙某组成合议庭，李某任审判长，许某任书记员。案件审理过程中，原告侄子韩某出庭作证，另有勘验人员程某、翻译人员叶某出庭。

1. 原告以审判员孙某系被告赵某邻居为由，申请孙某回避。此时，合议庭应当（　　）。

A. 宣布休庭，报请该院审判委员会，决定是否回避

B. 宣布休庭，报请该院院长决定是否回避

C. 宣布休庭，由审判长李某决定是否回避

D. 当庭合议，决定孙某是否回避

2. 王某提出回避申请后，法院作出是否准许回避的决定期限为（　　）。

A. 王某申请提出的10日内

B. 王某申请提出的5日内

C. 王某申请提出的3日内

D. 当庭决定

3. 本案中，民事诉讼法规定的回避制度除适用于审判人员外还适用于（　　）。

A. 书记员许某

B. 翻译人员叶某

C. 证人韩某

D. 勘验人员程某

4. 下列哪些情形是审判人员回避的理由？（　　）

A. 审判人员与本案有利害关系

B. 审判人员是诉讼代理人的近亲属

C. 审判人员是本案当事人的近亲属

D. 审判人员受过纪律处分

简答题

1. 简述我国的回避制度的适用对象和法定原因。
2. 简述公开审判制度的积极意义。
3. 简述独任制的适用范围。

案例分析题

1. 原告甲公司向人民法院起诉被告乙及丙公司。甲公司在起诉状中称：被告乙原是其营销部经理，被丙公司高薪挖去，在丙公司负责市场推销工作。乙利用其在甲公司所掌握的商业秘密，将甲公司的销售与进货渠道等信息几乎全部提供给了丙公司，甲公司因此损失严重，请求乙和丙承担连带赔偿责任。同时，甲公司申请不公开审理，以避免商业秘密被泄露于第三人。人民法院能否同意原告不公开审理的要求？

2. 原告张某诉被告韩某合伙纠纷一案，原告方请求人民法院判决解除其与被告方合伙经营饭馆的合同关系。某县人民法院对此案进行审理，判决解除原、被告之间的合伙关系。被告方不服，向某市中级人民法院提起上诉。二审人民法院指定审判员沈某处理此案。沈某经过调查审理，判决维持原判。问：人民法院对此案的处理在程序上是否正确？

论述与深度思考题

试述我国的陪审制度以及你对完善我国陪审制度的建议。

参考答案

名词解释与概念比较

1.

独任制	合议制
由一名审判员代表人民法院对民事案件进行审判并作出判决。独任制原则上适用于适用简易程序审理的民事案件，可以适用于基层人民法院审理的基本事实清楚、权利义务关系明确的第一审民事案件和中级人民法院审理的一审适用简易程序审结或者不服裁定提起上诉的事实清楚、权利义务关系明确，并经双方当事人同意的第二审民事案件，以及除选民资格案件或者重大、疑难的案件以外的适用特别程序审理的案件。	合议制是人民法院组成合议庭审理民事经济纠纷的制度。合议庭是我国法院审判的基本组织形式，它适用于任何审级的法院，但审级不同，合议庭的组成人员也不同。

2. 陪审制度是审判机关吸收法官以外的社会公众代表参与案件审判的制度。

3. 回避制度是人民法院审判某一民事案件，执行审判任务的审判人员或其他有关人员，与案件有一定的利害关系，遇有法律规定的一定情形，应当主动退出本案的审理，当事人或其代理人也有权请求以上人员回避的制度。

4. 公开审判制度是指人民法院审理案件，除法律规定的情况外，审理过程应当向群众公开，向社会公开；不公开审理的案件，也应当公开宣判。

5. 两审终审制是指某一民事案件，经过两级人民法院审理后，就告终结的制度。

选择题

（一）单项选择题

1. 答案：B

公开审判是指案件的审判过程和宣告判决的过程向群众、向社会公开，但必须注意两点：（1）公开审判只包括开庭审理的过程以及法院判决宣告的过程，合议庭的评议过程不得公开。（2）公开审理和不公开审理都必须公开宣判。《民诉法》第 137 条规定，人民法院审理民事案件，除涉及国家秘密、个人隐私或者法律另有规定的以外，应当公开进行。离婚案件，涉及商业秘密的案件，当事人申请不公开审理的，可以不公开审理。所以 A 项、C 项、D 项错，应选 B 项。

2. 答案：B

不公开审判不同于不开庭审理，不公开审判的案件也要开庭审理，只是审理的过程不向社会公开，对进入审判庭的人员有严格限制。所以 A 项错误。《民诉法》第 151 条规定，人民法院对公开审理或者不公开审理的案件，一律公开宣告判决。B 选项正确。《民诉法》第 137 条规定："人民法院审理民事案件，除涉及国家秘密、个人隐私或者法律另有规定的以外，应当公开进行。离婚案件，涉及商业秘密的案件，当事人申请不公开审理的，可以不公开审理。"所以 C、D 项错误。

3. 答案：A

人民法院审理一审简单案件可以适用简易程序，由审判员一人独任审理，A 选项正确。实行合议庭审判的疑难复杂案件，合议庭难以作出决定的，可以提交设在法院的审判委员会决定，B 选项错误。《民诉法》第 41 条第 1 款规定，二审案件的合议庭只能由审判员组成，C 选项错误。根据《民诉法》第 40、41 条，陪审员不能单独组成合议庭，只能与审判人员一起组成。

4. 答案：D

《民诉法》第 137 条规定："人民法院审理民事案件，除涉及国家秘密、个人隐私或者法律另有规定的以外，应当公开进行。离婚案件，涉及商业秘密的案件，当事人申请不公开审理的，可以不公开审理。"因此，未成年人的民事案件应当公开审理，应选 D 项。

5. 答案：D

回避的规定，不仅适用于审判人员，且适用于书记员、翻译人员、鉴定人、勘验人。《民诉法》第 47 条规定，回避的事由包括：（1）是本案的当事人或当事人、诉讼代理人的近亲属；（2）与本案有利害关系；（3）与本案的当事人、诉讼代理人有其他关系，可能影响对案件公正审理的。所以本题除 D 项的情形无须回避以外，均应回避。

6. 答案：A

公开审理是民事诉讼的一项基本制度，法律未明文规定是否公开审理的案件一律公开审理。

7. 答案：A

《民诉法》第 49 条规定，院长担任审判长或者独任审判员时的回避，由审判委员会决定。

8. 答案：C

《回避规定》第 7 条规定，第二审人民法院认为第

一审人民法院的审理有违反本规定第 1 条至第 3 条规定的，应当裁定撤销原判，收回原审人民法院重新审判。该规定第 1 条规定，审判人员是本案的当事人或者与当事人有近亲属关系的，应当自行回避，当事人及其法定代理人有权以口头或者书面形式申请其回避。

9. 答案：A

《民诉法》第 49 条规定：院长担任审判长或者独任审判员时的回避，由审判委员会决定；审判人员的回避，由院长决定；其他人员的回避，由审判长或者独任审判员决定。《民诉解释》第 49 条规定，书记员和执行员适用审判人员回避的有关规定。根据《民诉法》第 49 条的字面含义，书记员的回避应由审判长或者独任审判员决定，但《民诉解释》第 49 条的参照适用规则使得书记员的回避应由院长决定。

10. 答案：A

在我国，陪审制只适用于第一审案件，第二审和再审案件不适用陪审制。

11. 答案：C

合议庭中的审判长只能由审判员担任，不能由陪审员担任。

12. 答案：D

重审案件只能由合议庭审理，不适用独任制。

13. 答案：B

《民诉法》第 137 条规定：“人民法院审理民事案件，除涉及国家秘密、个人隐私或者法律另有规定的以外，应公开进行。离婚案件，涉及商业秘密的案件，当事人申请不公开审理的，可以不公开审理。”

14. 答案：C

根据《民诉法》第 49 条，审判人员的回避由院长决定，其他人员的回避由审判长决定。

15. 答案：C

《民诉法》第 49 条规定，院长担任审判长时的回避，由审判委员会决定；审判人员的回避，由院长决定；其他人员的回避，由审判长或者独任审判员决定。《民诉法》第 40 条第 3 款规定：陪审员在执行陪审职务时，除法律另有规定外与审判员有同等的权利义务。所以，A 项中审判长的回避应由院长决定，B 项中陪审员的回避也应由院长决定，D 项中翻译人员的回避应由审判长或独任审判员决定。故 A、B、D 项均错误。《民诉法》第 50 条规定：人民法院对当事人提出的回避申请，应当在申请提出的 3 日内，以口头或者书面形式作出决定。申请人对决定不服的，可以在接到决定时申请复议一次。复议期间，被申请回避的人员，不停止参与本案的工作。人民法院对复议申请，应当在 3 日内作出复议决定，并通知复议申请人。C 项正确。

16. 答案：B

《民诉法》第 137 条规定，人民法院审理民事案件，除涉及国家秘密、个人隐私或者法律另有规定的以外，应当公开进行。离婚案件，涉及商业秘密的案件，当事人申请不公开审理的，可以不公开审理。因此，A、C、D 项是正确的。《民诉法》第 151 条规定，人民法院对公开审理或者不公开审理的案件，一律公开宣告判决。因此，B 项错误。

17. 答案：C

根据《民诉法》第 137 条的规定，人民法院审理民事案件，除涉及国家秘密、个人隐私或者法律另有规定的以外，应当公开进行。离婚案件、涉及商业秘密的案件，当事人申请不公开审理的，可以不公开审理。本案涉及商业秘密，是申请不公开审理的范围，只要一方当事人申请即可。选项 A、B、D 错误。根据《民诉法》第 151 条的规定，人民法院对公开审理或者不公开审理的案件，一律公开宣告判决。故 C 项正确。

（二）多项选择题

1. 答案：CD

离婚案件和涉及商业秘密案件都需要经申请才可以不公开审理，并非当然不公开审理。

2. 答案：AC

人民法院应该在收到申请后 3 日内作出是否回避的决定。复议期间，被申请回避的人员不停止参加本案工作。参见《民诉法》第 48、50 条。

3. 答案：AC

人民法院审理第二审案件的合议庭只能由审判员组成合议庭。所以 B 项错。审理再审案件，原来是第一审的，应当按照第一审程序另行组成合议庭。参见《民诉法》第 40、41 条。

4. 答案：ABC

根据《民诉法》第 40 条的规定，适用简易程序审理民事案件，由审判员一人独任审理，而适用简易程序的法院，只能是基层人民法院和它的派出法庭。A 项为基层人民法院，B 项为基层人民法院的派出法庭。同时，《民诉法》第 41 条第 2 款规定：“中级人民法院对第一审适用简易程序审结或者不服裁定提起上诉的第二审民事案件，事实清楚、权利义务关系明确的，

经双方当事人同意，可以由审判员一人独任审理。”所以中级人民法院有可能适用独任制审理民事案件。

5. 答案：CD

根据《民诉法》第 158 条，最高人民法院的判决、裁定是发生法律效力的判决、裁定。所以 A 项不选。根据《民诉法》第 185 条的规定，依照特别程序审理的案件，实行一审终审。因此 B 项不选。简易程序不影响两审终审，因此选 C 项。根据《民诉解释》第 326 条的规定，在第二审程序中，原审原告增加独立的诉讼请求或原审被告提出反诉的，第二审人民法院可以根据当事人自愿的原则就新增加的诉讼请求或反诉进行调解，调解不成的，告知当事人另行起诉。双方当事人同意由第二审人民法院一并审理的，第二审人民法院可以一并裁判。因此选 D 项。

6. 答案：AC

根据《民诉法》第 47 条，回避人员包括审判人员、法官助理、书记员、司法技术人员、翻译人员、鉴定人、勘验人。证人和诉讼代理人不属于回避的范围。

7. 答案：ABCD

参见《民诉法》第 45 条，《合议规定》第 4 条、第 11 条，《合议庭职责规定》第 1 条。

8. 答案：BCD

《民诉法》第 41 条第 4 款规定：“审理再审案件，原来是第一审的，按照第一审程序另行组成合议庭；原来是第二审的或者是上级人民法院提审的，按照第二审程序另行组成合议庭。”据此，再审所适用的程序既可能是一审程序，也可能是二审程序，如果是按照一审程序审理自然可能会有人民陪审员参与其中。所以 A 项是不正确的。《民诉法》第 41 条第 1、3 款规定：人民法院审理第二审民事案件，由审判员组成合议庭。合议庭的成员人数，必须是单数。发回重审的案件，原审人民法院应当按照第一审程序另行组成合议庭。所以 B 项是正确的。《民诉法》第 185 条规定：除选民资格案件或者重大、疑难的案件由审判员组成合议庭审理外，其他依照特殊程序审理的案件由审判员一人独任审理。据此，人民陪审员不能参与特别程序案件的合议庭。所以 C 项是正确的。《民诉法》第 40、41 条规定：人民法院审理第一审民事案件，由审判员、陪审员共同组成合议庭或者由审判员组成合议庭。人民法院审理第二审民事案件，由审判员组成合议庭。合议庭的成员人数均必须是单数。所以 D 项也是正确的。

9. 答案：ABCD

根据《民诉法》的规定，有些案件的裁判不允许上诉，实行的是一审终审，包括：(1) 最高人民法院直接受理和审判的一审民事案件；(2) 依照特别程序审理的案件；(3) 依照督促程序和公示催告程序审理的案件。

10. 答案：ABC

根据《民诉法》第 40 条的规定，在我国陪审制只适用于一审程序。

11. 答案：ABC

《民诉解释》第 327 条规定：一审判决不准离婚的案件，上诉后，第二审人民法院认为应当判决离婚的，可以根据当事人自愿的原则，与子女抚养、财产问题一并调解，调解不成的，发回重审。双方当事人同意由第二审人民法院一并审理的，第二审人民法院可以一并裁判。当事人对财产分割与子女抚养问题有处分权，法院不根据当事人自愿原则进行调解，直接对此作出判决违反了处分原则。二审法院直接在二审判决中对财产与子女抚养问题作出判决，剥夺了当事人对财产与子女抚养问题发表看法，陈述自己主张和根据，并进行反驳和答辩的权利，违反了辩论原则。二审法院对于“财产分割与子女抚养问题”直接作出判决，剥夺了当事人对此部分判决的上诉权，损害当事人的审级利益，违反了两审终审制度。

12. 答案：ACD

《民诉法》第 41 条规定：“中级人民法院对第一审适用简易程序审结或者不服裁定提起上诉的第二审民事案件，事实清楚、权利义务关系明确的，经双方当事人同意，可以由审判员一人独任审理。”所以二审程序也可以适用独任制，当二审程序适用合议制时，则只能由审判员组成。A 项错误，当选。《民诉法》第 41 条第 3 款规定：“发回重审的案件，原审人民法院应当按照第一审程序另行组成合议庭。”而第一审程序组成合议庭的规则是“由审判员、陪审员共同组成合议庭或者由审判员组成合议庭。”所以，发回重审的案件可以由审判员与陪审员组成合议庭。B 项正确，不选。《民诉法》第 185 条规定，适用特别程序审理的案件中，选民资格案件或者重大、疑难的案件，由审判员组成合议庭审理。所以 C 项错误，当选。根据《民诉法》第 40、41 条，独任制除了适用于基层法院审理第一审民事案件，还适用于中级人民法院审理的一审适用简易程序审结或者不符裁定提起上诉的事实清楚、权利义务关系明确，并经双方当事人同意的第二审民事案件。D项错误，当选。

13. 答案：BD

《民诉法》第45条规定，合议庭评议案件，实行少数服从多数的原则。评议应当制作笔录，由合议庭成员签名。评议中的不同意见，必须如实记入笔录。所以A项错误，B项正确，D项正确。根据《合议庭职责规定》第7条，合议庭在事实认定或法律适用上有重大分歧的案件，可以由审判长提请院长或者庭长决定组织相关审判人员共同讨论。所以C项错误。

14. ABC

根据《民诉法》第42条，下列案件不能适用独任制：(1) 涉及国家利益、社会公共利益的案件；(2) 涉及群体性纠纷，可能影响社会稳定的案件；(3) 人民群众广泛关注或者其他社会影响较大的案件；(4) 属于新类型或者疑难复杂的案件；(5) 法律规定应当组成合议庭审理的案件；(6) 其他不宜由审判员一人独任审理的案件。公益诉讼涉及社会公共利益，故不能适用独任制，A项正确。

《民诉法》第41条第2款规定："中级人民法院对第一审适用简易程序审结或者不服裁定提起上诉的第二审民事案件，事实清楚、权利义务关系明确的，经双方当事人同意，可以由审判员一人独任审理。"结合《简易程序规定》第1条，"(一) 起诉时被告下落不明的；(二) 发回重审的；(三) 共同诉讼中一方或者双方当事人人数众多的；(四) 法律规定应当适用特别程序、审判监督程序、督促程序、公示催告程序和企业法人破产还债程序的；(五) 人民法院认为不宜适用简易程序进行审理的"案件不适用简易程序。根据《民诉解释》第75条，10人以上一般即为人数众多，故B项案件属于一方人数众多的共同诉讼，一审案件不适用简易程序，上诉案件不能适用独任制，同理，C项案件不能适用简易程序，上诉案件不能适用独任制，故选项B、C正确。对不服裁定提起上诉的第二审民事案件，只要满足条件，可以适用独任制，故D项错误。

（三）不定项选择题

1. 答案：B

《民诉法》第49条规定，审判人员的回避由院长决定。同时，《民诉法》第48条规定，被申请回避的人员在人民法院作出是否回避的决定前，原则上应当暂停参与本案的工作，但案件需要采取紧急措施的除外。

2. 答案：C

《民诉法》第50条规定，人民法院对当事人提出的回避申请，应当在申请提出的3日内以口头或者书面形式作出决定。

3. 答案：ABD

《民诉法》第47条规定，回避的人员包括审判人员、法官助理、书记员、司法技术人员、翻译人员、鉴定人、勘验人。证人由于其对案件的事实亲身感知而具有不可替代性。因此C项不是应选项。

4. 答案：ABC

根据《民诉法》第47条的规定，审判人员有下列情形之一的，必须回避：(1) 是本案的当事人或当事人、诉讼代理人的近亲属；(2) 与本案有利害关系；(3) 与本案当事人、诉讼代理人有其他关系，可能影响对案件公正审理的。审判人员受过纪律处分，不是审判人员回避的法定事由。

简答题

1. (1) 我国现行法律规定适用回避的人员包括：审判人员、法官助理、司法技术人员、书记员、翻译人员、鉴定人、勘验人。(2) 适用回避的法定情形是：第一，审判人员或上述其他人员是本案当事人或当事人、诉讼代理人的近亲属。第二，审判人员或上述其他人员与本案有利害关系。第三，审判人员或上述其他人员与本案当事人有其他关系，可能影响对案件的公正审理。第四，审判人员或上述其他人员接受当事人、诉讼代理人请客、送礼，或者违反规定会见当事人、诉讼代理人。

2. 公开审判制度反映了司法文明，其积极意义是多方面的。第一，有利于促进和保障司法公正。第二，有利于促使当事人和其他诉讼参与人正确行使诉讼权利、履行诉讼义务。第三，实行公开审判，有利于进行法制宣传教育。

3. (1) 适用简易程序审理的民事案件，由审判员一人独任审理。基层人民法院审理的基本事实清楚、权利义务关系明确的第一审民事案件，可以由审判员一人适用普通程序独任审理；中级人民法院对第一审适用简易程序审结或者不服裁定提起上诉的第二审民事案件，事实清楚、权利义务关系明确的，经双方当

事人同意，可以由审判员一人独任审理。(2) 下列情形不适用：1) 涉及国家利益、社会公共利益的案件；2) 涉及群体性纠纷，可能影响社会稳定的案件；3) 人民群众广泛关注或者其他社会影响较大的案件；4) 属于新类型或者疑难复杂的案件；5) 法律规定应当组成合议庭审理的案件；6) 其他不宜由审判员一人独任审理的案件。

案例分析题

1. 公开审判是审判民事案件的基本制度，人民法院审理民事案件一般应公开审判，应当选期公布当事人姓名、案由和开庭的时间、地点，以便群众旁听、记者采访和报道。但是涉及国家秘密或个人隐私的案件，不能公开审理。此外，法律还规定，离婚案件或涉及商业秘密的案件，当事人申请不公开审理的，可以不公开审理。本案中，甲公司的销售及进货渠道等信息，对甲公司的经营有重大关系，一旦公开，很可能使其损失进一步扩大。因此甲公司认为案件涉及商业秘密，申请不公开审理是合情合理的，也是符合民事诉讼法的规定和最高人民法院的司法解释的，人民法院应当同意原告不公开审理的要求。

2.《民诉法》第 41 条规定："中级人民法院对第一审适用简易程序审结或者不服裁定提起上诉的第二审民事案件，事实清楚、权利义务关系明确的，经双方当事人同意，可以由审判员一人独任审理。"本案中，首先不能确定一审是否按照简易程序审理，其次未经双方当事人同意而由二审人民法院指定审判员沈某一人审理此案，在程序上显然是不正确的。

论述与深度思考题

陪审制度是国家审判机关吸收非职业法官参与审判案件的一项司法制度。在近代社会，陪审制作为公民直接参与司法活动的民主形式和公民权利的保障制度曾受到众多国家的青睐。我国法律虽然规定了陪审这一基本制度，但我国法学理论界和司法实务界对于陪审制度的存废以及如何改革产生了激烈的争论。具体可参见王韶华：《我国陪审制度废改之思考》，载《法律适用》，2003 (5)；廖永安、刘方勇：《社会转型背景下人民陪审员制度改革路径探析》，载《中国法学》，2012 (3)。

第五章　受案范围

知识逻辑图

- 概述
  - 含义：受案范围又称民事审判权的作用范围或民事裁判权的范围，即确定人民法院和其他国家机关、社会团体之间解决民事、经济纠纷的分工和职权范围，其通常被称为“法院主管”
  - 研究意义
    - 有助于当事人诉权的保护与实现
    - 有助于审判权功能的发挥
    - 有助于诉讼与非诉讼机制的协调发展
    - 有助于实现诉权与审判权的协调

- 立法规定及评析
  - 立法规定
    - 《民诉法》第3条规定：人民法院受理公民之间、法人之间、其他组织之间以及他们相互之间因财产关系和人身关系提起的民事诉讼，适用本法的规定
    - 民法调整的因财产关系和人身关系发生纠纷的案件
    - 婚姻法调整的因婚姻家庭关系发生纠纷的案件
    - 商法调整的因商事关系发生纠纷的案件
    - 经济法调整的部分因经济关系发生纠纷的案件
    - 劳动法调整的部分因劳动关系发生纠纷的案件
    - 法律规定由法院运用民事诉讼法解决的其他案件
  - 问题与评析
    - 界定模糊、笼统，且缺乏应有的涵盖力
    - 无限扩大法院民事受案范围
    - 完全以制定法为依据确定案件是否属于法院受案范围
    - 完全从法院的角度和立场出发，滥用司法解释权，对法院受案范围予以任意克减，严重侵犯当事人诉权

- 界定
  - 影响因素
    - 法院在国家政治生活中的地位
    - 法院司法权的本质属性（案件性原则和国家行为例外原则）
    - 司法干预社会生活的必要性与可能性
    - 司法政策的调整
  - 原则
    - 保障当事人接近司法救济原则
    - 兼顾公正与效益原则
    - 实定法依据为主，衡平正义观念为辅原则
  - 标准
    - 诉讼主体地位平等
    - 具有诉的利益
  - 争议解决机制
    - 审判权作用范围（法院主管）异议制度
    - 违反法院受案范围规定所作裁判效力否定制度

名词解释与概念比较

1. 民事诉讼主管（考研）
2. 民事诉讼的受案范围（考研）

选择题

（一）单项选择题

1. 北京甲公司与河北乙公司签订一份专利转让合同，合同约定："因本合同发生的争议交石家庄仲裁委员会进行仲裁。"合同履行过程中发生争议，甲公司向石家庄仲裁委员会申请仲裁，乙公司则向甲公司所在地的北京市海淀区人民法院提起诉讼。该法院立案受理后，甲公司对该院的受理提出异议。在这种情况下，该法院应如何处理？（　　）

A. 裁定驳回起诉

B. 裁定不予受理

C. 裁定本院具有管辖权

D. 裁定异议成立，移送有管辖权的仲裁机关受理

2. 上题例中，对乙公司的起诉，甲公司没有向受诉法院提出异议。开庭审理后，甲公司败诉几成定局，于是甲公司向法院提交了双方达成的仲裁协议。法院审查后认为该仲裁协议本身有效，此时应如何处理？（　　）

A. 继续审理

B. 判决该仲裁协议无效

C. 裁定驳回起诉

D. 依仲裁协议将案件移交有关仲裁委员会审理

3. 下面四个选项中，对主管与管辖的关系描述正确的是（　　）。

A. 主管与管辖是一回事，没有什么区别

B. 主管与管辖是对立关系

C. 主管是确定管辖的前提

D. 无管辖问题，也就无主管问题

4. 甲公司与乙公司因合同纠纷向 A 市 B 区人民法院起诉，乙公司应诉。经开庭审理，法院判决甲公司胜诉。乙公司不服 B 区法院的一审判决，以双方签订了仲裁协议为由向 A 市中级人民法院提起上诉，要求据此撤销一审判决，驳回甲公司的起诉。A 市中级人民法院应当如何处理？（　　）

A. 裁定撤销一审判决，驳回甲公司的起诉

B. 应当首先审查仲裁协议是否有效，如果有效，则裁定撤销一审判决，驳回甲公司的起诉

C. 应当裁定撤销一审判决，发回原审法院重审

D. 应当裁定驳回乙公司的上诉，维持原判决

5. A 市水天公司与 B 市龙江公司签订一份运输合同，并约定如发生争议提交 A 市的 C 仲裁委员会仲裁。后因水天公司未按约支付运费，龙江公司向 C 仲裁委员会申请仲裁。在第一次开庭时，水天公司未出庭参加仲裁审理，而是在开庭审理后的第二天向 A 市中级人民法院申请确认仲裁协议无效。C 仲裁委员会应当如何处理本案？（　　）

A. 应当裁定中止仲裁程序

B. 应当裁定终结仲裁程序

C. 应当裁定驳回仲裁申请

D. 应当继续审理

6. 张某根据与刘某达成的仲裁协议，向某仲裁委员会申请仲裁。在仲裁审理中，双方达成和解协议并申请依和解协议作出裁决。裁决作出后，刘某拒不履行其义务，张某向法院申请强制执行，而刘某则向法院申请裁定不予执行该仲裁裁决。法院应当如何处理？（　　）

A. 裁定中止执行，审查是否具有不予执行仲裁裁决的情形

B. 终结执行，审查是否具有不予执行仲裁裁决的情形

C. 继续执行，不予审查是否具有不予执行仲裁裁决的情形

D. 先审查是否具有不予执行仲裁裁决的情形，然后决定后续执行程序是否进行

7. 甲、乙因遗产继承发生纠纷，双方书面约定由某仲裁委员会仲裁。后甲反悔，向遗产所在地法院起诉。法院受理后，乙向法院声明双方签订了仲裁协议。关于法院的做法，下列哪一选项是正确的？（　　）

A. 裁定驳回起诉

B. 裁定驳回诉讼请求

C. 裁定将案件移送某仲裁委员会审理

D. 法院裁定仲裁协议无效，对案件继续审理

（二）多项选择题

1. 甲与乙公司签订劳动合同。甲在搬运货物时不慎受伤，为赔偿问题与乙公司发生争议。以下对纠纷解决方式的理解正确的是（　　）。

A. 可以向人民调解委员会申请调解，调解不成的，可以申请劳动仲裁

B. 可以直接向劳动争议仲裁委员会申请仲裁，对仲裁裁决不服的，可以向人民法院起诉

C. 必须先向劳动仲裁委员会申请仲裁，对仲裁裁决不服的，才可以向人民法院起诉

D. 法院在诉讼过程中应当先调解

2. 当事人在合同中约定了仲裁条款，出现下列哪些情况时，法院可以受理当事人的起诉？（　　）

A. 双方协商拟解除合同，但因赔偿问题发生争议，一方向法院起诉的

B. 当事人申请仲裁后达成和解协议而撤回仲裁申请，因一方反悔，另一方向法院起诉的

C. 仲裁裁决被法院依法裁定不予执行后，一方向法院起诉的

D. 仲裁裁决被法院依法撤销后，一方向法院起诉的

3. 甲公司与乙公司签订了一份钢材购销合同，约定因该合同发生纠纷双方可向A仲裁委员会申请仲裁，也可向合同履行地B法院起诉。关于本案，下列哪些选项是正确的？（　　）

A. 双方达成的仲裁协议无效

B. 双方达成的管辖协议有效

C. 如甲公司向A仲裁委员会申请仲裁，乙公司在仲裁庭首次开庭前未提出异议，A仲裁委员会可对该案进行仲裁

D. 如甲公司向B法院起诉，乙公司在法院首次开庭时对法院管辖提出异议，法院应当驳回甲公司的起诉

简答题

确定我国法院受案范围的原则是什么？

论述与深度思考题

试述民事诉讼主管与其他国家机关、社会团体组织处理民事争议的关系。

参考答案

名词解释与概念比较

1. 民事诉讼主管，是指法院与其他国家机关、社会团体之间解决民事纠纷的分工和权限。

2. 民事诉讼的受案范围，又称民事审判权的作用范围或民事裁判权的范围，是确定人民法院和其他国家机关、社会团体之间解决民事、经济纠纷的分工和职权范围。

选择题

（一）单项选择题

1. 答案：A

当事人达成仲裁协议后，一般不得就纠纷另行起诉。如果当事人起诉，人民法院审查后发现有仲裁协议，将不予受理；人民法院受理后，发现有仲裁协议，或被告在首次开庭前提交仲裁协议，人民法院将驳回起诉，但仲裁协议无效的除外；人民法院没有发现仲裁协议，被告在首次开庭前也没有提交仲裁协议的，人民法院应当继续审理。故本题选A项。

2. 答案：A

解析同前文单项选择题第1题。

3. 答案：C

主管解决的是人民法院与其他国家机关、社会组织的权力分工问题，管辖解决的是人民法院内部对于具体案件的权限划分问题。主管先于管辖发生，因此主管是管辖的前提，管辖是对主管的进一步落实。

4. 答案：D

参见《仲裁法》第26条。

5. 答案：D

参见《仲裁法解释》第13条。

6. 答案：C

参见《仲裁法解释》第28条。

7. 答案：D

《仲裁法》第3条第1项规定，婚姻、收养、监护、扶养、继承纠纷不能仲裁。第17条第1项规定，约定的仲裁事项超出法律规定的仲裁范围的，仲裁协议无效。

（二）多项选择题

1. 答案：AB

《劳动争议调解仲裁法》第5条规定："发生劳动争议，当事人不愿协商、协商不成或者达成和解协议后不履行的，可以向调解组织申请调解；不愿调解、

调解不成或者达成调解协议后不履行的，可以向劳动争议仲裁委员会申请仲裁；对仲裁裁决不服的，除本法另有规定的外，可以向人民法院提起诉讼。”同时，第10条规定，发生劳动争议可以向人民调解组织申请调解。所以选项A、B正确。根据《劳动合同法》第77条，劳动者有权选择仲裁或者诉讼方式，即可以在仲裁和诉讼中进行选择。故选项C错误。根据《简易程序规定》第14条，该条仅规定了法院审理劳务合同的案件应当先调解，所以，劳动合同纠纷不属于应当先行调解的案件范围。所以选项D错误。

2. 答案：CD

参见《仲裁法》第9条第2款、《民诉法》第248条第5款。

3. 答案：ABC

《仲裁法解释》第7条规定：当事人约定争议可以向仲裁机构申请仲裁也可以向人民法院起诉的，仲裁协议无效。但一方向仲裁机构申请仲裁，另一方未在《仲裁法》第20条第2款规定期间内提出异议的除外。所以A、C项正确。但是法律并没有规定管辖协议也同时无效，且根据《民诉法》第35条，在不违背级别管辖和专属管辖的前提下，合同纠纷的当事人可以通过协议选择案件由合同履行地法院管辖，所以B项正确。《仲裁法》第26条规定：当事人达成仲裁协议，一方向人民法院起诉未声明有仲裁协议，人民法院受理后，另一方在首次开庭前提交仲裁协议的，人民法院应当驳回起诉，但仲裁协议无效的除外；另一方在首次开庭前未对人民法院受理该案提出异议的，视为放弃仲裁协议，人民法院应当继续审理。仲裁协议无效，所以当甲公司向B法院起诉时，即使乙公司提出异议，法院也无须驳回起诉而可以继续审理。故D项正确。

简答题

（1）保障当事人接近司法救济的原则。

（2）兼顾公正与效益原则。

（3）实定法依据为主，衡平正义观念为辅原则。

论述与深度思考题

民事纠纷并非都属于法院主管的范围，除法院外，其他国家机关、社会团体组织也担负着解决一定范围民事纠纷的职责。因此，在确定民事诉讼主管时，有必要理顺法院与其他国家机关、社会团体组织处理民事争议的关系。根据我国法律规定及司法实践经验，在解决民事诉讼主管与其他国家机关、社会团体组织处理民事争议的关系问题上，原则上应采取司法最终解决的原则，即凡是其他国家机关、社会团体组织不能彻底解决的民事纠纷，最后由法院依照民事诉讼法，通过审判的方式予以解决。详见江伟、肖建国主编：《民事诉讼法》，9版，90～91页，北京，中国人民大学出版社，2023。

第六章　管　辖

知识逻辑图

- 概述
  - 概念：指各级人民法院之间和同级人民法院之间受理第一审民事案件的分工和权限
  - 意义
    - 对法院来说，管辖的确定可以使审判权得到落实，能有效避免各级法院之间相互推诿或者互争管辖权的现象，从而使各个法院能及时、正确地行使其审判职权和履行审判职责
    - 对当事人来说，明确管辖有利于当事人行使诉讼权利
    - 对社会来说，科学、合理地确定管辖，有助于社会公平正义的实现
    - 对国家主权来说，有利于人民法院正确处理涉外案件，维护国家、集体和人民的利益
  - 原则
    - 便于当事人进行诉讼
    - 便于案件的审理和执行
    - 保证案件的公正审判
    - 均衡各级人民法院的工作负担
    - 确定性与灵活性相结合
    - 有利于维护国家主权
  - 管辖恒定
    - 概念：指原告起诉时，若受诉法院依法享有对本案的管辖权，则此后不论确定管辖的事实在诉讼中发生何种变化，均不影响受诉法院对本案所享有的管辖权
    - 类别
      - 级别管辖恒定
      - 地域管辖恒定
  - 分类
    - 法律上：级别管辖、地域管辖、移送管辖和指定管辖
    - 理论上
      - 法定管辖和裁定管辖
      - 专属管辖和协议管辖
      - 共同管辖和合并管辖
- 级别管辖
  - 概念：指依照一定的标准，划分上下级法院之间受理第一审民事案件的分工和权限
  - 标准
    - 案件的性质
    - 案件的繁简程度
    - 案件的影响范围
    - 案件争议标的金额的大小
  - 各级法院管辖的第一审民事案件
    - 基层人民法院管辖的第一审民事案件
    - 中级人民法院管辖的第一审民事案件：重大涉外案件、在本辖区有重大影响的案件、最高人民法院确定由中级人民法院管辖的案件（海事、海商案件，公益诉讼案件，专利纠纷案件，著作权纠纷案件，重大的涉港、澳、台民事案件，诉讼标的金额大或者诉讼单位属于省、自治区、直辖市以上的经济纠纷案件，证券虚假陈述民事赔偿案件，涉及驰名商标认定的民事纠纷案件，公司强制清算案件，垄断民事纠纷案件）
    - 高级人民法院管辖的第一审民事案件：在本辖区有重大影响的第一审民事案件
    - 最高人民法院管辖的第一审民事案件
      - 在全国有重大影响的案件
      - 最高人民法院认为应当由本院审理的案件

- 地域管辖
  - 概念：又称土地管辖、区域管辖，是以人民法院的辖区和案件的隶属关系确定诉讼管辖，亦即确定同级人民法院之间在各自的区域内受理第一审民事案件的分工和权限
  - 标准
    - 诉讼当事人的所在地（尤其是被告的住所地）与法院辖区之间的联系
    - 诉讼标的、诉讼标的物或法律事实与法院辖区之间的联系
  - 一般地域管辖
    - 概念：指以当事人的所在地与人民法院的隶属关系来确定诉讼管辖
    - 原则规定：被告所在地人民法院管辖
    - 例外规定：原告所在地人民法院管辖
  - 特殊地域管辖
    - 概念：又称特别管辖，指以诉讼标的物所在地或者引起民事法律关系发生、变更、消灭的法律事实所在地为标准确定的管辖
    - 适用
      - 一般合同纠纷
      - 保险合同纠纷
      - 票据纠纷
      - 公司设立、确认股东资格、分配利润、解散等纠纷
      - 运输合同纠纷
      - 侵权纠纷
      - 交通事故损害赔偿纠纷
      - 海事、海商纠纷
  - 专属管辖
    - 因不动产纠纷提起的诉讼，由不动产所在地人民法院管辖
    - 因港口作业纠纷提起的诉讼，由港口所在地人民法院管辖
    - 因继承纠纷提起的诉讼，由被继承人死亡时住所地或主要遗产所在地人民法院管辖
    - 因在中华人民共和国领域内设立的法人或者其他组织的设立、解散、清算以及该法人或者其他组织作出的决议的效力等，审查授予的知识产权的有效性，在中华人民共和国领域内履行中外合资经营企业合同、中外合作经营企业合同、中外合作勘探开发自然资源合同，发生纠纷提起的诉讼，由中华人民共和国人民法院专属管辖
    - 双方当事人均为军人或者军队单位对民事案件由军事法院管辖
  - 一般地域管辖、特殊地域管辖与专属管辖的关系
  - 共同管辖和选择管辖
    - 共同管辖：对同一诉讼依照法律规定两个或两个以上的人民法院都有管辖权
    - 选择管辖：在共同管辖的情况下，当事人可以选择其中一个人民法院提起诉讼
  - 协议管辖
    - 含义：又称合意管辖或约定管辖，是指双方当事人在民事纠纷发生之前或发生之后，以书面形式约定第一审民事案件的管辖法院
    - 条件
      - 协议管辖只适用于合同纠纷或者其他财产权益纠纷
      - 协议管辖只适用于合同纠纷中的第一审案件，对于第二审案件以及再审案件不得以协议方式选择管辖法院
      - 协议管辖所约定的法院须在被告住所地、合同履行地、合同签订地、原告住所地或标的物所在地等与争议有实际联系的地点的法院中选择
      - 协议管辖为要式行为，必须采用书面形式
      - 协议管辖不得违背民事诉讼法关于级别管辖和专属管辖的规定
    - 分类
      - 明示协议管辖
      - 默示协议管辖

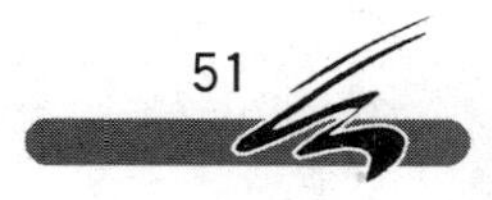

- 裁定管辖
  - 移送管辖
    - 概念：指人民法院受理案件后，发现本院对该案件无管辖权，而依法通过裁定方式将案件移送给有管辖权的人民法院审理的制度
    - 条件
      - 人民法院已经受理了案件
      - 受理该案的人民法院对本案无管辖权
      - 受移送的人民法院依法享有该案管辖权
    - 不得移送的情形
      - 受移送的人民法院即使认为本院对移送来的案件并无管辖权，也不得自行将案件移送到其他人民法院，而只能报请上级人民法院指定管辖
      - 有管辖权的人民法院受理案件后，根据管辖恒定的原则，其管辖权不受行政区域变更、当事人住所地或居住地变更的影响
      - 两个以上人民法院对案件都有管辖权时，应当由先立案的人民法院具体行使管辖权，先立案的人民法院不得将案件移送至另一有管辖权的人民法院
  - 指定管辖
    - 概念：指上级人民法院依法以裁定方式指定其辖区内的下级人民法院对某具体案件行使管辖权
    - 适用
      - 受移送的人民法院认为自己对移送来的案件无管辖权的，应报请上级人民法院指定管辖
      - 有管辖权的人民法院由于特殊原因不能行使管辖权的，由上级人民法院指定管辖
      - 法院之间因管辖权发生争议而又协商不成的，应报请它们的共同上级人民法院指定管辖
  - 管辖权转移
    - 概念：依据上级人民法院的决定或同意，将案件的管辖权从原来有管辖权的人民法院转移至无管辖权的人民法院，使无管辖权的人民法院因此取得管辖权
    - 情形
      - 上调性转移
      - 下放性转移
    - 管辖权转移与移送管辖的区别
      - 管辖权转移是有管辖权的法院将案件的管辖权移交给无管辖权的法院，案件的转移只是形式，管辖权的转移才是本质；移送管辖则是受诉法院在对案件无管辖权却错误地受理案件的情况下，为纠正错误而将案件移送给有管辖权的法院，其移送的仅仅是案件，而不涉及管辖权的变更
      - 管辖权转移主要用于调整级别管辖，案件的转移一般在上下级法院之间进行；而移送管辖主要适用于地域管辖，其目的在于纠正管辖权行使上的错误，案件的转移一般在同级法院间进行
      - 管辖权转移须经上级人民法院的决定或同意，而移送管辖无须上级法院及受移送法院的决定或同意
  - 管辖权异议
    - 概念：指当事人认为受诉人民法院对该案无管辖权，而向受诉人民法院提出的不服该法院管辖的意见或主张
    - 条件
      - 提出异议的主体必须是本案的当事人
      - 管辖权异议的客体是第一审民事案件的管辖权
      - 提出管辖权异议的时间须在提交答辩状期间
    - 人民法院对管辖权异议的处理

名词解释与概念比较

1. 专属管辖（考研）
2. 普通地域管辖与特殊地域管辖
3. 管辖恒定（考研）
4. 共同管辖与牵连管辖
5. 移送管辖与管辖权的移转（考研）

选择题

（一）单项选择题

1. 2016年3月，家住B市海河区的郑某向陈某住所所在地的B市丹阳区人民法院起诉，要求陈某返还借款1万元。丹阳区人民法院受理了此案。2016年4月，经政府正式批准，陈某住所所属的街道划归B市正义区。而在2016年5月，陈某的住所又迁至B市夏浦区，并在该区落入户口。在此情况下，郑某诉陈某还款一案应由哪一法院审理？（　　）

A. 由B市丹阳区法院将案件移送到B市正义区法院

B. 由B市丹阳区法院继续审理

C. 由B市丹阳区法院将案件移送到B市夏浦区法院

D. 由B市丹阳区法院将案件报送B市中级人民法院指定管辖

2. 李平（女）与王坚（男）二人于2000年在A市甲区民政局登记结婚，婚后二人一直居住在B市乙区。2014年李平与王坚因在C市从事假烟生产被公安机关查获，C市丙区人民法院于同年12月以生产假冒产品罪判处李平与王坚有期徒刑5年。判决生效后李平与王坚被关押在位于C市丁区的监狱。2017年5月，李平拟向法院起诉离婚。请问：下列哪个法院对本案有管辖权？（　　）

A. A市甲区法院　　B. B市乙区法院

C. C市丙区法院　　D. C市丁区法院

3. 张某和薛某均为甲市人，双方在乙市登记结婚，后薛某在丙市被判处有期徒刑3年，薛某服刑1年后张某将户口迁至丁市，欲起诉尚在服刑的薛某离婚。对此案哪地法院有管辖权？（　　）

A. 甲市　　B. 乙市

C. 丙市　　D. 丁市

4. 根据我国《民诉法》的规定，下列哪一法院对因共同海损而提起的诉讼无管辖权？（　　）

A. 船舶最先到达地的人民法院

B. 被告所在地的人民法院

C. 共同海损理算地的人民法院

D. 航程终止地人民法院

5. 北京市海淀区苏某与朝阳区赵某订立借款合同，约定赵某应于2012年4月还款1万元，但是赵某借口没钱逾期不还。苏某调查发现，赵某自己现在确实没有钱，但是其因买卖合同而对西城区王某享有15 000元的债权，于2012年3月到期，却怠于请求。因此苏某决定对王某提起代位权诉讼。请问：下列哪个法院有管辖权？（　　）

A. 海淀区法院

B. 朝阳区法院

C. 西城区法院

D. 北京市中级人民法院

视频讲题

6. 甲居住于甲地，乙居住于乙地，甲、乙系居住于丙地的丙的儿子，在丙死亡之前甲、乙达成仲裁协议，约定关于继承事项由北京市仲裁委员会仲裁，不得向人民法院起诉。在丙死亡后，甲、乙果然发生争议，甲欲申请仲裁，而乙则要主张仲裁协议无效，并欲就该协议效力请求法院裁决。乙应当向哪个地方的法院提出申请？（　　）

A. 甲地　　B. 乙地

C. 丙地　　D. 北京

7. 居住在美国的商人史密斯与我国某齿轮厂签订了一份中外合资经营企业合同，后双方因合同履行发生争议。经协商，双方约定到日本国某县法院进行诉讼。依我国《民诉法》的有关规定，该诉讼应当由谁管辖？（　　）

A. 美国商人史密斯居住地所在州的法院管辖

B. 中国法院管辖

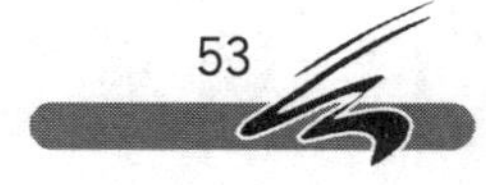

C. 日本国某县法院管辖

D. 国际法院管辖

8. 王某以赵某为被告向本县人民法院起诉要求赵某履行合同，赵某收到起诉状副本后，认为合同中约定合同发生纠纷时由合同履行地丙地人民法院管辖。而且赵某认为诉讼标的额大，不应当由县人民法院审理，因而欲提出管辖权异议。以下说法正确的是（　　）。

A. 赵某可以在提交答辩状期间提出管辖权异议

B. 赵某只能对案件的地域管辖提出异议，而不能对级别管辖提出异议

C. 赵某可以在一审开庭前提出管辖权异议

D. 赵某可以在对本案的上诉中对一审法院的管辖权提出异议

9. 甲县居民刘某与乙县大江房地产公司在丙县售房处签订了房屋买卖合同，购买大江房地产公司在丁县所建住房1套。双方约定合同发生纠纷后，可以向甲县法院或者丙县法院起诉。后因房屋面积发生争议，刘某欲向法院起诉。下列关于管辖权的哪种说法是正确的？（　　）

A. 甲县和丙县法院有管辖权

B. 只有丁县法院有管辖权

C. 乙县和丁县法院有管辖权

D. 丙县和丁县法院有管辖权

10. 2017年3月，A市B区甲公司起诉位于C市的某报社记者乙（户籍地为B区），诉称乙对甲公司的报道严重失实，侵犯公司的名誉权，要求乙赔偿损失500万元。乙住所地的中级人民法院受理此案。在答辩期间，乙提出抗辩认为其报道是在履行职务。甲于是申请变更被告为某报社，并将诉讼标的额降至100元。请问：下列说法中正确的是？（　　）

A. 由受理起诉的中级人民法院继续审理

B. 由受理起诉的中级人民法院裁定将案件移送到下级某区人民法院

C. 由受理起诉的中级人民法院裁定将案件移送到C市中级人民法院

D. 由受理起诉的中级人民法院裁定将案件移送到C市某区人民法院

11. 有权提出管辖权异议的诉讼参与人是（　　）。

A. 本诉的原告、被告、有独立请求权的第三人

B. 本诉的原告和被告

C. 本诉的原告、被告、有独立请求权的第三人以及无独立请求权的第三人

D. 仅限于本诉的被告

12. 下列哪些做法是错误的？（　　）

A. 甲认为乙欠自己2 000元，于是向自己的住所地法院申请支付令

B. 甲与乙在签订的合同中，约定如有争议，由合同履行地丙地人民法院或合同签订地丁地法院管辖，后争议发生，甲向丁地法院起诉，法院根据管辖协议受理

C. 甲首先向丙地人民法院申请财产保全，而后又在丙地起诉住所地在乙地的被告人乙

D. 分住在上海市3个区的甲、乙、丙三人合伙进行经营但未进行注册登记，也没有固定办事机构，后与另一公民丁发生争议，丁向乙的住所地闸北区法院起诉该合伙组织

13. 甲住在A市，驾车出游过程中，在C市撞倒了住所地在B市的乙，乙伤势严重，被送到离出事地点最近的D市医院。后乙因救治无效而在D市医院死亡。请问：乙的妻子以甲为被告向法院起诉，下列法院中没有管辖权的是？（　　）

A. A市法院　　B. B市法院

C. C市法院　　D. D市法院

14. 江成与李文系夫妻，两人均居住在河北省石家庄市。2015年，李文因患有精神病，到北京安定医院住院治疗。在长达2年的住院医疗期间，李文不仅病症未减轻，反而加重。因李文婚前隐瞒了曾患有精神病的情况，江成认为双方已没有夫妻感情，向法院起诉要求与李文离婚。江成应向哪个法院起诉？（　　）

A. 北京安定医院所在地的人民法院

B. 江成的老家赵县人民法院

C. 李文现住所地石家庄新华区人民法院

D. 双方当事人婚姻缔结地法院

15. 住在A市的甲欲将位于B市的一间25平方米的房屋出售，甲与住在C市的丙签订了房屋买卖合同，合同中约定：若双方发生争议，应当将争议提请A市法院管辖。后双方因房屋价金而发生纠纷。现甲欲起诉，确认该买卖合同无效。下列说法正确的是（　　）。

A. 他应向A市法院起诉

B. 他可以向B市法院或C市法院起诉

C. 他只能向B市法院起诉

D. 他只能向C市法院起诉

16. 一、二审法院驳回管辖权异议的裁定发生法律效力后，当事人就法院的管辖权问题申诉的，人民法院应当（　　）。

A. 未审结的，继续审理

B. 停止审理，重新审议

C. 判决生效后，法院经过复查发现管辖确有错误的，应按审判监督程序处理

D. 建议当事人提起上诉

17. A县人民法院受理一民事纠纷后，认为自己没有管辖权，遂将案件移送给B县人民法院。B县人民法院认为C县人民法院才有管辖权。此时，B县人民法院应该（　　）。

A. 将该案退回A县人民法院

B. 将该案移送给C县人民法院

C. 受理此案

D. 依照有关规定报请上级人民法院指定管辖

18. 根据《民诉法》和相关司法解释，关于中级人民法院，下列哪一表述是正确的？（　　）

A. 既可受理一审涉外案件，也可受理一审非涉外案件

B. 审理案件组成合议庭时，均不可邀请陪审员参加

C. 审理案件均须以开庭审理的方式进行

D. 对案件所作出的判决均为生效判决

19. 某省甲市A区法院受理一起保管合同纠纷案件，根据被告管辖权异议，A区法院将案件移送该省乙市B区法院审理。乙市B区法院经审查认为，A区法院移送错误，本案应归甲市A区法院管辖，发生争议。关于乙市B区法院的做法，下列哪一选项是正确的？（　　）

A. 将案件退回甲市A区法院

B. 将案件移送同级第三方法院管辖

C. 报请乙市中级人民法院指定管辖

D. 与甲市A区法院协商不成，报请该省高级法院指定管辖

20. 关于民事案件的级别管辖，下列哪一选项是正确的？（　　）

A. 第一审民事案件原则上由基层法院管辖

B. 涉外案件的管辖权全部属于人民法院

C. 高级法院管辖的一审民事案件包括在本辖区内有重大影响的民事案件和它认为应当由自己审理的案件

D. 最高法院仅管辖在全国有重大影响的民事案件

21. 红光公司起诉蓝光公司合同纠纷一案，A市B区法院受理后，蓝光公司提出管辖权异议，认为本案应当由A市中级人民法院管辖。B区法院裁定驳回蓝光公司异议，蓝光公司提起上诉。此时，红光公司向B区法院申请撤诉，获准。关于本案，下列哪一选项是正确的？（　　）

A. B区法院裁定准予撤诉是错误的，因为蓝光公司已经提起上诉

B. 红光公司应当向A市中级人民法院申请撤诉，并由其裁定是否准予撤诉

C. B区法院应当待A市中级人民法院就蓝光公司的上诉作出裁定后，再裁定是否准予撤诉

D. B区法院裁定准予撤诉后，二审法院不再对管辖权异议的上诉进行审查

22. 当事人对管辖权的异议应当在哪个期间提出？（　　）

A. 开庭审理后，裁判作出前

B. 案件受理后，开庭审理前

C. 提交答辩状期间

D. 案件受理后裁判作出前

23. 关于管辖，下列哪一表述是正确的？（　　）

A. 军人与非军人之间的民事诉讼，都应由军事法院管辖，体现了专门管辖的原则

B. 中外合资企业与外国公司之间的合同纠纷，应由中国法院管辖，体现了维护司法主权的原则

C. 最高法院通过司法解释授予部分基层法院专利纠纷案件初审管辖权，体现了平衡法院案件负担的原则

D. 不动产纠纷由不动产所在地法院管辖，体现了管辖恒定的原则

（二）多项选择题

1. 根据我国《海事诉讼特别程序法》的规定，下列哪些案件属于海事法院专属管辖？（　　）

A. 因港口作业纠纷提起的诉讼

B. 因船舶排放、泄漏、倾倒油类或其他有害物质造成海域污染损害提起的诉讼

C. 因海上生产、作业或拆船、修船作业造成海域

污染损害提起的诉讼

D. 因在我国领域和有管辖权的海域履行的海洋勘探开发合同纠纷提起的诉讼

2. 下列应当属于中级人民法院管辖的案件有（　　）。

A. 美国人波特等 15 人在我国对我国某公司提起的合同违约之诉，案件的标的额为 1 万元，而且案情简单

B. 周某对王某提起的专利侵权纠纷案件

C. 邹某对某出版社提起的出版合同纠纷案件，受诉法院所属高级人民法院没有对此类案件的管辖作出特殊规定

D. 乙公司以甲公司的名称注册为域名，甲公司因而对乙公司提起诉讼的

E. 香港人周某诉北京市王某离婚一案，案情简单、诉讼标的额小、影响范围不大的

3. 下列对于管辖的说法正确的是（　　）。

A. 王某诉周某侵犯土地承包经营权一案中，王某按照级别管辖的一般规定，向基层人民法院起诉，但是最高人民法院认为应当由其审理，最高人民法院应有管辖权

B. 某省高级人民法院确定本省政府所在地的基层人民法院对著作权纠纷案件第一审有管辖权

C. 对于一般民事案件，高级人民法院只能对辖区内级别管辖提出意见，报最高人民法院批准后才能作为确定级别管辖的依据

D. 法律没有明确规定由基层人民法院管辖的第一审民事案件，基层人民法院无管辖权

4. 根据民事诉讼法有关管辖的规定，下列哪些民事诉讼由原告住所地人民法院管辖？（　　）

A. 天津市张某对旅居美国的李某提起离婚之诉

B. 北京市汪某对被宣告失踪人王某提起离婚之诉

C. 吉林市孙某对被劳动教养的陈某提起侵权之诉

D. 长春市吴某对被监禁的杨某提起的侵权之诉

5. 周某与王某 2003 年在北京市海淀区登记结婚。周某 2010 年出国，现在定居于国外。周某出国前居住地为甲地，王某出国前居住地为乙地。两人户口所在地都是丙地。现在周某向所在国当地法院起诉要求离婚，该法院认为离婚诉讼须由婚姻缔结地法院管辖而不予受理。周某现在要向国内法院提出离婚诉讼。请问：哪些法院有管辖权？（　　）

A. 海淀区法院　　B. 甲地法院

C. 乙地法院　　D. 丙地法院

6. 甲地的甲公司与乙地的乙公司签订财产租赁合同，甲公司租用乙公司的推土机一辆，约定合同履行地在丙地。但甲公司后来因业务改变，将推土机放在丁地使用。后来由于甲公司拒付租金，乙公司欲起诉。其应当向下列何法院起诉？（　　）

A. 甲地法院　　B. 乙地法院

C. 丙地法院　　D. 丁地法院

7. 北京市海淀区赵某在西城区某出版社出版《论民事诉讼法管辖》一书，该书出版后，上海市 A 区某公司认为盗版该书有利可图，遂在上海市 B 区非法复制该书 1 万册。该公司将这些盗版书藏在 C 区，后来在 D 区销售时被版权局查封。赵某欲对该公司起诉要求赔偿。该案应当由下列哪些法院管辖？（　　）

A. A 区法院　　B. B 区法院

C. C 区法院　　D. D 区法院

8. 东方运输公司对其运输车辆向某保险公司投保，后投保车辆发生事故，该运输公司即向保险公司要求理赔，由于双方对保险合同条款的理解有分歧，遂引发诉讼。请问：下列哪些法院对该案有管辖权？（　　）

A. 投保车辆购买地法院

B. 投保车辆运输目的地法院

C. 被告住所地法院

D. 保险事故发生地法院

9. 孔某在 A 市甲区拥有住房二间，在孔某外出旅游期间，位于 A 市乙区的建筑工程队对孔某隔壁李某的房屋进行翻修。在翻修过程中，施工队不慎将孔某家的山墙砖块碰掉，砖块落入孔某家中，损坏电视机等家用物品。孔某旅游回来后发现此情，遂交涉，但未获结果。孔某向乙区法院起诉。乙区法院认为甲区法院审理更方便，故根据被告申请裁定移送至甲区法院，甲区法院却认为由乙区法院审理更为便利，不同意接受移送。以下哪些说法是正确的？（　　）

A. 甲、乙二区对本案都有管辖权

B. 向法院起诉，由原告选择决定

C. 乙区法院的移送管辖是错误的

D. 甲区法院不得再自行移送，如果认为无管辖权，应报 A 市中级人民法院指定管辖

10. 以下哪些案件应当适用指定管辖？（　　）

A. 甲地法院受理某案后，认为该案应当由乙地法院管辖

B. 乙地法院接到甲地法院移送来的案件，认为自己也没有管辖权而应当由丙地法院管辖

C. 甲地法院因建办公大楼而欠建筑工程款，建筑公司以该法院为被告向该法院起诉

D. 某法院因为受到自然灾害影响无法办案，不能对应当由其行使管辖权的案件行使管辖权

11. 甲县林某从邻县幸福商场买了一台燃气热水器，热水器上标明是广东省顺德区某热水器厂生产的。林某买回后的半年里，某日在使用中热水器突然发生爆炸，炸伤自己及儿子。经有关部门检验，该热水器质量不合格。林某提起损害赔偿诉讼，有管辖权的法院是（　　）。

A. 甲县人民法院

B. 广东省顺德区某热水器厂所在地的人民法院

C. 幸福商场所在地的人民法院

D. 上述三个法院都没有管辖权

12. 根据民事诉讼法和有关司法解释，当事人可以约定下列哪些事项？（　　）

A. 合同案件的管辖法院

B. 离婚案件的管辖法院

C. 举证时限

D. 合议庭的组成人员

13. 李某在甲市 A 区新购一套住房，并请甲市 B 区的装修公司对其新房进行装修。在装修过程中，装修工人不慎将水管弄破，导致楼下住户的家具被淹毁。李某与该装修公司就赔偿问题交涉未果，遂向甲市 B 区法院起诉。B 区法院认为该案应由 A 区法院审理，于是裁定将该案移送至 A 区法院，A 区法院认为该案应由 B 区法院审理，不接受移送，又将案件退回 B 区法院。关于本案的管辖，下列哪些选项是正确的？（　　）

A. 甲市 A、B 区法院对该案都有管辖权

B. 李某有权向甲市 B 区法院起诉

C. 甲市 B 区法院的移送管辖是错误的

D. A 区法院不接受移送，将案件退回 B 区法院是错误的

14. 下列选项中，无权提出管辖权异议的是（　　）。

A. 本诉的原告

B. 有独立请求权的第三人

C. 本诉的被告

D. 无独立请求权的第三人

15. 徐某（居住在某市 A 区）和张某（居住在 B 区）签订了一份财产租赁合同。合同中约定：张某租赁徐某的设备，并在 C 区和 D 区使用，张某支付租金。后来，张某实际上是将设备用于 E 区。张某与徐某在合同履行过程中发生纠纷，徐某向法院起诉。下列哪些法院对本案有管辖权？（　　）

A. B 区法院　　B. C 区法院

C. D 区法院　　D. E 区法院

16. 根据我国民事诉讼法的规定，下列选项中关于协议管辖的说法错误的是（　　）。

A. 协议管辖仅适用于第一审民事案件

B. 协议管辖适用于所有的民事诉讼

C. 协议管辖既可以以书面合同的形式选择管辖，也可用口头形式

D. 协议管辖可选择任何法院，没有限制

17. 根据我国有关的法律规定，下列第一审民事案件不属于中级人民法院管辖的是（　　）。

A. 一般的涉外案件　　B. 专利纠纷案件

C. 涉及国家秘密案件　　D. 商标纠纷案件

18. 王某（女）与明某（已去世）于 1994 年结婚，二人均属再婚。二人结婚时，王某有一子，名为王晓岚，5 岁；明某有二女，名为明红、明丽，分别为 8 岁、6 岁。王某自老伴去世后一直独自住在某市 A 区。2012 年 5 月，王某要求王晓岚、明红、明丽给付赡养费，但三人均置之不理。王某遂欲向法院起诉。其时，王晓岚居住在该市 B 区，明红居住在该市 C 区，明丽居住在该市 D 区。请问：王某可以向哪些法院起诉？（　　）

A. A 区法院　　B. B 区法院

C. C 区法院　　D. D 区法院

19. 2008 年 7 月，家住 A 省的陈大因赡养费纠纷，将家住 B 省甲县的儿子陈小诉至甲县法院，该法院受理了此案。2008 年 8 月，经政府正式批准，陈小居住的甲县所属区域划归乙县管辖。甲县法院以管辖区域变化对该案不再具有管辖权为由，将该案移送至乙县法院。乙县法院则根据管辖恒定原则，将案件送还至甲县法院。下列哪些说法是正确的？（　　）

A. 乙县法院对该案没有管辖权

B. 甲县法院的移送管辖是错误的

C. 乙县法院不得将该案送还甲县法院

D. 甲县法院对该案没有管辖权

20. 根据《民诉法》和司法解释的相关规定，关于级别管辖，下列哪些表述是正确的？（　　）

A. 级别管辖不适用管辖权异议制度

B. 案件被移送管辖有可能是因为受诉法院违反了级别管辖的规定而发生的

C. 管辖权转移制度是对级别管辖制度的变通和个别的调整

D. 当事人可以通过协议变更案件的级别管辖

视频讲题

21. 关于管辖制度的表述，下列哪些选项是不正确的？（　　）

A. 对下落不明或者宣告失踪的人提起的民事诉讼，均应由原告住所地法院管辖

B. 因共同海损或者其他海损事故请求损害赔偿提起的诉讼，被告住所地法院享有管辖权

C. 甲市某区法院受理某技术转让合同纠纷案后，发现自己没有级别管辖权，将案件移送至甲市中院审理，这属于管辖权的转移

D. 当事人可以书面约定纠纷的管辖法院，这属于选择管辖

22. 根据《民诉法》和相关司法解释的规定，法院的下列哪些做法是违法的？（　　）

A. 在一起借款纠纷中，原告张海起诉被告李河时，李河居住在甲市 A 区。A 区法院受理案件后，李河搬到甲市 D 区居住，该法院知悉后将案件移送 D 区法院

B. 王丹在乙市 B 区被黄玫打伤，以为黄玫居住乙市 B 区，而向该区法院提起侵权诉讼。乙市 B 区法院受理后，查明黄玫的居住地是乙市 C 区，遂将案件移送乙市 C 区法院

C. 丙省高院规定，本省中院受理诉讼标的额 1 000 万元至 5 000 万元的财产案件。丙省 E 市中院受理一起标的额为 5 005 万元的案件后，向丙省高院报请审理该案

D. 居住地为丁市 H 区的孙溪要求居住地为丁市 G 区的赵山依约在丁市 K 区履行合同。后因赵山下落不明，孙溪以赵山为被告向丁市 H 区法院提起违约诉讼，该法院以本院无管辖权为由裁定不予受理

（三）不定项选择题

1. （1）甲地甲公司与乙地乙公司在丁地订立买卖一幅字画的合同，约定合同履行地在丙地。后来甲公司反悔并电告乙公司自己已将字画卖给他人。乙公司若想追究甲公司的违约责任，应向何地法院起诉？（　　）

A. 甲地法院　　B. 乙地法院

C. 丙地法院　　D. 丁地法院

（2）如果甲公司后来在戊地将字画交给乙公司，乙公司也已经接受。后来因字画质量问题，发生纠纷，乙公司欲起诉。请问：其应向下列何法院提起诉讼？（　　）

A. 甲地法院　　B. 乙地法院

C. 戊地法院　　D. 丁地法院

2. （1）上海某航运公司所属的客轮“海峡”号在上海驶往大连港途中，在青岛海域被厦门某航运公司的货轮“夏风”号碰撞。“海峡”号被迫驶往青岛港靠岸。“夏风”号没有停留，继续行驶至广州港被扣留。现在上海某航运公司欲就船舶碰撞起诉厦门某航运公司。请问：下列哪些地方的法院对该案有管辖权？（　　）

A. 大连　　B. 青岛

C. 广州　　D. 厦门

（2）如果由于碰撞，“海峡”号上的乘客依运输合同请求上海某航运公司赔偿，该案应当由下列哪些地方的法院管辖？（　　）

A. 上海　　B. 大连

C. 青岛　　D. 广州

（3）“夏风”号停留在广州港期间因船舶所有权发生纠纷，原告武汉某航运公司主张该船归其所有，因而对厦门某航运公司起诉。经查，该船船籍港为大连。该案应当由哪些地方的法院管辖？（　　）

A. 广州　　B. 厦门

C. 大连　　D. 武汉

3. （1）北京甲公司与天津乙公司订立买卖合同，

并且约定2022年3月15日甲公司向乙公司交付以自己为出票人、乙公司为收款人、哈尔滨某银行为付款人的汇票。乙公司持有汇票后，背书转让给石家庄丙公司。丙公司提示承兑被拒绝，丙公司遂依法向乙公司行使追索权。乙公司拒不承担责任，丙提起诉讼。请问：下列哪个（些）法院对该案有管辖权？（ ）

A. 北京法院　　B. 天津法院

C. 哈尔滨法院　　D. 石家庄法院

（2）如果乙公司与丙公司先前约定交付该汇票，后来乙公司没有交付该票据。丙公司起诉要求乙公司按约交付汇票。请问：下列哪个（些）法院对该案有管辖权？（ ）

A. 北京法院　　B. 天津法院

C. 哈尔滨法院　　D. 石家庄法院

4.（1）在原告海淀区苏某诉被告朝阳区赵某借款1万元合同纠纷一案中，原告在诉前申请对赵某放置在顺义区的1吨货物进行财产保全，苏某申请财产保全后，就借款纠纷一案，其可以向下列哪个（些）法院起诉？（ ）

A. 海淀区法院

B. 朝阳区法院

C. 顺义区法院

D. 北京市中级人民法院

（2）如果苏某是因购买赵某位于顺义区的1吨货物，赵某拒不交付，发生了纠纷而起诉要求赵某交付那1吨货物，那么申请采取了诉前财产保全后，下列哪个（些）法院对该案有管辖权？（ ）

A. 海淀区法院

B. 朝阳区法院

C. 顺义区法院

D. 北京市中级人民法院

5.（1）锦江县、龙口县、华阳县均为南武市的市辖县，属G省。锦江县东方化工厂与龙口县生资公司在华阳县签订了一份化肥购销合同，东方化工厂为出售方，生资公司为购买方，货款总价为15万元，合同约定由东方化工厂将货送至龙口县生资公司。现当事人双方同意以协议的方式约定该合同发生纠纷的管辖法院。依照我国法律，它们可以约定哪一些法院管辖？（ ）

A. 锦江县基层人民法院

B. 龙口县基层人民法院

C. 华阳县基层人民法院

D. G省高级人民法院

（2）如果双方当事人约定发生合同纠纷后由锦江县或华阳县人民法院管辖，则双方后来因合同发生的纠纷，东方化工厂诉至法院，则该案由哪个（些）法院管辖？（ ）

A. 锦江县人民法院

B. 龙口县人民法院

C. 华阳县人民法院

D. G省高级人民法院

6. A市戊区张善请邻居郭为帮忙，在A市甲区亿客隆超市第11分店（该超市由位于乙区的亿客隆超市集团设立，用的是亿客隆超市集团的营业执照）购买一箱啤酒，用于招待朋友。在开启第三瓶啤酒的时候，该啤酒瓶突然爆炸，玻璃碎片将张善的眼睛严重击伤，其朋友黎明、严云、刘其的面部也受伤。张善的家人赶快将他们送往医院治疗，并迅速到出售该啤酒的超市交涉。超市到张家查实，确认该爆炸的啤酒为该超市出售，但认为该事故的发生是因为啤酒的质量问题，责任在啤酒厂（该啤酒为丁省丙市己县黄河啤酒厂生产）。张善花了5 000元医疗费，其朋友总共花了3 000元医疗费。事情发生1个月后，张善等人准备以侵权纠纷向法院提起诉讼。根据上述案情，回答以下问题：

（1）谁可以作为本案原告？（ ）

A. 张善　　B. 黎明

C. 严云　　D. 刘其

（2）谁可以作为本案被告？（ ）

A. 出售啤酒的超市

B. 亿客隆超市集团

C. 黄河啤酒厂

D. 张善的邻居郭为

（3）哪些人民法院对本案享有管辖权？（ ）

A. A市甲区基层人民法院

B. A市乙区基层人民法院

C. A市戊区基层人民法院

D. 丁省丙市己县基层人民法院

7. 2016年7月，青岛某化工厂（以下简称“青岛厂”）与武汉化学制剂厂（以下简称“武汉厂”）在苏州签订了一份原料买卖合同。双方约定在2016年9月至2017年2月之间由青岛厂用罐装车分3批向武汉厂发送化工原料共30吨，货到付款。同年9月，青岛厂向武汉厂发运首批10吨原料，并在货到后第三天收到该批货款30万元。10月初，市场上化学原料价格上扬，青岛厂不再发货。武汉厂无奈之下，只能高价向别的厂家购买。同年11月底，由于生产厂家过多，此种化工原料价格下跌，青岛厂马上一次性发货20吨，并在装车待运前通知武汉厂接货。武汉厂立即通知青岛厂，要求不要发货并解除双方签订的买卖合同。青岛厂不同意，强行发货。货到武汉后因无法储存，武汉厂只得将该批化工原料转让给上海某化学品厂，谁知承运货物的武汉某运输公司的货轮在安庆江面撞伤南京轮船厂正常运行的客轮，货船上部分化工原料泄漏至江面，污染了沿江贝类养殖场。同年12月初，青岛厂向武汉厂催要货款，双方发生争议。根据上述情况回答下列问题：

（1）如果青岛厂起诉武汉厂，要求给付货款，具有管辖权的法院是（　　）。

A. 青岛市有关人民法院

B. 武汉市有关人民法院

C. 苏州市有关人民法院

D. 上海市有关人民法院

（2）如果青岛厂向有关有管辖权的人民法院起诉，武汉厂应诉答辩，后在审理过程中武汉厂主张起诉前双方曾以传真方式进行协商，合意由济南仲裁委员会仲裁，并出示了相关证据。此时审理本案的人民法院不应作何处理？（　　）

A. 裁定终结诉讼，由当事人向济南仲裁委员会申请仲裁

B. 裁定传真函不是仲裁协议的有效形式，继续审理

C. 由于原告起诉时未声明有仲裁协议，人民法院受理后，被告又应诉答辩，视为该法院取得管辖权，继续审理

D. 裁定驳回起诉

（3）如果武汉厂与武汉某运输公司签有运输合同，现双方就此合同产生了争议。对该争议有管辖权的法院是（　　）。

A. 上海市有关人民法院

B. 武汉市有关人民法院

C. 南京市有关人民法院

D. 济南市有关人民法院

（4）如果沿江受到化学原料污染的贝类养殖户欲对武汉某运输公司提起损害赔偿诉讼，应有管辖权的法院是（　　）。

A. 安庆市有关人民法院

B. 武汉市有关人民法院

C. 重庆市有关人民法院

D. 青岛市有关人民法院

8. 张某与金某于2015年结婚。2017年9月，张某以缺乏夫妻感情为由，向A县人民法院起诉，要求与金某离婚。A县人民法院受理后，查明原告张某（女方）的住址、工作单位和户籍均在B县。被告人金某虽然婚前探亲住在A县父母处，但其工作单位和户口现在C县，他与张某结婚后安家在B县。因此，A县人民法院认为此案不属于自己管辖，遂将案件移送至B县人民法院处理。B县人民法院受理后，认为原、被告结婚后家虽安在B县，但被告的单位和户口都在C县，遂将案件移送给C县人民法院审理。C县人民法院接到此案后不久，向B县人民法院复函称："我院受理后，经两次传金某谈话，认为此案主要事实难以查清，金某本人亦要求回原籍处理，同时，被告单位现已迁至D县，因此，特将全部案卷材料移送你院查办。"B县人民法院以"被告单位迁至D县"为由，又将案卷移送至D县人民法院。不久，D县人民法院又以金某已回B县治病为由，将案件退回B县人民法院。B县人民法院又以金某一直在A县父母处为由，将案件转至A县人民法院审理。

（1）本案中依法享有管辖权的法院应是（　　）。

A. A县人民法院　　B. B县人民法院

C. C县人民法院　　D. D县人民法院

（2）按照我国法律的规定，下列有关公民的住所地、经常居住地的表述正确的有（　　）。

A. 公民的户籍所在地为经常居住地

B. 公民的户籍所在地为住所地

C. 公民离开住所地最后连续居住2年以上的地方，为经常居住地

D. 若对公民提起民事诉讼，恰逢其住所地与经常居住地不一致的，由经常居住地人民法院管辖

（3）本案中A、B、C、D四县人民法院均对案件进行了移送，其中合法的有（　　）。

A. A县人民法院对案件的移送

B. B县人民法院对案件的移送

C. C县人民法院对案件的移送

D. D县人民法院对案件的移送

9. 某省海兴市的《现代企业经营》杂志刊登了一篇自由撰稿人吕某所写的报道，内容涉及同省龙门市甲公司的经营方式。甲公司负责人汪某看到该篇文章后，认为《现代企业经营》作为一本全省范围内发行的杂志，其所发文章内容严重失实，损害了甲公司的名誉，使公司的经营受到影响。于是甲公司向法院起诉要求《现代企业经营》杂志社和吕某赔偿损失5万元，并赔礼道歉。一审法院仅判决杂志社赔偿甲公司3万元，未对“赔礼道歉”的请求进行处理。杂志社认为赔偿数额过高，不服一审判决，提起上诉。根据上述事实，请回答下列各题。

(1) 甲公司提起诉讼时，可以选择的法院有（　　）。

A.《现代企业经营》杂志社所在地的海兴市A区法院

B. 吕某住所地的海兴市B区法院

C. 汪某住所地的龙门市C区法院

D. 甲公司所在地的龙门市D区法院

(2) 在案件的一审过程中，关于本案的证据，下列选项正确的是（　　）。

A. 因旷工而被甲公司开除了的甲公司原员工于某所提供的证言不能单独作为认定案件事实的证据

B. 吕某在采访甲公司某名保安时，采用录音笔偷录下双方的谈话，因该录音比较模糊，所以不能单独作为认定案件事实的证据

C. 甲公司提供的考勤数据表，属于一方当事人提出的证据，不能单独作为认定案件事实的证据

D.《现代企业经营》杂志社在庭审过程中，收到了甲公司员工刚刚提供的反映甲公司员工作息时间的一份材料，该材料可以作为新证据提交法庭

简答题

1. 请简述国内民事案件协议管辖的条件。
2. 请简述移送管辖的条件。

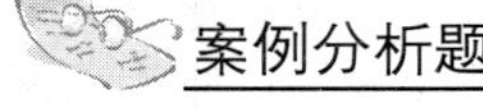

案例分析题

1. 案情：位于某市甲区的天南公司与位于乙区的海北公司签订合同，约定海北公司承建天南公司位于丙区的新办公楼，合同中未约定仲裁条款。新办公楼施工过程中，天南公司与海北公司因工程增加工作量、工程进度款等问题发生争议。双方在交涉过程中通过电子邮件约定将争议提交某仲裁委员会进行仲裁。其后天南公司考虑到多种因素，向人民法院提起诉讼，请求判决解除合同。

法院在不知道双方曾约定仲裁的情况下受理了本案，海北公司进行了答辩，表示不同意解除合同。在一审法院审理过程中，原告申请法院裁定被告停止施工，法院未予准许。开庭审理过程中，原告提交了双方在履行合同过程中的会谈录音带和会议纪要，主张原合同已经变更。被告质证时表示，对方在会谈时进行录音未征得本方同意，被告事先不知道原告进行了录音，而会议纪要则无被告方人员的签字，故均不予认可。一审法院经过审理，判决驳回原告的诉讼请求。原告不服，认为一审判决错误，提出上诉，并称：双方当事人之间存在仲裁协议，法院对本案无诉讼管辖权。

二审法院对本案进行了审理。在二审过程中，海北公司见一审法院判决支持了本公司的主张，又向二审法院提出反诉，请求天南公司支付拖欠的工程款。天南公司考虑到二审可能败诉，故提请调解，为了达成协议，表示认可部分工程新增加的工作量。后因调解不成，天南公司又表示对已认可增加的工作量不予认可。二审法院经过审理，判决驳回上诉，维持原判。

问题：

(1) 何地法院对本案具有诉讼管辖权？

(2) 假设本案起诉前双方当事人对仲裁协议的效力有争议，可以通过何种途径加以解决？

(3) 原告关于管辖权的上诉理由是否成立？为什么？

2. 案情：A省的个体户姜某从B省的甲县运5吨化工原料到丙县，途经B省的甲、乙、丙三县交界时，化学原料外溢，污染了甲县村民王某、乙县李某和丙县张某的稻田，造成禾苗枯死。受害村民要求赔偿，但由于赔偿数额争议较大，未能达成协议。为此，甲县的王某首先向甲县人民法院提起诉讼。甲县人民法院受理后，认为该案应由被告所在地人民法院管辖，于是将案件移送到姜某所在地的基层人民法院。与此同时，村民李某、张某也分别向自己所在地的基层人

民法院提起诉讼，要求赔偿损失。乙县和丙县人民法院都认为对该案有管辖权，与A省姜某住所地的基层人民法院就管辖问题发生争议，协商不成，A省姜某住所地的基层法院即向A省某中级人民法院报请指定管辖。

问题：

（1）哪个法院对此案有管辖权？

（2）甲县人民法院的移送是否正确？

（3）A省基层人民法院报请指定管辖是否正确？

3. 案情：原告方某（女）与被告黄某（男）于2009年5月经人介绍相识，同年10月结婚，婚后夫妻生活不协调，经常吵闹。2014年6月，被告黄某因犯强奸罪被判处有期徒刑10年。原告方某决定向人民法院提起离婚诉讼。

问题：方某应向哪个法院提起离婚诉讼？

论述与深度思考题

1. 试论管辖权异议的主体。

2. 论协议管辖及其完善建议。（考研）

参考答案

名词解释与概念比较

1. 专属管辖，是指法律强制规定某类案件专属于特定法院管辖，其他法院无管辖权，当事人也不得以协议变更管辖。

2. 普通地域管辖，又称一般地域管辖，是指按照当事人的住所与其所在法院的隶属关系确定的管辖。特殊地域管辖，又称特别管辖，是指以诉讼标的所在地、法律事实所在地为标准所确定的管辖。

3. 管辖恒定，是指法院对某个案件是否享有管辖权，以起诉时为准，起诉时对案件享有管辖权的法院，不因确定管辖的因素在诉讼中发生变化而受影响。

4. 共同管辖，是指两个或两个以上的法院对同一案件都享有管辖权，这种情况下当事人可以选择其中一个法院提起诉讼。牵连管辖，又称合并管辖或连带管辖，是指对某个案件有管辖权的法院，可以一并审理与该案有牵连的其他案件。

5. 移送管辖，是指法院受理案件后，发现该案不属于本院管辖，而依法将案件移送给有管辖权的法院审理。管辖权的移转，是指依据上级人民法院的决定或同意，将案件的管辖权移交给无管辖权的法院。

选择题

（一）单项选择题

1. 答案：B

本题考查的是管辖恒定原则的有关内容。管辖恒定，是指法院对某个案件是否享有管辖权，以起诉时为准，起诉时对案件享有管辖权的法院，不因确定管辖的因素在诉讼中发生变化而受影响。管辖恒定包括级别管辖恒定和地域管辖恒定。管辖恒定并不意味着管辖一旦确定就绝对不能发生变化，例如恶意规避级别管辖的，受诉法院可根据对方当事人的申请将案件移转。

2. 答案：D

《民诉解释》第8条规定：双方当事人都被监禁或者被采取强制性教育措施的，由被告原住所地人民法院管辖。被告被监禁或者被采取强制性教育措施一年以上的，由被告被监禁地或者被采取强制性教育措施地人民法院管辖。故本题选D项。

3. 答案：D

参见《民诉法》第23条的规定。

4. 答案：B

参见《民诉法》第33条的规定：因共同海损提起的诉讼，由船舶最先到达地、共同海损理算地或者航程终止地的人民法院管辖。被告所在地的法院没有管辖权。

5. 答案：C

在不存在特殊地域管辖规定的情况下，案件应适用一般地域管辖，因此被告住所地法院有管辖权。同时，根据《民诉法》第19条，本题中的案件不属于由中级人民法院管辖的第一审民事案件。因此，被告住所地的基层人民法院享有管辖权，即西城区法院。

6. 答案：D

《仲裁法解释》第12条第1款规定：“当事人向人民法院申请确认仲裁协议效力的案件，由仲裁协议约定的仲裁机构所在地的中级人民法院管辖；仲裁协议约定的仲裁机构不明确的，由仲裁协议签订地或者被

申请人住所地的中级人民法院管辖。”因此，本题中，若欲请求法院就仲裁协议效力进行裁决，应向仲裁协议约定的仲裁机构所在地的中级人民法院，即北京市中级人民法院申请。

7. 答案：B

本题考查的是涉外民事案件的专属地域管辖的问题。《民诉法》第279条规定：“（一）因在中华人民共和国领域内设立的法人或者其他组织的设立、解散、清算，以及该法人或者其他组织作出的决议的效力等纠纷提起的诉讼；（二）因与在中华人民共和国领域内审查授予的知识产权的有效性有关的纠纷提起的诉讼；（三）因在中华人民共和国领域内履行中外合资经营企业合同、中外合作经营企业合同、中外合作勘探开发自然资源合同发生纠纷提起的诉讼”由我国法院专属管辖。

根据现行《民诉法》《海事诉讼特别程序法》及相关司法解释的规定，专属地域管辖主要有以下几种情形：(1) 因不动产纠纷提起的诉讼，由不动产所在地人民法院管辖；(2) 因港口作业发生纠纷提起的诉讼，由港口所在地人民法院管辖；(3) 因继承遗产纠纷提起的诉讼，由被继承人死亡时住所地或者主要遗产所在地人民法院管辖；(4) 因沿海港口作业纠纷提起的诉讼，由港口所在地海事法院管辖；(5) 因船舶排放、泄漏、倾倒油类或者其他有害物质、海上生产、作业或者拆船、修船作业造成海域污染损害提起的诉讼，由污染发生地、损害结果地或采取预防污染措施地海事法院管辖；(6) 因在中华人民共和国领域和有管辖权的海域履行的海洋勘探开发合同纠纷提起的诉讼，由合同履行地海事法院管辖；(7) 因在中华人民共和国履行中外合资经营企业合同、中外合作经营企业合同、中外合作勘探开发自然资源合同发生纠纷提起的诉讼，由中华人民共和国人民法院管辖。

8. 答案：A

本题考查的是提出管辖权异议的条件。根据现行《民诉法》及有关司法解释的规定，提出管辖权异议有以下的一些限制：(1) 有权提出管辖权异议的只能是本案当事人，而且一般是被告，原告只在特定的情形下才有权提出管辖权异议，如起诉后案件被移送或指定管辖的。至于无独立请求权第三人，无论人民法院是否判决其承担责任，都无权提起管辖异议。(2) 只能是对第一审案件的管辖权提出异议，包括级别管辖和地域管辖两个方面。(3) 原则上只能在第一审当事人提交答辩状期间提出异议。故本题选A项。

9. 答案：B

《民诉法》第35条规定，合同或者其他财产权益纠纷的当事人可以书面协议选择被告住所地、合同履行地、合同签订地、原告住所地、标的物所在地等与争议有实际联系的地点的人民法院管辖，但不得违反本法对级别管辖和专属管辖的规定。第34条第1项规定，因不动产纠纷提起的诉讼，由不动产所在地人民法院管辖。因此，甲、乙之间的协议管辖因违反专属管辖而无效。本题中纠纷应由房屋所在地丁县法院管辖，故应选B项。

10. 答案：A

本题考查的是“管辖恒定原则”。根据《民诉解释》第37条、第39条，管辖恒定原则适用情形包括诉讼标的额的变化、当事人住所地、经常居住地的变化、法院管辖区的变化。因此，本案应当由受理起诉的A市中级人民法院继续审理。

11. 答案：B

根据《民诉法》第130条的规定，管辖权异议提出的主体必须是本案当事人，在诉讼实践中通常是被告。在指定管辖或者管辖移送的情况下，原告也可以行使管辖权异议权。有独立请求权第三人参与诉讼的行为本身就是对管辖权的认可。无独立请求权第三人无权提出管辖权异议。

12. 答案：A

《民诉解释》第23条规定，债权人申请支付令，适用《民诉法》第22条规定，由债务人住所地基层人民法院管辖。因此选项A所述做法错误。《民诉解释》第30条规定，根据管辖协议，起诉时能够确定管辖法院的，从其约定；不能确定的，依照民事诉讼法的相关规定确定管辖。管辖协议约定两个以上与争议有实际联系的地点的人民法院管辖，原告可以向其中一个人民法院起诉。因此选项B正确。《民诉解释》第160条规定：“当事人向采取诉前保全措施以外的其他有管辖权的人民法院起诉的，采取诉前保全措施的人民法院应当将保全手续移送受理案件的人民法院。诉前保全的裁定视为受移送人民法院作出的裁定”，因此原告可以向采取诉前保全措施以外的其他有管辖权的人民法院起诉，选项C正确。根据《民诉解释》第5条的规定，对没有办事机构的个人合伙、合伙型联营体提

起的诉讼，由被告注册登记地人民法院管辖。没有注册登记，几个被告又不在同一辖区的，被告住所地的人民法院都有管辖权。因此选项D正确。

13. 答案：B

《民诉法》第29条规定，因侵权行为提起的诉讼，由侵权行为地或者被告住所地人民法院管辖。侵权行为地包括行为发生地和结果地。故本题选B项。

14. 答案：C

《民诉法》第22条规定，对公民提起的民事诉讼，由被告住所地的人民法院管辖；被告住所地与经常居住地不一致的，由经常居住地人民法院管辖。但《民诉解释》第4条规定，住院就医的地方不为经常居住地。故本题选C项。

15. 答案：C

《民诉法》第34条第1项规定，因不动产纠纷提起的诉讼，由不动产所在地人民法院管辖。甲和乙对房屋买卖合同的约定管辖，违反了我国法律专属管辖的规定，因此，甲应当向B市法院起诉，而不能向A市法院或C市法院起诉。故本题选C项。

16. 答案：A

当事人对管辖权问题的申诉，不影响受诉法院对案件的审理。故本题选A项。

17. 答案：D

《民诉法》第37条规定，受移送的人民法院认为受移送的案件依照规定不属于本院管辖的，应当报请上级人民法院指定管辖，不得再自行移送。故本题选D项。

18. 答案：A

《民诉法》第19条规定，中级人民法院管辖下列第一审民事案件：（1）重大涉外案件；（2）在本辖区有重大影响的案件；（3）最高人民法院确定由中级人民法院管辖的案件。由此可知，中级人民法院不仅可受理一审涉外案件，也可受理一审非涉外案件。故A项正确。《民诉法》第40条规定，人民法院审理第一审民事案件，由审判员、陪审员共同组成合议庭或者由审判员组成合议庭。故B项错误。《民诉法》第176条规定，第二审人民法院对上诉案件，应当开庭审理。经过阅卷、调查和询问当事人，对没有提出新的事实、证据或者理由，人民法院认为不需要开庭审理的，也可以不开庭审理。据此，中级人民法院也有可能是第二审法院，原则上开庭审理，特殊情况下可以径行裁判。故C项错误。我国民事诉讼法实行两审终审制度，根据我国的管辖制度，中级人民法院既可以审理一审案件也可以审理第二审案件，若其作为第一审人民法院，则所作出的判决不是当然生效判决。故D项错误。

19. 答案：D

《民诉法》第37条规定，人民法院发现受理的案件不属于本院管辖的，应当移送有管辖权的人民法院，受移送的人民法院应当受理。受移送的人民法院认为受移送的案件依照规定不属于本院管辖的，应当报请上级人民法院指定管辖，不得再自行移送。第38条第2款规定，人民法院之间因管辖权发生争议，由争议双方协商解决；协商解决不了的，报请它们的共同上级人民法院指定管辖。故本题选D项。

20. 答案：A

《民诉法》第18条规定，基层人民法院管辖第一审民事案件，但本法另有规定的除外。因此，A项正确。《民诉法》第19条第1项规定，重大涉外案件的一审由中级人民法院管辖。据此可知，并非所有涉外案件的一审都由中院管辖，而是重大涉外案件的一审才由中院管辖。因此，B项错误。《民诉法》第20条规定，高级人民法院管辖在本辖区有重大影响的第一审民事案件。因此，C项错误。《民诉法》第21条规定，最高人民法院管辖下列第一审民事案件：（1）在全国有重大影响的案件；（2）认为应当由本院审理的案件。因此，D项错误。

21. 答案：D

《管辖异议规定》第2条规定，在管辖权异议裁定作出前，原告申请撤回起诉，受诉人民法院作出准予撤回起诉裁定的，对管辖权异议不再审查，并在裁定书中一并写明。故本题选D。

22. 答案：C

《民诉法》第130条规定，人民法院受理案件后，当事人对管辖权有异议的，应当在提交答辩状期间提出。故本题选C。

23. 答案：C

根据《民诉解释》第11条的规定，双方当事人均为军人或者军队单位的民事案件由军事法院管辖。故选项A错误。根据《民诉法》第34条的规定，不动产纠纷由不动产所在地法院管辖，属于专属管辖。故选项D错误。根据《民诉法》第279条之规定，中外合资企业与外国公司之间的合同纠纷，应由中国法院管

辖，属于涉外专属管辖范围。故选项B错误。根据《民诉解释》第2条的规定，专利纠纷案件由知识产权法院、最高人民法院确定的中级人民法院和基层人民法院管辖。该规定体现了平衡法院案件负担的原则。故选项C正确。

（二）多项选择题

1. 答案：ABCD

参见《海事诉讼特别程序法》第7条。

2. 答案：ABCD

中级人民法院管辖的第一审民事案件有三类：（1）重大涉外民事案件；（2）本辖区内有重大影响的案件；（3）最高人民法院确定由中级人民法院管辖的案件。依据相关司法解释的规定，这类案件主要有：海事、海商案件，由海事法院管辖；专利纠纷案件，由最高人民法院确定的中级人民法院管辖；著作权民事纠纷案件，一般由中级以上人民法院管辖；商标民事纠纷第一审案件，一般由中级以上人民法院管辖；涉及域名的侵权纠纷案件，由侵权行为地或者被告住所地的中级人民法院管辖；虚假陈述证券民事赔偿案件，由省、直辖市、自治区人民政府所在地的市、计划单列市和经济特区中级人民法院管辖；重大的涉港澳台民事案件由中级人民法院管辖；对于仲裁协议的效力有异议请求法院作出裁决的，由中级人民法院管辖；申请撤销仲裁裁决的，由仲裁委员会所在地的中级人民法院管辖。根据《民诉解释》，重大涉外民事案件，包括争议标的额大的案件、案情复杂的案件，或者一方当事人人数众多等具有重大影响的案件。

3. 答案：AB

根据《民诉法》第21条规定，最高人民法院可以管辖认为应当由本院审理的案件。故A项正确。根据《著作权解释》第2条第2款，各高级人民法院根据本辖区的实际情况，可以报请最高人民法院批准，由若干基层人民法院管辖第一审著作权民事纠纷案件。故B项正确。原最高人民法院《关于适用〈中华人民共和国民事诉讼法〉若干问题的意见》第3条规定，高级人民法院可以对本辖区内一审案件的级别管辖提出意见，报最高人民法院批准。但该意见现已失效，且《民诉解释》未延续该规定，故C项错误。根据《民诉法》第18条，第一审民事案件以基层人民法院管辖为原则，没有法律明确规定，第一审民事案件均由基层人民法院管辖，故D项错误。

4. 答案：ABCD

参见《民诉法》第23条。

5. 答案：ABC

《民诉解释》第13～16条规定：（1）在国内结婚并定居国外的华侨，如定居国法院以离婚诉讼须由婚姻缔结地法院管辖为由不予受理，当事人向人民法院提出离婚诉讼的，由婚姻缔结地或一方在国内的最后居住地人民法院管辖。（2）在国外结婚并定居国外的华侨，如定居国法院以离婚诉讼须由国籍所属国法院管辖为由不予受理，当事人向人民法院提出离婚诉讼的，由一方原住所地或在国内的最后居住地人民法院管辖。（3）中国公民一方居住在国外，一方居住在国内，不论哪一方向人民法院提起离婚诉讼，国内一方住所地的人民法院都有权管辖。如国外一方在居住国法院起诉，国内一方向人民法院起诉的，受诉人民法院有权管辖。（4）中国公民双方在国外但未定居，一方向人民法院起诉离婚的，应由原告或者被告原住所地的人民法院管辖。故本题选A、B、C项。

6. 答案：AC

根据《民诉法》第24条的规定，因合同纠纷提起的诉讼，由被告住所地或合同履行地的人民法院管辖。根据《民诉解释》第19条的规定，财产租赁合同、融资租赁合同以租赁物使用地为合同履行地，但合同中对履行地有约定的，依照约定。故本题选A、C项。

7. 答案：ABCD

根据《民诉法》第29条的规定，因侵权行为提起的诉讼，由侵权行为地或者被告住所地人民法院管辖。《民诉解释》第24条规定，《民诉法》第29条规定的侵权行为地，包括侵权行为实施地、侵权结果发生地。根据《著作权解释》第4条的规定，因侵犯著作权行为提起的民事诉讼，由《著作权法》第47、48条所规定侵权行为的实施地、侵权复制品储藏地或者查封扣押地、被告住所地人民法院管辖。这里的侵权复制品储藏地，是指大量或者经常性储存、隐匿侵权复制品所在地；查封扣押地，是指海关、版权、工商等行政机关依法查封、扣押侵权复制品所在地。故本题A、B、C、D项均正确，当选。

8. 答案：BCD

根据《民诉法》第25条、《民诉解释》第21条，一般情形下，因保险合同纠纷提起的诉讼，由被告住所地或者保险标的物所在地人民法院管辖。如果保险标的物是运输工具或者运输中的货物，由被告住所地或者运输工具登记注册地、运输目的地、保险事故发生地的人民法院管辖。

9. 答案：ABCD

本案作为侵权案件，甲、乙两区分别作为侵权行为地和被告住所地的法院都有权管辖。选择到哪个法院起诉的权利归于原告。既然乙区法院有管辖权，其就不能将案件移送到其他法院；甲区法院作为受移送法院，其不能再行移送，而应报上级法院指定管辖。参见《民诉法》第29、37条，《民诉解释》第24条。

10. 答案：BCD

根据《民诉法》第37、38条，指定管辖适用于以下几种情形：(1) 受移送的法院认为对受移送的案件没有管辖权的，应当报请自己的上级法院指定管辖；(2) 有管辖权的人民法院由于特殊原因，不能行使管辖权的，由上级人民法院指定管辖，此"特殊原因"，包括事实原因和法律原因，如地震、全体回避等；(3) 人民法院之间因管辖权发生争议，协商解决不了的，报请它们共同的上级人民法院指定管辖，并且应当逐级进行。故B、C、D项正确，而A项是移送管辖。

11. 答案：ABC

产品、服务质量侵权纠纷的管辖。根据《民诉解释》第26条的规定，因产品、服务质量不合格造成他人财产、人身损害提起的诉讼，产品制造地、产品销售地、服务提供地、侵权行为地和被告住所地人民法院都有管辖权。故本题选A、B、C项。

12. 答案：AC

根据《民诉法》第35条的规定，合同或者其他财产权益纠纷的当事人可以书面协议选择被告住所地、合同履行地、合同签订地、原告住所地、标的物所在地等与争议有实际联系的地点的人民法院管辖，但不得违反本法对级别管辖和专属管辖的规定。故A项符合题意。离婚等涉及身份关系的案件通常与伦理道德等公共利益相关，故而不允许当事人自行约定管辖法院，B选项错误。《证据规定》第51条第1款规定，举证期限可以由当事人协商，并经人民法院准许。故C项符合题意。合议庭的组成人员由人民法院决定，当事人无权选择。故D项不符合题意。

13. 答案：ABCD

《民诉法》第29条规定："因侵权行为提起的诉讼，由侵权行为地或者被告住所地人民法院管辖。"据此，A、B两个区的法院都有管辖权，形成共同管辖。故A、B两个选项也都是正确的。《民诉法》第36条规定："两个以上人民法院都有管辖权的诉讼，原告可以向其中一个人民法院起诉；原告向两个以上有管辖权的人民法院起诉的，由最先立案的人民法院管辖。"《民诉解释》第36条进一步明确：两个以上人民法院都有管辖权的诉讼，先立案的人民法院不得将案件移送给另一个有管辖权的人民法院。所以B区法院作为有管辖权的法院不应移送管辖。故C项也是正确的。最后，《民诉法》第37条规定：……受移送的人民法院认为受移送的案件依照规定不属于本院管辖的，应当报请上级人民法院指定管辖，不得再自行移送。所以D项也是正确的。

14. 答案：BD

根据《民诉法》第130条的规定，管辖权异议提出的主体必须是本案当事人。实践中主要是被告提出异议；原告在特殊情形下，如被移送管辖和指定管辖的，可以提出异议。有独立请求权第三人参与诉讼的行为本身就是对管辖权的认可。《民诉解释》第82条规定，无独立请求权第三人无权提出管辖权异议。故本题选B、D项。

15. 答案：ABC

《民诉法》第24条规定，因合同纠纷提起的诉讼，由被告住所地或者合同履行地人民法院管辖。《民诉解释》第19条规定，财产租赁合同、融资租赁合同以租赁物使用地为合同履行地，但合同中对履行地有约定的除外。故本题选A、B、C项。

16. 答案：BCD

根据《民诉法》第35条的规定，合同或其他财产权益纠纷的当事人可以书面协议选择被告住所地、合同履行地、合同签订地、原告住所地、标的物所在地等与争议有实际联系的地点的人民法院管辖，但不得违反本法对级别管辖和专属管辖的规定。因此，协议管辖只适用于合同或者其他财产权益案件，且必须采用书面形式，还受到民事诉讼法级别管辖和专属管辖的限制。故B、C、D项错误，当选。

17. 答案：AC

根据《民诉法》第19条的规定，中级人民法院管辖的第一审民事案件包括重大涉外案件，因此要选A项。而根据《民诉解释》第2条第1款的规定，专利纠

纷案件由知识产权法院、最高人民法院确定的中级人民法院和基层人民法院管辖。因此不选B项。对涉及国家秘密的案件，法律和司法解释没有特别规定，适用一般级别管辖规定，由基层人民法院管辖。《商标解释二》第3条第1款规定："第一审商标民事案件，由中级以上人民法院及最高人民法院指定的基层人民法院管辖。"所以D项属于中级人民法院管辖，不应选。

18. 答案：ABCD

《民诉解释》第9条规定，追索赡养费、抚育费、扶养费案件的几个被告住所地不在同一辖区的，可以由原告住所地人民法院管辖。

19. 答案：ABC

《民诉解释》第38条规定，有管辖权的人民法院受理案件后，不得以行政区域变更为由，将案件移送给变更后有管辖权的人民法院。判决后的上诉案件和依审判监督程序提审的案件，由原审人民法院的上级人民法院进行审判；上级人民法院指令再审、发回重审的案件，由原审人民法院再审或者重审。《民诉法》第37条规定，人民法院发现受理的案件不属于本院管辖的，应当移送有管辖权的人民法院，受移送的人民法院应当受理。受移送的人民法院认为受移送的案件依照规定不属于本院管辖的，应当报请上级人民法院指定管辖，不得再自行移送。故本题应选A、B、C项。

20. 答案：BC

本题主要考查级别管辖制度。依据《管辖异议规定》第1条和《民诉法》第35条的规定，选项A、D错误，选项B正确。管辖权转移是指依据上级法院的决定或者同意，将案件的管辖权从原来有管辖权的法院转移至无管辖权的法院。管辖权转移在上下级法院之间进行。而且通常在直接的上下级法院间进行。级别管辖是裁定管辖，是对基本管辖的变通和个别调整。结合本题，选项C正确。

21. 答案：ABCD

根据《民诉法》第23条第2项的规定，对下落不明或者宣告失踪的人提起的有关身份关系的诉讼，由原告住所地人民法院管辖；原告住所地与经常居住地不一致的，由原告经常居住地人民法院管辖。故选项A错误。根据《民诉法》第33条的规定，因共同海损提起的诉讼，由船舶最先到达地、共同海损理算地或者航程终止地的人民法院管辖。故选项B错误。根据《民诉法》第37条的规定，人民法院发现受理的案件不属于本院管辖的，应当移送有管辖权的人民法院，受移送的人民法院应当受理。受移送的人民法院认为受移送的案件依照规定不属于本院管辖的，应当报请上级人民法院指定管辖，不得再自行移送。据此可知，甲市某区法院将案件移送至甲市中院审理的情况属于移送管辖，而非管辖权的转移。故选项C错误。根据《民诉法》第35条的规定，合同或者其他财产权益纠纷的当事人可以书面协议选择被告住所地、合同履行地、合同签订地、原告住所地、标的物所在地等与争议有实际联系的地点的人民法院管辖，但不得违反本法对级别管辖和专属管辖的规定。这种以书面形式约定纠纷管辖法院的情况属于协议管辖，而非选择管辖。故选项D错误。

22. 答案：ABC

《民诉解释》第37条规定："案件受理后，受诉人民法院的管辖权不受当事人住所地、经常居住地变更的影响。"故A项做法错误，当选。《民诉法》第36条规定："两个以上人民法院都有管辖权的诉讼，原告可以向其中一个人民法院起诉；原告向两个以上有管辖权的人民法院起诉的，由最先立案的人民法院管辖。"而《民诉法》第29条规定："因侵权行为提起的诉讼，由侵权行为地或者被告住所地人民法院管辖。"所以B选项中乙市B区法院对案件有管辖权，不应将案件移送。B选项当选。《管辖异议规定》第4条规定："对于应由上级人民法院管辖的第一审民事案件，下级人民法院不得报请上级人民法院交其审理。"C选项当选。《民诉法》第122条规定，起诉须满足的条件之一为"属于受诉人民法院管辖"，D选项为合同纠纷，《民诉法》第24条规定："因合同纠纷提起的诉讼，由被告住所地或者合同履行地人民法院管辖。"当被告下落不明时，只有有关身份关系的诉讼才由原告住所地法院管辖，所以作为原告居住地的丁市H区法院对案件没有管辖权，法院应裁定不予受理，D选项法院做法不违法，不当选。

（三）不定项选择题

1. 答案：（1）A；（2）AC

《民诉法》第24条规定，因合同纠纷提起的诉讼，由被告住所地或者合同履行地人民法院管辖。《民诉解释》第18条规定："合同约定履行地点的，以约定的履行地点为合同履行地。合同对履行地点没有约定或者约定不明确，争议标的为给付货币的，接收货币一方所在地为合同履行地；交付不动产的，不动产所在地为合同履行地；其他标的，履行义务一方所在地为合同履行地。即时结清的合同，交易行为地为合同履行地。合同没有实际履行，当事人双方住所地都不在合同约定的履行地的，由被告住所地人民法院管辖。”（1）中，合同没有实际履行，且合同双方的住所地都不在合同约定的履行地，所以只能由被告住所地，即甲地法院管辖。原《最高人民法院关于适用〈中华人民共和国民事诉讼法〉若干问题的意见》第19条曾规定：“购销合同的实际履行地点与合同中约定的交货地点不一致的，以实际履行地点为合同履行地。”但该意见现已失效，且《民诉解释》并未作此规定，但在现行有效的最高人民法院《关于江苏省张家港市味精厂与湖北省汉川县分水土产副食采购供应站购销合同纠纷一案指定管辖的通知》（法经〔1993〕166号）和《关于驻马店市再生资源开发公司与都昌县油脂加工厂购销合同纠纷一案管辖问题的复函》（法函〔1992〕6号）中，依旧明确实际履行地点与合同中约定的交货地点不一致的，以实际履行地点为合同履行地。故，（2）中，被告住所地甲地法院和实际履行地戊地法院对案件均有管辖权。

2. 答案：（1）BCD；（2）AB；（3）ABC

《民诉法》第31条规定：“因船舶碰撞或者其他海事损害事故请求损害赔偿提起的诉讼，由碰撞发生地、碰撞船舶最先到达地、加害船舶被扣留地或者被告住所地人民法院管辖。”根据《海事诉讼特别程序法》第6条第2款第1项，因海事侵权行为提起的诉讼，还可以由船籍港所在地海事法院管辖。

《民诉法》第28条规定：“因铁路、公路、水上、航空运输和联合运输合同纠纷提起的诉讼，由运输始发地、目的地或者被告住所地人民法院管辖。”根据《海事诉讼特别程序法》第6条第2款第2项，因海上运输合同纠纷提起的诉讼，还可以由转运港所在地海事法院管辖。

《海事诉讼特别程序法》第6条第2款第7项规定：“因船舶的船舶所有权、占有权、使用权、优先权纠纷提起的诉讼，由船舶所在地、船籍港所在地、被告住所地海事法院管辖。”

3. 答案：（1）BC；（2）B

票据纠纷中因为案件性质不同，管辖法院也不相同。《民诉法》第26条规定：“因票据纠纷提起的诉讼，由票据支付地或者被告住所地人民法院管辖。”故（1）中，票据支付地哈尔滨法院和被告住所地天津法院均有管辖权。（2）中，实质上是因乙公司违约而提起的诉讼，适用合同纠纷的管辖规则，即由被告住所地和合同履行地法院管辖，当合同未实际履行，且当事人双方住所地都不在合同约定的履行地时，只能由被告住所地管辖，故选择B项。

4. 答案：（1）B；（2）BC

在人民法院采取诉前财产保全后，申请人起诉的，原则上，可以向采取诉前财产保全的人民法院或者其他有管辖权的人民法院起诉。但人民法院在审理国内经济纠纷案件中，如受诉人民法院对该案件没有管辖权，不能因对非争议标的物或者对争议标的物非主要部分采取诉前财产保全措施而取得该案件的管辖权。

5. 答案：（1）ABC；（2）AC

本题考查的是合同纠纷的协议管辖问题。根据《民诉法》第35条，当事人必须在与争议有实际联系的地点的人民法院中选择，如被告住所地、合同履行地、合同签订地、原告住所地、标的物所在地人民法院之中选择管辖；并且协议管辖不得违反级别管辖和专属管辖的要求。依《民诉法》第20条的规定，高级人民法院只管辖在全省有重大影响的民事案件，因此，题设案件中当事人不得选择G省高级人民法院管辖。

根据《民诉解释》第30条，管辖协议约定两个以上与争议有实际联系的地点的人民法院管辖，原告可以向其中一个人民法院起诉。因此，约定选择了两个法院管辖，原告可以向任一法院起诉。

6. （1）答案：ABCD

四人都在事故中受伤，都是其健康权受到侵犯，因此都可以作为原告。

（2）答案：BC

在此类商品致人损害案件中，商品的销售者和生产者承担不真正连带责任，因此都可以作为被告。《民诉解释》第53条规定：“法人非依法设立的分支机构，或者虽依法设立，但没有领取营业执照的分支机构，以设立该分支机构的法人为当事人。”出售啤酒的超市并未领取营业执照，所以不作为当事人，而应以集团作为当事人。

（3）答案：ABCD

根据《民诉解释》第26条的规定，因产品、服务质量不合格造成他人财产、人身损害提起的诉讼，产品制造地、产品销售地、服务提供地、侵权行为地和被告住所地人民法院都有管辖权。

7.（1）答案：B

因合同纠纷提起的诉讼，由被告住所地或者合同履行地人民法院管辖。在本题中只有武汉法院满足条件。

（2）答案：ABD

根据《仲裁法》第26条的规定，当事人达成仲裁协议，一方向人民法院起诉未声明有仲裁协议，人民法院受理后，另一方在首次开庭前提交仲裁协议的，人民法院应当驳回起诉，但仲裁协议无效的除外；另一方在首次开庭前未对人民法院受理该案提出异议的，视为放弃仲裁协议，人民法院应当继续审理。由于武汉厂已经应诉答辩，所以不能再以仲裁协议为抗辩理由。

（3）答案：AB

根据《民诉法》第28条的规定，因为运输合同纠纷提起的诉讼，由运输始发地、目的地或者被告住所地人民法院管辖。本题中上海是目的地、武汉是始发地和被告住所地，因此选A、B项。

（4）答案：AB

根据《民诉法》第30条的规定，因水上事故请求损害赔偿提起的诉讼，由事故发生地或者船舶最先到达地、被告住所地人民法院管辖。本题中安庆是事故发生地，武汉是被告住所地，因此选A、B项。

8.（1）答案：B

根据《民诉法》第22条的规定，对公民提起的民事诉讼，由被告住所地人民法院管辖；被告住所地与经常居住地不一致的，由经常居住地人民法院管辖。本案中被告的户籍虽然在C县，但是其家安在B县，因此经常居住地应当是B县。所以应当由B县人民法院管辖。

（2）答案：BD

《民诉解释》第3条规定，公民的住所地是指公民的户籍所在地，法人或者其他组织的住所地是指法人或者其他组织的主要办事机构所在地。法人或者其他组织的主要办事机构所在地不能确定的，法人或者其他组织的注册地或者登记地为住所地。第4条规定，公民的经常居住地是指公民离开住所地至起诉时已连续居住1年以上的地方，但公民住院就医的地方除外。《民诉法》第22条规定，对公民提起的民事诉讼，由被告住所地人民法院管辖；被告住所地与经常居住地不一致的，由经常居住地人民法院管辖。故本题选B、D项。

（3）答案：A

根据《民诉法》第37条的规定，移送的法院必须在不具备管辖权时才能移送，且移送只限一次，受移送的人民法院不得再自行移送。

9.（1）答案：ABD

《民诉法》第29条规定：因侵权行为提起的诉讼，由侵权行为地或者被告住所地人民法院管辖。本题中两被告的住所地分属不同法院辖区，这两个法院都对本案享有管辖权。

（2）答案：ABD

《证据规定》第90条规定："下列证据不能单独作为认定案件事实的根据：（一）当事人的陈述；（二）无民事行为能力人或者限制民事行为能力人所作的与其年龄、智力状况或者精神健康状况不相当的证言；（三）与一方当事人或者其代理人有利害关系的证人陈述的证言；（四）存有疑点的视听资料、电子数据；（五）无法与原件、原物核对的复制件、复制品。"于某此前曾是甲公司员工，又是因旷工而被原单位开除，其证言不能单独作为认定案件事实的证据。故A项正确。证据的取得方式必须合法，不得侵害国家、社会和他人合法权益。对于偷拍、偷录取得的视听资料的法律效力，《证据规定》并未明确加以规定。就本题而言，吕某的录音证据的取得未经被采访者同意，并且录音的声音模糊，综合两项因素来看，此录音也不应当单独作为认定案件事实的证据。故B项正确。甲公司提供的考勤数据表虽然属于一方当事人提出的证据，但只要对方当事人没有提出足以反驳的相反的证据，人民法院仍然应当认定其证明力。所以C项是错误的。根据《民诉法》第68、142条的规定，当事人在举证期限届满后也可以提交新的证据，只不过可能承担训诫、罚款或证据不被采纳的后果。所以D项也是正确的。因此，本题选A、B、D项。

简答题

1. 协议管辖又称约定管辖或合意管辖，是指当事人双方依照法定条件，在纠纷发生前后通过书面方式自主、合意约定管辖法院。根据现行立法的规定，国内民事案件的协议管辖须具备下列条件：

（1）协议管辖只适用于第一审民事案件，而不适用于第二审民事案件及重审、再审、提审民事案件。

（2）协议管辖只适用于合同纠纷或者其他财产权

益的纠纷，当事人对合同以外的其他民事纠纷不得协议管辖。

（3）协议管辖所约定的法院须为法定范围内的法院，即须在被告住所地、合同履行地、合同签订地、原告住所地或标的物所在地等与争议纠纷有实际联系的地点的法院中选择，而不能超出这一范围。如果在此范围内选择了两个及以上法院，则原告可以向选择的法院中的任意一个提起诉讼。

（4）协议管辖须用书面形式约定，而不能用口头形式约定。

（5）协议管辖不能违背民事诉讼法关于级别管辖和专属管辖的规定。

2. 根据现行民事诉讼法的规定，适用移送管辖必须具备以下三个条件：（1）移送的案件须为已受理的案件。（2）移送的法院对本案无管辖权。（3）受移送的法院对该案有管辖权。

案例分析题

1. （1）乙区法院和丙区法院。

（2）请求仲裁委员会作出决定或者请求人民法院作出裁定。一方请求仲裁委员会作出决定，另一方请求人民法院作出裁定的，由人民法院裁定。

（3）不成立。当事人一方向人民法院起诉时未声明有仲裁协议，人民法院受理后，对方当事人又应诉答辩的，视为该人民法院有管辖权。

2. （1）甲县、乙县、丙县的人民法院和A省姜某住所地的基层人民法院均有管辖权。因为本案是由侵权行为引起的诉讼，应适用《民诉法》第29条的规定，由侵权行为地或者被告住所地人民法院管辖。

（2）甲县人民法院的移送不正确。因为甲县人民法院对此案有管辖权，它不能以没有管辖权为由将案件移送其他法院。

（3）A省基层人民法院报请A省某中级人民法院指定管辖的做法不正确。根据《民诉法》第38条第2款的规定，管辖权发生争议时，应协商解决，协商不成的，报请它们的共同上级人民法院指定管辖。本案中，A省某中级人民法院并不是A省基层人民法院与B省甲、乙、丙县人民法院的共同上级法院，它们的共同上级法院应当是最高人民法院。

3. 我国《民诉法》在确定“原告就被告”一般地域管辖原则的同时，在特定情况下，为便于原告起诉，解决原告与被告之间的纠纷，保护当事人的利益，又规定了下列民事诉讼，由原告住所地人民法院管辖：（1）对不在中华人民共和国领域内居住的人提起的有关身份关系的诉讼；（2）对下落不明或宣告失踪的人提起的有关身份关系的诉讼；（3）对被采取强制性教育措施的人提起的诉讼；（4）对被监禁的人提起的诉讼。本案被告被监禁，无权在其住所地居住，原告不宜向其原住所地法院起诉，也不宜向被告被监禁地法院起诉，而应当向原告住所地人民法院起诉。因此，方某应向自己住所地法院提起离婚诉讼。

论述与深度思考题

1. 我国《民诉法》规定，当事人有权提出管辖权异议。在诉讼实务中，提出管辖权异议的通常是被告。因为原告在起诉时总是向自己认为有管辖权的法院提起。在管辖权异议主体方面，有两个问题值得思考，一是管辖权异议的主体是否仅限于被告，二是第三人能否成为管辖权异议的主体。

理论界在这两个问题上都存在着较大的争议。我们认为，允许原告在特殊情况下对管辖权提出异议是合法的，也是必要的；最高人民法院1990年《关于第三人能否对管辖权提出异议问题的批复》规定，有独立请求权的第三人主动参加他人已经开始的诉讼，应视为承认和接受了受诉法院的管辖，所以不发生管辖权异议问题，但如果是受诉法院依职权通知其参加诉讼，则他有权选择以第三人身份参加诉讼，还是以原告身份另行起诉，故而也不产生管辖权异议问题；《民诉解释》第82条则明确规定，无独立请求权第三人无权在一审中对案件的管辖权提出异议。

2. 民事诉讼中的协议管辖，又称“约定管辖”或者“合意管辖”，是指通过诉讼当事人的约定来确定一特定案件的管辖法院。协议管辖是当代多数国家的民事诉讼制度都承认和采用的管辖。使管辖更趋于合理化、便于当事人参加诉讼是促使各国设置协议管辖制度的主要原因。我国现行《民诉法》第35条对协议管辖作了规定。根据这些规定，我国协议管辖的特点包括：第一，在立法体例上，对协议管辖作出统一规定；第二，在适用范围上，协议管辖可以适用于合同或者其他财产权益纠纷的案件；第三，在可以选择的法院上，当事人应在被告住所地、合同履行地、合同签订

地、原告住所地、标的物所在地等与争议有实际联系的地点的法院中选择管辖法院；第四，在协议成立的条件上，协议管辖必须采取书面形式，口头协议无效；第五，在审级上，协议管辖只适用于对第一审法院的管辖，对第二审法院当事人不得协议管辖；第六，在限定条件上，当事人双方协议选择管辖法院，不得违反民事诉讼法有关级别管辖和专属管辖的规定。

协议管辖制度需研究的问题主要包括适用协议管辖案件的范围、协议选择法院的范围、协议管辖的形式要件，以及是否应当规定默示协议管辖。

第七章　当事人和诉讼代理人

知识关系图

- 当事人概述
  - 当事人概念
    - 当事人概念的发展
      - 利害关系当事人：传统观点认为，当事人必须与案件有直接利害关系，将当事人界定为“因民事权利义务关系发生纠纷，以自己的名义进行诉讼，并受人民法院裁判约束的直接利害关系人”
      - 权利保护当事人：修正观点认为，当事人不仅包括那些为保护自己的民事权益而进行诉讼的人，还包括那些为保护他人的民事权益而进行诉讼的人，故不再强调“直接利害关系”，将当事人界定为“因民事权利义务发生纠纷，以自己的名义进行诉讼，旨在保护民事权益，并能引起民事诉讼程序发生、变更或消灭的人”
      - 程序当事人：前两种概念都是把当事人作为适格当事人予以界定，但现实中，起诉或被诉的人是不是直接利害关系人或权益保护主体，只有在诉讼进行中才能查明，在未查明之前诉讼程序照样进行。故当事人应界定为，“以自己的名义要求人民法院保护其民事权利或法律关系的人及其相对方”即凡是以自己名义起诉、应诉的人，就是当事人
    - 程序当事人的构成要件
      - 以自己的名义起诉、应诉，进行诉讼活动
      - 向法院请求确定私权或其他民事权益的一方及其相对方
      - 在诉状内明确表示
    - 当事人概念的关系
      - 确立程序当事人的概念，有利于对实体法律关系实现普遍救济，扩大民事司法功能
      - 程序当事人概念主要适用于立案环节，强调法院不应当过早对当事人适格问题进行实体审查
      - 利害关系当事人、权利保护当事人概念主要适用于诉讼进行中对当事人适格的判断
  - 当事人的结构
  - 当事人的确定学说
    - 意思说：以原告本意实际想起诉的人为当事人
    - 行为说：以在诉讼中实际实施诉讼行为的人为当事人
    - 表示说：以诉状上所记载的当事人为准

- 当事人能力与诉讼能力
  - 当事人能力
    - 概念：又称诉讼权利能力，是指可以作为民事诉讼当事人的能力或资格。它只是一种抽象性的能力或资格
    - 与民事权利能力的关系
      - 一致性：有民事权利能力的人同时有当事人能力
      - 分离性：当事人能力独立于民事权利能力而存在，无民事权利能力的人却有当事人能力，无当事人能力的人却有民事权利能力
      - 特殊情形
        - 经工商登记的企业集团不具有当事人能力
        - 商品交易市场不具有当事人能力
        - 相关活动组织委员会不具有当事人能力
        - 农工商总公司、乡镇企业总公司、管委会等，有法人营业执照的，该单位为当事人
        - 有限责任公司设立中的筹备组不具有当事人能力
        - 职工持股会：经核准登记的，具有当事人资格；未经登记的，由负责组织、发起的人为当事人

- 当事人能力与诉讼能力
  - 诉讼能力
    - 概念：也称诉讼行为能力，是指能够以自己的行为实现诉讼权利和履行诉讼义务的能力
    - 诉讼能力与民事行为能力的对应性
  - 当事人的诉讼权利和诉讼义务
    - 权利种类
      - 保障当事人进行诉讼的权利
      - 维护当事人实体权利的诉讼权利
      - 处分实体权利的诉讼权利
      - 实现民事权益的诉讼权利
    - 义务种类
      - 必须依法行使诉讼权利，不得滥用权利、无理缠讼
      - 必须遵守法庭秩序和诉讼程序
      - 必须履行发生法律效力的判决、裁定和调解协议

- 当事人适格
  - 概念：也称正当当事人，是指就特定的诉讼，有资格以自己的名义成为原告或被告，因而受本案判决拘束的当事人。这种以自己的名义作为当事人并受本案判决拘束的权能，称为诉讼实施权。具有诉讼实施权的当事人是适格当事人
  - 理论基础之一：管理权或处分权，是对有关财产权争议提出诉讼并成为适格当事人的前提
  - 理论基础之二：诉讼担当
    - 概念：指本来不是民事法律关系主体的第三人，因对他人的权利或法律关系有管理权，而以当事人的地位，就该法律关系所产生的纠纷而行使诉讼实施权，所受判决的效力及于原民事法律关系的主体
    - 种类
      - 法定诉讼担当：第三人依据法律的规定行使诉讼实施权
      - 任意诉讼担当：第三人依据民事法律关系主体的授权行使诉讼实施权
    - 我国民事诉讼中的诉讼担当
      - 法定诉讼担当：实体权利义务人的近亲属；失踪人、清算主体、死者等的财产管理权人；连带及不真正连带责任人；代位权人；诉讼中实体权利义务转移中的转让人；公益诉讼原告
      - 任意诉讼担当：代表人诉讼中的诉讼代表人；知识产权等的被许可使用人；合伙负责人或合伙企业执行人；著作权集体管理组织；业主委员会
    - 诉讼担当与诉讼承担：诉讼担当人实施诉讼是基于法律的规定或他人的委托，为他人的权利或利益而以自己的名义实施诉讼判决效力及于被担当人
    - 诉讼承担是指诉讼权利义务的承担，是基于民事权利义务的转移而发生，诉讼权利义务的继承人为自己的权益，以自己的名义实施诉讼，判决后果自己承担

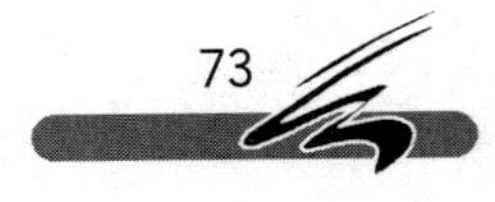

- 当事人适格
  - 理论基础之三：诉的利益
    - 概念：当事人请求法院解决纠纷的必要性和实效性
    - 不同种类的诉的利益
      - 给付之诉的利益
      - 确认之诉的利益
      - 形成之诉的利益
  - 非正当当事人的更换
    - 非正当当事人，即当事人适格有欠缺的诉讼当事人
    - 法理根据
      - 在民事诉讼中，法院并不是完全不作任何调查，法官有阐明权和对诉讼要件的调查权
      - 我国司法强调职权的作用，并不重视诉的形式的特殊性，但也有程序简明、力求在一个诉讼中解决相关纠纷的特点
      - 更换非正当当事人的做法，不仅维护了法的安定性，而且考虑了有关纠纷当事人的意志

- 诉讼辅佐人
  - 概念：陪同当事人、法定诉讼代理人或委托代理人在辩论期日出庭，起补充陈述作用的人
  - 特点
    - 诉讼辅佐人为当事人或诉讼代理人以外的第三人
    - 诉讼辅佐人系于期日到场的人
    - 诉讼辅佐人系于期日由当事人或诉讼代理人偕同到场的人
  - 对《民诉法》第82条的解释：《证据规定》第83条
  - 权限及行为的效力
    - 诉讼辅佐人只有随同当事人或诉讼代理人一起在期日里出庭才能实施诉讼行为
    - 诉讼辅佐人可以在法庭上代替当事人作一切陈述，如果当事人不当场撤销或更正其陈述，就视为当事人本人的陈述，直接对当事人发生效力

- 诉讼代理人
  - 概念：指依照代理权，以当事人名义代为实施或接受诉讼行为，从而维护该当事人利益的诉讼参加人
  - 特征
    - 诉讼代理人须具有诉讼行为能力
    - 诉讼代理人须在代理权限范围内进行诉讼活动
    - 诉讼代理人须以被代理人的名义进行诉讼活动
    - 诉讼代理的法律后果直接归属于被代理人
    - 诉讼代理人在同一案件中只能代理一方当事人进行诉讼
    - 诉讼代理人是相对独立的诉讼参加人
  - 种类
    - 法定诉讼代理人
      - 概念：根据法律规定代理无诉讼行为能力的当事人进行民事诉讼活动的人
      - 特征
        - 代理权源于法律的直接规定
        - 代理的对象为无诉讼行为能力人
        - 范围限于对当事人享有亲权和监护权的人
        - 法定代理人的代理权既是一项权利，也是一项义务
      - 代理权限和诉讼地位
      - 对法定诉讼代理人的指定
      - 代理权的取得和消灭
        - 取得：源于民事实体法所规定的亲权或监护权
        - 消灭
          - 法定诉讼代理人死亡或丧失诉讼行为能力
          - 被代理的当事人取得或恢复了诉讼行为能力
          - 法定诉讼代理人丧失了对当事人的亲权或监护权
          - 被代理的当事人死亡
    - 委托诉讼代理人
      - 概念：指接受当事人、法定代理人、诉讼代表人、法定代表人或其他组织的负责人的授权委托，代为进行诉讼活动的人
      - 特征
        - 委托诉讼代理权的产生是基于委托人授予代理权的意思表示
        - 诉讼代理的事项和代理权限一般由委托人自行决定
        - 委托人和受托人都具有诉讼行为能力
      - 范围：律师，基层法律服务工作者，当事人的近亲属，当事人的工作人员，当事人所在社区、单位以及有关社会团体推荐的公民

诉讼代理人种类
- 委托诉讼代理人
  - 代理权限
    - 一般授权：只能代为实施一般的诉讼行为、如申请回避
    - 特别授权：代为实施某些与实体权益密切相关的诉讼行为，如代为承认、放弃、变更诉讼请求进行和解，提起反诉或上诉
  - 诉讼地位
    - 不是独立的诉讼主体
    - 具有相对独立性
      - 委托诉讼代理人在委托权限范围内有独立进行意思表示的权利，有权自行决定是否和如何为意思表示
      - 委托诉讼代理人有权拒绝委托人的无理要求，在必要时可中止诉讼代理关系
      - 委托诉讼代理人除享有委托人授予的权利之外，还享有法律赋予诉讼代理人的固有权利
      - 法院在诉讼过程中，应向委托诉讼代理人实施的诉讼行为，不能以向被代理人实施予以取代
  - 代理权的取得、变更和消灭
  - 转委托
  - 离婚案件委托诉讼代理人的特殊规定

名词解释与概念比较

1. 民事诉讼权利能力与民事诉讼行为能力
2. 正当当事人与非正当当事人
3. 诉讼担当与诉讼承担
4. 民事诉讼代理人和刑事诉讼辩护人
5. 法定诉讼代理人和委托诉讼代理人
6. 一般授权与特别授权
7. 当事人能力

选择题

（一）单项选择题

1. 有民事诉讼权利能力，但没有民事诉讼行为能力的人（　　）。

A. 不能作为当事人，也不能参加诉讼
B. 可以作为当事人，亲自从事诉讼活动
C. 可独立行使诉讼权利，履行诉讼义务
D. 不能独立地行使诉讼权利，履行诉讼义务

2. 王某与马某因合同纠纷发生诉讼，丁某经法院通知出庭作证。王某、马某与丁某都是（　　）。

A. 诉讼参加人　　B. 诉讼参与人
C. 共同诉讼人　　D. 诉讼代理人

3. 王某成立了一个公司，但未到市场监督管理部门登记注册，该公司在经营中与A公司发生合同纠纷，A公司所诉的被告为（　　）。

A. 王某
B. 王某成立的公司
C. 市场监督管理部门
D. 王某所在居民委员会

4. 在民事诉讼过程中，人民法院发现起诉或者应诉的人不符合当事人条件的，应通知符合条件的当事人参加诉讼，更换不符合条件的当事人。该情形在民事诉讼上称为（　　）。

A. 诉讼权利的承担　　B. 传唤当事人
C. 当事人的更换　　D. 对起诉的审查

5. 甲被生前的工作单位申报为革命烈士，某报对甲的事迹进行了宣传。乙四处散布言论贬损甲。对乙的行为，谁可以向法院提起精神损害赔偿诉讼？（　　）

A. 甲生前的工作单位
B. 甲的子女
C. 宣传甲事迹的某报社
D. 批准甲为烈士的某省政府

6. 周童（5岁）星期天和祖母李霞去公园玩，游戏过程中周童将林晨（6岁）的双眼划伤致使林晨的右眼失明、左眼视力下降。林晨的父亲林珂要求周家赔偿林晨的医疗费、伤残费共计6万元。周童的父亲周志伟以周童是未成年人为由拒绝赔偿。林家无奈只好诉至法院。下列关于本案诉讼参与人地位的表述哪项

是正确的？（ ）

A. 本案原告是林晨，其父林珂是林晨法定代理人，被告是周童，其父周志伟是周童的法定代理人，李霞是证人

B. 本案被告是周童，周志伟是其法定代理人，李霞是无独立请求权的第三人

C. 本案原告是林珂，被告是周志伟和李霞

D. 本案原告是林珂和林晨，被告是周志伟、李霞和周童

7. 10 岁的甲与 6 岁的乙在操场踢球的过程中，甲不慎将乙的眼睛碰伤，双方父母因损害赔偿问题发生争议，决定向人民法院提起诉讼。下列关于本案当事人的说法，哪项是正确的？（ ）

A. 乙为原告，乙的父母为乙的法定代理人；甲和甲的父母作为共同被告，甲的父母同时作为甲的法定代理人

B. 乙的父母为原告，甲的父母为被告

C. 乙为原告，甲的父母为被告

D. 乙的父母为原告，甲为被告

8. 关于当事人适格的表述，下列哪一选项是错误的？（ ）

A. 当事人诉讼权利能力是作为抽象的诉讼当事人的资格，它与具体的诉讼没有直接的联系；当事人适格是作为具体的诉讼当事人的资格，是针对具体的诉讼而言的

B. 一般来讲，应当以当事人是不是所争议的民事法律关系的主体，作为判断当事人是否适格的标准，但在某些例外情况下，非民事法律关系或民事权利主体，也可以作为适格当事人

C. 清算组织、遗产管理人、遗嘱执行人是适格的当事人，原因在于根据权利主体意思或法律规定对他人的民事法律关系享有管理权

D. 检察院就生效民事判决提起抗诉，抗诉的检察院是适格的当事人

9. 下列不属于法定代理权消灭的情况是（ ）。

A. 法定代理人丧失诉讼行为能力

B. 法定代理人辞去代理

C. 被代理的当事人取得诉讼行为能力

D. 法定代理人失去对当事人的监护权

10. 离婚案件有诉讼代理人的，本人除不能表达意志的以外，仍应出庭；确因特殊情况无法出庭的，必须向人民法院提交下列何种材料？（ ）

A. 证明书　　B. 陈述书

C. 书面意见　　D. 材料书

11. 郑某因与某公司发生合同纠纷，委托马律师全权代理诉讼，但未作具体的授权。此种情况下，马律师在诉讼中有权实施下列哪一行为？（ ）

A. 提出管辖权异议

B. 提起反诉

C. 提起上诉

D. 部分变更诉讼请求

12. 在民事诉讼中，下列何种人不可以作为委托代理人？（ ）

A. 与本案审判人员存在近亲属关系的律师

B. 委托人年满 19 岁但尚未通过法律职业资格考试的儿子

C. 与委托人存在合法劳动人事关系的职工

D. 被本案对方当事人申请出庭作证的律师

13. 小李为了打官司，准备委托一个诉讼代理人。下面的人物中，哪个不能成为其诉讼代理人？（ ）

A. 小李的父亲，62 岁，县委退休干部

B. 小李的弟弟，17 岁，法律事务专业的中专生

C. 小李的同事，26 岁，会计

D. 小李的同学，32 岁，大学副教授

14. 李某的下列诉讼行为错误的是（ ）。

A. 没有向对方当事人提交委托他父亲为诉讼代理人的授权委托书

B. 向对方当事人提交委托他父亲为诉讼代理人的授权委托书

C. 向法院提交委托他父亲为诉讼代理人的授权委托书

D. 没有向法院提交委托他父亲为诉讼代理人的授权委托书

15. 张某聘请李律师作为其诉讼代理人，如果在诉讼中他决定解聘李律师的话，那么他应该（ ）。

A. 口头告知法院

B. 书面告知法院

C. 直接书面告知李律师，不需要再告知法院，需要时可以由律师转告

D. 通过任何方式，只要让法院得到消息就行

16. 张某的下列诉讼行为中错误的是（ ）。

A. 委托律师李某和自己的同事赵某共同担任诉讼代理人

B. 在诉讼中，未经法庭允许，解除对李某的委托
C. 解除对李某的委托后，没有告知对方当事人
D. 解除对李某的委托后，没有告知法院

17. 张明和李慧为夫妻，后李慧因精神失常，生活不能自理，张明遂提出离婚。下列做法中错误的是（　　）。

A. 张明替李慧委托了一名律师担任诉讼代理人
B. 李慧所在地的妇联派出一名律师担任其代理人
C. 法院为李慧指定了一名律师担任其代理人
D. 法院因被告为无诉讼行为能力人，缺席审判，判决驳回张明的离婚请求，需继续承担丈夫责任

18. 关于当事人能力和正当当事人的表述，下列哪一选项是正确的？（　　）

A. 一般而言，应以当事人是否对诉讼标的有确认利益，作为判断当事人适格与否的标准
B. 一般而言，诉讼标的的主体即是本案的正当当事人
C. 未成年人均不具有诉讼行为能力
D. 破产企业清算组对破产企业财产享有管理权，可以该企业的名义起诉或应诉

19. 某市法院受理了中国人郭某与外国人珍妮的离婚诉讼，郭某委托黄律师作为代理人，授权委托书中仅写明代理范围为“全权代理”。关于委托代理的表述，下列哪一选项是正确的？（　　）

A. 郭某已经委托了代理人，可以不出庭参加诉讼
B. 法院可以向黄律师送达诉讼文书，其签收行为有效
C. 黄律师可以代为放弃诉讼请求
D. 如果珍妮要委托代理人代为诉讼，必须委托中国公民

（二）多项选择题

1. 下列关于民事诉讼当事人的说法中，不正确的是（　　）。

A. 当事人是民事诉讼的主体
B. 当事人必定是发生争议的民事法律关系的主体
C. 当事人以自己的名义进行诉讼
D. 当事人不受案件裁判的约束

2. 下列关于诉讼行为能力的说法，正确的是（　　）。

A. 有无诉讼行为能力是决定当事人能否独立参加诉讼活动的唯一条件
B. 没有诉讼行为能力的人，不能作为民事诉讼当事人
C. 民事诉讼行为能力分为无诉讼行为能力、限制诉讼行为能力和完全诉讼行为能力
D. 公民的诉讼行为能力终于死亡、宣告死亡和宣告无行为能力

3. 根据我国民事诉讼法的规定，下列主体中有资格作为民事诉讼当事人的是（　　）。

A. 精神病患者及 8 周岁以下的儿童
B. 年满 8 周岁但未满 16 周岁的儿童
C. 年满 16 周岁且有劳动收入的公民
D. 年满 18 周岁且智力正常的公民

4. 非实体权利义务主体成为民事诉讼当事人须有法律的特别规定。下列哪些主体依法可以成为民事诉讼当事人？（　　）

A. 公司清算过程中的清算组织
B. 失踪人的财产代管人
C. 遗产管理人或遗嘱执行人
D. 为保护死者名誉权而提起诉讼的死者的近亲属

5. 下列哪些组织不可以作为当事人参加民事诉讼？（　　）

A. 中国建设银行北京市分行
B. 中国共产党万安县无花乡委员会
C. 王某、李某、赵某合伙开办的长寿饭馆
D. 已被注销而未经清算的东方电机厂

6. 根据民事诉讼法规定，一般情况下，在一审程序中下列哪些权利当事人可以行使？（　　）

A. 向有管辖权的人民法院依法口头起诉
B. 如为被告，在收到起诉状副本之日起 30 日内提出答辩状
C. 申请不公开审理案件
D. 在法庭辩论终结前提出回避申请

7. 李某和张某到华美购物中心采购结婚物品。张某因购物中心打蜡地板太滑而摔倒，致使左臂骨折，住院治疗花费了大量医疗费，婚期也因而推迟。当时，购物中心负责地板打蜡的郑某目睹事情的发生经过。受害人认为购物中心存在过错，于是，起诉要求其赔偿经济损失以及精神损害赔偿。关于本案诉讼参与人，下列哪些选项是正确的？（　　）

A. 李某、张某应为本案的共同原告

B. 李某、郑某可以作为本案的证人

C. 华美购物中心为本案的被告

D. 华美购物中心与郑某为本案共同被告

视频讲题

8. 关于诉讼代理人说法正确的有（　　）。

A. 如果诉讼代理人丧失诉讼行为能力，其代理资格也随之丧失

B. 诉讼代理人必须以被代理人的名义进行诉讼

C. 诉讼代理人的诉讼行为的后果由被代理人承担

D. 诉讼代理人在同一案件中只能代理一方当事人进行诉讼

9. A公司不慎购入一批劣质电子元件，导致其生产的产品质量低劣，无法售出。A公司欲起诉元件供应者B公司，则下列人员中，可以作为A公司诉讼代理人的是（　　）。

A. C律师事务所的律师何某

B. A公司董事长李某的哥哥，曾受行政处罚

C. B公司经理张某的妻子

D. 间歇性精神病患者林某

10. 下列关于民事诉讼中的法定代理人与委托代理人的表述，哪些是正确的？（　　）

A. 委托代理人的诉讼权利不可能多于法定代理人

B. 法定代理人可以是委托代理人的委托人

C. 法定代理人的被代理人是无诉讼行为能力的当事人

D. 委托代理人的被代理人是有诉讼行为能力的当事人

11. 张某向甲区人民法院起诉，要求与侨居在外国的中国公民吴某离婚。在诉讼中，吴某委托北京赵律师事务所的赵律师代为进行诉讼。吴某从国外向人民法院寄交的对赵律师的授权委托书，需要履行下列哪些手续才为合法、有效？（　　）

A. 必须经中华人民共和国驻该国的使领馆证明

B. 没有使领馆的，由与中华人民共和国有外交关系的第三国驻该国的使领馆证明，再转由中华人民共和国驻该第三国使领馆证明

C. 由当地的爱国华侨团体证明

D. 由所在国公证机关证明，并经中华人民共和国驻该国使领馆认证

12. 民事诉讼当事人魏武委托律师肖长江代理其进行民事诉讼，魏武提交给人民法院的授权书中写明肖长江的代理权是“全权代理”。依此授权书，肖长江代理魏武的诉讼中，有权代理魏武进行哪些诉讼活动？（　　）

A. 提供证据

B. 放弃诉讼请求

C. 进行法庭辩论

D. 提起上诉

13. 甲公司拖欠乙公司的货款而被乙公司诉至法院，乙公司的委托代理律师王某未经乙公司特别授权，有权实施下列哪些诉讼行为？（　　）

A. 表示同意甲公司延期1个月还款

B. 要求书记员赵某回避

C. 陈述案情、出示证据

D. 提出管辖权异议

14. 张律师接受海洋公司委托，在查阅案件材料时，发现下列事实，属于应当保密的有（　　）。

A. 海洋公司董事长曾经被判处有期徒刑

B. 海洋公司自己研发的一项专利成果

C. 海洋公司的客户名单

D. 海洋公司的裁员名单

15. 原告律师牛某在二审过程中申请查阅案件材料。下列材料中，牛某可以查阅的包括（　　）。

A. 被告的答辩书

B. 庭审笔录

C. 鉴定意见

D. 一审法院合议庭的评议笔录

16. 关于法定诉讼代理人，下列哪些认识是正确的？（　　）

A. 代理权的取得不是根据其所代理的当事人的委托授权

B. 在诉讼中可以按照自己的意志代理被代理人实施所有诉讼行为

C. 在诉讼中死亡的，产生与当事人死亡同样的法律后果

D. 所代理的当事人在诉讼中取得行为能力的，法定诉讼代理人则自动转化为委托代理人

17. 关于当事人能力与当事人适格的概念，下列哪些表述是正确的？（　　）

A. 当事人能力又称当事人诉讼权利能力，当事人适格又称正当当事人

B. 有当事人能力的人一定是适格当事人

C. 适格当事人一定具有当事人能力

D. 当事人能力与当事人适格均由法律明确加以规定

18. 根据民事诉讼理论和相关法律法规，关于当事人的表述，下列哪些选项是正确的？（　　）

A. 依法解散、依法被注销的法人可以自己的名义作为当事人进行诉讼

B. 被宣告为无行为能力的成年人可以自己的名义作为当事人进行诉讼

C. 不是民事主体的非法人组织依法可以自己的名义作为当事人进行诉讼

D. 中国消费者协会可以自己的名义作为当事人，对侵害众多消费者权益的企业提起公益诉讼

（三）不定项选择题

张风因产品质量问题，向法院起诉博瑞公司。张风为了赢得诉讼，决定委托诉讼代理人。其遇到问题如下：

1. 下列哪些人员可以作为张风的诉讼代理人？（　　）

A. 张风的父亲张长空

B. 张风的同事为其推荐的律师李向阳

C. 中国人民大学硕士研究生王抱负

D. 张风正在外地服兵役的哥哥张秋

2. 张风签写了一份授权委托书。有关委托书，下列说法正确的是：（　　）。

A. 授权委托书应当记明委托事项和权限

B. 授权委托书应当在法庭调查前提交法院

C. 授权委托书需要注明委托权限，如果写明全权代理，则代理人可以享有当事人的一切诉讼权利

D. 授权委托书的变更要向人民法院以书面形式告知

3. 张风已委托律师李向阳为诉讼代理人，此时被告博瑞公司也想委托李向阳为诉讼代理人。李向阳可以（　　）。

A. 拒绝博瑞公司的委托

B. 接受博瑞公司的委托

C. 拒绝博瑞公司的委托，同时也拒绝张风的委托

D. 劝告张风不起诉，只能与博瑞公司和解

简答题

1. 简述我国民事诉讼理论对当事人概念的界定的演变过程。

2. 简述民事诉讼权利能力与民事权利能力的一致性与分离性。

3. 简述当事人的诉讼权利和诉讼义务。

4. 简述非正当当事人更换的法理依据。

5. 简述诉讼代理人的特征。

6. 简述法定诉讼代理人的代理权限和诉讼地位。

7. 简述委托代理权消灭的原因。

8. 简述民事诉讼当事人的种类。

案例分析题

1. 2016 年春，某市举办了春季名贵花展。甲约女友乙前去参观。两人因互相说笑，未注意门前挂有“展览之花，严禁采摘”的牌子。走到一花盆前，乙停下来对甲说：“这花真好看，你摘一朵给我。”甲上前采摘，因用力过重，折断了花茎，并且造成花根松动，使花不能再存活。同时，甲因突然转身与正在身后参观花展的丙相撞，造成丙的眼镜摔碎。该盆名花为丁所有，丁为此损失 5 000 元。丙的镜片损失共计 3 000 元。现丁、丙想提起诉讼。

问：

（1）在丙提起的诉讼中，丙应当以谁为被告？请说明理由。

（2）在丁提起的诉讼中，丁应当以谁为被告？请说明理由。

2. 王某（男）与李某（女）均系聋哑人。2015 年经人介绍结婚，并生有一子。2018 年李某以夫妻性格不合为由，向当地法院起诉，坚决要求与王某离婚，并要求抚养儿子。受诉讼法院认为原、被告均系聋哑人，于是分别通知原、被告的父母作为法定代理人参加诉讼。审理时，在一方当事人未到庭的情况下，经调解代理人之间达成如下协议：双方同意离婚，孩子由原告抚养，被告每月给付抚养费 2 500 元。

问：本案的代理是否正确？如此达成的协议是否

合法？请说明理由。

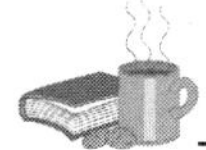

论述与深度思考题

委托代理人的诉讼地位如何确定？

参考答案

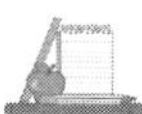

名词解释与概念比较

1.

民事诉讼权利能力	民事诉讼行为能力
可以作为民事诉讼当事人的能力或资格	能够以自己的行为实现诉讼权利和履行诉讼义务的能力

2.

正当当事人	非正当当事人
就特定的诉讼，有资格以自己的名义成为原告或被告，因而受本案判决拘束的当事人	当事人适格有欠缺的人。各国司法实践对非正当当事人的处理方式包括驳回诉讼、驳回诉讼请求或进行更换，等等

3.

诉讼担当	诉讼承担
本来不是民事权利或法律关系主体的第三人，对他人的权利或法律关系有管理权，以当事人的地位，就该法律关系所产生的纠纷而行使诉讼实施权，所受判决的效力及于原民事法律关系的主体	基于民事权利义务的转移而发生的诉讼权利义务的承担

4.

民事诉讼代理人	刑事诉讼辩护人
根据法律规定、法院指定或当事人的委托，以当事人名义代为实施或接受诉讼行为，从而维护该当事人利益的诉讼参加人	根据犯罪嫌疑人、被告人的授权或法院的指定，以自己名义参加诉讼，并根据事实和法律对犯罪嫌疑人、被告人无罪或罪轻、应减轻或免除刑事责任等提出辩护材料和意见的诉讼参加人

5.

法定诉讼代理人	委托诉讼代理人
根据法律规定代理无诉讼行为能力的当事人进行民事诉讼活动的人	接受当事人、法定代理人、诉讼代表人或法定代表人的授权委托，代为进行诉讼活动的人

6.

一般授权	特别授权
根据当事人的一般授权，委托诉讼代理人仅享有纯程序性质的诉讼权利，只能代为进行一般的诉讼行为	根据当事人在一般授权基础上进行的特别授权，委托诉讼代理人可以代为实施某些与当事人实体权益密切相关的诉讼行为

7. 当事人能力，又称诉讼权利能力，是指可以作为民事诉讼当事人的能力或资格。

选择题

（一）单项选择题

1. 答案：D

诉讼权利能力确定的是当事人的资格，即某主体是否能够以当事人的身份参加诉讼；诉讼行为能力确定的是当事人能否亲自从事诉讼活动，即是否能够在没有代理人代理的情况下独立从事诉讼活动。因此，有诉讼权利能力而没有诉讼行为能力的主体虽然可以成为当事人，却不能独立从事诉讼活动。

2. 答案：B

当事人、证人、鉴定人、翻译人员、勘验人员等在诉讼过程中享有权利并承担义务的主体均是诉讼参与人。

3. 答案：A

未进行工商登记注册的公司并非合法的公司，不具有相应的诉讼权利能力，不能成为诉讼主体。因此，应当由成立该公司的主体作为被告。

4. 答案：C

将不适格的当事人更换为适格当事人的法律现象就是当事人的更换。

5. 答案：B

根据《民诉解释》第69条的规定，对侵害死者遗体、遗骨以及姓名、肖像、名誉、荣誉、隐私等行为提起诉讼的，死者的近亲属为当事人。即死者的配偶、父母、子女等。

6. 答案：A

本案属于人身损害赔偿纠纷。人身权受到侵害的林晨应当为原告。由于原告未成年，其父母应当作为法定代理人参加诉讼。《民诉解释》第67条规定，无民事行为能力人、限制民事行为能力人造成他人损害

的，无民事行为能力人、限制民事行为能力人和其监护人为共同被告。所以侵害他人人身权的周童及其父母应当作为共同被告。同时，《民诉法》第 60 条规定，无诉讼行为能力人由他的监护人作为法定代理人代为诉讼。所以，周童作为无诉讼行为能力人，其父母作为监护人，应作为法定代理人代为诉讼。另外，《民法典》第 1189 条规定："无民事行为能力人、限制民事行为能力人造成他人损害，监护人将监护职责委托给他人的，监护人应当承担侵权责任；受托人有过错的，承担相应的责任。"周童的祖母李霞带周童去公园玩，实际上是周童的监护人委托李霞履行监护职责，所以，李霞未能正确恰当履行监护职责，应承担相应的责任，因此也应作为共同被告。

7. 答案：A

《民诉法》第 60 条规定，无诉讼行为能力人由他的监护人作为法定代理人代为诉讼。乙作为权利受到侵害之人，应当作为原告，其监护人作为其法定代理人。《民诉解释》第 67 条规定，无民事行为能力人、限制民事行为能力人造成他人损害的，无民事行为能力人、限制民事行为能力人和其监护人为共同被告。因此，造成他人损害的甲与其监护人应当作为共同被告，同时，其监护人应当作为甲的法定代理人。

8. 答案：D

对生效民事裁判提起抗诉是人民检察院启动再审程序的途径，也是人民检察院法律监督职能在民事诉讼中的重要体现。但是人民检察院在再审程序中并不是当事人，而仅仅是履行法律监督者的职能出席庭审。《民诉法》第 224 条规定：人民检察院提出抗诉的案件，人民法院再审时，应当通知人民检察院派员出席法庭。所以 D 项错误，应当选。

9. 答案：B

法定诉讼代理权的存在有其客观基础，在诉讼过程中，如果这些客观基础丧失，法定代理权也随之消灭。A、C、D 项都属于引起法定诉讼代理权消灭的原因。

10. 答案：C

参见《民诉法》第 65 条。

11. 答案：A

参见《民诉解释》第 89 条。

12. 答案：D

根据《民诉法》第 47 条的规定，审判人员与诉讼代理人存在近亲属关系的，审判人员应当自行回避，当事人有权用口头或者书面方式申请他们回避。由此可见，在审判人员与诉讼代理人存在近亲属关系的情形下，应当回避的是审判人员，而不是诉讼代理人。因而，选项 A 不正确。根据《民诉法》第 61 条第 2 款第 2 项以及《民诉解释》第 85 条的规定，当事人的近亲属可以作为当事人的诉讼代理人，而无须取得律师执业资格或者通过法律职业资格考试。因而，选项 B 不正确。根据《民诉法》第 61 条第 2 款第 2 项以及《民诉解释》第 86 条的规定，作为单位的当事人的工作人员可以作为当事人的诉讼代理人。选项 C 不正确。尽管现行法律、司法解释没有明确禁止证人兼任诉讼代理人，但诉讼代理人与证人两种身份具有互斥性，至少特定主体不能在同一审级中同时担任证人与诉讼代理人。因而，选项 D 正确。

13. 答案：B

根据《民诉解释》第 84 条的规定，限制民事行为能力人不能作为诉讼代理人。

14. 答案：D

参见《民诉法》第 62 条。对于是否应向对方当事人提交授权委托书，法律没有规定。

15. 答案：B

参见《民诉法》第 63 条。

16. 答案：D

参见《民诉法》第 63 条。当事人可以解除对诉讼代理人的委托，但必须书面告知法院。

17. 答案：D

无诉讼行为能力人由其监护人作为法定代理人代为诉讼，监护人可以委托诉讼代理人，在一定条件下，人民法院也可以为无诉讼行为能力的当事人指定诉讼代理人。被告为无诉讼行为能力人，不构成缺席判决、驳回原告诉讼请求的理由。

18. 答案：B

本题考核正当当事人与当事人能力。正当当事人，也称当事人适格，是指就特定的诉讼，有资格以自己的名义成为原告或被告，因而受本案判决拘束的当事人。对诉讼标的所涉及的民事权利义务关系具有管理权或处分权的人就是适格当事人。故选项 A 错误，选项 B 正确。16 周岁以上不满 18 周岁的公民，以自己的劳动收入为主要生活来源的，应视为有诉讼行为能力。故选项 C 错误。破产企业清算组对破产企业财产享有管理权，可以作为当事人进行诉讼，即应当以清算组的名义起诉或应诉。故选项D错误。

19. 答案：B

《民诉法》第65条规定，离婚案件有诉讼代理人的，本人除不能表达意思的以外，仍应出庭；确因特殊情况无法出庭的，必须向人民法院提交书面意见。故选项A错误。《民诉法》第88条第1款规定，受送达人有诉讼代理人的，可以送交其代理人签收。故选项B正确。《民诉法》第62条第2款规定，授权委托书必须记明委托事项和权限。诉讼代理人代为承认、放弃、变更诉讼请求，进行和解，提起反诉或者上诉，必须有委托人的特别授权。据此可知，“代为放弃诉讼请求”的，必须经过特别授权。黄律师的授权委托书中仅写“全权代理”而无具体授权，视为一般代理。故选项C错误。《民诉法》第274条规定，外国人、无国籍人、外国企业和组织在人民法院起诉、应诉，需要委托律师代理诉讼的，必须委托中华人民共和国的律师。故选项D错误。

（二）多项选择题

1. 答案：BD

当事人为程序法上的概念，凡以自己名义提起诉讼的主体及其相对方均为当事人。因此，非争议法律关系的主体亦可成为当事人，只是一般情况下会被认定为不正当当事人而已。此外，在诉讼担当的情况下会发生正当当事人并非争议法律关系主体的情况。故B项不正确。所有当事人均要受到人民法院裁判的约束，故D项不正确。

2. 答案：AD

当事人诉讼行为能力的有无决定了当事人能否独立参加诉讼活动。当事人的诉讼行为能力终于死亡、宣告死亡及无行为能力宣告。

3. 答案：ABCD

公民自出生至死亡均享有诉讼权利能力，均有资格作为当事人参加诉讼。故选项A、B、C、D均正确，当选。

4. 答案：ABCD

此种情况被称为法定的诉讼担当。具体规定可参见《民诉解释》第64、69、341条，《破产法》第20、22～29条，《公司法》第184条的相关规定。

5. 答案：CD

根据《民诉解释》第52条第6项的规定，银行的分行可以作为诉讼主体，故选项A不当选。根据《民法典》第96条，选项B中的乡党委作为机关法人，依据《民诉法》第51条、《民诉解释》第50条具有当事人主体资格，故选项B不当选。根据《民诉解释》第60条，选项C中的合伙组织应当以全体合伙人作为共同诉讼人，故当选。根据《民诉解释》第64条企业法人未依法清算即被注销的，以该企业法人的股东、发起人或者出资人为当事人，故选项D当选。

6. 答案：AD

一般情况下答辩期为15日，故选项B错误；一般情况下案件应当公开审理，故选项C错误。因此，本题选A、D项。

7. 答案：BC

首先可以确定李某并非本题中的适格当事人，因其对本案并不存在诉的利益，不具备成为当事人的条件。所以A项错误。李某、郑某共同目睹了张某在购物中心摔倒的全过程，是了解案件情况的人，符合成为本案证人的条件。所以B项正确。张某在华美购物中心购物，并因为打蜡地板太滑以致摔伤，受到人身损害，华美购物中心作为被告当无异议。所以C项也是正确的。最后，关于华美购物中心与郑某是不是本案的共同被告的问题，应当明确郑某仅仅是华美购物中心授权完成职务行为的员工，《民诉解释》第56条规定：法人或者其他组织的工作人员执行工作任务造成他人损害的，该法人或者其他组织为当事人。据此可以判断出D项是错误的。故本题选B、C项。

8. 答案：ABCD

四个选项都是诉讼代理人的特征或者要求，因此都正确。

9. 答案：AB

B公司经理张某的妻子是张某的亲属，其担任A公司的诉讼代理人可能会损害A公司的利益。间歇性精神病患者是无诉讼行为能力人，不能担任诉讼代理人。故本题选A、B项。

10. 答案：ABCD

无诉讼行为能力人由法定代理人代为诉讼，当事人、法定代理人可以委托诉讼代理人，法定代理人的诉讼权利与当事人相同。因此A、B、C、D项都正确。

11. 答案：ABC

参见《民诉法》第62条的规定。

12. 答案：AC

根据《民诉法》第 62 条第 1、2 款的规定，委托他人代为诉讼，必须向人民法院提交由委托人签名或者盖章的授权委托书。授权委托书必须记明委托事项和权限。诉讼代理人代为承认、放弃、变更诉讼请求，进行和解，提起反诉或者上诉，必须有委托人的特别授权。《民诉解释》第 89 条第 1 款规定，当事人向人民法院提交的授权委托书，应当在开庭审理前送交人民法院。授权委托书仅写"全权代理"而无具体授权的，诉讼代理人无权代为承认、放弃、变更诉讼请求，进行和解，提出反诉或者提起上诉。

13. 答案：BCD

根据《民诉法》第 62 条的规定，诉讼代理人代为承认、放弃、变更诉讼请求，进行和解，提起反诉或者上诉，必须有委托人的特别授权。王某未经乙公司特别授权，因此无权表示同意延期还款。其他的诉讼行为属于一般诉讼行为，王某有权实施。

14. 答案：BCD

根据《律师法》的规定，律师应保守其在执业过程中所发现的委托人的秘密。被判处有期徒刑都经由人民法院公开宣判，为公开的事实，不属于保密的范围。

15. 答案：ABC

根据《民诉法》第 64 条的规定，代理诉讼的律师可以查阅案件有关的材料。合议庭的评议笔录属于人民法院保密的范围，不允许律师查阅。

16. 答案：AB

《民诉法》第 60 条规定，无诉讼行为能力人由他的监护人作为法定代理人代为诉讼。法定代理人之间互相推诿代理责任的，由人民法院指定其中一人代为诉讼。故法定代理人的代理权的取得是基于法律规定，选项 A 正确。法定代理人可以按照自己的意志代理被代理人实施所有诉讼行为，如起诉、应诉、放弃或变更诉讼请求、进行调解、提起反诉等。故选项 B 正确。在诉讼中，法定代理人死亡的，产生其法定诉讼代理权消灭的法律后果，若当事人还活着的话，可以根据法律的规定另行确定其他法定代理人。故选项 C 错误。在诉讼过程中，若无诉讼行为能力的被代理人取得了诉讼行为能力，则产生法定代理人代理权消灭的法律后果，在没有当事人授权委托的情况下，其不能自动转化为委托代理人。故选项 D 错误。

17. 答案：AC

当事人能力，又称诉讼权利能力，是指可以作为民事诉讼当事人的能力或资格。如果起诉的当事人没有诉讼权利能力，法院将驳回起诉。当事人适格，也称正当当事人，是指就特定的诉讼，有资格以自己的名义成为原告或被告，因而受本案判决拘束的当事人。结合本题，A 项正确。当事人适格与当事人能力的主要区别是当事人能力是抽象的诉讼当事人资格，与特定的诉讼无关；当事人适格则是作为特定诉讼的当事人资格，就当事人适格与否的判断只能将当事人与特定诉讼相联系进行判断。由此可知，当事人能力是当事人适格的前提，适格的当事人一定具有当事人能力，但具有当事人能力的不一定是适格的当事人。结合本题，B 项说法错误，C 项说法正确。当事人适格的判断一般而言以当事人是否为所争议的民事法律关系主体作为标准，但在例外情况下，非民事法律关系或民事权利的主体也可以作为当事人。例外情况的判断标准主要可以分为：第一，根据当事人意思或者法律规定，对他人的民事法律关系或民事权利具有管理权的人或组织；第二，在确认之诉中，对诉讼标的有确认利益的人或者组织。由于当事人适格的判断标准多样，并非只由法律规定，所以 D 项说法错误。

18. 答案：BCD

根据《民诉解释》第 64 条的规定，企业法人解散的，依法清算并注销前，以该企业法人为当事人；未依法清算即被注销的，以该企业法人的股东、发起人或者出资人为当事人。故在法人被依法注销后，该法人的诉讼权利能力丧失，选项 A 错误。根据《民诉法》第 51 条的规定，公民、法人和其他组织可以作为民事诉讼的当事人。有民事权利能力但无民事行为能力的人，照样可以成为民事诉讼中的当事人，只不过其需要通过其法定代理人或者由其法定代理人委托的诉讼代理人代为实施诉讼行为，所以选项 B 正确。《民诉法》第 51 条规定："公民、法人和其他组织可以作为民事诉讼的当事人。"因而非法人组织具有当事人能力，进一步应就该非法人组织是否具备当事人适格进行判断，而判断当事人适格与否的标准一般为当事人是否是所争议的民事法律关系主体，但在某些例外情况下，非民事法律关系或民事权利的主体，也可以作为适格的当事人，当非法人组织符合当事人适格的判断标准时，可以以自己的名义作为当事人进行诉讼，故选项C正确。选项D正确：根据《民诉法》第58条之规定，对污染环境、侵害众多消费者合法权益等损害社会公共利益的行为，法律规定的机关和有关组织可以向人民法院提起诉讼。以及根据《消费者法》第47条的规定，对侵害众多消费者合法权益的行为，中国消费者协会以及在省、自治区、直辖市设立的消费者协会，可以向人民法院提起诉讼。据此可知，中国消费者协会可以自己的名义作为当事人，对侵害众多消费者权益的企业提起公益诉讼。

（三）不定项选择题

1. 答案：ABCD

《民诉法》第61条第2款规定："下列人员可以被委托为诉讼代理人：（一）律师、基层法律服务工作者；（二）当事人的近亲属或者工作人员；（三）当事人所在社区、单位以及有关社会团体推荐的公民。"《民诉解释》第84条反向规定："无民事行为能力人、限制民事行为能力人以及其他依法不能作为诉讼代理人的，当事人不得委托其作为诉讼代理人。"故而选项ABCD均满足条件，均可作为诉讼代理人。

2. 答案：AD

根据《民诉法》第62条、《民诉解释》第89条的规定，授权委托书必须记明委托事项和权限，授权委托书应在开庭审理前送交人民法院。授权委托书仅写"全权代理"而无具体授权的，诉讼代理人无权代为承认、放弃、变更诉讼请求，进行和解，提起反诉或者上诉。《民诉法》第63条还规定："诉讼代理人的权限如果变更或者解除，当事人应当书面告知人民法院，并由人民法院通知对方当事人。"故选项AD当选。

3. 答案：AD

根据《律师法》的规定，律师不得接受双方的委托，且律师在接受委托后，无正当理由的，不得拒绝辩护或者代理，因此B、C项错误。律师可以对当事人进行建议，因此D项并不违反法律规定。

简答题

1. 我国民事诉讼理论对当事人概念的界定先后经过了利害关系当事人概念、权利保护当事人概念和程序当事人概念三个阶段的演变过程。

（1）利害关系当事人概念。我国民事诉讼理论的传统观点认为，当事人是指因民事权利义务关系发生纠纷，以自己名义进行诉讼，并受人民法院裁判约束的直接利害关系人。

（2）权利保护当事人概念。我国民事诉讼学者为了适应扩大民事实体权利救济的需要，对传统利害关系当事人概念进行修正，认为当事人是指因民事权利义务发生纠纷，以自己名义进行诉讼，旨在保护民事权益，并能引起民事诉讼程序发生、变更或消灭的人。

（3）程序当事人概念。与前两种当事人概念把当事人作为正当当事人予以界定不同，程序当事人概念认为，以自己的名义要求人民法院保护其民事权利或法律关系的人及其相对方就是当事人。

2. 民事诉讼权利能力与民事权利能力的一致性表现为：有民事权利能力的人一般而言同时具有民事诉讼权利能力，如自然人和法人均如此。

民事诉讼权利能力与民事权利能力的分离性表现为：民事诉讼权利能力独立于民事权利能力而存在，无民事权利能力的人在特定情况下也可以成为民事诉讼当事人。换言之，民事权利能力不一定是民事诉讼权利能力的前提。具体的例子包括：胎儿仅有有限的民事权利能力却具有完全的民事诉讼权利能力；死者仍具有一定的民事权利能力，如人格权，但却不具有民事诉讼权利能力；法人的民事权利能力是有一定限制的，但其民事诉讼权利能力则没有限制；非法人团体（其他组织）不具有完全的、普遍的民事权利能力，却具有民事诉讼权利能力。

3. 当事人的诉讼权利是指民事诉讼法赋予当事人用以维护自己的或自己应当保护的民事权益的诉讼手段，具体可以分为四类：（1）保障当事人进行诉讼的权利。（2）维护当事人实体权利的诉讼权利。（3）处分实体权利的诉讼权利。（4）实现民事权益的诉讼权利。

当事人的诉讼义务是指民事诉讼法关于当事人应当作出或不应作出一定行为的约束。具体包括：（1）必须依法行使诉讼权利，不得滥用权利，无理缠讼。（2）必须遵守法庭秩序和诉讼程序。（3）必须履行发生法律效力的判决、裁定和调解协议。

4. 更换非正当当事人的法理依据主要体现为以下几个方面。

（1）在民事诉讼中，人民法院在一定程度上必须运用职权进行调查，以便使主观判断符合客观实际，

并作出正确的裁决。因此，运用职权调查进而对非正当当事人予以更换，是查明真实、彻底解决纠纷的需要，也是保障正当当事人利益的需要。

（2）我国民事诉讼司法实践具有程序简明、力求在一个诉讼中解决相关纠纷的特点。对于在明确谁是正当当事人并能够更换当事人的情况下，通过更换非正当当事人并让正当当事人进行诉讼，符合诉讼经济价值要求。

（3）更换非正当当事人不仅可以维护法的安定性，而且考虑了纠纷当事人的意志，被更换的当事人再次就同一诉讼标的起诉时，更换非正当当事人的裁定可以产生一事不再理的效果。

5. 诉讼代理人具有以下特征：（1）诉讼代理人必须具有诉讼行为能力。（2）诉讼代理人必须在代理权限范围内进行诉讼活动。（3）诉讼代理人必须以被代理人的名义进行诉讼活动。（4）诉讼代理的法律后果直接归属于被代理人。（5）诉讼代理人在同一案件中只能代理一方当事人进行诉讼。（6）诉讼代理人是相对独立的诉讼参加人。

6. 法定诉讼代理是一种全权代理，法定诉讼代理人的代理权限非常广泛，凡是被代理人享有的诉讼权利，他都有权代为行使；凡是被代理人应履行的诉讼义务，他都应当代为履行。但是，法定诉讼代理人所实施或接受的诉讼行为，须以不损害被代理人的合法权益为前提，否则他就要承担相应的法律责任。

法定诉讼代理人具有与当事人相类似的诉讼地位。法定诉讼代理人所实施或接受的诉讼行为，均视为当事人的行为，与当事人的诉讼行为具有同等的法律效力。但是法定诉讼代理人毕竟不是当事人，他不是实体权利的享有者和实体义务的承担者；他不能直接以自己的名义进行诉讼；诉讼的法律后果也不由他承担，而归属于当事人；在诉讼过程中，法定代理人死亡或不能行使代理权的，只能导致诉讼中止，而不能终结诉讼。

7. 在司法实践中，引起委托诉讼代理权消灭的原因主要有以下几种：（1）诉讼代理人死亡或者丧失诉讼行为能力；（2）委托人解除委托或者诉讼代理人辞去委托；（3）委托期限届满；（4）诉讼结束，代理人完成代理任务。

8. 根据审级和诉讼程序的不同，当事人在诉讼中的名称不完全相同。在第一审普通程序和简易程序中，当事人被称为原告和被告。在第二审程序中，当事人被称为上诉人和被上诉人。在特别程序中当事人被称为申请人、债务人等。在审判监督程序中，若适用第一审程序，则当事人被称为原审原告、原审被告；若适用第二审程序，则当事人被称为原审上诉人和原审被上诉人。在执行程序中，当事人被称为申请执行人和被申请执行人。

从当事人在诉讼中的诉讼地位不同来划分，当事人包括原告、被告、有独立请求权第三人和无独立请求权第三人。

案例分析题

1.（1）本案为侵权损害赔偿诉讼，侵权行为人为甲，故丙应当以甲为被告。（2）丁也应当以甲为被告，理由同上。

2. 本案的代理不正确，因为聋哑人具有诉讼行为能力，无须法定代理人代理诉讼；本案的调解协议不合法，根据《民诉法》第65条的规定，本人除不能表达意思的情况外，离婚案件的当事人本人必须亲自出庭参加诉讼。本案当事人虽然为聋哑人，但在手语翻译的帮助下仍然能够正确表达意思，应当出庭参加诉讼。故在当事人本人没有亲自出庭参加诉讼的情况下所达成的离婚案件调解协议不合法。

论述与深度思考题

学界通说认为，委托代理人在诉讼中具有独立的诉讼地位。那么，这是否意味着委托代理人能够不顾与他一同出庭的当事人、法定代理人的意见，甚至不顾他们的反对，来实施诉讼行为呢？要解决上述问题，必须搞清楚委托代理人的诉讼地位。参见江伟、肖建国主编：《民事诉讼法》，9版，146～147页，北京，中国人民大学出版社，2023。

第八章　多数人诉讼

知识逻辑图

- 共同诉讼
  - 概念：当事人一方或双方人数为多数的诉讼形态
  - 种类
    - 普通共同诉讼
      - 含义　指当事人一方或双方为两人或以上，其诉讼标的属于同一种类，人民法院认为可以合并审理，并经当事人同意而共同进行的诉讼
      - 特点
        - 独立性
          - 各共同诉讼人进行诉讼不受其他共同诉讼人的牵制，可以独立在诉讼中自认、撤诉、和解、上诉；其中一人自认的效力不及于其他共同诉讼人
          - 共同诉讼人的对方当事人，对于各共同诉讼人可以采取不同的甚至对立的诉讼行为
          - 各共同诉讼人可以分别委托诉讼代理人
          - 对于各共同诉讼人是否具备适格要件，应分别审查
          - 法院在诉讼进行中发现合并辩论并不符合诉讼经济原则时，可以将诉讼分开
          - 因共同诉讼人中一人发生的诉讼中止、终结事由，不影响其他共同诉讼人继续诉讼
        - 牵连性
          - 共同诉讼人中一人提出的主张，如果对其他共同诉讼人有利，而其他共同诉讼人又不反对的，其效力及于其他人。这被称为主张共通原则
          - 共同诉讼人中一人所提出的证据，可以作为对其他共同诉讼人所主张的事实进行认定的证据。这被称为证据共通原则
          - 若共同诉讼人中一人所作抗辩足以否认对方主张的权利，那么对其他共同诉讼人与对方当事人的关系，应一并加以考虑。这被称为考虑有利抗辩原则
    - 必要共同诉讼
      - 含义：指当事人一方或双方为二人以上，其诉讼标的是共同的诉讼
      - 特点
        - 牵连性
          - 必要共同诉讼人中一人的行为只有有利于全体时才发生效力
          - 共同原告中一人所作有利于全体的诉讼请求，陈述有利的事实，提出有利的证据，虽然其他共同原告未作此种行为，这些行为对全体发生效力
          - 共同诉讼中一人遵守期间，则对全体发生效力
          - 共同诉讼人中一人有中断或者中止诉讼的原因发生时，其中断或中止对全体发生效力
        - 独立性
          - 各共同诉讼人是否具备诉讼成立要件以及当事人是否适格，应分别调查
          - 共同诉讼人可以独立进行无关本案实体的诉讼行为

- 群体性诉讼
  - 群体性诉讼概述
    - 概念：是指当事人一方或者双方基于法律或事实上的牵连关系，而且人数众多时适用的诉讼制度
    - 意义
      - 扩大了司法解决纠纷的功能
      - 适应市场经济需要，并与民法制度协调
    - 类型：集团诉讼、团体诉讼、选定代表人诉讼
  - 代表人诉讼
    - 概念：是指一方或者双方当事人人数众多时，由众多的当事人推选出代表人代表本方全体当事人进行诉讼，维护本方全体当事人的利益，代表人所为诉讼行为对本方全体当事人发生效力的诉讼制度
    - 类型
      - 人数确定的代表人诉讼
      - 人数不确定的代表人诉讼
    - 要件
      - 当事人人数众多
      - 众多当事人一方诉讼标的相同或属于同一种类
      - 诉讼请求或抗辩方法相同
      - 代表人合格
      - 代表人诉讼案件的管辖符合法律规定
    - 程序
      - 受理
      - 公告
      - 登记
      - 代表人的产生、变更以及其权利的限制
    - 判决效力的扩张
    - 证券纠纷代表人诉讼的特殊之处
      - 诉讼代表人只能是投资者保护机构
      - 投资者保护机构作为代表人提起或参加特别代表人诉讼，必须在公告期间受50名以上权利人的特别授权
      - 投资者保护机构直接为未参加诉讼的权利人向法院登记权利，投资者未在权利登记公告期声明退出的除外
      - 由涉诉证券集中交易的证券交易所、国务院批准的其他全国性证券交易场所所在地的中级人民法院或者专门人民法院管辖
      - 声明退出诉讼的权利人，其诉讼时效自声明退出之次日起重新起算
  - 示范性诉讼
    - 概念：指某一诉讼在事实上或法律上与其他诉讼具有相似性，法院对该诉讼所作的判决对其他诉讼的当事人具有约束力的诉讼
    - 特征
      - 以群体诉讼或多数人诉讼的存在为前提
      - 在形态上一般是一个原告与一个被告的诉讼
      - 示范判决对其他诉讼的当事人具有拘束力
    - 类型
      - 契约型示范性诉讼
      - 职权型示范性诉讼
      - 混合型示范性诉讼
    - 示范性诉讼的外国立法
    - 我国的示范性诉讼制度
      - 分案处理制度
      - 示范性诉讼在我国的确立

- 群体性诉讼
  - 团体诉讼
    - 概念：是一种赋予某些团体诉讼主体资格和团体诉权，使其可以代表团体成员提起、参加诉讼，独立享有和承担诉讼上的权利义务，并可以独立作出实体处分的专门性制度
    - 功能
      - 制止违法和预防保护
      - 维护公共利益
    - 我国团体诉讼的类型
      - 工会
      - 业主委员会
      - 著作权集体管理机构
    - 我国团体诉讼范围的扩大

- 诉讼第三人
  - 概念：是指对于已经开始的诉讼，以该诉讼的原、被告为被告提出独立的诉讼请求，或者由该诉讼中的原告或被告引进后主张独立的利益，或者为了自己的利益，辅助该诉讼一方当事人进行辩论的诉讼参加人
  - 分类
    - 有独立请求权第三人
    - 无独立请求权第三人
      - 准独立第三人
      - 辅助参加的第三人
  - 有独立请求权第三人
    - 概念：是指对于已经开始的诉讼，以该诉讼的原、被告为被告提出独立的诉讼请求而参加诉讼的人
    - 有独立请求权第三人参加诉讼的根据
      - 对未决案件诉讼标的全部或一部或争议的诉讼标的物提出独立的诉讼请求
      - 主张由于诉讼结果而使自己的权利受到损害的，也可以独立参加
    - 有独立请求权第三人参加诉讼形成的诉讼构造
    - 与共同诉讼的区别
  - 无独立请求权第三人
    - 概念：是指对当事人双方的诉讼标的虽然没有独立的请求权，但是案件处理结果同其有法律上的利害关系，可以申请参加诉讼或者由人民法院通知其参加诉讼的人
    - 准独立第三人
    - 辅助参加的第三人
    - 我国关于无独立请求权第三人的规定参见相关司法解释

- 公益诉讼
  - 概念：是指法律规定的机关和有关组织对污染环境、侵害众多消费者合法权益等损害社会公共利益的行为，向人民法院提起诉讼的制度
  - 起诉要件
    - 有明确的被告
    - 有具体的诉讼请求
    - 有社会公共利益受到损害的初步证据
    - 属于人民法院受理民事诉讼的范围和受诉人民法院管辖
  - 原告范围：法律规定的机关和有关组织
  - 诉讼请求：预防性请求、损害赔偿请求
  - 程序特则
    - 管辖
    - 通知
    - 处分原则与辩论主义的限制适用
    - 举证与证明规则的特则
    - 既判力
    - 执行特则、激励机制

名词解释与概念比较

1. 普通共同诉讼与必要共同诉讼

2. 有独立请求权的第三人与无独立请求权的第三人

选择题

（一）单项选择题

1. A厂生产的一批酱油由于香精投放过多，对人体有损害。报纸披露此消息后，购买过该批酱油的消费者纷纷起诉A厂，要求赔偿损失。甲和乙被推选为诉讼代表人参加诉讼。下列哪一选项是正确的？（　　）

A. 甲和乙因故不能参加诉讼，法院可以指定另一名当事人为诉讼代表人代表当事人进行诉讼

B. 甲因病不能参加诉讼，可以委托一至两人作为诉讼代理人，而无须征得被代表的当事人的同意

C. 甲和乙可以自行决定变更诉讼请求，但事后应当及时告知其他当事人

D. 甲和乙经超过半数原告方当事人同意，可以和A厂签订和解协议

视频讲题

2. 甲厂欠乙厂货款5万元，甲厂并入丙厂之后，乙厂要追索货款，向法院起诉。应列为被告的是（　　）。

A. 丙厂　　B. 丙厂厂长

C. 甲厂　　D. 甲厂厂长

3. 张某将邻居李某和李某的父亲打伤，李某以张某为被告向法院提起诉讼。在法院受理该案时，李某的父亲也向法院起诉，对张某提出索赔请求。法院受理了李某父亲的起诉，在征得当事人同意的情况下决定将上述两案并案审理。在本案中，李某的父亲居于什么诉讼地位？（　　）

A. 必要共同诉讼的共同原告

B. 有独立请求权的第三人

C. 普通共同诉讼的共同原告

D. 无独立请求权的第三人

4. 李天明是个体运输户刘新生雇用的司机。某日李天明开车在为刘新生运货时，不慎将过路行人王爱月撞伤，现王爱月到法院起诉请求赔偿。本案的被告应当是谁？（　　）

A. 李天明　　B. 李天明和刘新生

C. 刘新生　　D. 李天明或刘新生

5. 营业执照上登记的业主与实际经营者不一致的，谁为当事人？（　　）

A. 仍应以原业主为当事人

B. 以实际经营者为当事人

C. 以业主和实际经营者为共同诉讼人

D. 业主与实际经营者二者择一

6. 甲、乙、丙三人合伙在新新家园生活小区开办一家送奶站，并登记为“顺心奶站”。后顺心奶站与小区内20户居民因牛奶质量发生争议，20户居民决定向人民法院起诉。本案应以谁为被告？（　　）

A. 以甲、乙、丙三人为共同被告，并注明“顺心奶站”字号

B. 以甲、乙、丙三人为共同被告或者以“顺心奶站”为被告

C. 以甲、乙、丙三人为共同被告

D. 以“顺心奶站”为被告

7. 个体工商户崔某从2014年起在某市经营一饭店，领有营业执照。2017年因妻子生病急需用钱而将饭店转让给赵某经营，但双方并未到工商局办理营业执照的更名手续。赵某经营过程中，致使多名顾客食物中毒，这些顾客决定向法院起诉要求赔偿损失。此案中当事人的诉讼地位应如何确定？（　　）

A. 顾客是原告，赵某是被告，崔某与本案无关

B. 顾客是原告，崔某是被告，赵某与本案无关

C. 顾客是原告，崔某与赵某是共同被告

D. 顾客是原告，赵某是被告，崔某是无独立请求权的第三人

8. 甲、乙、丙三人合伙开办电脑修理店，店名为“一通电脑行”，依法登记。甲负责对外执行合伙事务。顾客丁进店送修电脑时，被该店修理人员戊的工具碰伤。丁拟向法院起诉。关于本案被告的确定，下列哪一选项是正确的？（　　）

A.“一通电脑行”为被告

B. 甲为被告

C. 甲、乙、丙三人为共同被告，并注明“一通电脑行”字号

D. 甲、乙、丙、戊四人为共同被告

9. 甲为有独立请求权第三人，乙为无独立请求权第三人。关于甲、乙诉讼权利和义务，下列哪一说法是正确的？（　　）

A. 甲只能以起诉的方式参加诉讼，乙以申请或经法院通知的方式参加诉讼

B. 甲具有当事人的诉讼地位，乙不具有当事人的诉讼地位

C. 甲的诉讼行为可对本诉的当事人发生效力，乙的诉讼行为对本诉的当事人不发生效力

D. 任何情况下，甲有上诉权，而乙无上诉权

10. 甲在某酒店就餐，顾客乙因地板湿滑不慎滑倒，将热汤洒到甲身上，甲被烫伤。甲拟向法院提起诉讼。关于本案当事人的确定，下列哪一说法是正确的？（　　）

A. 甲起诉该酒店，乙是第三人

B. 甲起诉乙，该酒店是第三人

C. 甲起诉，只能以乙或该酒店为单一被告

D. 甲起诉该酒店，乙是共同被告

11. 王甲两岁，在幼儿园入托。一天，为幼儿园送货的刘某因王甲将其衣服弄湿，便打了王甲一记耳光，造成王甲左耳失聪。王甲的父亲拟代儿子向法院起诉。关于本案被告的确定，下列哪一选项是正确的？（　　）

A. 刘某是本案唯一的被告

B. 幼儿园是本案唯一的被告

C. 刘某和幼儿园是本案共同被告

D. 刘某是本案被告，幼儿园是本案无独立请求权第三人

12. 甲与乙对一古董所有权发生争议诉至法院。诉讼过程中，丙声称古董属自己所有，主张对古董的所有权。下列哪一说法是正确的？（　　）

A. 如丙没有起诉，法院可以依职权主动追加其作为有独立请求权第三人

B. 如丙起诉后认为受案法院无管辖权，可以提出管辖权异议

C. 如丙起诉后经法院传票传唤，无正当理由拒不到庭，应当视为撤诉

D. 如丙起诉后，甲与乙达成协议经法院同意而撤诉，应当驳回丙的起诉

13. 某企业使用霉变面粉加工馒头，潜在受害人不可确定。甲、乙、丙、丁等二十多名受害者提起损害赔偿诉讼，但未能推选出诉讼代表人。法院建议由甲、乙作为诉讼代表人，但丙、丁等人反对。关于本案，下列哪一选项是正确的？（　　）

A. 丙、丁等人作为诉讼代表人参加诉讼

B. 丙、丁等人推选代表人参加诉讼

C. 诉讼代表人由法院指定

D. 在丙、丁等人不认可诉讼代表人的情况下，本案裁判对丙、丁等人没有约束力

14. 李某（女）的父亲因病医治无效去世，其父在某公司有股份，其父还与公司共同购置有房产，李某与其母亲要求继承这些财产时与公司发生争议。协商不成，李某母女就向法院对此公司提起诉讼。问：李某母女之间就本案遗产继承诉讼的诉讼标的（　　）。（考研）

A. 是同一种类

B. 是共同的

C. 既可以是同一种类的，也可以是共同的

D. 与普通共同诉讼人的诉讼标的关系相同

15. 无独立请求权的第三人不服第一审判决，可以（　　）。

A. 作为上诉人提起上诉

B. 随一方当事人上诉，不能独立上诉

C. 在第一审判决令其承担义务时上诉，反之不能提起上诉

D. 作为辅助当事人的地位提起上诉

16. 有独立请求权的第三人，以起诉的方式参加诉讼时，对于不符合起诉条件的，人民法院应（　　）。

A. 不予理睬　　B. 劝其撤回起诉

C. 直接退回起诉　　D. 裁定驳回起诉

17. 无须经被代表的当事人同意，诉讼代表人就可以实施的诉讼行为有（　　）。

A. 变更诉讼请求

B. 进行和解

C. 申请回避

D. 承认对方当事人的诉讼请求

18. 民事诉讼之所以采取诉讼代表人制度，是由于（　　）。

A. 一方当事人人数众多

B. 有独立请求权的第三人参加诉讼

C. 无独立请求权的第三人参加诉讼

D. 共同诉讼人参加诉讼

19. 张某向李某买山羊一头，杨某因丢失山羊而认定张某家的山羊是他的，遂向法院起诉张某，要求返还。诉讼中法院通知李某参加诉讼，李某在该案中的诉讼地位为（　　）。

A. 被告

B. 证人

C. 无独立请求权的第三人

D. 有独立请求权的第三人

20. 市供电局因辖区内用户增多，需要改善供电设备，为抢修设备需要停电。由于供电局未做好提前通知所供电区域内用户的工作，临时停电，给所供电区域内的许多用户造成损失。为解决损失赔偿问题，36户用电者联名向人民法院起诉，要求供电局赔偿因临时停电所造成的损失。在诉讼进行过程中，经过人民法院通知与公告，176名用户到人民法院登记了权利，并推选甲、乙、丙三人为诉讼代表人。甲、乙、丙三人享有当事人的诉讼权利，但是行使（　　）需要经过被代表的当事人同意。

A. 提供证据证明所造成损失的权利

B. 在庭审中进行辩论的权利

C. 与供电局进行和解的权利

D. 委托律师代理诉讼的权利

（二）多项选择题

1. 被继承人李明于2022年去世，其妻子王霞先于其死亡。李明有子李立、李鹏，有女李霞、李灵、李衫。其次女李灵于2020年过世，留有一子张强。现李立和李鹏因继承遗产发生纠纷，李立以李鹏为被告起诉至人民法院。法院受理后，通知李霞、李衫、张强参加诉讼。李霞表示愿意参加诉讼，但对于遗产划分问题，既不同意李立的主张，也不同意李鹏的主张；李衫也表示参加诉讼，而张强则未进行表示。本案中，原告应当是（　　）。

A. 李立　　B. 李霞

C. 李衫　　D. 张强

2. 海龙公司因到期无法偿还银行贷款，而被银行起诉至人民法院。经审理查明，海龙公司的财产不足清偿贷款，但海龙公司注册登记时，作为投资人的甲、乙、丙等三人均出资不足。则本案的被告应当是（　　）。

A. 海龙公司　　B. 股东甲

C. 股东乙　　D. 股东丙

3. 借用下列哪些物品，应由借用单位和借用人为共同诉讼人？（　　）

A. 业务介绍信　　B. 合同专用章

C. 空白合同书　　D. 银行账户

4. 关于无独立请求权第三人，下列哪些说法是错误的？（　　）

A. 无独立请求权第三人在诉讼中有自己独立的诉讼地位

B. 无独立请求权第三人有权提出管辖异议

C. 一审判决没有判决无独立请求权第三人承担民事责任的，无独立请求权的第三人不可以作为上诉人或被上诉人

D. 无独立请求权第三人有权申请参加诉讼和参加案件的调解活动，与案件原、被告达成调解协议

5. 王家庄村民因环境污染一案向锦江县人民法院提起民事诉讼，因村民人数太多，决定进行代表人诉讼。下列推选诉讼代表人的方式，哪些正确？（　　）

A. 王家庄召开村民大会，选举李某和王某为诉讼代表人

B. 由于选举中村民出现纠纷，由乡党委直接指定张某和周某担任诉讼代表人

C. 当村民没有推选时，法院提出李某和赵某可以担任，经过协商，获得村民同意

D. 在协商不成后，法院直接指定李某和赵某担任

6. 2021年8月，个体工商户王某将其经营的时装店交给朋友齐某经营。齐某在经营过程中，借用丽人时装公司的合同专用章，与华美时装厂签订了代理销售其时装的合同。至2022年6月，齐某共拖欠华美时装厂时装款120万元。华美时装厂多次催要，但齐某均以该时装店的业主是王某为由拒绝支付，而丽人时装公司已与佳人时装公司合并为独立的佳丽时装公司。如果华美时装厂向人民法院起诉，应以谁为被告？（　　）

A. 王某　　B. 齐某

C. 丽人时装公司　　D. 佳丽时装公司

7. 下列关于无独立请求权的第三人的说法，哪些是正确的？（　　）

A. 无独立请求权第三人无权提上诉

B. 无独立请求权第三人是否有权上诉取决于人民法院一审判决是否判决其承担民事责任

C. 无独立请求权第三人参加诉讼的案件，人民法院调解时需要确定无独立请求权第三人承担义务的，应经该第三人同意，调解书应当同时送达该第三人

D. 无独立请求权第三人无权放弃、变更诉讼请求

8. 某大学4名师生联名起诉甲公司污染某条大河，请求判决甲公司出资治理该河流的污染。起诉者中除列了4名师生外，还列了该河流中的某著名岛屿作为原告，法院没有受理。对此，下列哪些说法符合法律规定？（　　）

A. 只有自然人和法人能够成为民事诉讼当事人

B. 本案当事人不适格

C. 本案属于侵权诉讼，被污染河段流经地区的法院均有管辖权

D. 本案起诉属于公益诉讼，现行民事诉讼法没有规定

9. 甲向大恒银行借款100万元，乙承担连带保证责任。甲到期未能归还借款，大恒银行向法院起诉甲、乙二人，要求其履行债务。关于诉的合并和共同诉讼的判断，下列哪些选项是正确的？（　　）

A. 本案属于诉的主体的合并

B. 本案属于诉的客体的合并

C. 本案属于必要共同诉讼

D. 本案属于普通共同诉讼

（三）不定项选择题

1. 李童与赵龙是邻居，李童委托钱扬包工包料保证质量地砌一段墙，并付给钱扬1 500元。但该墙砌完后不到3天便倒塌，并砸坏了赵龙的财产，致使赵龙受损失1 000元。赵龙诉至法院要求李童赔偿损失。在诉讼中，李称该墙是委托钱扬砌的，不到3天就倒了，纯属工程质量问题，钱扬应负责任，应为被告，故要求法院更换被告。

（1）以下说法正确的是（　　）。

A. 李童的请求是对的，因为李童与该案的诉讼标的没有直接的利害关系，不是正当被告

B. 钱扬应该是被告，而李童不是正当被告

C. 李童的请求是不对的，因为李童只要与该案的诉讼标的产生利害关系，就属正当被告

D. 李童的请求是不对的，原因之一是李童与该案的诉讼标的有直接的利害关系，属正当被告，不应更换

（2）关于钱扬，以下说法正确的有（　　）。

A. 钱扬可以参加诉讼

B. 钱扬不可以参加诉讼

C. 其地位是无独立请求权的第三人

D. 其地位是有独立请求权的第三人

2. 王鹏住在东区，有两个儿子王立、王云，女儿王霞。王鹏立一遗嘱交给其女王霞。遗嘱中列明，其遗产房屋全部由王霞继承。后王鹏死亡。死后丧葬费均由王立承担。王立为其父办完丧事后，便将其父遗留的房屋卖给戚某。王云回来后，向法院起诉，要求继承遗产。东区人民法院受理此案后，王霞亦从外地赶回，在东区人民法院尚未开庭审理时向东区人民法院递交诉状，并附有其父遗嘱，请求法院将该房屋判归自己所有。根据以上情况，回答下列问题：

（1）王霞在本案中处于何种诉讼地位？（　　）

A. 原告

B. 被告

C. 有独立请求权的第三人

D. 无独立请求权的第三人

（2）戚某在本案中处于何种诉讼地位？（　　）

A. 被告

B. 有独立请求权的第三人

C. 无独立请求权的第三人

D. 案外人

（3）如果王鹏未立遗嘱，王云起诉时仅要求与王立分遗产，则王霞要求同其兄长一起继承遗产，她的诉讼地位是（　　）。

A. 原告

B. 有独立请求权的第三人

C. 无独立请求权的第三人

D. 共同原告

（4）如果王鹏有上述遗嘱，而王霞不知其父死亡，则东区人民法院应当（　　）。

A. 通知王霞参加诉讼

B. 如果王霞表明放弃继承，则追加其为共同原告

C. 如果王霞表明不放弃继承权，则追加其为共同原告

D. 如果王霞不愿参加诉讼，但又不放弃继承的，则追加其为共同原告

(5) 如果王霞在王云诉王立一案进入二审程序后才闻讯请求参加诉讼，则二审法院的下列做法正确的是（　　）。

A. 根据当事人自愿的原则对该案进行调解

B. 将该案发回原审法院重审

C. 对该案进行审理并作出裁判

D. 驳回王霞参加诉讼的请求，通知其另行起诉

3. 2015 年 6 月 5 日，1998 年 7 月 21 日出生的高中一年级学生小龙，因寰宇公司的公交车司机张某紧急刹车而受伤，花去若干医疗费。2016 年 2 月小龙伤愈继续上学，写了授权委托书给其父李某，让他代理其提起诉讼。李某以正当的诉讼参加人的身份于 2016 年 3 月对寰宇公司及其司机张某提起了诉讼，要求寰宇公司和张某承担违约责任。在诉讼进行中，李某将要求被告承担违约责任改为被告承担侵权责任，要求赔偿医疗费、护理费、误工费等各项费用共 2.8 万元。本案被告在答辩中认为，司机紧急刹车是因为行人陈某违章过路引起，责任应当由陈某承担，因此要求追加陈某作为无独立请求权的第三人参加诉讼。请回答下列问题。

(1) 本案参加诉讼的人在诉讼中的正确地位是：（　　）。

A. 小龙是原告，李某是原告的委托代理人，寰宇公司和张某是被告

B. 小龙是原告，李某是原告的委托代理人，寰宇公司是被告

C. 小龙是原告，李某是原告的法定代理人，寰宇公司和张某是被告

D. 小龙是原告，李某是原告的法定代理人，寰宇公司是被告

(2) 法院就追加行人陈某作为无独立请求权的第三人参加诉讼，正确的做法是（　　）。

A. 法院可以依职权追加

B. 只要被告提出申请，法院就应当追加

C. 要有被告的申请，法院才可以追加

D. 法院可以根据当事人的申请而追加

(3) 依照有关法律的规定，李某将被告承担违约责任变更为承担侵权责任应在（　　）。

A. 在第一审程序判决作出前

B. 在第一审程序的举证期限届满前

C. 在被告提交答辩状期间内

D. 在第一审的法庭辩论终结前

(4) 2016 年 7 月 20 日，法院判决被告赔偿原告医疗费等 1.8 万元，陈某无过错不承担责任。2016 年 7 月 25 日，李某以诉讼代理人的身份，以一审被告为被上诉人提起上诉；被告以陈某为被上诉人提起上诉；陈某以一审被告为被上诉人提起上诉。依据法律和司法解释，下列选项正确的是（　　）。

A. 李某、一审被告、陈某的上诉都是合法的

B. 一审被告的上诉不合法，因一审判决没有涉及陈某的责任，陈某不可以作为被上诉人

C. 李某的上诉是不合法的

D. 陈某的上诉不合法，因一审判决没有涉及陈某的责任，陈某不可以作为上诉人

简答题

简述我国代表人诉讼制度的作用及意义。

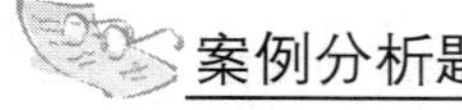

案例分析题

花城市某单位退休干部区礼华退休后在郊区的老家建了一处宅院，在那里安度晚年。后来区礼华于 2013 年 2 月病逝，所建宅院由他的三个儿子区绍宽、区绍厚、区绍富继承。三兄弟在市区的住房都很宽裕，就商量把郊区的宅院卖掉。龙家兄弟龙甲和龙乙愿意购买此房。于是，区家三兄弟与龙家两兄弟签订购房合同，约定龙家兄弟交付现款 200 万元。龙、区两家在达成协议后到房管部门办理了房屋过户手续。因为龙家一时凑不出 200 万元现金，双方又约定 2 个月后交付。2 个月时间到了，龙家没有给钱，又过了 4 个月，区家兄弟多次催促龙甲，龙甲推辞说自己没钱，让他们向龙乙索要房款，并说龙乙正做生意，手头有现金可付款。于是区家兄弟向龙乙索款又未果。区家三兄弟于是分别以龙乙为被告向同一法院起诉要求还款。法院受理后，认为区家三兄弟应为共同原告，将三人的起诉合并审理。在审理过程中，因区绍富出差在外，龙乙便与区绍宽、区绍厚在法院主持下达成调解协议，由龙乙支付 180 万元作为购房款给区家兄弟。调解书送达区绍富时，其以当时自己不在场，调解未经其同

意为由而拒收，仍坚持要求被告按200万元支付。

问题：

(1) 本案争议的法律关系当事人如何？本案诉讼为何种类型的诉讼？

(2) 法院受理时将区家三兄弟列为共同原告的做法是否正确？

(3) 法院的做法是否有不妥之处？

(4) 该调解协议是否有效？人民法院能否据此签发调解书？

论述与深度思考题

如何完善我国的无独立请求权第三人制度？

参考答案

名词解释与概念比较

1.

普通共同诉讼	必要共同诉讼
当事人一方或双方为二人以上，其诉讼标的属于同一种类，人民法院认为可以合并审理，并经当事人同意而共同进行的诉讼	当事人一方或者双方为二人以上，其诉讼标的是共同的诉讼

2.

有独立请求权的第三人	无独立请求权的第三人
对于已经开始的诉讼，以该诉讼的原、被告为被告提出独立的诉讼请求而参加诉讼的人	对当事人双方的诉讼标的虽然没有独立的请求权，但是与案件处理结果有法律上的利害关系，可以申请参加诉讼或者由人民法院通知参加诉讼的人

选择题

(一) 单项选择题

1. 答案：B

本诉为起诉时人数不确定的代表人诉讼。根据《民诉解释》第77条的规定，当事人一方人数众多在起诉时不确定的，由当事人推选代表人。当事人推选不出的，可以由人民法院提出人选与当事人协商；协商不成的，也可以由人民法院在起诉的当事人中指定代表人。可见，确定诉讼代表人应当先推选，后商定，商定不成的，由法院指定。本题中当事人已经推选出来代表人，法院不能进行指定，因此A项错误。根据《民诉解释》第78条的规定，《民诉法》第56、57条规定的代表人为2至5人，每位代表人可以委托1至2人作为诉讼代理人。该条的规定并未给诉讼代表人选任诉讼代理人设定任何条件，即无须征得其他当事人的同意，所以B项正确，当选。根据《民诉法》第57条第3款的规定，代表人的诉讼行为对其所代表的当事人发生效力，但代表人变更、放弃诉讼请求或者承认对方当事人的诉讼请求，进行和解，必须经被代表的当事人同意。因此C、D项错误。

2. 答案：A

甲厂并入丙厂的法律现象被称为“合并”。合并前主体的债权债务应当由合并后的主体承担，因此，在承担甲厂债务的情况下，丙厂应当成为本案的被告。

3. 答案：C

普通共同诉讼，是指当事人一方或者双方为2人以上，其诉讼标的是同一种类，人民法院认为可以合并审理并经当事人同意而进行的共同诉讼。与必要共同诉讼相比，普通共同诉讼的诉讼标的是同种类的多个，具有可分性，而且诉讼请求也是数个，在是否合并审理方面当事人具有决定权。

4. 答案：C

《民诉解释》第57条规定：“提供劳务一方因劳务造成他人损害，受害人提起诉讼的，以接受劳务一方为被告。”故应以雇主为被告。

5. 答案：C

根据《民诉解释》第59条第2款的规定，营业执照上登记的经营者与实际经营人不一致的，以登记的经营者和实际经营者为共同诉讼人。

6. 答案：A

根据《民诉解释》第60条的规定，在诉讼中，未依法登记领取营业执照的个人合伙的全体合伙人为共同诉讼人。个人合伙有依法核准登记的字号的，应在法律文书中注明登记的字号。全体合伙人可以推选代表人；被推选的代表人，应由全体合伙人出具推选书。

7. 答案：C

根据《民诉解释》第59条第2款的规定，营业执照上登记的经营者与实际经营者不一致的，以登记的经营者和实际经营者为共同诉讼人。

8. 答案：C

《民诉解释》第 60 条规定，在诉讼中，未依法登记领取营业执照的个人合伙的全体合伙人为共同诉讼人。个人合伙有依法核准登记的字号的，应在法律文书中注明登记的字号。全体合伙人可以推选代表人；被推选的代表人，应由全体合伙人出具推选书。据此可知，本题应以甲、乙、丙三人为共同被告，并注明“一通电脑行”字号。

9. 答案：A

《民诉法》第 59 条规定，对当事人双方的诉讼标的，第三人认为有独立请求权的，有权提起诉讼。对当事人双方的诉讼标的，第三人虽然没有独立请求权，但案件处理结果同他有法律上的利害关系的，可以申请参加诉讼，或者由人民法院通知他参加诉讼。人民法院判决承担民事责任的第三人，有当事人的诉讼权利义务。故 A 项正确，B、C、D 项错误。

10. 答案：D

《民法典》第 1198 条规定，宾馆、商场、银行、车站、机场、体育场馆、娱乐场所等经营场所、公共场所的经营者、管理者或者群众性活动的组织者，未尽到安全保障义务，造成他人损害的，应当承担侵权责任。因第三人的行为造成他人损害的，由第三人承担侵权责任；经营者、管理者或者组织者未尽到安全保障义务的，承担相应的补充责任。经营者、管理者或者组织者承担补充责任后，可以向第三人追偿。本题中，甲的烫伤是由第三人乙直接造成的，但是乙之所以会滑倒将热汤洒到甲身上，是因为某酒店的地板湿滑，即某酒店作为安全保障义务人存在过错。权利人起诉某酒店的，乙应该作为共同被告。

11. 答案：C

《民法典》第 1199 条规定，无民事行为能力人在幼儿园、学校或者其他教育机构学习、生活期间受到人身损害的，幼儿园、学校或者其他教育机构应当承担侵权责任；但是，能够证明尽到教育、管理职责的，不承担侵权责任。第 1201 条规定，无民事行为能力人或者限制民事行为能力人在幼儿园、学校或者其他教育机构学习、生活期间，受到幼儿园、学校或者其他教育机构以外的第三人人身损害的，由第三人承担侵权责任；幼儿园、学校或者其他教育机构未尽到管理职责的，承担相应的补充责任。幼儿园、学校或者其他教育机构承担补充责任后，可以向第三人追偿。本案属于无民事行为能力人在教育机构内遭受第三人侵权，刘某是实际侵权人，幼儿园对王甲负有管理职责，原告可以将刘某和幼儿园列为共同被告。故本题应选 C 项。

12. 答案：C

有独立请求权的第三人，是指对原告和被告争议的诉讼标的有独立的请求权而参加诉讼的人。本案中，丙声称古董属自己所有，提出了独立的诉讼请求，属于有独立请求权的第三人。有独立请求权的第三人是以起诉的方式参加诉讼的，不能由法院依职权主动追加其作为有独立请求权的第三人参加诉讼。因此，A 项错误。有独立请求权的第三人是以起诉的方式参加诉讼的，因此，在第三人参加诉讼的同时就默认受案法院有管辖权了，不可以再提出管辖权异议。因此，B 项错误。《民诉解释》第 236 条规定，有独立请求权的第三人经人民法院传票传唤，无正当理由拒不到庭的，或者未经法庭许可中途退庭的，比照《民诉法》第 146 条的规定，按撤诉处理。因此，C 项正确。《民诉解释》第 237 条规定，有独立请求权的第三人参加诉讼后，原告申请撤诉，人民法院在准许原告撤诉后，有独立请求权的第三人作为另案原告，原案原告、被告作为另案被告，诉讼继续进行。因此，D 项错误。

13. 答案：C

《民诉解释》第 77 条规定，根据《民诉法》第 57 条，当事人一方人数众多在起诉时不确定的，由当事人推选代表人。当事人推选不出的，可以由人民法院提出人选与当事人协商；协商不成的，也可以由人民法院在起诉的当事人中指定代表人。故选项 C 正确。

14. 答案：B

参见《民诉法》第 55 条和《民诉解释》第 70 条之规定。

15. 答案：C

无独立请求权第三人的上诉权的享有是有条件的。如果一审判决其承担民事责任则其享有上诉权，反之则没有上诉权。故本题选 C 项。

16. 答案：D

有独立请求权的第三人的诉讼地位相当于原告，故当其起诉不符合法定条件时，人民法院应当裁定驳回起诉。故本题选 D 项。

17. 答案：C

承认与变更诉讼请求、进行诉讼调解均涉及当事人的重大利益，故需要征得当事人的同意。而申请回避属于程序事项，不需要征得全体当事人的同意。故本题选C项。

18. 答案：A

在当事人人数众多的情况下，诉讼的时间与空间均无法满足，因此需要诉讼代表人制度。故本题选A项。

19. 答案：B

李某与张某的买卖合同业已履行完毕，张某取得山羊的所有权，故李某对作为诉讼标的不存在独立请求权，也与案件处理结果没有法律上的利害关系，但其与张某之间买卖山羊的事实能够证明涉案山羊属张某所有，故应作为证人。

20. 答案：C

参见《民诉法》第57条第3款。

（二）多项选择题

1. 答案：ACD

李立提起诉讼，应作为原告。李霞既不同意原告一方的主张，也不同意被告一方的主张，对诉讼标的提出了独立的请求，故李霞应当为有独立请求权第三人，故不选B项。李衫表示参加，同时是诉讼标的的主体，可以作为原告；《民诉解释》第74条规定："应当追加的原告，已明确表示放弃实体权利的，可不予追加；既不愿意参加诉讼，又不放弃实体权利的，仍应追加为共同原告，其不参加诉讼，不影响人民法院对案件的审理和依法作出判决。"所以张强也应作为共同原告。故应选A、C、D项。

2. 答案：ABCD

根据我国《公司法》及其相关司法解释的规定，股东出资不足时应当在应出资范围内与公司法人承担连带责任。故海龙公司及其三个股东均应作为本案被告。本题应选A、B、C、D项。

3. 答案：ABCD

出借选项A、B、C、D的物品均会使第三人误认为使用人就是出借人，故《民诉解释》65条规定因出借选项A、B、C、D的物品而产生民事纠纷的，出借人和借用人应当作为共同被告。

4. 答案：BC

《民诉解释》第82条规定：在一审诉讼中，无独立请求权的第三人无权提出管辖异议，无权放弃、变更诉讼请求或者申请撤诉，被判决承担民事责任的，有权提起上诉。故本题选B、C项。

5. 答案：ACD

《民诉解释》第77条规定，根据《民诉法》第57条规定，当事人一方人数众多在起诉时不确定的，由当事人推选代表人。当事人推选不出的，可以由人民法院提出人选与当事人协商；协商不成的，也可以由人民法院在起诉的当事人中指定代表人。诉讼代表人的产生既可由当事人推选，也可由法院与当事人协商产生，还可以由法院指定。但不能由党政机关指定。故本题选A、C、D项。

6. 答案：ABD

《民诉解释》第59条第2款规定，营业执照上登记的经营者与实际经营者不一致的，以登记的经营者和实际经营者为共同诉讼人。王某和齐某为工商登记的业主和实际经营人，应当作为共同被告。根据《民诉解释》65条，丽人时装公司将合同专用章出借，需要与借用方一并作为共同被告，后丽人时装公司因合并权利义务由佳丽时装公司承受，因此，王某、齐某和佳丽时装公司应当为本案的共同被告。

7. 答案：BCD

无独立请求权第三人的上诉权是有限制的，如果法院判决其承担民事责任，则有上诉权，反之，则没有上诉权。故B项正确，当选。根据《民诉解释》第150条的规定，调解遵循自愿原则，无独立请求权第三人不同意承担责任的，不能达成由第三人担责的调解协议。调解书以签收为法定生效条件，送达签收前，第三人有权反悔。故本题C、D项当选。

8. 答案：BC

《民诉法》第51条第1款规定，公民、法人和其他组织可以作为民事诉讼的当事人。故A项错误。按照《民诉法》第122条的规定，原告是与本案有直接利害关系的公民、法人和其他组织。本案中的4名师生并不是大河污染的直接受害者，因此属于不适格的当事人，而河流中的岛屿不具有诉讼主体资格，故B项符合题意，当选。本案从性质上来讲属于环境污染侵权诉讼，按照《民诉法》第29条的规定，因侵权行为提起的诉讼，由侵权行为地或者被告住所地人民法院管辖。因此，被污染河段流经地区的法院均有管辖权，故C项符合题意，当选。现行民事诉讼法针对公益诉讼的规定，主要体现在《民诉法》第58条中。本题来自2006年司法考试真题，根据最新的法律规定，D项错误。

9. 答案：AC

选项 A 正确，选项 B 错误：诉的主体的合并是指诉讼当事人的合并，亦即当事人一方或双方为两人以上的诉。其典型形态是必要共同诉讼和以其为基础的群体诉讼。诉的客体的合并是指诉讼标的之合并，即在同一个诉讼程序中，同时存在两个以上的诉讼标的和诉。本案中，银行将甲、乙二人一同起诉，将甲乙两个当事人合并到同一事实程序中的情况属于诉的主体合并。选项 C 正确，选项 D 错误：根据最高人民法院《关于审理民间借贷案件适用法律若干问题的规定》(法释〔2020〕6 号）第 4 条之规定，连带责任保证的债权人可以将债务人或者保证人作为被告提起诉讼，也可以将债务人和保证人作为共同被告提起诉讼。以及根据《民诉解释》第 66 条之规定，因保证合同纠纷提起的诉讼，债权人向保证人和被保证人一并主张权利的，人民法院应当将保证人和被保证人列为共同被告。据此可知，在连带保证诉讼中，原告可以选择起诉保证人或被保证人，也可以选择将二者一并起诉。一并起诉保证人和被保证人的，构成类似必要共同诉讼。本案中，银行（债权人）将甲（被保证人）、乙（连带责任保证人）二人一同起诉，构成必要共同诉讼。

（三）不定项选择题

1.（1）答案：D

李童与诉讼标的有直接利害关系，为正当当事人。故本题选 D 项。

（2）答案：AC

钱扬与案件的判决结果有利害关系，可能要承担民事责任，故他是无独立请求权第三人。C 项当选。在被告申请或者钱扬自己申请的情况下，钱扬可以参加诉讼。A 项当选。

2.（1）答案：C

王霞在王云和王立已经开始的诉讼中对诉讼标的提出了独立的诉讼请求，为有独立请求权第三人。故本题选 C 项。

（2）答案：C

题目中案件为继承纠纷，戚某对案件的诉讼标的没有独立请求权，但是与案件的判决结果有利害关系，即若涉案房屋被判决非王立所有，则戚某有可能不能获得该房屋，故他是无独立请求权第三人，C 项当选。

（3）答案：D

此时王霞与原告具有共同的利益，并非对诉讼标的提出独立的请求，因此为共同原告，D 项当选。

（4）答案：ACD

本案属于必要共同诉讼。东区人民法院应当通知王霞参加诉讼。如果王霞明确表示愿意参加诉讼，则法院应当追加其为共同原告；如果王霞没有明确表态，但也没有明确放弃权利，法院仍应当追加其为共同原告；如果王霞明确表示放弃继承权，则法院不应追加其为共同原告。故本题选 A、C、D 项。

（5）答案：AB

《民诉解释》第 325 条规定："必须参加诉讼的当事人或者有独立请求权的第三人，在第一审程序中未参加诉讼，第二审人民法院可以根据当事人自愿的原则予以调解；调解不成的，发回重审。"该规定的目的是保障被追加的当事人的上诉权。

3.（1）答案：D

本案小龙权益受到侵害而起诉，应当是原告。2016 年 3 月起诉时，小龙未满 18 周岁，为未成年人。根据《民诉法》第 60 条，其父李某为小龙的法定代理人。司机张某行使的是职务行为，根据《民诉解释》第 83、56 条之规定，其责任由寰宇公司承担，因此应当以寰宇公司为被告，故 D 项正确，当选。

（2）答案：AD

参见《民诉解释》第 81 条之规定。

（3）答案：D

《民诉解释》232 条规定，在案件受理后，法庭辩论结束前，原告增加诉讼请求，被告提出反诉，第三人提出与本案有关的诉讼请求，可以合并审理的，人民法院应当合并审理。举重明轻，增加诉讼请求可在法庭辩论结束前提出，变更诉请当然也可以，故 D 项正确，当选。

（4）答案：CD

根据《民诉法》第 171 条第 1 款的规定，当事人不服地方人民法院第一审判决的，有权在判决书送达之日起 15 日内向上一级人民法院提起上诉，故 B 项错误。一审判决后，李某于 2016 年 7 月 25 日提起上诉，此时小龙已经年满 18 周岁，为完全民事行为能力人，具有民事诉讼行为能力，应当独立进行相应的诉讼行为。李某已不具备法定代表人的身份，故其上诉不符合法律规定，陈某作为无独立请求权的第三人，在一审中未被判决承担民事责任，所以陈某不享有上诉权，故A、B项错误，C、D项正确，当选。

简答题

我国代表人诉讼制度具有以下重要的作用与意义。

（1）扩大了司法解决纠纷的功能。我国代表人诉讼制度采取诉讼担当与诉讼代理制相结合的方式，成功地解决了主体众多与诉讼空间容量不足之间的矛盾，使司法解决纠纷的功能得到极大的扩展。

（2）适应市场经济需要，并与民法制度相协调。群体性纠纷多产生于环境、医药、产品责任等实体法领域，涉及众多受害者，民事诉讼法通过代表人诉讼制度允许以利益集合方式来解决纠纷，从而适应因市场经济发展而出现的多数人群体诉讼的需要，进而为维护市场经济秩序提供诉讼手段。

（3）为不同法系法律制度之间的吸收、融合提供了成功经验。代表人诉讼制度成功地采用了登记制度和经改造的选定当事人制度，并对未参加登记的权利人设置了特殊的救济途径，使代表人诉讼制度与我国其他民事诉讼程序制度互相协调，不致发生矛盾和对立。

案例分析题

（1）本案争议的法律关系是区家三兄弟与龙家两兄弟之间的房屋买卖合同纠纷。当事人一方为区家三兄弟，另一方为龙家两兄弟。本案是必要的共同诉讼，区家三兄弟为共同原告，龙家两兄弟为共同被告。

（2）法院将三人的起诉合并审理的做法是正确的。因为区家三兄弟起诉的诉讼标的都是出自同一法律关系，即双方当事人之间的房屋买卖合同，所以本案属于当事人双方都为二人以上且标的是共同的诉讼，即必要共同诉讼，必要的共同诉讼是不可分之诉，人民法院必须合并审理。

（3）有。人民法院应追加龙甲为共同被告。因为本案为不可分的必要共同诉讼，所以龙甲为必要的共同被告，必须参加诉讼，如果其不参加诉讼，应当由法院依法追加其为共同诉讼人。

（4）该调解协议未经龙甲、区绍富同意而无效。法院不能据此签发调解书。

论述与深度思考题

我国现行的无独立请求权第三人制度事实上是将无独立请求权第三人作为一种可能承担民事责任的待定当事人。事实上，无独立请求权第三人的种类很多，并非都是因为可能需要承担民事责任而参加到诉讼当中，而且，当事人的地位涉及诉讼参加人的权利与义务，待定的当事人地位不利于无独立请求权第三人诉权的保障。完善该制度应当从解决上述弊端入手。参见张卫平：《我国民事诉讼第三人制度的结构调整与重塑》，载《当代法学》，2020（4）。

第九章　民事诉讼证据

知识逻辑图

- 概述
  - 概念：指能够证明民事案件真实情况的各种事实材料
  - 属性
    - 客观性：指证据必须是客观存在的事实，内容上是对与案件有关的事实的客观记载和反映
    - 关联性：又称相关性，指民事诉讼证据必须与所要证明的案件事实存在一定的客观联系
    - 合法性：指证据必须按照法定程序收集和提供，必须符合法律规定的条件

- 证据能力与证明力
  - 证据能力
    - 概念：又称证据资格或证据的适格性，指一定的事实材料作为诉讼证据的法律上的资格，或者说，是指证据材料能够被法院采信，作为认定案件事实依据所应具备的法律上的资格
    - 规则
      - 证人资格规则
      - 非法证据排除规则
      - 证据须经过质证的规则
      - 调解或和解中对事实的认可不得作为对其不利的证据的规则
      - 证据能力受限制的规则
  - 证明力
    - 概念：又称证据价值、证据力，指证据对案件事实的证明作用的大小（强弱）
    - 规定
      - 涉及证明力有无的规则
      - 涉及证明力大小的规则
      - 涉及证明力优先顺序的规则

- 证据的分类
  - 本证与反证
    - 根据证据与证明责任的关系分类
    - 本证：指对待证事实负有证明责任的一方当事人提出的，用于证明该事实的证据
    - 反证：指对待证事实不负证明责任的一方当事人，为证明该事实不存在或不真实而提出的证据
  - 原始证据与传来证据
    - 按照证据的来源分类
    - 原始证据：指直接源于案件事实而未经中间环节传播的证据，是在案件事实发生、发展和消灭的过程中直接形成的证据
    - 传来证据：又称派生证据，是指从原始证据中衍生出来的证据
  - 直接证据与间接证据
    - 根据证据与待证事实之间的关系分类
    - 直接证据：指与待证事实具有直接联系，能够单独地直接证明待证事实的证据
    - 间接证据：指与待证事实之间具有间接联系，不能单独直接证明待证事实的证据

- 证据的分类
  - 间接本证与间接反证
    - 根据证据与证明责任的关系以及与待证事实之间的联系分类
    - 间接本证：对于待证的主要事实负证明责任的当事人，因无法提出直接证据证明该事实，而提出间接证据证明间接事实，从而依据经验法则由该间接事实推定该待证的主要事实存在
    - 间接反证：不负证明责任的当事人为了防止主要事实被推定成立的不利结果，以反证证明另外的间接事实，从而依据经验法则由间接事实推定待证的主要事实不存在

- 证据的种类
  - 当事人陈述
    - 概念：是指当事人就与本案有关的事实情况向法院所作的陈述
    - 特点：真实性与虚假性往往并存，对自己有利或不利的事实的陈述尤其如此
  - 书证
    - 概念：指用文字、符号、图案等所记载和表达的思想内容来证明案件事实的证据
    - 特点
      - 以其所记载和表达的思想内容来对案件事实起到证明作用
      - 具有较强的证明力
      - 在形式上相对固定
    - 分类
      - 公文书与私文书
      - 处分性书证与报道性书证
      - 普通书证与特别书证
  - 物证
    - 概念：指以自己存在的外形、重量、质量、规格、损坏程度等标志和特征来证明待证事实的物品和痕迹
    - 特点
      - 以实体物的属性、特征或存在状况证明案件事实
      - 具有较强的稳定性和可靠性
      - 在诉讼中一般表现为间接证据
    - 物证与书证的区别
      - 书证是以记载在一定物品上的思想内容来证明案件事实；而物证则以其外形、质量等特征来证明案件事实
      - 对于某些书证，法律有特殊要求；而对于物证则没有这种特殊要求
      - 书证的内容反映了制作人的主观思想，具有主观属性；而物证并不反映人的主观思想，具有客观属性
  - 视听资料
    - 概念：指以录音、录像等设备所存储的信息证明案件真实情况的资料，包括录音资料和影像资料
    - 特点
      - 信息量大、形象逼真
      - 具有较高的准确性和证明力
      - 使用具有方便性
      - 容易被变造或伪造
    - 视听资料与书证的区别
      - 视听资料是以音响、图像等所存储的信息证明案件事实，而书证是以文字、符号、图形等内容证明案件事实
      - 视听资料的制作需要运用专门的科学仪器、设备，而书证的制作不需要专门的科学仪器、设备
      - 书证所记载的内容不需要专门的仪器设备而直接凭借肉眼就能观察到，而视听资料中记载的内容必须通过特定的仪器设备和技术手段才能够予以再现
      - 书证所记载的内容对待证事实的证明是静态的，而视听资料对待证事实的证明是动态的
  - 电子数据：指通过电子邮件、电子数据交换、网上聊天记录、博客、微博、手机短信、电子签名、域名等形成或者存储在电子介质中的信息

- 证据的种类
  - 证人证言
    - 概念：指证人就其所了解的案件情况，以口头或书面形式向法院所作的陈述
    - 特点
      - 证人与案件事实所形成的联系是特定的
      - 证人证言只能是证人就其所知晓的案件事实所作的陈述，而不包括对事实所作的评价，也不包括对案件所涉及的法律问题发表的看法
      - 证人证言的真实性、可靠性容易受到主客观因素的影响
    - 范围：凡是知道案件情况的单位和个人，都有义务出庭作证
    - 证人的权利、义务
  - 鉴定意见
    - 概念：指鉴定人员运用自己的专门知识和技能，对民事案件的某些专门性问题进行分析、鉴别后所作出的书面意见
    - 特点
      - 鉴定意见是针对诉讼中有待查明的事实问题作出的
      - 鉴定意见是对某个专门性的事实问题所作的分析、判断意见
    - 鉴定人与证人、专家辅助人的区别
    - 程序
      - 启动
        - 当事人申请
        - 人民法院依职权决定
      - 鉴定机构、鉴定人员的确定
        - 当事人协商确定
        - 人民法院指定
      - 鉴定书的制作
      - 申请重新鉴定
  - 勘验笔录：指为了查明案件事实，法院对与案件有关的现场或物品进行勘查、检验后制作的笔录

- 证据的收集、保全和质证
  - 证据的收集
    - 当事人收集提供证据
    - 法院调查收集证据
      - 法院依当事人申请收集
        - 申请调查收集的证据属于国家有关部门保存，当事人及其诉讼代理人无权查阅调取的证据材料
        - 涉及国家秘密、商业秘密、个人隐私的材料
        - 当事人及其诉讼代理人确因客观原因不能自行收集的其他材料
      - 法院依职权收集
        - 涉及可能损害国家利益、社会公共利益的
        - 涉及身份关系的
        - 涉及《民诉法》第58条规定的诉讼的
        - 当事人有恶意串通损害他人合法权益可能的
        - 涉及依职权追加当事人、诉讼中止、诉讼终结、回避等程序性事项的
    - 收集提供证据的一般程序
    - 文书提出命令
    - 举证时限
      - 概念：指民事诉讼当事人向法院提交证据的时间限制
      - 确定：法院指定与当事人协商确定
      - 各类程序中举证时限的确定
        - 适用普通程序审理案件的举证期限
        - 适用简易程序审理案件的举证期限
        - 审理小额诉讼案件的举证期限
        - 二审程序中新的证据的举证期限

- 证据的收集、保全和质证
  - 证据的收集
    - 举证时限
      - 举证时限的延长
      - 逾期举证的法律后果：证据将不被法院采纳，或者法院采纳该证据但予以训诫、罚款
      - “新的证据”
        - 一审中“新的证据”
          - 当事人在一审举证期限届满后新发现的证据
          - 当事人确因客观原因无法在举证期限内提供，经法院准许，在延长的期限内仍无法提供的证据
        - 二审中“新的证据”
          - 一审庭审结束后新发现的证据
          - 当事人在一审举证期限届满前申请法院调查取证未获准许，二审法院经审查认为应当准许并依当事人申请调取的证据
  - 证据交换
    - 概念：指开庭审理前，双方当事人在法院审判人员的主持下，彼此交换己方所持有的证据的制度
    - 情形
      - 当事人申请证据交换的，法院可以组织当事人在开庭审理前交换证据
      - 法院对于证据较多或者复杂、疑难的案件，应当组织当事人在答辩期届满后、开庭审理前交换证据
  - 证明妨碍：指不负举证责任的当事人，故意或过失地以作为或不作为的方式，将证据灭失、隐匿或妨碍其利用，使负举证责任的当事人因无法利用该证据而无法尽其举证责任时，法院可以根据案件审理情况，在事实上作出对负举证责任的当事人有利的认定
  - 证据保全
    - 概念：指在证据有可能灭失或以后难以取得的情况下，法院根据诉讼参加人或利害关系人的申请或者依职权采取措施，对证据加以固定和保护的制度
    - 种类
      - 诉讼中的证据保全
      - 诉讼前的证据保全
    - 证据保全的方法和程序
  - 质证
    - 含义：是指在审判人员的主持下，各方当事人对在法庭上出示的各种证据材料进行询问、辨认、质疑、说明和辩驳，以便在证据的证明力等问题上对审判人员的内心确信产生影响的诉讼活动
    - 主体：当事人
    - 客体：在法庭上主张和出示的各类证据
    - 内容：各种证据的真实性、合法性、关联性
    - 程序：原告出示证据，被告、第三人与原告进行质证；被告出示证据，原告、第三人与被告进行质证；第三人出示证据，原告、被告与第三人进行质证

名词解释与概念比较

1. 民事诉讼证据的种类和分类
2. 书证与物证
3. 举证时限（考研）
4. 证据的证明力
5. 证据能力
6. 电子数据

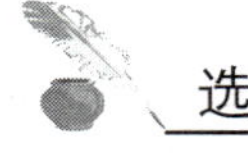

选择题

（一）单项选择题

1. 以主张某种事实的存在或否认对方主张事实的存在为标准，证据可分为（　　）。

A. 本证与反证
B. 直接证据与间接证据
C. 主要证据与次要证据
D. 原始证据与派生证据

2. 甲、乙之间签有房屋租赁合同，乙未按合同约定交付租金已有半年时间，甲遂向法院起诉要求乙交纳租金。出租人甲长期不维修房屋，致使其财产遭受重大损失，乙提供了因甲不维修出租房屋而使其受损的证据。此证据在证据法理论上不属于（　　）。

A. 反证　　B. 本证
C. 直接证据　　D. 原始证据

3. 在侵权损害赔偿纠纷中，受害人被侵害的录像带，在诉讼证据中属于（　　）。

A. 书证　　B. 物证
C. 视听资料　　D. 证人证言

4. 凡能够证明案件事实的物品及痕迹的证据，称为（　　）。

A. 书证　　B. 视听资料
C. 物证　　D. 鉴定结论

5. 甲在追索乙借他的 1 000 元的诉讼中，向法院提交了乙向他商量借 1 000 元的亲笔信一封。这封信属于（　　）。

A. 原始的直接证据
B. 原始的间接证据
C. 派生的直接证据
D. 派生的间接证据

6. 证人因出庭作证而支出的合理费用，（　　）。

A. 由提供证人的一方当事人先行垫付，最终由败诉一方当事人承担
B. 由法院先行支付，由败诉一方当事人承担
C. 待诉讼结束时，由败诉一方当事人承担
D. 由法院在案件受理费中支付

7. 根据《民诉法》的规定，不能作为证人的是：（　　）。

A. 与案件有利害关系的人
B. 被剥夺政治权利的人
C. 不能正确表达意思的人
D. 未成年人

8. 关于民事诉讼当事人举证期限，下列哪一说法是正确的？（　　）

A. 举证期限一经确定，在任何情况下，当事人都不可以申请延长举证期限
B. 当事人在举证期限内提交证据确有困难的，经法院允许，可以适当延长举证期限
C. 当事人在举证期限内提交证据确有困难的，经法院允许，可以适当延长举证期限，延长举证期限后，当事人不能再次提出延期申请
D. 当事人在举证期限内提交证据确有困难的，可以多次申请延长举证期限，但自第二次申请起，是否准许由上级人民法院决定

9. 法院一般应当确认其证明力，而无须作更多审查的书证是指（　　）。

A. 国家机关提供的书证
B. 经过公证机构公证的书证
C. 领导干部提供的书证
D. 当事人提供的书证

10. 在某一民事案件的审理过程中，原告一方因无法获得作为档案材料存放在某单位的证据，申请法院进行调查。庭审中对该证据的质证，应当如何进行？（　　）

A. 应当由原、被告双方进行质证
B. 应当由被告与法院进行质证
C. 应当由被告与保管该证据的某单位进行质证
D. 法院对该证据进行说明，无须质证

11. 下列关于证人及证人证言的表述，哪一项是错误的？（　　）

A. 凡是了解案件情况的人都有义务出庭作证
B. 当事人申请证人出庭作证应当经人民法院许可
C. 与当事人一方有亲戚关系的人不能作为证人
D. 无诉讼行为能力的人在一定情况下可以作为证人

12. 民事诉讼中的举证期限是如何确定的？（　　）

A. 可以由当事人协商一致，不必经人民法院认可
B. 可以由原告指定
C. 可以由被告指定
D. 由人民法院确定

13. 当事人对自己的主张只有本人陈述而不能提出其他相关证据的，在下列哪一情况下，法院对其主张可予以支持？（　　）

A. 对方当事人认可
B. 本人陈述前后没有矛盾
C. 陈述人具有较高的诚信度

D. 陈述人具有完全的民事行为能力

14. 关于证据理论分类的表述，下列哪一选项是正确的？（　　）

A. 传来证据有可能是直接证据

B. 诉讼中原告提出的证据都是本证，被告提出的证据都是反证

C. 证人转述他人所见的案件事实都属于间接证据

D. 一个客观与合法的间接证据可以单独作为认定案件事实的依据

15. 关于举证时限和证据交换的表述，下列哪一选项是正确的？（　　）

A. 证据交换可以依当事人的申请而进行，也可以由法院依职权决定而实施

B. 民事诉讼案件在开庭审理前，法院必须组织进行证据交换

C. 当事人在举证期限内提交证据确有困难的，可以在举证期限届满之后申请延长，但只能申请延长一次

D. 当事人在举证期限内未向法院提交证据材料的，在法庭审理过程中无权再提交证据

16. 原告A公司以向法院提供的B公司的内部档案为证，要求法院判B公司停止侵害并赔偿损失。B公司称这些档案是A公司找人灌醉了档案室负责人后偷窃的，主张这些档案不得作为证据使用。问：如果法院采纳了B公司的主张，那么这些档案为（　　）。（考研）

A. 不具有证据能力的证明材料

B. 非证据材料

C. 不具有证据能力，但是有证明力的证据

D. 具有证据能力，但不具有证明力的证据

视频讲题

17. 甲公司诉乙公司专利侵权，乙公司是否侵权成为焦点。经法院委托，丙鉴定中心出具了鉴定意见书，认定侵权。乙公司提出异议，并申请某大学燕教授出庭说明专业意见。关于鉴定的说法，下列哪一选项是正确的？（　　）

A. 丙鉴定中心在鉴定过程中可以询问当事人

B. 丙鉴定中心应当派员出庭，但有正当理由不能出庭的除外

C. 如果燕教授出庭，其诉讼地位是鉴定人

D. 燕教授出庭费用由乙公司垫付，最终由败诉方承担

18. 甲县吴某与乙县宝丰公司在丙县签订了甜橙的买卖合同，货到后发现甜橙开始腐烂，未达到合同约定的质量标准。吴某退货无果，拟向法院起诉。为了证明甜橙的损坏状况，吴某向法院申请诉前证据保全。关于诉前保全，下列哪一表述是正确的？（　　）

A. 吴某可以向甲、乙、丙县法院申请诉前证据保全

B. 法院应当在收到申请15日内裁定是否保全

C. 法院在保全证据时，可以主动采取行为保全措施，减少吴某的损失

D. 如果法院采取了证据保全措施，可以免除吴某对甜橙损坏状况提供证据的责任

19. 大皮公司因买卖纠纷起诉小华公司，双方商定了25天的举证时限，法院认可。时限届满后，小华公司提出还有一份发货单没有提供，申请延长举证时限，被法院驳回。庭审时小华公司向法庭提交该发货单。尽管大皮公司反对，但法院在对小华公司予以罚款后仍对该证据进行质证。下列哪一诉讼行为不符合举证时限的相关规定？（　　）

A. 双方当事人协议确定举证时限

B. 双方确定了25天的举证时限

C. 小华公司在举证时限届满后申请延长举证时限

D. 法院不顾大皮公司反对，依然组织质证

20. 张某驾车与李某发生碰撞，交警赶到现场后用数码相机拍摄了碰撞情况。后李某提起诉讼，要求张某赔偿损失，并向法院提交了一张光盘，内附交警拍摄的照片。该照片属于下列哪一种证据？（　　）

A. 书证　　　B. 鉴定意见

C. 勘验笔录　　　D. 电子数据

（二）多项选择题

1. 按照法律规定，不得在公开开庭时出示的证据有（　　）。

A. 有关国家秘密的

B. 有关商业秘密的

C. 有关个人隐私的

D. 有关个人经历的

2. 符合下列哪些条件，当事人及其诉讼代理人可以申请人民法院调查取证？（　　）

A. 涉及可能有损国家利益、社会公共利益或者他人合法权益的事实

B. 申请调查收集的证据属于由国家有关机关保存并须人民法院依职权调取的档案材料

C. 当事人及其诉讼代理人确因客观原因不能自行收集的其他材料

D. 涉及国家秘密、商业秘密、个人隐私的材料

3. 下列哪些证据不能单独作为认定案件事实的证据？（　　）

A. 当事人李某的妻子袁某向法院作出的有利于李某的证言

B. 原告陈某向法院提交的其采用偷录方法录下的用以证明被告刘某欠其 5 000 元人民币的录音带，该录音带部分关键词的录音听不清楚

C. 由未成年人所作出的各类证言

D. 原告提出的字迹清晰的合同文书复印件，但该合同文书的原件已丢失，且被告不承认其与原告存在有该合同文书复印件所表述的法律关系

4. 某购销合同纠纷的当事人以火车票面上记载的地点和时间为依据，来证明购销合同签订的时间和地点。该火车票属于（　　）。

A. 直接证据　　B. 间接证据

C. 原始证据　　D. 物证

5. 关于民事诉讼中的证据收集，下列哪些选项是正确的？（　　）

A. 在王某诉齐某合同纠纷一案中，可能存在损害第三人利益的事实，在此情况下法院可以主动收集证据

B. 在胡某诉黄某侵权一案中，因客观原因胡某未能提供一项关键证据，在此情况下胡某可以申请法院收集证据

C. 在周某诉贺某借款纠纷一案中，周某因自己没有时间收集证据，于是申请法院调查收集证据，在此情况下法院应当进行调查收集

D. 在武某诉赵某一案中，武某申请法院调查收集证据，但未获法院准许，武某可以向受案法院申请复议一次

6. 在陈某诉李某借款纠纷一案中，有以下几个证据：（1）陈某出具的由李某签名的借条一张。该借条内容为：今借陈某人民币 3 000 元整，一个月内返还。2018 年 3 月 20 日。（2）李某的同事乔某的证言。乔某证明，他在 2018 年 3 月 21 日听李某说，李某向陈某借了 3 000 元，准备到外地去旅游时用。（3）李某向受诉人民法院所作的陈述。李某说："我在 2018 年 3 月 20 日向陈某借了 3 000 元，但我在 5 月份就还给他了，当时我向他要借条，他说借条丢了。他给我写了一张收条，但收条我现在找不着了。"（4）李某的朋友张某向受诉人民法院提出的证言：李某在 2018 年 3 月底与张某到五台山旅游时向张某说，这次出来玩的钱是向别人借的。在上述证据中，哪些是证明李某向陈某借了 3 000 元这一事实的直接证据？（　　）

A. 陈某提供的借条　　B. 乔某的证言

C. 李某的陈述　　D. 张某的证言

7. 周某与某书店因十几本图书损毁发生纠纷，书店向法院起诉，并向法院提交了被损毁图书以证明遭受的损失。关于本案被损毁图书，属于下列哪些类型的证据？（　　）

A. 直接证据　　B. 间接证据

C. 书证　　D. 物证

8. 关于证人证言，下列哪些选项是正确的？（　　）

A. 限制行为能力的未成年人可以附条件地作为证人

B. 证人因出庭作证而支出的合理费用，由提供证人的一方当事人承担

C. 证人在法院组织双方当事人交换证据时出席陈述证言的，可视为出庭作证

D. "未成年人所作的与其年龄和智力状况不相当的证言不能单独作为认定案件事实的依据"，是关于证人证言证明力的规定

9. 下列哪些证据不能单独作为认定案件事实的依据？（　　）

A. 未成年人所作的与其年龄和智力状况不相当的证言

B. 与一方当事人的代理人有利害关系的证人出具的证言

C. 存有疑点的视听资料

D. 无正当理由未出庭作证的证人证言

10. 甲县的佳华公司在与乙县的亿龙公司订立的烟叶买卖合同中约定，如果因为合同履行发生争议，应提交A仲裁委员会仲裁。佳华公司交货后，亿龙公司认为烟叶质量与约定不符，且正在霉变，遂准备提起仲裁，并对烟叶进行证据保全。关于本案的证据保全，下列哪些表述是正确的？（　　）

A. 在仲裁程序启动前，亿龙公司可直接向甲县法院申请证据保全

B. 在仲裁程序启动后，亿龙公司既可直接向甲县法院申请证据保全，也可向A仲裁委员会申请证据保全

C. 法院根据亿龙公司申请采取证据保全措施时，可要求其提供担保

D. A仲裁委员会收到保全申请后，应提交给烟叶所在地的中级人民法院

11. 关于证人的表述，下列哪一选项是正确的？（　　）

A. 王某是未成年人，因此，王某没有证人资格，不能作为证人

B. 原告如果要在诉讼中申请证人出庭作证，应当在举证期限届满前提出，并经法院许可

C. 甲公司的诉讼代理人乙律师是目击案件情况发生的人，对方当事人丙可以向法院申请乙作为证人出庭作证，如法院准许，则乙不得再作为甲公司的诉讼代理人

D. 李某在法庭上宣读未到庭的证人的书面证言，该书面证言能够代替证人出庭作证

（三）不定项选择题

天和公司因合同纠纷，向人民法院起诉大地公司。天和公司在起诉状中声称，双方于2012年5月签订的买卖合同，系在被胁迫的情况下签订的，请求撤销该合同。人民法院受理了此案，并向被告大地公司送达了应诉通知书。根据上述案情，回答以下问题。

1. 如果被告没有在答辩期限届满前提交答辩状，则法律后果为（　　）。

A. 对案件的实体没有什么影响

B. 被告将承担不利的法律后果

C. 对被告的权益没有什么影响

D. 只要被告在庭审中提出证据，对他没有实质影响

2. 根据我国有关法律的规定，举证时限如何确定？（　　）

A. 举证期限完全由当事人协商一致

B. 举证期限可以由当事人协商一致，并经人民法院认可

C. 由人民法院指定举证期限

D. 在开庭之后，判决之前的时间

3. 如果当事人在举证期限内不提交证据材料，那么法律后果为（　　）。

A. 可以补交

B. 视为放弃举证权利

C. 该当事人将承担不利的法律后果

D. 对该当事人的实体权益没有影响

简答题

1. 简述民事诉讼证据的基本特征。
2. 简述专家辅助人与鉴定人的区别。
3. 简述法院调查收集证据的主要情形。

案例分析题

某建筑公司的一台吊车在施工作业时，不慎将附近一所民宅的山墙撞塌，致使该民宅内部分家具及电器受损。此外，该民宅内一位老人陈母受到惊吓，在匆匆逃离现场时摔了一跤，致使大腿骨折。事故发生后，因双方当事人对赔偿金额存在较大分歧，该民宅业主陈某遂起诉至人民法院，要求被告某建筑公司赔偿其经济损失。陈某在起诉时，同时向法院递交如下证据材料：A. 当地电视台记者现场采访的录音、录像带；B. 陈某拍摄的现场物品受损的照片；C. 事故发生前3个月，陈某为装修房屋所签订的合同书及支付工程款的付款凭证；D. 已损坏的松下牌微波炉实物和东芝牌手提电脑实物；E. 陈母腿部骨折诊断书及医疗费用清单（复印件）；F. 居民委员会提供的证人证言；G. 部分围观群众提供的证言；H. 赔偿费用一览表及计算方法；I. 原告请当地的一名公安人员和两名保安人员对现场制作并签章的“勘验笔录”。

被告在提交答辩状的同时提交了相关证据材料，其

中包括：J. 被告现场拍摄的若干张照片；K. 松下牌微波炉和东芝牌手提电脑位置图及上述两物周围无山墙倒塌坠落物的照片（用以证明两物损坏非山墙倒塌所致）；L. 被告在事故发生当日修复山墙的实景照片等。

问题：

（1）以上证据中哪些是原始证据？哪些是传来证据？

（2）以上证据材料中，哪些是直接证据？哪些是间接证据？

（3）对上述证据进行法定分类。

论述与深度思考题

论举证期限。

参考答案

名词解释与概念比较

1.

民事诉讼证据的种类	民事诉讼证据的分类
《民诉法》第66条所规定的八种证据形式，如书证、物证、证人证言等	在证据理论上按照不同的标准将证据分为不同的类型，如本证与反证、直接证据与间接证据等

2.

书证	物证
以文字、符号、图表所记载或表示的内容、含义来证明案件事实的证据	以物品的外部特征和物质属性，即以物品的存在、形状、质量等来证明案件事实的证据

3. 举证时限，是指民事诉讼当事人向法院提交证据的时间限制。当事人应当在规定的期限内提供证据。逾期提出证据的，将承担对其不利的法律后果。

4. 证据的证明力，又称证据价值，是指证据对案件事实的证明作用的大小。

5. 证据能力，是指一定的事实材料作为诉讼证据的法律上的资格。

6. 电子数据，是以电子形式存在的，作为证据使用的材料及其派生物，是借助电子技术和电子设备而形成的证据。

选择题

（一）单项选择题

1. 答案：A

本证是指能够证明负有证明责任的一方当事人所主张事实的证据。反证是指能够否定负证明责任一方当事人所主张事实的证据。故本题选A项。

2. 答案：A

反证是指能够否定负证明责任一方当事人所主张事实的证据。乙提出的证据是为了证明其因甲不维修房屋而受到损害的主张，故不属于反证，本题当选A项。

3. 答案：C

视听资料是指以录音、录像等设备所存储的信息证明案件真实情况的资料，包括录音资料和影像资料。

4. 答案：C

物证作为证据的特点是以其物理形式、特征来证明案件事实。

5. 答案：B

原始证据是直接源于案件事实而未经中间环节传播的证据，间接证据是指不能单独直接证明案件主要事实的证据。本案的信件是原件，所以属于原始证据，但该信件只能证明乙曾经与甲协商借款，不能直接证明乙已经借了1 000元，所以属于间接证据。

6. 答案：A

参见《民诉法》第77条。

7. 答案：C

参见《民诉法》第75条。

8. 答案：B

参见《民诉法》第68条。

9. 答案：B

参见《民诉法》第72条。

10. 答案：A

根据《证据规定》第62条第2款，法院依当事人申请调取的证据视为申请人一方提出的证据，需要进行质证。

11. 答案：C

参见《民诉法》第75条，《证据规定》第67、68条。

12. 答案：D

参见《民诉法》第 68 条、《民诉解释》第 99 条。

13. 答案：A

参见《证据规定》第 89、90 条。

14. 答案：A

根据证据的来源可将证据分为原始证据和传来证据。原始证据是直接源于案件事实而未经中间环节传播的证据；传来证据是指经过中间环节辗转得来，非直接源于案件事实的证据。根据证据与案件事实的关系可以将证据分为直接证据和间接证据。直接证据是指能单独、直接证明案件主要事实的证据；间接证据是指不能单独、直接证明案件主要事实的证据。如果是经过了中间环节辗转得来，但是可以单独、直接证明案件主要事实的证据，则该证据既是传来证据也是直接证据。因此，A 项正确。根据证据与证明责任承担者的关系，将证据分为本证与反证。本证，是指在民事诉讼中负有证明责任的一方当事人提出的用于证明自己所主张事实的证据；反证，是指没有证明责任的一方当事人提出的用于证明对方主张事实不真实的证据。本证与反证和当事人在诉讼中是原告还是被告没有关系，而和证据是否由承担证明责任的人提出有直接关系。因此，B 项错误。证人所转述的他人所见的案件事实都属于传来证据，传来证据也可能是直接证据，而非都属于间接证据。因此，C 项错误。间接证据是指不能单独、直接证明案件主要事实的证据。根据间接证据的定义可知，间接证据本身就不能单独、直接地证明案件主要事实，因此，无论什么样的间接证据都不能单独作为认定案件事实的依据。因此，D 项错误。

15. 答案：A

参见《民诉法》第 68、142 条。

16. 答案：A

这些档案是通过非法方式获得的，为民事诉讼中的非法证据，非法证据因为不具备证据的合法性属性，而不能具有证据资格，即不具有证据能力。因此，选项 A 说法正确，当选。

17. 答案：A

选项 A 正确：根据《民诉法》第 80 条第 1 款的规定，鉴定人有权了解进行鉴定所需要的案件材料，必要时可以询问当事人、证人。选项 B 错误：根据《民诉法》第 81 条的规定，当事人对鉴定意见有异议或者人民法院认为鉴定人有必要出庭的，鉴定人应当出庭作证。经人民法院通知，鉴定人拒不出庭作证的，鉴定意见不得作为认定事实的根据；支付鉴定费用的当事人可以要求返还鉴定费用。选项 C 错误：根据《民诉法》第 82 条的规定，当事人可以申请人民法院通知有专门知识的人出庭，就鉴定人作出的鉴定意见或者专业问题提出意见。据此可知，燕教授的身份是“有专门知识的人”，而不是鉴定人，其作用是就鉴定人作出的鉴定意见或者专业问题提出意见。选项 D 错误：根据《民诉解释》第 122 条之规定，当事人可以依照《民诉法》第 82 条的规定，在举证期限届满前申请一至二名具有专门知识的人出庭，代表当事人对鉴定意见进行质证，或者对案件事实所涉及的专业问题提出意见。具有专门知识的人在法庭上就专业问题提出的意见，视为当事人的陈述。人民法院准许当事人申请的，相关费用由提出申请的当事人负担。

18. 答案：D

选项 A 错误：《民诉法》第 84 条第 2 款规定，因情况紧急，在证据可能灭失或者以后难以取得的情况下，利害关系人可以在提起诉讼或者申请仲裁前向证据所在地、被申请人住所地或者对案件有管辖权的人民法院申请保全证据。题中涉及合同纠纷，在没有特别约定的情况下，对合同纠纷具有管辖权的法院为被告住所地法院和合同履行地法院，丙县是合同签订地，故吴某不得向丙县申请诉前证据保全措施；选项 B 错误：根据《民诉法》第 104 条第 2 款之规定，人民法院接受诉前保全申请后，必须在 48 小时内作出裁定。选项 C 错误，诉前保全措施只能依当事人的申请，不能由法院依职权作出。选项 D 正确：证据保全的意义，就在于保护证据的证明力，使与案件有关的事实材料不因有关情形的发生而无法取得或丧失证明作用，以此来满足当事人证明案件事实和法院查明案件事实的需要。

19. 答案：C

参见《民诉解释》第 99、100 条，《民诉法》第 68 条第 2 款之规定。

20. 答案：D

选项 A 错误：书证是指用文字、符号、图案等所记载和表达的思想内容来证明案件待证事实的书面材料。本题中，光盘内存储的电子照片不是书面材料。因此，该照片不属于书证。选项 B 错误：鉴定意见是指鉴定人运用自己的专门知识和技能，对民事案件的某些专门性问题进行分析、鉴别后所作出的书面意见。本题中，交警不是鉴定人，照片也不是对专门问题进行鉴别、分析后所作出的结论，而是对客观情况的再现。因此，该照片不属于鉴定意见。选项C错误：勘验笔录是指为了查明案件事实，法院对与案件有关的物证或者现场进行勘查、检验后制作的笔录。根据《民诉法》第83条第1款的规定，勘验人员进行勘验，必须出示人民法院的证件，并邀请当地基层组织或者当事人所在单位派人参加。据此可知，本题中的交警并非人民法院所指派，也未出示人民法院的证件。因此，其拍摄的数码照片不属于勘验笔录。选项D正确：电子数据是指通过电子邮件、电子数据交换、网上聊天记录、博客、微博客、手机短信、电子签名、域名等形成或者存储在电子介质中的信息。《民诉解释》第116条第3款规定："存储在电子介质中的录音资料和影像资料，适用电子数据的规定。"本题中的照片是用数码相机拍摄的，被拷贝在光盘里，需要通过计算机系统才能展示并观看。因此，该照片属于电子数据。

（二）多项选择题

1. 答案：ABC

参见《民诉法》第71条。

2. 答案：BCD

参见《民诉解释》第94条。

3. 答案：ABD

《证据规定》第90条规定："下列证据不能单独作为认定案件事实的根据：（一）当事人的陈述；（二）无民事行为能力人或者限制民事行为能力人所作的与其年龄、智力状况或者精神健康状况不相当的证言；（三）与一方当事人或者其代理人有利害关系的证人陈述的证言；（四）存有疑点的视听资料、电子数据；（五）无法与原件、原物核对的复制件、复制品。"A项属于"与一方当事人或者其代理人有利害关系的证人陈述的证言"，B项属于"存有疑点的视听资料、电子数据"，D项属于"无法与原件、原物核对的复制件、复制品"，均当选。而C项，未成年人所作的证言只有在与其与年龄、智力状况或者精神健康状况不相当时，才不能作为认定案件事实的证据。

4. 答案：BC

原始证据是直接源于案件事实而未经中间环节传播的证据。间接证据是指不能单独、直接证明案件主要事实的证据。

5. 答案：AB

根据《民诉解释》第96条的规定，法院依职权调查收集证据的情形有：（1）涉及可能损害国家利益、社会公共利益的；（2）涉及身份关系的；（3）涉及《民诉法》第58条规定诉讼的；（4）当事人有恶意串通损害他人合法权益可能的；（5）涉及依职权追加当事人、中止诉讼、终结诉讼、回避等程序性事项的。所以在A选项的情形之下，法院可以依职权调查取证，而在C选项的情形之下法院不应依职权调查收集证据。另根据《民诉解释》第94条第2款的规定，B选项正确。最后，对于申请人民法院调查取证是否准许，属于人民法院依照职权审查的范畴，人民法院对此应当有决定权利；对于可以申请复议的事项，应当由《民诉法》作出专门规定。由于《民诉法》对该事项并未作出规定，对当事人调查取证申请是否予以准许，与其他申请复议事项也有本质不同，因此，现行法下法院不予准许当事人调查取证申请时，当事人不可申请复议。D选项是错误的。

6. 答案：ABC

直接证据是指能单独、直接证明案件主要事实的证据。故本题选A、B、C项。

7. 答案：AD

依据证据与案件主要事实的证明关系，将证据划分为直接证据与间接证据。直接证据与案件主要事实的证明关系是直接的。单独一个直接证据可以不依赖于其他证据，以直接证明的方式对案件的主要事实起到证明作用。单独一个间接证据不能直接证明案件的主要事实，它只能证明案件事实中的某一情节、片段，同其他证据结合起来才能查明案件主要事实。本题中，要证明的案件事实就是图书被损毁这一事实，因此被毁损的图书直接证明了该事实，它属于直接证据。物证是以其外部的特征、存在的场所或者物质的属性对案件起证明作用，而书证则是以其记载的内容或者表达的思想来对案件起证明作用的。本题中，被损毁图书并不是以其内容证明案件事实的，而是以其破损的外部形态证明案件事实，因此它为物证。

8. 答案：ACD

《证据规定》第90条规定，无民事行为能力人或限制民事行为能力人所作的与其年龄和智力状况不相当的证言，不能单独作为认定案件事实的依据。故选项 A、D 正确。《民诉法》第 77 条规定，证人因履行出庭作证义务而支出的交通、住宿、就餐等必要费用以及误工损失，由败诉一方当事人负担。当事人申请证人作证的，由该当事人先行垫付；当事人没有申请，人民法院依法通知证人作证的，由人民法院先行垫付。故选项 B 错误。《证据规定》第 68 条规定，证人在人民法院组织双方当事人交换证据时出席陈述证言的，可视为出庭作证。故选项 C 正确。

9. 答案：ABCD

参见《证据规定》第 68 条第 3 款、第 90 条。

10. 答案：AC

参见《民诉法》第 84 条第 2、3 款，《仲裁法》第 46 条和第 68 条之规定。

11. 答案：BC

参见《民诉法》第 75、76 条，《中华全国律师协会律师执业行为规范》第 64 条。2019 年修订的《证据规定》，将原先的第 54 条规定的“当事人申请证人出庭作证，应当在举证期限届满 10 日前提出”修订为“当事人申请证人出庭作证的，应当在举证期限届满前向人民法院提交申请书”（第 69 条第 1 款），故 B 选项正确，当选。

（三）不定项选择题

1. 答案：A

参见《证据规定》第 49 条。我国到目前为止还没有规定答辩失权制度。

2. 答案：BC

参见《民诉法》第 68 条、《民诉解释》第 99 条、《证据规定》第 51 条。

3. 答案：BC

参见《民诉解释》第 90 条。

简答题

1. 民事诉讼证据具有以下三个基本特征。

（1）客观性。客观性是指证据必须是客观存在的事实材料，而不是猜测虚构之物。

（2）关联性。关联性是指证据必须与证明对象有客观的联系，能够证明证明对象的一部分或全部。

（3）合法性。合法性包含两层含义：一是当法律对证据形式、证明方法有特殊要求时，必须符合法律的规定；二是对证据的调查、收集、审查必须符合法定程序，否则不能作为定案的依据。

2. 专家辅助人与鉴定人的区别主要有两个方面。

（1）参加诉讼的根据不同。专家辅助人是由当事人提出申请，法院准许其参加的；鉴定人的产生依据是当事人申请鉴定经法院同意后，由双方当事人协商确定鉴定机构和人员，协商不成的，由法院指定。

（2）作用不同。专家辅助人的作用是对专门性问题进行说明或者帮助当事人对鉴定人进行询问；鉴定人参加诉讼的作用是对专门性问题进行鉴定，给出结论性意见。

3. 法院调查收集证据的情形主要包括以下两个方面。

（1）依职权查证。法院依职权调查收集证据的情形主要包括两类：一类是涉及公益的案件，另一类是涉及诉讼能否成立的程序性事项。

（2）依申请查证。作为对当事人举证能力不足的补救，在当事人及其代理人因客观原因不能收集有关证据时，允许当事人申请法院调查收集证据。

案例分析题

（1）原始证据有：原告提供的 A. 当地电视台记者现场采访的录音、录像带；C. 事故发生前 3 个月，陈某为装修房屋所签订的合同书及支付工程款的付款凭证；D. 已损坏的松下牌微波炉实物和东芝牌手提电脑实物；G. 部分围观群众提供的证言；H. 赔偿费用一览表及计算方法；I. 原告请当地的一名公安人员和两名保安人员对现场制作并签章的“勘验笔录”。

传来证据有：B. 陈某拍摄的现场物品受损的照片；E. 陈母腿部骨折诊断书及医疗费用清单（复印件）；F. 居民委员会提供的证人证言；J. 被告现场拍摄的若干张照片；K. 松下牌微波炉和东芝牌手提电脑位置图及上述两物周围无山墙倒塌坠落物的照片（用以证明两物损坏非山墙倒塌所致）；L. 被告在事故发生当日修复山墙的实景照片等。

（2）直接证据有：A. 当地电视台记者现场采访的录音、录像带；F. 居民委员会提供的证人证言；G. 部分围观群众提供的证言；H. 赔偿费用一览表及计算方法；I. 原告请当地的一名公安人员和两名保安人员对现场制作并签章的“勘验笔录”；以及被告提供的所有证据。

间接证据有：B. 陈某拍摄的现场物品受损的照片；C. 事故发生前3个月，陈某为装修房屋所签订的合同书及支付工程款的付款凭证；D. 已损坏的松下牌微波炉实物和东芝牌手提电脑实物；E. 陈母腿部骨折诊断书及医疗费用清单（复印件）；H. 赔偿费用一览表及计算方法。

（3）书证有：C. 事故发生前3个月，陈某为装修房屋所签订的合同书及支付工程款的付款凭证；E. 陈母腿部骨折诊断书及医疗费用清单（复印件）；H. 赔偿费用一览表及计算方法。

物证有：B. 陈某拍摄的现场物品受损的照片；D. 已损坏的松下牌微波炉实物和东芝牌手提电脑实物；以及被告提供的所有证据。

视听资料有：A. 当地电视台记者现场采访的录音、录像带。

证人证言有：F. 居民委员会提供的证人证言；G. 部分围观群众提供的证言。

勘验笔录有：I. 原告请当地的一名公安人员和两名保安人员对现场制作并签章的“勘验笔录”。

论述与深度思考题

我国《民诉法》第68条对举证期限作出明确规定，确立“证据及时提出”原则，并规定了举证期限的确定方式及延长，同时也明确规定了违反举证期限提出证据的法律后果。参见江伟、肖建国主编：《民事诉讼法》，9版，217～219页，北京，中国人民大学出版社，2023。

第十章 民事诉讼证明

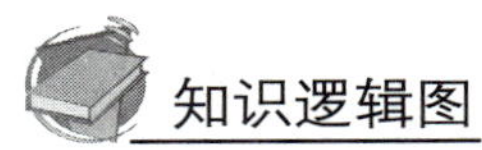

知识逻辑图

- 概述
  - 概念：法定的主体依照法定的程序和方法，运用证据确认案件事实真伪的活动
  - 特征
    - 主体主要是当事人
    - 他向性证明
    - 目的是证实诉讼中的争议事实，说服审理案件的法官，追求有利于自己的诉讼结果
    - 具有严格的程序性和规范性
    - 证明的手段限于提供具有证据能力的证据
  - 证明与释明的区别：释明是指让法官根据有限的证据大致相信待证事实为真的过程。在诉讼过程中，对于当事人主张的实体法律事实，原则上要求必须进行证明；而对于一些程序性事项，则要求释明即可
  - 民事诉讼证明与刑事诉讼证明、行政诉讼证明的区别
    - 证明主体不同
    - 证明对象不同
    - 证明手段不同
  - 诉讼证明的要素
    - 证明主体
    - 证明对象
    - 证明方法
    - 证明责任
    - 证明标准
    - 证明程序
- 证明对象
  - 概念：也称待证事实，是指需要证明主体运用证据予以证明的对案件的解决有法律意义的事实
  - 范围
    - 实体法律事实
      - 主要事实：指由民事实体法律规范确定的，作为形成特定民事权利义务关系基本要素的事实，又称要件事实
      - 间接事实：指借助于经验规则、理论原理能够推断主要事实存在与否的事实
      - 辅助事实：指能够明确证据的证据能力和证据力的事实，或者说对证据能力和证据的可信性有影响的事实
    - 程序法律事实：指能够引起诉讼法律关系发生、变更、消灭等对解决诉讼程序问题具有法律意义的事实
    - 法官所不知的地方性法规、民事习惯、外国法律
    - 经验法则（主要指需要运用专门知识的经验）

- 证明对象
  - 无须证明的事实
    - 诉讼上自认的事实
      - 概念：简称自认，指在诉讼过程中，一方当事人对另一方当事人所主张的案件事实，承认其为真实
      - 要件
        - 自认的对象是案件事实
        - 自认必须是与对方当事人所主张的案件事实相一致的陈述
        - 自认应当是在诉讼过程中向法院所作的陈述
        - 自认仅适用于有关财产关系的事实陈述
        - 自认是一种对己不利的陈述
      - 分类
        - 完全的自认和附加限制的自认
        - 明示的自认和默示的自认
        - 当事人的自认和诉讼代理人的自认
      - 效力
        - 对当事人的效力
        - 对法院的效力
      - 撤销
    - 众所周知的事实
    - 自然规律及定理、定律
    - 推定的事实
      - 概念：指根据法律的规定或者经验法则，从已知的事实中推断出的另一事实
      - 分类
        - 法律上的推定：指法律明确规定，应当基于某一已知事实的存在而认定另一事实的存在
        - 事实上的推定：指法院根据已知的客观事实和日常生活经验法则，推断出另一事实的存在
    - 预决的事实：指已为人民法院发生法律效力的裁判所确认的基本事实，或者已为仲裁机构的生效裁决所确认的事实。预决的事实虽无须举证证明，但当事人主张该事实已为生效裁判或生效仲裁裁决确认时，一般应当对该事实已经过生效裁判或生效仲裁裁决的确认这一事实承担证明责任
    - 公证证明的事实：已为有效公证文书所证明的事实

- 证明责任
  - 含义
    - 行为责任说：指在诉讼中，当事人对于自己主张的事实，负有提供证据以证明其真实性的责任
    - 双重含义说：证明责任包括行为意义上的证明责任和结果意义上的证明责任两层含义。行为意义上的证明责任，指对于诉讼中的待证事实，应当由谁提出证据加以证明的责任，又称形式上的证明责任、主观的证明责任、提供证据的责任。结果意义上的证明责任，指当待证事实的存在与否最终处于真伪不明的状态时，应当由谁承担因此而产生的不利法律后果的责任，又称实质上的举证责任、客观的举证责任、说服责任
    - 危险负担说：又称风险负担说、败诉风险说、结果责任说，认为证明责任是指案件事实真伪不明时当事人一方所承担的败诉风险

- 证明责任
  - 特征
    - 证明责任是当事人在待证事实真伪不明时所承担的一种不利诉讼后果的风险，也是法院在事实真伪不明时的一种裁判规范
    - 证明责任是法律抽象加以规定的责任规范，不会因为具体诉讼的不同或当事人的态度不同而发生变化
    - 对于同一事实，证明责任只能由一方当事人负担，而不能同时由双方当事人负担
    - 法院在诉讼中不承担证明责任
  - 行为意义上的证明责任与结果意义上的证明责任
    - 联系
      - 都是证明责任的组成部分，从不同层次上理解证明责任
      - 承担结果意义上证明责任的可能性的存在，是当事人必须履行行为意义上证明责任的原因
      - 当案件发生争议时，负担结果责任的一方当事人在诉讼中总是负担着首先提供证据的责任，并且在证据不足时，负担着补充证据的责任
      - 在一定情形下，当事人是否掌握或控制着必要的证据，是否有能力负担提供证据的责任，直接影响到结果责任的分配
    - 区别
      - 涉及的领域不同
      - 承担责任的原因不同
      - 责任发生的时间不同
      - 在诉讼过程中是否会发生转移不同
      - 能否在双方当事人之间预先分配不同
      - 能否由代理人代为承担不同
  - 证明责任与主张责任的关系：主张责任是指当事人为了获得对自己有利的裁判，需要向法院主张对自己有利的案件事实
  - 证明责任的分配
    - 概念：证明责任的分配又称证明责任的负担、举证责任的分配，是指按照一定的标准，将事实真伪不明时承受不利的裁判后果的风险，预先在双方当事人之间进行分配，使各方当事人分别负担一些事实真伪不明的风险
    - 法律要件分类说：主张应根据实体法所规定的法律要件事实的不同类别来分配证明责任。该说下证明责任总的分配法则是：主张存在权利或其他法律效果的当事人，应当对该权利或法律效果的发生所必须具备的要件事实负证明责任
  - 我国民事诉讼中证明责任的分配
    - 一般
      - “谁主张，谁举证”原则与证明责任的分配
      - 《民诉解释》对证明责任分配的一般规定
    - 特殊
      - 缺陷产品致人损害的侵权诉讼
      - 机动车交通事故致人损害的侵权诉讼
      - 医疗行为引起的侵权诉讼
      - 污染环境、破坏生态造成损害的侵权诉讼
      - 高度危险作业致人损害的侵权诉讼
      - 饲养动物致人损害的侵权诉讼
      - 建筑物和物件致人损害的侵权诉讼
      - 专利侵权诉讼
      - 共同危险行为致人损害的侵权诉讼

证明标准
- 概念：指运用证据证明待证事实所应达到的程度或尺度，又称证明要求
- 意义
  - 证明标准对于诉讼的提起和进行具有重要影响
  - 是当事人提供证据的调节阀
  - 是法官对具体事实能否作出认定的行为准则
- 证明标准与证明责任的关系
- 我国民事诉讼的证明标准
  - “高度盖然性”的证明标准
  - “排除合理怀疑”的证明标准
  - 其他证明标准

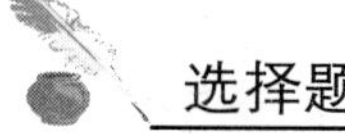

名词解释与概念比较

1. 诉讼上承认、认诺与诉讼外承认
2. 证明责任、提供证据的责任与主张责任
3. 证明责任倒置、表见证明与证明妨害
4. 举证、质证与认证

选择题

（一）单项选择题

1. 下列事实中，哪一个不属于当事人无须举证的事实？（　　）

A. 众所周知的事实和自然规律及定理

B. 已为有效公证文书所证明的事实

C. 根据法律规定或已知事实，能推定出的另一事实

D. 在借款合同纠纷诉讼中，被告主张已归还借款的事实

2. 甲与同事丙路过一居民楼时，三楼乙家阳台上的花盆坠落，砸在甲的头上，致其脑震荡，共花费医疗费1万元。甲以乙为被告诉至法院要求赔偿，而乙否认甲受伤系自家花盆坠落所致。对这一争议事实，应由谁承担举证责任？（　　）

A. 甲承担举证责任

B. 甲、乙均应承担举证责任

C. 乙承担举证责任

D. 丙作为证人承担举证责任

3. 王某承包了20亩鱼塘。某日，王某发现鱼塘里的鱼大量死亡，王某认为鱼的死亡是由附近的腾达化工厂排污引起，遂起诉腾达化工厂请求赔偿。腾达化工厂辩称，根本没有向王某的鱼塘进行排污。关于化工厂是否向鱼塘排污的事实承担举证责任，下列哪一选项是正确的？（　　）

A. 根据“谁主张，谁举证”的原则，应当由主张存在污染事实的王某负举证责任

B. 根据“谁主张，谁举证”的原则，应当由主张自己没有排污行为的腾达化工厂负举证责任

C. 根据“举证责任倒置”的规则，应当由腾达化工厂负举证责任

D. 根据本证与反证的分类，应当由腾达化工厂负举证责任

4. 郭某诉张某财产损害一案，法院进行了庭前调解，张某承认对郭某财产造成损害，但在赔偿数额上双方无法达成协议。关于本案，下列哪一选项是正确的？（　　）

A. 张某承认对郭某财产造成损害，已构成自认

B. 张某承认对郭某财产造成损害，可作为对张某不利的证据使用

C. 郭某仍须对张某造成财产损害的事实举证证明

D. 法院无须开庭审理，本案事实清楚，可直接作出判决

5. 关于自认的说法，下列哪一选项是错误的？（　　）

A. 自认的事实允许用相反的证据加以推翻

B. 身份关系诉讼中不涉及身份关系的案件事实可以适用自认

C. 调解中的让步不构成诉讼上的自认

D. 当事人一般授权的委托代理人一律不得进行自认

6. 甲路过乙家门口，被乙叠放在门口的砖头砸伤，甲起诉要求乙赔偿。关于本案的证明责任分配，下列哪一说法是错误的？（　　）

A. 乙叠放砖头倒塌的事实，由原告甲承担证明责任

B. 甲受损害的事实，由原告甲承担证明责任

C. 甲所受损害是由于乙叠放砖头倒塌砸伤的事实，由原告甲承担证明责任

D. 乙有主观过错的事实，由原告甲承担证明责任

7. 下列关于证明的哪一表述是正确的？（　　）

A. 经过公证的书证，其证明力一般大于传来证据和间接证据

B. 经验法则可验证的事实都不需要当事人证明

C. 在法国居住的雷诺委托赵律师代理在我国的民事诉讼，其授权委托书需要经法国公证机关证明，并经我国驻法国使领馆认证后，方发生效力

D. 证明责任是一种不利的后果，会随着诉讼的进行，在当事人之间来回移转

（二）多项选择题

1. 下列哪些诉讼案件，被告对原告提出的侵权事实予以否认的，由被告负责举证？（　　）

A. 何平诉柳山侵犯其产品制造方法发明专利

B. 村民刘爱国诉县供电局安装的高压线太低而电死了他家的牛，请求损害赔偿

C. 张兴旺养的狗将张立民咬伤，张立民诉张兴旺侵权赔偿

D. 李新国诉梁正业返还借款

2. 举证责任的原则一般为“谁主张，谁举证”，而当事人处于以下（　　）的情况下，无须举证。

A. 一方当事人对另一方当事人陈述的案件事实，明确表示承认的

B. 众所周知的事实和自然规律及定律

C. 已由经验证明是真实的

D. 根据法律和已知的事实，能够推出另一事实的

3. 下列关于民事诉讼自认及其法律后果的说法，哪些是错误的？（　　）

A. 老张诉小张的赡养纠纷案件中，小张对老张陈述的收养事实明确表示承认，老张对形成收养关系的事实无须举证

B. 对原告甲陈述的事实，被告乙不置可否，法官充分说明并询问后，乙仍不予回答，视为对该项事实的承认

C. 经当事人特别授权的代理律师在诉讼中对案件事实的承认，视为当事人的承认，但因此而导致承认对方诉讼请求的除外

D. 被告只要在法庭辩论终结前声明撤销自认，其在庭审过程中的自认即无效

4. 甲工厂的生产污水流入李某承包的鱼塘，致使鱼虾死亡，损失2万元。李某起诉，请求甲工厂赔偿。下列哪些事实应当由甲工厂承担举证责任？（　　）

A. 甲工厂的生产污水是否流入李某承包的鱼塘

B. 李某承包的鱼塘鱼虾死亡造成损失的具体数额

C. 鱼虾死亡的原因是否为甲工厂污水所致

D. 是否具有免责事由

5. 齐某被宏大公司的汽车撞伤，诉至法院要求赔偿损失。下列关于本案举证责任的哪些说法是正确的？（　　）

A. 原告齐某应当举证证明是为宏大公司的汽车所撞受伤

B. 原告齐某应当对自己受到的损失承担举证责任

C. 被告宏大公司应当对其主张的自己没有过错承担举证责任

D. 被告宏大公司应当对其主张的原告齐某有主观故意承担举证责任

6. 三个小孩在公路边玩耍，此时，一辆轿车急速驶过，三小孩捡起石子向轿车扔去，坐在后排座位的刘某被一石子击中。刘某将三小孩起诉至法院。关于本案举证责任分配，下列哪些选项是正确的？（　　）

A. 刘某应对三被告向轿车投掷石子的事实承担举证责任

B. 刘某应对其所受到损失承担举证责任

C. 三被告应对投掷石子与刘某所受损害之间不存在因果关系承担举证责任

D. 三被告应对其主观没有过错承担举证责任

7. 关于证明责任，下列哪些说法是正确的？（　　）

A. 只有在待证事实处于真伪不明情况下，证明责任的后果才会出现

B. 对案件中的同一事实，只有一方当事人负有证明责任

C. 当事人对其主张的某一事实没有提供证据证明，必将承担败诉的后果

D. 证明责任的结果责任不会在原、被告间相互转移

8. 关于法院依职权调查事项的范围，下列哪些选项是正确的？（　　）

A. 本院是否享有对起诉至本院案件的管辖权

B. 委托诉讼代理人的代理权限范围

C. 当事人是否具有诉讼权利能力

D. 合议庭成员是否存在回避的法定事由

（三）不定项选择题

患者甲与某医院发生医疗纠纷。甲认为该医院误诊，导致其疾病没有及时得到治疗，造成了财产和精神上的损害，故向法院提起诉讼，要求医院承担相应的民事责任。甲提出病历和 X 光片保存在医院，只要医院出示病历和 X 光片就可以证明医院对此负有责任。请回答以下 1～3 题。

1. 原告对以下何种争议事实负有举证责任？（　　）

A. 甲在该医院就诊的事实

B. 医疗行为与损害事实之间是否存在因果关系的事实

C. 损害数额

D. 医生诊断时是否存在过错的事实

2. 如果 X 光片在本案作为证据，则该证据属于民事诉讼法规定的何种证据？（　　）

A. 物证　　B. 书证

C. 视听资料　　D. 鉴定意见

3. 假设医院提出甲的病历等有关资料因医院工作人员保管不善而丢失，无法提供，以下何种说法是正确的？（　　）

A. 原告不能提出其他证据证明医院有责任时，原告应当承担败诉的后果

B. 法院不考虑病历等有关资料的证据意义，根据其他有关证据认定事实

C. 由于病历等有关资料保存在医院，在医院无正当理由拒不提供该资料时，法院就可以推定原告的相关主张成立

D. 法院只有在查清案件的事实基础上才能作出判决，如果由于该资料丢失，导致案件主要事实不清，法院应当裁定驳回起诉

简答题

1. 简述自认的要件。

2. 简述证明责任的分配标准。

3. 简述民事诉讼证明标准应有别并低于刑事诉讼证明标准的依据。

4. 简述证据排除规则。

5. 简述民事诉讼中的免证事实。（考研）

案例分析题

张三与李四是好朋友。一日，李四找到张三要借款 1 万元。由于两人关系不错，张三没让李四写欠条。但借款时，邻居王五在场。后来李四生意赔本。张三知道李四赔本后，没催要借款。后来李四一直没还钱，张三找李四还钱时，李四却说已还了 5 000 元，只有 5 000 元未还，故其同意还 5 000 元。张三无奈，只得向法院提起诉讼，要求李四归还借款 1 万元。诉讼中，李四虽承认借过 1 万元，但仍坚持自己已还 5 000 元，欠 5 000 元。

问题：

（1）本案举证责任应如何承担？为什么？

（2）举不出证据的当事人承担什么样的法律后果？

论述与深度思考题

法律真实的证明要求是否意味着对传统客观真实标准的彻底摒弃？

参考答案

名词解释与概念比较

1.

诉讼上承认	认诺	诉讼外承认
一方当事人主张的对对方不利的事实，对方当事人于诉讼上明确认可该事实的真实性，或者虽未明确认可，但不对其真实性予以争辩	被告于诉讼上认可原告的诉讼请求，法院可据此直接作出被告败诉的判决	一方当事人主张的对对方不利的事实，对方当事人于诉讼外予以承认，但不发生免除证明责任的效力

2.

证明责任	提供证据的责任	主张责任
由法律预先规定的，在案件事实真伪不明时，由一方当事人承担的败诉风险	当事人为避免败诉的风险，负有提供证据证明其事实主张存在的责任	当事人在民事诉讼中对负有证明责任的要件事实若不加以主张，便有受到法院不利裁判的危险

3.

证明责任倒置	表见证明	证明妨害
在特殊类型的诉讼中将本属于原告承担的证明责任转由被告承担	以高度盖然性的经验法则为基础，从侵权行为等客观事实直接推定具有符合法律规定的如过失或因果关系等构成要件	在诉讼过程中，当事人一方因为故意或者过失将诉讼中存在的唯一证据灭失，以致双方当事人均无法提供证据加以证明的诉讼现象。证明妨害往往会引起提供证据责任的转移、证明责任的转换或者证明责任的免除等后果

4.

举证	质证	认证
当事人将收集的证据提交给法院	在法庭上当事人就所提出的证据进行辨认和对质，以确认其证明力的活动	法院对经过质证的各种证明材料是否具有证明力及其证明力的大小予以认定，以确认其能否作为认定案件事实的根据

选择题

（一）单项选择题

1. 答案：D

参见《证据规定》第 10 条、《民诉解释》第 93 条。

2. 答案：A

参见《民诉解释》第 91 条。在该题中，需要证明的待证事实是甲被乙家坠落的花盆砸伤，该事实是甲主张损害赔偿所依据的事实，故选项 A 是正确的。

3. 答案：A

根据《民法典》第 1230 条，因污染环境、破坏生态发生纠纷，行为人应当就法律规定的不承担责任或者减轻责任的情形及其行为与损害之间不存在因果关系承担举证责任。本案中，权利人王某向法院诉求腾达化工厂环境污染损害赔偿，应当对侵权行为（污染事实）以及损害结果承担举证责任，而加害人腾达化工厂则对法律规定的免责事由以及其行为与损害结果之间不存在因果关系承担举证责任，所以正确答案是 A 项。

4. 答案：C

《民诉解释》第 107 条规定，在诉讼中，当事人为达成调解协议或者和解的目的作出妥协所涉及的对案件事实的认可，不得在其后的诉讼中作为对其不利的证据。故选项 A、B 错误，选项 C 正确。第一审民事案件，法院未经开庭审理，不得径行裁判。故选项 D 错误。

5. 答案：D

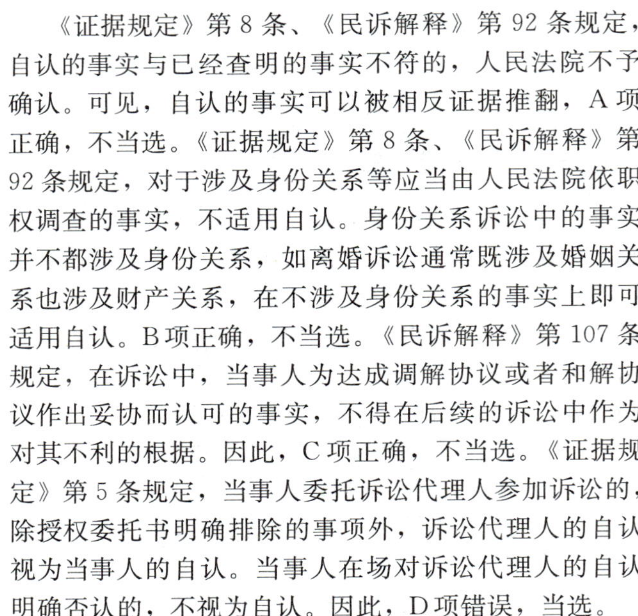

《证据规定》第 8 条、《民诉解释》第 92 条规定，自认的事实与已经查明的事实不符的，人民法院不予确认。可见，自认的事实可以被相反证据推翻，A 项正确，不当选。《证据规定》第 8 条、《民诉解释》第 92 条规定，对于涉及身份关系等应当由人民法院依职权调查的事实，不适用自认。身份关系诉讼中的事实并不都涉及身份关系，如离婚诉讼通常既涉及婚姻关系也涉及财产关系，在不涉及身份关系的事实上即可适用自认。B 项正确，不当选。《民诉解释》第 107 条规定，在诉讼中，当事人为达成调解协议或者和解协议作出妥协而认可的事实，不得在后续的诉讼中作为对其不利的根据。因此，C 项正确，不当选。《证据规定》第 5 条规定，当事人委托诉讼代理人参加诉讼的，除授权委托书明确排除的事项外，诉讼代理人的自认视为当事人的自认。当事人在场对诉讼代理人的自认明确否认的，不视为自认。因此，D 项错误，当选。

6. 答案：D

本题考查堆放物倒塌致人损害的证明责任分配问题。根据《民法典》第 1255 条的规定，堆放物倒塌、滚落或者滑落造成他人损害，堆放人不能证明自己没有过错的，应当承担侵权责任。

7. 答案：C

选项 A 错误：《民诉法》第 72 条规定，经过法定程序公证证明的法律事实和文书，人民法院应当作为认定事实的根据。但有相反证据足以推翻公证证明的除外。经过公证的文书与间接证据或者传来证据不是一个范畴的概念，无法进行比较。选项 B 错误：经验法则可验证的事实，即事实上的推定，根据《民诉解释》第 93 条的规定，根据已知的事实和日常生活经验法则推定出的另一事实，当事人无须举证证明，但是当事人有相反证据足以反驳的除外。选项 C 正确：《民诉法》第 275 条规定，在中华人民共和国领域内没有住所的外国人、无国籍人、外国企业和组织委托中华人民共和国律师或者其他人代理诉讼，从中华人民共和国领域外寄交或者托交的授权委托书，应当经所在国公证机关证明，并经中华人民共和国驻该国使领馆认证，或者履行中华人民共和国与该所在国订立的有关条约中规定的证明手续后，才具有效力。选项 D 错误：证明责任是当事人在待证事实真伪不明时所承担的一种不利诉讼后果的风险，同时也是法院在事实真伪不明时的一种裁判规范。证明责任的分配或承担在诉讼发生之前

就存在于民事诉讼法和民事实体法之中，只是在案件的审理过程中，出现了待证事实真伪不明时，它的作用才表现出来。对于同一事实，证明责任只能由一方当事人负担，而不能同时由双方当事人负担。

（二）多项选择题

1. 答案：ABC

根据《专利法》第 66 条，专利侵权纠纷涉及新产品制造方法的发明专利的，制造同样产品的单位或者个人应当提供其产品制造方法不同于专利方法的证明。根据《民法典》第 1240 条，高度危险作业致人损害的侵权诉讼，由加害人就受害人故意造成损害的事实承担举证责任。根据《民法典》第 1245 条，饲养动物致人损害的侵权诉讼，由动物饲养人或者管理人就受害人有过错或者第三人有过错承担举证责任。

2. 答案：ABD

本题考查免证事由。参见《民诉解释》第 93 条、《证据规定》第 10 条。

3. 答案：ACD

根据《民诉解释》第 92 条，涉及身份关系的事实不适用自认，故 A 项错误，当选。《证据规定》第 4 条规定："一方当事人对于另一方当事人主张的于己不利的事实既不承认也不否认，经审判人员说明并询问后，其仍然不明确表示肯定或者否定的，视为对该事实的承认。"故 B 项正确，不当选。根据《民诉法》第 62 条，经过特别授权的诉讼代理人可以代为承认、放弃、变更诉讼请求。故 C 项错误，当选。根据《证据规定》第 9 条，被告仅仅在法庭辩论终结前声明撤销自认，如果未经对方当事人的同意，或者没有充分证据证明自认是在受胁迫或者重大误解情况下作出的，不能撤销，因此 D 项是错误的。

4. 答案：CD

根据《民法典》第 1230 条，因环境污染引起的损害赔偿诉讼，由加害人就法律规定的免责事由及其行为与损害结果之间不存在因果关系承担举证责任。

5. 答案：ABD

参见《民诉解释》第 90 条。应当注意，宏大公司是否存在故意或过失不影响本案责任认定，因此不选 C 项。

6. 答案：ABC

《民法典》第 1170 条改变了原先《证据规定》中确定的由行为人就其行为与损害结果之间不存在因果关系承担举证责任的规定，由行为人就谁是具体侵权人承担举证责任。亦即行为人即使能够证明其行为与损害结果之间不存在因果关系，也不能免责；只有证明了谁是具体侵权人，才可以免责。故 A 项、B 项正确，C 项、D 项错误。

7. 答案：ABD

证明责任是一种不利后果，这种后果只在作为裁判基础的法律要件事实处于真伪不明的状态时才发生作用。故 A 项正确。证明责任承担的主体是当事人，且在针对单一诉讼请求时，证明责任还只能由一方当事人承担，不可能由双方当事人各自承担。故 B 项正确。当事人对自己的主张不能提供证据或提供证据后不能证明自己的主张，将可能导致诉讼结果的不利，而非必然要承担败诉的后果。故 C 项错误。证明责任由哪一方承担是法律、法规或司法解释预先确定的，因此在诉讼中不存在原告与被告之间相互转移证明责任的问题。故 D 项正确。

8. 答案：ABCD

本题主要考查法院依职权调查事项的范围。参见《民诉法》第 67 条和《民诉解释》第 96 条的规定。

（三）不定项选择题

1. 答案：ABCD

《民法典》第 1218 条规定："患者在诊疗活动中受到损害，医疗机构或者其医务人员有过错的，由医疗机构承担赔偿责任。"据此，原告应当就侵权行为的全部构成要件承担证明责任。

2. 答案：C

视听资料是以录音、录像等设备所存储的信息证明案件真实情况的资料，包括录音资料和影像资料。X 光片以其图像内容证明案件事实，且制作与读取需要专门的科学仪器，故属于视听资料。

3. 答案：C

参见《证据规定》第 48 条。

简答题

1. 自认的要件主要包括以下几个方面。

（1）自认的主体为当事人及其代理人。

（2）自认的对象是对自认者不利的事实。

（3）自认不适用于涉及身份关系、国家利益、社会公共利益等人民法院依职权调查的事实。

（4）自认必须在诉讼过程中作出，即必须在期日内对法院进行自认，即使当事人不在场也构成自认。

（5）自认一般应当明确表示，但默示的自认也为我国司法实践所承认。

2. 证明责任应当按照以下标准予以合理分配。

（1）凡主张权利或法律关系存在的当事人只需对产生权利或法律关系的特别要件事实负证明责任，阻碍权利或法律关系发生的事实为一般要件事实，由否认权利或法律关系存在的对方当事人负证明责任。

（2）凡主张原来存在的权利或法律关系已经或者应当变更或消灭者应就变更或消灭的特别要件事实负证明责任，阻碍变更或消灭效果发生的事实由否认变更或消灭事实的对方承担证明责任。

（3）按上述标准分配证明责任的结果与公平正义的价值发生严重抵触时，应参照公平合理的标准适当加以修正。

（4）当实体法等法律、法规对证明责任的负担已作出规定时，从其规定。

（5）尊重当事人合法达成的证据契约对证明责任分担的约定。

3. 民事诉讼证明标准应有别并低于刑事诉讼的证明标准，主要理由如下。

（1）刑事诉讼解决的是被告的刑事责任问题，涉及公民的自由与生命，因此在惩罚犯罪的同时要加强对被告人的人权保护；民事诉讼主要解决财产问题，不涉及自由与生命，更注重对当事人的保护。

（2）刑事诉讼证明责任主体一般为国家公诉机关，其收集证据的能力远大于民事诉讼中的证明责任主体。这种差异也应体现在证明标准上。

（3）民事诉讼中自认、推定等法则也决定了证明标准有差异。

4. 证据排除规则是指在法律有特别规定的情况下，某些证据虽然为真实，也不能作为定案的依据。这主要包括以下两种情形。

（1）当事人在诉讼中为达成调解协议或者和解作出妥协所涉及的对案件事实的认可，不得在其后的诉讼中作为对其不利的证据。

（2）非法证据排除规则。以侵害他人合法权益或者违反法律禁止性规定的方法取得的证据，不能作为认定案件事实的依据。

5. 民事诉讼中的免证事实有以下几种：（1）诉讼上自认的事实；（2）众所周知的事实；（3）自然规律及定理；（4）推定的事实；（5）预决的事实；（6）公证证明的事实。

案例分析题

（1）李四应当负证明自己已经归还了5 000元的证明责任。根据《民诉法》第67条的规定，当事人对自己提出的主张，有责任提供证据。本案原告起诉，要求被告归还1万元欠款，原告本要举出证据证明。由于被告在诉讼中承认此事实，构成诉讼中的自认，原告不再承担举证责任。但被告又提出已经归还5 000元的新的事实主张，故被告要承担举证责任。

（2）本案中如果李四不能提供证据或者提供的证据不能证明其已经归还5 000元的事实，那么他就要承担举证不能的风险，要向张三归还1万元。

论述与深度思考题

《证据规定》自2002年4月1日施行以来，我国的民事证据制度发生了重大变更。举证时限制度、对法官主动收集证据的限制、法律真实的证明要求、高度盖然性的证明标准，种种革新使许多人产生一种感觉：客观真实已经不再重要，只要遵循程序，严格适用证据规则，由此所演绎出来的案件事实就是“真”的，哪怕它与客观真实相差甚远亦无所谓。这种观点是否正确？要解决此问题，必须澄清法律真实与客观真实的关系。

随着举证时限制度、对法官主动收集证据的限制、法律真实的证明要求、高度盖然性的证明标准等制度的确立，人们很容易产生一种感觉：客观真实已经不再重要，只要遵循程序，严格适用证据规则，由此所演绎出来的案件事实就是“真”的，哪怕它与客观真实相去甚远也无所谓。要解决这一问题，需要澄清法律真实与客观真实的关系。从应然的角度来说，民事诉讼不应放弃“客观真实”的理念，如果一种诉讼制度不能保证案件中所认定的事实达到当事人及广泛社会人可以接受程度的真实，裁判将不具有说服力和公信力。然而，从实然的角度来说，诉讼证明属于“历史证明”，是运用证据来证明过去发生的案件事实，而

认识主体的利益偏向性、科技水平与认识能力的有限性、证据遗存的偶然性等主客观因素均能导致案件事实无法完全恢复本来面目。此外，实体法在进行法律评价时，也仅关注“构成要件”事实而不要求完全恢复客观真实；程序法在形成“裁判事实”的过程中，除了注重“真实”，还须讲求诉讼安定与诉讼效率。因而，法院判决所依据的案件事实只能是“法律真实”。不过，这不意味着完全偏离“客观真实”的“法律真实”具有正当性。尽管作为裁判基础的事实只能是“法律真实”，但裁判者在价值理念上仍应当坚持“客观真实”的价值取向。民事诉讼程序规范也应当确保法律真实尽可能接近客观真实。除了强化发现真实的法律手段，人民法院还应当运用不断发展的科学技术优先发现真实的技术手段。

第十一章　法院调解

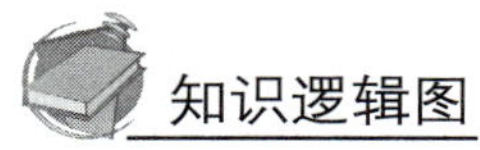

知识逻辑图

- 概述
  - 概念：又称诉讼调解，指在人民法院审判人员的主持下，双方当事人就民事权益争议自愿、平等地进行协商，以达成协议、解决纠纷的诉讼活动
  - 性质
    - 审判行为说：调解是人民法院在审理民事案件过程中，运用审判权解决民事纠纷、结束诉讼程序的一种结案方式
    - 处分行为说：强调当事人在法院指导下运用处分权合意解决纠纷的活动
    - 审判行为与处分行为相结合说
  - 法院调解与相关制度的关系
    - 法院调解与当事人和解
    - 法院调解与其他国家和地区相关制度的比较
      - 法院附设调解：也称“附设在法院的调解”，是指以法院为主持机构，并受法院指导的调解
      - 诉讼上和解：指在诉讼系属中，当事人双方于诉讼的期日，在法官的参与下经协商和让步而达成的以终结诉讼为目的的合意
  - 法院调解的作用
    - 有利于彻底解决当事人之间的纠纷
    - 有利于减少诉讼程序，及时化解矛盾
    - 有利于宣传法制，预防纠纷
- 原则
  - 自愿原则
    - 概念：指在民事诉讼中，人民法院必须在双方当事人自愿的基础上进行调解
    - 内容
      - 程序上的自愿
      - 实体上的自愿
  - 查明事实、分清是非原则：指审判人员在主持调解的过程中，应当查明案件事实，分清争议的是非曲直
  - 合法原则
    - 概念：指人民法院主持的调解活动和当事人达成的调解协议应当符合法律的规定
    - 内容
      - 程序上的合法
      - 实体上的合法
  - 保密原则
- 程序
  - 调解的开始
    - 适用范围：除适用特别程序、督促程序、公示催告程序、破产还债程序的案件，婚姻等身份关系确认案件，以及其他依案件性质不能进行调解的民事案件外，其他一切属于民事权益争议的案件，都可能通过调解方式解决
    - 阶段：贯穿于民事诉讼的全过程，包括庭前调解和庭上调解
    - 主持人员：通常为审理案件的审判组织成员
    - 当事人本人参加
  - 调解的进行
  - 调解的结束
    - 达成调解协议
      - 法院原则上应当依据调解协议的内容制作调解书
      - 法院可以不制作调解书
        - 调解和好的离婚案件
        - 调解维持收养关系的案件
        - 能够即时履行的案件
        - 其他不需要制作调解书的案件
    - 未达成调解协议，法院应及时判决

- 效力
  - 形式
    - 调解书：是人民法院制作的，记载当事人所达成的调解协议内容的法律文书
    - 调解协议：是在人民法院主持下，双方当事人平等协商，就确认双方民事权利、义务，解决民事争议所达成的合意
  - 调解协议的内容
    - 调解协议内容超出诉讼请求的，人民法院可以准许
    - 人民法院对于调解协议约定一方不履行协议应当承担民事责任的，应予准许
    - 调解协议约定一方提供担保或者案外人同意为当事人提供担保的，人民法院应当允许
    - 调解协议具有下列情形的，人民法院不予确认
      - 侵害国家利益、社会公共利益的
      - 侵害案外人利益的
      - 违背当事人真实意思的
      - 违背法律、行政法规禁止性规定的
  - 法院调解生效的时间
    - 调解书：调解书经双方当事人签收后具有法律效力
    - 调解协议：记入笔录，由双方当事人、审判人员、书证员签名或盖章后，即具有法律效力
  - 法院调解效力的内容
    - 确认当事人之间的民事权利义务
    - 结束诉讼程序
    - 具有强制执行效力

名词解释与概念比较

1. 法院调解与诉讼上和解
2. 调解书和调解笔录

选择题

（一）单项选择题

1. 关于法院调解，下列做法正确的是（　　）。

A. 在一起离婚诉讼中，被告提出不同意离婚，但自己的工资自己花，不负担女儿的抚育义务。原告表示，只要被告不打骂她们母女，就同意不离婚。法院就此将双方的意见记入笔录，由原告和被告双方签字

B. 未经当事人特别授权，代理人可以代为达成调解协议

C. 调解书不能留置送达

D. 在调解过程中，承办案件的审判员说："判决可以，但是如果不接受调解，结果对你更不利。"

2. 甲公司诉乙公司合同纠纷一案，双方达成调解协议。法院制作调解书并送达双方当事人后，发现调解书的内容与双方达成的调解协议不一致，应当如何处理？（　　）

A. 应当根据调解协议，裁定补正调解书的相关内容

B. 将原调解书收回，按调解协议内容作出判决

C. 应当适用再审程序予以纠正

D. 将原调解书收回，重新制作调解书送达双方当事人

3. 某县人民法院调解解决张某与王某的财产争议，于2024年4月1日达成调解协议并制作调解书，4月5日将调解书送达原告张某签收，4月6日送达被告王某签收。调解书生效日期为哪一天？（　　）

A. 对张某来讲是4月5日，对王某来讲是4月6日

B. 调解协议达成之日即4月1日

C. 张某签收日即4月5日

D. 王某签收日即4月6日

4. 甲、乙签收调解书后，乙认为调解结果不合法而反悔。乙可以采取何种措施补救？（　　）

A. 再次起诉

B. 在法定期间内上诉

C. 要求重新调解或者请求判决

D. 申请再审

5. 甲、乙二人因租赁合同纠纷诉至法院，审判员对此案进行了调解，但未达成协议。于是法院开庭审理后当庭作出判决。在送达判决书之前，甲又要求法院进行调解。这时法院应当（　　）。

A. 继续审判此案

B. 撤回原判决，主持双方再行调解

C. 送达判决书

D. 按审判监督程序进行再审

6. 在适用下列各种审判程序进行审理时，人民法院不能进行调解的是（　　）。

A. 一审简易程序　　B. 二审程序

C. 再审程序　　D. 特别程序

7. 北京市中级人民法院对王华诉张明侵权一案进行调解后达成协议，制作了调解书。对原审海淀区人民法院的判决（　　）。

A. 应作出撤销原审判决的裁定

B. 应在调解书中注明撤销原审判决

C. 应责令一审法院撤销原判决

D. 在调解书送达后即视为撤销

8. 有关法院调解，下列说法正确的是（　　）。

A. 法院调解是一种诉讼活动

B. 法院调解必须在合议庭主持下进行

C. 法院调解和当事人之间的和解的效力是一样的

D. 调解协议达成后，必须由人民法院制作调解书

9. 关于法院调解，下列哪个违反了合法原则？（　　）

A. 甲、乙两方同意维持夫妻关系，甲不再付给乙父亲生活费

B. 甲、乙同意离婚，双方刚满 5 岁的女儿丙由甲抚养，并同意丙的姓由原随乙姓改随甲姓

C. 甲、乙同意离婚，双方刚满 5 岁的女儿丙由乙抚养，甲不用支付抚养费，以后亦不能再去见丙

D. 甲、乙同意离婚，但对夫妻共同财产不进行分割

10. 根据《民诉法》及相关司法解释，关于法院调解，下列哪一选项是错误的？（　　）

A. 法院可以委托与当事人有特定关系的个人进行调解，达成协议的，法院应当依法予以确认

B. 当事人在诉讼中自行达成和解协议的，可以申请法院依法确认和解协议并制作调解书

C. 法院制作的调解书生效后都具有执行力

D. 法院调解书确定的担保条款的条件成就时，当事人申请执行的，法院应当依法执行

（二）多项选择题

1. 宋楚雄与孙五花离婚纠纷一案，经 K 市 L 县人民法院调解，双方当事人就离婚问题达成协议，同意解除双方的婚姻关系，并签收了人民法院送达的调解书。在此情况下，该调解书对双方当事人有何约束力？（　　）

A. 双方当事人的婚姻关系解除

B. 任何一方当事人都不得反悔而再到法院就离婚问题起诉

C. 任何一方当事人均不得上诉

D. 任何一方当事人均不得就离婚问题申请再审

视频讲题

2. 下列关于我国调解原则的说法，正确的是（　　）。

A. 调解应当自愿并且合法

B. 人民法院审理离婚案件，应当先进行调解

C. 无独立请求权第三人参加诉讼的案件，人民法院调解时，可以直接在调解书中确定无独立请求权第三人承担责任

D. 当事人一方拒绝签收调解书的，调解书不发生法律效力

3. 人民法院对于哪几种民事案件可以进行调解？（　　）

A. 涉外民事案件

B. 依照审判监督程序再审的案件

C. 按二审程序审理的案件

D. 依照简易程序审判的案件

4. 下列哪些民事案件适用简易程序进行诉讼，人民法院在开庭审理时应当先行调解？（　　）

A. 劳务合同纠纷　　B. 宅基地纠纷

C. 著作权纠纷　　D. 继承纠纷

5. 在民事诉讼中，下列哪些程序不适用法院调解？（　　）

A. 公示催告程序
B. 发回重审后的诉讼程序
C. 由人民检察院提起抗诉引起的再审程序
D. 执行程序

6. 下列哪些案件调解达成协议，人民法院可以不制作调解书？（　　）
A. 调解维持杨某对其养女杨林的收养关系案件
B. 经调解，提起离婚诉讼的沈明与孙萌和好如初
C. 经调解，由冯某的两个儿女每月各付给张某100元赡养费的案件
D. 由被告立即偿付1 000元以赔偿原告损失的案件

7. 法院调解活动的进行可以由（　　）。
A. 审判员一人主持
B. 合议庭主持
C. 陪审员主持
D. 审判员和书记员共同主持

8. 下列哪些民事案件法院不予调解？（　　）
A. 适用公示催告程序的案件
B. 请求确认婚姻无效的案件
C. 请求确认收养无效的案件
D. 选民资格案件

9. 对下列哪些案件调解达成协议的，人民法院可以不制作民事调解书？（　　）
A. 被告拖欠原告贷款10万元，双方达成协议，被告在一个月内付清，原告不要求被告支付拖欠期间的贷款利息
B. 赔偿案件中的被告人在国外，与原告达成赔偿协议，同意在2个月内赔偿
C. 赡养案件中当事人双方达成协议，被告愿意每月向原告支付赡养费200元，原告申请撤诉
D. 收养案件中当事人双方达成协议，维持收养关系

10. 人民法院审理民事案件，应当根据自愿、合法的原则进行调解。对此，下列哪些理解是错误的？（　　）
A. 人民法院只能在双方当事人都同意的情况下才能进行调解
B. 双方当事人达成调解协议但要求人民法院必须根据协议内容制作判决书，人民法院可以制作调解书结案
C. 人民法院审理离婚案件，应当进行调解
D. 当事人为达成调解协议对案件事实的自愿认可，在调解不成的情况下，该事实可作为最终裁判的依据

11. 关于民事诉讼中的法院调解与诉讼和解的区别，下列哪些选项是正确的？（　　）
A. 法院调解是法院行使审判权的一种方式，诉讼和解是当事人对自己的实体权利和诉讼权利进行处分的一种方式
B. 法院调解的主体包括双方当事人和审理该案件的审判人员，诉讼和解的主体只有双方当事人
C. 法院调解以《民诉法》为依据，具有程序上的要求，诉讼和解没有严格的程序要求
D. 经过法院调解达成的调解协议生效后如有给付内容则具有强制执行力，经过诉讼和解达成的和解协议即使有给付内容也不具有强制执行力

（三）不定项选择题

1. 李大民（男）与张小丽（女）于2022年登记结婚。2023年张小丽由于做生意亏损、夫妻感情恶化等原因，患精神病，丧失民事行为能力。2024年2月，李大民向某市河海区人民法院提起诉讼，请求判决与张小丽离婚。张小丽的母亲马雨霞作为张小丽的法定代理人参加了诉讼。请回答以下各题。

（1）关于案件的审理是否公开，下列何种说法是正确的？（　　）
A. 依法只能公开审理
B. 依法只能不公开审理
C. 如果马雨霞申请不公开审理，可以不公开审理
D. 由双方协商决定是否公开审理

（2）假设在诉讼中，法院对案件进行调解，下列何种行为是合法的？（　　）
A. 法院对案件主动进行调解
B. 马雨霞代张小丽作出了同意离婚的意思表示
C. 应马雨霞的要求，法院根据调解协议的内容制作调解书
D. 本案调解达成离婚协议，法院可以不制作调解书和判决书

（3）假设一审法院判决不准许李大民与张小丽离婚，李大民不服并提起上诉，二审法院审理后认为应当判决离婚。在此情况下，二审法院应如何处理？（　　）
A. 直接依法改判离婚

B. 只能将案件发回重审

C. 可以根据当事人自愿的原则，与子女抚养、财产问题一并调解，调解不成，发回重审

D. 可以根据当事人自愿的原则，与子女抚养、财产问题一并调解，调解不成，依法改判

（4）假设二审判决生效后两个月，张小丽的精神病治愈。她认为判决存在错误，准备申请再审。依照法律和司法解释的规定，对她的何种请求法院不得再审？（　　）

A. 请求撤销离婚判决

B. 请求改变一、二审判决中已经作出处理的夫妻共同财产分割

C. 请求分割一、二审判决中未作处理的夫妻共同财产

D. 提出不同意马雨霞的代理行为，请求撤销一审和二审判决

2. 香山公司（住所位于甲市A区）与红叶公司（住所位于乙市B区）签订了一份建筑合同，由红叶公司承建香山公司丙市分公司的办公楼（位于丙市C区）。双方同时还约定因履行该建筑合同发生的争议，双方协商解决；协商不成的，双方可以向甲市A区法院起诉或者向乙市B区法院起诉。办公楼建成后，因办公区的附属设施质量不符合合同约定，香山公司与红叶公司协商无果，香山公司向法院起诉。诉讼中双方主动申请法院调解，在调解中红叶公司承认工程所用水泥不合要求，因而影响了工程质量，但双方就赔偿无法达成协议。根据以上案情，请回答以下问题。

（1）关于本案的管辖，下列选项正确的是：（　　）。

A. 甲市A区法院和乙市B区法院有管辖权

B. 乙市B区法院和丙市C区法院有管辖权

C. 甲市A区法院和丙市C区法院有管辖权

D. 本案只有丙市C区法院有管辖权

（2）关于本案当事人的确定，下列选项正确的是：（　　）。

A. 香山公司是原告，红叶公司是被告

B. 香山公司及其丙市分公司是共同原告，红叶公司是被告

C. 香山公司是原告，红叶公司是被告，香山公司的丙市分公司是无独立请求权第三人

D. 香山公司是原告，红叶公司是被告，香山公司的丙市分公司是有独立请求权的第三人

（3）红叶公司在调解中承认承建的附属设施存在质量问题，关于法院如何认定该事实，下列选项正确的是：（　　）。

A. 因被告红叶公司已在调解中承认了存在质量问题，形成自认，法院可以直接认定该事实

B. 法院不能直接认定该事实，但可以作为对被告不利的证据

C. 法院不能直接认定该事实，也不得作为对被告不利的证据

D. 法院可以在庭审中再次询问被告红叶公司，若红叶公司既不承认，也不否认，法院可以认定该事实成立

（4）若在诉讼中双方达成和解协议，关于该案如何终结，下列选项中正确的是：（　　）。

A. 香山公司可以申请撤诉，经法院同意后终结诉讼程序

B. 双方可以向法院申请根据和解协议作出判决

C. 双方可以向法院申请根据和解协议作出裁决

D. 双方可以向法院申请根据和解协议制作调解书

简答题

1. 简述法院调解的特征。
2. 简述法院调解的原则。
3. 简述调解协议的效力范围。
4. 在现行民事诉讼法框架下，法院调解与判决之间的关系如何？（考研）

案例分析题

1. 原告甲与被告乙系邻居，二人为建造厨房一事发生口角进而互殴。甲被乙打伤，花去医药费1 050元。甲遂向法院起诉乙，要求乙赔偿其误工损失费、医疗费、护理费共计1 500元。被告乙认为双方均有责任，只愿意赔偿500元。法院开庭进行审理，法院辩论结束后，审判员丙征求双方的调解意见。原告甲不同意调解，要求法院依法判决乙赔偿损失。被告乙同意调解。审判员丙考虑到双方是邻居关系，为避免矛盾激化，加强睦邻友好，决定主持双方调解。在调解过程中，原告坚持要求乙赔偿1 500元，被告乙却只同意赔偿500元。审判员丙说：“我看由被告乙赔偿

1 000 元好了。”对此双方均不同意。于是丙将原告甲单独叫到办公室，说：“判决还不一定给得了你 1 000 元呢，因为你也动手打了人家，只不过伤得轻点。”原告虽说不情愿，但嘴上不得不表示同意。然后丙又把被告乙单独叫到办公室，说：“500 元也太低了，你身强力壮的，人家是老太太，责任在你身上。我建议 1 000 元还算是少的了。”被告乙只好答应。于是在审判员丙做工作的情况下，甲、乙双方达成了赔偿协议：被告乙赔偿原告甲 1 000 元；诉讼费各负担一半；本调解书生效后 15 日内执行。审判员告知双方第二天到法院领取调解书，但当天要求双方在送达回证上签了名。第二天，原告甲到法院表示赔偿额太少，不同意调解。审判员丙把制作好的调解书递给甲，说：“调解书现在给你，你已经签过字了，所以调解书已经生效，不能反悔了。”

问题：本案的调解有何违法之处？

2. 甲男与乙女于 2020 年结婚，婚后育有一女。甲男有很深的重男轻女思想，为此经常打骂乙女，夫妻感情渐淡。乙女于 2024 年向该区人民法院起诉要求与甲男离婚。法院受理后，经双方同意进行了调解。调解中甲男同意离婚，但提出家庭财产归乙女所有，同时女儿由乙女抚养，甲不再尽抚养义务，不承担孩子的抚养费。乙女对此表示同意，接受甲男提出的条件，双方签订离婚调解协议，法院据此制作了调解书。

问题：本案的调解是否妥当？

论述与深度思考题

如何完善我国的法院调解制度？

参考答案

名词解释与概念比较

1.

法院调解	诉讼上和解
在人民法院审判组织的主持下，双方当事人就民事权益争议平等协商，达成协议，解决纠纷的诉讼活动	民事诉讼双方当事人在诉讼过程中通过自主协商，达成解决纠纷的协议，从而终结诉讼的活动

2.

调解书	调解笔录
人民法院用调解方式结案所制作的法律文书，通过送达双方当事人，以作为确定双方当事人权利义务的依据	在法律有特别规定的情况下，人民法院的审判组织无须将双方当事人达成的调解协议制作成调解书，而由书记员将协议内容记入笔录

选择题

（一）单项选择题

1. 答案：C

调解不能损害他人合法权益，因此 A 项错误。未经特别授权，诉讼代理人不能代为达成调解协议，B 项错误。根据《民诉解释》第 133 条的规定，调解书应当直接送达当事人本人，不适用留置送达，因此本题选 C 项。D 项违反了自愿原则，错误。

2. 答案：A

《法院调解规定》第 13 条规定，当事人以民事调解书与调解协议的原意不一致为由提出异议，人民法院审查后认为异议成立的，应当根据调解协议裁定补正民事调解书的相关内容。尽管本题中是法院发现调解书的内容与双方达成的调解协议不一致，但由于调解书一经送达双方当事人即发生效力，并且此种情形也不适用审判监督程序的规定，所以法院应参照前述规定，根据调解协议裁定补正调解书的相关内容，故本题应选 A。

3. 答案：D

在调解协议没有特别约定的情况下，调解书从最后一方当事人签收时起生效。

4. 答案：D

甲、乙签收调解书后，该调解书已经发生法律效力，只有通过审判监督程序才能补救。

5. 答案：C

调解应在判决宣告前进行，而且判决一经作出即不能撤回，因此本题选 C。

6. 答案：D

适用特别程序审理的案件，通常不是双方当事人之间的民事权益纠纷，不能进行调解。

7. 答案：D

参见《民诉解释》第 337 条。

8. 答案：A

调解可由审判员一人主持，也可由合议庭主持，故B项错误；法院主持调解而制作的调解书具有强制执行力，和解协议没有强制执行力，故C项错误；有些调解协议，可以不制作调解书，如《民诉法》101条规定的调解和好的离婚案件、调解维持收养关系的案件、能够即时履行的案件等，故D项错误。

9. 答案：C

抚养未成年子女是父母的法定义务，父母双方不能擅自免除法定义务，同时探视权是父母的法定权利，当事人不能擅自剥夺法定权利，因此C项违反了合法原则。

10. 答案：C

根据《法院调解规定》第1条、第2条第1款、第15条第1款之规定，选项A、B、D说法正确。具有给付内容的生效调解书具有强制执行力，不具有给付内容的生效调解书，不具有强制执行力。因此，选项C说法错误。

（二）多项选择题

1. 答案：ABCD

调解协议生效后，当事人之间争议的民事权利义务关系将依调解协议的内容而确定，当事人不得再就此另行起诉、提起上诉，并且一般情况下不得申请再审。法院调解是在当事人自愿的基础上进行的，调解协议又是在双方当事人自愿的前提下达成的，因此当事人必须对自己的处分行为的后果负责。

2. 答案：ABD

参见《民诉法》第96、100条和《民诉解释》第145条。

3. 答案：ABCD

对平等主体之间的民事权益纠纷，都可以进行调解。

4. 答案：ABD

参见《简易程序规定》第14条规定。

5. 答案：AD

适用公示催告程序审理的案件，只有一方当事人，不可能进行调解，在执行程序中只能进行执行和解。因此本题选A、D项。

6. 答案：ABD

参见《民诉法》第101条。

7. 答案：AB

参见《民诉法》第97条。

8. 答案：ABCD

《民诉解释》第143条规定，适用特别程序、督促程序、公示催告程序的案件，婚姻等身份关系确认案件以及其他根据案件性质不能进行调解的案件，不得调解。故本题应选A、B、C、D项。

9. 答案：CD

原告撤回起诉，法院即无须再就纠纷解决作出评判，所以无须制作调解书，C项正确。根据《民诉法》第101条的规定，下列案件调解达成协议，人民法院可以不制作调解书：(1) 调解和好的离婚案件；(2) 调解维持收养关系的案件；(3) 能够即时履行的案件；(4) 其他不需要制作调解书的案件。对不需要制作调解书的协议，应当记入笔录，由双方当事人、审判人员、书记员签名或者盖章后，即具有法律效力。故D选项正确。

10. 答案：BD

《民诉法》第96条规定，人民法院审理民事案件，根据当事人自愿的原则，在事实清楚的基础上，分清是非，进行调解。所以A选项正确，不当选。《民诉法》第100条规定："调解达成协议，人民法院应当制作调解书。调解书应当写明诉讼请求、案件的事实和调解结果。"故而一般情况下无须当事人要求，法院就应制作调解书，B选项错误，当选。《民诉解释》第145条第2款规定，人民法院审理离婚案件，应当进行调解，但不应久调不决。故C选项正确，不当选。《民诉解释》第107条规定，在诉讼中，当事人为达成调解协议或者和解协议作出妥协而认可的事实，不得在后续的诉讼中作为对其不利的根据，但法律另有规定或者当事人均同意的除外。故D选项错误，当选。

11. 答案：ABCD

法院调解与诉讼和解相比，有以下几点区别：(1) 性质不同。前者含有人民法院行使审判权的性质，后者则是当事人在诉讼中对自己诉讼权利和实体权利的处分。因此，A项正确。(2) 参加主体不同。前者有人民法院和双方当事人共同参加，后者只有双方当事人自己参加。因此，B项正确。(3) 效力不同。根据法院调解达成协议制作的调解书生效后，诉讼归于终结，有给付内容的调解书具有执行力；当事人在诉讼中和解的，则由原告申请撤诉，经法院裁定准许后结束诉讼，和解协议不具有执行力。因此，D项正确。

另外，诉讼中的法院调解要遵循一定的法律原则和程序。在我国，根据民事诉讼法的规定，法院调解要遵循当事人自愿和合法原则，且法院在组织调解时还需要有一定的程序。而诉讼和解则没有相关的程序性规定和要求。因此，C项正确。

（三）不定项选择题

1.（1）答案：C

《民诉法》第137条规定，离婚案件，当事人申请不公开审理的，可以不公开审理。

（2）答案：ABC

《民诉解释》第145条第2款规定："人民法院审理离婚案件，应当进行调解，但不应久调不决。"故A项正确。《民诉解释》第148条第2款规定："无民事行为能力人的离婚案件，由其法定代理人进行诉讼。"第147条第2款规定："离婚案件当事人确因特殊情况无法出庭参加调解的，除本人不能表达意志的以外，应当出具书面意见。"案件中张小丽丧失民事行为能力，可以由其监护人即母亲马雨霞作出同意离婚的意思表示，故B项正确。根据《民诉法》第101条，调解和好的离婚案件才可以不制作调解书，所以调解离婚的案件，必须制作调解书，C项正确，D项错误。

（3）答案：C

参见《民诉解释》第327条。

（4）答案：ACD

根据《民诉法》第213条的规定，当事人对已经发生法律效力的解除婚姻关系的判决，不得申请再审，因此A、D项当选。对未作处理的夫妻共同财产，可以另行起诉，不得再审，因此C项当选。

2.（1）答案：D

根据《民诉法》第35条，合同纠纷的当事人可以书面协议选择被告住所地、合同履行地、合同签订地、原告住所地、标的物所在地等与争议有实际联系的地点的人民法院管辖，但不得违反本法对级别管辖和专属管辖的规定。同时《民诉法》第34条和《民诉解释》第28条第2款明确，建设工程施工合同纠纷按照不动产纠纷由不动产所在地专属管辖。题目中当事人虽然约定了案件由原告住所地或被告住所地管辖，但约定违反了专属管辖的规定，所以协议管辖无效，只有不动产所在地丙市C区法院有管辖权，D项正确。

（2）答案：A

分公司不具有法人资格，其民事责任由公司承担。丙市分公司不具有法人资格，不为合同当事人，所以也不为案件的当事人。因此，香山公司为原告，红叶公司是被告。本题的正确答案为A项。

（3）答案：CD

参见《民诉解释》第92条第1款、第107条之规定。

（4）答案：AD

参见《民诉法》第148条，《民诉解释》第148、151条，《法院调解规定》第2条之规定。

简答题

1. 法院调解具有以下特征：

（1）法院调解是诉讼内调解，是在人民法院审判组织的主持下，依照法定程序进行的，经调解达成的协议具有法律效力。

（2）法院调解体现了私法自治的精神和民事诉讼的处分原则，并且贯穿于民事审判程序的全过程。

（3）法院调解是人民法院结案的一种方式。

2. 法院调解的应当遵循以下三个原则：

（1）自愿原则。这一原则指当事人的意志在法院调解过程中起着主导作用，法院调解活动的进行和调解协议的达成，都必须以双方当事人自愿为前提，都应当建立在当事人自愿的基础上。自愿原则又包括程序上的自愿和实体上的自愿两个方面。

（2）查明事实、分清是非原则。这一原则指人民法院应当在查明案件事实、分清当事人之间的是非责任的基础上，促使双方当事人平等协商、互谅互让，自愿达成调解协议。

（3）合法性原则。这一原则指人民法院的审判组织对当事人之间的民事纠纷进行调解，在程序和实体上要符合法律的规定。合法性原则又包括法院的调解活动在程序上的合法和实体上的合法两方面的要求。

3. 生效的调解协议与发生既判力的判决具有同等的法律效力，具体表现在以下方面：

（1）实体法上的效力。调解协议生效后，双方当事人之间争议的民事权利义务关系将依调解协议的内容而确定，当事人不得再为此进行争议。

（2）诉讼法上的效力。调解协议生效后，在诉讼上产生以下三方面的效力：一是结束诉讼程序；二是当事人不得提起上诉或再行起诉，提起再审的理由也受到严格限制；三是具有强制执行的效力。

4. 根据现行民事诉讼法及相关司法解释的规定，调解是我国民事诉讼的一个重要特点，也是一项重要原则，调解与判决之间的关系可以从以下几个方面来概括：

（1）调解是民事诉讼法的一项基本原则，贯穿于审判程序的各个阶段。

（2）调解不是审理民事案件的必经程序，法院不能强迫或变相强迫当事人接受调解。

（3）调解作为一种结案方式，和判决一样必须符合法律的规定。

（4）生效调解书与发生既判力的裁判有同样的效力。

案例分析题

1. 本案审判员在原告不同意的情况下主持调解，违反调解自愿原则。调解须双方当事人的完全自愿，本案原告明确表示不同意调解，审判员就不应主持调解，应当依法及时判决。

本案审判员以判压调的做法是不正确的。调解协议必须是当事人相互调解，自愿协调达成的，不能靠威胁或压制手段强制达成协议。

本案中审判员在调解书送达前，事先要求原告和被告双方在送达回证上签名是不合法的。调解书经双方当事人签收后具有法律效力。签收前，当事人可以反悔，拒绝签收调解书。签收调解书应当在调解书送达时进行。未送达先签收的做法是错误的。

2. 本案中的调解违反了合法的原则，调解是无效的。父母与子女的关系不能因父母离婚而解除，法律规定父母对未成年子女有抚养的义务。甲、乙双方协议免除甲抚养女儿的法定义务损害了其女儿的合法权益，故该协议是违法的。

论述与深度思考题

诉讼的目的是通过适用实体法在当事人之间分配权利义务；调解的目的是在法院的主持下由当事人协商解决纠纷，协商的方案与实体法的预先分配方案必然存在差异。在我国，法院调解是在诉讼的过程中进行的（一般是在法庭辩论终结后进行），这就意味着，两种功能、目的完全不同的制度被拧在了一起，相互必然会产生消极影响。解决这个问题是完善我国法院调解制度的主要思路。

第十二章　临时性救济

知识逻辑图

- 财产保全
  - 性质
    - 实现本案权利的目的指向性
    - 形式上的独立性与实质上的附属性
    - 紧急性
    - 预防性和暂定性
  - 类型
    - 以保全程序作用的法律领域为标准，可以分为诉讼程序上的保全、仲裁程序上的保全和破产程序上的保全
    - 以保全程序所欲保全的本案请求权的类型为标准，可以分为金钱请求的保全与非金钱请求的保全
    - 以保全程序所欲保全的对象是否限于本案请求以及本案请求是否具有财产性质为标准，可以分为财产保全与行为保全（非财产保全）
  - 适用条件
    - 诉讼财产保全
      - 概念：指人民法院在受理案件之后、作出判决之前，对当事人的财产或者争议标的物采取的限制当事人处分的临时措施
      - 适用条件
        - 需要对争议的财产采取诉讼保全的案件必须是给付之诉
        - 存在将来判决难以执行的情形
        - 发生在民事案件受理后、法院尚未作出生效判决前
        - 一般由当事人提出书面申请并提供相关证据材料，人民法院在必要时也可以主动采取保全措施
    - 诉前财产保全：指在紧急情况下，法院不立即采取保全措施，利害关系人的合法权益将会受到难以弥补的损害，因此，法律规定利害关系人在起诉前有权向被保全财产所在地、被申请人住所地人民法院申请采取保全措施
    - 仲裁前财产保全：指在紧急情况下，法院不立即采取保全措施，利害关系人的合法权益将会受到难以弥补的损害，因此，法律规定利害关系人在申请仲裁前有权向被保全财产所在地、被申请人住所地人民法院申请采取保全措施
    - 执行前财产保全：指在作为执行依据的法律文书生效后至申请执行前，债权人可以向有执行管辖权的人民法院申请保全债务人或者拟变更、追加的被执行人的财产
    - 仲裁财产保全：指在仲裁程序中，为防止当事人转移、隐匿、变卖有关财产，保障仲裁裁决、仲裁调解书的顺利执行而采取的一种临时性救济措施

- 财产保全
  - 财产保全程序中的审执分立
  - 财产保全的主体
    - 保全审理程序中财产保全的主体：人民法院、仲裁庭、紧急仲裁员
    - 保全执行程序中财产保全的主体
  - 财产权的担保
    - 申请人提供的保全担保与被申请人提供的保全反担保
    - 方式
      - 财产担保
      - 保证担保
      - 财产保全责任保险
    - 财产保全担保的追加
    - 可以不提供担保的情形
  - 财产保全的范围
    - 金钱给付之诉中财产保全的范围
    - 物的给付之诉中财产保全的范围
    - 保全标的物的替换或变更
    - 替代和超越财产保全功能的担保
  - 财产保全裁定的执行措施
    - 依执行程序办理原则
    - 最少损害与价值相当原则
    - 财产保全裁定的执行措施
      - 依执行程序办理原则
      - 最少损害与价值相当原则
      - 特殊措施
        - 妥善保管，或者指定被保全人保管，或者委托他人或申请保全人保管
        - 被保全人可在对该财产的价值无重大影响的前提下继续使用被保全财产
        - 对不宜长期保存的物品，责令当事人及时处理或由法院变卖，保存价款
        - 对债务人到期应得的收益限制其支取，通知有关单位协助执行
        - 对被保全人的到期债权，裁定债务人不得对本案债务人清偿，法院可提存财物或者价款
  - 解除
    - 被保全人提供担保的
    - 诉前保全或仲裁前保全的申请人在采取保全措施后，30 日内未起诉或未申请仲裁的
    - 申请人撤回保全申请或申请解除保全的
    - 申请人的起诉或者诉讼请求被生效裁判驳回的
    - 保全错误的
    - 人民法院认为应当解除保全的其他情形
  - 不服财产保全的救济
  - 财产保全错误的赔偿责任

- 行为保全
  - 一般理论
    - 含义：因被申请人的行为或者其他原因，可能导致申请人的合法权益遭受难以弥补的损害，或者使判决不能执行或者难以执行的，申请人可以向法院申请制止某种行为或者要求作出某种行为的保全
    - 功能
    - 分类
    - 适用条件
      - 有初步证据表明申请人的合法权益正在或者将要受到被申请人的侵害
      - 如不采取行为保全将会给申请人造成损害或者使其损害扩大
      - 如不采取行为保全可能给申请人造成的损害大于如采取行为保全可能给被申请人造成的损害
    - 审理程序
    - 方法：责令被申请人为一定行为或制止被申请人为一定行为
    - 不服行为保全的救济
    - 解除
  - 诉前禁令
    - 含义：指法院在诉讼提起之前，应权利人或利害关系人的请求，采取措施制止正在实施或即将实施的侵权行为，以保障权利人的合法权益的一种临时性救济行为
    - 适用条件（《海事诉讼特别程序法》第 56 条）
    - 程序
  - 特殊领域的侵权禁止令
    - 人身安全保护令（《反家暴法》）
    - 生态环境侵权禁止令（《环境侵权禁止令规定》）
- 先予执行
  - 概念：指人民法院在受理案件后作出终审判决前，根据一方当事人的申请，裁定另一方当事人给付申请人一定数额的金钱或其他财物，或者实施或停止某种行为的一种制度
  - 条件
    - 当事人之间权利义务关系明确
    - 申请人有生活或生产经营的急需，不先予执行将严重影响申请人的生活或者生产经营
    - 申请人提出先予执行申请
    - 被申请人有履行能力
  - 适用范围
    - 追索赡养费、抚养费、抚育费、抚恤金、医疗费用
    - 追索劳动报酬、工伤医疗费、经济补偿或赔偿金
    - 情况紧急需要先予执行
  - 程序
    - 申请人提出书面申请，法院不能主动采取先予执行措施
    - 可以责令申请人提供担保，申请人不提供担保的，驳回申请
    - 作出先予执行的裁定
    - 裁定先予执行后，本案经过审理，判决申请人败诉的，申请人应当将先予执行取得的财产返还给对方

名词解释与概念比较

1. 诉讼财产保全与诉前财产保全
2. 诉前禁令与临时禁令
3. 先予执行

选择题

（一）单项选择题

1. 人民法院冻结财产后，应当立即通知（　　）。

A. 冻结财产的人

B. 被冻结财产的人

C. 申请财产保全人

D. 当地有关组织

2. 在一起购销合同纠纷上诉案件中，一审法院曾依法作出对被告财产保全的裁定。二审法院受理上诉后，上诉人（一审被告）对财产保全提供了担保。在这种情况下，应当（　　）。

A. 由一审人民法院裁定解除保全

B. 由一审人民法院判决解除保全

C. 由二审人民法院判决解除保全

D. 由二审人民法院裁定解除保全

3. 某法院对齐某诉黄某借款一案作出判决，黄某提起上诉。在一审法院将诉讼材料报送二审法院前，齐某发现黄某转移财产。下列关于本案财产保全的哪种说法是正确的？（　　）

A. 齐某向二审法院提出申请，由二审法院裁定财产保全

B. 齐某向二审法院提出申请，二审法院可以指令一审法院裁定财产保全

C. 齐某向一审法院提出申请，一审法院将申请报送二审法院裁定财产保全

D. 齐某向一审法院提出申请，由一审法院裁定财产保全

4. 甲帮邻居乙修建新房时，不慎从脚手架上跌落，腰椎骨被摔骨折，需要做手术，医院让甲预交 3 000 元保证金，甲无力支付，乙替甲支付了 1 000 元，但拒绝支付其余保证金。甲遂诉至法院并申请让乙先行支付 2 000 元，法院审查后裁定先予执行。乙不服，向法院申请复议。对乙的申请，法院下列哪一处理方法是正确的？（　　）

A. 认定原裁定正确，裁定驳回乙的申请

B. 认定原裁定正确，通知驳回乙的申请

C. 认定原裁定错误，裁定撤销原裁定

D. 认定原裁定错误，通知撤销原裁定

视频讲题

5. 当事人对人民法院财产保全或先予执行裁定不服，则（　　）。

A. 可以提起上诉

B. 可以向作出裁定的人民法院申请复议一次

C. 可以向作出裁定的上一级人民法院申请复议一次

D. 不得提起上诉及申请复议

6. 甲有借条证明乙欠其 1 000 元，到期后经多次催要未果，遂将乙诉至人民法院并申请诉讼保全。人民法院受理后作出财产保全决定，将乙家中新买的笔记本电脑扣押，并责令其 10 日内还款。乙不服，提出了复议申请并要求暂停执行保全措施，法院受理了该申请但没暂停保全措施。本案中法院的做法正确的是（　　）。

A. 以决定的方式作出财产保全措施

B. 扣押乙新买的笔记本电脑

C. 责令乙 10 日内还款

D. 不暂停保全措施的执行

7. 甲公司以乙公司为被告向法院提起诉讼，要求乙公司支付拖欠的货款 100 万元。在诉讼中，甲公司申请对乙公司一处价值 90 万元的房产采取保全措施，并提供担保。一审法院在作出财产保全裁定之后发现，乙公司在向丙银行贷款 100 万元时已将该房产和一辆小轿车抵押给丙银行。关于本案，下列哪一说法是正确的？（　　）

A. 一审法院不能对该房产采取保全措施，因为该房产已抵押给丙银行

B. 一审法院可以对该房产采取保全措施，但是需要征得丙银行的同意

C. 一审法院可以对该房产采取保全措施，但是丙银行仍然享有优先受偿权

D. 一审法院可以对该房产采取保全措施，同时丙银行的优先受偿权丧失

8. 宏大商业公司有一座六层的办公楼。2023 年 7 月，宏大商业公司向 A 银行贷款，将该办公楼抵押给 A 银行。2023 年 12 月，宏大商业公司因一购销合同与志新贸易有限公司发生纠纷，志新贸易有限公司向法院起诉，并申请财产保全，受诉法院裁定将宏大商业公司办公楼查封。在下列选项中哪个是正确的？（　　）

A. 法院所作的裁定是错误的，因该办公楼已事先抵押给了 A 银行

B. 法院可以作出裁定，但应事先征得 A 银行同意

C. 法院可以作出裁定，但 A 银行对该办公楼仍有

优先受偿权

D. 法院作出裁定是正确的，A 银行因此对该办公楼丧失优先受偿权

9. 王某认为甲公司未经其允许，擅自使用其拥有的一项专利，并已有大量的产品上市，遂向甲公司所在地的人民法院提出诉前禁令申请。下列说法正确的有（　　）。

A. 因甲公司认为其不存在侵权行为，法院遂驳回王某的申请

B. 甲公司认为适用诉前禁令会侵犯其权利，要求法院在作出裁定前，进行听证

C. 法院经过慎重审查，终于在 3 日内作出了采取诉讼禁令措施的裁定

D. 甲公司对裁定不服，于是向上一级人民法院申请复议

（二）多项选择题

1. 关于民事诉讼财产保全制度，下列哪些说法是正确的？（　　）

A. 诉前保全必须由当事人提出申请并提供担保，人民法院方可作出保全裁定

B. 财产保全申请确有错误的，申请人应当赔偿被申请人因财产保全所遭受的损失

C. 财产保全限于请求的范围，或者与本案有关的财物

D. 当事人对财产保全裁定不服的，可以申请复议一次

2. 下列情形中，人民法院应当撤销财产保全的是（　　）。

A. 当事人对争议的权益自行和解，原告申请撤诉并得到法院允许

B. 采取诉前财产保全后，申请人在法定期间内没有起诉的

C. 被申请人提供担保的

D. 人民法院责令申请人提供担保，申请人不提供的

3. 下列关于诉前财产保全的说法正确的是（　　）。

A. 人民法院可依职权主动采取诉前财产保全措施

B. 利害关系人因情况紧急，不立即申请财产保全将会使其合法权益受到难以弥补的损害的，可申请诉前财产保全

C. 人民法院接受申请后，必须在 48 小时内作出裁定

D. 申请人可以不提供担保

4. 下列哪些民事裁判当事人有权申请复议？（　　）

A. 关于财产保全的裁定

B. 关于回避的决定

C. 关于管辖权的裁定

D. 除权判决

5. 先予执行应当具备的条件有哪些？（　　）

A. 须被申请人有履行能力

B. 须根据当事人的申请

C. 当事人之间的权利义务关系明确肯定

D. 享有权利的一方当事人急需实现其权利

6. 下列哪些情形是属于因情况紧急需要先予执行的？（　　）

A. 需要立即停止侵害、排除妨碍的

B. 需要立即制止某项行为的

C. 需要立即返还用于购置生产原料、生产工具的

D. 追索恢复生产、经营急需的保险理赔费的

7. 根据法律规定，权利人或利害关系人有证据证明他人正在实施或者即将实施侵犯其权利的行为，可以在起诉前向法院申请采取责令停止有关行为和财产保全的措施。对下列哪些行为可以申请采取该措施？（　　）

A. 著作权人或者与著作权有关的权利人对于侵犯著作权的行为

B. 专利权人或者利害关系人对于侵犯其专利权的行为

C. 商标注册人或者利害关系人对于侵犯其注册商标专用权的行为

D. 继承人对于侵犯其应继承财产的行为

8. A 地甲公司与 B 地乙公司签订买卖合同，约定合同履行地在 C 地，乙到期未能交货。甲多次催货未果，便向 B 地基层法院起诉，要求判令乙按照合同约定交付货物，并支付违约金。法院受理后，甲得知乙将货物放置于其设在 D 地的仓库，并且随时可能转移。下列哪些选项是错误的？（　　）

A. 甲如果想申请财产保全，必须向货物所在地的 D 地基层法院提出

B. 甲如果要向法院申请财产保全，必须提供担保

C. 受诉法院如果认为确有必要，可以直接作出财产保全裁定

D. 法院受理甲的财产保全申请后，应当在 48 小

时内作出财产保全裁定

9. 关于财产保全和先予执行，下列哪些选项是正确的？（　　）

A. 二者的裁定都可以根据当事人的申请或法院依职权作出

B. 二者适用的案件范围相同

C. 当事人提出财产保全或先予执行的申请时，法院可以责令其提供担保，当事人拒绝提供担保的，驳回申请

D. 对财产保全和先予执行的裁定，当事人不可以上诉，但可以申请复议一次

视频讲题

（三）不定项选择题

1. 赵甲因做生意向钱某借了 5 万元，借款期满后，经钱某屡次催要，赵甲均说：做生意亏本，要钱没有，要命一条。一天钱某又去催要借款，见赵甲正与堂兄赵乙商量事情，得知赵甲要将自己的一辆客货两用车卖给赵乙。钱某急忙赶到赵甲所住的新河市 A 区人民法院报告了这一情况，申请诉前财产保全。请回答以下问题。

（1）人民法院要求钱某提供担保，钱某说手头没钱所以才向赵甲催要借款。现在情况紧急，人民法院要是不接受诉前财产保全申请，赵甲与赵乙的买卖做成后，一切都晚了。对此人民法院应如何处理？（　　）

A. 当事人赵甲申请诉前财产保全，必须承担担保的法定义务

B. 本案中申请人钱某以情况紧急且确有困难为由拒绝提供担保，人民法院应当驳回其诉前财产保全的申请

C. 人民法院应当接受申请人钱某的诉前财产保全的申请

D. 申请人提供担保义务并不因情况紧急或申请人确有经济困难而免除

（2）钱某找到丁某作担保人，人民法院裁定采取财产保全措施。在执行中张某闻讯赶到，说赵甲曾向其借 35 万元，已将车作了抵押，作了登记并出示了抵押合同。人民法院能否继续执行？（　　）

A. 本案中抵押权人张某声明其与赵甲有抵押关系，并不影响人民法院继续采取诉前财产保全措施

B. 本案中抵押权人张某声明其与赵甲有抵押关系，人民法院不能继续采取诉前财产保全措施

C. 人民法院对抵押物、留置物不得采取财产保全措施

D. 人民法院对抵押物、留置物可以采取财产保全措施，但抵押权人、留置权人有优先受偿权

（3）赵甲提出并没有将车卖给赵乙的打算，而是赵乙要租用赵甲的车到南方拉货。由于人民法院采取财产保全措施，其丧失了一次挣钱的好机会。半个月过去了，钱某并没有起诉。赵甲应如何主张自己的权利？（　　）

A. 申请诉前财产保全的申请人在法定期间没有起诉，应当赔偿对方当事人因采取财产保全措施所遭受的损失

B. 本案中钱某在申请诉前财产保全后 30 日内仍未起诉，人民法院应当解除财产保全

C. 当事人赵甲对财产保全不服的，可以申请复议一次，复议其间不停止裁定的执行

D. 对当事人不服财产保全裁定提出的复议申请，人民法院应及时审查。裁定正确的，通知驳回当事人的申请，裁定不当的，作出新的裁定，变更或者撤销原裁定

2. 某省电视剧制作中心摄制的作品《星空》正式播出前，邻省的某音像公司制作了盗版光盘。制作中心发现后即向音像公司所在地的某区法院起诉，并在法院立案前，请求法院裁定音像公司停止生产光盘。音像公司在接到应诉通知书及停止生产光盘的裁定后，认为自己根本不是盗版，故继续生产光盘。请回答以下问题。

（1）对于本案，何种确定管辖的方式是正确的？（　　）

A. 以被告所在地确定管辖法院

B. 以该光盘销售地确定管辖法院

C. 以光盘生产地确定管辖法院

D. 以原告所在地确定管辖法院

（2）法院裁定音像公司停止生产光盘是什么措施？（　　）

A. 行为保全　　B. 诉讼财产保全

C. 证据保全　　D. 先予执行

简答题

1. 简述财产保全解除的法定情形。
2. 简述诉前禁令的意义。
3. 简述先予执行的适用范围及条件。

案例分析题

北京某公司与山东某公司签订了一批大蒜购销合同，约定由山东某公司向北京某公司提供一批大蒜出口。山东某公司交货后，北京某公司连同先付的定金共支付70%的货款，余额58万元未付。大蒜经北京出入境检验检疫局检验质量不合格，于是北京某公司要求退货，并要求山东某公司再发一批质量合格、符合出口标准的大蒜。山东某公司不同意，认为已发的货质量合格，商检不合格是因为北京某公司保管不当所致。双方为此发生争议。于是，山东某公司在本地向有管辖权的法院起诉了北京某公司，然后提出了财产保全申请。法院根据山东某公司的申请，来北京冻结了北京某公司的一个存款200万元的账户。案件审理过程中，山东的法院持先予执行的裁定，来北京对已冻结的账户强制划拨58万元。据了解，山东这家公司经营状况很好，为当地的利税大户。

问：(1) 法院对北京某公司采取的是哪种财产保全措施？

(2) 法院采取的财产保全措施是否正确？

(3) 法院采取的先予执行措施是否正确？

论述与深度思考题

思考行为保全制度的意义。

参考答案

名词解释与概念比较

1.

诉讼财产保全	诉前财产保全
法院在受理诉讼后，为了保证将来生效判决的执行，对当事人的财产或争议的标的物采取的强制性措施	在提起诉讼前，法院对被申请人的财产采取的强制性措施

2.

诉前禁令	临时禁令
法院在侵权诉讼提起之前，应权利人的请求，采取措施制止正在实施的或者即将实施的侵权行为	在诉讼过程中，侵权明显成立，法院要求侵权当事人实施一定行为或者禁止当事人实施一定行为的命令。其目的是在实质争议解决之前，防止侵权行为重复发生或者预期发生，保护当事人合法权益。 临时禁令是英美知识产权诉讼中常用的手段

3. 先予执行是指法院对某些民事案件作出终审判决前，为解决当事人一方生活或生产的紧迫需要，根据其申请，裁定另一方当事人给付申请人一定的财产，或者实施或停止实施某种行为，并立即执行。

选择题

（一）单项选择题

1. 答案：B

参见《民诉法》第106条。

2. 答案：D

《民诉法》第107条规定，财产纠纷案件，被申请人提供担保的，人民法院应当裁定解除保全。案件已经进入二审程序，由二审法院进行裁定更为方便、合理。

3. 答案：D

《民诉解释》第161条规定，对当事人不服一审判决提出上诉的案件，在第二审人民法院接到报送的案件之前，当事人有转移、隐匿、出卖或者毁损财产等行为，必须采取保全措施的，由第一审人民法院依当事人申请或依职权采取。第一审人民法院的保全裁定，应当及时报送第二审人民法院。因此，本题中齐某应向一审法院提出申请，由一审法院裁定财产保全。故选D项。

4. 答案：B

参见《民诉解释》第171条。

5. 答案：B

参见《民诉法》第111条、《民诉解释》第171条。

6. 答案：D

参见《民诉法》第105、111条。

7. 答案：C

《民诉解释》第157条规定：人民法院对抵押物、质押物、留置物可以采取财产保全措施，但不影响抵押权人、质权人、留置权人的优先受偿权。因此，一审法院仍然可以对乙公司的该处房产采取保全措施，该保全裁定并不影响抵押权人丙银行的优先受偿权。

8. 答案：C

只要是属于请求范围，或者与本案有关的财物，不管是否已经抵押，法院都可裁定保全，但财产保全不影响已经在被查封财产上设定的权利。

9. 答案：B

是否作出采取禁令措施的裁定，不能仅因被申请人的否认而驳回申请，故 A 项错误；法院接受申请后，经审查符合条件的，应在 48 小时内作出书面裁定，故 C 项错误；对裁定不服的，可向作出裁定的法院申请复议，不得向上一级法院申请复议，故 D 项错误。

（二）多项选择题

1. 答案：ABCD

参见《民诉法》第 104、105、108、111 条。

2. 答案：ABC

当事人自行和解，原告已经撤诉，撤诉裁定没有执行的内容，因此应当撤销已采取的保全措施。故 A 选项正确。选 B、C 的依据为《民诉法》第 104、107 条。根据《民诉法》第 103 条，人民法院责令申请人提供担保，申请人不提供担保的，裁定驳回申请。故 D 项错误。

3. 答案：BC

根据《民诉法》第 104 条的规定，诉前保全只能依当事人的申请来启动，而且必须提供担保，人民法院在接受申请后，必须在 48 小时内作出裁定。

4. 答案：AB

根据《民诉法》第 50、111 条的规定，对关于回避的决定和财产保全的裁定，当事人有权申请复议。根据《民诉法》第 157 条的规定，关于管辖权异议的裁定可以上诉。根据《民诉法》的有关规定，对除权判决不能申请复议，也不能上诉。

5. 答案：ABCD

参见《民诉法》第 109、110 条。

6. 答案：ABCD

参见《民诉法》第 109 条。

7. 答案：ABCD

根据《著作权法》第 56 条、《商标法》第 65 条、《专利法》第 73 条，A 项、B 项、C 项正确。依据《民诉法》第 104 条，D 项正确。

8. 答案：ABD

根据《民诉法》第 103 条，本题当中，B 地基层法院已经受理案件，诉讼中的财产保全法院可以依职权作出裁定，可以责令申请人提供担保。所以 A、B、D 三个选项的表述都是错误的。

9. 答案：CD

本题主要考查财产保全和先予执行。根据《民诉法》第 109 条的规定，先予执行裁定只能依申请作出，A 项错误。根据《民诉法》第 103、104、109、110 条的规定，B 项错误。根据《民诉法》第 103 条和第 110 条的规定，C 项正确。根据《民诉法》第 111 条的规定，D 项正确。

（三）不定项选择题

1. （1）答案：B

根据《民诉法》第 104 条的规定，申请诉前保全必须提供担保，不提供担保的，驳回申请。

（2）答案：AD

只要是属于请求范围，或者与本案有关的财物，不管是否已经抵押，法院都可裁定保全，但财产保全不影响在被查封财产上已经设定的权利。

（3）答案：ABCD

参见《民诉法》第 104、108、111 条，以及《民诉解释》第 171 条。

2. （1）答案：ABC

根据《民诉法》第 29 条的规定，因侵权行为提起的诉讼，由侵权行为地或者被告住所地人民法院管辖。故本题选 A、B、C 项。

（2）答案：A

行为保全是指因债务人的行为或其他原因可能使判决不能执行或难以执行，债权人向法院申请制止某种行为或者要求作出某种行为的保全。

简答题

1. 财产保全解除的法定情形主要包括以下几种：（1）人民法院生效的法律文书执行。（2）财产保全的原因和条件不存在或者发生变化。（3）被申请人提供担保。（4）诉前财产保全的申请人在人民法院采取保全措施后 30 日内不起诉。

2. 诉前禁令具有以下几个方面的积极意义：

(1) 确立诉前禁令制度，有利于法院加大打击侵权行为的力度，并通过及时、有效地制止侵权行为，将侵权行为所造成的损害限制在最小的范围之内。

(2) 诉前禁令的确立，有利于使将来的判决能够得到顺利执行，有利于弥补财产保全和先予执行的不足，起到全方位的保护作用。

(3) 建立诉前禁令制度，有利于我国履行加入世贸组织的有关义务。

3. 先予执行的适用范围包括以下一些特定类别的案件：(1) 追索赡养费、扶养费、抚养费、抚恤金、医疗费用的案件。(2) 追索劳动报酬的案件。(3) 因情况紧急需要先予执行的案件。这又具体包括了需要立即停止侵害、排除妨碍的；需要立即制止某项行为的；追索恢复生产、经营急需的保险理赔费的；需要立即返还社会保险金、社会救助资金的，不立即返还款项将严重影响权利人生活和生产经营的；等等。

先予执行应当具备以下条件：(1) 当事人之间权利义务关系明确。(2) 具有先予执行的迫切需要。(3) 当事人提出申请。(4) 被申请人有履行能力。

案例分析题

(1) 冻结银行账户。

(2) 不正确。冻结银行账户的数额不得超过原告诉讼请求的数额。本案诉讼请求额为 58 万元，但冻结银行账户的数额则达到了 200 万元。

(3) 不正确。一方面，本案的争议法律关系的事实并不清楚；另一方面，申请人的经营状况很好，并非属于“如果不先予执行将严重影响生产、经营”的法定要件。

论述与深度思考题

我国的《民诉法》目前不仅规定了财产保全制度，还规定了行为保全制度。行为保全制度在功能上与财产保全制度存在差别。参见江伟、肖建国主编：《民事诉讼法》，9 版，282～283 页，北京，中国人民大学出版社，2023。

第十三章　诉讼保障制度

知识逻辑图

- 期间
  - 概念：指法院、当事人和其他诉讼参与人单独或者共同实施或完成某种行为所应遵守的时间
  - 意义
    - 有利于保障诉讼活动的顺利进行
    - 有利于保护当事人和其他诉讼参与人的合法权益
    - 有利于维护诉讼活动的严肃性和法律的权威性
  - 种类
    - 法定期间、指定期间和约定期间
    - 不变期间和可变期间
  - 计算和剔除
    - 计算规则
      - 期间以时、日、月、年计算
      - 期间开始的时和日，不计算在期间内
      - 期间届满的最后一日是节假日的，以节假日后的第一日为期间届满的日期
      - 期间不包括在途时间，诉讼文书在期满前交邮的，不算过期
    - 剔除情形
      - 因当事人、诉讼代理人申请通知新的证人到庭、调取新的证据、申请重新鉴定或者勘验，法院决定延期审理1个月之内的期间；延期审理超过1个月的时间，仍应记入案件的审结期限
      - 民事案件公告、鉴定的期间
      - 审理当事人提出的管辖权异议和处理法院之间的管辖争议的期间
      - 民事、诉讼执行案件由有关专业机构进行审计、评估、资产清理的期间
      - 中止诉讼（审理）或执行至恢复诉讼（审理）或执行的期间
      - 当事人达成执行和解或者提供执行担保后，执行法院决定暂缓执行的期间
      - 上级法院通知暂缓执行的期间
      - 执行中拍卖、变卖被查封、扣押财产的期间
  - 耽误和顺延
    - 耽误：指当事人或者其他诉讼参与人本应在法定期间、指定期间或者约定期间内实施或者完成诉讼活动，却因为某种原因未能实施或者完成该诉讼活动的状态
    - 顺延：当事人因不可抗拒的事由或者其他正当理由耽误期限，在障碍消除后的10日内，可以以书面形式向法院申请顺延期限

- 送达
  - 概念：指人民法院依照法定的程序和方式，将诉讼文书交给当事人和其他诉讼参与人的行为
  - 特征
    - 主体只能是法院
    - 对象是当事人及其他诉讼参与人
    - 送达的内容是所有需要交给当事人和其他诉讼参与人的诉讼文书
    - 按照法定的程序和方式进行

- 送达
  - 意义
    - 送达是民事诉讼法律关系主体之间的诉讼行为相互联系的纽带，直接影响着民事诉讼能否正常、按时进行
    - 依法送达有助于维护法院裁判的正当性
    - 送达能够引起一定的法律后果
  - 方式
    - 直接送达：指人民法院派专人将诉讼文书直接送交给受送达人本人的送达方式
    - 留置送达：指受送达人拒绝签收送达的诉讼文书时，送达人依法将诉讼文书放置在受送达人住所即视为完成送达的送达方式
    - 委托送达：指受诉法院直接送达诉讼文书有困难时，委托其他人民法院代为送达的送达方式
    - 邮寄送达：指受诉法院在直接送达诉讼文书有困难时，通过将诉讼文书以邮局挂号的方式邮寄给受送达人的送达方式
    - 转交送达：指人民法院将诉讼文书交受送达人所在机关、单位，让它们转交给受送达人的送达方式
    - 公告送达：指受送达人下落不明或者穷尽其他送达方式无法送达时，法院发出公告将送达内容告诉社会公众，经过法定期间即视为送达完成的送达方式
    - 电子送达：指通过传真、电子邮件、手机短信等进行送达的送达方式
  - 效力和送达回证
    - 效力：指法院依法定的程序和方式，将诉讼文书送达当事人或者其他诉讼参与人后所产生的法律效果
    - 表现
      - 使受送达人实施诉讼行为、行使诉讼权利和履行诉讼义务的起始时间得以确定
      - 受送达人受送达后，如果没有按照所送达的诉讼文书的要求实施特定的诉讼行为，就会承担相应的法律后果
      - 送达能够引起特定诉讼法律关系的产生或者消灭
      - 送达是某些诉讼文书发生法律效力的要件之一
    - 送达回证：法院制作的用于证明受送达人已经收到法院所送达的诉讼文书的书面凭证

- 强制措施
  - 概念和意义
    - 概念：又称对妨害民事诉讼的强制措施，是指法院在民事诉讼（包括审判和执行）过程中，为保证民事审判活动和执行活动的顺利进行，对实施妨害民事诉讼行为的人所采取的各种强制性手段
    - 意义
      - 保障当事人和其他诉讼参与人充分行使诉讼权利
      - 保障人民法院顺利完成审判和执行任务
      - 教育公民自觉遵守法律，维护正常的诉讼秩序和法院的权威
  - 妨害民事诉讼行为的构成和种类
    - 构成
      - 必须是已经实施并在客观上妨害了民事诉讼的行为
      - 必须是在诉讼过程中实施的行为
      - 行为人在主观上必须出于故意

- 强制措施
  - 妨害民事诉讼行为的构成和种类
    - 种类
      - 必须到庭的被告以及必须到庭才能查清案件基本事实的原告，经两次传票传唤，无正当理由拒不到庭
      - 诉讼参与人或者其他人违反法庭规则
      - 诉讼参与人或者其他人妨害诉讼证据的收集、调查及阻拦、干扰诉讼的进行
      - 拒不履行人民法院已经发生法律效力的判决、裁定
      - 诉讼欺诈与规避执行行为
      - 有义务协助调查、执行的单位拒不履行协助义务
      - 采取非法拘禁他人或者非法私自扣押他人财产追索债务的行为
  - 强制措施的种类及其适用
    - 拘传及其适用
    - 训诫及其适用
    - 责令退出法庭及其适用
    - 罚款及其适用
    - 拘留及其适用
    - 限制出境及其适用
- 诉讼费用与司法救助
  - 诉讼费用
    - 概念：指民事诉讼当事人依法向法院交纳的为进行诉讼所必需的费用
    - 意义
      - 制裁民事违法行为
      - 减少纳税人的负担和国家财政开支
      - 防止当事人滥用诉权
      - 有利于维护国家主权和经济利益
    - 种类及征收标准
      - 案件受理费
        - 财产案件
        - 非财产案件
        - 特殊规定
      - 申请费及其征收标准
      - 其他诉讼费用及其征收标准
    - 诉讼费用的预交
      - 案件受理费的预交
      - 申请费的预交
      - 几种特殊情况的处理
    - 诉讼费用的负担
      - 一审案件诉讼费用的负担
        - 败诉人负担
        - 撤诉人负担
        - 协商负担
        - 自行负担
        - 申请人负担
      - 二审案件诉讼费用的负担
      - 再审案件诉讼费用的负担
    - 诉讼费用的管理和监督
  - 司法救助
    - 概念：指人民法院对于民事案件中有充分理由证明自己的合法权益受到侵害，但经济确有困难的当事人，实行诉讼费用缓交、减交或免交的制度
    - 形式
      - 免交诉讼费用
      - 减交诉讼费用
      - 缓交诉讼费用
      - 执行救助基金的发放
    - 适用程序

名词解释与概念比较

1. 拘传与拘留
2. 法定期间与指定期间
3. 不变期间、可变期间与约定期间
4. 送达
5. 司法救助

选择题

(一) 单项选择题

1. 在某民事诉讼过程中，被告是一名无诉讼行为能力人，按法律规定，其法定代理人依法必须到庭。但经两次传票传唤，该法定代理人无正当理由拒不到庭，法院可以对该法定代理人予以（ ）。

A. 罚款　　B. 训诫
C. 拘留　　D. 拘传

2. 下列哪一项关于妨害民事诉讼强制措施的说法正确的是？（ ）

A. 民事诉讼中的强制措施实际上是一种民事制裁
B. 民事诉讼中的强制措施只适用于审判阶段
C. 民事诉讼中的强制措施只能对当事人适用
D. 民事诉讼中的强制措施可以对案外人适用

3. 某银行的业务员小张在接到人民法院协助执行通知书后，发现人民法院要查询的存款人刚好是他舅舅，于是就找借口拒不协助查询，人民法院发现真相后决定对小张进行罚款时，则针对小张的行为，罚款金额应为（ ）。

A. 1 000 元以下　　B. 10 万元以下
C. 3 000 元以下　　D. 5 000 元以下

4. 民事诉讼的强制措施中，对单位的罚款金额为（ ）。

A. 1 万元以上
B. 5 万元以上 100 万元以下
C. 2 000 元以上
D. 10 万元以下

5. 王某被人民法院追加为某案件的无独立请求权的第三人，但他认为自己与案件无关，因此拒绝出庭。两次传票传唤后，人民法院是否可以拘传王某？（ ）

A. 符合法院规定的拘传条件，人民法院可以拘传王某
B. 王某不到庭案件无法查清，人民法院可以拘传王某
C. 王为案件的无独立请求权的第三人，相当于被告，人民法院可以拘传王某
D. 王某不是被告，不能拘传

6. 人民法院适用罚款、拘留措施时，应当作出（ ）。

A. 通知书　　B. 裁定书
C. 决定书　　D. 口头决定

7. 下列关于对妨害民事诉讼的强制措施的说法，符合我国法律规定的是（ ）。

A. 对用暴力、威胁等方法抗拒执行公务的人员，因情况紧急的，必须立即采取拘留措施的，可以在拘留后，立即报告院长补办批准手续，院长认为不当的，应当马上提交审判委员会讨论决定是否解除
B. 被拘留人在拘留期间认错悔改的，可以责令其具结悔过，由负责看管的公安机关决定解除拘留
C. 对同一妨害民事诉讼活动的罚款、拘留，在任何情况下均不得连续适用
D. 上级人民法院复议时认为强制措施不当，应当制作裁定，撤销或变更下级人民法院的拘留或罚款

8. 一审基层人民法院在审理李某诉王某一案时，对王某采取拘留的强制措施。王某不服，向中级人民法院申请复议。中级人民法院认为基层法院采取强制措施不当，应如何处理？（ ）

A. 由中级人民法院口头指出错误，提出处理意见，由基层人民法院自行纠正
B. 由中级人民法院书面通知基层人民法院予以纠正
C. 由中级人民法院制作决定书，撤销或变更基层人民法院的错误决定，情况紧急的，可先口头通知并于 3 日内发出决定书
D. 中级人民法院直接作出新的处理决定，交公安机关执行

9. 下列哪个不属于期日？（ ）

A. 判决宣告日　　B. 限期补正起诉状
C. 开庭审理日　　D. 公告发布日

10. 当事人王某于2023年12月4日收到第一审人民法院不予受理的裁定，他最后应于哪一天提起上诉？（　　）

A. 12月18日　　B. 12月19日
C. 12月13日　　D. 12月14日

11. 张某诉李某一案于2023年7月25日一审判决后，由于山洪暴发交通中断，被告无法邮寄或者直接递交上诉状。直到2023年8月15日交通才恢复。李某想向法院申请顺延上诉期限，其应当在什么时间内提出？（　　）

A. 8月22日内　　B. 8月25日内
C. 8月30日内　　D. 9月14日内

12. 赵某骑摩托车撞伤孙某一案，经人民法院调解无效，依法判决被告赵某赔偿原告孙某经济损失1 500元。人民法院多次通知赵某来法庭领取判决书，但一直未到庭，于是人民法院派两名法警到被告的住所地将判决书直接送达被告赵某，但赵某及其家人都拒绝接收。那么，上述两名法警可以采取以下哪一项措施？（　　）

A. 邮寄送达　　B. 留置送达
C. 委托送达　　D. 公告送达

13. 2023年11月30日某县法院发布寻找失踪人的公告，内容是：公告3个月后若被申请人仍未出现或确知其生存下落，人民法院即可依法作出宣告被申请人失踪的判决。本案公告期间届满日应当是哪一天？（　　）

A. 2024年2月27日　　B. 2024年2月26日
C. 2024年3月1日　　D. 2024年2月28日

14. 送达回证是人民法院制作的，用以证明完成送达行为的书面凭证。下列哪种送达方式不需要送达回证？（　　）

A. 留置送达　　B. 委托送达
C. 转交送达　　D. 公告送达

15. 邮寄送达中，挂号回执上注明的收件日期与送达回证上收件日期不一致，送达日期应该是哪一天？（　　）

A. 法院交邮局挂号的日期
B. 诉讼文书寄到的日期
C. 挂号回执上注明的日期
D. 送达回证上的收件日期

16. 适用转交送达的情况有（　　）。

A. 受送达人下落不明的
B. 受送达人拒绝接受送达的
C. 受送达人是被监禁的
D. 受送达人同意转交送达的

17. 留置送达是把诉讼文书留在受送达人的（　　）。

A. 所在单位　　B. 住所
C. 代理人处　　D. 所在基层组织

18. 下列哪种做法是错误的？（　　）

A. 在张涛诉李名侵犯其肖像权一案中，经县人民法院调解，双方达成调解协议，人民法院制作调解书，该调解书应当向张涛和李名本人送达
B. 当事人段英是现役军人，则人民法院应当找到段英所在部队的团长，通过团长向段英转交相关司法文书
C. 张明正在被采取强制性教育措施，则人民法院应当通过其所在的强制性教育机构转交诉讼文书
D. 海浪公司收发室负责收件的王大爷尽管是临时工，但仍有权签收司法文书

19. 下列哪种法律文书在法院送达时不适宜采用留置送达形式？（　　）

A. 财产保全裁定书
B. 先予执行裁定书
C. 离婚诉讼的调解书
D. 侵权纠纷的判决书

20. 孙某收到一份人民法院的判决书，其送达日期为下列哪个日期？（　　）

A. 法院发出判决书之日期
B. 邮递员送达到孙某家之日期
C. 孙某在送达回证上的签收日期
D. 法院收到送达回证之日期

21. 李某与赵某是夫妻。2023年7月，李某向某县人民法院起诉要求离婚，法院经审理判决不准离婚。审理该案的书记员两次到李某家送达判决书李某均拒绝接收。对此，应当如何处理？（　　）

A. 书记员将该判决书交给李某的邻居王某转交
B. 书记员将该判决书留置李某的住所
C. 书记员将该判决书交给李某所在地居委会转交
D. 书记员将该判决书交给李某所在地派出所转交

22. 一般情况下，诉讼费用由（　　）。

A. 原告负担　　B. 被告负担
C. 胜诉人负担　　D. 败诉人负担

23. 案件受理费，一般应当由（　　）。

A. 原告预交　　B. 被告预交

C. 胜诉人预交　　D. 败诉人预交

24. 我国民事诉讼案件的诉讼费用如何征收？（　　）

A. 按件征收

B. 根据争议财产金额大小按比例征收

C. 财产案件按比例征收，非财产案件按件征收

D. 人民法院决定如何征收

25. 被告提出反诉的，根据反诉金额或价额计算案件受理费（　　）。

A. 由原告预交

B. 由被告预交

C. 不预交，案件审理结束后由败诉方承担

D. 由人民法院决定由谁预交

26. 经人民法院调解达成协议的案件，诉讼费用如何负担？（　　）

A. 按比例负担　　B. 协商负担

C. 原告负担　　D. 被告负担

27. 原告预交案件受理费，应当自接到人民法院通知的次日起几日内预交？（　　）

A. 3 日内　　B. 7 日内

C. 10 日内　　D. 15 日内

28. 甲省高级人民法院发现其下属的乙市中级人民法院有一生效判决确有错误，决定提起再审。问：此再审案件的诉讼费用由谁交纳？（　　）

A. 由双方平分缴纳

B. 不预交，由最终败诉方负担

C. 由人民法院决定由谁负担

D. 不再缴纳诉讼费用

29. 下列哪种情形，当事人需交纳诉讼费用？（　　）

A. 法院裁定不予受理

B. 最高法院发现某案件错判，指令再审

C. 省检察院就某市中级人民法院的二审民事判决抗诉

D. 企业法人破产还债案件

30. 下列关于诉讼费用预交的说法错误的是（　　）。

A. 原告应在接到法院的预交诉讼费用通知的次日起 7 日内交费

B. 当事人在预交期内既不预交，也不提出缓交申请的，人民法院应不予受理

C. 申请执行费用由申请人预交，并在提出申请时交纳

D. 被告提出反诉的，应预交反诉的诉讼费用

31. 张某起诉周某人身损害赔偿一案，被告答辩提出原告的请求超过诉讼时效。法院应当如何处理？（　　）

A. 裁定不予受理

B. 裁定驳回起诉

C. 受理后通过审理判决驳回诉讼请求

D. 受理后通过审理裁定驳回起诉

32. 根据民事诉讼法和民事诉讼理论，关于期间，下列哪一选项是正确的？（　　）

A. 法定期间都是不可变期间，指定期间都是可变期间

B. 法定期间的开始日及期间中遇有法定休假日的，应当在计算期间时予以扣除

C. 当事人参加诉讼的在途期间不包括在期间内

D. 遇有特殊情况，法院可依职权变更原确定的指定期间

视频讲题

33. 甲起诉要求与妻子乙离婚，法院经审理判决不予准许。书记员两次到甲住所送达判决书，甲均拒绝签收。书记员的下列哪一做法是正确的？（　　）

A. 将判决书交给甲的妻子乙转交

B. 将判决书交给甲住所地居委会转交

C. 请甲住所地居委会主任到场见证并将判决书留在甲住所

D. 将判决书交给甲住所地派出所转交

34. 关于《民诉法》规定的期间制度，下列哪一选项是正确的？（　　）

A. 法定期间都属于绝对不可变期间

B. 涉外案件的审理不受案件审结期限的限制

C. 当事人从外地到法院参加诉讼的在途期间不包括在期间内

D. 当事人有正当理由耽误了期间，法院应当依职权为其延展期间

（二）多项选择题

1. 下列对妨害民事诉讼的强制措施，说法错误的是（　　）。

A. 必须到庭的被告，无正当理由拒不到庭，法院可以拘传

B. 人民法院对哄闹冲击法庭，严重扰乱法庭秩序的人，可以不经院长批准而直接将其拘留

C. 人民法院对个人作出的罚款金额，为人民币 3 000 元以下

D. 拘留的期限，为 15 日以下

2. 在民事诉讼中，诉讼参与人有下列哪些行为的，人民法院可以根据情节轻重予以罚款、拘留；构成犯罪的，依法追究刑事责任？（　　）

A. 隐藏、转移、变卖、毁损已被查封、扣押的财产，或者已被清点并责令其保管的财产，转移已被冻结的财产的

B. 银行、信用社和其他有储蓄业务的单位接到人民法院协助执行通告书后，拒不协助查询、冻结或者划拨存款的

C. 拒不履行人民法院已经发生法律效力的判决、裁定的

D. 有关单位接到人民法院协助执行通知书后，拒不协助扣留被执行人的收入、办理有关财产权证照转移手续、转交有关票证、证照或者其他财产的

3. 刑事诉讼和民事诉讼中均有的强制措施有哪些？（　　）

A. 拘传　　B. 训诫　　C. 罚款　　D. 拘留

4. 下列属于妨害民事诉讼行为的有哪些？（　　）

A. 人民法院判决甲支付乙 2 000 元，并已生效，甲对此拒不履行

B. 被告丙所在单位拒绝人民法院调查取证

C. 必须到庭的原告丁，经人民法院传票传唤，无正当理由拒不到庭

D. 律师鼓励证人诚实作证，结果证人改变了先前的证言

5. 民事诉讼中的强制措施可以适用于（　　）。

A. 原告

B. 鉴定人

C. 原告的委托代理人

D. 旁听的群众

6. 民事诉讼中拘传措施可以适用于哪些人？（　　）

A. 追索赡养费、抚恤金案件的被告

B. 由于侵权行为引起的民事赔偿案件的被告

C. 被告的法定代理人

D. 被告的委托代理人

视频讲题

7. 对于扰乱法庭秩序的当事人家属，根据情节轻重可以采取的措施有（　　）。

A. 拘传　　B. 训诫

C. 责令退出法庭　　D. 拘留

8. 李某租住王某一间房，2017 年李某租期届满但拒绝退房，王某遂向法院起诉，法院判决李某退房。判决生效后，李某无正当理由拒不执行。王某于是申请强制执行。当执行员带法警进入该房时，案外人张某手持木棍将执行员打伤，法院对张某拘留 15 日，罚款 300 元。下列说法正确的是（　　）。

A. 拘留期间被拘留人承认并改正错误的，法院可以决定提前解除拘留

B. 罚款和拘留两种措施可以同时适用

C. 适用拘留措施应当经独任审判员或审判长批准

D. 本案中对案外人采取强制措施是错误的

9. 以下关于民事诉讼中的强制措施的说法，错误的是（　　）。

A. 拘传被告时，由法警直接送达拘传票给拘传人

B. 对妨害民事诉讼的强制措施，只能由人民法院决定适用

C. 对罚款、拘留，复议期间可停止执行

D. 拘留期间，公安机关可以提前解除

10. 民事诉讼中的期间包括下列哪些期间？（　　）

A. 法定期间　　B. 指定期间

C. 约定期间　　D. 推定期间

11. 下列哪些属于法定期间？（　　）

A. 人民法院收到起诉状后审查立案的期间

B. 被告收到起诉状副本后提出答辩的期间

C. 当事人补正起诉状的期间

D. 有特殊情况当事人申请延期由法院决定的期间

12. 下列法院的行为哪些属于送达的行为？（ ）

A. 法院向当事人开户银行发出协助执行通知书

B. 甲法院向乙法院出具委托函及相关文书

C. 被告下落不明，法院在公告栏中张贴起诉状要点、开庭时间、地点等

D. 法院通知有关证人出庭

13. 在民事诉讼中，人民法院适用普通程序审理的案件，应当在立案之日起 6 个月内审理终结。这 6 个月的计算不包括下列哪些时间？（ ）

A. 调解书、判决书送达时间

B. 公告期间

C. 审理当事人提出的管辖权异议的期间

D. 法院主动调查取证的期间

14. 法院送达的内容可以是（ ）。

A. 起诉状副本　　B. 上级法院复函

C. 调解书　　D. 支付令

15. 下列哪些情况属于直接送达？（ ）

A. 人民法院将诉讼文书交受送达人同住的父母签收

B. 人民法院将诉讼文书交受送达人的法定代表人签收

C. 人民法院将诉讼文书交受送达人的诉讼代理人签收

D. 人民法院将诉讼文书投进受送达人家门口的信箱

16. 在民事诉讼中，可以适用留置送达的诉讼文书和法律文书包括哪些？（ ）

A. 人民法院的判决书

B. 人民法院的裁定书

C. 人民法院的调解书

D. 出庭通知书

17. 法院决定对张明进行公告送达，则下列哪些方式属于合法有效的方式？（ ）

A. 在法院的公告栏里张贴公告

B. 在张明的住所地张贴公告

C. 在人民法院报上刊登公告

D. 在网上刊登公告

18. 甲法院希望委托乙法院代为送达，则需要出具的文件包括（ ）。

A. 委托函

B. 需要送达的诉讼文书

C. 送达回证

D. 有甲法院院长签字的介绍信

19. 诉讼费用中的其他诉讼费用包括哪些？（ ）

A. 鉴定费

B. 公告费

C. 翻译费

D. 法院办案人员为了解案情出差外地的差旅费

20. 下列属于诉讼费用的有哪些？（ ）

A. 证人的误工补贴费

B. 律师代理费

C. 陪审员的误工补贴费

D. 财产保全措施的申请费

21. 按规定不交纳诉讼费用的案件有哪些？（ ）

A. 选民资格案件

B. 宣告死亡案件

C. 认定财产无主案件

D. 依审判程序提审的案件

22. 关于《民诉法》对期间的规定，下列哪些选项是正确的？（ ）

A. 当事人申请再审的期间不适用中止、中断和延长的规定

B. 当事人提出证据的期间不适用中止、中断的规定

C. 当事人申请执行的期间适用中止、中断和延长的规定

D. 当事人提起上诉的期间适用中止、中断和延长的规定

23. 佟克水与卫林生系同事，2022 年 4 月，佟克水向卫林生借款 4 000 元，并写了借条，写明 2023 年 4 月底之前还清。2023 年 7 月，卫林生向佟克水催要欠款，并请同事刘国东共同来劝说佟克水，在卫林生出示借条时，佟克水将借条夺过撕毁。卫林生将被撕借条夺回，并用胶水粘贴修补，但借条上佟克水的签名已模糊不清。卫林生于 2023 年 8 月到人民法院起诉，要求佟克水返还借款，法院开庭时传唤证人刘国东到庭作证，刘国东以工作忙为借口拒不到庭，而被告佟克水则在法庭上嘲笑和侮辱审判人员。法院经笔迹鉴定，确认破碎的借条上的字迹为佟克水所写，判决佟克水败诉。佟克水未提起上诉。判决生效后，佟克水找法庭原案审判员纠缠，并顺手将审判员桌上的该案案卷材料撕毁两页。问：下列哪些行为不属于妨害民事诉讼的行为？（ ）

A. 佟克水撕毁借条的行为

B. 刘国东拒绝作证的行为

C. 佟克水在法庭上侮辱审判人员的行为

D. 佟克水撕毁本案案卷材料的行为

24. 关于法院的送达行为，下列哪些选项是正确的？（　　）

A. 陈某以马某不具有选民资格向法院提起诉讼，由于马某拒不签收判决书，法院向其留置送达

B. 法院通过邮寄方式向葛某送达开庭传票，葛某未寄回送达回证，送达无效，应当重新送达

C. 法院在审理张某和赵某借款纠纷时，委托赵某所在学校代为送达起诉状副本和应诉通知

D. 经许某同意，法院用电子邮件方式向其送达证据保全裁定书

25. 张某诉美国人海斯买卖合同一案，由于海斯在我国无住所，法院无法与其联系，遂要求张某提供双方的电子邮件地址，电子送达了诉讼文书，并在电子邮件中告知双方当事人在收到诉讼文书后予以回复，但开庭之前法院只收到张某的回复，一直未收到海斯的回复。后法院在海斯缺席的情况下，对案件作出判决，驳回张某的诉讼请求，并同样以电子送达的方式送达判决书。关于本案诉讼文书的电子送达，下列哪些做法是合法的？（　　）

A. 向张某送达举证通知书

B. 向张某送达缺席判决书

C. 向海斯送达举证通知书

D. 向海斯送达缺席判决书

（三）不定项选择题

1. 甲、乙因房屋租赁合同发生纠纷，根据合同约定向该市仲裁委员会申请仲裁，仲裁委员会作出裁决，要求乙迁出承租房屋，交纳租赁费用及利息 1 万元。乙拒不执行裁决，甲遂向人民法院申请执行仲裁机构的裁决。

（1）该案执行费用包括哪些？（　　）

A. 申请执行费

B. 强制乙迁出房屋支付的费用

C. 乙单位协助扣缴乙工资所需的费用

D. 人民法院工作人员执行时的工资

（2）申请执行费由谁预交？（　　）

A. 甲　　B. 乙

C. 双方各一半　　D. 不用预交

（3）执行申请费由谁负担？（　　）

A. 甲　　B. 乙

C. 双方分担　　D. 双方均不负担

2. 甲、乙因损害赔偿纠纷诉至法院，法院于 2 月 10 日收到原告甲的起诉状，经审查认为符合起诉条件，立案审理并作出判决。甲、乙分别于 4 月 16 日、4 月 17 日收到县人民法院第一审判决。当年国家规定 5 月 1 日至 3 日为放假时间。

（1）法院应当在什么时间内立案？（　　）

A. 2 月 13 日内　　B. 2 月 15 日内

C. 2 月 17 日内　　D. 3 月 20 日内

（2）关于当事人的上诉期间，下列哪些说法正确？（　　）

A. 甲的上诉期限至 4 月 30 日届满

B. 甲的上诉期限和乙一起从 4 月 18 日起计算

C. 乙于 5 月 4 日将上诉状寄出，法院 5 月 6 日收到，则乙的上诉仍然有效

D. 双方的上诉期间均是 5 月 4 日

简答题

1. 简述妨害民事诉讼行为的构成要件。
2. 简述期间和期日的区别。
3. 简述送达的主要方式。
4. 简述诉讼费用制度的意义。

案例分析题

原告甲与被告乙因遗产继承纠纷诉至人民法院，甲要求乙返还占有的两间房屋。人民法院判决被告乙返还占有的其中一间房屋。判决书送达双方当事人后，甲、乙均不服判决，分别于 2 月 10 日和 2 月 12 日向人民法院邮寄上诉状。人民法院收到甲的上诉状，于是通知甲在 3 日内交纳上诉费，否则视为放弃上诉。二审人民法院经过审理，驳回上诉。

问题：

（1）人民法院的做法是否正确？

（2）上诉案件被驳回，案件受理费由谁负担？

论述与深度思考题

如何完善我国的诉讼费用制度？

参考答案

名词解释与概念比较

1.

拘传	拘留
人民法院在法定情况下强制被告到庭的一种强制措施	人民法院对妨害民事诉讼情节严重的行为人予以强行关押，在一定期限内限制其人身自由的一种强制措施

2.

法定期间	指定期间
法律明文规定的诉讼期间	法院根据案件的具体情况，依职权指定的期间

3.

不变期间	可变期间	约定期间
一经法律规定，非有法定情形，任何人不得予以变更的期间	期间经法律规定或法院指定后，因情况发生了变化，在规定或指定期间内完成某种诉讼行为有困难，法院根据当事人的申请或依职权变更	根据法律、司法解释所确立的约定机制，由当事人协商一致，并经人民法院认可的诉讼期间

4. 送达是指法院按照法定程序和方式，将诉讼文书送交当事人或其他诉讼参与人的行为。

5. 在民事诉讼中，司法救助是指人民法院对于民事案件中有充分理由证明自己合法权益受到侵害但经济确有困难的当事人，实行诉讼费用的缓交、减交、免交的制度。

选择题

（一）单项选择题

1. 答案：D

《民诉解释》第 235 条规定，无民事行为能力的当事人的法定代理人，经传票传唤无正当理由拒不到庭，属于原告方的，按撤诉处理；属于被告方的，缺席判决。必要时，人民法院可以拘传其到庭。

2. 答案：D

妨害民事诉讼强制措施适用于整个诉讼程序，且适用对象不限于案件当事人。

3. 答案：B

参见《民诉法》第 118 条。

4. 答案：B

参见《民诉法》第 118 条。

5. 答案：D

根据《民诉法》第 112 条的规定，只能对必须到庭的被告，且经两次传票传唤，无正当事由拒不到庭的，才能拘传。《民诉解释》第 240 条进一步明确，无独立请求权的第三人经人民法院传票传唤，无正当理由拒不到庭，或者未经法庭许可中途退庭的，不影响案件的审理。

6. 答案：C

参见《民诉法》第 119 条。

7. 答案：C

根据《民诉解释》第 181 条的规定，对于 A 项所述情况，不需要经审判委员会讨论，院长有权直接决定解除拘留。公安机关只负责看管被拘留人员，解除拘留只能由人民法院作出，因此 B 项错误。《民诉解释》第 184 条规定："对同一妨害民事诉讼行为的罚款、拘留不得连续适用。发生新的妨害民事诉讼行为的，人民法院可以重新予以罚款、拘留。"故 C 项正确。根据《民诉解释》第 186 条的规定，上级法院认为下级法院的强制措施不当，应当用决定书，而不是裁定书，故 D 项错误。

8. 答案：C

参见《民诉解释》第 186 条。

9. 答案：B

期日是人民法院、当事人以及其他诉讼参与人会合在一起进行诉讼行为必须遵守的时间。限期补正起诉状是人民法院为当事人设定的期限，属于期间的一种。

10. 答案：D

参见《民诉法》第 171、85 条。从当事人收到裁定书的次日起算，共 10 天。

11. 答案：B

参见《民诉法》第 85、86 条之规定。从障碍消除日的次日起算，共 10 天。

12. 答案：B

参见《民诉法》第 89 条。在当事人拒绝签收法律文书的情况下，人民法院可以采用留置送达的方式。

13. 答案：D

参见《民诉法》第 192、85 条之规定。第三个月的最后一天，即 2016 年 2 月 28 日为公告期届满的时间。

14. 答案：D

公告送达是在受送达人下落不明的情况下所采取的送达方式，故不需要、也不可能有送达回证。

15. 答案：C

参见《民诉法》第 91 条之规定。

16. 答案：C

参见《民诉法》第 92、93 条之规定。适用转交送达的情形包括：（1）对军人的送达；（2）对被监禁人员的送达；（3）对被采取强制性教育措施的人员的送达。

17. 答案：B

参见《民诉法》第 89 条之规定。在留置送达中，法院工作人员应当将有关法律文书留置在受送达人的住所。

18. 答案：B

《民诉解释》第 133 条规定："调解书应当直接送达当事人本人，不适用留置送达。当事人本人因故不能签收的，可由其指定的代收人签收。"故 A 项正确，不当选。《民诉法》第 92 条规定："受送达人是军人的，通过其所在部队团以上单位的政治机关转交。"向现役军人送达时，应当采用转交送达的方式，将法律文书送达受送达人所属的团级或以上单位的政治部门，如团政治部，而不是送达部队首长。故 B 项错误，当选。《民诉法》第 93 条规定："受送达人被采取强制性教育措施的，通过其所在强制性教育机构转交。"所以 C 项正确，不当选。根据《民诉法》第 88 条、《民诉解释》第 130 条，法人中负责收件的人有权签收司法文书，D 项正确，不当选。

19. 答案：C

参见《民诉解释》第 133 条之规定。调解书不得采用留置送达的方式。当事人拒绝签收调解书的，视为拒绝调解，人民法院应当及时作出判决。

20. 答案：C

参见《民诉法》第 87 条之规定。当事人在送达回证上的填写的签收日期为判决书的送达日期。

21. 答案：B

本案不适用转交送达的方式。由于是离婚案件，判决书也不能交给当事人的同住成年家属，因而在当事人拒绝签收的情况下，只能采用留置送达的方式。

22. 答案：D

参见《交费办法》第 29 条。

23. 答案：A

参见《交费办法》第 20 条。

24. 答案：C

参见《交费办法》第 13 条。

25. 答案：B

参见《交费办法》第 20 条。

26. 答案：B

参见《交费办法》第 31 条。

27. 答案：B

参见《交费办法》第 22 条。

28. 答案：D

参见《交费办法》第 9 条。

29. 答案：D

《交费办法》第 14 条规定：破产案件依据破产财产总额计算，按照财产案件受理费标准减半交纳，但是，最高不超过 30 万元。

30. 答案：C

《交费办法》第 22 条规定，原告自接到人民法院交纳诉讼费用通知次日起 7 日内交纳案件受理费；反诉案件由提起反诉的当事人自提起反诉次日起 7 日内交纳案件受理费……申请费由申请人在提出申请时或在人民法院指定的期限内预交。当事人逾期不交纳诉讼费用又未提出司法救助申请，或者申请司法救助未获批准，在人民法院指定期限内仍未交纳诉讼费用的，由人民法院依照有关规定处理。

31. 答案：C

根据《民诉解释》第 219 条，当事人超过诉讼时效期间起诉的，人民法院应予受理。受理后对方当事人提出诉讼时效抗辩，人民法院经审理认为抗辩事由成立的，判决驳回原告的诉讼请求。根据《诉讼时效规定》第 1 条，当事人可以对债权请求权提出诉讼时效抗辩。第 2 条规定，当事人未提出诉讼时效抗辩，人民法院不应对诉讼时效问题进行释明及主动适用诉讼时效的规定进行裁判。因此，选项 A 和选项 B 错误。诉讼时效属于实体判决要件，故应由人民法院用判决的形式驳回诉讼请求。选项 C 正确，当选。

32. 答案：D

法定期间包括绝对不可变期间和相对不可变期间。故选项A错误，选项D正确。《民诉法》第85条规定，期间届满的最后一日是法定休假日的，以法定休假日后的第一日为期间届满的日期。故选项B错误。法律规定的在途期间不计算在内的期间，只是指诉讼文书的在途期间，而不包括当事人为进行诉讼行为而产生的在途期间。故选项C错误。

33. 答案：C

《民诉法》第89条规定，受送达人或者他的同住成年家属拒绝接收诉讼文书的，送达人可以邀请有关基层组织或者所在单位的代表到场，说明情况，在送达回证上记明拒收事由和日期，由送达人、见证人签名或者盖章，把诉讼文书留在受送达人的住所；也可以把诉讼文书留在受送达人的住所，并采用拍照、录像等方式记录送达过程，即视为送达。

34. 答案：B

本题考查期间的知识点。选项A错误：根据《民诉法》第85条第1款的规定，期间包括法定期间和人民法院指定的期间。法定期间是指由法律明文规定的期间。法定期间包括绝对不可变期间和相对不可变期间。绝对不可变期间是指该期间经法律确定，任何机构和人员都不得改变，如上诉期间等。相对不可变期间是指该期间经法律确定后，在通常情况下不可改变，但遇到有关法定事由，法院可对其依法予以变更，如一审的案件审理期间。选项B正确：根据《民诉法》第287条的规定，人民法院审理涉外民事案件的期间，不受本法第152、183条规定的限制。选项C错误：根据《民诉法》第85条第4款的规定，期间不包括在途时间，诉讼文书在期满前交邮的，不算过期。因而，仅文书的在途时间不包括在期间内，当事人从外地到法院参加诉讼的在途期间应包括在期间内。选项D错误：根据《民诉法》第86条的规定，当事人因不可抗拒的事由或者其他正当理由耽误期限的，在障碍消除后的10日内，可以申请顺延期限，是否准许，由人民法院决定。因此，顺延期限必须由当事人申请而启动，法院不可依职权顺延。

（二）多项选择题

1. 答案：ABC

《民诉法》第112条规定，人民法院对必须到庭的被告，经两次传票传唤，无正当理由拒不到庭的，可以拘传。《民诉法》第119条规定，拘留必须经院长批准。《民诉法》第118条规定，对个人的罚款金额在10万元以下，因此A、B、C项错，当选。

2. 答案：ABCD

参见《民诉法》第114、117条。

3. 答案：AD

参见《民诉法》第112、113条，《刑事诉讼法》第66、82条。刑事诉讼强制措施中没有训诫和罚款。

4. 答案：AB

根据《民诉法》第114、117条的规定，A、B项属于妨害民事诉讼的行为。

5. 答案：ABCD

根据《民诉法》第112～117条的规定，诉讼参与人和其他人都可以成为妨害民事诉讼的主体。

6. 答案：ABC

根据《民诉法》第112条、《民诉解释》第174、235条的规定，A、B、C项正确。

7. 答案：BCD

根据《民诉法》第112条和第113条的规定，拘传只适用于必须到庭的被告和法定代理人，不适用于扰乱法庭秩序的当事人家属。法院对于违反法庭规则的人，可以予以训诫，责令退出法庭或者予以罚款、拘留。

8. 答案：AB

根据《民诉解释》第182条的规定，A项正确，当选。《民诉解释》第183条规定，罚款和拘留可以同时适用，因此B项正确。根据《民诉法》第119条的规定，拘留必须经院长批准，C项错误。根据《民诉法》第114条的规定，对案外人可采取强制措施，因此D项错。

9. 答案：CD

根据《民诉解释》第178条和《民诉法》第120条的规定，决定适用和解除妨害民事诉讼强制措施的权力应由人民法院行使，因此A、B项对，D项错。根据《民诉法》第119条的规定，复议期间，对罚款、拘留不停止执行，故C项错。

10. 答案：AB

根据《民诉法》第85条的规定，民事诉讼中的期间只有两种：一种是法定期间，另一种是指定期间。

11. 答案：AB

法定期间，是指法律直接规定的期间，如民事诉讼中规定的立案期间、答辩期间等。故选项A、B正确。指定期间，是指法院根据案件的具体情况依职权指定的期间，是一种可变期间，如法院在诉讼中指定当事人补正起诉状的时间等。因此，选项C、D是指定期间，不能选。

12. 答案：CD

送达是人民法院按照法定的程序和方式向当事人和其他诉讼参与人送交诉讼文书的行为。送达的对象只能是当事人和其他诉讼参与人，因此A、B项错误，不当选。

13. 答案：BC

根据《审限规定》第9条第6、7项的规定，公告期间和人民法院审理管辖权异议的期间均不计算在审限之内。

14. 答案：ACD

送达的内容是所有需要交给当事人和其他诉讼参与人的诉讼文书，如判决书、调解书、起诉状副本、支付令等。因此，A、C、D项正确。上级法院的复函属于人民法院的内部文件，不是诉讼文书，不能作为送达的内容进行送达。

15. 答案：ABC

根据《民诉法》第88条的规定，人民法院将诉讼文书送达给当事人的同住成年家属或者当事人指定的代表人或者代理人均视为直接送达。选项D中的送达方式不属于任何一种合法的送达方式，此种送达方式应视为无效的送达。

16. 答案：ABD

根据《民诉解释》第133条的规定，调解书应当直接送达当事人，不适用留置送达。因此，选项C错误。除此以外，大部分的诉讼文书在受送达人拒绝签收的情况下均可采用留置送达的方式，故选项A、B、D正确。

17. 答案：ABCD

参见《民诉解释》第138条。

18. 答案：ABC

根据《民诉解释》第134条的规定，在委托送达中，委托法院需要向受托法院提供委托函、诉讼文书及送达回证，不需要提供介绍信。

19. 答案：ABC

根据《交费办法》第11、12条的规定，“其他诉讼费用”的收取只限于财产案件，包括勘验费、鉴定费、公告费、翻译费，依照国家有关部门规定的收费标准交纳。

20. 答案：AD

参见《交费办法》第6、10条的规定。律师费为当事人向律师支付的费用，不属于诉讼费用；人民陪审员的误工费由法院承担，也不属于诉讼费用。

21. 答案：ABC

参见《交费办法》第8、9条。选民资格案件、宣告死亡案件、认定财产无主案件，当事人均无须交纳诉讼费用。依据审判监督程序审理的案件当事人不缴纳案件受理费，但是下列情形除外：当事人有新的证据，足以推翻原判决、裁定，向人民法院申请再审，人民法院经审查决定再审的案件；当事人对人民法院第一审判决或者裁定未提出上诉，第一审判决、裁定或者调解书发生法律效力后又申请再审，人民法院经审查决定再审的案件。

22. 答案：AC

A项正确：《民诉法》第216条规定：“当事人申请再审，应当在判决、裁定发生法律效力后六个月内提出；有本法第二百一十一条第一项、第三项、第十二项、第十三项规定情形的，自知道或者应当知道之日起六个月内提出。”《民诉解释》第393条同时规定，当事人申请再审超过法定申请再审期限，人民法院应当裁定驳回再审申请。故A项正确。B项错误：根据《证据规定》第54条第1、2款的规定，当事人申请延长举证期限的，应当在举证期限届满前向人民法院提出书面申请。申请理由成立的，人民法院应当准许，适当延长举证期限，并通知其他当事人。延长的举证期限适用于其他当事人。据该规定，当事人举证时限是可以申请延长的，适用中止、中断的规定。C项正确：根据《民诉法》第250条的规定，申请执行的期间为二年。申请执行时效的中止、中断，适用法律有关诉讼时效中止、中断的规定。D项错误：根据《民诉法》第171条的规定，当事人不服地方人民法院第一审判决的，有权在判决书送达之日起15日内向上一级人民法院提起上诉。当事人不服地方人民法院第一审裁定的，有权在裁定书送达之日起10日内向上一级人民法院提起上诉。超过胜诉期限，一审裁判将发生效力，因此当事人提起上诉的期间为法定期间，不适用中止、中断和延长的规定。

23. 答案：ABD

佟克水撕毁借条和毁坏案卷，分别在提起诉讼前和案件审结后，因此这两种行为都不属于妨害民事诉讼的行为。我国现行民事诉讼法和相关司法解释也没有规定拒绝作证属于妨害民事诉讼的行为。

24. 答案：AD

A项正确：根据《民诉法》第89条的规定，受送达人拒绝接受诉讼文书的，法院可以邀请有关基层组织或者所在单位的代表到场，说明情况，见证或者采取拍照、录像等方式记录送达过程，适用留置送达。B项错误：根据《民诉法》第91条的规定，邮寄送达的，以回执上注明的收件日期为送达日期。因此，受送达人未寄回送达回证的，不影响送达的效力。C项错误：根据《民诉法》第91条的规定，直接送达诉讼文书有困难的，可以委托其他人民法院代为送达，或者邮寄送达。由此可得，委托送达的受托主体是其他人民法院，而不能是法院之外的其他单位或组织。D项正确：根据《民诉法》第90条第1款的规定，经受送达人同意，人民法院可以采用能够确认其收悉的电子方式送达诉讼文书。通过电子方式送达的判决书、裁定书、调解书，受送达人提出需要纸质文书的，人民法院应当提供。因此，法院可以用电子邮件方式向许某送达裁定书。

25. 答案：AB

根据《民诉法》第90条第1款之规定，经受送达人同意，人民法院可以采用能够确认其收悉的电子方式送达诉讼文书。通过电子方式送达的判决书、裁定书、调解书，受送达人提出需要纸质文书的，人民法院应当提供。因此，在张某同意的情况下，法院可以向张某送达举证通知书以及缺席判决书，A、B项正确。未经海斯的同意，不能向海斯送达诉讼文书，因此C、D项错误。

（三）不定项选择题

1. （1）答案：ABC

参见《交费办法》第6、10、12条，执行员的工资由人民法院承担，不属于诉讼费用。

（2）答案：D

根据《交费办法》第20条的规定，当事人申请执行仲裁裁决不需要预交执行费用。

（3）答案：B

根据《交费办法》第38条第1款的规定，仲裁裁决的执行申请费由被执行人负担。

2. （1）答案：C

参见《民诉法》第126、85条的规定。人民法院应当从收到当事人起诉状次日起7日内完成受理审查工作。当事人在2月10日提交起诉状，从2月11日起算，人民法院应当在2月17日内完成受理审查工作。

（2）答案：CD

参见《民诉法》第171、85条，《民诉解释》第244条的规定。双方当事人分别于4月16日、4月17日收到判决书，他们的上诉期分别应当在5月1日、5月2日届满。由于5月1日至5月3日为五一假期，因此假期结束后一天即5月4日为双方上诉期届满时间。我国在邮寄诉讼文书的问题上采用“投邮主义”，即当事人只需将诉讼文书投寄邮局即视为递交法院，上诉人邮寄的上诉状上的邮戳日期为上诉日期，故当事人在5月4日邮寄上诉状属于在上诉期间内提起上诉。

简答题

1. 妨害民事诉讼行为是指诉讼参与人和其他人在民事诉讼过程中，故意干扰、破坏诉讼秩序，阻碍诉讼活动正常进行的行为。其构成要件如下：

（1）必须有妨害民事诉讼行为的发生。

（2）必须是在诉讼过程中实施的行为。

（3）行为人主观上有故意。

（4）必须是足以妨害民事诉讼进行，但尚未构成犯罪的行为。

2. 期间与期日的区别主要表现在以下几个方面：

（1）期间是指从某一期日起到另一期日止所经过的时间阶段；期日则是指不可分或视为不可分的特定时间点。

（2）期间是诉讼参与人或法院单独为某种诉讼行为的期限；期日则是诉讼参与人和法院会合在一起为诉讼行为的时间。

（3）期间有法定期间和指定期间之分；期日则只有指定期日一种。

（4）期间有不变期间与可变期间之分；期日则可由法院根据具体情况变更。

（5）期间有始期和终期；期日则只规定开始的时间，不规定终止的时间。

3. 送达的主要方式包括以下七种：

（1）直接送达，指法院派专人将诉讼文书直接交给受送达人的送达方式。

（2）留置送达，指在受送达人或其同住成年家属拒绝接收诉讼文书时，送达人依法将诉讼文书留在受送达人的住所即视为送达的送达方式。

（3）委托送达，指法院直接送达诉讼文书有困难的，委托受送达人所在地法院代为送交诉讼文书的一种送达方式。

（4）邮寄送达，指法院通过邮局将诉讼文书挂号寄交受送达人的送达方式。

（5）转交送达，指法院将诉讼文书送交受送达人所在单位代收后，再由该单位转交给受送达人的送达方式。

（6）公告送达，指法院以张贴公告、登报等方式，将需送达的诉讼文书公之于众，经过法定期间，即视为送达的一种送达方式。

（7）电子送达，指通过传真、电子邮件、手机短信等进行送达的方式。

4. 诉讼费用制度具有以下几个方面的重要意义：

（1）征收诉讼费用，有利于减少国家不合理的开支。

（2）征收诉讼费用，可以减少滥用诉权现象。

（3）征收诉讼费用，有利于促进企业改善经营管理，促进民事主体积极地履行义务，保证经济合同的正确履行。

（4）征收诉讼费用，能够维护国家的主权和经济利益，有利于贯彻国际交往中的平等互惠原则。

案例分析题

（1）人民法院的做法有两点错误：一是只是通知甲交纳上诉费用，二是通知在 3 日内交纳上诉费用。双方都上诉的，上诉案件的诉讼费用由双方当事人分别预交，因此案件中甲、乙双方均应预交上诉费。同时，上诉费用应当在接到人民法院通知的次日起 7 日内预交。

（2）上诉案件由二审人民法院经审理驳回上诉的，案件受理费由上诉方负担。此案中，甲、乙均提出上诉，因此案件受理费双方都要负担。

论述与深度思考题

我国现行的诉讼费用制度存在诸多问题，例如，律师费不纳入诉讼费用的范围，胜诉方无法要求对方负担律师费。又如，财产案件根据诉讼标的额收费，这可能导致在利益驱动下，法院对受理与审理各类案件的态度冷暖有别。要解决上述问题，必须从以下问题入手：诉讼费用的性质、诉讼费用的外延、诉讼费用的标准、诉讼费用的分配等。参见章武生等：《司法现代化与民事诉讼制度的构建》（修订本），北京，法律出版社，2003；廖永安：《诉讼费用研究：以当事人诉权保护为分析视角》，北京，中国政法大学出版社，2006；王福华：《论民事司法成本的分担》，载《中国社会科学》，2016（2）。

第十四章　第一审普通程序

知识逻辑图

- 概述
  - 概念：人民法院审理第一审民事案件通常适用的程序
  - 特点
    - 具有程序的完整性
    - 具有广泛的适用性

- 起诉与受理
  - 起诉
    - 概念：指自然人、法人或者其他组织认为自己所享有的或者依法由自己管理、支配的民事权益受到侵害或与他人发生争议，以自己的名义请求人民法院通过审判给予司法保护的诉讼行为
    - 条件
      - 原告是与本案有直接利害关系的自然人、法人和其他组织
      - 有明确的被告
      - 有具体的诉讼请求和事实、理由
      - 属于人民法院受理民事诉讼的范围和受诉人民法院管辖
    - 方式：书面或口头
    - 起诉状的内容
  - 受理
    - 概念：指受诉人民法院经审查，认为原告的起诉符合法定条件，对案件予以立案审理的审判行为
    - 程序
    - 法律效力
      - 程序法上的效力：人民法院对原告的起诉决定受理后，即在双方当事人与人民法院之间发生民事诉讼法律关系。双方当事人不得再就同一纠纷向其他任何人民法院提起诉讼
      - 实体法上的效力：诉讼时效中断
    - 特殊情况
      - 应予受理的几种特殊情形
      - 不予受理的几种特殊情形

- 审理前的准备
  - 概念：指原告的起诉被受理后，至正式的开庭审理前，为使庭审顺利进行，审判人员与当事人依法所进行的一系列准备工作的总称
  - 内容
    - 在法定期间内送达诉讼文书：法院应当在立案之日起 5 日内将起诉状副本发送被告；被告在收到起诉状副本之日起 15 日内提出答辩状。被告不提出答辩状的，不影响人民法院的审理
    - 告知诉讼权利义务与审判人员：审判人员确定后，应当在 3 日内告知当事人，以便当事人及时行使申请回避的权利
    - 审核诉讼材料，调查收集必要的证据
    - 追加当事人：追加必须共同进行诉讼的当事人参加诉讼，是全面保护当事人的合法权益，彻底解决当事人之间争议的需要。追加的方式包括当事人申请追加和法院依职权追加
    - 程序分流：转入督促程序；庭前调解；确定适用简易程序或者普通程序；组织交换证据，明确争议焦点召集庭前会议

- 开庭审理
  - 概念：人民法院于确定的日期在当事人和其他诉讼参与人的参加下，依照法定的程序和形式，在法庭上对民事案件进行实体审理的诉讼活动
  - 形式
    - 采取法庭审理的形式
    - 以公开审理为原则，以不公开审理为例外
    - 应当采取言词审理、直接审理的方式
  - 程序
    - 开庭准备
      - 告知当事人和其他诉讼参与人出庭日期
      - 发布开庭公告
      - 查明当事人和其他诉讼参与人是否到庭，宣布法庭纪律
      - 核对当事人，宣布案由和审判人员、书记员名单，告知当事人有关的诉讼权利义务，询问当事人是否提出回避申请
    - 法庭调查
      - 概念：指人民法院依照法定程序，在法庭上向当事人和其他诉讼参与人审查、核实各种证据的活动
      - 顺序
        - 当事人陈述
        - 当事人出示证据并相互质证（证人作证，出示书证、物证、视听资料和电子数据，宣读鉴定意见，宣读勘验笔录）
    - 法庭辩论：在法庭调查的基础上，双方当事人围绕争议焦点，就案件事实的认定和法律的适用进一步向法庭阐明自己的观点，反驳对方的主张，进行论证和辩驳的活动
    - 合议庭评议
    - 宣告判决
      - 当庭宣判
      - 定期宣判
  - 审结期限：适用普通程序审理的案件，应当在立案之日起 6 个月内审结；有特殊情况需要延长的，经受诉人民法院院长批准，可以延长 6 个月；还需要延长的，报请上一级人民法院批准，可以再延长 3 个月

- 撤诉、缺席判决与延期审理
  - 撤诉
    - 概念：当事人将已成立之诉撤回，不再要求人民法院对案件进行审理的诉讼行为
    - 分类
      - 以当事人撤诉行为的积极和消极形态为标准，分为申请撤诉与按撤诉处理
      - 以提出撤诉的主体为标准，可分为原告撤回本诉、被告撤回反诉、有独立请求权第三人撤回参加之诉
      - 以撤诉行为发生的不同审级为标准，可分为撤回起诉和撤回上诉
    - 申请撤诉的方式和条件
      - 必须以书面或口头方式向人民法院提出明确的申请
      - 必须基于当事人的真实意思表示
      - 申请最迟应在人民法院宣告判决前提出
      - 申请须经人民法院审查
    - 按撤诉处理
      - 法院辩论终结后原告申请撤诉，须经被告同意
      - 原告经传票传唤，无正当理由拒不到庭的，或者未经法庭许可中途退庭的，可以按撤诉处理
      - 原告应当预交而未预交案件受理费，人民法院应当通知其预交，通知后仍不预交或者申请减、缓、免未获人民法院批准而仍不预交的，裁定按自动撤诉处理

- 撤诉与延期审理
  - 撤诉
    - 按撤诉处理
      - 无民事行为能力的原告的法定代理人，经传票传唤无正当理由拒不到庭或者未经法庭许可中途退庭的，可以按撤诉处理
      - 有独立请求权的第三人经人民法院传票传唤，无正当理由拒不到庭的，或者未经法庭许可中途退庭的，可以对该第三人按撤诉处理
    - 法律效力
      - 结束本案诉讼程序
      - 撤诉后视为未起诉
      - 诉讼时效重新计算
  - 缺席判决
    - 概念：指人民法院在一方当事人无正当理由拒不参加庭审或者未经许可中途退庭的情况下，依法对案件进行审理所作出的判决
    - 适用情形
      - 被告经传票传唤，无正当理由拒不到庭，或者未经法庭许可中途退庭
      - 无民事行为能力的被告的法定代理人，经传票传唤无正当理由拒不到庭，或者未经法庭许可中途退庭
      - 法院裁定不准撤诉的，原告经传票传唤无正当理由拒不到庭，或者未经法庭许可中途退庭
      - 被告反诉的，原告经传票传唤，无正当理由拒不到庭，或者未经法庭许可中途退庭
      - 无独立请求权的第三人经传票传唤，无正当理由拒不到庭，或者未经法庭许可中途退庭
    - 审理方式：对到庭的当事人诉讼请求、双方的诉辩理由以及已经提交的证据及其他诉讼材料进行审理
  - 延期审理
    - 概念：指人民法院已经确定开庭审理的日期后，或者在开庭审理的过程中，由于出现某种法定事由，开庭审理不能如期进行，或者已经开始的庭审无法继续进行，从而决定推延审理的一种诉讼制度
    - 适用情形
      - 必须到庭的当事人和其他诉讼参与人有正当理由没有到庭的
      - 当事人临时提出回避申请的
      - 需要通知新的证人到庭，调取新的证据，重新鉴定、勘验，或者需要补充调查的
      - 其他应当延期审理的情形

- 诉讼中止与诉讼终结
  - 诉讼中止
    - 概念：指在诉讼进行过程中，由于某种法定情形的出现而使诉讼活动难以继续进行，受诉人民法院裁定暂时停止本案诉讼程序的制度
    - 适用情形
      - 一方当事人死亡，需要等待继承人表明是否参加诉讼的
      - 一方当事人丧失诉讼行为能力，尚未确定法定代理人的
      - 作为一方当事人的法人或者其他组织终止，尚未确定权利义务承受人的
      - 一方当事人因不可抗拒的事由，不能参加诉讼的
      - 本案必须以另一案的审理结果为依据，而另一案尚未审结的
      - 其他应当中止诉讼的情形
    - 效力
      - 诉讼中止的裁定一经作出即发生法律效力，当事人不能对此申请复议，也不能提出上诉。裁定诉讼中止后，除已经依法作出的财产保全和先予执行的裁定仍需继续执行外，人民法院应当停止本案的审理
      - 中止诉讼的原因消除后，可以由当事人申请，或者人民法院依职权恢复诉讼程序。恢复诉讼时，不必撤销原裁定，从人民法院通知或准许当事人双方继续进行诉讼时起，中止诉讼的裁定即失去效力

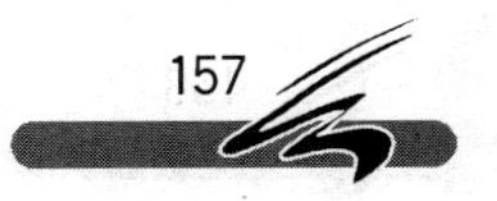

诉讼中止与诉讼终结——诉讼终结：

- 概念：指在诉讼进行过程中，由于某种法定事由的出现，本案诉讼程序无法或没有必要继续进行时，受诉人民法院裁定结束本案诉讼程序的制度
- 适用情形：
  - 原告死亡，没有继承人，或者继承人放弃诉讼权利的
  - 被告死亡，没有遗产，也没有应当承担义务的人的
  - 离婚案件一方当事人死亡的
  - 追索赡养费、扶养费、抚养费以及解除收养关系案件的一方当事人死亡的
- 效力：诉讼终结的裁定一经作出立即发生法律效力，当事人不能就此申请复议或提起上诉。裁定终结诉讼后，本案的诉讼程序即告结束

名词解释与概念比较

1. 审理前的准备
2. 举证时限
3. 证据交换
4. 诉讼中止与延期审理

选择题

（一）单项选择题

1. 根据《民诉法》的规定，对下列哪一案件法院不应当受理？（　　）

A. 2017年3月张洋诉至法院要求解除与妻子林秀虹的婚姻关系，法院审理后判决不准离婚。同年6月林秀虹向法院起诉离婚

B. 王昆与邓洁因合同履行发生纠纷，王昆要求法院确认合同中的仲裁条款无效

C. 邹某12岁时与邻居陆某（当时13岁）玩耍，被陆某不慎刺伤左眼，导致失明。当时由于两家关系甚好，邹家未提出赔偿要求。15年后，陆某成了远近闻名的企业家，邹某却因身有残疾生活窘迫。邹某以陆某伤害了其眼睛为由起诉至法院，要求陆某赔偿其经济损失

D. 赵永顺以其养子不尽赡养义务为由向法院起诉要求解除收养关系，法院判决维持了收养关系，3个月后赵永顺又以相同的理由向法院起诉

2. 在张倩诉其子追索赡养费的案件中，人民法院向被告送达了传票，通知他于2024年3月12日上午9时到人民法院304室应诉，被告在送达回证上签了字，开庭那天，被告无正当理由未到庭。下列说法正确的是（　　）。

A. 人民法院可以对被告实施拘传措施

B. 人民法院可以对被告罚款

C. 人民法院可以作出缺席判决

D. 人民法院可以延期审理

3. 有独立请求权的第三人以起诉的方式参加诉讼时，对于不符合起诉条件的人民法院应当（　　）。

A. 裁定不予受理　　B. 直接退回起诉

C. 劝其撤回起诉　　D. 裁定驳回起诉

4. 甲、乙为夫妻，育有一女丙。甲向法院起诉要求与乙离婚，一审法院判决准予离婚，乙不服提起上诉。在二审中，乙因病去世。下列关于本案后续程序的哪一表述是正确的？（　　）

A. 因上诉人死亡无法到庭参加审理，应当视为撤回上诉

B. 法院可以根据上诉材料缺席判决

C. 甲法院应当通知其女儿丙参加诉讼

D. 法院应当裁定终结诉讼程序

5. 甲、乙发生口角，乙将甲房屋的门窗砸坏。甲起诉要求乙赔偿财产损失。法院审理后，判决认定甲的诉讼请求成立。判决生效后，甲认为自己不仅财产上受到损失，精神上也受到损害，于是又向法院起诉，要求乙赔偿因该侵权行为导致的精神损害。关于本案，以下何种观点是正确的？（　　）

A. 精神损害应当予以赔偿，人民法院对甲的起诉应当受理

B. 甲未在前诉中主张精神损害赔偿，判决生效后又基于同一侵权事实起诉精神损害赔偿，人民法院不应当受理

C. 对于该起诉是否受理，要区分受害人甲是否在诉前意识到精神损害的存在。如果没有意识到，就可以向法院起诉；如果已经意识到，但当时

没有请求的，人民法院不应当受理

D. 在前诉中没有提出精神损害赔偿请求，但声明保留的，人民法院对关于精神损害的起诉应予受理

6. 张文有一名表。某日，张文的好友李进看到了这块表，表示愿出价3万元购买，张文立即表示同意，双方签订了合同，约定李进分三次将钱在两个月内付清。两个月后，李进只付了1万元，张文遂向法院起诉要求李进承担违约责任。在审理过程中，李进的父母来到法院称李进有间歇性精神病，签合同时正处于发病状态，无法对自己的行为负责。同时李进的父母向法院申请宣告李进为限制民事行为能力人。对李进父母的申请，法院应如何处理？（　　）

A. 应让李进的父母代理李进正在进行的诉讼

B. 应对李进作法医鉴定，如果李进被确定有间歇性精神病，法院应当判决李进为限制民事行为能力人，同时宣布合同无效

C. 应中止原诉讼，由李进的父母另行提起确认李进是限制民事行为能力人的特别程序

D. 李进的父母不是本案当事人，其主张不应采纳

7. 人民法院在审查民事起诉时，发现当事人起诉已经超过了诉讼时效。在这种情况下，人民法院应当如何处理？（　　）

A. 通知当事人已经超过诉讼时效，不予受理

B. 裁定不予受理

C. 应予受理

D. 应予受理，审理后确认超过诉讼时效的，裁定驳回起诉

8. 刘某夫妻与杨某是大学同学，关系甚密。后来刘某与杨某在生意中发生纠纷，刘某起诉至法院，要求杨某给付货款4 000元。法院受理后依法开庭审理，在审理中杨某提出刘某的妻子曾向其借款5 000元，至今未还，要求刘某夫妻用货款抵债并偿还其余1 000元。法院对此应如何处理？（　　）

A. 将杨某的请求作为反诉与原诉合并审理

B. 中止给付货款的诉讼

C. 追加刘某的妻子为第三人

D. 告知被告杨某另行起诉

9. 对于人民法院作出的下列哪一种民事裁定、决定，当事人不可以申请复议？（　　）

A. 关于先予执行的裁定

B. 关于回避问题的决定

C. 关于管辖权异议的裁定

D. 关于罚款的决定

10. 甲公司董事会作出一项决议，部分股东认为该决议违反公司章程，欲通过诉讼请求法院撤销董事会的决议。这些股东应当如何提起诉讼？（　　）

A. 以股东会名义起诉公司

B. 以公司名义起诉董事会

C. 以股东名义起诉董事会

D. 以股东名义起诉公司

11. 下列有诉讼代理人的离婚案件，当事人可以不出庭的情况是指其（　　）。

A. 生病住院的　　　　B. 因公出差的

C. 出国考察的　　　　D. 不能表达意思的

12. 居民甲与金山房地产公司签订了购买商品房一套的合同。后因甲未按约定付款，金山公司起诉至法院，要求甲付清房款并承担违约责任。在诉讼中，甲的妻子乙向法院主张甲患有精神病，没有辨别行为的能力，要求法院认定购房合同无效。关于本案的说法，下列哪一选项是正确的？（　　）

A. 法院应当通知甲的妻子作为法定诉讼代理人出庭进行诉讼

B. 由乙或金山公司申请对甲进行鉴定，鉴定过程中，诉讼继续进行

C. 法院可以依职权决定对甲进行鉴定

D. 乙或金山公司可以向法院申请认定甲为无民事行为能力人，法院应裁定诉讼中止

13. 判决不准离婚和调解和好的离婚案件，判决、调解维持收养关系的案件，没有新情况、新理由，原告在6个月内又起诉的，法院（　　）。

A. 可酌情受理

B. 可征求被告的意见决定是否受理

C. 应当受理

D. 不予受理

14. 张某因孙某欠款不还向法院起诉。在案件审理中，孙某因盗窃被刑事拘留。关于本案，下列哪一选项是正确的？（　　）

A. 法院应当裁定中止诉讼，待对孙某的刑事审判结束后再恢复诉讼程序

B. 法院应当裁定终结诉讼，并告知张某提起刑事附带民事诉讼

C. 法院应当继续审理此案

D. 法院应当将此案与孙某盗窃案合并审理

15. 蔡某出售伪劣奶粉，被消费者赵、钱、孙、李起诉，蔡某应诉答辩后突然失踪。对此，法院应当如何处理？（　　）

A. 中止诉讼　　B. 终结诉讼

C. 延期审理　　D. 缺席判决

16. 张某将一串价值 10 万元的钻石项链存放在某银行对外租赁的保险柜中。该银行工作人员李某借工作之便将保险柜中的钻石盗走，案发后一直潜逃在外。张某向法院起诉，要求该银行承担民事责任。在审理中，公安机关将李某抓获归案（但无法追回赃物），并移送检察机关，检察机关准备对李某提起公诉。法院应如何处理该民事案件？（　　）

A. 中止此案的审理，待李某的犯罪事实查清后恢复审理

B. 终止审理，告知张某在李某的刑事诉讼中，提出附带民事诉讼请求

C. 延期审理此案，不得作出判决

D. 继续审理此案，并可作出判决

17. 家住上海的王甲继承其父遗产房屋三间，后将其改为铺面经营小商店。在北京工作的王乙（王甲之弟）知道此事后，认为自己并没有放弃继承权，故与王甲交涉。王甲对此不予理睬，王乙便向法院提起诉讼。案件受理后，李某向法院主张自己作为被继承人的养子，拥有继承权，并通过法定程序以有独立请求权第三人的身份参加了诉讼。诉讼中，李某认为自己与王氏两兄弟关系不错，担心打官司会伤了和气，便退出了诉讼。不久，李某认为退出不妥，又向法院要求参加诉讼。针对本案的具体情况和诉讼法理论，下列哪一种观点是正确的？（　　）

A. 作为诉讼参加人，李某不能重复参加本案诉讼

B. 根据诚信原则，李某不能再参加本案诉讼

C. 在最后一次庭审辩论终结之前，李某均可以参加本案诉讼

D. 只有在开庭审理之前，李某才能再参加本案诉讼

18. 根据《民诉法》的规定，人民法院按照普通程序审理案件，应当在开庭 3 日前通知当事人和其他诉讼参与人。其中，对当事人采用（　　）方式；对诉讼代理人采用（　　）方式；对证人、鉴定人等采用（　　）方式。

A. 传票；传票；通知书

B. 拘传票；传票；通知书

C. 电话；通知书；电话

D. 传票；通知书；通知书

19. 甲、乙系同事，2012 年 4 月乙借甲的自行车，6 月甲向乙要求归还自行车，乙不但不还，反而乱骂甲，甲一气之下把乙放在桌上的录音机给摔坏了。后甲起诉到法院，要求乙归还自行车，诉讼过程中，乙要求甲赔偿其录音机。对乙的请求，人民法院应当（　　）。

A. 告知乙必须另行起诉

B. 延期审理

C. 裁定驳回乙的损害赔偿请求

D. 合并审理

20. 甲因与乙的买卖合同纠纷而诉至法院，要求乙支付欠款 8 000 元。在庭审过程中乙提出甲父曾借其 1 万元，要求用欠款抵债并偿还其 2 000 元。在此情况下，法院应如何处理？（　　）

A. 中止给付货款的诉讼

B. 将两诉合并审理

C. 追加甲父为第三人

D. 告知被告乙另行起诉

21. 甲（女）和乙（男）已婚 3 年，乙因有外遇，向法院提出离婚，而甲已怀孕 3 个月。哪种情况下，法院才受理乙的离婚请求？（　　）

A. 甲怀孕期内

B. 甲分娩后半年内

C. 甲分娩后 1 年内

D. 甲分娩 1 年以后

22. 甲在车上行窃时被发现，被群众抓住后送往公安局，公安局对甲实施了治安拘留。后甲以公安局侵犯其名誉权为由提起民事诉讼，人民法院（　　）。

A. 根据一事不再理原则不予受理

B. 应予受理

C. 告之向行政机关请求解决

D. 告之提起行政诉讼

23. 根据《民诉法》的规定，起诉不需必备哪个条件？（　　）

A. 原告是与本案有直接利害关系的公民、法人和其他组织

B. 原告必须具有诉讼权利能力和诉讼行为能力

C. 有明确的被告和具体的诉讼请求及事实理由

D. 属于人民法院受理范围和受诉人民法院管辖

24. 2018 年 4 月，黄小武诉黄亮给付赡养费一案由 D 市 C 区人民法院作出判决，确定黄亮每月给黄小武赡养费 800 元。2023 年 8 月，黄小武又到 D 市 C 区人民法院递交起诉状，要求每月的赡养费增加到 2 400 元。对于黄小武的这一行为，D 市 C 区人民法院应当如何处理？（　　）

A. 按通常的起诉行为看待，作为新案处理

B. 按申请再审处理

C. 根据一事不再理原则，裁定不予受理

D. 不予立案，并告知黄小武此事只能由他们双方自己协商解决

25. 齐老汉去世后，他的七个儿子因遗产继承发生纠纷，诉至法院。小儿子齐七告大儿子齐大侵犯了他的继承权。法院受理本案后，通知其余五个儿子应诉，其中齐三和齐四明确表示放弃实体权利，不参加诉讼；齐二和齐五根本不表态；齐六愿意参加诉讼。请问：本案中应列谁为原告？（　　）

A. 齐七

B. 齐七、齐六

C. 齐七、齐六、齐二、齐五

D. 齐七、齐六、齐二、齐五、齐三、齐四

26. 田某数年怠于催讨债款，已逾诉讼时效期限。但田某执意要提起诉讼，以讨个公道。对此，有人劝阻他，并帮助他分析下列几种对其不利的情形。请问：下列哪种分析是正确的？（　　）

A. 超过诉讼时效，就丧失了起诉权，就不具备当事人资格

B. 对超过诉讼时效的起诉，法院将不予立案，当事人执意要起诉的，法院则裁定不予受理

C. 受理后，对方当事人以超过诉讼时效抗辩的，法院查明无中止、中断、延长事由的，对超过诉讼时效的当事人应裁定驳回起诉

D. 受理后，对方当事人以超过诉讼时效抗辩的，法院查明无中止、中断、延长事由的，对超过诉讼时效的当事人判决驳回其诉讼请求

27. 陈辉因其存于中国工商银行 A 县支行曲塘储蓄所的 5 万元存款被人冒领，欲诉诸法院。请帮他确定本案以谁为被告。（　　）

A. 曲塘储蓄所

B. 曲塘储蓄所、A 县支行

C. A 县支行

D. 中国工商银行总行

28. 杜某于 2015 年 12 月向朋友陈某借款 10 万元，后杜某外出做生意一直下落不明。陈某于 2016 年 9 月 2 日到法院起诉杜某，并向法院出具了借条，借条的落款不甚清楚，法院在公告传唤杜某期间，曾向杜某的家属调查案情，杜某的家属均说不知此事，并说陈某向法院出具的借条上的字迹一点也不像杜某的。公告期满，杜某仍无音信，陈某未能向法院提供其他证据，法院也未能收集到其他证明杜某向陈某借款的证据。在此情况下，法院对此案应如何处理？（　　）

A. 延期审理

B. 依法缺席判决

C. 裁定中止诉讼

D. 裁定终结诉讼

视频讲题

29. 下列哪一选项不是民事起诉状的法定内容？（　　）

A. 双方当事人的基本情况

B. 案由

C. 诉讼请求和所依据的事实与理由

D. 证据和证据来源，证人姓名与住所

30. 齐某起诉宋某要求返还借款 8 万元，法院适用普通程序审理并向双方当事人送达出庭传票，因被告宋某不在家，宋某的妻子代其签收了传票。开庭时，被告宋某未到庭。经查，宋某已离家出走，下落不明。关于法院对本案的处理，下列哪一选项是正确的？（　　）

A. 法院对本案可以进行缺席判决

B. 法院应当对被告宋某重新适用公告方式送达传票

C. 法院应当通知宋某的妻子以诉讼代理人的身份参加诉讼

D. 法院应当裁定中止诉讼

31. 甲起诉与乙离婚，一审法院判决不予准许。甲

不服一审判决提起上诉，在甲将上诉状递交原审法院后第三天，乙遇车祸死亡。此时，原审法院尚未将上诉状转交给二审法院。关于本案的处理，下列哪一选项是正确的？（　　）

A. 终结诉讼　　B. 驳回上诉

C. 不予受理上诉　　D. 中止诉讼

32. 来自湖南某县、在北京打工生活的小赵、小于夫妻因为性格不合，经常争吵，以致分居。妻子小于到他们居住地附近的朝阳区法院起诉离婚。立案法官认为本院没有管辖权，本案应由小赵原籍某县法院管辖。问：法院应当如何处理？（　　）（考研）

A. 驳回起诉　　B. 移送管辖

C. 不予受理　　D. 移转管辖

33. 村委会与村民刘大雄因土地租赁合同纠纷诉至县法院，县法院判决原告村委会胜诉。刘大雄不服，提起上诉。上诉法院认为一审认定事实不清，将案件发回重审。案件重审程序中开庭审理时，村委会经合法传唤无故不到庭，法院应当（　　）。（考研）

A. 缺席审理　　B. 缺席判决

C. 按撤诉处理　　D. 令原告撤诉

34. 法院对于诉讼中有关情况的处理，下列哪一做法是正确的？（　　）

A. 杨某诉赵某损害赔偿一案，杨某在去往法院开庭的路上，突遇车祸，被送至医院急救。法院遂决定中止诉讼

B. 毛某诉安某专利侵权纠纷一案，法庭审理过程中，发现需要重新进行鉴定，法院裁定延期审理

C. 甲公司诉乙公司合同纠纷一案，审理过程中，甲公司与其他公司合并，法院裁定诉讼终结

D. 丙公司诉丁公司租赁纠纷一案，法院审理中，发现本案必须以另一案的审理结果为依据，而该案又尚未审结，遂裁定诉讼中止

35. 甲诉乙损害赔偿一案，双方在诉讼中达成和解协议。关于本案，下列哪一说法是正确的？（　　）

A. 当事人无权向法院申请撤诉

B. 因当事人已达成和解协议，法院应当裁定终结诉讼程序

C. 当事人可以申请法院依和解协议内容制作调解书

D. 当事人可以申请法院依和解协议内容制作判决书

36. 关于民事案件的开庭审理，下列哪一选项是正确的？（　　）

A. 开庭时由书记员核对当事人身份和宣布案由

B. 法院收集的证据是否需要进行质证，由法院决定

C. 合议庭评议实行少数服从多数，形成不了多数意见时，以审判长意见为准

D. 法院定期宣判的，法院应当在宣判后立即将判决书发给当事人

37. 何某因被田某打伤，向甲县法院提起人身损害赔偿之诉，法院予以受理。关于何某起诉行为将产生的法律后果，下列哪一选项是正确的？（　　）

A. 何某的诉讼时效中断

B. 田某的答辩期开始起算

C. 甲县法院取得排他的管辖权

D. 田某成为适格被告

视频讲题

（二）多项选择题

1. 对于下列哪些起诉，法院应当裁定不予受理或裁定驳回起诉？（　　）

A. 甲起诉乙支付拖欠的货款 3 万元，但已超过诉讼时效

B. 甲公司起诉乙公司支付房租 20 万元，但乙公司已被注销

C. 甲起诉乙离婚，法院判决不准离婚，两个月后甲再次起诉离婚，但没有提出新情况、新理由

D. 甲、乙曾同居数年，乙曾经书面允诺送甲一辆价值 10 万元以上的汽车，但一直未履行承诺，甲起诉乙请求给付汽车

2. 甲、乙两厂签订一份加工承揽合同，并在合同中写明了仲裁条款。后因甲厂加工的产品质量达不到合同的要求，乙厂遂向法院起诉。法院受理了该案，在法庭辩论过程中，甲厂提出依合同中的仲裁条款，法院对该案没有管辖权。下列对该案的处理意见中哪

些是错误的？（　　）

A. 法院应当中止审理，待确定仲裁条款是否有效后再决定是否继续审理

B. 法院应当继续审理

C. 法院应当与仲裁机构协商解决管辖权问题

D. 法院应当征求乙厂对管辖权的意见，并依乙厂的意见决定是否继续审理

3. 下列有关民事诉讼中实行公开审判的表述哪些是不正确的？（　　）

A. 案件的审理、合议庭的评议、判决的宣告应当公开

B. 对于涉及国家秘密的案件不公开审理，但宣判要公开

C. 对于涉及个人隐私的案件，人民法院应当根据当事人申请不公开审理

D. 离婚案件只能不公开审理

4. 对于下列哪些案件，原告再次起诉的，如果符合起诉条件，人民法院应予受理？（　　）

A. 当事人撤诉的案件

B. 人民法院按撤诉处理的案件

C. 裁定不予受理的案件

D. 裁定驳回起诉的案件

5. 下列哪些民事诉讼案件法院不可以按撤诉处理？（　　）

A. 王某是有独立请求权的第三人，开庭审理过程中未经法庭许可中途退庭

B. 韩律师是原告的委托代理人，无正当理由拒不到庭

C. 张某是无独立请求权的第三人，无正当理由拒不到庭

D. 李某是被告的法定代理人，无正当理由拒不到庭

6. 下列哪些案件人民法院应当受理？（　　）

A. 林某曾与李某同居 3 年，二人分手时产生纠纷，林某起诉李某，要求赔偿“青春费”5 万元

B. 甲诉乙离婚，法院于 2023 年 3 月判决不准离婚；2023 年 7 月乙起诉甲，请求离婚

C. 陈某下落不明 3 年，其丈夫不申请宣告失踪，直接起诉离婚

D. 甲村民想承包本村鱼塘，故起诉乙村民，请求判决解除乙村民与本村的鱼塘承包合同

视频讲题

7. 关于人民法院适用普通程序审理一审民事案件的审限，以下陈述正确的是（　　）。

A. 立案之日起 6 个月内审结

B. 开庭审理后 6 个月内审结

C. 遇有特殊情况经批准可延长 3 个月

D. 遇有特殊情况经批准可延长 6 个月

8. 人民法院审理下列哪些民事案件，必须不公开审理？（　　）

A. 涉及国家秘密的案件

B. 涉及个人隐私的案件

C. 离婚案件

D. 涉及商业秘密的案件

9. 人民法院审理民事案件，为了便于审判，便于当事人进行诉讼，对于何种类型案件，可以合并审理？（　　）

A. 原告增加诉讼请求的

B. 被告提出反诉的

C. 其他法院移送来的同一原告、被告的

D. 第三人提出与本案有关的诉讼请求的

10. 对下列哪些情况，人民法院应予受理？（　　）

A. 病人对医疗事故技术鉴定委员会作出的医疗事故结论有意见的

B. 赡养费案件审结后一方因新理由要求增加费用的

C. 当事人超过诉讼时效期间起诉的

D. 夫妻一方下落不明，另一方诉请离婚的

11. 我国《民诉法》规定的审限不包括下列哪些期间？（　　）

A. 公告期间

B. 鉴定期间

C. 审理当事人提出的管辖权异议期间

D. 处理人民法院之间的管辖权争议期间

12. 当事人对下列哪些民事诉讼裁定可提出上诉？（　　）

A. 驳回起诉

B. 财产保全
C. 不予执行仲裁裁决
D. 对管辖权提起异议

13. 关于对当事人及其法定代理人的缺席判决，下列哪些选项是正确的？（　　）
A. 原告经法院传票传唤，无正当理由拒不到庭的，或者未经法庭许可中途退庭的，可以按撤诉处理；被告反诉的，法院可以缺席判决
B. 无民事行为能力人离婚案件，当事人的法定代理人应当到庭，法定代理人不能到庭的，法院应当在查清事实的基础上，依法作出缺席判决
C. 有独立请求权第三人经法院传票传唤，无正当理由拒不到庭的，或者未经法庭许可中途退庭的，法院可以缺席判决
D. 无独立请求权第三人经法院传票传唤，无正当理由拒不到庭的，或者未经法庭许可中途退庭的，法院可以缺席判决

14. 根据《民诉法》以及相关司法解释，关于离婚诉讼，下列哪些选项是正确的？（　　）
A. 被告下落不明的，案件由原告住所地法院管辖
B. 一方当事人死亡的，诉讼终结
C. 判决生效后，不允许当事人申请再审
D. 原则上不公开审理，因其属于法定不公开审理案件范围

15. 关于普通程序的重要性，下列哪些选项是正确的？（　　）
A. 普通程序是一审诉讼案件的审理程序
B. 民事诉讼法的基本原则和基本制度在普通程序中有集中体现
C. 普通程序是民事审判程序中体系最完整、内容最丰富的程序
D. 其他审判程序审理案件时遇有本程序没有特别规定的，应当适用普通程序的相关规定进行审理

16. 关于民事起诉状应当包括的内容，下列哪些选项是正确的？（　　）
A. 双方当事人的基本情况
B. 案由
C. 诉讼请求
D. 证据和证据来源

17. 法院开庭审理时一方当事人未到庭，关于可能出现的法律后果，下列哪些选项是正确的？（　　）
A. 延期审理
B. 按原告撤诉处理
C. 缺席判决
D. 采取强制措施拘传未到庭的当事人到庭

18. 法院对于诉讼中有关情况的处理，下列哪些做法是正确的？（　　）
A. 甲起诉其子乙请求给付赡养费。开庭审理前，法院依法对甲、乙进行了传唤，但开庭时乙未到庭，也未向法院说明理由。法院裁定延期审理
B. 甲、乙人身损害赔偿一案，甲在前往法院的路上，胃病发作住院治疗。法院决定延期审理
C. 甲诉乙离婚案件，在案件审理中甲死亡。法院裁定按甲撤诉处理
D. 原告在诉讼中因车祸成为植物人，在原告法定代理人没有确定的期间，法院裁定中止诉讼

19. 关于起诉与受理的表述，下列哪些选项是正确的？（　　）
A. 法院裁定驳回起诉的，原告再次起诉符合条件的，法院应当受理
B. 法院按撤诉处理后，当事人以同一诉讼请求再次起诉的，法院应当受理
C. 判决不准离婚的案件，当事人没有新事实和新理由再次起诉的，法院一律不予受理
D. 当事人超过诉讼时效起诉的，法院应当受理

视频讲题

（三）不定项选择题

1. 甲、乙两公司签订了一份购销合同，并在合同中约定：“因本合同产生的所有纠纷，提交B市仲裁委员会进行裁决。”后因该合同产生纠纷，甲公司在合同履行地的A市人民法院起诉，乙公司对此未提出异议，应诉且进行了答辩。后人民法院在审查合同时，发现甲公司与乙公司之间订有仲裁条款。问：人民法院发现仲裁条款后，对本案应如何处理？（　　）

A. 人民法院应继续审理该案

B. 人民法院应裁定驳回甲公司的起诉，并告知甲公司向B市仲裁委员会提请仲裁

C. 人民法院应裁定将本案移交B市仲裁委员会审理

D. 人民法院应建议甲撤诉后再向B市仲裁委员会提请仲裁

2. 乙是A市的建材经销商，因资金周转困难，便从A市甲处借了50万元人民币，购买了一批建材，并销售给了B市的丙，约定价款为60万元人民币，但丙未付款。乙与丙约定的合同履行地在A市。后来，甲要求乙还钱，乙说因为丙没有支付货款，所以无力偿还。鉴于此，甲欲直接起诉丙，要求其支付50万元。请回答以下问题。

(1) 如果甲对丙提起诉讼，法院在下列何种情形下不应当受理？(　　)

A. 甲对乙的债权未到期

B. 甲向A市的法院起诉

C. 乙以自己与丙就买卖合同订有仲裁协议为由主张法院无管辖权

D. 甲以乙的名义起诉

(2) 假设法院受理甲对丙提起的诉讼，下列关于乙的诉讼地位的何种表述是错误的？(　　)

A. 乙在诉讼中是有独立请求权的第三人

B. 乙在诉讼中是无独立请求权的第三人

C. 如果参加诉讼，就处于共同原告的地位

D. 乙在诉讼中处于共同被告的地位

(3) 在代位权诉讼中，关于债权人、债务人、债务人的相对人三方的关系，下列何种说法是正确的？(　　)

A. 债务人的相对人对债务人的抗辩可以向债权人主张

B. 债权人行使代位权的必要费用，由债务人负担

C. 债权人可以请求法院撤销债务人放弃债权等影响债权人的债权实现的行为

D. 债权人请求人民法院对债务人的相对人的财产采取保全措施的，应当提供相应的财产担保

(4) 如果甲在向丙提起诉讼前，已经向乙提起了要求返还借款的诉讼，在甲对乙提起的诉讼裁决发生法律效力以前，法院对甲与丙之间的诉讼应当如何处理？(　　)

A. 延期审理

B. 中止该诉讼

C. 终结该诉讼

D. 继续诉讼，作出判决

(5) 如果法院判决丙支付货款，那么以下何种做法是正确的？(　　)

A. 判决丙直接将货款60万元交付给甲，甲扣除50万元及利息后，将余下的钱支付给乙

B. 判决丙直接将货款60万元交付给乙，乙将50万元并加上利息支付给甲

C. 判决丙直接将50万元及利息支付给甲，并将剩下的10万元货款支付给乙

D. 判决丙将50万元及利息支付给甲

3. 海云公司与金辰公司签订了一份装饰工程合同。合同约定：金辰公司包工包料，负责完成海云公司办公大楼的装饰工程。事后双方另行达成了补充协议，约定因该合同的履行发生纠纷，由某仲裁委员会裁决。在装饰工程竣工后，质检单位鉴定复合地板及瓷砖系不合格产品。海云公司要求金辰公司返工并赔偿损失，金辰公司不同意，引发纠纷。请回答以下问题。

(1) 假设某法院受理了海云公司的起诉，金辰公司应诉答辩，海云公司在首次开庭时，向法院提交了仲裁协议。对此，该法院应如何处理？(　　)

A. 裁定驳回海运公司的起诉

B. 裁定不予受理，告知当事人通过仲裁方式解决

C. 裁定将案件移送仲裁机构处理

D. 继续审理本案

(2) 假设某法院受理本案后，金辰公司在答辩中提出双方有仲裁协议，法院应如何处理？(　　)

A. 裁定驳回起诉

B. 裁定不予受理

C. 审查仲裁协议，作出是否受理本案的决定书

D. 不审查仲裁协议，视为人民法院有管辖权

(3) 假设某法院受理海云公司的起诉，诉讼过程中海云公司与金辰公司达成和解协议，可如何结案？(　　)

A. 海云公司申请撤诉，由法院作出准予撤诉的裁定

B. 法院作出准许撤诉的决定书

C. 法院可以根据和解协议制作调解书

D. 法院可以根据和解协议制作判决书

（4）假设仲裁机构受理了海云公司的仲裁申请，仲裁过程中海云公司与金辰公司达成调解协议，可以何种方式结案？（　　）

A. 撤回仲裁申请

B. 仲裁庭作出准许撤回仲裁申请的裁决书

C. 仲裁庭制作调解书

D. 仲裁庭根据调解协议制作裁决书

4. 2023 年 7 月 11 日，A 市升湖区法院受理了黎明丽（女）诉张成功（男）离婚案。7 月 13 日，升湖区法院向张成功送达了起诉状副本。7 月 18 日，张成功向升湖区法院提交了答辩状，未对案件的管辖权提出异议。8 月 2 日，张成功向升湖区法院提出管辖权异议申请，称其与黎明丽已分居 2 年，分别居住于 A 市安平区各自父母家中。升湖区法院以申请管辖权异议超过申请期限为由，裁定驳回张成功管辖权异议申请。之后，升湖区法院查明情况，遂裁定将案件移送安平区法院。安平区法院接受移送，确定适用简易程序审理此案。

安平区法院在案件开庭审理时组织调解。

黎明丽声称：2012 年 12 月，其与张成功结婚，后因张成功有第三者陈佳，感情已破裂，现要求离婚。黎明丽提出，离婚后对儿子张好帅由其行使监护权，张成功每月支付抚养费 1 500 元。现双方存款 36 万元（存折在张成功手中），由二人平分，生活用品归各自所有，不存在其他共有财产分割争议。

张成功承认：2012 年 12 月，其与黎明丽结婚，自己现在有了第三者，36 万元存款在自己手中，同意离婚，同意生活用品归各自所有，同意不存在其他共有财产分割争议。不同意支付张好帅抚养费，因其是黎明丽与前男友所生。

黎明丽承认：张好帅是其与前男友所生，但在户籍登记上，张成功与张好帅为父子关系，多年来以父子相称，形成事实上的父子关系，故要求张成功支付抚养费。

调解未能达成协议。在随后的庭审中，黎明丽坚持提出的请求；张成功对调解中承认的多数事实和同意的请求予以认可，但否认了有第三者一事，仍不同意支付张好帅抚养费。黎明丽要求法院通知第三者陈佳以无独立请求权的第三人身份参加诉讼。

安平区法院作出判决：解除黎明丽、张成功婚姻关系；张好帅由黎明丽行使监护权，张成功每月支付抚养费 700 元；存款双方平分，生活用品归个人所有，不存在其他共有财产分割争议。法院根据调解中被告承认自己有第三者的事实，认定双方感情破裂，张成功存在过失。请回答以下问题。

（1）关于本案管辖，下列选项正确的是：（　　）。

A. 张成功行使管辖异议权符合法律的规定

B. 张成功主张管辖权异议的理由符合法律规定

C. 升湖区法院驳回张成功的管辖异议符合法律规定

D. 升湖区法院对案件进行移送符合法律规定

（2）关于本案调解，下列选项正确的是：（　　）。

A. 法院在开庭审理时先行调解的做法符合法律或司法解释规定

B. 法院在开庭审理时如不先行组织调解，将违反法律或司法解释规定

C. 当事人未达成调解协议，法院在当事人同意情况下可以再次组织调解

D. 当事人未达成调解协议，法院未再次组织调解违法

（3）对于黎明丽要求陈佳以无独立请求权第三人参加诉讼的请求，下列选项正确的是：（　　）。

A. 法院可以根据黎明丽的请求，裁定追加陈佳为无独立请求权第三人

B. 如张成功同意，法院可通知陈佳以无独立请求权第三人名义参加诉讼

C. 无论张成功是否同意，法院通知陈佳以无独立请求权第三人名义参加诉讼都是错误的

D. 如陈佳同意，法院可通知陈佳以无独立请求权第三人名义参加诉讼

（4）下列双方当事人的承认，不构成证据制度中自认的是：（　　）。

A. 张成功承认与黎明丽存在婚姻关系

B. 张成功承认家中存款 36 万元在自己手中

C. 张成功同意生活用品归各自所有

D. 黎明丽承认张成功不是张好帅的亲生父亲

（5）下列可以作为法院判决根据的选项是：（　　）。

A. 张成功承认与黎明丽没有其他财产分割争议

B. 张成功承认家中 36 万元存款在自己手中

C. 黎明丽提出张成功每月应当支付张好帅抚养费 1 500 元的主张

D. 张成功在调解中承认自己有第三者

(6) 关于法院宣判时应当向双方当事人告知的内容，下列选项正确的是：(　　)。

A. 上诉权利

B. 上诉期限

C. 上诉法院

D. 判决生效前不得另行结婚

5. 常年居住在Y省A县的王某早年丧妻，独自一人将两个儿子和一个女儿养大成人。大儿子王甲居住在Y省B县，二儿子王乙居住在Y省C县，女儿王丙居住在W省D县。2015年以来，王某的日常生活费用主要来自大儿子王甲每月给的1 500元生活费。2022年12月，由于物价上涨，王某要求二儿子王乙每月也给一些生活费，但王乙以自己没有固定的工作、收入不稳定为由拒绝。于是，王某将王乙告到法院，要求王乙每月支付给自己赡养费1 200元。根据上述事实，请回答以下问题。

(1) 关于本案当事人的确定，下列选项正确的是：(　　)。

A. 王某是本案的唯一原告

B. 王乙是本案的唯一被告

C. 王乙与王丙应当是本案的被告，王甲不是本案的被告

D. 王乙、王丙和王甲应当是本案的被告

(2) 关于对本案享有管辖权的法院，下列选项正确的是：(　　)。

A. Y省A县法院　　B. Y省B县法院

C. Y省C县法院　　D. W省D县法院

(3) 诉讼过程中，Y省适逢十年不遇的冰雪天气，王某急需生煤炉取暖，但已无钱买煤。王某听说王乙准备把自己存折上3 000多元转到一个朋友的账户上。对此，王某可以向法院申请采取的措施是：(　　)。

A. 对妨害民事诉讼的强制措施

B. 诉讼保全措施

C. 证据保全措施

D. 先予执行措施

(4) 本案于2023年6月调解结案，王某生活费有所增加。但2024年3月后，由于王某经常要看病，原调解书确定王乙所给的赡养费用及王甲所给的费用已经不足以维持王某的日常开支，王某欲增加赡养费。对此，王某可以采取的法律措施是：(　　)。

A. 增加诉讼请求，要求法院对原来的案件继续审理

B. 申请对原来的案件进行再审

C. 另行提起诉讼

D. 根据一事不再理的原则，王某不可以要求继续审理或申请再审，也不可以另行起诉，只可以协商解决

简答题

1. 简述适用缺席判决的主要情形。
2. 简述诉讼终结的主要情形。

案例分析题

2023年2月，甲区建设公司需水泥200吨，便与乙区贸易公司达成协议，约定由贸易公司组织供应，每吨200元。同年3月，贸易公司同丙区水泥厂进行洽谈，向其购买水泥200吨，约定货到付款。3个月后，水泥厂委托该区汽车队将200吨水泥运到贸易公司，但贸易公司不久前被注销。这时，丁区家具厂声称与水泥厂有债务关系，而甲区建设公司认为水泥是贸易公司为其定购的，于是汽车队将所运水泥分送给家具厂和建设公司，两个单位各自接受了水泥100吨。当水泥厂向它们索取货款时，家具厂和建设公司各持理由拒绝给付。水泥厂无奈，于同年8月向丁区人民法院提起诉讼。一审人民法院以家具厂和建设公司为共同被告，汽车队为第三人，组成合议庭审理本案。合议庭未经双方当事人同意便进行了两次调解，但因双方争议较大，而未能达成协议，只好于9月1日开庭审理此案，判决家具厂和建设公司及汽车队分别承担责任。判决后，汽车队不服，以货已到位，不应由其承担责任为由提出上诉。二审法院组成合议庭对此案进行了全面审理，发现一审在认定水泥质量不符合国家标准，于是开庭审理此案，判决家具厂和建设公司付给水泥厂货款及承担诉讼费用。

问题：

(1) 如果汽车队发现贸易公司已被注销，遂将水泥卖给建设公司，则此案当事人如何列明?

(2) 如果建设公司在一审调解中提出，水泥厂的经理与本案审判长是同学，可能影响案件公正裁判，故不应由丁区人民法院受理此案，而应移送甲区法院

审理，此异议能否成立？为什么？

（3）如果水泥厂只起诉贸易公司不履行合同，则此诉讼如何进行？

（4）如果家具厂在一审调解中提出反诉，要求原告偿还家具厂欠款及利息，此反诉能否成立？为什么？

（5）如果汽车队不参与诉讼，人民法院应如何处理？

（6）请指出本案在程序上的错误之处。

论述与深度思考题

1. 论直接言词原则。
2. 论审前准备程序。

参考答案

名词解释与概念比较

1. 审理前的准备是指法院和当事人在受理起诉后至开庭审理之前，依法所进行的一系列诉讼活动。

2. 举证时限，是指民事诉讼当事人向法院提交证据的时间限制，当事人逾期提供证据的，则可能承担对其不利的法律后果。

3. 证据交换是指双方当事人在法院的组织下互相交换证据，并整理争点。

4.

诉讼中止	延期审理
在诉讼进行过程中，因出现法定事由而使本案诉讼活动难以继续进行，受诉法院裁定暂时停止本案的诉讼程序	法院在开庭审理案件时，由于出现了法律规定的某些特殊情况，开庭审理无法进行而必须推延审理日期

选择题

（一）单项选择题

1. 答案：D

根据《民诉法》第 127 条的规定，判决维持收养关系的案件，没有新情况、新理由，原告在 6 个月内又起诉的，不予受理。

2. 答案：C

根据《民诉法》第 147、112 条的规定，应选 C 项。本案被告只经传票传唤一次，尚未具备进行拘传的条件，故 A 项不对。

3. 答案：D

有独立请求权的第三人以起诉的方式参加诉讼时，具有独立的诉讼地位，法院一旦允许其参加诉讼，即已受理其起诉，当发现其不符合起诉条件时，人民法院应当参照《民诉解释》第 208 条的规定，裁定驳回起诉。

4. 答案：D

根据《民诉法》第 154 条第 3 项的规定，离婚案件一方当事人死亡的，终结诉讼。故本题选 D 项。

5. 答案：A

根据《民诉解释》第 247 条之规定，由于要求赔偿财产损失与要求赔偿精神损害之诉讼请求不同，故不构成重复起诉，法院对甲的起诉应当受理。

6. 答案：C

被告是否为无民事行为能力人，对本案有重大影响，因此，根据《民诉法》第 153 条的规定，应裁定中止诉讼。

7. 答案：C

参见《民诉解释》第 219 条和《诉讼时效规定》第 2 条。

8. 答案：D

本案提出的请求不属于反诉请求，不能合并审理，应告知被告另行起诉。

9. 答案：C

参见《民诉法》第 111、50、119 条。不服管辖权异议裁定的，可以上诉。

10. 答案：D

《公司法》第 26 条规定，股东会董事会的会议召集程序、表决方式违反法律、行政法规或者公司章程，或者决议内容违反公司章程的，股东可以自决议作出之日起 60 日内，请求人民法院撤销。因此，股东可以以自己的名义起诉要求撤销董事会的决议。董事会是公司的执行机关，不具有诉讼主体资格，因此，股东起诉时应该以公司为被告。故本题应选 D 项。

11. 答案：D

参见《民诉法》第 65 条。

12. 答案：D

参见《民诉法》第 153 条。

13. 答案：D

参见《民诉法》第 127 条。

14. 答案：C

参见《民诉法》第 153 条。孙某的刑事案件结果与欠款纠纷毫无关联，不能中止诉讼。根据《民诉法》第 154 条，B 项错误。民事案件与刑事案件无法合并审理，故 D 项错误。

15. 答案：D

参见《民诉法》第 147 条。

16. 答案：D

李某的盗窃行为，与银行应负的保管责任，虽有牵连，但不属于同一法律关系。根据《民刑交叉规定》第 10 条的规定，应选 D 项。

17. 答案：C

参见《民诉法》第 143 条和《民诉解释》第 232 条的规定。

18. 答案：D

参见《民诉解释》第 227 条。

19. 答案：D

参见《民诉法》第 143 条和《民诉解释》第 232 条。

20. 答案：D

因另一法律关系的债务人是甲父，不构成反诉，不能合并审理，故应另行起诉。

21. 答案：D

参见《民法典》第 1082 条和《民诉法》第 127 条。

22. 答案：D

《行诉法》第 2 条第 1 款规定："公民、法人或者其他组织认为行政机关和行政机关工作人员的行政行为侵犯其合法权益，有权依照本法向人民法院提起诉讼。"本案属于行政诉讼的受案范围。根据《民诉法》第 127 条第 1 项的规定，原告提起的诉讼，依照行政诉讼法的规定，属于行政诉讼受案范围的，人民法院告知原告提起行政诉讼。因而，本题正确答案为 D。

23. 答案：B

参见《民诉法》第 122 条。根据《民诉法》第 60 条，无诉讼行为能力人可由其监护人作为法定代理人进行诉讼。

24. 答案：A

参见《民诉解释》第 218 条。

25. 答案：C

参见《民诉解释》第 74 条。

26. 答案：D

参见《民诉解释》第 219 条和《诉讼时效规定》第 1 条。

27. 答案：C

参见《民诉解释》第 52 条。

28. 答案：B

参见《民诉法》第 147 条。

29. 答案：B

参见《民诉法》第 124 条。

30. 答案：A

参见《民诉法》第 88、147、153 条之规定。

31. 答案：A

参见《民诉法》第 154 条之规定。

32. 答案：C

参见《民诉法》第 126 条和《民诉解释》第 208 条之规定。

33. 答案：C

发回重审，按照原一审程序列明原告、被告。村委会为原告，根据《民诉法》第 146 条之规定，原告经传票传唤，无正当理由拒不到庭的，或者未经法庭许可中途退庭的，可以按撤诉处理。

34. 答案：D

C 项中的情形不属于应当终结诉讼的情形，因而是错误的。A 项、D 项和 B 项中的情形应当分别适用诉讼中止和延期审理。但是根据《民诉法》第 157 条的规定，中止诉讼应当以裁定为之，而延期审理应当以决定为之。所以只有 D 项是正确选项。

35. 答案：C

本题考查诉讼中的和解制度。《民诉法》第 53 条规定，双方当事人可以自行和解。诉讼中和解是当事人对自己实体权利和诉讼权利的处分。诉讼和解不能作为法院结案方式，不能直接终结诉讼程序。在通常情况下，诉讼中和解都是由原告方申请撤诉或者转换为法院调解来终结诉讼程序的。诉讼中达成的和解协议只能依靠当事人自愿履行，其不具有强制执行力。《法院调解规定》第 2 条规定，当事人在诉讼过程中自行达成和解协议的，人民法院可以根据当事人的申请依法确认和解协议制作调解书。结合本题，C 项正确。《民诉解释》第 148 条规定："当事人自行和解或者调解达成协议后，请求人民法院按照和解协议或者调解协议的内容制作判决书的，人民法院不予准许。无民事行为能力人的离婚案件，由其法定代理人进行诉讼。法定代理人与对方达成协议要求发给判决书的，可根据协议内容制作判决书。”故而D项错误。

36. 答案：D

本题考查开庭审理制度。参见《民诉法》第140、141、45条和第151条第2款的规定。

37. 答案：A

参见《民法典》第195条，《民诉法》第128条第1款，第29、122条。

（二）多项选择题

1. 答案：BC

B项中，乙公司已被注销，不具备诉讼主体资格。根据《民诉法》第127条的规定，对C项的情况也应不予受理。

2. 答案：ACD

参见《仲裁法》第26条。在诉讼中，被告以双方有仲裁协议为由，提出管辖权异议的，法院应继续审理案件，并对该异议作出裁定。

3. 答案：ACD

参见《民诉法》第137条和第151条第1款之规定。

4. 答案：ABCD

参见《民诉解释》第212、214条。

5. 答案：BCD

参见《民诉法》第146条，《民诉解释》第235、236、240条。按撤诉处理只能对原告和有独立请求权的第三人适用。

6. 答案：ABC

参见《民诉法》第122、127条，《民诉解释》第214、217条。本题考查起诉条件。在D项中，由于村民乙与村委会的鱼塘承包法律关系和甲无关，因而甲无权提起诉讼。

7. 答案：AD

参见《民诉法》第152条。

8. 答案：AB

参见《民诉法》第137条。

9. 答案：ABD

参见《民诉法》第143条、《民诉解释》第232条。

10. 答案：BCD

参见《民诉解释》第217、218、219条，《医疗事故条例》第22、46条之规定。

11. 答案：ABCD

参见《民诉解释》第243条之规定。

12. 答案：AD

参见《民诉法》第157条之规定。

13. 答案：ABD

参见《民诉法》第146条，《民诉解释》第234、236、240条之规定。

14. 答案：AB

参见《民诉法》第23、154条、第137条第2款和《民诉解释》第380条之规定。

15. 答案：BCD

普通程序适用于除简易程序以外的其他所有民事案件的一审审理。故A项错误。普通程序是人民法院审理民事案件的一个基本程序，民事诉讼法的基本原则、基本制度在该程序中都有集中的体现。故B项正确。普通程序是整个民事诉讼程序中体系最完整、内容最充实、最完备的一个程序。故C项正确。人民法院适用简易程序、二审程序及再审程序审理民事案件时，该程序无特别规定的，应当适用普通程序的相关规定进行审理。故D项正确。

16. 答案：ACD

参见《民诉法》第124条之规定。

17. 答案：ABCD

参见《民诉法》第149、146、112条之规定。

18. 答案：BD

参见《民诉法》第147、149、153、154条之规定。

19. 答案：ABD

本题主要考查起诉与受理。参见《民诉法》第127条和《民诉解释》第212、214、219条之规定。

（三）不定项选择题

1. 答案：A

参见《仲裁法》第26条之规定。

2. （1）答案：BD

虽然《民法典》第535条规定，甲对乙的债权未到期，则不具备行使代位权的条件，但是否到期属于胜诉要件，甲对乙提起诉讼只要满足《民诉法》第122条的要求即可，所以即使甲对乙的债权未到期，法院也应受理。《合同编通则解释》第75条规定，代位权诉讼由被告住所地法院管辖，丙在B市，A市法院无管辖权；《合同编通则解释》第36条规定，债权人提

起代位权诉讼后，债务人或者相对人以双方之间的债权债务关系订有仲裁协议为由对法院主管提出异议的，人民法院不予支持。甲应以自己的名义起诉，且法律禁止借用他人名义提起诉讼。

（2）答案：ACD

在诉讼中，乙虽是丙的债权人，但在本案中只是作为诉讼辅助参加人，不享有独立的请求权。故 A、C、D 项不对，当选。

（3）答案：ABCD

参见《民法典》第 535、538、540 条，《民诉法》第 103 条。

（4）答案：B

参见《民诉法》第 153 条之规定。本案必须以另一案的审理结果为依据，而另一案尚未审结的，应裁定中止诉讼。

（5）答案：D

参见《民法典》第 537 条。

3.（1）答案：D

参见《仲裁法》第 26 条。

（2）答案：A

参见《仲裁法》第 26 条。

（3）答案：AC

参见《民诉法》第 148 条、《法院调解规定》第 2 条、《民诉解释》第 148 条之规定。

（4）答案：ACD

参见《仲裁法》第 49、51 条。

4.（1）答案：BCD

参见《民诉法》第 130 条、第 22 条第 1 款、第 37 条之规定。

（2）答案：ABC

参见《简易程序规定》第 14 条第 1 款、《法院调解规定》第 4 条、《民诉解释》第 145 条之规定。

（3）答案：C

参见《民诉法》第 59 条第 2 款之规定。

（4）答案：ACD

自认，是指一方当事人对另一方当事人主张的案件事实予以承认。参见《证据规定》第 8 条之规定。选项 A、C、D 中提到的事实是与身份关系相联系的事实，不能适用自认制度。

（5）答案：AB

参见《证据规定》第 3 条、《民诉解释》第 107 条之规定。

（6）答案：ABCD

参见《民诉法》第 151 条第 3、4 款之规定。

5.（1）答案：AB

本案属于追索赡养费的案件，原告是被赡养人即王某，被告是被起诉承担赡养义务的王某的子女。因此，A 项和 B 项正确，当选。

（2）答案：ABCD

参见《民诉解释》第 9 条之规定。

（3）答案：BD

参见《民诉法》第 103 条第 1 款、第 109 条之规定。

（4）答案：C

参见《民诉解释》第 218 条之规定。

简答题

1. 法院可以缺席判决的主要情形包括以下内容：

（1）必须到庭的被告经受诉法院传票传唤，无正当理由拒不到庭的，或者未经法庭许可中途退庭的，可以缺席判决。

（2）受诉法院裁定不准许原告撤诉的，如果其经传票传唤，无正当理由拒不到庭的，可以缺席判决。

（3）无诉讼行为能力当事人的法定代理人经受诉法院传票传唤无正当理由拒不到庭，如属被告方，可以缺席判决。

（4）第三人如符合前述条件的，也可以对其缺席判决。

（5）反诉程序的缺席判决适用上述规定。

2. 有下列情形之一的，法院应当裁定终结诉讼：

（1）原告死亡，没有继承人或者继承人放弃诉讼权利的。

（2）被告死亡，没有遗产，也没有义务承担人的。

（3）离婚案件一方当事人死亡的。

（4）追索赡养费、扶养费、抚养费以及解除收养关系案件的一方当事人死亡的。

案例分析题

（1）原告为水泥厂，汽车队为被告，建设公司为第三人。

（2）异议不能成立。因为管辖权异议只能在答辩

期间提出，且建设公司提出的理由并非管辖权异议的合理理由，而应申请回避。

（3）先裁定中止诉讼，若贸易公司有权利义务承担人，则通知其参与诉讼；若没有，则裁定终结诉讼。

（4）反诉不能成立。因为该反诉与原诉不是基于同一法律关系或事实。

（5）经审理，如果不需要第三人承担责任，其可以不参加诉讼；如需要第三人承担责任，经传票传唤，其无正当理由拒不到庭，则可以缺席判决。

（6）是否进行调解，应由当事人自愿选择。本案在未经双方当事人同意的情况下，合议庭自行调解，这是错误的，本案应以判决结案。二审人民法院就上述案件不应作全面审理，应针对第三人上诉请求有关事实、适用法律进行审查。

论述与深度思考题

1. 直接言词原则是开庭审理的基本方式。言词审理，也称口头审理，是相对于书面审理的方式而言的，是指法院进行的证据调查程序和双方当事人的辩论程序必须以口头方式进行，否则不得作为判决的基础。直接审理，是相对于间接审理而言的，它是指作出裁判的法官必须直接参与当事人的辩论及证据调查，否则判决无效。我国《民诉法》没有规定直接言词原则。直接言词原则的重大意义，直接言词原则与审理机制的关系，以及直接言词原则的具体要求，都是我们需要研究的。参见王福华：《直接言词原创与民事案件审理样式》，载《中国法学》，2004（1）；刘学在：《论民事诉讼中的直接言词原则》，载《中南民族大学学报（人文社会科学版）》，2011（6）。

2. 审前准备程序与庭审程序的关系、审前准备程序的功能及其重要性已经被很多国家和地区所认识。审前准备程序的独立性是其功能发挥的重要保障。审前准备程序中法官与当事人之间的关系应该是互动的。审前准备程序除具有明确争点与固定证据的功能之外，还有分流案件和解决纠纷的功能。审前准备程序的科学设计是一个非常重要的问题。为此，有必要在我国《民诉法》增加案件分流的内容。参见熊跃敏：《民事审前准备程序研究》，北京，人民出版社，2007；段文波：《庭审中心视域下的民事审前准备程序研究》，载《中国法学》，2017（6）。

第十五章　简易程序与小额诉讼程序

知识逻辑图

- 概述
  - 简易程序：指基层人民法院及其派出法庭审理第一审简单民事案件所适用的诉讼程序
  - 小额诉讼程序：指基层人民法院和它的派出法庭审理标的额较小的简单民事案件所适用的程序
  - 价值取向：不仅为了提高司法效率，更重要的是实现司法的大众化，使当事人便于接近司法，获得简便、快捷的司法救济

- 简易程序
  - 简易程序的适用
    - 适用条件
      - 简单民事案件及当事人双方约定适用简易程序的普通民事案件
      - 一审程序
      - 基层人民法院和其派出的法庭
    - 例外
      - 起诉时被告下落不明的
      - 发回重审的
      - 当事人一方人数众多的
      - 适用审判监督程序的
      - 涉及国家利益、社会公共利益的
      - 第三人起诉请求改变或者撤销生效判决、裁定、调解书的
      - 其他不宜适用简易程序的案件
  - 适用方式
    - 人民法院依法适用
    - 当事人合意适用
  - 程序转化与适用异议
    - 法院发现案件不宜适用简易程序，需要转为普通程序审理的，应当在审理期限届满前作出裁定转为普通程序。不过，已经按照普通程序审理的案件，在开庭后不得转为简易程序审理
    - 当事人就案件适用简易程序提出异议，人民法院经审查，认为异议成立的，裁定转为普通程序，并将审判人员及相关事项书面通知双方当事人，审理期限自人民法院立案之日计算；认为异议不成立的，裁定驳回

简易程序
- 简易程序的具体规定
  - 起诉、受理与答辩：原告可以口头起诉，被告可以口头答辩。双方当事人到庭后，法院可以当即开庭审理
  - 减半交纳案件受理费
  - 传唤、通知和送达
  - 审前准备：当事人可以当庭举证。举证期限最长不超过 15 日
  - 先行调解
    - 婚姻家庭纠纷和继承纠纷
    - 劳务合同纠纷
    - 交通事故和工伤事故引起的权利义务关系较为明确的损害赔偿纠纷
    - 宅基地和相邻关系纠纷
    - 合伙协议纠纷
    - 诉讼标的额较小的纠纷
  - 开庭审理：法官独任制；法官在审理过程中发现案情复杂需要转为普通程序的，应当在审限届满前及时作出裁定，并书面通知当事人
  - 审限比较短：应当在立案之日起 3 个月内审结，可延长，延长后的审理期限累计不得超过 4 个月
  - 判决书、裁定书、调解书的制作：对认定事实或者裁判理由部分可以适当简化
  - 案件卷宗

小额诉讼程序
- 适用范围
  - 正面范围
    - 基层人民法院和它派出的法庭审理事实清楚、权利义务关系明确、争议不大的简单金钱给付民事案件，标的额为各省级行政区上年度就业人员年平均工资 50%以下的
    - 基层人民法院和它派出的法庭审理上述案件，标的额超过各省级行政区上年度就业人员年平均工资 50%但在 2 倍以下的，且当事人双方约定适用的
    - 海事法院审理的相关小额海事、海商案件
  - 排除范围
    - 人身关系、财产确权案件
    - 涉外案件
    - 需要评估、鉴定或者对诉前评估、鉴定结果有异议的案件
    - 一方当事人下落不明的案件
    - 当事人提出反诉的案件
    - 其他不宜适用小额诉讼程序审理的案件
- 特别规定
  - 法院告知义务
  - 适用异议及处理
  - 管辖异议
  - 驳回起诉
  - 举证期限和答辩
  - 增加或者变更诉讼请求，提出反诉，追加当事人
  - 裁判文书简化
  - 不得上诉
  - 再审

名词解释与概念比较

1. 简易程序
2. 简易程序的当事人选择权
3. 小额诉讼程序

选择题

（一）单项选择题

1. 张三和李四是邻居。2023 年 5 月，张三到法院起诉，要求李四还其借款 6 000 元。法院受理后，由审判员王二适用简易程序审理。在审理过程中，王二发现案情复杂，不是简单的借款纠纷，而是因合伙购买机器引发的纠纷，需要进一步调查取证并进行书证笔迹鉴定。在此种情况下，案件如何处理？（　　）

A. 报请院长批准延长案件的审理期限

B. 终结简易程序，告知当事人提起普通程序之诉

C. 将简易程序直接转为普通程序，审理期限另行计算

D. 将简易程序转为普通程序，审理期限从立案之日起计算

2. 根据我国《民诉法》及有关司法解释的规定，人民法院在审理下列哪种案件时，可以适用简易程序？（　　）

A. 某房地产公司向市中级人民法院起诉，要求某家具公司及时支付购房款 520 万元

B. 张某以李某亲笔书写的借条为依据向区人民法院起诉，要求李某归还 20 000 元

C. 县人民法院就李某与陈某宅基地纠纷经过审理作出判决后，李某不服，上诉至市中级人民法院，市中级人民法院以一审独任审判员应回避而未回避，可能影响案件正确判决为由裁定撤销原判，发回重审的案件

D. 区人民法院受理并组成合议庭审理一件案件过程中，发现该案件的案情实际上非常简单

3. 在下列关于简易程序的论述中，哪一项是错误的？（　　）

A. 简易程序中原告可以口头起诉

B. 简易程序中人民法院可将法庭调查与辩论交叉进行

C. 简易程序中人民法院可以当即受理和审理

D. 简易程序人民法院可以不开庭审理就作出判决

4. 下列哪种民事诉讼案件不能适用简易程序审理？（　　）

A. 当事人协议不适用简易程序的案件

B. 起诉时被告被监禁的案件

C. 发回重审的案件

D. 共同诉讼案件

5. 简易程序的审判组织（　　）。

A. 全部由陪审员组成的合议庭

B. 由审判员独任

C. 由审判员组成合议庭

D. 由书记员和审判员组成合议庭

6. 关于简易程序审理案件的期限，下列理解正确的是（　　）。

A. 审理期限是 3 个月，可以延长

B. 审理期限是 30 日，不得延长

C. 审理期限是 3 个月，经双方当事人约定可延长

D. 审理期限是 30 日，可延长，但延长的期限不得超过 1 个月

7. 下列有关民事诉讼简易程序的说法哪些是正确的？（　　）

A. 当事人同时到基层人民法院的派出法庭，请求解决纠纷的，可以径行开庭，当即审理，也可以另定日期审理

B. 不公开宣判

C. 判决书必须加盖人民法院的印章，调解书经人民法院授权，可以加盖人民法庭的印章

D. 应在立案之日起 30 日内审结

8. 人民法院在适用简易程序审理案件时可以不受普通程序中一些规定的限制，下列有关简易程序的说法不正确的是（　　）。

A. 公开审理的案件应当在开庭前公告当事人的姓名、案由和开庭时间地点

B. 庭审过程中可以将法庭调查与法庭辩论交叉进行

C. 由人民法院指定举证期限的，指定的期限可以少于 30 日，但不能少于 15 日

D. 在裁判文书中可不阐明证据是否采纳的理由

9. 下列选项中，关于简易程序与普通程序的关系，说明正确的是（　　）。

A. 简易程序是普通程序的前置程序

B. 简易程序与普通程序可相互转化
C. 简易程序是与普通程序并列的程序
D. 普通程序适用于所有人民法院，简易程序只适用于人民法庭

10. 甲与乙因借款合同发生纠纷，甲向某区法院提起诉讼，法院受理案件后，准备适用普通程序进行审理。甲为了能够尽快结案，建议法院适用简易程序对案件进行审理，乙也同意适用简易程序。下列哪一选项是正确的？（　　）

A. 普通程序审理的案件不能适用简易程序，因此，法院不可同意适用简易程序
B. 法院有权将普通程序审理转为简易程序，因此，甲、乙的意见无意义
C. 甲、乙可以自愿协商选择适用简易程序，无须经法院同意
D. 甲、乙有权自愿选择适用简易程序，但须经法院同意

11. 下列哪一选项属于《民诉法》直接规定、具有简易程序特点的内容？（　　）

A. 原告起诉或被告答辩时要向法院提供明确的送达地址
B. 适用简易程序审理的劳务合同纠纷在开庭审理时应先行调解
C. 在简易程序中，法院指定举证期限可以少于30天
D. 适用简易程序审理民事案件时，审判组织一律采用独任制

12. 赵洪诉陈海返还借款100元，法院决定适用小额诉讼程序审理。关于该案的审理，下列哪一选项是错误的？（　　）

A. 应在开庭审理时先行调解
B. 应开庭审理，但经过赵洪和陈海的书面同意后，可书面审理
C. 应当庭宣判
D. 应一审终审

13. 关于简易程序的简便性，下列哪一表述是不正确的？（　　）

A. 受理程序简便，可以当即受理、当即审理
B. 审判程序简便，可以不按法庭调查、法庭辩论的顺序进行
C. 庭审笔录简便，可以不记录诉讼权利义务的告知、原/被告的诉辩意见等通常性程序内容
D. 裁判文书简便，可以简化裁判文书的事实认定或判决理由部分

（二）多项选择题

1. 下列哪些案件适用简易程序审理是错误的？（　　）

A. 甲欠乙借款2万元，现甲不知去向，乙向法院提起诉讼，要求偿还借款，法院决定适用简易程序
B. 丙与丁因加工承揽合同产生纠纷，法院组成合议庭审理该案，审理中审判长认为此案事实清楚，双方当事人争议不大，决定将该案改为简易程序审理
C. 法院对戊与己离婚案作出一审判决，己不服提起上诉，上级法院认为一审判决并无错误，决定适用简易程序审理己的上诉
D. 适用简易程序审理的某案件在判决生效后，法院发现判决确有错误，决定对该案进行再审，并决定对该案的再审仍适用简易程序

2. 下列有关民事诉讼简易程序的说法哪些是正确的？（　　）

A. 当事人同时到基层法院的派出法庭，请求解决纠纷的，可以径行开庭，进行调解
B. 不公开宣判
C. 人民法院制作的判决书、裁定书、调解书只能加盖人民法院的印章
D. 应在立案之日起30日内审结

3. 某大学陈教授在讲授民事诉讼法课程后，要求学生归纳简易程序的法律特点，某学生回答了下列几点。你认为哪些是正确的？（　　）

A. 当事人各方可以自愿选择适用简易程序
B. 当事人可以就适用简易程序提出异议
C. 适用简易程序审理案件，通常应当一次开庭审结
D. 适用简易程序审理案件，通常应当当庭宣判

4. 关于简易程序中的调解，下列说法正确的是（　　）。

A. 调解必须遵循合法自愿的原则，如果当事人不愿意调解，法院不得进行调解
B. 张某因赌气向法院提出一元钱诉讼，法院适用简易程序后进行了调解
C. 王某诉李某侵权一案，某基层人民法庭在审理

过程中进行了调解，因为李某承认了王某的部分请求，法院于是只制作了简易判决书

D. 审理离婚案件时，法院应在法庭调查和法庭辩论结束后对双方进行调解

5. 下列说法正确的是（　　）。

A. 张某诉万柳公司生产的产品侵犯其发明专利一案，在一审过程中，双方自愿选择适用简易程序，人民法院予以同意

B. 王华诉刘天违约一案，赵镇人民法庭开庭一次审理完毕

C. 在适用简易程序审理的案件中，如果法院认为不宜再适用简易程序，可以转换为普通程序审理

D. 简易程序是基层人民法院的派出法庭审理简易民事案件时适用的审理程序，其他各级人民法院和专门法院都不得适用

视频讲题

6. 关于适用简易程序的表述，下列哪些选项是正确的？（　　）

A. 基层法院适用普通程序审理的民事案件，当事人双方可协议并经法院同意适用简易程序审理

B. 经双方当事人一致同意，法院制作判决书时可对认定事实或者判决理由部分适当简化

C. 法院可口头方式传唤当事人出庭

D. 当事人对案件事实无争议的，法院可不开庭径行判决

（三）不定项选择题

1. 下列关于简易程序的说法正确的是（　　）。

A. 在审理一审发回重审的案件时，人民法院认为事实清楚、争议不大，遂决定适用简易程序审理该案

B. 当事人一方就适用简易程序提出异议，人民法院经审查认为异议不成立的，必须以书面形式通知双方当事人

C. 人民法院在适用简易程序审理案件的过程中发现需要转为普通程序审理的，当庭口头通知双方当事人，转为普通程序

D. 一方当事人在诉讼过程中明确表示承认对方诉讼请求或者部分诉讼请求时，人民法院可以对裁判文书中认定事实或者判决理由部分简化

2. 下列关于小额诉讼程序的说法正确的是（　　）。

A. 当事人双方不可以约定适用小额诉讼的程序

B. 一方当事人提出反诉的案件不得适用小额诉讼程序

C. 小额诉讼程序原则上应一次开庭审结并且当庭宣判

D. 法院在审理过程中发现案件不宜适用小额诉讼程序的，应当决定转为普通程序

视频讲题

简答题

1. 简述简易程序的适用范围。

2. 简述简易程序的特点。

3. 简述适用简易程序审理的案件，人民法院应当在开庭审理时先行调解的主要情形。

4. 简述小额诉讼程序的适用条件。

案例分析题

1. 原告柳青向法院起诉其子柳允，要求柳允承担其赡养义务。人民法庭受理案件后，认为此案法律关系简单、事实清楚，遂决定适用简易程序，由陪审员李军独任审理此案。李军审阅一下案卷，分别询问了当事人一些情况，就作出了判决，并在判决书上加盖了人民法庭的公章。

问题：该案在审理程序上有何不妥之处？

2. 原告肖红与被告孙建是高中同学，2015 年年底确定恋爱关系，2016 年 11 月登记结婚，并举行了结婚仪式，孙建于 2016 年 12 月月底出走失踪，经寻找仍无下落。原告肖红于 2018 年 2 月向所在地人民法院起诉，要求与被告离婚，并主张依法分割共同财产。人民法庭认为该案比较简单，遂适用简易程序审理该案，由陪审员一人独任审判。2018 年 6 月 20 日，人民法庭判

决原、被告离婚。

问题：

（1）本案程序上有何不妥之处，正确的做法是什么？

（2）如果在案件审理过程中，原告肖红又向人民法庭申请宣告被告孙建失踪，人民法庭应如何审理此案？

（3）如果肖红仅向人民法庭申请宣告孙建失踪，人民法庭应当如何审理此案？肖红与孙建的婚姻关系是否有效？

论述与深度思考题

简易程序与普通程序的理念差别。

参考答案

名词解释与概念比较

1. 简易程序是指基层法院及其派出法庭审理第一审简单民事案件所适用的一种在普通程序基础上简化的诉讼程序。

2. 简易程序的当事人选择权是指对于基层人民法院适用第一审普通程序审理的民事案件，当事人各方达成协议自愿选择适用简易程序，并经人民法院审查同意后，适用简易程序审理该案件的一种权能。

3. 小额诉讼程序是指基层人民法院和它派出的法庭审理标的额较小的简单民事案件所适用的程序。小额诉讼程序实行一审终审。

选择题

（一）单项选择题

1. 答案：D

参见《民诉解释》第 258 条之规定。

2. 答案：B

根据《民诉法》第 160 条的规定，简易程序只能由基层人民法院和它派出的法庭审理案件时适用，中级人民法院审理案件不能适用，因此 A 项不对。根据《民诉法》第 41 条的规定，发回重审的案件，原审法院应按第一审程序另行组成合议庭，因此 C 项不对。根据《民诉解释》第 260 条的规定，已经按照普通程序审理的案件，在开庭后不得转为简易程序审理。因此 D 项也错。

3. 答案：D

参见《民诉法》第 161 条，《简易程序规定》第 21、7 条。不管适用何种程序审理民事案件，都必须经过开庭审理，否则，属于违反法定程序。

4. 答案：C

参见《简易程序规定》第 1 条、《民诉解释》第 257 条之规定。发回重审和按照审判监督程序再审的案件，不得适用简易程序审理。故本题应选 C 项。

5. 答案：B

参见《民诉法》第 163 条。

6. 答案：A

参见《民诉法》第 164 条、《民诉解释》第 258 条。

7. 答案：A

根据《民诉法》第 161 条的规定，A 项对，当选。

8. 答案：C

参见《民诉法》第 163 条，《简易程序规定》第 21、32 条，《证据规定》第 97 条。

9. 答案：C

简易程序是一种独立的诉讼程序，因此 C 项正确，A 项错误。简易程序有可能转化为普通程序，但普通程序绝对不能转为简易程序，故 B 项错。简易程序适用于基层法院及其派出法庭，故 D 项也错。

10. 答案：D

参见《民诉法》第 160 条第 2 款。《简易程序规定》第 2 条规定："基层人民法院适用第一审普通程序审理的民事案件，当事人各方自愿选择适用简易程序，经人民法院审查同意的，可以适用简易程序进行审理。人民法院不得违反当事人自愿原则，将普通程序转为简易程序。"据此，普通程序转为简易程序应当具备如下条件：受案法院为基层人民法院；当事人各方就转为简易程序审理自愿达成合意；经人民法院审查同意。所以 D 项为正确选项，当选。

11. 答案：D

A 项和 B 项规定在《简易程序规定》的第 5 条和第 14 条第 1 款。C 项内容规定在《举证时限通知》第 2 条。D 项内容规定在《民诉法》第 40 条第 2 款。

12. 答案：B

参见《民诉法》第 165 条，《民诉解释》第 271 条，

《简易程序规定》第 14、27 条之规定。

13. 答案：C

参见《简易程序规定》第 7、24、32 条，《民诉解释》第 266、270 条之规定。

（二）多项选择题

1. 答案：ABCD

参见《简易程序规定》第 1 条、《民诉解释》第 257 条和《民诉法》第 41 条的规定。

2. 答案：AC

参见《民诉法》第 161、151、164 条和《民诉解释》第 262 条的规定。

3. 答案：ABCD

参见《简易程序规定》第 2、3、23、27 条。

4. 答案：ABC

人民法院审理离婚案件，在开庭审理时应先行调解，D 项不正确。

5. 答案：BC

参见《简易程序规定》第 1、23 条，《民诉解释》第 258 条和《民诉法》第 160 条之规定，B、C 项正确，D 项错误。根据《民诉解释》第 2 条，专利纠纷由知识产权法院、最高人民法院确定的中级人民法院和基层人民法院管辖，因其案件复杂，不适用简易程序审理。

6. 答案：ABC

参见《简易程序规定》第 2 条第 1 款、第 32 条和第 6 条之规定，故 A 项、B 项和 C 项正确。关于一审适用简易程序审理的案件，法院可以不开庭径行判决的说法，于法无据，D 项错误。

（三）不定项选择题

1. 答案：D

发回重审的案件，应按第一审程序另行组成合议庭重新审理，故 A 项错。根据《简易程序规定》第 13 条的规定，异议成立的应以书面形式通知，异议不成立的，口头告知，故 B、C 项都不对。

2. 答案：BC

参见《民诉法》第 165、166、167、169 条之规定。法院在审理过程中，发现案件不宜适用小额诉讼的程序的，应当适用简易程序的其他规定审理或者裁定转为普通程序。

简答题

1. 简易程序主要适用于下列情形。

（1）基层人民法院及其派出法庭审理的事实清楚、权利义务关系明确、争议不大的简单民事案件。

（2）基层人民法院适用第一审普通程序审理的民事案件，但当事人各方自愿选择适用简易程序，并经人民法院审查同意的除外。

此外，下列案件不适用简易程序审理：（1）起诉时被告下落不明的；（2）发回重审的；（3）共同诉讼中一方或者双方当事人人数众多的；（4）法律规定应当适用特别程序、审判监督程序、督促程序、公示催告程序和企业法人破产还债程序的；（5）人民法院认为不宜用简易程序进行审理的。

2. 简易程序的特点主要体现在以下几个方面：（1）起诉与答辩方式简便；（2）受理案件的程序简化；（3）传唤当事人和证人方式灵活；（4）审判组织采用独任制形式；（5）审理前的准备方式不同于普通程序；（6）开庭审理程序简化；（7）法官对当事人有更多的释明义务；（8）以当庭宣判为原则，裁判文书的制作可以简化。

3. 下列民事案件，人民法院如果适用简易程序审理的，应当在开庭时先行调解：（1）婚姻家庭纠纷和继承纠纷；（2）劳务合同纠纷；（3）交通事故和工伤事故引起的权利义务关系较为明确的损害赔偿纠纷；（4）宅基地和相邻关系纠纷；（5）合伙协议纠纷；（6）诉讼标的额较小的纠纷。

4. 基层人民法院和它派出的法庭审理事实清楚、权利义务关系明确、争议不大的简单金钱给付民事案件，标的额为各省、自治区、直辖市上年度就业人员年平均工资 50%以下的，适用小额诉讼的程序审理。基层人民法院和它派出的法庭审理前述规定的民事案件，标的额超过各省、自治区、直辖市上年度就业人员年平均工资 50%但在 2 倍以下的，当事人双方也可以约定适用小额诉讼的程序。下列民事案件，不适用小额诉讼的程序：（1）人身关系、财产确权案件；（2）涉外案件；（3）需要评估、鉴定或者对诉前评估、鉴定结果有异议的案件；（4）一方当事人下落不明的案件；（5）当事人提出反诉的案件；（6）其他不宜适用小额诉讼的程序审理的案件。

案例分析题

1. 适用简易程序审理的案件，不能由人民陪审员一人独任审理，而应由审判员一人独任审理。人民法庭对一审案件径行裁判是错误的。根据《民诉法》的有关规定，本案应当开庭审理。《民诉法》规定，人民法庭制作的判决书、裁定书、调解书，必须加盖人民法院的印章，不能用人民法庭的印章代替基层人民法院的印章。在本案中，人民法庭在判决书中加盖人民法庭的印章的做法是错误的。

2.（1）根据《民诉法》的规定，起诉时被告下落不明的案件，不得适用简易程序审理。而本案适用简易程序审理，是错误的。简易程序审理的案件，不能由人民陪审员一人独任审判，而应由审判员一人独任审理。根据《民诉法》的规定，人民法院适用简易程序审理案件，应当在 3 个月内审结，有特殊情况需要延长的，经本院院长批准，可以延长 1 个月。在并不存在需要延长审限的事由，且未经本院院长批准延长的情况下，本案经过了 3 个月才审结，违反了法律规定。人民法院应适用普通程序审理此案。首先人民法院应将原告的起诉书副本公告送达被告。自公告发布之日起，经过 30 日，即视为送达。若被告在法定期间内出现，则依法进行判决；若不出现，则可缺席判决。

（2）人民法院应当中止原诉讼，由受诉人民法院按照特别程序审理宣告失踪案，待审理完毕，再恢复诉讼。

（3）人民法院应当依照特别程序审理该案。人民法院受理后，应当发出寻找下落不明人的公告，宣告失踪的公告期为 3 个月，公告期限届满，人民法院应当根据被宣告失踪的事实是否得到确认，作出宣告失踪的判决或者驳回申请的判决。公告期满，人民法院判决宣告失踪的，应同时指定失踪人的财产代管人。肖红与孙建的婚姻关系不因人民法院是否宣告孙建为失踪人而变化，双方的婚姻关系继续存在。

论述与深度思考题

事实上，在立法技术上，《民诉法》将普通程序作为审判通则，简易程序作为特别规则，仅以列举的方式作出了一些特别适用的简易程序规定，这给人的感觉是：简易程序只是普通程序的简化版本而已。国际上普遍认为，简易程序与普通程序在立法理念上是不同的，不同的立法理念会产生不同的立法结果。我国的简易程序与普通程序在立法观念上究竟应有何差别？这种差别会对具体的制度构建产生何种影响，例如，举证时限制度要不要在简易程序中适用等？这些问题的澄清对于未来的民事诉讼法修订工作具有重要意义。参见章武生等：《司法现代化与民事诉讼制度的构建》（修订本），北京，法律出版社，2003；吴英姿：《民事略式诉讼初论》，载《中外法学》，2022（6）；杨卫国：《论民事简易程序系统之优化》，载《法律科学》，2014（3）。

第十六章　民事诉讼中的裁判

知识逻辑图

- 概述
  - 含义：指人民法院在对民事案件进行审理的过程中或之后对当事人之间的民事权利义务关系及诉讼程序的进行与保障问题作出的具有公权性质的断定
  - 特征
    - 权威性
    - 特定性
    - 法定性
    - 公开性
  - 分类
    - 判决、裁定、决定和命令
    - 中间裁判和终局裁判
    - 书面裁判和口头裁判
  - 判决、裁定、决定与命令的关系

- 判决
  - 概念与特征
    - 概念：是指人民法院依法对案件进行审理后就案件实体问题所作的具有约束力的结论性判定
    - 特征
      - 判决的制定主体具有特定性
      - 判决的内容具有特定性
      - 判决具有法定性
      - 判决具有很高的权威性
  - 分类
    - 诉讼案件判决和非讼案件判决
    - 给付判决、确认判决和变更判决
    - 全部判决和部分判决
    - 终局判决和中间判决
    - 对席判决和缺席判决
    - 原判决和补充判决
    - 一审判决和二审判决
  - 内容
    - 案由、诉讼请求、争议的事实和理由
    - 判决认定的事实和理由、适用的法律和理由
    - 判决结果和诉讼费用的负担
    - 上诉期间和上诉的法院
  - 效力
    - 是否为判决
    - 是否为有效判决
    - 有效判决的效力
      - 拘束力
      - 确定力
      - 形成力
      - 执行力

- 判决
  - 既判力
    - 含义：既判力又称判决实质上的确定力，是指当事人之间原争议的民事法律关系已经人民法院判决解决并确定生效，当事人不得对此再提起诉讼或在以后的诉讼中主张与该判决相反的内容，人民法院也不得对当事人之间原争议的民事法律关系再进行判决或在以后的诉讼中作出与该判决相冲突的判决
    - 既判力的时间范围
    - 既判力的客观范围
    - 既判力的主观范围

- 裁定、决定与命令
  - 裁定
    - 概念：是指人民法院在诉讼过程中为处理程序事项和个别的实体事项而作出的具有约束力的结论性判定
    - 裁定的适用范围
    - 裁定的内容：裁定的结果与裁定的理由
    - 裁定的效力
  - 决定
    - 概念：是指人民法院为解决诉讼过程中发生的影响诉讼正常顺利进行的特殊事项所作出的具有约束力的结论性判定
    - 决定的适用范围
    - 决定的内容和效力
  - 命令
    - 概念：是指人民法院对程序进行的事项或者某些无争议的事实问题依法发出的指令。这些事项往往属于法院职权范围内的事项，具有明显的法院职权色彩
    - 命令的特点
    - 命令的效力

名词解释与概念比较

1. 民事判决、民事裁定与民事决定
2. 既判力
3. 判决理由

选择题

（一）单项选择题

1. 某基层人民法院对某人身损害赔偿一案作出了判决，上诉期内当事人均未上诉。后该法院发现判决中遗漏了对诉讼费用承担的内容。对此，该法院应当如何处理？（　　）

A. 决定收回判决书，重新制作

B. 裁定撤销判决书，重新制作

C. 作出补正错误的裁定书并送达双方当事人

D. 由院长提交审判委员会讨论决定再审

2. 一审宣判后，原审人民法院发现判决有错误。对此应当如何处理？（　　）

A. 应当收回判决书，重新制作并送达当事人

B. 应当收回判决书，重新开庭审理

C. 应当制作裁定书，改正原判决中的错误

D. 当事人不上诉的，应当按照审判监督程序处理

3. 人民法院作出的下列生效裁定中，不可以申请复议的是（　　）。

A. 财产保全的裁定

B. 补正判决书笔误的裁定

C. 先予执行的裁定

D. 驳回执行异议的裁定

4. 甲公司诉乙公司货款纠纷一案，A 市 B 区法院在审理中查明甲公司的权利主张已超过诉讼时效（乙公司并未提出时效抗辩），遂判决驳回甲公司的诉讼请求。判决作出后上诉期间届满之前，B 区法院发现其依职权适用诉讼时效规则是错误的。关于本案的处理，下列哪一说法是正确的？（　　）

A. 因判决尚未发生效力，B 区法院可以将判决书予以收回，重新作出新的判决

B. B区法院可以将判决书予以收回，恢复庭审并向当事人释明时效问题，视具体情况重新作出判决

C. B区法院可以作出裁定，纠正原判决中的错误

D. 如上诉期间届满当事人未上诉的，B区法院可以决定再审，纠正原判决中的错误

视频讲题

5. 关于民事诉讼的裁定，下列哪一选项是正确的？（　　）

A. 裁定可以适用于不予受理、管辖权异议和驳回诉讼请求

B. 当事人有正当理由没有到庭的，法院应当裁定延期审理

C. 裁定的拘束力通常只及于当事人、诉讼参与人和审判人员

D. 当事人不服一审法院作出的裁定，可以向上一级法院提出上诉

（二）多项选择题

1. 法院作出的生效民事判决都具有（　　）（考研）

A. 执行力　　B. 既判力

C. 确定力　　D. 形成力

2. 关于民事诉讼程序中的裁判，下列哪些表述是正确的？（　　）

A. 判决解决民事实体问题，而裁定主要处理案件的程序问题，少数涉及实体问题

B. 判决都必须以书面形式作出，某些裁定可以口头方式作出

C. 一审判决都允许上诉，一审裁定有的允许上诉，有的不能上诉

D. 财产案件的生效判决都有执行力，大多数裁定都没有执行力

视频讲题

简答题

1. 简述民事判决的法律效力。

2. 简述既判力的范围。

论述与深度思考题

论既判力理论及其意义。

参考答案

名词解释与概念比较

1.

民事判决	法院对民事案件依法定程序审理后，对案件的实体问题依法作出的具有法律效力的结论性判定。
民事裁定	法院在审理民事案件的过程中，对有关诉讼程序上的事项作出的判定。
民事决定	法院对诉讼中的某些特殊事项依法作出的处理判定。

2. 既判力又称判决实质上的确定力，是指当事人之间原争议的民事法律关系已经人民法院判决解决并确定生效，当事人不得对此再提起诉讼或在以后的诉讼中主张与该判决相反的内容，人民法院也不得对当事人之间原争议的民事法律关系再进行判决或在以后的诉讼中作出与该判决相冲突的判决。

3. 判决理由是指法院依据所认定的事实和法律根据，针对当事人的诉讼请求引出判决结论的过程的表述。

选择题

（一）单项选择题

1. 答案：C

根据《民诉法》第157条的规定，补正判决书中的笔误应当以裁定方式为之。而《民诉解释》第245条对何为“笔误”作了规定：笔误是指法律文书误写、误算，诉讼费用漏写、误算和其他笔误。

2. 答案：D

《民诉解释》第 242 条规定，“一审宣判后，原审人民法院发现判决有错误，当事人在上诉期内提出上诉的，原审人民法院可以提出原判决有错误的意见，报送第二审人民法院，由第二审人民法院按照第二审程序进行审理；当事人不上诉的，按照审判监督程序处理”。

3. 答案：B

《民诉法》第 111 条规定：“当事人对保全或者先予执行的裁定不服的，可以申请复议一次。复议期间不停止裁定的执行。”第 236 条规定：“当事人、利害关系人认为执行行为违反法律规定的，可以向负责执行的人民法院提出书面异议。当事人、利害关系人提出书面异议的，人民法院应当自收到书面异议之日起十五日内审查，理由成立的，裁定撤销或者改正；理由不成立的，裁定驳回。当事人、利害关系人对裁定不服的，可以自裁定送达之日起十日内向上一级人民法院申请复议。”所以 B 项是正确答案。

4. 答案：D

本题考查对原判决错误的处理。根据《民诉法》第 157 条、《民诉解释》第 245 条和《诉讼时效规定》第 2 条的规定，依职权适用诉讼时效规则的错误不属于裁定补正判决书的笔误，而是原判决错误。根据《民诉解释》第 242 条的规定，一审宣判后，原审人民法院发现判决有错误，当事人在上诉期内提出上诉的，原审人民法院可以提出原判决有错误的意见，报送第二审人民法院，由第二审人民法院按照第二审程序进行审理；当事人不上诉的，按照审判监督程序处理。故 D 项正确。

5. 答案：C

本题主要考查民事诉讼的裁定。依据《民诉法》第 157 条的规定，选项 A、B、D 错误。民事裁定具有法律上的拘束力，由于裁定是法院用于诉讼指挥的手段，作用于诉讼过程，因此不参与诉讼的自然人、法人或者其他组织一般与裁定无关，民事裁定的法律拘束力通常拘束于当事人、诉讼参与人和审判人员，因此，C 项正确。

（二）多项选择题

1. 答案：BC

一个完全效力的判决，应当包含形式效力和实质效力，形式效力包括判决对法院的拘束力和形式上的确定力；实质效力包括判决实质上的确定力（既判力）、形成力和执行力。其中，只有具有给付内容的判决才具有执行力，也只有变更判决和非讼案件判决才具有形成力。因此，选项 B、C 正确。

2. 答案：AB

选项 A、B 正确：判决是指人民法院依法对案件进行审理后就案件实体问题所作的具有约束力的书面、结论性判定。裁定是指人民法院在诉讼过程中为处理程序事项和个别的实体事项而作出的具有约束力的结论性判定。选项 C 错误：最高人民法院作出的一审判决不允许上诉。选项 D 错误：执行力只是针对给付判决。

简答题

1. 民事判决具有以下法律效力。

（1）判决的形式效力。这又包括以下两个方面：一是判决的拘束力，即作出判决的法院在判决宣告后，原则上不得撤销、变更该判决的效力；二是判决的形式上的确定力，即判决确定后当事人不能以上诉请求变更或废弃该判决的效力。

（2）判决的实质效力。这又包括以下三个方面：一是判决的既判力，即判决确定后法院与当事人均受判决内容的拘束，当事人不得主张与之相反的内容，法院也不得作出与之内容矛盾的判断。二是判决的执行力，即判决确定后一方当事人不履行判决内容的，对方当事人可以申请人民法院强制执行。三是判决的形成力，即判决确定后具有能够引起当事人之间法律关系发生、变更或消灭的效力。

2. 既判力的范围主要体现在以下几个方面。

（1）时间范围。既判力的时间范围是据以作出确定判决的口头辩论终结的时间。

（2）客观范围。既判力原则上只对判决的主文产生，即判决书对当事人诉讼请求的判断具有既判力。至于判决理由，一般认为没有既判力，但对抵消抗辩的判断除外。

（3）主观范围。既判力原则上只及于双方当事人，但在例外情况下可以扩张到可视同为当事人的人，如辩论终结后当事人实体权利义务的继承人、为当事人或继承人利益而占有请求标的物的人等。

论述与深度思考题

既判力理论是民事诉讼法学最重要的理论之一。既判力是判决效力的核心内容，它包括既判力的含义、既判力理论与诉讼标的理论的关系、既判力与一事不再理的关系、既判力与再审的关系、既判力的条件、既判力的功能、既判力的本质、既判力的时间范围、既判力的客观范围及其扩张、既判力的主观范围及其扩张、既判力的限制等内容。参见江伟、肖建国主编：《民事诉讼法》，9 版，367～369 页，北京，中国人民大学出版社，2023。

第十七章　上诉审程序

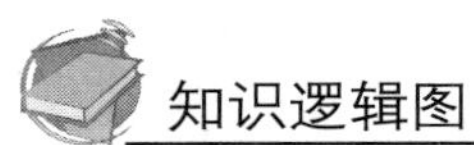

知识逻辑图

- 概述
  - 概念：是指当事人不服地方各级法院尚未确定的裁判，在法定期间内向上一级法院声明不服，请求撤销或变更原裁判，上一级法院据此对案件进行审判所适用的程序
  - 上诉审程序的目的
    - 保护当事人的权利
    - 保障法律的统一解释和适用
  - 上诉审模式
    - 事实审与法律审
    - 复审主义、事后审主义与续审主义
    - 我国第二审程序的模式：续审主义
  - 第二审程序与第一审程序的联系和区别
    - 联系
      - 第一审程序是第二审程序的前提，后者是前者的继续和发展
      - 第一审程序和第二审程序同属审判程序
      - 第二审程序首先适用特别规定，没有特别规定的适用第一审程序
    - 区别
      - 审判程序发生的原因不同
      - 审级不同
      - 审判组织不同
      - 审理对象不同
      - 审理的方式不同
      - 裁判的效力不同
- 上诉的提起和受理
  - 上诉的含义：是指当事人对于下级法院尚未确定的裁判，向上级法院声明不服，请求撤销或者变更该裁判的诉讼行为
  - 上诉的条件
    - 实质条件：
      - 上诉人和被上诉人须适格
      - 上诉人须有上诉利益
    - 形式条件
      - 裁判具有可上诉性
      - 上诉须在法定期间内提出
      - 上诉须向一审法院的直接上一级法院提起
      - 上诉须采取书面形式
  - 上诉之提起和受理的程序
    - 上诉状等诉讼文书的提交与送达
    - 诉讼案卷和证据的报送
    - 二审法院的立案
- 上诉的提起和受理
  - 上诉的效力
    - 阻断一审裁判的确定
    - 诉讼案件移审于二审法院
  - 附带上诉
    - 含义：是指一方当事人提起上诉后，被上诉人在已经开始的第二审程序中，也对第一审判决声明不服，请求第二审法院废弃或变更第一审不利于己的判决的诉讼行为
    - 目的：维护双方当事人的诉讼公平
    - 要件
    - 种类

- 上诉案件的审理与裁判
  - 上诉案件的审理
    - 审判范围
      - 禁止不利益变更原则
      - 禁止利益变更原则
    - 审理方式
      - 开庭审理
      - 不开庭审理
    - 审判组织：原则上应由合议庭审理，不能吸收人民陪审员参加
  - 上诉案件的裁判
    - 裁判类型
      - 对判决提起上诉的案件的裁判
        - 判决驳回上诉，维持原判
        - 依法改判
        - 裁定撤销原判决，发回重审
        - 裁定撤销原判决，驳回起诉
        - 裁定撤销原判决，移送管辖
      - 对裁定提起上诉的案件的裁判
        - 裁定驳回上诉，维持原裁定
        - 裁定撤销或变更原裁定
        - 裁定撤销原裁定，驳回起诉
    - 裁判的效力
      - 不得对裁判再行上诉
      - 不得就同一诉讼标的重新起诉
      - 具有强制执行效力
  - 撤回上诉与二审中的撤诉
    - 撤回上诉
      - 概念：是指上诉人依法提起上诉后，在第二审法院判决宣告前，要求第二审法院停止上诉案件的审判的制度
      - 要件
        - 主体是上诉人
        - 向第二审法院为之
        - 在第二审法院判决宣告前提出
        - 是否准许由二审法院裁定，法院经审查认为一审判决确有错误，或者当事人之间恶意串通损害国家利益、社会公共利益、他人合法权益的，裁定不许上诉人撤回上诉
      - 效力
      - 关于撤回上诉的拟制
    - 二审中的撤诉
      - 要件
        - 主体是原审原告
        - 其他当事人同意
        - 不损害国家利益、社会公共利益、他人合法权益
        - 经法院准许
      - 效力
        - 第二审程序终结，一审判决失去效力
        - 整个诉讼事件不再系属于法院
        - 原审原告在二审中撤诉的，不得就该纠纷再次起诉

名词解释与概念比较

1. 第二审程序
2. 复审制、事后审制与续审制

选择题

（一）单项选择题

1. 下列关于民事第二审程序的说法正确的是（　　）。

A. 当事人不服地方人民法院第一审裁定，提出上

诉的期限为 15 日

B. 当事人上诉，应当以上诉状向第二审人民法院提出，而不能向原审人民法院提出

C. 第二审法院审理上诉案件可以径行裁判

D. 当事人撤回上诉，应当征得第二审人民法院同意

2. 甲向乙借款 5 000 元，丙作保证人，在债权到期后，甲拒绝还债，乙将甲、丙作为共同被告起诉，人民法院一审判决保证人丙先行返还乙 5 000 元。丙认为自己只负一般保证责任，应由甲履行债务。试问：若丙以此为由提起上诉，应如何确定被上诉人？（　　）

A. 以乙为被上诉人，甲按原审诉讼地位列明

B. 以甲为被上诉人，乙按原审诉讼地位列明

C. 甲、乙均按原审诉讼地位列明

D. 甲、乙均为被上诉人

3. 承租人甲、乙、丙、丁与同一房屋出租人戊发生房屋租赁纠纷，人民法院经当事人同意，将该案按普通共同诉讼合并审理，并作出了一审判决。现甲、乙就该一审判决欲提出上诉，而丙、丁未就此上诉。对此，下列哪一种说法正确？（　　）

A. 甲、乙有权提起上诉，但必须强制追加丙、丁为上诉人

B. 甲、乙有权提起上诉，不能追加丙、丁为上诉人

C. 如丙、丁未提出上诉，甲、乙根本无权提出上诉

D. 甲、乙有权提出上诉，人民法院可以追加丙、丁为上诉人

4. 继承人甲、乙因继承纠纷诉至法院，要求人民法院对被继承人遗产，包括小楼一栋、存款若干，作出分割。一审判决中未涉及对存款的继承问题，甲上诉。二审人民法院的正确处理方法是（　　）。

A. 告知甲对一审判决未涉及的诉讼请求另行起诉

B. 就一审判决未涉及的诉讼请求一并作出判决

C. 按自愿原则进行调解，调解不成的，发回重审

D. 无条件发回一审重审

5. 甲、乙两公司发生合同纠纷，乙公司诉至人民法院。甲公司不服一审判决，上诉至二审人民法院。二审人民法院在调查中发现甲在一审中就依合法的仲裁协议主张过不应由人民法院受理，该案依法确实不应由人民法院受理，则本案应如何处理？（　　）

A. 二审判决撤销原判，驳回乙的起诉

B. 调解不成，发回一审人民法院重审

C. 发回一审人民法院重审，由一审法院裁定撤销原判，驳回起诉

D. 可以由二审人民法院直接裁定撤销原判，驳回起诉

6. 某中级人民法院在对某一民事案件进行二审时，认为原一审判决认定事实错误，则正确的处理方法是（　　）。

A. 必须发回一审人民法院重审

B. 只能直接改判

C. 以判决方式依法改判、撤销或者变更

D. 应按审判监督程序处理

7. 甲起诉乙支付货款。一审判决后，乙提起上诉，并提出产品质量存在问题，要求甲赔偿损失。下列关于二审法院处理本案方式的哪一表述是正确的？（　　）

A. 应当将双方的请求合并审理一并作出判决

B. 应当将双方的请求合并进行调解，调解不成的，发回重审

C. 应当将双方的请求合并进行调解，调解不成的，对赔偿损失的请求发回重审

D. 应当将双方的请求合并进行调解，调解不成的，告知乙对赔偿损失的请求另行起诉

8. 李某诉赵某解除收养关系，一审判决解除收养关系。赵某不服，提起上诉。二审中双方和解，维持收养关系，向法院申请撤诉。关于本案下列哪一表述是正确的？（　　）

A. 二审法院应当准许当事人的撤诉申请

B. 二审法院可以依当事人和解协议制作调解书，送达双方当事人

C. 二审法院可以直接改判

D. 二审法院可以裁定撤销原判

视频讲题

9. 甲在某报发表纪实报道，对明星乙和丙的关系作了富有想象力的描述。乙和丙以甲及报社共同侵害了他们的名誉权为由提起诉讼，要求甲及报社赔偿精

神损失并公开赔礼道歉。一审判决甲向乙和丙赔偿 1 万元，报社赔偿 3 万元；并责令甲及报社在该报上书面道歉。报社提起上诉，请求二审法院改判甲和自己各承担 2 万元，以甲的名义在该报上书面道歉。二审法院应如何确定当事人的地位？（　　）

A. 报社是上诉人，甲是被上诉人，乙和丙列为原审原告

B. 报社是上诉人，甲、乙、丙是被上诉人

C. 报社是上诉人，乙和丙是被上诉人，甲列为原审被告

D. 报社和甲是上诉人，乙和丙是被上诉人

10. 甲婚后经常被其丈夫乙打骂，向某区人民法院提起离婚诉讼。该区人民法院审理后认为双方感情确已破裂，判决准予离婚，并对共有财产进行了分割。甲认为区人民法院对财产的处理不公平，于是向中级人民法院提起上诉。在二审审理期间，乙因意外事故死亡，二审法院遂裁定终结诉讼。关于本案，下列何种说法是正确的？（　　）

A. 二审法院裁定终结诉讼后，区人民法院的离婚判决即发生法律效力

B. 二审法院裁定终结诉讼后，区人民法院的离婚判决不发生法律效力

C. 区人民法院的离婚判决是否发生法律效力，取决于上诉期间是否届满，只要上诉期间届满，该判决即发生法律效力

D. 区人民法院的判决中，解除婚姻关系的部分发生法律效力，而财产分割部分不发生法律效力

11. 郑某诉刘某离婚一案，一审法院判决不准离婚。郑某不服，并提起上诉。二审法院审理后认为当事人双方感情确已破裂，应当判决离婚。二审法院采取以下何种做法是正确的？（　　）

A. 直接改判离婚，子女抚养和财产问题另案解决

B. 直接改判离婚，子女抚养和财产问题一并判决

C. 在当事人自愿的情况下，通过调解解决离婚、子女抚养和财产分割问题，调解不成的，发回重审

D. 只对离婚事项作出判决，子女抚养和财产分割问题发回重审

12. 下列裁判属于二审人民法院必须裁定撤销原判、发回重审的情况的是（　　）。

A. 原审法院严重违反法定程序

B. 原审判决认定事实清楚，证据充分的

C. 原审判决认定事实清楚，法律适用错误的

D. 原审判决认定事实不清，证据不足的

13. 当事人对法院作出的可以上诉的裁定不服的，可以在收到裁定书之日起（　　）。

A. 15 日内提起上诉　　B. 10 日内提起上诉

C. 5 日内提起上诉　　D. 30 日内提起上诉

14. 王大生诉刘华借款纠纷一案由 S 市 H 区人民法院审理终结。一审法院判决刘华返还王大生借款本金 1 500 元，驳回了王大生要求刘华支付利息的请求。判决书向双方当事人送达后，刘华上诉，王大生未上诉，但他在答辩状中向二审法院提出了让刘华支付借款利息的请求。根据我国的司法解释，对王大生的该请求，二审法院该如何办理？（　　）

A. 必须予以审查　　B. 应当予以审查

C. 可以不予审查　　D. 一律不予审查

15. 王东彪诉刘满仓房屋租赁纠纷一案由丹江县人民法院受理。第一次开庭时，因原告未带有关证据的原件，法庭决定休庭；第二次开庭时，原告在法庭辩论时提出，本案合议庭中的书记员刘河江为被告刘满仓的弟弟，故要求刘河江回避，审判长以法庭调查已结束为由，驳回了原告的回避申请。一审法院判决后，原告以一审法院判决认定事实不清且程序上违法——刘河江应当回避而没回避为由，提起上诉。二审法院经审理认为，一审法院的判决认定事实清楚，适用实体法也无不当之处，同时查明刘河江确实是刘满仓的弟弟。在此情况下，二审法院对本案应当如何处理？（　　）

A. 判决驳回上诉，维持原判

B. 依法改判

C. 裁定发回重审

D. 判决维持原判，但在判决书中应指明一审法院在回避问题上的错误

16. 甲公司与乙公司因合同纠纷向 A 市 B 区法院起诉，乙公司应诉。经开庭审理，法院判决甲公司胜诉。乙公司不服 B 区法院的一审判决，以双方签订了仲裁协议为由向 A 市中级人民法院提起上诉，要求据此撤销一审判决、驳回甲公司的起诉。A 市中级人民法院应当如何处理？（　　）

A. 裁定撤销一审判决，驳回甲公司的起诉

B. 应当首先审查仲裁协议是否有效，如果有效，

则裁定撤销一审判决，驳回甲公司的起诉

C. 应当裁定撤销一审判决，发回原审法院重审

D. 应当裁定驳回乙公司的上诉，维持原判决

17. 甲对乙提起财产损害赔偿之诉，一审法院判决甲胜诉。乙不服，提起上诉。二审法院发现丙是必须参加诉讼的共同诉讼人，便追加其参加诉讼。但丙既不参加诉讼，也不表示放弃权利。在此情况下，二审法院应如何处理？（　　）

A. 仍将其列为二审的当事人，依法作出判决

B. 仍将其列为二审的当事人，可以缺席判决

C. 不能将其列为二审的当事人，但可直接根据上诉人的请求作出判决

D. 不能将其列为二审的当事人，可以裁定撤销原判决、发回原审法院重审

18. 四方公司与海通公司因合同纠纷进行诉讼，一审判决海通公司胜诉。四方公司不服，提起上诉。在第二审程序中，海通公司分立为海鸥公司和海洋公司。在此情况下，二审法院应如何处理？（　　）

A. 将案件发回原审法院重审

B. 将海鸥公司和海洋公司列为共同诉讼人，进行调解，调解不成，发回重审

C. 将海鸥公司和海洋公司列为共同诉讼人，进行调解或者判决，不必发回重审

D. 仍将海通公司列为当事人，进行调解或者判决，执行程序中再裁定海鸥公司和海洋公司为被执行人

19. 吴某被王某打伤后诉至法院，王某败诉。一审判决书送达王某时，其当即向送达人郑某表示上诉，但因其不识字，未提交上诉状。关于王某行为的法律效力，下列哪一选项是正确的？（　　）

A. 王某已经表明上诉，产生上诉效力

B. 郑某将王某的上诉要求告知法院后，产生上诉效力

C. 王某未提交上诉状，不产生上诉效力

D. 王某口头上诉经二审法院同意后，产生上诉效力

20. 二审法院根据当事人上诉和案件审理情况，对上诉案件作出相应裁判。下列哪一选项是正确的？（　　）

A. 二审法院认为原判决对上诉请求的有关事实认定清楚、适用法律正确，裁定驳回上诉、维持原判决

B. 二审法院认为原判决对上诉请求的有关事实认定清楚，但适用法律有错误，裁定发回重审

C. 二审法院认为一审判决是在案件未经开庭审理的情况下作出的，裁定撤销原判决、发回重审

D. 原审原告增加独立的诉讼请求，二审法院合并审理，一并作出判决

21. 某借款纠纷案二审中，双方达成调解协议，被上诉人当场将欠款付清。关于被上诉人请求二审法院制作调解书，下列哪一选项是正确的？（　　）

A. 可以不制作调解书，因为当事人之间的权利义务已经实现

B. 可以不制作调解书，因为本案属于法律规定可以不制作调解书的情形

C. 应当制作调解书，因为二审法院的调解结果除解决纠纷外，还具有对一审法院的判决效力发生影响的功能

D. 应当制作调解书，因为被上诉人已经提出请求，法院应当予以尊重

22. 某案经审理，一审法院判决被告王某支付原告刘某欠款本息共计 22 万元，王某不服，提起上诉。二审中，双方当事人达成和解协议，约定：王某在 3 个月内向刘某分期偿付 20 万元，刘某放弃利息请求。案件经王某申请撤回上诉而终结。约定的期限届满后，王某只支付了 15 万元。刘某欲寻求法律救济。下列哪一说法是正确的？（　　）

A. 只能向一审法院重新起诉

B. 只能向一审法院申请执行一审判决

C. 可向一审法院申请执行和解协议

D. 可向二审法院提出上诉

23. 关于民事诉讼二审程序的表述，下列哪一选项是错误的？（　　）

A. 二审案件的审理，遇有二审程序没有规定的情形，应当适用一审普通程序的相关规定

B. 二审案件的审理，以开庭审理为原则

C. 二审案件调解的结果变更了一审判决内容的，调解书送达后，原审人民法院的判决即视为撤销

D. 二审案件的审理，只能由法官组成的合议庭进行审理

视频讲题

24. 甲对乙享有10万元到期债权，乙无力清偿，且怠于行使对丙的15万元债权，甲遂对丙提起代位权诉讼，法院依法追加乙为第三人。一审判决甲胜诉，丙应向甲给付10万元。乙、丙均提起上诉，乙请求法院判令丙向其支付剩余5万元债务，丙请求法院判令甲对乙的债权不成立。关于二审当事人地位的表述，下列哪一选项是正确的？（　　）

A. 丙是上诉人，甲是被上诉人

B. 乙、丙是上诉人，甲是被上诉人

C. 乙是上诉人，甲、丙是被上诉人

D. 丙是上诉人，甲、乙是被上诉人

25. 甲诉乙人身损害赔偿一案，一审法院根据甲的申请，冻结了乙的银行账户，并由李法官独任审理。后甲胜诉，乙提起上诉。二审法院认为一审事实不清，裁定撤销原判，发回重审。关于重审，下列哪一表述是正确的？（　　）

A. 由于原判已被撤销，一审中的审判行为无效，保全措施也应解除

B. 由于原判已被撤销，一审中的诉讼行为无效，法院必须重新指定举证时限

C. 重审时不能再适用简易程序，应组成合议庭，李法官可作为合议庭成员参加重审

D. 若重审法院判决甲胜诉，乙再次上诉，二审法院认为重审认定的事实依然错误，则只能在查清事实后改判

（二）多项选择题

1. 在民事诉讼中，有权提起上诉的主体有（　　）。

A. 共同诉讼原告

B. 无民事行为能力人为一方当事人的法定代理人

C. 有独立请求权的第三人

D. 一审判决中确定负有实体义务的无独立请求权的第三人

2. 根据我国《民诉法》的有关规定，下列选项正确的有（　　）。

A. 原审人民法院收到上诉状，应当在5日内将副本送达对方当事人

B. 当事人提出答辩状的，人民法院应当自收到之日起5日内将其副本送达上诉人

C. 原审人民法院收到上诉状、答辩状，应当在5日内报送第二审人民法院

D. 第二审人民法院收到当事人的上诉状的，应在5日内移交原审人民法院

3. 对于人民法院一审民事裁判的上诉期间，下列哪些说法是正确的？（　　）

A. 对一审民事判决的上诉期间为15日，对可上诉的一审民事裁定的上诉期间为5日

B. 对一审民事判决的上诉期间为15日，对可上诉的一审民事裁定的上诉期间为10日

C. 涉外民事一审判决的上诉期间为30日，涉外民事裁定的上诉期间为10日

D. 涉外民事诉讼中，在中华人民共和国领域内没有住所的当事人对判决和裁定的上诉期为30日

4. 在A案中，甲、乙是普通共同诉讼人，在B案中，丙、丁是必要共同诉讼人，人民法院在作出判决后，向甲、乙、丙、丁都送达了判决书，甲收到判决书日期为5月20日，乙为5月18日，丙为6月2日，丁为6月3日。以下说法正确的是（　　）。

A. 甲、乙的上诉期均自5月20日开始计算

B. 甲的上诉期自5月20日开始计算，乙的上诉期自5月18日开始计算

C. 丙的上诉期自6月2日起算，丁的上诉期自6月3日开始计算

D. 丙、丁的上诉期均自6月3日开始起算

5. 下列哪些说法是正确的？（　　）

A. 第二审人民法院只对与上诉请求有关的事实和适用法律进行审查

B. 第二审人民法院对上诉案件，必须组成合议庭，开庭审理

C. 第二审人民法院对与案件有关的事实和适用法律进行全面审查

D. 第二审人民法院审理上诉案件，可以在本院进行，也可以到案件发生地或者原审人民法院所在地进行

6. 二审人民法院不准许撤回民事上诉的原因一般有（　　）。

A. 撤回上诉的申请是受胁迫提出的

B. 原判决、裁定确有错误

C. 撤回上诉存在双方当事人串通损害国家和集体利益、社会利益或他人合法利益的现象

D. 撤回上诉的申请存在违法、规避法律的现象

7. 根据我国《民诉法》的有关规定，可以适用不开庭审理的民事上诉案件有（　　）。

A. 当事人提出的上诉请求明显不能成立的案件

B. 一审就不予受理、驳回起诉和管辖权异议作出裁定的案件

C. 原审裁判认定事实清楚，但适用法律错误的案件

D. 原判决违反法定程序，可能影响案件正确判决，需要发回重审的案件

8. 在民事诉讼中，当事人在二审期间达成和解协议的，人民法院对此的正确处理方法应当是（　　）。

A. 二审中不应准许当事人自行达成和解协议，因为二审的重要任务之一是对一审人民法院进行审判监督

B. 对当事人在二审中达成的和解协议，人民法院应予以承认

C. 二审人民法院可根据当事人的请求，对双方和解协议进行审查，并制作调解书送达当事人

D. 二审中因和解而要求撤诉的，经审查符合条件，人民法院应予准许

9. 根据《民诉法》及相关规定，下列关于民事上诉案件的审理方式的说法正确的是（　　）。

A. 民事上诉案件的审理方式是以开庭审理为原则，以不开庭审理为例外

B. 第二审人民法院在审理上诉案件时，对于提出新的事实、证据的应开庭审理

C. 二审人民法院对事实清楚、适用法律正确和事实清楚、只是定性错误或者适用法律错误的案件，可以在询问当事人后不开庭审理

D. 民事上诉案件的审理方式，完全由二审人民法院自行决定

10. 人民法院审理上诉案件，可以根据不同情况，作出以下哪些裁判？（　　）

A. 发回重审

B. 按照审判监督程序再审

C. 维持原判

D. 依法改判

11. 2023 年 7 月，茂林县人民法院对盛唐公司诉济银公司买卖合同纠纷案作出一审判决，认定双方所签订的合同为有效合同，济银公司败诉。在判决书向双方当事人送达后的第二天，茂林县人民法院发现了原判决有错误，盛唐公司与济银公司签订的买卖合同实际上是份无效合同。在此情况下，茂林县人民法院应如何处理？（　　）

A. 立即作出裁定，撤销原判决，作出新判决

B. 等待当事人是否上诉，当事人在上诉期内均未上诉的，由茂林县人民法院按照审判监督程序处理

C. 当事人在上诉期内上诉的，茂林县人民法院可以提出原判决有错误的意见，报送二审人民法院

D. 当事人在上诉期内上诉的，茂林县人民法院即将案卷材料报送二审人民法院，对一审判决不作任何意见表示

12. 对下列哪些案件，二审人民法院可以不开庭审理？（　　）

A. 被告在一审中提出了管辖权异议，一审法院驳回了被告的异议，被告不服提起上诉

B. 二审法院对原告上诉请求审查后认为原告的请求明显不成立

C. 被告在上诉时提交了其刚刚找到的合同原件

D. 在一审中应当回避的人员没有回避

13. 二审法院审理继承纠纷上诉案时，发现一审判决遗漏了另一继承人甲。关于本案，下列哪些说法是正确的？（　　）

A. 为避免诉讼拖延，二审法院可依职权直接改判

B. 二审法院可根据自愿原则进行调解，调解不成的，裁定撤销原判决发回重审

C. 甲应列为本案的有独立请求权第三人

D. 甲应是本案的共同原告

14. 以下哪些情况上诉法院可以调解，调解不成的发回原审法院重审？（　　）（考研）

A. 一审判决遗漏当事人诉讼请求的

B. 一审判决认定事实不清的

C. 一审遗漏必须参加诉讼的当事人的

D. 当事人增加诉讼请求的

视频讲题

15. 下列哪些情况下，法院不应受理当事人的上诉请求？（ ）

A. 宋某和卢某借款纠纷一案，卢某终审败诉，宋某向区法院申请执行，卢某提出执行管辖异议，区法院裁定驳回卢某异议。卢某提起上诉

B. 曹某向市中院诉刘某侵犯其专利权，要求赔偿损失 1 元钱，中院驳回其请求。曹某提起上诉

C. 孙某将朱某打伤，经当地人民调解委员会调解达成协议，并申请法院进行了司法确认。后朱某反悔，提起上诉

D. 尹某诉与林某离婚，法院审查中发现二人系禁婚的近亲属，遂判决二人婚姻无效。尹某提起上诉

（三）不定项选择题

1. 张三向 C 市 D 区人民法院起诉李四，要求其偿还欠款 5 000 元，但借据丢失，又未能提供其他有力证据，故一审人民法院判决驳回了张三的起诉。张三提起上诉，并在二审中提供了失而复得的借据。请问：

（1）关于二审人民法院的审判组织，下列说法正确的有（ ）。

A. 应当由审判员或者审判员和人民陪审员组成合议庭

B. 可以由审判员一人独任审判

C. 必须由审判员组成合议庭

D. 应由审判员组成合议庭，但经主管院长批准，可以吸收人民陪审员参加

视频讲题

（2）对于当事人在二审中提供的失而复得的借据这一证据，下列说法正确的有（ ）。

A. 该证据属于当事人逾期提交的证据材料，人民法院审理时不应组织质证

B. 对于该证据，法院不应采纳

C. 该证据不属于当事人因故意或者重大过失而逾期提供的证据，法院应当采纳

D. 法院对逾期提供证据的当事人处以罚款的，可以结合当事人逾期提供证据的主观过错程度等因素，确定罚款数额

（3）如果本案因张三提出新证据被二审人民法院发回重审，那么（ ）。

A. 李四有权要求张三支付全部诉讼费用

B. 李四无权要求张三支付由此增加的诉讼费用

C. 李四有权要求张三支付由此造成的误工费

D. 李四有权要求张三支付由此造成的交通费

（4）如果本案被二审人民法院发回重审，对经重审作出的判决，（ ）。

A. 张三可以提起上诉

B. 李四可以提起上诉

C. 张三、李四均不得提起上诉

D. 如不服，只能按审判监督程序处理

（5）第二审人民法院审理本案时，可以（ ）。

A. 在 C 市中级人民法院进行

B. 在 D 区人民法院进行

C. 在张三找到借据之所在地人民法院进行

D. 在二审人民法院选择的任一地方进行

2. 丙承租了甲、乙共有的房屋，因未付租金被甲、乙起诉。一审法院判决丙支付甲、乙租金及利息共计 1 万元，分 5 个月履行，每月给付 2 000 元。甲、乙和丙均不服该判决，提出上诉：乙请求改判丙一次性支付所欠的租金 1 万元。甲请求法院判决解除与丙之间的租赁关系。丙认为租赁合同中没有约定利息，甲、乙也没有要求给付利息，一审法院不应当判决自己给付利息，请求判决变更一审判决的相关内容。丙还提出，为修缮甲、乙的出租房自己花费了 3 000 元，请求抵销部分租金。根据上述事实，请回答以下问题。

（1）关于一审法院判决丙给付甲、乙利息的做法，下列说法正确的是（ ）。

A. 违背了民事诉讼的处分原则

B. 违背了民事诉讼的辩论原则

C. 违背了民事诉讼的当事人诉讼权利平等原则

D. 违背了民事诉讼的同等原则

（2）关于二审中当事人地位的确定，下列选项正确的是（　　）。

A. 丙是上诉人，甲、乙是被上诉人

B. 甲、乙是上诉人，丙是被上诉人

C. 乙、丙是上诉人，甲是被上诉人

D. 甲、乙、丙都是上诉人

（3）关于甲上诉请求解除与丙的租赁关系，下列选项正确的是（　　）。

A. 二审法院查明事实后直接判决

B. 二审法院直接裁定发回重审

C. 二审法院经当事人同意进行调解解决

D. 甲在上诉中要求解除租赁关系的请求，须经乙同意

（4）关于丙提出用房屋修缮款抵销租金的请求，二审法院正确的处理办法是（　　）。

A. 查明事实后直接判决

B. 不予审理

C. 经当事人同意进行调解解决，调解不成的，发回重审

D. 经当事人同意进行调解解决，调解不成的，告知丙另行起诉

3. 某省海兴市的《现代企业经营》杂志刊登了一篇自由撰稿人吕某所写的报道，内容涉及同省龙门市甲公司的经营方式。甲公司负责人汪某看到该篇文章后，认为《现代企业经营》作为一本全省范围内发行的杂志，其所发文章内容严重失实，损害了甲公司的名誉，使公司的经营受到影响。于是甲公司向法院起诉要求《现代企业经营》杂志社和吕某赔偿损失5万元，并进行赔礼道歉。一审法院仅判决杂志社赔偿甲公司3万元，未对“赔礼道歉”的请求进行处理。杂志社认为赔偿数额过高，不服一审判决，提起上诉。根据上述事实，请回答以下问题。

（1）关于二审法院对本案的处理，下列选项正确的是（　　）。

A. 由于“赔礼道歉”的诉讼请求并不在上诉请求的范围之中，二审法院不得对其进行审理

B. 针对一审中“赔礼道歉”的诉讼请求，二审法院应根据当事人自愿的原则进行调解，调解不成的，发回重审

C. 针对一审中“赔礼道歉”的诉讼请求，二审法院应根据当事人自愿的原则进行调解，调解不成的，径行判决

D. 针对一审中“赔礼道歉”的诉讼请求，二审法院应根据当事人自愿的原则进行调解，调解不成的，告知甲公司另行起诉

（2）如果法院作出终审判决，杂志社赔偿甲公司1万元，并登报进行赔礼道歉。杂志社履行了赔偿义务，但拒绝赔礼道歉。如果甲公司要求法院强制执行，法院可以采取的措施有：（　　）。

A. 对报社负责人予以罚款

B. 对报社负责人予以拘留

C. 由报社支付迟延履行金

D. 如果构成犯罪，可以追究报社负责人刑事责任

简答题

1. 简述第二审程序与第一审程序的区别。
2. 简述上诉的含义与条件。
3. 简述上诉案件的裁判方式及其适用情形。

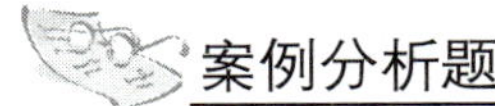

案例分析题

1. 2017年8月15日，原告三江贸易公司与被告隆福百货公司签订了一份买卖合同，双方约定由被告向原告提供纯毛毛线20吨，每吨5 000元，货到付款，如有违约应给付对方5万元违约金。合同还约定，为节省被告费用，由对被告供货的第三人毛纺织厂直接将货于2017年12月月底以前送到原告处。该合同签订后，被告又与毛纺织厂签订了一份合同，约定由毛纺织厂将20吨纯毛毛线于2017年12月月底前送到原告处，货到并经验收后，由被告向毛纺织厂按每吨4 800元支付货款。毛纺织厂在合同订立后，因原材料价格上涨，严重影响其生产，至2017年12月月底仍不能向原告供货。原告遂于2018年4月以被告违约为由，向人民法院提起诉讼，请求被告承担违约责任。人民法院经审理认为原告与被告所签买卖合同为有效合同。被告没按合同约定履行义务，应当承担违约责任。因此判决被告被告按合同的规定向原告给付违约金5万元。判决后，被告不服，提起上诉，理由是：原合同约定由毛纺织厂向原告独立承担供货义务，被告不应当承担此责任。二审人民法院经审理认为，尽管原告与毛纺织厂没有订立合同，但根据原告与被告、被告

与毛纺织厂之间订立的合同，毛纺织厂负有交货义务，毛纺织厂没有履行该义务就应承担违约责任。同时，被告未履行合同义务也应对原告承担违约责任，但毛纺织厂与被告的过错程度有区别。

问题：

（1）如果上诉期间，一审人民法院发现，由于贸易公司没盖章，合同其实是无效的，应如何处理？

（2）如果百货公司上诉后，在上诉期间就撤回上诉，则贸易公司可否要求其履行一审判决，为什么？

（3）如果在二审中贸易公司与百货公司达成和解，欲结束此案，应如何处理？

（4）如果贸易公司在二审答辩状中要求二审人民法院补充判决百货公司赔偿违约给其造成的间接损失 2 万元，则二审人民法院应如何处理？

（5）如果二审人民法院直接追加毛纺织厂为本案共同被告，判决撤销原判决，由毛纺织厂赔偿贸易公司经济损失 4 万元，由百货公司赔偿贸易公司经济损失 1 万元，那么二审人民法院的做法是否妥当？为什么？

2. 原告林立与被告李同系 A 县人，曾经合伙在 A 县开一饭店，赢利 60 万元，尚欠债务 30 万元。由于两人在分摊利润和偿还债务问题上产生纠纷，原告请求人民法院解除其与被告合伙经营的合同关系。此案由 A 县人民法院马开一人组成独任庭进行审理，并判决解除双方之间的合伙关系。被告不服，向 B 市中级人民法院提起上诉。二审法院由王菲、陈晨、刘大鹏、孙忠四人组成合议庭，经过审理，判决驳回上诉、维持原判。二审判决后，上诉人以本案承办人王菲与被上诉人有亲戚关系为由，认为法院判决不公，申请再审。原二审法院认为申请再审理由成立，决定进行再审，并改由陈晨、杨阳、成明三人重新组成合议庭，按照审判监督程序进行审理。

问题：

（1）两审法院在诉讼程序上是否正确？

（2）由原二审法院决定进行再审是否正确？

（3）如果上诉人李同在二审判决后的两年半，向法院申请再审，法院应如何处理？

（4）二审法院在审理再审案件时诉讼程序上是否正确？

论述与深度思考题

请论述两审终审与三审终审孰优孰劣。

参考答案

名词解释与概念比较

1. 第二审程序是指第一审当事人不服地方各级人民法院的判决、裁定而依法向上一级人民法院提起上诉，要求撤销或变更原判决或裁定，上一级人民法院据此对案件进行审判所适用的程序。

2.

复审制	事后审制	续审制
第二审程序中，将案件全部重新开始审理，当事人及法院均得重新收集一切资料，不管第一审裁判结果是否正确，其所适用的诉讼资料与二审是否相同，二审法院均不予考虑	第二审是以专门审理一审判决内容和程序有无错误为目的，二审法院仅能就第一审法院所使用的诉讼资料及当事人主张进行审查，不许在第二审提出新事实和新证据	第二审是第一审的继续，不仅承续第一审的全部资料，而且可以重新收集诉讼资料

选择题

（一）单项选择题

1. 答案：D

参见《民诉法》第 171、173、176、180 条的规定。裁定的上诉期为 10 日；当事人上诉，既可向一审法院递交上诉状，也可向二审法院递交上诉状；二审法院审理案件原则上应当采用开庭审理的方式，经过阅卷、调查和询问当事人，对没有提出新的事实、证据或者理由，人民法院认为不需要开庭审理的，可以不开庭审理；当事人撤回上诉需要征得二审法院的同意，这与一审中的撤诉是一样的。

2. 答案：D

参见《民诉解释》第 317 条之规定。

3. 答案：B

参见《民诉解释》第 317 条之规定。

4. 答案：C

参见《民诉解释》第 324 条之规定。

5. 答案：D

《民诉解释》第 328 条规定：人民法院依照第二审程序审理的案件，认为依法不应由人民法院受理的，可以由第二审人民法院直接裁定撤销原判、驳回起诉。

6. 答案：C

参见《民诉法》第 177 条的规定。

7. 答案：D

《民诉解释》第 326 条规定：在第二审程序中，原审原告增加独立的诉讼请求或者原审被告提出反诉的，第二审人民法院可以根据当事人自愿原则就新增加的诉讼请求或者反诉进行调解，调解不成的，告知当事人另行起诉。双方当事人同意由第二审人民法院一并审理的，第二审人民法院可以一并裁判。本题中，乙提出产品质量存在问题并要求赔偿损失的行为属于原审被告提出反诉。故答案应为 D 项。

8. 答案：A

《民诉解释》第 337 条规定：因和解而申请撤诉，经审查符合撤诉条件的，人民法院应予准许。故答案应为 A 项。

9. 答案：B

参见《民诉解释》第 317 条的规定。甲和报社共同侵权，为必要共同诉讼的被告。报社上诉，请求二审法院改判甲和自己各承担 2 万元，以甲的名义在该报上书面道歉。报社的上诉对其与乙、丙之间以及与甲之间的权利义务承担均有意见，因此报社为上诉人，甲、乙、丙为被上诉人。

10. 答案：B

一审判决被当事人上诉，并没有发生法律效力。

11. 答案：C

《民诉解释》第 327 条规定：一审判决不准离婚的案件，上诉后，第二审人民法院认为应当判决离婚的，可以根据当事人自愿的原则，与子女抚养、财产问题一并调解，调解不成的，发回重审。双方当事人同意由第二审人民法院一并审理的，第二审人民法院可以一并裁判。故应选 C 项。

12. 答案：A

参见《民诉法》第 177 条第 4 项之规定。

13. 答案：B

《民诉法》第 171 条第 2 款规定：当事人不服地方人民法院第一审裁定的，有权在裁定书送达之日起 10 日内向上一级人民法院提起上诉。

14. 答案：C

参见《民诉法》第 175 条。

15. 答案：C

参见《民诉法》第 177 条。

16. 答案：D

《仲裁法》第 26 条规定：当事人达成仲裁协议，一方向人民法院起诉未声明有仲裁协议，人民法院受理后，另一方在首次开庭前提交仲裁协议的，人民法院应当驳回起诉，但仲裁协议无效的除外；另一方在首次开庭前未对人民法院受理该案提出异议的，视为放弃仲裁协议，人民法院应当继续审理。本案中，被告乙公司未在首次开庭前提出异议并且应诉，因此 B 区人民法院以及上诉法院就有权审理本案。乙公司系在上诉期间提出仲裁协议异议无效，故本题正确答案应为 D 项。

17. 答案：D

参见《民诉解释》第 325 条之规定。

18. 答案：C

《民诉解释》第 334 条规定：在第二审程序中，作为当事人的法人或者其他组织分立的，人民法院可以直接将分立后的法人或者其他组织列为共同诉讼人；合并的，将合并后的法人或者其他组织列为当事人。

19. 答案：C

参见《民诉解释》第 318 条之规定。

20. 答案：C

参见《民诉法》第 177 条、《民诉解释》第 326 条之规定。

21. 答案：C

参见《民诉法》第 179 条之规定。

22. 答案：B

本题考查二审程序中的和解和撤回上诉的效力。本案中，王某因与刘某达成和解协议而撤回上诉，撤回上诉仅导致第二审程序的终结，对原判决并不产生影响。和解协议不具有强制执行力。因此刘某欲寻求救济，可向一审法院申请执行一审判决。

23. 答案：D

本题考查民事诉讼第二审程序。参见《民诉法》第 181、176、179、41 条之规定。对于中级人民法院受理的第二审民事案件，在符合《民诉法》第 41 条第 2 款规定的案件范围和适用条件的情况下，可以由审判员一人独任审理。

24. 答案：A

参见《民诉法》第 59 条、《民诉解释》第 82 条之规定。乙作为无独立请求权第三人，未被判决承担民事责任的，无权提起上诉。因此选项 A 正确，选项 B、C、D 错误。

25. 答案：D

A 项错误：根据《民诉解释》第 165 条，本案中甲诉乙人身损害赔偿已经进入诉讼程序，虽然二审发回重审，一审的审判行为无效，但是又进入了新的一审程序，所以不能解除保全。因此，A 项错误。B 项错误：根据《举证时限通知》第 9 条，发回重审的案件，第一审人民法院在重新审理时，可以结合案件的具体情况和发回重审的原因等情况，酌情确定举证期限。如果案件是因违反法定程序被发回重审的，人民法院在征求当事人的意见后，可以不再指定举证期限或者酌情指定举证期限。但案件因遗漏当事人被发回重审的，按照本通知第 5 条处理。如果案件是因认定事实不清、证据不足发回重审的，人民法院可以要求当事人协商确定举证期限，或者酌情指定举证期限。上述举证期限不受“不得少于 30 日”的限制。本案中，虽然原判已被撤销，一审中的诉讼行为无效，但是由于之前已经经过一次一审程序，法院也没有必要重新指定举证时限。因此，B 项错误。C 项错误：根据《民诉法》第 41 条第 3 款，发回重审的案件，原审人民法院应当按照第一审程序另行组成合议庭。本案中李法官不能够作为合议庭的成员参与重审。因此，C 项错误。D 项正确：根据《民诉法》第 177 条第 2 款，发回重审，只能发回一次。本案中，若二审法院判决甲胜诉，乙再次上诉，二审法院认为重审认定的事实依然错误，则只能在查清事实后改判。因此，D 项正确。

（二）多项选择题

1. 答案：ABCD

参见《民诉解释》第 319、82 条。当事人的法定代理人有权代为提起上诉（但应注意的是，法定代理人不是上诉人）。有独立请求权的第三人是案件的当事人，当然有权提起上诉。法院判决无独立请求权的第三人承担责任的，该第三人也有权提起上诉。

2. 答案：ABCD

《民诉法》第 173 条规定：上诉状应当通过原审人民法院提出，并按照对方当事人或者代表人的人数提出副本。当事人直接向第二审人民法院上诉的，第二审人民法院应当在 5 日内将上诉状移交原审人民法院。第 174 条规定：原审人民法院收到上诉状，应当在 5 日内将上诉状副本送达对方当事人，对方当事人在收到之日起 15 日内提出答辩状。人民法院应当在收到答辩状之日起 5 日内将副本送达上诉人。对方当事人不提出答辩状的，不影响人民法院审理。原审人民法院收到上诉状、答辩状，应当在 5 日内连同全部案卷和证据，报送第二审人民法院。

3. 答案：BD

参见《民诉法》第 171、286 条。

4. 答案：BC

参见《民诉解释》第 244 条之规定。

5. 答案：AD

《民诉法》第 175 条规定：第二审人民法院应当对上诉请求的有关事实和适用法律进行审查。第 176 条规定：第二审人民法院对上诉案件应当开庭审理。经过阅卷、调查和询问当事人，对于没有提出新的事实、证据或者理由，人民法院认为不需要开庭审理的，可以不开庭审理。第二审人民法院审理上诉案件，可以在本院进行，也可以到案件发生地或者原审人民法院所在地进行。

6. 答案：BC

《民诉解释》第 335 条规定：在第二审程序中，当事人申请撤回上诉，人民法院经审查认为一审判决确有错误，或者当事人之间恶意串通损害国家利益、社会公共利益、他人合法权益的，不应准许。

7. 答案：ABCD

根据《民诉解释》第 331 条的规定，第二审人民法院对下列上诉案件，依照《民诉法》第 176 条的规定可以不开庭审理：(1) 不服不予受理、管辖权异议和驳回起诉裁定的；(2) 当事人提出的上诉请求明显不能成立的；(3) 原判决、裁定认定事实清楚，但适用法律错误的；(4) 原判决严重违反法定程序，需要发回重审的。

8. 答案：CD

《民诉解释》第 337 条规定：当事人在第二审程序中达成和解协议的，人民法院可以根据当事人的请求，对双方达成的和解协议进行审查并制作调解书送达当事人；因和解而申请撤诉，经审查符合撤诉条件的，人民法院应予准许。故应选 C、D 项。

9. 答案：ABC

参见《民诉法》第176条和《民诉解释》第331条之规定。

10. 答案：ACD

参见《民诉法》第177条之规定。

11. 答案：BC

参见《民诉解释》第242条之规定。

12. 答案：ABD

根据《民诉解释》第331条的规定，本题应选A、B、D项。

13. 答案：BD

参见《民诉解释》第70、325条之规定。

14. 答案：AC

参见《民诉解释》第324、325条之规定。

15. 答案：AC

选项A正确：《执行解释》第3条第2款规定，人民法院对当事人提出的异议，应当审查。异议成立的，应当撤销执行案件，并告知当事人向有管辖权的人民法院申请执行；异议不成立的，裁定驳回。当事人对裁定不服的，可以向上一级人民法院申请复议。据此可知，对执行异议裁定不服的可以向上一级人民法院申请复议，但是不能提起上诉。选项B错误：可以上诉的文书包括尚未生效的一审判决书以及不予受理、管辖权异议、驳回起诉的裁定书。中院作出驳回诉讼请求的一审判决书，在上诉期内并未生效，尚未生效的一审判决书可以上诉，高院应当受理。选项C正确：对调解协议进行司法确认的案件适用特别程序审理，适用特别程序审理的案件实行一审终审，当事人不服的，不能提起上诉。选项D错误：《婚姻家庭解释一》第11条规定，对婚姻效力的审理不适用调解，应当依法作出判决，赋予了请求确认婚姻无效案件的上诉权。

（三）不定项选择题

1. （1）答案：B

《民诉法》第41条第2款规定：中级人民法院对第一审适用简易程序审结或者不服裁定提起上诉的第二审民事案件，事实清楚、权利义务关系明确的，经双方当事人同意，可以由审判员一人独任审理。

（2）答案：CD

《民诉解释》第102条第2款规定，当事人非因故意或者重大过失逾期提供的证据，人民法院应当采纳，并对当事人予以训诫。《证据规定》第59条规定，人民法院对逾期提供证据的当事人处以罚款的，可以结合当事人逾期提供证据的主观过错程度、导致诉讼迟延的情况、诉讼标的金额等因素，确定罚款数额。

（3）答案：CD

《民诉解释》第102条第3款规定，当事人一方要求另一方赔偿因逾期提供证据致使其增加的交通、住宿、就餐、误工、证人出庭作证等必要费用的，人民法院可予支持。

（4）答案：AB

参见《民诉法》第41条。二审案件被发回重审后，适用一审普通程序，任何一方当事人不服裁判，仍可提起上诉。

（5）答案：AB

《民诉法》第176条第2款规定：第二审人民法院审理上诉案件，可以在本院进行，也可以到案件发生地或者原审人民法院所在地进行。

2. （1）答案：A

选项A正确：甲、乙仅针对租金起诉，没有要求给付请求利息，法院擅自对利息进行判决，违反了民事诉讼的处分原则。

（2）答案：D

参见《民诉解释》315条之规定。

（3）答案：CD

参见《民诉解释》第326条、《民诉法》第55条之规定。

（4）答案：D

参见《民诉解释》第326条之规定。

3. （1）答案：B

参见《民诉解释》第324条之规定。

（2）答案：ABCD

参见《民诉法》第114、264条之规定。

简答题

1. 第二审程序与第一审程序的区别主要表现在以下几个方面。

（1）审级不同。第一审程序是初审程序，各级人民法院均可适用该程序，一审程序后可能终结诉讼，也可能没有终结诉讼。第二审程序则是终审程序，只有中级以上人民法院在审理上诉案件时才可以适用该程序，而且二审后诉讼必然终结。

（2）审判程序发动的原因不同。当事人行使起诉权是发动第一审程序的原因，其指向的对象是诉讼标的。当事人行使上诉权是发动第二审程序的原因，其指向的直接对象是一审尚未生效的判决或裁定，而诉讼标的本身成为间接对象。

（3）担负的具体任务不同。人民法院在第一审程序中的任务仅仅是确定民事权利义务关系，解决民事纠纷。人民法院在第二审程序中除了要完成第一审的任务，还要完成上级法院对下级法院的监督任务。

（4）适用的具体程序不同。第一审程序与第二审程序在审判组织的组成、审理形式和审理期限等方面均存在差异。

（5）裁判的效力不同。人民法院在第一审程序中所作出的裁判有发生既判力效力与没有发生既判力效力之分，但人民法院在第二审程序中所作出的裁判都是终审裁判。

2. 上诉是指当事人不服地方各级人民法院依据第一审程序作出的尚未发生既判力的判决、裁定，依法请求上一级人民法院予以审理，以求撤销或变更该判决、裁定，保护其合法民事权益的诉讼行为。

上诉必须具备下列条件：（1）上诉人与被上诉人必须适格；（2）当事人提起上诉的判决、裁定，必须是法律规定允许上诉的一审判决、裁定；（3）上诉必须在法定期间内提起；（4）上诉必须提交上诉状；（5）上诉人须有上诉利益。

3. 根据《民诉法》第 177 条的规定，第二审人民法院对上诉案件，经过审理，按照下列情形，分别处理：

（1）原判决、裁定认定事实清楚，适用法律正确的，以判决、裁定方式驳回上诉，维持原判决、裁定；

（2）原判决、裁定认定事实错误或者适用法律错误的，以判决、裁定方式依法改判、撤销或者变更；

（3）原判决认定基本事实不清的，裁定撤销原判决，发回原审人民法院重审，或者查清事实后改判；

（4）原判决遗漏当事人或者违法缺席判决等严重违反法定程序的，裁定撤销原判决，发回原审人民法院重审。

案例分析题

1.（1）发生上述情况时，一审人民法院应先看被告是否在上诉期限内上诉。如果当事人在上诉期内向二审人民法院提起上诉，则一审人民法院应作出一审判决可能有错误的书面意见，连同案卷一同送交二审人民法院。如果当事人在上诉期内不上诉，则一审人民法院应待判决生效后，由院长将该案提交审判委员会，按审判监督程序处理。

（2）可以，因为根据我国《民诉法》的有关规定，这时的撤销会导致一审判决自动生效。

（3）贸易公司与百货公司达成和解协议后，其做法有二：一是要求二审人民法院制作调解书，二是百货公司向二审人民法院申请撤诉。

（4）《民诉解释》第 326 条规定：在第二审程序中，原审原告增加独立的诉讼请求或者原审被告提出反诉的，第二审人民法院可以根据当事人自愿的原则就新增加的诉讼请求或者反诉进行调解；调解不成的，告知当事人另行起诉。双方当事人同意由第二审人民法院一并审理的，第二审人民法院可以一并裁判。

（5）二审人民法院直接判决二审追加的被告承担民事责任是不妥当的，因为我国在民事诉讼中实行两审终审制，二审判决具有终审效力，当事人不得就此提起上诉，判决一经送达当事人即发生法律效力，所以当二审人民法院发现必须参加诉讼的当事人在一审中未参加诉讼，虽然可以追加其参加诉讼，但必须根据当事人自愿原则予以调解，调解不成的，发回重审。如果二审人民法院直接判决其承担民事责任，那么这种判决事实上剥夺了被追加当事人的上诉权，不符合民事诉讼法的规定。

2.（1）二审法院由四人组成合议庭是错误的。《民诉法》第 41 条第 1 款规定：人民法院审理第二审民事案件，由审判员组成合议庭。合议庭的成员人数，必须是单数。

（2）由原二审法院进行再审是正确的。《民诉法》第 211 条第 7 项规定，审判组织的组成不合法或者依法应当回避的审判人员没有回避的，人民法院应当再审。第 210 条规定，当事人对已经发生法律效力的判决、裁定，认为有错误的，可以向上一级人民法院申请再审；当事人双方为公民的案件，也可以向原审人民法院申请再审。本案上诉人申请再审的理由符合上述规定。

（3）根据《民诉法》第 216 条，当事人申请再审，

应当在判决、裁定发生法律效力后 6 个月内提出同时，第 215 条的规定，人民法院对于不符合再审条件的，应当用裁定驳回再审申请。

（4）陈晨是二审时的合议庭成员，参加案件的再审是错误的。因为《民诉法》规定，审理再审案件的合议庭，必须另行组成。

论述与深度思考题

两审终审制是指一个民事案件经过两级法院审理即告终结的制度。而三审终审制是指一个民事案件经过三级法院审理即告终结的制度。很明显，三审制比两审制多了一个审级。这一多出来的审级就是三审法院专门针对案件的法律问题进行审理。这就意味着，在这一审级，法院不审理事实问题。当代典型的审级制度就是三审终审制，西方发达国家多采此制度。中华人民共和国在成立初期也实行过有条件的三审终审制。不过后来一直到现在，实行的是两审终审制。从司法成本角度看，两审终审制更有利于节约司法成本。而从维护法律统一适用角度看，三审终审制则更为适合。从理论上讲，二者并无孰优孰劣之分。

第十八章　再审程序

知识逻辑图

- 概述
  - 含义：是指为了纠正已经生效裁判的错误而对案件再次进行审理的程序
  - 再审程序的模式
    - 监督型再审
    - 救济型再审
  - 再审程序的特点
    - 再审程序的补充性
    - 再审发动主体的特殊性
    - 再审的提起须具备法定事由
    - 再审程序阶段的两分性
  - 再审程序与第二审程序的关系
    - 审理的对象不同
    - 提起的主体不同
    - 提起的期限不同
    - 审理的法院不同
  - 再审程序的功能
    - 纠错功能
    - 救济功能
    - 监督和保障功能

- 再审事由
  - 含义：是指民事诉讼法规定的启动民事再审审理程序的法定理由或根据
  - 意义
    - 再审事由被视为打开再审程序之门的钥匙，保障了当事人申请再审权的实现
    - 再审事由的法定化有利于规范再审制度，合理平衡判决既判力与有错必纠之间的关系
    - 再审事由的科学设定有利于当事人明白在哪些情况下可以行使申请再审的权利，避免出现当事人与法院在判断再审事由以及“错案”标准上的偏差，有助于法的正义性与法的稳定性的和谐实现
    - 再审事由是划分再审之诉不同类型的依据
  - 分类
    - 理论分类
      - 当事人申请再审事由
      - 案外人申请再审事由
      - 法院发动再审事由
      - 检察院发动再审事由
    - 立法分类
      - 裁判主体不合法
      - 裁判根据不合法
      - 裁判程序不合法
  - 裁判主体不合法
    - 裁判机构不合法
    - 法官对本案没有审判权
    - 法官在审理案件的过程中实施了职务犯罪行为

- 民事再审事由
  - 裁判根据不合法
    - 事实根据方面
    - 法律根据方面
  - 裁判程序不合法
    - 剥夺当事人程序参与权
    - 剥夺当事人辩论权
    - 未经传票传唤缺席判决
    - 审判组织不合法或违反回避规定
    - 原判决、裁定遗漏或超出诉讼请求
  - 案外人申请再审的再审事由：执行程序中对生效法律文书载明的执行标的主张足以排除强制执行的权利

- 再审发动方式
  - 再审的发动方式
    - 当事人申请再审
    - 案外人申请再审
    - 人民法院决定再审
    - 人民检察院发动再审
  - 当事人申请再审
    - 含义：是指当事人对于已经发生法律效力的判决、裁定和调解书，认为有错误，向人民法院提出变更或者撤销原判决、裁定的请求，并提请人民法院对案件进行重新审理的诉讼行为
    - 当事人申请再审的法律性质
    - 当事人申请再审的诉讼标的
    - 当事人申请再审的条件
      - 主体要件：申请再审人须具备再审利益
      - 客体要件：申请再审的裁判、调解书属于法律和司法解释允许再审的生效裁判、调解书
      - 事由要件：必须依据法定事由申请再审
      - 管辖要件：负责再审审查或者再审审理的人民法院须有法定的管辖权
      - 时间要件：申请再审必须在法定期限内提出
      - 形式要件：申请再审须提交书面文件
  - 案外人申请再审
    - 含义：在生效裁判、调解书实质性侵害案外人合法权益，而案外人在生效裁判作出前没有获得程序参与、辩论和质证等正当程序保障的情况下，案外人依据法律的规定对生效裁判、调解书不服，向人民法院申请再审的程序制度
    - 适用条件
      - 从执行立案到结案的执行过程中，案外人对执行标的主张权利并提出书面异议，执行法院以异议理由不成立为由裁定驳回
      - 案外人对裁定不服，认为作为执行依据的原判决、裁定、调解书内容错误且因此损害其合法权益
      - 再审申请须自执行异议裁定送达案外人之日起 6 个月内提出
      - 再审申请须向作出原判决、裁定、调解书的人民法院提出
      - 案外人未提起第三人撤销之诉

- 再审发动方式
  - 人民法院决定再审
    - 人民法院决定再审的条件
      - 判决、裁定、调解书已经发生法律效力
      - 生效裁判、调解书确有错误
      - 法定的主体提起再审
    - 人民法院提起再审的程序
      - 各级人民法院院长发现本院作出的已生效的判决、裁定、调解书确有错误提起再审的程序
      - 最高人民法院对地方各级人民法院已经发生法律效力的判决、裁定、调解书，发现确有错误，提审或者指令下级人民法院再审的程序
      - 上级人民法院对下级人民法院已经发生法律效力的判决、裁定、调解书发现确有错误，提审或指令再审的程序
  - 人民检察院发动再审
    - 含义：是指人民检察院对于人民法院已经生效的判决、裁定发现有发动再审的法定事由，或者对于生效的调解书，发现其损害了国家利益、社会公共利益时，提请人民法院对案件重新进行审理的诉讼活动
    - 人民检察院发动再审的方式
      - 检察建议
      - 抗诉
    - 提起民事抗诉的条件
      - 奉行当事人申请优先原则
      - 人民检察院发动再审的程序要件
    - 提起民事抗诉的程序
      - 当事人向检察院申请检察监督，或其他人向检察院控告，或检察院自行发现案源
      - 检察院对申请的审查和决定
      - 检察院的调查核实
      - 再审检察建议或抗诉的提出

- 再审审查程序
  - 含义：狭义上是指人民法院根据当事人、案外人的再审申请，对已经发生法律效力的裁判、调解书进行审查，以确定再审申请是否具备法律规定的再审事由，并决定提起再审或者予以驳回的程序。广义上，再审审查程序还包括当事人向人民检察院申诉所引发的审查程序
  - 再审审查程序与再审审理程序的关系
    - 二者适用的任务不同
    - 二者适用的顺序不同
    - 二者适用的条件不同
    - 二者适用的标准不同
    - 二者适用的程序不同

- 再审审查程序
  - 再审审查的程序环节
    - 再审申请的受理
    - 再审事由的审查
    - 再审审查结果
      - 裁定再审
      - 裁定驳回再审申请
      - 裁定准许撤回再审申请
      - 裁定按撤回再审申请处理
      - 裁定终结审查程序
    - 再审审查期限
  - 法院对抗诉的审核、对检察建议的审查

再审审理程序
- 再审审理立案与裁定中止原生效文书的执行
- 再审审理的当事人
  - 原审案件当事人申请再审案件的当事人
  - 案外人申请再审案件的当事人
- 再审审理的管辖
  - 再审提审的管辖
  - 指令再审的管辖
  - 指定再审的管辖
- 另行组成合议庭
- 再审审理范围和审理方式
- 再审审理的不同程序
  - 最高人民法院或上级人民法院的提审程序
  - 原审人民法院进行的指令再审程序
  - 与原审人民法院同级的其他人民法院进行的指定再审程序
  - 小额诉讼判决、裁定的再审程序
  - 人民检察院抗诉引起的再审程序
- 再审审理结果
  - 判决、裁定维持原裁判
  - 裁定撤销原判决、发回重审
  - 依法改判、撤销或者变原裁判
  - 裁定驳回再审申请
  - 裁定准许再审原告撤回起诉
  - 裁定准予人民检察院撤回抗诉
  - 裁定撤销一、二审判决，驳回起诉
  - 裁定终结再审程序
  - 达成调解协议，制作再审调解书
- 再审审理的期限和次数

第三人撤销之诉
- 含义：是指当事人之间生效的裁判、调解书的内容错误，侵害了因不可归责于其本人的事由未参加诉讼的第三人的民事权益，利益受侵害的第三人向人民法院提起撤销该生效裁判、调解书的诉讼
- 第三人撤销之诉的类型
  - 再审型案外人撤销之诉
  - 上诉型案外人撤销之诉
  - 复合型案外人撤销之诉
  - 独立型案外人撤销之诉
- 第三人撤销之诉与案外人申请再审的关系
- 第三人撤销之诉的构成要件
  - 形式要件
    - 当事人
    - 除斥期间
    - 管辖法院
  - 实质要件
    - 第三人因不能归责于本人的事由未参加诉讼
    - 生效裁判和调解书的内容错误
    - 第三人的民事权益受损
- 第三人撤销之诉的审理程序
  - 提起诉讼
  - 人民法院立案审查与受理、中止执行
  - 审理
- 第三人撤销之诉的裁判方式
  - 改变或者撤销原判决、裁定、调解书
  - 驳回诉讼请求
- 第三人撤销之诉的裁判效力
  - 可以上诉
  - 被改变或者撤销的部分对原当事人、第三人无效
  - 未撤销部分继续有效
- 对恶意串通进行虚假诉讼的原案当事人进行制裁

名词解释与概念比较

审判监督程序与第二审程序

选择题

（一）单项选择题

1. 当事人申请再审（　　）。

A. 原则上应当向原审人民法院的上一级人民法院提出，例外也可向原审人民法院提出

B. 向原审法院或者原审人民法院的上级人民法院提出

C. 应当向原审人民法院或者原审人民法院的上一级人民法院提出

D. 应当向原审人民法院提出

2. 陆某与秦某结婚 2 年，因性格不合经常发生争吵，后分居。陆某遂于 2023 年 8 月向人民法院起诉要求离婚，经人民法院调解，双方达成离婚协议，协议对夫妻共同财产作了分割。调解书于 2023 年 12 月 7 日由双方签收后，陆某于 12 月 12 日向人民法院表示对调解书中涉及财产的问题反悔。人民法院应如何处理？（　　）

A. 撤回调解书，另行判决

B. 告知陆某可另行起诉

C. 离婚案件不得申请再审，驳回陆某的请求

D. 陆某对调解书中涉及财产的问题反悔，如果调解违反自愿与合法原则，可以申请再审

3. 依据《民诉法》的有关规定，下列哪一类案件可以申请再审？（　　）

A. 适用简易程序审结的案件

B. 适用公示催告程序审结的案件

C. 适用督促程序审结的案件

D. 适用企业法人破产还债程序审理的案件

4. 某市中级人民法院对甲公司与乙公司土地使用权转让合同纠纷一案作出二审判决。2 年后市人民检察院在检查工作中发现该案确有错误，决定抗诉。下列说法正确的是（　　）。

A. 市人民检察院不能提出抗诉，因为已过 2 年期限

B. 市人民检察院可直接向市中级人民法院提出抗诉

C. 可以抗诉，但要由省人民检察院向省高级人民法院提出

D. 只有报请最高人民检察院批准才可向市人民法院提出抗诉

5. 张二诉张大财产继承纠纷一案，已经过一、二审，法院均判决张二败诉。张二提出再审申请，人民法院在依照审判监督程序再审时，发现他们还有一个妹妹张某，已出嫁多年，而一、二审均未涉及。本案应如何处理？（　　）

A. 再审人民法院按二审程序一并处理，判决为生效判决

B. 再审人民法院按一审程序一并进行审理，判决后当事人均可上诉

C. 再审人民法院可以根据当事人自愿原则予以调解，调解不成的，裁定撤销一、二审判决，发回原审人民法院重审

D. 再审人民法院对张二诉张大一案适用二审程序进行再审，判决为生效判决，同时告知张某另行起诉

6. 下列关于审判监督程序的说法，哪一项是错误的（　　）。

A. 审判监督程序是我国民事诉讼的必经程序

B. 人民检察院进行抗诉的案件可以是人民法院已生效的判决、裁定、调解书

C. 地方上级人民法院对下级人民法院已生效的裁判、调解书发现确有错误，有权提审或指令下级人民法院再审

D. 当事人申请再审，不必然引起审判监督程序

7. 甲诉乙的合同纠纷案件，经一、二审法院审理，甲胜诉。乙申请再审，人民法院经审查决定再审。再审过程中，乙提起反诉。对此，法院应如何处理？（　　）

A. 将乙的反诉与甲提起的本诉合并审理

B. 裁定驳回乙的反诉

C. 判决驳回乙的反诉

D. 就反诉进行调解，调解不成的，告知乙另行起诉

8. 某省甲市人民检察院根据某当事人的申诉，发现甲市中级人民法院作出的二审判决适用法律确有错误。在此情况下，甲市人民检察院应如何处理？（　　）

A. 只能告知当事人向法院申请再审

B. 向甲市中级人民法院提起抗诉

C. 向一审法院提起抗诉

D. 提请上一级检察院提起抗诉

9. 某省高级人民法院依照审判监督程序审理某案，发现张某是必须参加诉讼的当事人，而一、二审法院将其遗漏。在这种情况下该省高级人民法院应当如何处理？（　　）

A. 可以通知张某参加诉讼，并进行调解，调解不成的，裁定撤销二审判决，发回二审法院重审

B. 可以通知张某参加诉讼，并进行调解，调解不成的，裁定撤销一、二审判决，发回一审法院重审

C. 应当直接裁定撤销二审判决，发回二审法院重审

D. 只能直接裁定撤销一、二审判决，发回一审法院重审

10. 赵某与黄某因某项财产所有权发生争议，赵某向法院提起诉讼。一、二审法院经审理后，判决该项财产属赵某所有。此后，陈某得知此事，向二审法院反映其是该财产的共同所有人，并提供了相关证据。二审法院经审查，决定对此案进行再审。关于此案的说法，下列哪一选项是正确的？（　　）

A. 陈某不是本案一、二审当事人，不能参加再审程序

B. 二审法院可以直接通知陈某参加再审程序，并根据自愿原则进行调解，调解不成的，告知陈某另行起诉

C. 二审法院可以直接通知陈某参加再审程序，并根据自愿原则进行调解，调解不成的，裁定撤销一、二审判决，发回原审法院重审

D. 二审法院只能裁定撤销一、二审判决，发回原审法院重审

11. 甲公司诉乙公司侵权一案，市中级人民法院作出二审判决后，甲公司发现重要证据，向省高级人民法院申请再审。省高级人民法院受理后，甲、乙公司达成了调解协议。此时对市中级人民法院的判决该如何处理？（　　）

A. 由省高级人民法院作出撤销该判决的裁定

B. 由省高级人民法院在调解书上注明该判决撤销

C. 当事人在达成调解协议时，此判决自动失效

D. 调解书送达当事人双方后，此判决自动失效

12. 马某（女）诉吴某（男）离婚案件，二审法院审判后马某不服，她认为二审法院判决共同财产钢琴归吴某所有，而吴某不会弹钢琴，因此申请再审。此外，马某还想起有一个1万元的存折是夫妻共有财产，在一、二审时双方当事人均未提及此事，现存折在吴某手中，她希望法院再审时一并处理。本案应如何处理？（　　）

A. 对钢琴归属争议立案再审，存折问题告知马某另行起诉

B. 立案再审，对钢琴和存折问题一并处理

C. 告知马某另行起诉钢琴和存折问题

D. 告知马某可以一并处理钢琴和存折问题，她可以选择申请再审或另行起诉

13. 李某向A公司追索劳动报酬。诉讼中，李某向法院申请先予执行部分劳动报酬，法院经查驳回李某申请。李某不服，申请复议。法院审查后再次驳回李某申请。李某对复议结果仍不服，遂向上一级法院申请再审。关于上一级法院对该再审申请的处理，下列哪一选项是正确的？（　　）

A. 裁定再审　　B. 决定再审

C. 裁定不予受理　　D. 裁定驳回申请

视频讲题

14. 张某诉季某人身损害赔偿一案判决生效后，张某以法院剥夺其辩论权为由申请再审。在法院审查张某再审申请期间，检察院对该案提出抗诉。关于法院的处理方式，下列哪一选项是正确的？（　　）

A. 法院继续对当事人的再审申请进行审查，并裁定是否再审

B. 法院应当审查检察院的抗诉是否成立，并裁定是否再审

C. 法院应当审查检察院的抗诉是否成立，如不成立，再继续审查当事人的再审申请

D. 法院直接裁定再审

15. 三合公司诉两江公司合同纠纷一案，法院经审理后判决两江公司败诉。此后，两江公司与海大公司合并成立了大江公司。在对两江公司财务进行审核时，发

现了一份对前述案件事实认定极为重要的证据。关于该案的再审，下列哪一说法是正确的？（ ）

A. 应当由两江公司申请再审并参加诉讼

B. 应当由海大公司申请再审并参加诉讼

C. 应当由大江公司申请再审并参加诉讼

D. 应当由两江公司申请再审，但必须由大江公司参加诉讼

16. 肖某因与丈夫高某长期感情不和，向A法院起诉离婚。诉讼中双方都同意解除婚约关系，但对夫妻共同财产和共同债务有争议。高某向法院提供了一份B法院作出的、他与其舅舅的债务纠纷判决，证明他曾借其舅舅50万元用于购置家庭住房未还，要求法院认定为夫妻共同债务。肖某称这是一笔虚假债务。对此，肖某（ ）

A. 应当向B法院申请再审

B. 可以向B法院的上一级法院申请再审

C. 无权对那笔债务提出异议

D. 无权对那个案件申请再审

17. 2010年7月，甲公司不服A市B区法院对其与乙公司买卖合同纠纷的判决，上诉至A市中级法院，A市中级法院经审理维持原判决。2011年3月，甲公司与丙公司合并为丁公司。之后，丁公司法律顾问在复查原甲公司的相关材料时，发现上述案件具备申请再审的法定事由。关于该案件的再审，下列哪一说法是正确的？（ ）

A. 应由甲公司向法院申请再审

B. 应由甲公司与丙公司共同向法院申请再审

C. 应由丁公司向法院申请再审

D. 应由丁公司以案外人身份向法院申请再审

18. 万某起诉吴某人身损害赔偿一案，两级法院经过审理，均判决支持万某的诉讼请求。吴某不服，申请再审。再审中万某未出席开庭审理，也未向法院说明理由。对此，法院的下列哪一做法是正确的？（ ）

A. 裁定撤诉，视为撤回起诉

B. 裁定撤诉，视为撤回再审申请

C. 裁定诉讼中止

D. 缺席判决

19. 关于第三人撤销之诉，下列哪一说法是正确的？（ ）

A. 法院受理第三人撤销之诉后，应中止原裁判的执行

B. 第三人撤销之诉是确认原审裁判错误的确认之诉

C. 第三人撤销之诉由原审法院的上一级法院管辖，但当事人一方人数众多或者双方当事人为公民的案件，应由原审法院管辖

D. 第三人撤销之诉的客体包括生效的民事判决、裁定和调解书

（二）多项选择题

1. 在民事诉讼中，审判监督程序基于什么条件发生？（ ）

A. 当事人提出符合法定条件的再审请求

B. 各级人民法院对本院审理的已发生法律效力判决提起再审

C. 上级人民检察院对下级人民法院的生效判决提出抗诉

D. 最高人民检察院对各级人民法院的生效判决提出抗诉

2. 根据我国《民诉法》的有关规定，下列哪些民事诉讼当事人可以向人民法院申请再审？（ ）

A. 甲诉乙返还不当得利纠纷案件，人民法院制作的调解书送达当事人后半年内，乙提出证据证明调解协议是在本案法官威迫之下达成的

B. 丙与丁离婚纠纷案件，人民法院判决解除婚姻关系后半年内，丁提出证据证明丙伪造证据、承办法官曾接受贿赂

C. 戊诉己继承纠纷案件，判决生效后超过3年，遗产已经损坏，但戊提出证据证明人民法院审理本案时，严重违反法定程序并且适用法律错误

D. 庚诉辛租赁合同纠纷案件，解除租赁合同关系的判决生效5个月后，庚提出新证据足以推翻原判决

3. 根据《民诉法》的规定，第二审程序与审判监督程序具有下列哪些区别？（ ）

A. 第二审程序与审判监督程序合议庭的组成形式不尽相同

B. 适用第二审程序以开庭审理为原则，而适用审判监督程序以书面审理为原则

C. 第二审程序中法院可以以调解方式结案，而适

用审判监督程序不适用调解

D. 适用第二审程序作出的裁判是终审裁判，适用审判监督程序作出的裁判未必是终审裁判

4. 人民法院接到当事人的再审申请后，正确的做法是（　　）。

A. 应当进行审查并裁定中止原判决的执行

B. 应当进行审查，决定再审的，在立案后裁定中止原判决的执行

C. 认为不符合再审条件的，用通知书驳回申请

D. 认为不符合再审条件的，裁定驳回申请

5. 关于再审程序的说法，下列哪些选项是正确的？（　　）

A. 在再审中，当事人提出新的诉讼请求的，原则上法院应根据自愿原则进行调解，调解不成的，告知另行起诉

B. 在再审中，当事人增加诉讼请求的，原则上法院应根据自愿原则进行调解，调解不成的，裁定发回重审

C. 按照第一审程序再审案件时，经法院许可，原审原告可撤回起诉

D. 在一定条件下，案外人可申请再审

6. 甲公司诉乙公司合同纠纷案，南山市 S 县法院进行了审理并作出驳回甲公司诉讼请求的判决，甲公司未提起上诉。判决生效后，甲公司因收集到新的证据申请再审。下列哪些选项是正确的？（　　）

A. 甲公司可以向 S 县法院申请再审

B. 甲公司可以向南山市中级法院申请再审

C. 法院应当适用一审程序再审本案

D. 法院应当适用二审程序再审本案

7. 林某诉张某房屋纠纷案，经某中级法院一审判决后，林某没有上诉，而是于收到判决书 20 日后，向省高级法院申请再审。其间，张某向中级法院申请执行判决。省高级法院经审查，认为一审判决确有错误，遂指令作出判决的中级法院再审。下列哪些说法是正确的？（　　）

A. 省高级法院指令再审的同时，应作出撤销原判决的裁定

B. 中级法院再审时应作出撤销原判决的裁定

C. 中级法院应裁定中止原裁判的执行

D. 中级法院应适用一审程序再审该案

视频讲题

8. 周某因合同纠纷起诉，甲省乙市的两级法院均驳回其诉讼请求。周某申请再审，但被驳回。周某又向检察院申请抗诉，检察院以原审主要证据系伪造为由提出抗诉，法院裁定再审。关于启动再审的表述，下列哪些说法是不正确的？（　　）

A. 周某只应向甲省高院申请再审

B. 检察院抗诉后，应当由接受抗诉的法院审查后，作出是否再审的裁定

C. 法院应当在裁定再审的同时，裁定撤销原判

D. 法院应当在裁定再审的同时，裁定中止执行

9. 韩某起诉翔鹭公司要求其依约交付电脑，并支付迟延履行违约金 5 万元。经县市两级法院审理，韩某均胜诉。后翔鹭公司以原审适用法律错误为由申请再审，省高院裁定再审后，韩某变更诉讼请求为解除合同、支付迟延履行违约金 10 万元。再审法院最终维持原判。关于再审程序的表述，下列哪些选项是正确的？（　　）

A. 省高院可以亲自提审，提审应当适用二审程序

B. 省高院可以指令原审法院再审，原审法院再审时应当适用一审程序

C. 再审法院对韩某变更后的请求应当不予审查

D. 对于维持原判的再审裁判，韩某认为有错误的，可以向检察院申请抗诉

10. 高某诉张某合同纠纷案，终审高某败诉。高某向检察院反映，其在一审中提交了偷录双方谈判过程的录音带，其中有张某承认货物存在严重质量问题的陈述，足以推翻原判，但法院从未组织质证。对此，检察院提起抗诉。关于再审程序中证据的表述，下列哪些选项是正确的？（　　）

A. 再审质证应当由高某、张某和检察院共同进行

B. 该录音带属于电子数据，高某应当提交证据原件进行质证

C. 虽然该录音带系高某偷录，但仍可作为质证对象

D. 如再审法院认定该录音带涉及商业秘密，应当

依职权决定不公开质证

11. 就瑞成公司与建华公司的合同纠纷，某省甲市中院作出了终审裁判。建华公司不服，打算启动再审程序。后其向甲市检察院申请检察建议，甲市检察院经过审查，作出驳回申请的决定。关于检察监督，下列哪些表述是正确的？（　　）

A. 建华公司可在向该省高院申请再审的同时，申请检察建议

B. 在甲市检察院驳回检察建议申请后，建华公司可向该省检察院申请抗诉

C. 甲市检察院在审查检察建议申请过程中，可向建华公司调查核实案情

D. 甲市检察院在审查检察建议申请过程中，可向瑞成公司调查核实案情

（三）不定项选择题

鲁天（男）与谢威（女）于 2020 年结婚，婚后二人感情不和，常为琐事争吵。谢威多次与鲁天协商离婚，均因财产处理问题无法达成一致而未成。2024 年 4 月谢威向法院提起诉讼，要求解除与鲁天的婚姻关系。据此，请回答下列各题。

（1）如果鲁天在 2024 年 4 月谢威向法院起诉前两年已离家出走，法院应如何处理？（　　）

A. 法院不能受理该案，应当告知谢威先按特定程序申请宣告鲁天为失踪人

B. 法院可以受理该案并且应在审理过程中同时宣布鲁天为失踪人

C. 法院不能受理该案，因为被告在起诉时下落不明

D. 法院可以受理该案并应用公告方式向鲁天送达诉讼文书

（2）如果法院审理该案的过程中发现谢威已怀孕 3 个月，法院应当如何处理？（　　）

A. 作出驳回起诉裁定

B. 应当判决不准许离婚

C. 中止诉讼，待谢威分娩后 1 年再继续审理

D. 可以继续审理

（3）如果法院在审理后认为原告与被告的感情确已破裂，因而判决离婚并就财产分割问题一并作出处理。判决生效后谢威认为法院判决不公正，她可以就哪些方面问题申请再审？（　　）

A. 就判决涉及的财产分割问题可以申请再审

B. 对判决准许离婚可以申请再审

C. 就判决书中的笔误可以申请再审

D. 就子女的抚养权问题可以申请再审

（4）如果法院的离婚判决生效后 1 年，谢威听说鲁天在 2021 年曾因设计了一个办公软件而被公司奖励了 50 万元，鲁天用这 50 万元为自己购买了一套商品房，原判决中没有涉及该房子的处理。谢威向原审法院申请再审，法院应如何处理？（　　）

A. 接受申请并进行再审

B. 可以组织双方当事人对房子的分割进行调解，调解不成驳回申请

C. 应当不予受理

D. 应当告知谢威另行起诉

简答题

1. 简述审判监督程序的积极与消极意义。

2. 简述当事人申请再审的条件。

3. 简述人民法院作为发动再审程序的主体的价值分析。

4. 简述民事再审事由。（考研）

案例分析题

1. 案情：张伟、张英、张杰三兄弟为继承死者张继业所遗留下的一栋房屋和家具产生诉讼，县人民法院审理后，判决张伟继承房屋的 1/2、张杰和张英各继承房屋的 1/4，家具三人平分，张杰和张英不服判决，提起上诉。二审法院对一审判决作了部分改判。

一个月之后，死者的侄儿张豪从东北出差回来，向县人民法院出示了张继业的书面遗嘱："因侄儿张豪对我尽了赡养义务，我死后，其应与我三个儿子同样分得一份遗产。"

经审查，张继业的遗嘱属实。县人民法院院长根据张豪的要求，向本院审判委员会提出再审建议。县人民法院对该案进行了再审，并作出了判决。

问题：县人民法院院长的行为是否合法？县人民法院再审后的判决是否有效？为什么？

2. 案情：家住某市甲区的潘某（甲方）与家住乙

区的舒某（乙方）签订房屋租赁合同，舒某将位于丙区的一处面积为500平方米的二层楼租给潘某经营饭馆。合同中除约定了有关租赁事项外，还约定："甲方租赁过程中如决定购买该房，按每平方米2 000元的价格购买，具体事项另行协商。"

潘某的饭馆开张后生意兴隆，遂决定将租赁的房屋买下长期经营。但因房价上涨，舒某不同意出卖。潘某将房价款100万元办理了提存公证，舒某仍不同意出卖。后舒某以每平方米2 500元的价格与杏林公司签订了房屋买卖合同，合同中约定了仲裁条款。潘某为阻止舒某与杏林公司成交，向丙区法院提起诉讼，要求认定租赁合同中的买卖条款有效并判决舒某履行协助办理房屋过户手续的义务。法院受理后，舒某提出管辖权异议，法院审查后发出驳回通知书。一审法院经审理，认定原、被告之间构成了预约合同关系，但尚不构成买卖关系，故判决驳回原告的诉讼请求。潘某不服，提起上诉。

问题：

(1) 本案诉讼过程中法院的何种做法不符合法律规定？正确的做法是什么？

(2) 如果二审维持原判，潘某在遵守生效判决的基础上，还可通过何种诉讼手段获得法律救济？

(3) 如果在潘某与舒某一审诉讼之前或一审诉讼期间，杏林公司就其与舒某之间的买卖合同申请仲裁，请求确认合同有效并请求履行，潘某可否参加仲裁程序，主张自己具有优先购买权？为什么？

(4) 如果本案二审法院判决潘某胜诉，潘某申请执行，杏林公司能否申请再审？为什么？杏林公司能否提出执行异议？为什么？

(5) 潘某在起诉前为了阻止舒某与杏林公司成交，可申请法院采取何种法律手段？法院准许其申请应当具备何种条件？法院应当如何准许和执行？

(6) 如果二审维持原判，此后潘某与舒某双方经过协商，达成了按每平方米2 500元卖房的合同。该买卖合同是否构成执行和解？为什么？法院是否应当予以干预？为什么？

3. 案情：甲省A县大力公司与乙省B县铁成公司，在丙省C县签订煤炭买卖合同，由大力公司向铁成公司出售3 000吨煤炭，交货地点为C县。双方约定，因合同所生纠纷，由A县法院或C县法院管辖。

合同履行中，为便于装船运输，铁成公司电话告知大力公司交货地点改为丁省D县，大力公司同意。大力公司经海运向铁成公司发运2 000吨煤炭，存放于铁成公司在D县码头的货场。大力公司依约要求铁成公司支付已发煤的货款遭拒，遂决定暂停发运剩余1 000吨煤炭。

在与铁成公司协商无果的情况下，大力公司向D县法院提起诉讼，要求铁成公司支付货款并请求解除合同。审理中，铁成公司辩称并未收到2 000吨煤炭，要求驳回原告的诉讼请求。大力公司向法院提交了铁成公司员工季某（季某是铁成公司业务代表）向大力公司出具的收货确认书，但该确认书是季某以长远公司业务代表的名义出具的。经查，长远公司并不存在，季某承认长远公司为其杜撰。据此，一审法院追加季某为被告。经审理，一审法院判决铁成公司向大力公司支付货款，季某对此承担连带责任。

铁成公司不服一审判决，提起上诉，要求撤销一审判决中关于责令自己向大力公司支付货款的内容。大力公司、季某均未上诉。经审理，二审法院判决撤销一审判决，驳回原告要求被告支付货款的诉讼请求，并解除合同。

二审判决送达后第10天，大力公司负责该业务的黎某在其手机中偶然发现，自己存有与季某关于2 000吨煤炭验收、付款及剩余煤炭发运等事宜的谈话录音，明确记录了季某代表铁成公司负责此项煤炭买卖的有关情况。大力公司遂向法院申请再审，坚持要求铁成公司支付货款并解除合同的请求。

问题：

(1) 本案哪个（些）法院有管辖权？为什么？

(2) 一审法院在审理中存在什么错误？为什么？

(3) 分析二审当事人的诉讼地位。

(4) 二审法院的判决有何错误？为什么？

(5) 大力公司可以向哪个（些）法院申请再审？

(6) 法院对于大力公司提出的再审请求应如何处理？为什么？

论述与深度思考题

如何完善我国的再审制度？

参考答案

名词解释与概念比较

审判监督程序	第二审程序
人民法院、人民检察院或当事人，认为人民法院已经发生法律效力的判决、裁定及调解书确有错误而提起或申请再审，由人民法院依法对案件进行审理所适用的诉讼程序	当事人不服一审人民法院的判决、裁定而依法向上一级人民法院提起上诉，要求撤销或变更原判决或裁定，上一级人民法院据此对案件进行审判所适用的程序

选择题

（一）单项选择题

1. 答案：A

参见《民诉法》第 210 条。

2. 答案：D

参见《民诉法》第 212 条之规定。调解自愿与合法原则是调解的法定原则。上述两项原则中的任何一项被违反，皆构成再审事由。此外，为了维持社会关系的稳定性，调解离婚和判决离婚的案件中的婚姻关系问题是不允许再审的，但对于其中的财产分割问题可以再审。

3. 答案：A

参见《民诉解释》第 378 条之规定。B、C、D 三项所述案件皆属于特殊程序案件（包含了特别程序），对这些案件皆不可申请再审。

4. 答案：C

参见《民诉法》第 219 条的规定。与当事人申请再审不同，人民法院决定再审和人民检察院抗诉没有期间限制。此外，我国奉行上级对下级抗诉的原则，即由上级人民检察院对下级人民法院进行抗诉。如果生效裁判由中级人民法院作出，则抗诉的人民检察院应当是省级人民检察院。

5. 答案：C

参见《重审规定》第 5 条、《审判监督解释》第 27 条之规定。

6. 答案：A

为了维护生效裁判的稳定性，任何国家都将再审程序（我国称审判监督程序）视为“例外”的程序，其发动受严格的条件限制，并非民事诉讼中的必经程序。

7. 答案：D

参见《民诉解释》第 326 条之规定。

8. 答案：D

理由同前述单项选择题第 4 题。

9. 答案：B

参见《重审规定》第 5 条之规定。

10. 答案：C

参见《重审规定》第 5 条之规定。

11. 答案：D

参见《审判监督解释》第 25 条之规定。

12. 答案：A

参见《民诉解释》第 380 条的规定。再审是对生效裁判的再次审理。在本案中，钢琴的所有权问题是原审的诉讼标的，可以成为再审标的。而存折的所有权问题并非原审的诉讼标的，不应当成为再审标的。

13. 答案：D

参见《审判监督解释》第 11 条和《民诉解释》第 379 条之规定。本题中，李某对复议结果“不服”申请再审，不属于申请再审的法定事由，故法院应该裁定驳回申请。

14. 答案：D

参见《审判监督解释》第 17 条之规定。

15. 答案：C

参见《民诉解释》第 63 条、《审判监督解释》第 29 条之规定。

16. 答案：B

参见《民诉法》第 210 条之规定。

17. 答案：C

本题主要考查申请再审的主体。《审判监督解释》第 29 条规定：民事再审案件的当事人应为原审案件的当事人。原审案件当事人死亡或者终止的，其权利义务承受人可以申请再审并参加再审诉讼。本题中甲公司与丙公司合并为丁公司，丁公司为权利义务承受人，可向法院申请再审。

18. 答案：D

选项 A、B、C 错误，选项 D 正确。万某是再审中的被申请人，其在再审中的地位相当于被告，其未出庭且未向法院说明理由的，应参照适用被告不出庭的相关规定处理即缺席判决。

19. 答案：D

参见《民诉法》第 59 条，《民诉解释》第 290、297、298 条之规定。

（二）多项选择题

1. 答案：ABCD

参见《民诉法》第 209、210、219 条之规定。

2. 答案：AD

参见《民诉法》第 211、212、213、215 条之规定。

3. 答案：AD

人民法院审理第一审民事案件可以由审判员、陪审员组成合议庭。人民法院审理第二审民事案件由审判员组成合议庭。中级人民法院对第一审适用简易程序审结或者不服裁定提起上诉的第二审民事案件，事实清楚、权利义务关系明确的，经双方当事人同意，可以由审判员一人独任审理。而审理再审案件，原来是一审的，按照第一审程序另行组成合议庭。据此，如果再审适用第一审程序的，审判组织仍然可以包括陪审员。故 A 项正确。如果再审程序适用一审程序，则其应开庭审理；如果适用二审程序，则以开庭审理为原则。故 B 项错误。根据《审判监督解释》第 25 条的规定，再审案件可以适用调解，故 C 项错误。根据《民诉法》第 218 条的规定，再审案件适用第一审程序的，判决后当事人可以上诉。故 D 项正确。

4. 答案：BD

参见《民诉法》第 215 条和第 217 条的规定。

5. 答案：CD

参见《民诉解释》第 403 条、《审判监督解释》第 24 条、《民诉法》第 238 条之规定。

6. 答案：BC

参见《民诉法》第 210 条、第 215 条第 2 款、第 218 条第 1 款之规定。

7. 答案：CD

参见《民诉法》第 217、218 条之规定。

8. 答案：ABC

根据《民诉法》第 210 条的规定，当事人对已经发生法律效力的判决、裁定，认为有错误的，可以向上一级人民法院申请再审；当事人一方人数众多或者当事人双方为公民的案件，也可以向原审人民法院申请再审。当事人申请再审的，不停止判决、裁定的执行。故选项 A 表述错误。根据《民诉法》第 222 条的规定，人民检察院提出抗诉的案件，接受抗诉的人民法院应当自收到抗诉书之日起 30 日内作出再审的裁定；有该法第 211 条第 1 项至第 5 项规定情形之一的，可以交下一级人民法院再审，但经该下一级人民法院再审的除外。据此可知，人民检察院提出抗诉的案件，人民法院就应该启动再审程序，不存在裁定不启动再审的情况。故选项 B 表述错误。根据《民诉法》第 217 条的规定，按照审判监督程序决定再审的案件，裁定中止原判决、裁定、调解书的执行，但追索赡养费、扶养费、抚养费、抚恤金、医疗费用、劳动报酬等案件，可以不中止执行。据此可知，人民法院应当在裁定再审的同时，裁定中止执行，而非裁定撤销原判。故选项 C 表述错误，选项 D 表述正确。

9. 答案：ACD

A 项正确：根据《民诉法》第 215 条第 2 款、第 218 条第 1 款，本案省高院可以亲自提审，提审应当适用二审程序。因此，A 项正确，当选。B 项错误：根据《民诉法》第 215 条第 2 款，省高院可以指令原审法院再审，但本案经过县市两级法院审理，生效判决由中院二审作出，即使指令原审法院再审，也是适用二审程序。因此，B 项错误。C 项正确：根据《民诉解释》第 403 条第 1 款，人民法院审理再审案件应当围绕再审请求进行。当事人的再审请求超出原审诉讼请求的，不予审理；符合另案诉讼条件的，告知当事人可以另行起诉。由此可知，再审法院只需审查翔鹭公司原审适用法律错误的再审请求。因此，C 项正确。D 项正确：根据《民诉法》第 220 条第 1 款第 3 项，再审判决、裁定有明显错误的，当事人可以向人民检察院申请检察建议或者抗诉。由此可知，再审法院作出的判决有错误，当事人可以向人民检察院申请检察建议或者抗诉。因此，D 项正确。

10. 答案：CD

选项 A 错误：根据《民诉法》第 71 条的规定，证据应当在法庭上出示，并由当事人互相质证。据此可知，质证的主体是当事人，检察院不是质证的主体。选项 B 错误：本案中的录音带属于视听资料，而非电子数据。选项 C 正确：本案中，录音虽系高某偷录，但没有违法和侵权他人合法权利，因此，可以作为质证对象。选项 D 正确：根据《民诉法》第 71 条的规

定，对涉及国家秘密、商业秘密和个人隐私的证据应当保密，需要在法庭出示的，不得在公开开庭时出示。

11. 答案：CD

选项A错误：《民诉法》第220条第1款规定，有下列情形之一的，当事人可以向人民检察院申请检察建议或者抗诉：（1）人民法院驳回再审申请的；（2）人民法院逾期未对再审申请作出裁定的；（3）再审判决、裁定有明显错误的。据此可知，当事人申请再审的，需要等再审法院作出相应处理或不予处理后，才能申请检察建议，而不能在申请再审的同时就申请检察建议。选项B错误：《民诉法》第220条第2款规定，人民检察院对当事人的申请应当在3个月内进行审查，作出提出或者不予提出检察建议或者抗诉的决定。当事人不得再次向人民检察院申请检察建议或者抗诉。据此可知，在甲市检察院驳回检察建议申请后，建华公司不得再向该省检察院申请抗诉。选项C、D正确：《民诉法》第221条规定，人民检察院因履行法律监督职责提出检察建议或者抗诉的需要，可以向当事人或者案外人调查核实有关情况。据此可知，甲市检察院在审查检察建议申请过程中，可以向建华公司和瑞成公司调查核实案情。

（三）不定项选择题

（1）答案：D

对下落不明的被告人民法院应当采用公告送达的方式送达诉讼文书。

（2）答案：D

法律只是禁止丈夫在妻子怀孕期间对其提起离婚诉讼，而没有禁止怀孕的妻子对其丈夫提起离婚诉讼。

（3）答案：AD

判决离婚的案件中就婚姻关系的问题不能申请再审。此外，法院的笔误无须通过再审纠正，由法院作出补正判决即可。

（4）答案：BD

理由见前述单项选择题第12题。

简答题

1. 审判监督程序是一种非正常的救济制度，其积极意义主要体现在以下两个方面：

（1）审判监督程序是确保实现程序公正和实体公正的重要手段。客观上而言，法律事实与客观事实毕竟可能存在差异，设立审判监督程序有利于促使法律事实进一步接近客观事实，确保实体公正。同时，审判监督程序可以督促法官遵循正当法律程序保障当事人合法权益，实现程序公正。

（2）审判监督程序有利于吸收当事人的不满，保护当事人的合法权益，树立司法权威。确有错误的生效裁判、调解书会导致当事人对司法救济的不满，并损害司法权益。审判监督程序赋予了当事人发泄不满的途径，并给予法院补救错误的机会，有利于缓和社会矛盾，提高司法权威。

审判监督程序的消极意义主要体现在：它不利于民事关系的稳定；从社会角度来看，还可能会使诉讼成本过高；等等。

2. 当事人申请再审的条件包括以下几个方面：

（1）形式条件。当事人申请再审必须符合下列形式条件：一是提起再审的主体，必须是原审案件中的当事人；二是提起再审的对象，必须是已经发生既判力效力的判决、裁定或调解书；三是提起再审的期限，必须是在判决、裁定或调解书发生既判力后的两年内。

（2）实质条件。当事人申请再审必须具备能够表明生效判决、裁定或调解书确有错误的法定事由。具体可以参见《民诉法》及相关司法解释的规定。

3. 形式上，人民法院作为发动再审程序的主体，具有如下价值：（1）有利于保障法院裁判的公正性；（2）有利于保护当事人的诉讼权利。

但人民法院作为发动再审程序的主体在形式价值下隐藏着实质的悖谬，体现在：（1）人民法院作为发动再审程序的主体与“不告不理”的基本原则相矛盾；（2）人民法院作为发动再审程序的主体有悖于人民法院对民事案件独立进行审判原则。

4. 民事再审事由，是指《民诉法》规定的启动民事再审审理程序的法定理由或根据。再审事由的范围如下。

（1）有新的证据，足以推翻原判决、裁定的；

（2）原判决、裁定认定的基本事实缺乏证据证明的；

（3）原判决、裁定认定事实的主要证据是伪造的；

（4）原判决、裁定认定事实的主要证据未经质证的；

（5）对审理案件需要的主要证据，当事人因客观原因不能自行收集，书面申请人民法院调查收集，人民法院未调查收集的；

（6）原判决、裁定适用法律确有错误的；

（7）审判组织的组成不合法或者依法应当回避的审判人员没有回避的；

（8）无诉讼行为能力人未经法定代理人代为诉讼，或者应当参加诉讼的当事人，因不能归责于本人或者其诉讼代理人的事由，未参加诉讼的；

（9）违反法律规定，剥夺当事人辩论权利的；

（10）未经传票传唤，缺席判决的；

（11）原判决、裁定遗漏或者超出诉讼请求的；

（12）据以作出原判决、裁定的法律文书被撤销或者变更的；

（13）审判人员在审理该案件时有贪污受贿、徇私舞弊、枉法裁判行为的。

案例分析题

1. 不正确，无效。本案的生效裁判由二审的中级人民法院作出，因此应当由中级人民法院提起再审程序，并由中级人民法院进行审理。故此再审程序不正确，所作出的再审判决无效。

2. （1）法院用通知书驳回管辖权异议错误，应当使用裁定书。

（2）可以起诉请求确认舒某负有订约义务，承担预约合同中的违约责任。

（3）不能。仲裁程序中没有第三人，潘某进入仲裁程序没有仲裁协议作为根据。

（4）可以申请再审，也可以提出案外人执行异议，两种救济手段只能择一行使。

（5）可申请法院采取诉前财产保全措施，条件是潘某应当提供担保。法院准许必须在 48 个小时内作出裁定，裁定作出后立即开始执行。

（6）不构成执行和解，因为判决没有执行内容，该合同不导致停止执行、恢复执行等程序问题。法院不干预，该合同是当事人之间与判决履行和执行无关的新的民事行为。

3. （1）本案甲省 A 县和丙省 C 县法院有管辖权。案件属于合同纠纷，当事人在不违背专属管辖和级别管辖的前提下，可以书面协议选择被告住所地、合同履行地、合同签订地、原告住所地、标的物所在地等与争议有实际联系的地点的人民法院管辖，题目中当事人约定有效。《民诉解释》第 30 条第 2 款规定，管辖协议约定两个以上与争议有实际联系的地点的人民法院管辖，原告可以向其中一个人民法院起诉。所以，甲省 A 县和丙省 C 县法院有管辖权。

（2）一审法院追加季某为被告是错误的，因为本案并不是必要共同诉讼；一审法院漏判当事人解除合同的请求是错误的，因为判决应针对当事人的请求作出。

（3）二审中，铁成公司为上诉人，大力公司为被上诉人，季某依原审诉讼地位列明。

（4）二审法院不应直接判决解除合同。因为解除合同是一审法院遗漏的诉讼请求，二审法院应对该诉讼请求进行调解，调解不成的，发回重审。

（5）大成公司可以向丁省高院申请再审。

（6）再审法院应当认定其为新证据，进行再审。因为黎某提供的证据符合新证据的规定，当事人申请再审符合法定条件，法院应当再审。再审法院应当就解除合同的请求进行调解，调解不成的，应当撤销一、二审判决，发回原审法院重审。

论述与深度思考题

再审程序在我国也被称为审判监督程序。关于审判监督程序，学界微词颇多。我国现行立法中的再审程序主要存在如下问题：（1）人民法院是否适宜主动启动审判监督程序？（2）检察院抗诉制度是否有存在必要？（3）如何完善当事人申请再审制度？

对于第一个问题，学界的观点基本一致，认为：法院主动启动审判监督程序与当事人的诉权严重冲突。不仅如此，法院内部监督无异于自己监督自己，违反了监督的基本原理。故未来应当取消法院系统内部监督。

对于检察院抗诉制度存废的问题，学界的观点不一，大致有三种学说：取消说、强化说、限制说。取消说的基本论据是，检察院抗诉侵犯了当事人的诉权，且容易削弱人民法院独立审判民事案件的权力。这一观点虽然有一定道理，但与现有体制明显不符，根本不具有可行性。更为重要的是，取消说所担心的问题并非不可以克服。因此取消说的声音越来越小。目前

争论最为激烈的就是强化说与限制说。

如何完善当事人申请再审的问题，其核心内容就是在尊重诉讼规律的前提下如何更加有效地保障当事人的诉权。2007 年和 2012 年，全国人大常委会对《民诉法》的修改均涉及审判监督程序一章，其中的重点就是完善当事人申请再审制度。应当说这两次修改取得了一定进步，但许多问题仍有待于进一步解决。

目前，再审程序的完善仍然是学界的热点课题之一。

第十九章　特别程序

知识逻辑图

- 概述
  - 含义：是指为了解决特殊案件并根据其特殊性而设置的程序
  - 构成
    - 非讼程序
    - 特殊争讼程序
      - 海（商）事争讼程序
      - 人事争讼程序
  - 特别程序的共同规则
    - 实行一审终审
    - 选民资格案件或者重大、疑难案件，由审判员组成合议庭审理；其他案件由审判员一人独任审理
    - 非讼与诉讼的衔接
    - 审限为 30 日或者公告期满后 30 日
    - 《民诉法》第十五章规定的选民资格案件和非讼案件，起诉人和申请人免交诉讼费用
  - 非讼程序的基本原理
    - 采职权主义
    - 采书面审理主义
    - 采不公开审理主义
    - 采自由证明标准

- 《民诉法》第十五章等规定的特别程序
  - 选民资格案件程序
    - 选举诉讼和选民资格案件
    - 选民资格案件审判程序
  - 宣告失踪和宣告死亡程序
    - 宣告失踪和宣告死亡案件
    - 宣告失踪和宣告死亡案件的审判程序
      - 申请和受理
      - 公告
      - 判决
    - 判决宣告失踪和宣告死亡的法律后果
    - 救济途径：提出异议或申请法院撤销原判决
  - 认定自然人无民事行为能力和限制民事行为能力程序
    - 认定自然人无民事行为能力和限制民事行为能力案件
    - 认定自然人无民事行为能力和限制民事行为能力案件的审判程序
    - 救济途径：提出异议或请求法院撤销原判决
  - 确定监护人程序
    - 申请指定或变更监护人的程序
    - 申请撤销监护人资格的程序
    - 申请恢复监护人资格的程序
    - 终止监护的程序
  - 指定遗产管理人案件程序
    - 遗产管理人
    - 指定遗产管理人案件的审判程序
  - 认定财产无主程序
    - 认定财产无主案件
    - 认定财产无主案件的审判程序
    - 救济途径：提出异议或请求法院撤销原判决

《民诉法》第十五章等规定的特别程序
- 确认调解协议案件程序
  - 司法确认案件
  - 司法确认程序
  - 救济途径
- 担保物权实现程序
  - 担保物权实现方式
  - 担保物权实现程序
  - 救济途径

督促程序
- 含义：是指法院根据债权人的申请，以支付令催促债务人限期履行金钱债务的程序
- 性质
  - 专门性
  - 非讼性
  - 简捷性
  - 适用选择性
- 督促程序与简易程序
- 程序
  - 督促程序的开始
    - 债权人申请
    - 法院受理
  - 督促程序的续行
    - 法院审理
    - 法院发出支付令
    - 支付令异议
    - 关于支付令的救济程序和纠正程序
  - 督促程序的终结
- 转入诉讼程序和强制执行

公示催告程序
- 含义：法院依当事人的申请，用公示的方法，催告不明利害关系人在一定期间内申报权利，若无人申报或申报无效，则申请人获得该权利而不明利害关系人丧失该权利的程序
- 性质
  - 专门性
  - 非讼性
  - 简捷性
- 公示催告
  - 申请与受理
  - 法院通知止付和发出公告
  - 利害关系人申报权利
- 除权判决
  - 含义：是指在无人申报权利或者申报被驳回的前提下，根据公示催告申请人的申请，法院作出该票据或其他事项不再具有法律效力的判决
  - 除权判决的申请
    - 申报权利期间或除权判决作出前无人申报权利，或者申报被法院驳回
    - 公示催告申请人应自公示催告期间届满之日起 1 个月内提出申请
  - 法院审理和作出除权判决
  - 除权判决的效力
    - 羁束力
    - 确定力
    - 除权力
    - 执行力

公示催告程序
- 撤销除权判决之诉
  - 含义：是指丧失票据的利害关系人根据正当理由请求法院撤销除权判决的诉讼
  - 撤销除权判决之诉的要件
    - 当事人须适格
    - 利害关系人因正当理由不能在除权判决作出前向法院申报权利
    - 须在知道或者应当知道除权判决公告之日起1年内提起撤销之诉
    - 须向作出除权判决的法院提起
  - 审理和判决

名词解释与概念比较

1. 特别程序
2. 宣告失踪、宣告死亡案件（考研）
3. 督促程序
4. 公示催告程序
5. 除权判决

选择题

（一）单项选择题

1. 我国目前适用特别程序审理的案件，不包括（　　）。

A. 选民资格案件
B. 宣告公民死亡案件
C. 认定财产无主案件
D. 认定婚姻关系无效案件

2. 依特别程序审理的案件，一律实行（　　）。

A. 一审终审制　　B. 两审终审制
C. 独任制　　D. 合议制

3. 法院调解不适用于（　　）。

A. 按照简易程序审理的案件
B. 按照普通程序审理的案件
C. 按照审判监督程序审理的案件
D. 按照特别程序审理的案件

4. 选民资格案件由（　　）管辖。

A. 选区所在地的基层法院
B. 起诉人所在地的基层法院
C. 选区所在地的中级法院
D. 起诉人所在地的中级法院

5. 刘某三年前外出打工音信皆无，其妻万某向法院申请宣告刘某失踪。法院经审理作出宣告刘某失踪的判决，并指定万某为财产代管人。后因万某与人同居并将家中财产与对方共同使用，刘某父母如欲出面维护刘某权益，应当（　　）。

A. 应以万某为被告起诉，人民法院按照普通程序审理
B. 应向法院申请变更代管人，人民法院按照特别程序审理
C. 应以万某为被告，人民法院按照特别程序审理
D. 应再次向法院申请宣告刘某失踪，并由法院在新判决中指定刘某父母为财产代管人

6. 被宣告失踪的公民重新出现，法院查证属实后，应当（　　）。

A. 裁定宣告原判决无效
B. 另行作为新案加以处理
C. 作出新判决，撤销原判决
D. 按照审判监督程序再审

7. 对申请认定公民无民事行为能力或限制民事行为能力的案件有管辖权的法院是（　　）。

A. 申请人所在地的基层人民法院
B. 申请人所在地的中级人民法院
C. 被申请人所在地的基层人民法院
D. 被申请人所在地的中级人民法院

8. 甲向人民法院起诉乙违约，乙的父母提出乙患精神病、无缔约能力，要求宣告乙为无民事行为能力人。人民法院的正确处理方法是（　　）。

A. 继续审理该案，同时对乙作司法鉴定
B. 中止审理该案，告知有关利害关系人向乙住所地法院申请认定乙无民事行为能力
C. 全案移送乙住所地基层人民法院，以便进行认定乙无民事行为能力的审理
D. 在乙父亲依法申请后，受诉人民法院中止原诉讼，按特别程序立案审理

9. 王某长期不知下落，其妻子向法院申请宣告失踪。在宣告失踪的判决送达其妻子后，王某突然回家了。法院应当如何处理？（　　）

A. 主动撤销原判决

B. 不需要查证属实，只要有人申请就要撤销原判

C. 人民法院根据王某申请，作出新判决，撤销原判决

D. 王某可以提起再审

10. 债权人向法院申请支付令，应当向（ ）。

A. 债务人所在地的基层人民法院提出

B. 合同履行地的基层人民法院提出

C. 债权人所在地的基层人民法院提出

D. 债务人所在地的中级人民法院提出

11. 债权人请求人民法院向债务人发出支付令，法院向债务人送达时，恰逢债务人出国学习 1 年，法院（ ）。

A. 可以将支付令留置送达

B. 可以将支付令邮寄送达

C. 可以将支付令交给其代收人

D. 裁定终结督促程序

12. 人民法院收到债务人提出的书面异议后，经审查，异议成立的，应当裁定终结督促程序。此时支付令效力如何？（ ）

A. 自行失效，转入诉讼程序，但申请支付令的一方当事人不同意提起诉讼的除外

B. 自行失效，债权人可申请复议一次

C. 自行失效，债权人即为原告人，债务人即为被告人，法院按普通程序继续审理

D. 暂不生效，待审查书面异议后，人民法院再作出决定

13. 人民法院向债务人送达支付令时，债务人拒绝签收。人民法院应该如何处理？（ ）

A. 支付令自行失效，债权人可以起诉

B. 人民法院强制执行

C. 人民法院可以留置送达

D. 人民法院可以公告送达

14. 甲的汇票遗失，向法院申请公示催告。公告期满后无人申报权利，甲申请法院作出除权判决。后乙主张对该票据享有票据权利，只是因为客观原因而没能在判决前向法院申报权利。乙可以采取哪种法律对策？（ ）

A. 申请法院撤销该除权判决

B. 在知道或者应当知道判决公告之日起 1 年内，向作出除权判决的法院起诉

C. 依照审判监督程序的规定，申请法院对该案件进行再审

D. 在 2 年的诉讼时效期间之内，向作出除权判决的法院起诉

15. 在公示催告程序中票据持有人是指下列哪个选项中所列的人？（ ）

A. 争议发生时持有票据的人

B. 票据被盗、遗失或者灭失前的最后持有人

C. 最初的出票人

D. 票据支付人

16. 人民法院在公示催告期间收到利害关系人的申报后，应当（ ）。

A. 裁定终结公示催告程序

B. 判决终结公示催告程序

C. 裁定中止公示催告程序

D. 决定终结公示催告程序

17. 下列哪一项表述符合公示催告程序的法律规定？（ ）

A. 公示催告程序只适用于基层人民法院

B. 公示催告程序仅适用于各种票据的公示催告

C. 除权判决应当宣告票据是否无效

D. 当事人不服法院的除权判决，可以提起上诉

18. 人民法院依法判决宣告票据无效的，审判组织应当如何组成？（ ）

A. 审判员一人独任审理

B. 组成合议庭审理

C. 法院自主决定审理形式

D. 当事人选择决定审理形式

19. 在基层人大代表换届选举中，村民刘某发现选举委员会公布的选民名单中遗漏了同村村民张某的名字，遂向选举委员会提出申诉。选举委员会认为，刘某不是本案的利害关系人，无权提起申诉，故驳回了刘某的申诉。刘某不服，诉至法院。下列哪一选项是错误的？（ ）

A. 张某、刘某和选举委员会的代表都必须参加诉讼

B. 法院应该驳回刘某的起诉，因刘某与案件没有直接利害关系

C. 选民资格案件关系到公民的重要政治权利，只能由审判员组成合议庭进行审理

D. 法院对选民资格案件作出的判决是终审判决，当事人不得对此提起上诉

20. 关于《民诉法》规定的特别程序的表述，下列哪一选项是正确的？（　　）

A. 适用特别程序审理的案件都是非讼案件

B. 起诉人或申请人与案件都有直接的利害关系

C. 适用特别程序审理的案件都是一审终审

D. 陪审员通常不参加适用特别程序案件的审理

视频讲题

21. 甲公司因票据遗失向法院申请公示催告。在公示催告期间届满的第三天，乙向法院申报权利。下列哪一说法是正确的？（　　）

A. 因公示催告期间已经届满，法院应当驳回乙的权利申报

B. 法院应当开庭，就失票的权属进行调查，组织当事人进行辩论

C. 法院应当对乙的申报进行形式审查，并通知甲到场查验票据

D. 法院应当审查乙迟延申报权利是否具有正当事由，并分别情况作出处理

22. 甲公司与银行订立了标的额为 8 000 万元的贷款合同，甲公司董事长美国人汤姆用自己位于 W 市的三套别墅为甲公司提供抵押担保。贷款到期后甲公司无力归还，银行向法院申请适用特别程序实现对别墅的抵押权。关于本案的分析，下列哪一选项是正确的？（　　）

A. 由于本案标的金额巨大，且具有涉外因素，银行应向 W 市中院提交书面申请

B. 本案的被申请人只应是债务人甲公司

C. 如果法院经过审查，作出拍卖裁定，可直接移交执行庭进行拍卖

D. 如果法院经过审查，驳回银行申请，银行可就该抵押权益向法院起诉

23. 黄某向法院申请支付令，督促陈某返还借款。送达支付令时，陈某拒绝签收，法官遂进行留置送达。12 天后，陈某以已经归还借款为由向法院提出书面异议。黄某表示希望法院彻底解决自己与陈某的借款问题。下列哪一说法是正确的？（　　）

A. 支付令不能留置送达，法官的送达无效

B. 提出支付令异议的期间是 10 天，陈某的异议不发生效力

C. 陈某的异议并未否认二人之间存在借贷法律关系，因而不影响支付令的效力

D. 法院应将本案转为诉讼程序审理

（二）多项选择题

1. 债权人向有管辖权的基层人民法院申请支付令请求债务人给付金钱或有价证券，应当符合下列条件：（　　）。

A. 债权人与债务人没有其他债务纠纷

B. 支付令能够送达债务人

C. 申请的范围仅限于给付金钱和有价证券

D. 须向有管辖权的基层人民法院提出

2. 根据民事诉讼法的规定，下列哪些案件，当事人可以采用督促程序，请求法院发出支付令？（　　）

A. 甲请求乙清偿已到期的债务 5 万元

B. 甲请求乙（已被宣告失踪）归还所代甲保管的股票 10 万元

C. 甲请求乙交付以现金所购买的国库券 3 万元

D. 甲要求乙在约定期限内完成加工工艺品的任务

3. 督促程序可以终结的情况有：（　　）。

A. 人民法院发出支付令之前债权人撤回申请的

B. 债务人在支付令送达之日起 15 日内向债权人清偿债务的

C. 支付令无法送达债务人的

D. 债务人在收到支付令之日起 15 日内向人民法院提出异议，经审查，异议成立的

4. 位于甲区的机械公司以位于乙区的投资公司为担保人向甲区银行贷款 300 万元，贷款期限届满后，因机械公司未能偿还贷款，银行以投资公司为被申请人向乙区人民法院申请支付令。乙区人民法院受理案件后，制作了支付令并向投资公司送达了支付令。接到支付令后 15 日内，投资公司的下列哪些主张可以构成债务人异议？（　　）

A. 投资公司书面提出自己现在无履行还款义务的资金能力的主张

B. 投资公司向甲区人民法院起诉，认为自己的担保期已超过，不应当再承担还款责任

C. 投资公司向乙区人民法院起诉，认为自己的担

保期已超过，不应当再承担还款责任

D. 投资公司书面提出自己的担保期已超过，不应当再承担还款责任

5. 下列关于督促程序的说法错误的是（ ）。

A. 债权人提出申请后，人民法院应当在 5 日内通知债权人是否受理

B. 债务人收到支付令后，在法定期间提出书面异议或向其他人民法院起诉的，支付令失效

C. 审判员进行审查后认为申请不成立的，应当在 10 日内裁定驳回申请

D. 支付令应当向债务人本人送达，且不可以留置送达

6. 汇利商贸公司因遗失一张号码为××200456、金额为 50 万元的银行汇票，向票据支付地的甲区人民法院申请公示催告。人民法院受理案件后，如果出现下列哪种情形，甲区人民法院应当裁定终结公示催告程序？（ ）

A. 持有该号码同一的 50 万元银行汇票的建材公司在公示催告期间向甲区人民法院申报权利，并且申报有理

B. 汇利商贸公司在公示催告期间撤回申请

C. 甲区人民法院依法判决宣告该银行汇票无效

D. 建材公司在公示催告期间的申报权利被甲区人民法院驳回

7. 公示催告程序中法院的以下做法正确的有（ ）。

A. 申报权利期间无人申报的，应当终结公示催告程序

B. 权利人申报经查应当驳回的，立即终结公示催告程序

C. 申报权利期间有人申报并且有理由的，应当终结公示催告程序

D. 无人申报权利的，法院在申请人的申请下作出除权判决

8. 关于法院按公示催告程序作出的判决，下列哪些表述是正确的？（ ）

A. 可称之为无效判决

B. 可称之为除权判决

C. 是可以再审的判决

D. 利害关系人可以在判决公告之日起 1 年内起诉

9. 公示催告程序具有以下特点（ ）。

A. 适用公示催告程序审理的案件具有民事权益争议性

B. 公示催告程序的适用范围仅限于可以背书转让的票据被盗、遗失或灭失及其他法律规定的事项

C. 实行两审终审

D. 案件没有明确的被告

10. 从《民诉法》的规定来看，督促程序和公示催告程序具有下列哪些共同特点？（ ）

A. 程序的启动是基于权利人的申请，无答辩程序

B. 程序设计上无开庭审理阶段

C. 都设置了义务人或利害关系人申报权利的程序

D. 对法院的处理结果不服者，均不能提起上诉，也不能申请再审

11. 甲公司因乙公司拖欠货款向 A 县法院申请支付令，经审查，甲公司的申请符合法律规定，A 县法院向乙公司发出支付令。乙公司收到支付令后在法定期间没有履行给付货款的义务，而是向 A 县法院提起诉讼，要求甲公司承担因其提供的产品存在质量问题的违约责任。关于本案，下列哪些选项是正确的？（ ）

A. 支付令失效

B. 甲公司可以持支付令申请强制执行

C. A 县法院应当受理乙公司的起诉

D. A 县法院不应受理乙公司的起诉

视频讲题

12. 关于支付令，下列哪些说法是正确的？（ ）

A. 法院送达支付令债务人拒收的，可采取留置送达

B. 债务人提出支付令异议的，法院无须审查异议理由客观上是否属实

C. 债务人收到支付令后不在法定期间提出异议而向其他法院起诉的，不影响支付令的效力

D. 支付令送达后即具有强制执行力

13. 甲公司因遗失汇票，向 A 市 B 区法院申请公示催告。在公示催告期间，乙公司向 B 区法院申报权利。

关于本案，下列哪些说法是正确的？（　　）

A. 对乙公司的申报，法院只就申报的汇票与甲公司申请公示催告的汇票是否一致进行形式审查，不进行权利归属的实质审查

B. 乙公司申报权利时，法院应当组织双方当事人进行法庭调查与辩论

C. 乙公司申报权利时，法院应当组成合议庭审理

D. 乙公司申报权利成立时，法院应当裁定终结公示催告程序

14. 公示催告程序可以适用于以下哪些事项？（　　）（考研）

A. 银行票据的遗失、灭失或者被盗

B. 可以背书转让的银行支票灭失、遗失

C. 可以背书转让的银行票据被盗

D. 本票、汇票、支票遗失、灭失或者被盗

15. 甲区A公司将位于丙市，价值5 000万元的写字楼转让给乙区的B公司。后双方发生争议，经丁区人民调解委员会调解达成协议：B公司在1个月内支付购房款。双方又对该协议申请法院作出了司法确认裁定。关于本案及司法确认的表述，下列哪些选项是不正确的？（　　）

A. 应由丙市中级法院管辖

B. 可由乙区法院管辖

C. 应由一名审判员组成合议庭，开庭审理司法确认申请

D. 本案的调解协议和司法确认裁定，均具有既判力

16. 胡某向法院申请支付令，督促彗星公司缴纳房租。彗星公司收到后立即提出书面异议称，根据租赁合同，彗星公司的装修款可以抵销租金，因而自己并不拖欠租金。对于法院收到该异议后的做法，下列哪些选项是正确的？（　　）

A. 对双方进行调解，促进纠纷的解决

B. 终结督促程序

C. 将案件转为诉讼程序审理，但彗星公司不同意的除外

D. 将案件转为诉讼程序审理，但胡某不同意的除外

（三）不定项选择题

1. 2020年5月6日，刘燕与安治国在A市新城区民政局办理结婚登记。婚后二人感情不和，经常吵闹。刘燕与安治国共同的住所在B区。安治国经常居住在C区，刘燕经常居住在D区。2022年6月，安治国外出经商，从此断绝与刘燕的通信联系，刘燕及其家人曾多方查询安治国的行踪，均无消息。2023年5月6日，刘燕向人民法院提起诉讼。

根据案情刘燕可以向法院提出哪些请求？（　　）

A. 申请宣告安治国死亡

B. 申请宣告安治国失踪

C. 要求与安治国离婚

D. 申请宣告安治国失踪并与之离婚

2. 2019年12月26日，中国公民张某在某海岛游玩，因发生海啸，生死不明。张某的利害关系人若申请张某宣告死亡，最早应该是哪一天才能向法院提出申请？（　　）

A. 2023年12月26日　　B. 2023年12月27日

C. 2021年12月26日　　D. 2021年12月27日

简答题

1. 试论民事诉讼程序与非讼程序。（考研）

2. 简述宣告公民失踪案件的审理程序。

3. 简述督促程序的概念和特点。

4. 简述督促程序的适用条件。（考研）

5. 债务人对人民法院的支付令提出书面异议后，产生什么法律后果？（考研）

6. 试论公示催告程序。（考研）

7. 简述公示催告的条件。（考研）

8. 简述除权判决的效力。

案例分析题

1. 案情：邓某与王某于2017年结婚，婚后生有一女孩。夫妻二人因经常吵架，邓某于2018年1月离家，直到2023年也未同家里联系，后经多方查找均无下落。王某于2023年6月向人民法院提起同邓某的离婚诉讼。人民法院经审查认为，邓某已失踪多年，不能应诉，但符合宣告死亡的条件，遂将本案依照特别程序审理。

问：法院依特别程序审理是否正确？为什么？

2. 案情：2021年1月份，某汽车公司委托东城商

行王某为该公司购买93号汽油，同时交王某转账支票1张12万元。交货时，因汽油质量不合格，汽车公司拒收。之后，汽车公司与王某达成书面还款协议，规定王某在同年8月15日还6万元、8月30日还6万元。到期王某未按约定还款。汽车公司于2022年5月26日申请人民法院发出支付令。人民法院经审查后，于6月11日发出支付令，限令王某在收到支付令15日内向汽车公司支付汽油款12万元。王某收到支付令后，在法定期限内既未提出异议，也未还款。

问：本案是否符合督促程序的条件？应如何处理？

3. 某开发公司向某银行贷款500万元，到期后，开发公司没有主动还贷。银行多次向该公司发出催收贷款的公函，开发公司均无回音。2023年11月1日，银行向其所在地中级人民法院申请签发支付令。支付令送达后，11月8日，开发公司向法院提出书面异议说：我公司暂时无法还贷，等以后有能力时再偿还。

问：(1) 该中级人民法院是否具有管辖权？为什么？

(2) 开发公司的这种理由是否会导致支付令失效？

论述与深度思考题

1. 论非诉程序与诉讼程序的区别。

2. 论督促程序的性质。

3. 评论我国关于公示催告程序中票据转让行为效力的规定。

参考答案

名词解释与概念比较

1. 特别程序指人民法院审理特殊类型民事案件所适用的特殊审判程序。它是与一、二审程序并列的一种审判程序，有自己的特殊性和独立性。

2. 宣告失踪案件是指公民离开其住所地，下落不明达到一定期限，人民法院根据利害关系人的申请，判决宣告该公民为失踪人的案件。

宣告死亡案件是指公民离开自己的住所地，生死不明达一定期限，人民法院根据利害关系人的申请，依法宣告该公民死亡的案件。

3. 督促程序是指对于债权人提出的以给付一定数量的金钱、有价证券为标的的财产上请求，基层人民法院仅仅根据债权人的单方面申请，不经过开庭审理，以他的主张为内容，直接向债务人发出支付令，要求债务人履行义务或者提出异议，否则该支付令就发生与生效判决相等效力的特别诉讼程序。

4. 公示催告程序是指人民法院依当事人基于法定理由而提出的申请，以公示的方法催告不明的利害关系人在法定期间申报权利，如无人申报，则根据当事人的申请，作出除权判决的特别程序。

5. 人民法院作出的宣告票据无效的判决，为除权判决。它只解决票据是否有效的问题，间接具有承认申请人票据权利的效果。

选择题

(一) 单项选择题

1. 答案：D

参见《民诉法》第184条的规定。

2. 答案：A

《民诉法》第185条规定：依照本章程序审理的案件，实行一审终审。选民资格案件或者重大、疑难的案件，由审判员组成合议庭审理；其他案件由审判员一人独任审理。因此选项A正确。

3. 答案：D

本题考查特别程序中调解的适用。《民诉解释》第143条用列举和概括的方式，规定了适用特别程序、督促程序、公示催告程序的案件，婚姻等身份关系确认案件以及其他根据案件性质不能进行调解的案件，不得调解。因此，特别程序案件不适用调解。

4. 答案：A

《民诉法》第188条规定：公民不服选举委员会对选民资格的申诉所作的处理决定，可以在选举日的5日以前向选区所在地基层人民法院起诉。可见，选民资格案件在地域管辖上不适用《民诉法》关于地域管辖的一般规定，而是由选区所在地的人民法院管辖，在级别管辖上属于基层人民法院。

5. 答案：A

参见《民诉解释》第342条第2款之规定。

6. 答案：C

《民诉法》第193条规定：被宣告失踪、宣告死亡的公民重新出现，经本人或者利害关系人申请，人民法院应当作出新判决，撤销原判决。

7. 答案：C

《民诉法》第 198 条规定：申请认定公民无民事行为能力或者限制民事行为能力，由利害关系人或者有关组织向该公民住所地基层人民法院提出。

8. 答案：B

参见《民诉解释》第 347 条之规定。

9. 答案：C

参见《民诉法》第 193 条的规定。因此选 C。

10. 答案：A

《民诉解释》第 23 条规定：债权人申请支付令，适用《民诉法》第 22 条规定，由债务人住所地基层人民法院管辖，即“原告就被告”的一般地域管辖原则。

11. 答案：D

参见《民诉解释》第 430 条之规定。

12. 答案：A

参见《民诉法》第 228 条的规定。

13. 答案：C

《民诉解释》第 429 条规定：向债务人本人送达支付令，债务人拒绝接收的，人民法院可留置送达。因为留置送达仅表明债务人不签收支付令，但不等于合法地提出了异议。其异议应以书面形式向人民法院提出。

14. 答案：B

《民诉法》第 234 条规定：利害关系人因正当理由不能在判决前向人民法院申报的，自知道或者应当知道判决公告之日起 1 年内，可以向作出判决的人民法院起诉。故答案应为选项 B。

15. 答案：B

《民诉解释》第 442 条规定，《民诉法》第 229 条规定的票据持有人，是指票据被盗、遗失或者灭失前的最后持有人。

16. 答案：A

《民诉法》第 232 条第 2 款规定，人民法院收到利害关系人的申报后，应当裁定终结公示催告程序，并通知申请人和支付人。这里只能用裁定形式，而且是终结而非中止程序。

17. 答案：A

《民诉法》第 229 条规定：按照规定可以背书转让的票据持有人，因票据被盗、遗失或者灭失，可以向票据支付地的基层人民法院申请公示催告。依照法律规定可以申请公示催告的其他事项，适用本章规定。因此选项 A 是正确的，选项 B 不正确。根据《民诉法》第 233 条的规定，票据无效是除权判决的必需内容，所以 C 项不是可以选择的。D 项违背了特别程序的一般法理。

18. 答案：B

《民诉解释》第 452 条规定，适用公示催告程序审理案件，可由审判员一人独任审理；判决宣告票据无效的，应当组成合议庭审理。

19. 答案：B

《民诉法》第 189 条第 2 款规定：“审理时，起诉人、选举委员会的代表和有关公民必须参加。”据此规定，A 项正确，不当选。《民诉法》第 188 条规定：“公民不服选举委员会对选民资格的申诉所作的处理决定，可以在选举日的五日以前向选区所在地基层人民法院起诉。”据此规定，只要公民不服选举委员会对选民资格的申诉所作的处理决定就可以起诉，因此刘某有权向法院提起诉讼，故 B 项错误，当选。《民诉法》第 185 条规定：“依照本章程序审理的案件，实行一审终审。选民资格案件或者重大、疑难的案件，由审判员组成合议庭审理；其他案件由审判员一人独任审理。据此可知，选民资格案件由审判员组成合议庭审理，且实行一审终审。”据此，C、D 项正确。

20. 答案：C

本题是对特别程序特点的考查。参见《民诉法》第 184～186 条的规定。

21. 答案：C

本题主要考查公示催告程序。根据《民诉解释》第 448 条规定，在申报期届满后、判决作出之前，利害关系人申报权利的，应当适用《民诉法》第 232 条第 2、3 款规定处理。《民诉法》第 232 条第 2、3 款规定，人民法院收到利害关系人的申报后，应当裁定终结公示催告程序，并通知申请人和支付人。申请人或者申报人可以向人民法院起诉。因此，虽然公示期间届满，但在法院作出判决之前，利害关系人都能申报权利，故 A 项错误。同时，该题中并不存在乙迟延申报的情况，因为在判决作出之前申报权利的，同样具有法律效力。所以 D 项错误。公示催告程序属于非诉程序，不存在开庭和辩论程序，故 B 项错误。根据《民诉解释》第 449 条规定，利害关系人申报权利，人

民法院应当通知其向法院出示票据，并通知公示催告申请人在指定的期间查看该票据。公示催告申请人申请公示催告的票据与利害关系人出示的票据不一致的，应当裁定驳回利害关系人的申报。可见，在利害关系人申报权利之后，法院并不去从实质上审查权利申报的真实性，只对其进行形式审查。故C项正确。

22. 答案：D

根据《民诉法》第207条规定，申请实现担保物权，由担保物权人以及其他有权请求实现担保物权的人依照民法典等法律，向担保财产所在地或者担保物权登记地基层人民法院提出。申请担保物权的管辖法院是基层法院。本案中，担保财产所在地为W市，银行应向W市基层法院提交书面申请。所以，A项错误。根据《民诉解释》第359条，《民诉法》第207条规定的担保物权人，包括抵押权人、质权人、留置权人；其他有权请求实现担保物权的人，包括抵押人、出质人、财产被留置的债务人或者所有权人等。本案中，被申请人除债务人甲公司之外，还应当包括甲公司董事长美国人汤姆。所以，B项错误。根据《民诉法》第208的规定，人民法院受理申请后，经审查，符合法律规定的，裁定拍卖、变卖担保财产，当事人依据该裁定可以向人民法院申请执行；不符合法律规定的，裁定驳回申请，当事人可以向人民法院提起诉讼。本案中，如果法院经过审查，作出拍卖裁定，银行应当依据该裁定向人民法院申请执行；如果法院经过审查，驳回银行申请，银行可就该抵押权益向法院起诉。所以，C项错误，D项正确。

23. 答案：D

根据《民诉解释》第429条，支付令是可以留置送达的。所以，A选项错误。根据《民诉法》第227条第2款的规定，债务人应当自收到支付令之日起15日内清偿债务，或者向人民法院提出书面异议。提出支付令异议的期间是15天，陈某的异议已经发生了效力。所以，B选项错误。根据《民诉法》第228条的规定，人民法院收到债务人提出的书面异议后，经审查，异议成立的，应当裁定终结督促程序，支付令自行失效。支付令失效的，转入诉讼程序，但申请支付令的一方当事人不同意提起诉讼的除外。人民法院对债务人在法定期间内提出的书面异议，只进行形式审查，无须审查异议是否有理由，即不必进行实体审查，所以C选项中陈某的异议成立，D项中异议成立之后就应该转为诉讼程序进行审理。所以，C项错误，D项正确。

（二）多项选择题

1. 答案：ABCD

本题考查督促程序的适用范围。《民诉法》第225条第1款规定，债权人请求债务人给付金钱、有价证券，符合下列条件的，可以向有管辖权的基层人民法院申请支付令：（1）债权人与债务人没有其他债务纠纷的；（2）支付令能够送达债务人的。所以A、B、C项正确。D项因为是诉讼启动的必要条件，所以也是正确的。

2. 答案：AC

参见《民诉法》第225条的规定。根据督促程序适用的三个条件，A项和C项是符合的。B项因为乙失踪不能送达，所以不能适用。D项因为不是给付金钱和有价证券，所以也不能适用。

3. 答案：ACD

根据《民诉解释》第430条第3项的规定，在债务人收到支付令前，债权人撤回申请的，应当裁定终结督促程序。故A项应选。债务人在收到支付令后清偿了债务这种情形属于督促程序结束的一种方式，故B项不应选。根据《民诉解释》第430条第2项的规定，人民法院发出支付令之日起30日内无法送达债务人的，人民法院应当裁定终结督促程序。故C项正确。根据《民诉法》第228条，D项正确。

4. 答案：CD

本题考查债务人对支付令的异议问题。根据《民诉解释》第436条的规定，债务人对债务本身没有异议，只是提出缺乏清偿能力、延缓债务清偿期限、变更债务清偿方式等异议的，不影响支付令的效力。《民诉解释》第431条规定：债务人在收到支付令后，未在法定期间提出书面异议，而向其他人民法院起诉的，不影响支付令的效力。因此，选项C、D符合本题要求。

5. 答案：BCD

本题考查支付令的基本知识。《民诉法》第226条规定：债权人提出申请后，人民法院应当在5日内通知债权人是否受理。故A项正确。《民诉解释》第431第1款规定：债务人在收到支付令后，未在法定期间提出书面异议，而向其他人民法院起诉的，不影响支付令的效力。故 B 项错误。《民诉解释》第 428 条规定：人民法院受理申请后，由审判员一人进行审查……人民法院受理支付令申请后，发现不符合本解释规定的受理条件的，应当在受理之日起 15 日内裁定驳回申请。故 C 项错误。《民诉解释》第 429 条规定：向债务人本人送达支付令，债务人拒绝接收的，人民法院可留置送达。故 D 项错误。

6. 答案：AB

根据《民诉法》第 232 条第 2 款的规定，人民法院收到利害关系人的申报后，应当裁定终结公示催告程序。根据《民诉解释》第 453 条的规定，公示催告申请人撤回申请，应在公示催告前提出；公示催告期间申请撤回的，人民法院可以径行裁定终结公示催告程序。故 A、B 项正确。人民法院依法判决宣告银行汇票无效这种行为已经表示公示催告程序的结束，人民法院无须再裁定终结公示催告程序。故 C 项错误。建材公司申报权利被人民法院驳回，这并不能裁定终结公示催告程序，因为其他利害关系人依然有可能继续申报权利。只有公示催告期间届满而无人申报的，人民法院才可以裁定终结程序。故 D 项错误。

7. 答案：CD

参见《民诉法》第 232 条和第 233 条的规定。

8. 答案：BCD

无效判决是指该判决由于存在严重瑕疵，自其作出之日就没有任何法律效力。故 A 项错误。根据《民诉解释》第 378 条，当事人不得对除权判决申请再审。据此，该条只禁止当事人申请再审，所以人民法院可以主动依职权再审。故 C 项正确。

9. 答案：BD

公示催告程序是非诉程序的一种，因此适用该程序审理的案件不具有民事权益争议性，也不能上诉，所以 A、C 项都是错误的。

10. 答案：ABD

督促程序和公示催告程序都需要当事人申请，但由于属于非诉程序，所以这两类程序均无答辩程序，也无开庭审理程序，对判决和裁定也无权上诉以及申请再审。另外，督促程序中的债务人没有申报权利的程序而只有提出异议的权利，故 C 项错误。

11. 答案：AC

参见《民诉法》第 228 条、《民诉解释》第 431 条之规定。

12. 答案：ABC

参见《民诉解释》第 429 条、第 436 条、第 431 条第 1 款和《民诉法》第 227 条第 3 款之规定。

13. 答案：AD

参见《民诉法》第 232 条第 2 款和《民诉解释》第 448、449 条之规定。

14. 答案：BC

参见《民诉法》第 229 条和《票据法》第 22、24、76 条之规定。

15. 答案：ABCD

《民诉法》第 205 条规定，经依法设立的调解组织调解达成调解协议，申请司法确认的，由双方当事人自调解协议生效之日起 30 日内，共同向下列人民法院提出：(1) 人民法院邀请调解组织开展先行调解的，向作出邀请的人民法院提出；(2) 调解组织自行开展调解的，向当事人住所地、标的物所在地、调解组织所在地的基层人民法院提出；调解协议所涉纠纷应当由中级人民法院管辖的，向相应的中级人民法院提出。因此本案的司法确认应当由调解组织所在地即丁区法院管辖，选项 A 和 B 均错误。根据《民诉法》第 185 条，司法确认案件适用特别程序审理，一般应当适用独任制进行审判，选项 C 的说法错误。调解协议本质上是私法上的和解，不具有既判力，因此选项 D 的说法错误。

16. 答案：BD

参见《民诉法》第 228 条之规定。

（三）不定项选择题

1. 答案：C

参见《民诉法》第 190、191 条的规定。宣告失踪须下落不明须满 2 年，宣告死亡须下落不明满 4 年，或因意外事件下落不明满 2 年。因此本案不符合宣告失踪或是死亡的条件，刘燕只能提起离婚诉讼。

2. 答案：D

参见《民诉法》第 191 条的规定。

简答题

1. 传统理论把民事案件从形式上分为诉讼案件与非讼案件两大类，设定了解决这两大类案件的诉讼程序与非讼程序，形成了一系列相对立或相对称的原则、

制度。这些原则和制度分别组合在一起，构成有机联系的整体，形成了相对稳定的、各具机能的程序法理，一是诉讼法理，一是非讼法理，各相适应，一脉相承，沿袭至今。

传统的“二分法”理论有其可取之处，保持了法的安定性及可预测性，而且在多数情况下，“二分法”均能求得正确的结果。但是，“二分法”有明显的形式主义特征，它把纷繁复杂的民事案件，依据单一的标准一分为二，非此即彼，未免失之简单。由此所设定的程序结构，必然导致司法中的机械主义，难以保证各个民事案件均能得到符合其本质及目的之解决。为适应社会生活之复杂化及民事纷争解决方法之多样化，应考虑重新组合该程序要素之可能范围，使判决程序与裁定程序互相交错，借以构成新的审理方式。

不同的民事案件偏重于不同的基本要求，有的偏重于正确而慎重的裁判，有的偏重于简易、迅速而经济的裁判，有的偏重于合目的性、妥当性、展望性或创设性的裁判。尽管不能排除完全固守或偏执于其中之一的可能性，但大多数的民事案件都不可能在以上基本要求上走向绝对，而往往是以其中一个为主，兼顾其他。由于社会生活关系的复杂性，民事案件必然是形式多样、各有差异的，因而对于具体民事案件的最佳程序要求，不仅立法上难以规范，理论上也不好抽象。因此，就特定民事案件的目的性之判断唯有留待法官行使自由裁量权，视具体情形加以妥适的衡量。其结果是，传统的把民事案件分为诉讼案件与非诉案件的“二分法”，在这里完全被打破，取而代之的是另一种全新的划分标准，即依民事案件在程序法上要满足的基本要求划分具体的案件类型。不同的民事案件有不同的程序法上的基本要求，而这些基本要求需要依靠不同的程序法理得到满足，这样就为各个民事案件的解决设定特定的、富有弹性的审理方式奠定了理论基础。

2.（1）必须由利害关系人提出申请。利害关系人包括被申请宣告失踪人的配偶、父母、子女、兄弟姐妹、祖父母、外祖父母、孙子女、外孙子女以及其他与被申请人有民事权利义务关系的人。没有利害关系人的申请，人民法院不能依职权宣告某公民为失踪人。

（2）利害关系人必须以书面形式申请。申请书中必须写明被申请宣告失踪人员最后离开住所地的事实、时间和请求，说明与被宣告人失去联系的时间，提出下落不明和申请此案的事实根据，同时必须附有公安机关和其他有关机关关于公民下落不明的书面证明。

（3）公民失踪案件由被申请人住所地的基层人民法院管辖。

（4）人民法院可根据申请人的申请，清理被申请人的财产，指定诉讼期间的财产管理人或采取财产保全措施。

（5）人民法院受理案件后，应当发出寻找该失踪人的公告，公告期为 3 个月。期满后仍下落不明，则作出宣告该公民为失踪人的判决。

3. 督促程序是对于债权人提出的以给付一定数量的金钱和有价证券为标的的财产上请求，人民法院仅根据债权人的单方面申请，不经过开庭审理，而直接向债务人发出支付命令的特殊程序。其特点如下：

（1）混合性程序。传统上的审判程序包括诉讼程序和非讼程序，督促程序是兼具二者特点的特别的审判程序。它具有非讼性，是因为法院审理案件，是以当事人之间不存在实体上的债权债务纠纷为前提的，双方当事人不直接进行诉讼对抗，甚至债务人并不出现。它具有诉讼性，是因为它在一定条件下，能够产生通常只有诉讼程序才能产生的法律后果。

（2）试探性程序。以给付金钱、有价证券为标的的债务案件的当事人在发动程序之初，可以选择诉讼程序或者督促程序来解决案件。督促程序是诉讼程序的先行程序，但不是它的必经程序甚至唯一程序。

（3）简略性程序。法院仅对债权人提出的申请和事实、证据进行单方面的审查，并不传唤债务人到法院，也不开庭审理，实行书面审查原则。审判组织采用独任制的形式，并且实行一审终审制，具有“短、频、快”的特征。

（4）形式性程序。在督促程序中，法院对于当事人之间是不是存在债权债务关系不进行实质性审查，而是进行形式审查。债权人所提供的证据只要表面可信、形式上能够成立就合格；债务人对支付令提出的异议无须承担任何举证责任，法院对它的审查仅是程序上的，不进行实体性审查。

4.（1）诉讼标的必须为给付金钱、有价证券的请求权。

其一，只有给付之诉才有适用督促程序的可能性。确认之诉或形成之诉均不得依督促程序请求保护。其二，只有以金钱和有价证券为标的物的给付之诉才可以适用督促程序。

（2）债权人与债务人没有其他债务纠纷。

其一，债权人对于债务人的给付请求，是不附条件的，而且已经到期；反之，如果此给付请求权附有条件或者尚未到实现时间，则不得申请支付令。

其二，如果债权人对于债务人有自己先履行的给付义务或者应与债务人的给付义务同时履行，则债务人有同时履行抗辩权，债权人不得申请支付令。

（3）支付令能够送达给债务人。

支付令因债务人不提出异议且无履行行为而产生与判决一样的效力，故必须使债务人知道支付令的事实，以保证债务人的异议权和听审权，并赋予支付令以合法性。其一，债务人必须在本国境内而能够进行域内送达，不要经过复杂而漫长的域外送达。这是由督促程序的简捷性、经济性决定的。其二，债务人在本国境内下落不明时，不能采取债务人既可能知道也可能不知道的公告送达。至于其他的送达方式，包括直接送达、留置送达、委托送达、邮寄送达、转交送达等，立法并不排除。

5. 法院在债务人针对人民法院的支付令提出书面异议后，对异议仅进行形式审查，而不审查异议是否有理由。《民诉解释》第 435 条规定，经形式审查，债务人提出的书面异议有下列情形之一的，应当认定异议成立，裁定终结督促程序，支付令自行失效：（1）本解释规定的不予受理申请情形的；（2）本解释规定的裁定驳回申请情形的；（3）本解释规定的应当裁定终结督促程序情形的；（4）人民法院对于是否符合发出支付令条件产生合理怀疑的。这是因为：第一，符合督促程序的非讼性质。非讼程序是以无纷争为前提的，一旦从实质上审查异议是否有理由，实际上就是在解决纠纷了，而解决纠纷不是督促程序所能完成的，必须转由诉讼程序来完成。第二，这是平等原则所要求的。对债权人的申请不进行实质审查，与之相对应，对债务人的异议也不进行实质审查，而只审查其在形式上是否合法。异议一经合法提出，督促程序就告结束。

6. 公示催告程序具有以下特点：（1）公示催告程序本质上属于非讼程序，但兼有诉讼程序的某些特点。因为：第一，适用该程序解决的案件不属于民事权益之争，不具有明确的被告，申请人无法知道有无利害关系人以及谁是利害关系人。第二，该程序的目的是通过公告的方式催告不明的利害关系人及时申报权利，并在无人申报权利的情况下作出宣告票据无效的判决，从而使申请人恢复取得票据上的权利。从法院作出判决，确定民事权利义务关系这一角度看，它又有诉讼程序的某些特点。

（2）公示催告程序的适用范围是有限的，适用于因可以背书转让的票据被盗、遗失或者灭失引起的非讼事件，以及法律规定的其他事项。

（3）该程序的主要功能是让持票人在丧失票据时能够恢复取得票据权利。立法特设法律上的特别程序予以救济，通过判决，使票据上的权利与票据分离开来，真正的票据权利人可以行使票据权利。

（4）简便易行，适用广泛，比较可靠。

7. 公示催告程序只能依有关当事人的申请开始，法院不得依职权发动。申请必须符合以下条件：

（1）申请的对象必须是依规定可以背书转让的票据或者依法可以申请公示催告的事项。

（2）申请的主体只能是票据持有人。这里的“票据持有人”是指票据被盗、遗失或者灭失前的最后持有人，包括记名票据中的权利人以及依票据手续取得的无记名票据的占有人。

（3）申请的原因必须是票据被盗、遗失或者灭失，同时利害关系人处于不明状态。

（4）申请的方式必须是书面的。申请书的内容包括：申请人的姓名、名称等基本情况；票据的种类、名称、号码，票面金额、支付日期，发票人、持票人、背书人和支付人的名称、账号、住所等票据主要内容；申请的理由和事实，并附必要的证据（如票据副本）。

（5）申请的管辖法院是票据支付地的基层人民法院。所谓票据支付地，是指票据上载明的付款地，如兑付银行所在地、收款人开户银行所在地。票据上未载明付款地的，以票据付款人的住所地或主要营业地为票据支付地。

8. 除权判决具有如下效力：

（1）票据丧失效力。除权判决生效后，申请人丧失的票据作废，他人对该票据享有的权利受到排除，判决书代替所丧失的票据成为支付凭证。

（2）丧失票据的人取得了行使票据权利的根据。

（3）申请人有权依据除权判决向对票据负有付款义务的支付人请求付款，支付人也有义务按照除权判决向申请人兑现票据上的权利，违者可强制执行。

案例分析题

1. 不正确。特别程序的提起必须由利害关系人主动向有管辖权的法院申请，法院不能主动依照特别程序审理。如果在诉讼过程中，确实存在符合宣告死亡的条件的，是否进行宣告死亡程序，取决于失踪人的近亲属或其他利害关系人的意思，法院不得干预。

2. 本案符合督促程序的条件。督促程序中，必须符合诉讼标的必须为给付金钱、有价证券的请求权，债权人与债务人没有其他债务纠纷和支付令能够送达给债务人这三个条件，本案有还款协议，具备条件。《民诉法》规定，债务人在规定的期间不提出异议又不履行支付令的，债权人可以向人民法院申请执行。因此，本案中汽车公司可以直接向法院申请强制执行支付令。

3. (1) 该中级人民法院没有管辖权。《民诉解释》第 23 条规定：债权人申请支付令，适用《民诉法》第 22 条规定，由债务人住所地基层人民法院管辖，即"原告就被告"的一般地域管辖原则。因此该中级人民法院不能受理督促程序案件。

(2) 根据《民诉解释》第 436 条第 1 款的规定，债务人对债务本身没有异议，只是提出缺乏清偿能力、延缓债务清偿期限、变更债务清偿方式等异议的，不影响支付令的效力。因此，开发公司的抗辩理由不能导致支付令失效。

论述与深度思考题

1. 在传统的民事诉讼理论中，诉讼程序与非诉程序在以下一系列主要的原则或制度上存在区别：

(1) 处分权主义。诉讼程序坚持处分权主义，而非诉程序更倾向于采纳职权主义。因为非诉程序往往涉及当事人以外的不特定人的利益，与公益有关，因而立法限制了当事人在非诉程序中的权利。

(2) 辩论主义。非诉程序不适用辩论主义，而采取职权探知主义，对于当事人未主张的事实、未提出的证据，法院可以依职权调查。

(3) 公开主义。诉讼程序贯彻公开审理主义，非诉程序一般适用秘密审理主义。

(4) 言词主义。言词主义是相对于书面主义的一项原则。非诉程序中往往只有一个当事人，法院没有必要听取当事人的陈述与辩论，从而明辨是非、形成确信。当然，这种区分也不是绝对的，在复杂的非诉程序中，法官也需要开庭听取各方的意见。

(5) 直接主义。诉讼程序要求作出判决的法官是亲自庭审的法官。非诉程序需要快速、经济的裁判，法官需要发挥对程序构成的支配和主导作用，因此直接审理原则并非其一项必需的原则。

(6) 当事人进行主义。非诉程序所针对的案件往往关涉公益，法院的判决带着民事行政性质，所以对于诉讼程序的推进和程序事项的处理，法院持积极的干预态度，充分发挥职业裁量作用。

(7) 证明标准。非诉程序承认自由的证明，其证明标准要低于诉讼程序的证明标准。

(8) 当事人对立主义。非诉程序中往往只有一方当事人，因此不能像诉讼程序一样保持当事人双方的对抗和武器平等，实行当事人一方审理的原则。

(9) 裁判的形式与效力不同。非诉程序一般采取与对程序问题一样的裁定方式，没有与诉讼判决一样的强有力的形成力和执行力。

(10) 审级制度不同。诉讼程序一般是两审终审，而非诉程序实行一审终审。

2. 关于督促程序的性质，主要存在以下两种观点。

第一种观点认为，督促程序不具有诉讼程序的基本特征，不能被划入诉讼程序，而应当属于非讼程序的范畴。这种观点认为，诉讼程序的标志是当事人用起诉的方法，请求法院以判决的手段解决其间的讼争，而非讼程序的标志是利用起诉和判决以外的方法请求法院处理特定的民事法律关系。非讼程序中有申请而无起诉，有裁定而无判决。督促程序以民事权利义务关系不存在争议为假定前提，依一方当事人的要求直接向义务主体发出支付令。如果义务主体对此无异议，则产生与生效判决相同的效力；如果义务主体对此有异议，支付令就因此而失效，适用督促程序"不存在争议"的假定条件便不存在，案件即由非讼性质转而变为诉讼性质，解决案件的程序也随之改变为诉讼程序。由此可见，督促程序显然是解决非讼案件的速决程序，在性质上属于非讼程序。

第二种观点认为，督促程序具有双重性：一方面，它可列入诉讼法，具有诉讼性质；另一方面，它又是非典型意义的不完整的诉讼，具有非讼性质，可称为

“准诉讼程序”或称为介于当事人自我救济与普通程序之间的过渡性的衔接程序。虽然督促程序属于非讼程序，但它兼有诉讼程序的特点，不能将之与诉讼程序对立起来。其主要理由有三：其一，督促程序指向的对象是债权债务关系即债务纠纷，而根据《民诉法》的规定，对此种案件并非必须适用督促程序，而是既可以适用督促程序，也可直接起诉。其二，督促程序自债权人申请开始，既有申请人，也有被申请人，即有债权人和债务人，申请的结果可能产生强制执行的效力。这表明督促程序对债权债务关系的处理，既带有诉讼程序的痕迹，也能产生非诉程序的效果。其三，适用督促程序处理的案件，原本应适用诉讼程序解决，反映出其债权债务关系明确，有迅速、简便处理的可能和必要，故此种非讼程序有虚拟诉讼的特征。

3.《民诉法》规定，公示催告期间，转让票据权利的行为无效。也就是说，在公示催告期间，票据持有人无论是合法持有还是非法持有票据，都不得将票据权利转让与他人，否则，转让行为无效。有学者认为，公示催告程序中的止付通知或命令，仅对支付人发生效力，而无禁止票据转让的效力。票据转让行为的效力，应当由《票据法》来规定。现行《民诉法》的这一规定意味着公示催告程序之止付通知，其效力不仅及于支付人，而且及于不特定的第三人，这对于该第三人来说是不公平的。票据权利体现的是票据上的权利，是一种证券权利，是请求支付金钱的请求权，所以，它的转让与一般债权的转让有所不同。票据持有人只要按法定手续把票据转让给受让人，转让行为即为有效，而不需要经过或者通知支付人。此外，在票据被偷或者遗失的情况下，票据转让人是不享有票据权利的人，对票据权利无权进行处分，但受让的第三人并不一定知道这一事实。如果作为受让人的第三人知道转让人无权处分仍然受让票据权利，即为恶意第三人，转让行为无效；如果第三人不知道转让人无权处分而受让票据权利，则为善意第三人，善意第三人取得票据权利后，无论是该票据的失主还是出票人或支付人，都不能以票据被盗或遗失为由来对抗善意第三人。可见，《民诉法》的规定不仅变更了《票据法》上的固有原则，而且事实上难以执行。

第二十章　强制执行通则

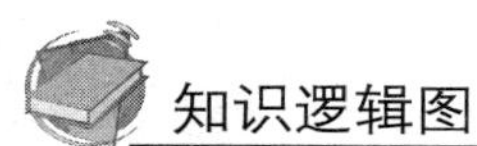

知识逻辑图

- 概述
  - 概念：民事执行是指国家机关依债权人的申请，依据执行依据，运用国家强制力，强制债务人履行义务，以实现债权人的民事权利的活动
  - 特征
    - 由国家机关进行
    - 以执行依据为前提
    - 须经债权人申请
    - 是执行机关使用公权力的强制行为
    - 是实现已确定的私权的程序
  - 分类
    - 终局执行与保全执行
    - 金钱执行与非金钱执行
    - 直接执行、间接执行与替代执行
    - 对人执行与对物执行
    - 一般执行与个别执行
  - 民事执行行为
    - 含义：民事执行行为是执行机关基于债权人的申请，运用国家公权力，强制债务人履行债务，以实现债权人的权利的公法上行为
    - 性质
      - 司法行为说
      - 行政行为说
      - 折中说
    - 有瑕疵的执行行为
  - 民事执行的基本原则
    - 执行合法原则
    - 执行当事人不平等原则
    - 执行适度原则
    - 执行及时原则
    - 执行穷尽原则
    - 执行比例原则
    - 执行检察监督原则
  - 民事执行法
    - 含义：民事执行法是规定执行机关的组织以及其运用强制力实施执行行为的程序规范的总和，具体包括执行法院的组织、权限，执行当事人的能力、资格，执行行为的程序、要件等内容
    - 性质
      - 强行法
      - 一般法
      - 公法
      - 程序法
    - 立法体例
      - 并入民事诉讼法
      - 编入破产法
      - 制定单行法

- 执行主体
  - 含义：执行主体是在执行法律关系中，依照执行法律规定，享有权利和承担义务，并能够引起执行程序发生、变更或终结的组织或个人
  - 执行机关
    - 含义：是指依法负责执行法律文书的职能机构
    - 执行机关的设置
    - 执行机关的组成人员：通常由执行员、执行庭（局）长、执行法官、法院院长、书记员和司法警察组成
    - 执行争议的协调
    - 执行监督
  - 执行当事人与执行参与人
    - 执行当事人是指具有给付内容的执行依据上所确定的债权人与债务人
    - 执行承担
      - 当事人死亡
      - 执行债权人的变更、追加
      - 被执行主体的变更或追加
    - 执行参与人是指法院和执行当事人以外的参与执行工作的组织和个人，包括协助执行人、执行见证人、被执行人的家属以及代理人和翻译人员等
- 执行标的
  - 含义：执行标的是指法院强制执行行为所指向的对象
  - 执行标的与执行标的物、执行内容、民事法律关系的客体的异同
  - 财产执行的标的
    - 有体物
    - 无形财产权
    - 豁免执行的财产
  - 行为执行的标的
  - 人身执行的标的
    - 人的身体
    - 人的自由
- 执行依据
  - 概念：执行依据是执行机关据以执行的法律文书，是由有关机构依法出具的、载明债权人享有一定债权，债权人可据以请求执行的法律文书
  - 特征：已经生效（即确定）的法律文书，具有给付内容的法律文书，法律规定由法院强制执行的法律文书
  - 条件
    - 权利义务主体明确
    - 给付内容明确
  - 种类
    - 人民法院制作的法律文书
    - 法律规定由法院执行的其他法律文书
- 执行管辖
  - 含义：是指将一定的执行案件、执行事务和执行中的命令及裁判事务决定由何法院执行的权限划分，包括级别管辖和地域管辖
  - 级别管辖
  - 地域管辖
  - 管辖权异议
- 执行和解
  - 含义：执行和解是指在执行过程中，双方当事人自愿作出相互谅解和让步，就如何履行生效法律文书的有关内容达成协议即执行和解协议，从而结束执行程序的一种活动
  - 执行和解的性质：私法行为说，诉讼行为说，两行为并存说
  - 执行和解协议与生效法律文书之间的关系定位：替代模式、抗辩模式、平行模式
  - 执行和解的内容
  - 执行和解的效力：仅发生拘束执行当事人的效力，中止执行或者终结执行，协议没有强制执行力
  - 恢复执行原生效法律文书执行和解协议的可诉性
  - 适用执行和解应注意的问题

- 执行担保
  - 含义：执行担保是指在执行中，被执行人或第三人以财产向人民法院提供担保，并经申请执行人同意的，人民法院可以决定暂缓执行及暂缓执行的期限。被执行人逾期仍不履行的，人民法院有权执行被执行人的担保财产或者担保人的财产
  - 适用条件
    - 被执行人或担保人作出担保的意思表示，并提交给执行法院提出书面申请
    - 有确定的、足额的财产担保，或者提供有代为履行或代为承担赔偿责任能力的保证人
  - 法律性质：体现的是公法上的强制执行法律关系，执行担保与民事担保不同
  - 法律效力

- 委托执行与协助执行
  - 委托执行
    - 含义：委托执行是指受理执行案件的法院对于债务人或被执行的财产在外地的案件，委托当地人民法院代为执行的一种活动，是人民法院之间的一种重要的司法互助制度
    - 适用条件
      - 被执行人或被执行的财产全部或部分在异地
      - 受托法院是执行权的物所在地或执行行为实施地法院
      - 委托法院对于需要委托执行的案件，应在立案后一个月内办妥委托执行手续；超过此期限委托的，须经受托法院同意
      - 委托执行原则上在同级法院之间进行
      - 委托法院应向受托法院出具书面委托执行函，并附送据以执行的生效法律文书副本等必要的案件材料
    - 委托执行的案件范围
      - 禁止委托的事由：被执行人无确切住所或长期下落不明，又无财产可供执行的；有关法院已经受理以被执行人为债务人的破产案件或已经宣告破产的
      - 可不委托执行的情形：被执行人在不同辖区内有财产，且任何一个地方的财产都不足以单独清偿债务的；分布在不同法院辖区的多个被执行人对清偿债务的承担有一定关联的；需要裁定变更或追加本辖区以外的被执行人的；案件审理中已对外地的财产进行保全，异地执行更为方便的；因其他特殊情况不便委托执行，经高级人民法院批准的
    - 委托执行中委托法院与受托法院各自的权限
  - 协助执行
    - 概念：协助执行是指受理执行案件的人民法院通知有关单位、个人或者请求有关人民法院协助执行生效法律文书所确定的内容的一种法律制度
    - 人民法院之间的协助执行
    - 人民法院以外的其他单位和个人的协助执行：登记机关的协助执行、登记机构的协助执行、银行等金融机构的协助执行、用人单位的协助执行、标的物持有人的协助执行、接受投资企业的协助执行、行政主管机关的协助执行、交阅卷宗的协助行为、公安机关的协助执行
    - 协助执行的程序
    - 协助执行的法律效力：协助义务优先于合同义务或其他债务；协助执行构成法定免责事由；协助执行行为非具体行政行为；协助执行行为优先于行政行为
    - 对拒不协助执行的处理：强制措施——罚款和拘留；民事责任——损害赔偿；刑事责任——追究拒不执行判决、裁定罪

执行竞合
- 概念：执行竞合是指在民事执行程序中，两个或两个以上的债权人同时或先后以不同的执行名义对同一债务人的特定财产申请法院强制执行，而各债权人的请求之间相互排斥，各个债权人的权利难以同时获得完全满足的一种竞争状态
- 民事执行之间的竞合
  - 条件
    - 须有两个或两个以上的权利人存在
    - 执行对象须为同一债务人的同一特定标的物
    - 数个权利人所持的执行依据必须是各自独立的法律文书
    - 各个不同执行依据的执行发生在同一特定时期
  - 类型
    - 保全执行之间的竞合
    - 终局执行之间的竞合
    - 终局执行与保全执行之间的竞合
- 民事执行与行政处罚执行的竞合：当民事执行与行政处罚的执行发生竞合时，民事执行优先于行政处罚的执行
- 民事执行与财产刑执行的竞合：民事执行与没收财产刑的执行竞合；民事执行与罚金刑的执行竞合

执行救济
- 概念：执行救济是指当事人或利害关系人的利益，因法院的执行行为违法或不当而受到侵害时，为了保护当事人、利害关系人和案外人的合法权益，法律所规定的救济方法和制度
- 程序上的救济
  - 执行行为异议
    - 概念：执行行为异议是指当事人或利害关系人认为执行程序、执行措施/方法违反法律规定，请求执行法院予以救济的制度
    - 类型：申请，异议
    - 执行行为异议的主体：当事人和利害关系人
    - 关于执行行为异议权能否代位行使：否定说与肯定说
    - 执行行为异议的事由：对执行命令不服；对执行的措施方法不服；执行行为违反法定程序；执行债权消灭或执行依据丧失执行力；其他侵害利益的事由
    - 执行行为异议的程序：异议的提出，管辖法院，受理异议，异议的时间，审查与裁判
    - 执行行为异议的效力：原则上不停止执行行为，撤销或改正原执行行为，执行程序终结后的救济
    - 申请复议
  - 申请变更执行法院
    - 立法目的：解决执行实践中存在的执行不力而非执行不能的现象
    - 执行债权人行使更换执行法院权利的事由
- 实体上的救济
  - 案外人异议
    - 含义：案外人执行异议是指案外人基于对执行标的有足以排除强制执行的实体权利，向执行法院提出的不许对该标的实施强制执行的请求
    - 案外人执行异议的主体：执行当事人以外的，对执行标的主张排除执行的实体权利，认为法院对该标的的执行侵害其实体法上权利的公民、法人或者其他组织
    - 案外人执行异议的事由：案外人对执行标的主张所有权或者有其他足以排除执行标的的转让、交付的实体权利
    - 案外人执行异议的判断标准
    - 案外人执行异议的程序：案外人执行异议的提出，管辖法院，提出异议的期限，对异议的审查处理，案外人执行异议与执行行为异议竞合的处理，案外人执行异议的效力
  - 执行异议之诉
    - 含义：执行异议之诉是指当事人和案外人对执行标的的实体权利存有争议，请求执行法院解决争议而引起的诉讼
    - 执行异议之诉与执行行为异议的区别

- 执行救济
  - 实体上的救济
    - 执行异议之诉
      - 债务人执行异议之诉：是指债务人对于执行依据所载明的请求权，有消灭或妨碍债权人请求的事由，而提起民事诉讼，请求法院判决排除执行依据的执行力，停止执行依据的强制执行
      - 案外人执行异议之诉
        - 执行过程中，案外人对执行标的提出书面异议的，人民法院应当自收到书面异议之日起 15 日内审查，理由成立的，裁定中止对该标的的执行；理由不成立的，裁定驳回。案外人、当事人对裁定不服，认为原判决、裁定错误的，依照审判监督程序办理；与原判决、裁定无关的，可以自裁定送达之日起 15 日内向人民法院提起诉讼
        - 案外人执行异议之诉的性质：形成之诉是通说
        - 案外人执行异议之诉的要件：主体要件；事由要件；时间要件；前置程序
        - 案外人执行异议之诉的程序：起诉和受理；管辖；审理；裁判
        - 案外人执行异议之诉的效力：不停止强制执行；撤销执行；被执行人与案外人恶意串通，通过案外人异议、案外人异议之诉妨害执行的，执行法院应当依照《民诉法》第 116 条规定处理
        - 案外人异议执行之诉与案外人申请再审的关系
      - 执行标的许可执行异议之诉
        - 性质：形成之诉
        - 要件：主体要件；事由要件；时间要件；前置程序
        - 程序：起诉和受理；管辖；审理；裁判
        - 效力：中止执行；解除对该执行标的采取的执行措施；许可执行
      - 参与分配方案异议之诉：是指多个债权人对同一被执行人申请执行或者对执行财产申请参与分配的，执行法院应当制作财产分配方案，并送达各债权人和被执行人。债权人或者被执行人对分配方案有异议的，应当自收到分配方案之日起 15 日内向执行法院提出书面异议
      - 与执行当事人适格有关的执行异议之诉
        - 债务人不适格执行异议之诉
        - 债务人许可执行异议之诉
      - 其他实体救济方式
        - 优先受偿之诉
        - 侵权损害赔偿之诉
        - 不当得利返还之诉
        - 司法赔偿申请
        - 第三人撤销之诉
  - 程序、实体上的双重救济：执行回转
    - 概念：执行回转是指在执行中或执行完毕后，据以执行的法律文书被法院或其他有关机关撤销或变更的，执行机关对已被执行的财产重新采取执行措施，恢复到执行开始时的状况的一种救济制度
    - 发生执行回转的原因
    - 执行回转的条件
      - 原执行依据已为法院全部或部分执行完毕
      - 据以执行的法律文书被撤销或变更
      - 要有执行依据
      - 只能适用于原申请执行人取得财产的情况
    - 执行回转的程序：程序的启动，管辖法院，重新立案，执行回转裁定，执行回转的实施

- 执行的开始、进行和终结
  - 执行开始
    - 申请执行
      - 条件：（1）要有给付内容明确的执行依据；（2）债务人逾期不履行或拒绝履行法律文书确定的义务；（3）在法定的申请执行时效内提出；（4）应向有管辖权的法院申请
      - 申请执行应提交的文件和证件：（1）申请执行书；（2）生效法律文书副本；（3）申请执行人的身份证明；（4）继承人或权利承受人申请执行的，应当提交继承或承受权利的证明文件；（5）申请执行人向被执行的财产所在地人民法院申请执行的，应当提供该人民法院辖区有可供执行财产的证明材料；（6）其他应当提交的文件或证件
    - 移送执行
      - 概念：移送执行是指法院在作出裁判后，因为情况特殊而认为有必要时，不待当事人的申请，由审判庭直接交执行机关执行的制度
      - 适用范围：（1）发生法律效力的具有给付赡养费、扶养费、抚育费内容的民事判决、裁定、调解书；（2）民事制裁决定书；（3）刑事附带民事判决、裁定、调解书；（4）涉财产部分的刑事裁判
  - 执行的进行
    - 执行案件的受理与被执行人财产的查明
    - 暂缓执行
      - 概念：暂缓执行是指法院在执行程序中依申请或依职权决定在一定期限内暂时停止执行措施
      - 适用的情形：被执行人提供担保；上级法院决定暂缓执行
      - 暂缓执行的效力：暂停执行程序；维持原有的执行效果；有条件地恢复执行
      - 暂缓执行的期限：因提供执行担保而暂缓执行的期限；因上级法院决定而暂缓执行的期限
    - 不予执行
      - 概念：不予执行是指法院在对仲裁裁决、劳动争议仲裁裁决、公证债权文书的申请执行书或承认和执行外国法院的判决、裁定的申请书予以审查或执行过程中，因出现法定的原因，裁定停止执行并结束执行程序的行为
      - 不予执行的事由：不予执行仲裁裁决的事由；不予执行劳动争议仲裁裁决的事由；不予执行公证债权文书的事由；不予执行外国法院的判决、裁定的事由
      - 对不予执行的限制：对以相同理由先申请撤销被驳回后申请不予执行的限制；对以相同理由先申请不予执行驳回后申请撤销的限制；对当事人以仲裁协议无效为由申请撤销或不予执行的限制；对仲裁调解书或基于和解协议作出的仲裁裁决书申请不予执行的限制
      - 裁定不予执行的程序：提出申请；审判组织——合议庭审理；被执行人的举证责任；人民法院的审查处理
      - 不予执行裁定的效力：对不予执行裁定不能上诉；对不予执行裁定不能提出执行异议或者复议；对不予执行裁定不能申请再审；原执行依据丧失执行力；结束执行程序
      - 对不予执行或驳回裁定的救济：重新申请仲裁；向人民法院提起民事诉讼
    - 中止执行
      - 概念：中止执行是指法院依法执行案件，由于出现某种特殊情况需要暂时停止执行程序，待特殊情况消失后，再恢复执行程序，继续进行执行的制度
      - 类型：整个执行程序的中止和个别执行标的执行程序的中止
      - 适用情形：申请执行人表示可以延期执行；案外人对执行标的提出确有理由的异议；作为一方当事人的公民死亡，需要等待继承人继承权利或者承担义务；作为一方当事人的法人或其他组织终止，尚未确定权利义务承受人；依再审审查程序审查后，对执行依据裁定再审的，但追索赡养费、扶养费、抚养费、抚恤金、医疗费用、劳动报酬等案件除外；法院认为应当中止执行的其他情况

- 执行的开始、进行和终结
  - 执行的终结
    - 终结执行
      - 概念：是指在执行程序中，因发生法律规定的事由，执行程序没有必要或者不可能继续，因而依法结束执行程序
      - 适用情形
        - 申请人撤销申请
        - 据以执行的法律文书被撤销
        - 追索赡养费、扶养费、抚育费案件的权利人死亡
        - 作为被执行人的公民因生活困难无力清偿借款，无收入来源，又丧失劳动能力
        - 法院认为应当终结执行的其他情形
    - 终结本次执行程序
      - 概念：是指在执行程序开始后，人民法院按照执行程序要求，履行了法定执行手续，采取了相应强制措施，穷尽了执行手段和方法，仍然无法使案件得以执结，在查明被执行人确无可供执行的财产、暂时无履行能力的情况下，执行工作暂时没有必要继续进行，由法院裁定本案执行程序阶段性终结，本执行案件即告结案，因而暂时结束执行程序的一种制度
      - 适用条件
      - 终结本次执行程序裁定及其效力
      - 不服终结本次执行程序裁定的救济
        - 提出执行行为异议
        - 申请恢复执行

名词解释与概念比较

1. 执行程序与审判程序
2. 执行依据
3. 执行标的
4. 执行承担（考研）
5. 代位申请执行（考研）
6. 暂缓执行
7. 执行中止
8. 执行竞合（考研）
9. 执行异议

选择题

（一）单项选择题

1. 在执行程序中，甲和乙自愿达成和解协议：将判决中确定的乙向甲偿还 1 万元人民币改为给付价值相当的化肥、农药。和解协议履行完毕后，甲以化肥质量不好向法院提出恢复执行程序。下列哪一选项是正确的？（　　）

A. 和解协议无效，应恢复执行原判决

B. 和解协议有效，但甲反悔后应恢复执行原判决

C. 和解协议已履行完毕，应执行回转

D. 和解协议已履行完毕，法院应作执行结案处理

视频讲题

2. 执行回转是民事执行中的一种特殊现象，下列哪一项不是发生执行回转必须具备的条件？（　　）

A. 作为执行根据的法律文书已被人民法院部分或全部执行完毕

B. 作为执行根据的法律文书被撤销

C. 申请执行人拒不返还依据被撤销的法律文书取得的民事权益

D. 由被执行人主动申请

3. 村民许立与任国因返还借款发生纠纷，后经村人民调解委员会调解，双方达成协议：任国于调解协议达成后 1 个月内返还许立借款 1 000 元。人民调解委

员会就此制作了调解书，并将调解书送给许立与任国。1 个月之后，任国未按该调解书履行义务。在此种情况下，许立可以怎么办？（　　）

A. 可以直接到法院申请强制执行

B. 应当通过村人民调解委员会向人民法院申请强制执行

C. 可以直接到人民法院就任国借款问题提起诉讼

D. 应由村调解委员会开出借款问题经调解委员会调解的证明方可到人民法院起诉

4. 2023 年 3 月 12 日，张某与王某签订了借款协议，张某向王某借款 10 万元，定于 2024 年 3 月 12 日返还。协议书经公证处公证。公证书上写明：如果债务人不履行义务，届时可申请强制执行。合同签订后，王某如实履行了合同义务。但是，2024 年 3 月 12 日张某没有还款。王某以张某未履行合同义务为由，向法院申请执行。本案可由哪一法院执行？（　　）

A. 公证处所在地人民法院

B. 张某住所地人民法院

C. 王某住所地人民法院

D. 张某住所地或王某住所地人民法院

5. 甲诉乙侵权赔偿一案，经 A 市 B 区法院一审、A 市中级法院二审，判决乙赔偿甲损失。乙拒不履行生效判决所确定的义务，甲向 B 区法院申请强制执行，B 区法院受理后委托乙的财产所在地 C 市 D 区法院执行。在执行中，案外人丙向 D 区法院提出执行异议。对于丙的执行异议，D 区法院应当采取下列哪种处理方式？（　　）

A. 应当对异议进行审查，异议不成立的，应当裁定驳回；异议成立的，应当裁定撤销或改正

B. 应当函告 B 区法院，由 B 区法院作出处理

C. 应当报请 C 市中级法院处理

D. 应当报请 A 市中级法院处理

6. 王某因拒不履行生效判决所确定的义务而被人民法院强制执行。执行过程中，王某因车祸身亡。经查，王某与前妻李某已经离婚多年，现王某只与其子王明共同生活，且王明明确表示不愿继承其父的遗产。问：执行法院此时应当如何处理？（　　）

A. 裁定中止执行

B. 裁定终结执行

C. 直接执行王某的遗产

D. 裁定由王明作为被执行人履行义务

7. 北京仲裁委员会就海淀区的甲公司和东城区的乙公司的合同纠纷作出裁决，根据该裁决，乙公司应当向甲公司支付 50 万元货款。乙公司始终没有履行义务，故甲公司先后向东城区法院和乙公司货品仓库所在地的昌平区法院申请强制执行。问：本案应当由哪一个法院执行？（　　）

A. 东城区法院

B. 昌平区法院

C. 东城区法院和昌平区法院共同管辖

D. 北京市第一中级人民法院

8. 广州市甲区的光华公司与珠海市乙区的双元公司发生侵权赔偿纠纷，双方将纠纷提交广州某仲裁委员会进行仲裁。仲裁庭裁决由双元公司向光华公司赔偿损失 50 万元。裁决生效后，双元公司未在限期内主动履行义务，光华公司遂向双元公司财产所在地广州市中级人民法院申请执行。广州市中级人民法院立案之后发现，双元公司位于甲区的财产已经被转移，因此委托双元公司所在地的珠海市中级法院代为执行。海珠市中级人民法院接到委托之后，发现双元公司已经资不抵债、确无财产可供执行，并将上述情况函告广州市中级人民法院。问：下列法院的处理哪个是正确的？（　　）

A. 由广州市中级人民法院裁定中止执行

B. 由广州市中级人民法院裁定中止执行

C. 由广州市中级人民法院裁定终结本次执行程序

D. 由广州市中级人民法院裁定终结本次执行程序

9. 下列关于执行的说法，哪个是正确的？（　　）

A. 执行程序都是因当事人的申请而开始的

B. 申请执行的期限，双方或一方当事人是公民的为 1 年，双方是法人或其他组织的为 6 个月

C. 作为执行根据的法律文书具有确定性和给付性的特点

D. 具有执行力的裁判文书由作出该裁判文书的法院负责执行

10. 河北省石家庄市中级人民法院与北京市第一中级人民法院因东方机床厂诉华星进出口公司拖欠货款一案的执行管辖权发生争议，双方经过协商无法达成协议。应当如何处理？（　　）

A. 双方共同管辖

B. 报请最高人民法院指定管辖

C. 由先立案的法院管辖

D. 双方都不再管辖本案

11. 李铭因郭懿拒不偿还到期借款而向人民法院申请签发支付令，郭懿在收到支付令后 15 日内仅口头表示没有偿还能力，李铭遂向法院申请强制执行支付令。现已查明，郭懿住在 A 区某小区，李铭住在 B 区某街，郭懿在 C 区还有一处供出租的门面房，并且在 D 区某修理厂有一辆正在修理的奥迪轿车。问：本案应当由哪个法院管辖？（　　）

A. A 区法院　　B. B 区法院

C. C 区法院　　D. D 区法院

12. 陕西省甲市 A 区法院委托湖北省乙市 B 区法院执行生效民事判决，受托法院接受委托后迟迟不采取执行措施。问：甲市 A 区法院可以请求下列哪个法院指令乙市 B 区法院执行？（　　）

A. 陕西省高级人民法院

B. 湖北省高级人民法院

C. 乙市中级人民法院

D. 最高人民法院

13. 贾某未获专利权人方某的授权，便假冒方某的专利技术生产“万能鼠夹”，并在丰台区销售，后被丰台区专利行政主管部门查处。丰台区专利行政主管部门对贾某处以没收违法所得 3 500 元，并罚款 5 000 元的处罚，贾某一直拒不履行。现已知贾某系朝阳区人，方某系海淀区人。试问：该行政处罚决定的执行应当由哪个法院管辖？（　　）

A. 丰台区法院

B. 海淀区法院

C. 朝阳区法院

D. 北京市第二中级人民法院

14. 位于 A 区的甲不按期履行生效判决，因而 A 区法院采取强制执行措施，查封了其存放货物的自有仓库。后甲又因其他经济纠纷涉讼，分别被 B 区、C 区法院判决败诉并承担相应的赔偿义务。现已查明，甲除上述仓库及货物外，已经没有可供执行的财产。试问：与甲在 B 区、C 区法院诉讼的债权人如果要申请参与分配，应当由下列哪个法院主持？（　　）

A. A 区法院

B. B 区法院

C. C 区法院

D. 由共同的上级法院指定

15. 拓海公司系私营独资企业，因欠债被诉诸法院，后被判令履行金钱给付义务。履行期限届满后，拓海公司仍未还债。经债权人申请，人民法院对其予以强制执行。经查，该公司无偿还能力。在下列后续措施中何种是正确的？（　　）

A. 裁定中止执行，待被执行人有履行能力时再恢复执行

B. 裁定终结执行

C. 裁定宣告该公司破产

D. 裁定执行该公司投资人的其他财产

16. 马桂诉李雄侵权赔偿一案，李雄败诉。判决生效后，李雄未如期履行判决。马桂依法向法院申请执行。法院受理案件后，查明李雄因病在家，已 3 个月没有收入，家中也没有可供执行的财产。马桂表示不撤回执行申请，但可以等一段时间再执行。在此情况下，法院应如何处理马桂的执行申请？（　　）

A. 裁定驳回马桂的申请

B. 裁定中止执行

C. 裁定终结本次执行程序

D. 裁定终止执行

视频讲题

17. 刘某诉王某房屋所有权纠纷一案，判决生效后，王某不履行义务。刘某申请法院强制执行。在执行过程中，案外人赵某提出执行标的房屋是其与王某共有的，经审查执行异议成立。请问：此时人民法院如何处理？（　　）

A. 裁定中止原法律文书的执行

B. 裁定终结执行

C. 继续执行

D. 由上级法院处理

18. 刘某诉请人民法院解除其与养子刘杰的收养关系。人民法院经审理后判决解除收养关系，并且令刘杰在限期内搬出其所占据的刘某的住房。现刘杰到期拒不搬出，法院根据刘某的申请强制执行。问：发生下列哪些情形时，法院不必裁定中止执行？（　　）

A. 刘某向法院表示可以延期执行的

B. 刘杰离开住所外出打工，去向不明的

C. 案外人张某对刘某房屋的所有权提出异议的

D. 刘杰因病去世，需待其子表明是否继承的

19. 如果在执行开始前据以执行的法律文书被撤销，人民法院应当作出的怎样的裁定？（　　）

A. 不予执行　　B. 终结执行

C. 中止执行　　D. 执行回转

20. 关于申请执行，下列说法不正确的是（　　）。

A. 人民法院对执行申请进行审查，对于符合要求的应当在 7 日内立案；对于不符合要求的应当在 7 日内裁定驳回申请

B. 执行申请应当以书面形式为原则，申请人书写确有困难的，可以口头方式申请

C. 申请执行仲裁裁决的，除应当提交执行申请、裁决书副本外，还应当提交有仲裁条款的合同书或者仲裁协议

D. 申请执行人委托他人代为申请执行的，代理人代为收取执行款项的，应当经过委托人特别授权

21. 法院受理甲出版社、乙报社著作权纠纷案，判决乙赔偿甲 10 万元并登报赔礼道歉。判决生效后，乙交付 10 万元，但未按期赔礼道歉，甲申请强制执行。执行中，甲、乙自行达成口头协议，约定乙免于赔礼道歉，但另付甲 1 万元。关于法院的做法，下列哪一选项是正确的？（　　）

A. 不允许，因协议内容超出判决范围，应当继续执行生效判决

B. 允许，法院视为申请人撤销执行申请

C. 允许，将当事人协议内容记入笔录，由甲、乙签字或盖章

D. 允许，根据当事人协议内容制作调解书

22. 甲公司申请强制执行乙公司的财产，法院将乙公司的一处房产列为执行标的。执行中，丙银行向法院主张，乙公司已将该房产抵押贷款，并以自己享有抵押权为由提出异议。乙公司否认将房产抵押给丙银行。经审查，法院驳回丙银行的异议。丙银行拟向法院起诉。关于本案被告的确定，下列哪一选项是正确的？（　　）

A. 丙银行只能以乙公司为被告起诉

B. 丙银行只能以甲公司为被告起诉

C. 丙银行可选择甲公司为被告起诉，也可选择乙公司为被告起诉

D. 丙银行应当以甲公司和乙公司为共同被告起诉

23. 张某诉江某财产所有权纠纷案经判决进入执行程序，案外人李某向法院主张对该项财产享有部分权利。关于本案，下列哪一说法是错误的？（　　）

A. 李某有权向法院申请再审

B. 李某有权向法院起诉

C. 如法院启动了再审程序，应当追加李某为当事人

D. 李某有权向法院提出执行异议

视频讲题

24. 在民事执行中，被执行人朱某申请暂缓执行，提出由吴某以自有房屋为其提供担保，申请执行人刘某同意。法院作出暂缓执行裁定，期限为 6 个月。对于暂缓执行期限届满后朱某仍不履行义务的情形，下列哪一选项是正确的？（　　）

A. 刘某应起诉吴某，取得执行依据可申请执行吴某的担保房产

B. 朱某财产不能清偿全部债务时刘某方能起诉吴某，取得执行依据可申请执行吴某的担保房产

C. 朱某财产不能清偿刘某债权时法院方能执行吴某的担保房产

D. 法院可以直接裁定执行吴某的担保房产

25. 关于执行行为异议与案外人对诉讼标的异议的比较，下列哪一选项是错误的？（　　）

A. 异议都是在执行过程中提出

B. 异议都应当向执行法院提出

C. 申请异议当事人有部分相同

D. 申请异议人对法院针对异议所作裁定不服，可采取的救济手段相同

26. 甲不履行仲裁裁决，乙向法院申请执行。甲拟提出不予执行的申请并提出下列证据证明仲裁裁决应不予执行。针对下列哪一选项，法院可裁定驳回甲的申请？（　　）

A. 甲、乙没有订立仲裁条款或达成仲裁协议

B. 仲裁庭组成违反法定程序

C. 裁决事项超出仲裁机构权限范围

D. 仲裁裁决没有根据经当事人质证的证据认定

事实

27. 对于甲和乙的借款纠纷，法院判决乙应归还甲借款。进入执行程序后，由于乙无现金，法院扣押了乙住所处的一架钢琴准备拍卖。乙提出钢琴是其父亲的遗物，申请用一台价值与钢琴相当的相机替换钢琴。法院认为相机不足以抵偿乙的债务，未予同意。乙认为扣押行为错误，提出异议。法院经过审查，驳回该异议。关于乙的救济渠道，下列哪一表述是正确的？（　　）

A. 向执行法院申请复议

B. 向执行法院的上一级法院申请复议

C. 向执行法院提起异议之诉

D. 向原审法院申请再审

（二）多项选择题

1. 下列被执行主体变更正确的是（　　）。

A. 作为被执行人的公民死亡，其继承人没有放弃继承的，法院可以裁定将该继承人作为被执行人

B. 被执行人为法人的分支机构不能清偿债务时，法院可以裁定该法人为被执行人

C. 被执行人为无法人资格的私营独资企业，无力履行判决书内容的，法院可以裁定该私营独资企业业主为被执行人

D. 被执行人为个人合伙组织，无力履行生效判决书的内容的，法院可以裁定追加该合伙组织的合伙人为被执行人

2. 甲诉乙侵权一案经某市东区法院一审终结，判决乙赔偿甲 6 万元。乙向该市中级法院提出上诉，二审法院驳回了乙的上诉请求。乙居住在该市南区，家中没有什么值钱的财产，但其在该市西区集贸市场存有价值 5 万元的货物。甲应当向下列哪一个法院申请执行？（　　）

A. 该市东区法院　　B. 该市南区法院

C. 该市西区法院　　D. 该市中级法院

3. 甲公司对乙公司的 50 万元债权经法院裁判后进入强制执行程序，被执行人乙公司不能清偿债务，但对第三人（丙公司）享有 30 万元的到期债权。甲公司欲申请法院对被执行人的到期债权予以执行。关于该执行程序，下列哪些选项是错误的？（　　）

A. 丙公司应在接到法院发出的履行到期债务通知后的 30 日内，向甲公司履行债务或提出异议

B. 丙公司如果对法院的履行通知提出异议，必须采取书面方式

C. 丙公司在履行通知指定的期间内提出异议的，法院应当对提出的异议进行审查

D. 在对丙公司作出强制执行裁定后，丙公司确无财产可供执行的，法院可以就丙公司对他人享有的到期债权强制执行

4. 下列哪些文书可以作为民事执行根据？（　　）

A. 法院按督促程序发出的支付令

B. 行政判决书

C. 刑事附带民事判决书

D. 公证机关依法赋予强制执行效力的关于追偿债款的债权文书

5. 甲公司诉乙公司支付货款一案，乙公司在判决生效后未履行判决书所确定的义务，甲公司向法院申请强制执行。在执行过程中，乙公司提出目前暂时没有偿付能力，申请提供担保。对此，下列说法哪些是正确的？（　　）

A. 乙公司的执行担保申请须经甲公司同意，并由人民法院决定

B. 人民法院批准申请后，乙公司应当向人民法院提供财产担保，不能由第三人作担保

C. 乙公司提供担保后，可以在人民法院决定的暂缓执行期间内与甲公司达成执行和解协议

D. 在暂缓执行期间，甲公司发现乙公司有转移担保财产的行为，人民法院可以恢复执行

6. 张中阳因房屋出租与王辉发生纠纷并诉至法院，法院判决王辉 1 个月内迁出张中阳的房屋。1 个月后王辉拒不腾房，张中阳向法院申请强制执行。在执行过程中张中阳欲与王辉和解，将房子卖给王辉，他就有关事宜询问了法院的执行人员。执行人员的下列解答，哪些是正确的？（　　）

A. 判决已经生效，当事人要和解就必须先撤回执行申请

B. 双方当事人应在执行完毕后签订新合同而不应在执行过程中和解

C. 双方当事人可以在执行中自愿达成和解协议

D. 如果王辉不履行和解协议的内容，张中阳可以申请恢复执行

7. 关于现行民事执行制度，下列哪些选项是正确

的？（　　）

A. 发生法律效力的判决的执行法院，包括案件的第一审法院和与第一审法院同级的被执行财产所在地的法院

B. 案外人对执行标的异议的裁定不服的，可以根据执行标的的不同情况，选择提起诉讼或通过审判监督程序进行救济

C. 申请执行人与被申请执行人达成和解协议的，在和解协议履行期间，执行程序终结

D. 申请执行的期限因申请人与被申请人为自然人或法人而不同

8. 钱某诉高某侵权损害赔偿一案，法院经过审理判决高某赔偿钱某经济损失 4 万元。高某未能在规定的期限内履行，钱某向法院申请强制执行。在执行过程中，钱某发现高某的母亲生病在家，高家的生活也很拮据，于是自愿与高某达成了缓期偿款的和解协议，并约定只要高某在两年内支付 2 万元即可。问：下列说法正确的有（　　）。

A. 钱某和高某可以在执行过程中自愿达成和解协议或调解协议

B. 高某不履行该和解协议的，钱某可以请求法院执行该和解协议，法院应当执行

C. 高某不履行该和解协议的，钱某可以请求法院执行原生效法律文书，法院应当恢复执行

D. 钱某的申请执行期限因达成和解协议而中止，其期限自和解协议所约定的履行期限的最后一日起重新计算

9. 在腾达建筑公司诉郑某拖欠建筑工程款一案的执行过程中，案外人刘某以自己的房产为郑某提供担保，经申请执行人腾达公司同意，法院决定暂缓执行。在暂缓执行的期限届满之后，如果郑某仍然不能履行义务，法院应当如何处理？（　　）

A. 法院可以直接执行刘某的房产

B. 法院只有在执行郑某的财产无法清偿债务的情况下才能执行刘某的房产

C. 法院应当让腾达公司另行起诉刘某

D. 法院对于郑某的财产和刘某的房产都可以执行

10. 下列情形中，人民法院可以裁定中止执行的是（　　）。

A. 人民法院已经受理了以被执行人为债务人的破产申请的

B. 被执行人确无可供执行的财产的

C. 执行标的物的所有权发生争议，正在其他法院进行诉讼审理

D. 被申请执行人申请撤销仲裁裁决并已由人民法院受理的

11. 杭州碧溪外贸公司（简称杭州公司）与香港房西有限责任公司（简称香港公司）因钢材贸易发生纠纷，依据合同仲裁条款，杭州公司向中国国际经济贸易仲裁委员会申请仲裁，要求香港公司赔偿因钢材不合格造成的损失。经审理，仲裁委员会裁决驳回了杭州公司的请求，同时裁决杭州公司支付香港公司钢材价款 30 万美元。香港公司申请杭州公司住所地的杭州市中级人民法院强制执行，而杭州公司认为，香港公司未提出反请求，仲裁委员会就裁决杭州公司支付 30 万美元，实属裁决不公。杭州公司可如何行使权利？（　　）

A. 向仲裁机构所在地的北京市第二中级人民法院申请不予执行裁决

B. 向被执行人住所地的杭州市中级人民法院申请撤销裁决

C. 向仲裁机构所在地的北京市第二中级人民法院申请撤销裁决

D. 向被执行人住所地的杭州市中级人民法院申请不予执行裁决

12. 法院制作的生效法律文书的执行，一般应当由当事人依法提出申请，但有些情况下法院也可依职权进行。下列哪些生效法律文书可以由审判庭直接移送执行机构执行？（　　）

A. 具有给付赡养费、扶养费、抚育费内容的法律文书

B. 具有强制执行内容的民事制裁决定书

C. 刑事附带民事判决、裁定、调解书

D. 以撤销或变更已执行完毕的法律文书为内容的新判决书

13. 根据我国《仲裁法》和《民诉法》的规定，出现下列哪些情形时，人民法院对仲裁裁决不予执行？（　　）

A. 载有仲裁条款的合同被确认无效

B. 一方当事人申请执行裁决，另一方当事人申请撤销仲裁裁决

C. 仲裁裁决书所根据的证据是伪造的

D. 仲裁庭的组成违反法定程序

14. 根据《民诉法》的规定，下列哪些情况下，法院应当裁定终结执行？（　　）

A. 申请执行人撤销申请

B. 据以执行的法律文书被撤销

C. 追索赡养费案件的权利人死亡

D. 案外人对执行标的提出了确有理由的异议

15. 吴老汉诉其五个子女不履行赡养老人义务一案经人民法院一审终结，法院判令吴老汉的五个子女承担赡养老人义务，每人每月给付吴老汉生活费 200 元。判决生效后，义务人不履行义务，法院依法对被执行人强制执行。正在此时，吴老汉不幸去世。请问：以下选项中法院处理错误的是？（　　）。

A. 裁定中止执行　　B. 裁定终结执行

C. 继续执行　　D. 裁定执行回转

16. 根据《民诉法》和相关司法解释规定，执行程序中的当事人对下列哪些事项可享有异议权？（　　）

A. 法院对某案件的执行管辖权

B. 执行法院的执行行为的合法性

C. 执行标的的所有权归属

D. 执行法院作出的执行中止的裁定

17. 关于民事审判程序与民事执行程序的关系，下列哪些说法是错误的？（　　）

A. 民事审判程序是确认民事权利义务的程序，民事执行程序是实现民事权利义务关系的程序

B. 法院对案件裁定进行再审时，应当裁定终结执行

C. 民事审判程序是民事执行程序的前提

D. 民事执行程序是民事审判程序的继续

18. 甲公司与乙公司因合同纠纷诉讼，经过两级法院审理，甲公司胜诉，乙公司应向甲公司返还 700 万元投资款并支付违约金。但判决生效后乙公司不履行判决义务，甲公司准备申请强制执行。问：甲公司可以向哪些法院申请执行？（　　）（考研）

A. 被执行财产所在地法院

B. 本案原一审人民法院

C. 本案一审或二审法院

D. 与一审法院同级的被执行财产所在地法院

19. 甲诉乙返还 10 万元借款。胜诉后进入执行程序，乙表示自己没有现金，只有一枚祖传玉石可抵债。法院经过调解，说服甲接受玉石抵债，双方达成和解协议并当即交付了玉石。后甲发现此玉石为赝品，价值不足千元，遂申请法院恢复执行。关于执行和解，下列哪些说法是正确的？（　　）

A. 法院不应在执行中劝说甲接受玉石抵债

B. 由于和解协议已经即时履行，法院无须再将和解协议记入笔录

C. 由于和解协议已经即时履行，法院可裁定执行中止

D. 法院应恢复执行

20. 下列关于委托执行的说法中，哪一个是错误的？（　　）

A. 委托法院已知被执行人无财产可供执行的，不得委托其他法院执行

B. 委托执行一般在同级人民法院之间进行

C. 只要经对方人民法院同意，可以委托上一级人民法院执行

D. 案件委托执行后，委托法院不经受托法院同意可以自行执行

（三）不定项选择题

1. B 县人民法院受理王强诉周春海名誉侵权纠纷一案，判决周春海在判决生效后 1 个月内赔偿王强 2 万元，并在《A 市日报》登报赔礼道歉。周春海不服，提起上诉。A 市中级人民法院经审理作出二审判决，维持原判。判决送达后，周春海向王强交付了 2 万元赔偿款，但未按期赔礼道歉。王强申请强制执行，法院多次催促周春海履行判决，但周拒绝赔礼道歉。根据以上情况，请回答下列问题：

（1）王强申请强制执行的期限为多长？（　　）

A. 3 个月　　B. 6 个月

C. 1 年　　D. 2 年

（2）本案应由哪个法院负责执行？（　　）

A. B 县人民法院

B. A 市中级人民法院

C. A 市中级人民法院委托 B 县人民法院执行

D. 既可以由 B 县人民法院负责执行，也可以由 A 市中级人民法院负责执行，王强可以向其中一个法院申请执行

（3）在周春海拒绝赔礼道歉的情况下，法院可以采取哪种针对周春海的法律措施？（　　）

A. 由周春海支付迟延履行金

B. 对周春海进行罚款

C. 对周春海进行拘留

D. 采取公告、登报等方式，将判决的主要内容及

有关情况公布于众，费用由周春海承担

(4) 假设法院执行过程中王强与周春海自行达成口头协议，约定周春海可不赔礼道歉，但须另付王强1万元赔偿款。法院得知后应当如何办理？（　　）

A. 不允许，继续执行生效判决

B. 不允许，但不予过问，也不继续执行生效判决

C. 允许，将协议内容记入笔录，由双方当事人签名或者盖章

D. 允许，根据当事人协议的内容制作调解书

2. 某纺织公司诉某服装公司欠款20万元，法院判决纺织公司胜诉。执行过程中法院发现服装公司无力偿还，但某商场欠服装公司货款10万元，早已到期，一直未还。请回答以下问题。

(1) 此种情况下，谁可以提出执行商场的到期债务？（　　）

A. 纺织公司

B. 服装公司

C. 法院依职权主动执行

D. 法院征得商场同意予以执行

(2) 法院如果执行商场对服装公司的到期债务，应当通知商场向谁履行？（　　）

A. 纺织公司

B. 服装公司

C. 纺织公司或服装公司

D. 向法院交付，然后再由法院转交

(3) 商场在履行通知指定的期间内提出异议的，法院应当如何处理？（　　）

A. 对异议进行审查，异议成立的，停止执行

B. 对异议进行审查，异议不成立的，予以强制执行

C. 对异议不进行审查，但也不得强制执行

D. 商场对债务部分承认、部分有异议的，可以对其承认的部分强制执行

(4) 商场如提出下列意见，何者不构成异议？（　　）

A. 商场与纺织公司之间不存在债权债务关系

B. 商场没有偿还能力

C. 商场与服装公司之间互有债务拖欠，债务抵消后，商场不欠服装公司款项

D. 服装公司的服装不合格，商场对所欠服装公司10万元的货款不同意支付

3. 兴源公司与郭某签订钢材买卖合同，并书面约定本合同一切争议由中国国际经济贸易仲裁委员会仲裁。兴源公司支付100万元预付款后，因郭某未履约依法解除了合同。郭某一直未将预付款返还，兴源公司遂提出返还货款的仲裁请求，仲裁庭适用简易程序审理，并作出裁决，支持该请求。

由于郭某拒不履行裁决，兴源公司申请执行。郭某无力归还100万元现金，但可以收藏的多幅字画提供执行担保。担保期满后郭某仍无力还款，法院在准备执行该批字画时，朱某向法院提出异议，主张自己才是这些字画的所有权人，郭某只是代为保管。

请回答下列题目：

(1) 针对本案中郭某拒不履行债务的行为，法院采取的正确的执行措施是（　　）。

A. 依职权决定限制郭某乘坐飞机

B. 要求郭某报告当前的财产情况

C. 强制郭某加倍支付迟延履行期间的债务利息

D. 根据郭某的申请，对拖欠郭某货款的金康公司发出履行通知

(2) 如果法院批准了郭某的执行担保申请，驳回了朱某的异议。那么，关于执行担保的效力和救济，下列选项正确的是（　　）。

A. 批准执行担保后，应当裁定终结执行

B. 担保期满后郭某仍无力偿债，法院根据兴源公司申请方可恢复执行

C. 恢复执行后，可以执行作为担保财产的字画

D. 恢复执行后，既可以执行字画，也可以执行郭某的其他财产

(3) 关于朱某的异议和处理，下列选项正确的是（　　）。

A. 朱某应当以书面方式提出异议

B. 法院在审查异议期间，不停止执行活动，可以对字画采取保全措施和处分措施

C. 如果朱某对驳回异议的裁定不服，可以提出执行标的异议之诉

D. 如果朱某对驳回异议的裁定不服，可以申请再审

简答题

1. 简述执行竞合及其处理。

2. 多个债权人对一个债务人申请执行时，人民法院应该如何处理？（考研）

3. 简述执行的基本原则。

4. 简述代位申请执行的理论依据。

5. 执行担保具有哪些法律效力?

6. 在执行程序中，为什么当事人可以和解，而法院不能进行调解?(考研)

7. 哪些情形会导致执行回转?

8. 简述申请执行的条件。

9. 简述案外人异议与案外人异议之诉的关系。(考研)

案例分析题

1. A公司和B公司双方于2023年10月签订了一份钢材买卖合同，合同标的额为5 000万元。买方B公司在受领A公司交付的标的物后，经营不善，严重亏损，致使无法按照约定的时间交付货款。双方当事人就合同价款发生争议，后A公司起诉到法院，胜诉。B公司逾期未履行法院生效判决书。A公司申请了强制执行。经查B公司在某城市有房产一处，价值500万元，在甲银行有存款700万元，对某一经过核准登记并领取营业执照但不具有法人资格的乡镇企业享有债权200万元，由于该乡镇企业拒绝履行债务，B公司已经对其提起诉讼，并获得胜诉判决，但是还未申请强制执行。同时，由于其他民事关系，B公司对该乡镇企业的某处房产享有抵押物权，数额为50万元。但是该乡镇企业同第三人发生经济纠纷成诉讼，乡镇企业所有的上述的房产已经被采取财产保全措施，在该诉讼中，乡镇企业败诉，现正在被法院采取强制执行措施。该乡镇企业的财产已经不足以清偿其全部债权。此外，B公司还对C公司享有到期债权100万元。

请回答下列问题：

(1) A公司申请强制执行，法院在对B公司在某城市拥有的房产进行强制执行时，案外第三人提出执行异议，声称其对该房产拥有所有权，并向执行人员出示了有关的房产所有权证明。此时人民法院应当如何处理?

(2) A公司申请强制执行，法院在对B公司在甲银行的存款进行冻结时，发现该存款已经被另一法院冻结。根据债权人平等原则，该法院又对该存款进行了冻结。该做法是否正确?

(3) 由于乡镇企业已经资不抵债，B公司对乡镇企业的胜诉判决以及其对该乡镇企业所享有的抵押权应当以何种执行方法获得保护?

(4) A公司申请强制执行，法院在对B公司的财产进行强制执行后仍然未能使A公司的债权获得全部清偿。此时，A公司能否依据对B公司的胜诉判决直接向法院申请执行B公司对C公司的债权?如果不可以，A公司可以采取哪些救济措施?

2. 范某与高某系好友，一日范某向高某提出借款1.5万元用于购买背投彩电，双方在借条中约定范某应当于2个月内向高某偿还全部借款。但是，在高某将钱借给范某3个月以后，范某始终没有还款。高某多次催要未果，遂向法院起诉，要求范某还款。法院查明案情后判令范某限期还款。其后，范某一直拒绝还钱，并声称自己没有财产可以用来偿还欠款。法院随后查明，范某向高某所借款项并未用来购买背投彩电，而是用于挥霍，现范某确无财产可供执行。后知情人余某提供信息，范某对詹某享有2万元的到期债权。

请根据上述情况回答下列问题：

(1) 法院可否要求詹某履行到期债务?

(2) 履行到期债务的通知应当包含哪些内容?

(3) 如果詹某接到法院的履行到期债务的通知后，对其内容存在异议，应怎样提出该异议?

(4) 对于詹某的异议，法院应当如何处理?

3. 2023年5月6日，某市甲区人民法院对银河公司诉大明公司返还别克轿车一案作出一审判决。大明公司对判决不服，向该市中级人民法院提起上诉。该市中级人民法院经审理后维持原判决，责令大明公司在判决后10日内返还银河公司轿车，并赔偿其经济损失20万元、承担本案诉讼费用。大明公司在缴纳了诉讼费用后便拒不返还别克轿车，亦未赔偿银河公司20万元经济损失。

2023年10月12日，银河公司向人民法院申请强制执行，人民法院指派执行人员李东负责该案的执行。李东召集双方进行调解，并且说服双方达成和解协议：1个月内由大明公司返还别克轿车并赔偿银河公司经济损失15万元。李东遂以人民法院名义裁定中止执行。

至2023年12月3日，大明公司仅支付银河公司经济损失15万元，但始终未予返还别克轿车。银河公司遂于2023年12月22日再次向人民法院申请强制执行，人民法院因此恢复执行，并作出执行双方和解协议的裁定，责令大明公司于2024年2月5日前返还银河公司的别克轿车，并赔偿经济损失20万元。

请分析下列问题：

（1）银河公司应当向哪个人民法院申请强制执行？

（2）李东应否主持调解？

（3）双方的执行和解协议已经部分履行，如果恢复执行，应当如何处理？

（4）人民法院作出的执行双方的和解协议的裁定是否正确？

论述与深度思考题

1. 论我国民事审判程序与民事执行程序之间的关系。（考研）

2. 试论执行异议制度。（考研）

3. 试分析执行和解的性质和效力。

参考答案

名词解释与概念比较

1.

<table>
<tr><th>异同</th><th colspan="2">执行程序</th><th>审判程序</th></tr>
<tr><td>相同点</td><td colspan="3">（1）都是民事诉讼程序的组成部分，均以解决民事纠纷、保护当事人的合法权益为目的；
（2）审判程序是执行程序的前提和基础，执行程序是审判程序的后续和保障；
（3）两者存在交叉的情形，例如审判程序中的先予执行，执行程序中的执行异议可能会导致执行转为再审</td></tr>
<tr><td rowspan="4">不同点</td><td>任务</td><td>实现生效法律文书所确定的当事人之间的权利义务</td><td>查明案件事实，依法确认当事人之间的权利义务关系</td></tr>
<tr><td>适用范围</td><td>通常只适用于当事人就双方权利义务存在争议的案件</td><td>既可以适用于争讼案件，也可以适用于非讼案件</td></tr>
<tr><td>内容</td><td>以各种执行措施、执行方式为主要内容，具有单一性</td><td>包含各种复杂的程序制度和程序模式，例如适用于非争讼案件的特别程序</td></tr>
<tr><td>启动方式及原因</td><td>包括当事人申请执行和法院移送执行两种启动情形，主要原因是一方当事人不履行生效法律文书中确定的义务</td><td>只能由当事人通过起诉（或申请）的方式启动，原因是民事权利义务关系处于有争议或受侵害的状态</td></tr>
</table>

2. 执行依据，又称执行根据、执行名义，是指发生法律效力并具有执行内容的法律文书。执行依据是启动执行程序的法律根据。没有执行依据，当事人不得向法院申请执行，法院也不得依职权启动执行程序。在执行过程中，如果执行依据被依法撤销，则执行程序必须终结。

根据《民诉法》的规定，民事执行依据包括：人民法院制作的、已经发生法律效力的民事判决书、裁定书、调解书、支付令和决定书，以及人民法院制作并发生法律效力的具有财产内容的刑事判决书、裁定书；其他机关制作的已经生效的由人民法院执行的法律文书，例如经过公证而被赋予强制执行力的债权文书，仲裁机构制作的依法由人民法院执行的仲裁裁决书和调解书；人民法院制作的承认并同意协助执行外国法院判决、裁定或外国仲裁机构裁决的裁定书和执行令。

3. 执行标的，即执行客体、执行对象，是指民事执行所指向的对象。执行标的具有法定性、非抗辩性等特征。

根据我国《民诉法》的精神，只有财物和行为才能成为法院强制执行的对象，而人身原则上不能成为执行对象。人在民事执行活动中只能作为主体存在，而不能是客体。作为执行标的的财物，可以是有体物，也可以是无体物；可以是金钱，也可以是有价证券。作为执行标的的行为，可以是要求债务人实施一定的行为，也可以是要求债务人不得实施一定的行为。

4. 执行承担，是指在民事执行过程中，由于出现法定的特殊情形，由原被执行人以外的其他公民、法人或者其他组织作为被执行人，向债权人承担生效法律文书确定的债务的制度。执行承担可以被视为执行主体变更的一种形式，即执行当事人的变更。执行承担对于确保执行程序的顺利进行，以及债权人合法权益的实现具有积极意义。

一般来说，执行承担主要是基于下述情形而发生：作为被执行人的公民死亡，其继承人继承其遗产；作为被执行人的法人或者其他组织分立、合并、撤销或者变更名称；其他组织不能履行义务，其上级机关可以作为被执行人。

5. 代位申请执行，又称为对第三人到期债权的执行，是指被执行人不能清偿债务，但对第三人享有到期债权的，人民法院根据当事人的申请对该第三人的财产进行强制执行。代位申请执行是一项特殊的执行

制度，其特殊性体现在三个方面：一是被执行人的范围被扩张了，原来的案外第三人成为执行当事人；二是执行标的并非财物或行为，而是对第三人的到期债权；三是代位申请执行只有在第三人收到履行通知后既无异议又不履行时才能适用。

6. 暂缓执行，是指人民法院在执行过程中依申请或依职权决定在一定期限内暂时停止执行措施。暂缓执行制度主要适用于在执行程序中发现据以执行的执行依据确有错误而正在按照审判监督程序处理，或者正在进行的执行程序、执行行为违法等情形。

暂缓执行通常适用于下述三类情况：一是被执行人提供担保的，法院可以决定暂缓执行；二是委托执行中的委托法院决定暂缓执行；三是上级法院决定暂缓执行。

7. 执行中止，是指在执行程序中，由于出现了法律规定的情形，需要暂时停止执行程序，待该情形消失后，执行程序再继续进行。通常情况下，执行程序开始后应当不间断地进行，直至执行结束。但是，如果在执行过程中出现了致使执行程序无法继续进行的特殊情况，就必须予以暂时停止。

"法律规定的情形"包括：申请执行人表示可以延期执行；案外人对执行标的提出确有理由的异议；作为一方当事人的公民死亡，需要等待继承人继承权利或承担义务；作为一方当事人的法人或者其他组织终止，尚未确定权利义务承受人；人民法院认为应当中止执行的其他情形。

执行中止与诉讼终止有相似之处，但是两者处于不同的程序阶段，因此存在本质上的不同。

8. 执行竞合，又称执行程序的竞合，是指在民事执行程序中，民事执行与行政处罚的执行的竞合、民事执行与财产刑的执行的竞合。

9. 执行异议，是指当事人或利害关系人认为执行程序、执行措施/方法违反法律规定，请求执行法院予以救济的制度。

选择题

（一）单项选择题

1. 答案：D

参见《民诉法》第 241 条和《执行和解规定》第 8 条的规定。

2. 答案：D

《执行规定》第 65 条规定：在执行中或者执行完毕后，据以执行的法律文书被人民法院或其他有关机关撤销或者变更的，原执行机构应当依当事人申请或者依职权，按照新的生效法律文书，作出执行回转的裁定。可见，被执行人主动申请并非必备条件。故应选 D 项。

3. 答案：C

本题考查执行依据的知识点。应当明确，村人民调解委员会制作的调解书并没有强制执行力，因此不能作为申请强制执行的前提，故许立应直接起诉。

4. 答案：B

参见《民诉法》第 235 条的规定。

5. 答案：A

《委托执行规定》第 2 条第 1 款规定："案件委托执行后，受托法院应当依法立案，委托法院应当在收到受托法院的立案通知书后作销案处理。"因此，当进行委托执行后，委托法院处已经销案，而受托法院已经立案，故而对于案外人提出的执行异议，受托法院应自行审查。《民诉法》第 236 条规定："当事人、利害关系人认为执行行为违反法律规定的，可以向负责执行的人民法院提出书面异议。当事人、利害关系人提出书面异议的，人民法院应当自收到书面异议之日起十五日内审查，理由成立的，裁定撤销或者改正；理由不成立的，裁定驳回。当事人、利害关系人对裁定不服的，可以自裁定送达之日起十日内向上一级人民法院申请复议。"所以，在受托法院经过审查后，如果认定异议不成立，应裁定驳回，如果异议成立，则裁定撤销或者改正执行行为。

6. 答案：C

《民诉解释》第 473 条规定：作为被执行人的公民死亡，其遗产继承人没有放弃继承的，人民法院可以裁定变更被执行人，由该继承人在遗产的范围内偿还债务。继承人放弃继承的，人民法院可以直接执行被执行人的遗产。这是执行承担的一种情形。

7. 答案：D

《仲裁法解释》第 29 条规定：当事人申请执行仲裁裁决案件，由被执行人住所地或者被执行的财产所在地的中级人民法院管辖。故应选 D 项。

8. 答案：D

本题首先涉及委托执行问题。根据《委托执行规定》第2条第1款的规定，在委托执行后，受托法院依法立案，委托法院在收到受托法院的立案通知书后作销案处理。因此，案件如何处理应由受托法院，即珠海市中级人民法院自行决定。当被执行人双元公司已经资不抵债，无财产可供执行，根据《民诉解释》第517条的规定，人民法院可以裁定终结本次执行程序，待发现双元公司的其他可供执行的财产之后，可以再次申请执行。因此，D项正确。

9. 答案：C

《执行规定》第17条第2款规定：发生法律效力的具有给付赡养费、扶养费、抚育费内容的法律文书、民事制裁决定书，以及刑事附带民事判决、裁定、调解书，由审判庭移送执行机构执行。故A项错误。《民诉法》第250条规定："申请执行的期间为二年。申请执行时效的中止、中断，适用法律有关诉讼时效中止、中断的规定。"故B项错误。《执行规定》第16条规定，法院受理执行案件的要件之一是"申请执行的法律文书有给付内容，且执行标的和被执行人明确"，故C项正确。根据《民诉法》第235条的规定，具有执行力的裁判文书应当由第一审人民法院或者与其同级的被执行的财产所在地人民法院执行，故不一定由作出该裁判的法院执行。故D项错误。

10. 答案：B

根据《执行规定》第14条的规定，执行管辖争议协商不成的，报请双方共同的上级人民法院指定管辖。本案中只能是由最高人民法院进行指定。

11. 答案：A

《民诉解释》第460条第1款规定："发生法律效力的实现担保物权裁定、确认调解协议裁定、支付令，由作出裁定、支付令的人民法院或者与其同级的被执行财产所在地的人民法院执行。"而根据《民诉解释》第23条，债权人申请支付令由债务人住所地基层人民法院管辖。故而，本题当中，向郭懿发出支付令的是A区人民法院，因此该支付令应由A区人民法院执行。

12. 答案：C

根据《民诉法》第240条第2款的规定，受托法院接到委托函件之日起15日内不执行的，委托法院可以请求受托法院的上级法院指令受托法院执行。

13. 答案：D

根据《执行规定》第11条的规定，专利管理机关作出的处理决定和处罚决定，由被执行人住所地或者财产所在地的省、自治区、直辖市有权受理专利纠纷案件的中级人民法院执行。

14. 答案：A

根据《执行规定》第56条第1款的规定，对参与被执行人财产的具体分配，应当由首先查封、扣押或者冻结的法院主持进行。

15. 答案：D

根据《变更当事人规定》第16条的规定，个人独资企业、合伙企业、法人分支机构以外的非法人组织作为被执行人，不能清偿生效法律文书确定的债务，申请执行人申请变更、追加依法对该非法人组织的债务承担责任的主体为被执行人的，人民法院应予支持。故应选D项。

16. 答案：C

根据《民诉解释》第517条第1款的规定，经过财产调查未发现可供执行的财产，在申请执行人签字确认或者执行法院组成合议庭审查核实并经院长批准后，可以裁定终结本次执行程序。本案李雄属于此种情形，故应选C项。

17. 答案：A

《民诉法》第238条规定：执行过程中，案外人对执行标的提出书面异议的，人民法院应当自收到书面异议之日起15日内审查，理由成立的，裁定中止对该标的的执行；理由不成立的，裁定驳回。

18. 答案：B

根据《民诉法》第267条的规定，有下列情形之一的，人民法院应当裁定中止执行：申请人表示可以延期执行的；案外人对执行标的提出确有理由的异议的；作为一方当事人的公民死亡，需要等待继承人继承权利或者承担义务的，人民法院应当裁定中止执行。故ACD项情形下均应中止执行，唯有B项情形下无须中止执行。

19. 答案：B

符合题意的选项只能是终结执行。不予执行仅限于法定的几种情形；执行中止则是指暂时停止执行的情形；而执行回转只有在执行完毕的情况下才可能发生。

20. 答案：A

根据《执行规定》第16条第2款的规定，对于不符合申请执行的要求的，人民法院应当在7日内裁定

不予受理，而不是驳回申请。因此，A项错误，应选。B、C、D三项分别可以从《执行规定》的第18、19、20条中找到法律依据。

21. 答案：C

《民诉法》第241条第1款规定：在执行中，双方当事人自行和解达成协议的，执行员应当将协议内容记入笔录，由双方当事人签名或者盖章。

22. 答案：D

《民诉解释》第305条规定，案外人提起执行异议之诉的，以申请执行人为被告。被执行人反对案外人异议的，被执行人为共同被告；被执行人不反对案外人异议的，可以列被执行人为第三人。

23. 答案：B

参见《民诉法》第238条之规定。

24. 答案：D

参见《民诉解释》第469条之规定。

25. 答案：D

对执行行为的异议，是指当事人、利害关系人对人民法院的执行行为提出质疑，从而要求人民法院变更或停止执行行为的请求。案外人对执行标的的异议，是指在执行过程中，案外人对被执行的财产的全部或一部分主张实体权利并要求负责执行的人民法院停止并变更执行的书面请求。据此可知，无论是对执行行为的异议，还是案外人对诉讼标的的异议，都是在执行过程中提出，且必须向负责执行的人民法院提出。故选项A、B说法正确。对执行行为提出异议的申请人是当事人及利害关系人；对执行标的提出异议的申请人是案外人，该案外人即利害关系人。故选项C说法正确。《民诉法》第236条规定：当事人、利害关系人认为执行行为违反法律规定的，可以向负责执行的人民法院提出书面异议。当事人、利害关系人提出书面异议的，人民法院应当自收到书面异议之日起15日内审查，理由成立的，裁定撤销或者改正；理由不成立的，裁定驳回。当事人、利害关系人对裁定不服的，可以自裁定送达之日起10日内向上一级人民法院申请复议。第238条规定，执行过程中，案外人对执行标的提出书面异议的，人民法院应当自收到书面异议之日起15日内审查，理由成立的，裁定中止对该标的的执行；理由不成立的，裁定驳回。案外人、当事人对裁定不服，认为原判决、裁定错误的，依照审判监督程序办理；与原判决、裁定无关的，可以自裁定送达之日起15日内向人民法院提起诉讼。故选项D说法错误。

26. 答案：D

参见《民诉法》第248条第2款、《仲裁法》第63条之规定。

27. 答案：B

参见《民诉法》第236条之规定。

（二）多项选择题

1. 答案：ABCD

《民诉解释》第473条规定：作为被执行人的公民死亡，其遗产继承人没有放弃继承的，人民法院可以裁定变更被执行人，由该继承人在遗产的范围内偿还债务。继承人放弃继承的，人民法院可以直接执行被执行人的遗产。因此A选项正确。《变更当事人规定》第14条第1款规定：作为被执行人的合伙企业，不能清偿生效法律文书确定的债务，申请执行人申请变更、追加普通合伙人为被执行人的，人民法院应予支持。第15条规定：作为被执行人的法人分支机构，不能清偿生效法律文书确定的债务，申请执行人申请变更、追加该法人为被执行人的，人民法院应予支持。法人直接管理的责任财产仍不能清偿债务的，人民法院可以直接执行该法人其他分支机构的财产。第16条规定：个人独资企业、合伙企业、法人分支机构以外的非法人组织作为被执行人，不能清偿生效法律文书确定的债务，申请执行人申请变更、追加依法对该非法人组织的债务承担责任的主体为被执行人的，人民法院应予支持。故B、C、D项均正确。

2. 答案：AC

根据《民诉法》第235条的规定，发生法律效力的民事裁判应由第一审人民法院或者与第一审法院同级的被执行财产所在地人民法院执行。本题中，第一审法院是东区法院，同时被执行财产所在地为西区，因此甲应向东区法院或者西区法院申请执行。

3. 答案：ABCD

根据《执行规定》第45条第2款第2、3项的规定，第三人提出异议或者履行债务的期限应当是15日。所以A项错误。根据该规定第46条的规定，第三人可以提出口头异议，由执行人员记入笔录。所以B项错误。根据该规定第47条的规定，人民法院对第三人的异议不进行审查。故C项错误。根据该规定第52

条的规定，第三人确无财产可供执行的，不得就第三人对他人享有的到期债权强制执行，故D项错误。

4. 答案：ABCD

根据《执行规定》第2条第1项的规定，行政判决书属于民事执行根据。

5. 答案：ACD

《民诉法》第242条规定：在执行中，被执行人向人民法院提供担保，并经申请执行人同意的，人民法院可以决定暂缓执行及暂缓执行的期限。被执行人逾期仍不履行的，人民法院有权执行被执行人的担保财产或者担保人的财产。故A项正确。

《民诉解释》第468条规定：根据《民诉法》第242条规定向人民法院提供执行担保的，可以由被执行人或者他人提供财产担保，也可以由他人提供保证。担保人应当具有代为履行或者代为承担赔偿责任的能力。他人提供执行保证的，应当向执行法院出具保证书，并将保证书副本送交申请执行人。被执行人或者他人提供财产担保的，应当参照物权法、担保法的有关规定办理相应手续。故B项错误。

《民诉法》第241条规定：在执行中，双方当事人自行和解达成协议的，执行员应当将协议内容记入笔录，由双方当事人签名或者盖章。申请执行人因受欺诈、胁迫与被执行人达成和解协议，或者当事人不履行和解协议的，人民法院可以根据对方当事人的申请，恢复对原生效法律文书的执行。故C项正确。

《民诉解释》第467条规定：人民法院依照《民诉法》第242条规定决定暂缓执行的，如果担保是有期限的，暂缓执行的期限应当与担保期限一致，但最长不得超过1年。被执行人或者担保人对担保的财产在暂缓执行期间有转移、隐藏、变卖、毁损等行为的，人民法院可以恢复强制执行。故D项正确。

6. 答案：CD

根据《民诉法》第241条的规定，执行过程中双方当事人可以自愿达成和解，一方不履行和解协议时，另一方当事人可以申请恢复对原生效法律文书的执行。所以C、D项是正确的。

7. 答案：AB

根据《民诉法》第235条第1款的规定，发生法律效力的民事裁判以及刑事裁判中的财产部分，由第一审人民法院或者与其同级的被执行的财产所在地法院执行。故A项正确。根据《民诉法》第238条的规定，案外人、当事人对执行标的异议的裁定不服，认为原裁判错误的，依照审判监督程序办理；与原裁判无关的，可以自裁定送达之日起15日向人民法院提起诉讼。故B项正确。《执行和解规定》第8条规定：执行和解协议履行完毕的，人民法院作结案处理。据此，执行和解协议履行期间，执行程序并未终结。故C项错误。根据《民诉法》第250条的规定，申请执行期限统一为2年。故D项错误。

8. 答案：CD

根据《民诉法》第241条的规定，当事人在执行过程中可以自行达成和解协议。但执行过程中不存在法院调解，因而不允许通过调解协议改变生效法律文书的内容。因此，A项错误。执行和解的和解协议不属于法律文书，不具有强制执行的效力。在一方当事人反悔的情况下，另一方当事人不得将该和解协议作为执行依据向人民法院申请强制执行。故B项错误。根据《民诉法》第241条的规定，债权人申请恢复对原生效法律文书的执行的，法院可以恢复执行。因此C项正确。根据《民诉解释》第466条的规定，申请执行期间因达成执行中的和解协议而中断，其期间自和解协议约定履行期限的最后一日起重新计算。D项正确。

9. 答案：AD

根据《民诉解释》第469条的规定，被执行人在人民法院决定暂缓执行的期限届满后仍不履行义务的，人民法院可以直接执行担保财产，或者裁定执行担保人的财产，但执行担保人的财产以担保人应当履行义务部分的财产为限。故A、D项正确。B项的错误在于，执行担保财产不以被执行人的财产不足以清偿债务为前提。

10. 答案：ACD

根据《破产规定》第20条第1款的规定，人民法院受理企业破产案件后，对债务人财产的其他民事执行程序应当中止。故A项正确。根据《民诉解释》第517条第1款的规定，经过财产调查未发现可供执行的财产，在申请执行人签字确认或者执行法院组成合议庭审查核实并经院长批准后，可以裁定终结本次执行程序。故B项错误。根据《民诉法》第267条第1款的规定，有下列情形之一的，人民法院应当裁定中止执行：……（2）案外人对执行标的提出确有理由的异议的……故C项正确。根据《仲裁执行规定》第7条

第 1 款的规定，被执行人申请撤销仲裁裁决并已由人民法院受理的，或者被执行人、案外人对仲裁裁决执行案件提出不予执行申请并提供适当担保的，执行法院应当裁定中止执行。故 D 项正确。

11. 答案：CD

《仲裁法》第 58 条规定，当事人提出证据证明裁决有下列情形之一的，可以向仲裁委员会所在地的中级人民法院申请撤销裁决：……（2）裁决的事项不属于仲裁协议的范围或者仲裁委员会无权仲裁的……《民诉法》第 248 条第 2 款规定：被申请人提出证据证明仲裁裁决有下列情形之一的，经人民法院组成合议庭审查核实，裁定不予执行：……（2）裁决的事项不属于仲裁协议的范围或者仲裁机构无权仲裁的……《仲裁执行规定》第 2 条规定："被执行人、案外人对仲裁裁决执行案件申请不予执行的，负责执行的中级人民法院应当另行立案审查处理"。

此处注意，被执行人住所地或财产所在地法院是仲裁裁决的执行法院。

12. 答案：ABCD

根据《执行规定》第 17 条第 2 款，具有给付赡养费、扶养费、抚育费内容的法律文书、民事制裁决定书以及刑事附带民事判决、裁定、调解书，由审判庭送执行机构执行。此即移送执行。故 ABC 项正确。另外，在执行回转中，根据《执行规定》第 65 条的规定，法院可以依职权主动进行执行回转。故 D 项也正确。

13. 答案：CD

《民诉法》第 248 条第 2 款明确规定了仲裁裁决不予执行的情况，只有 C、D 两项符合。注意 A 项：合同无效并不一定意味着仲裁条款无效，因为仲裁条款有相对的独立性。另外，根据《仲裁法》第 64 条第 1 款的规定，一方当事人申请执行仲裁裁决，另一方当事人申请撤销的，法院应中止执行，而不是不予执行。所以 B 项错误。

14. 答案：ABC

该题直接考查《民诉法》第 268 条规定的执行终结。根据该条规定，A、B、C 项正确。而案外人对执行标的提出确有理由异议的，根据该法第 236 条的规定，应当执行中止。

15. 答案：ACD

《民诉法》第 268 条规定，有下列情形之一的，人民法院裁定终结执行：……追索赡养费、扶养费、抚育费案件的权利人死亡的。因此，法院此时只能裁定终结执行。A、C、D 项当选。

16. 答案：ABC

参见《执行解释》第 3 条第 1 款，《民诉法》第 236、238 条之规定。

17. 答案：BCD

审判程序是确认民事权利义务关系的程序，执行程序是实现民事权利义务关系的程序。因此，A 项正确。根据《民诉法》第 216 条的规定，按照审判监督程序决定再审的案件，裁定中止原判决、裁定、调解书的执行。据此可知，法院对案件裁定进行再审时，应当裁定中止执行，而非终结执行。因此，B 项错误。经审判程序处理的民事案件并非必然经过执行程序，执行程序所适用的案件不只限于依审判程序处理的案件。故 C、D 项错误。

18. 答案：BD

参见《民诉法》第 235 条之规定。

19. 答案：AD

参见《民诉法》第 241 条之规定。

20. 答案：CD

根据《民诉解释》第 517 条规定，经过财产调查未发现可供执行的财产，可以裁定终结本次执行程序。《委托执行规定》第 1 条规定："执行法院经调查发现被执行人在本辖区内已无财产可供执行，且在其他省、自治区、直辖市内有可供执行财产的，可以将案件委托异地的同级人民法院执行。"故而，若原执行法院查明被执行人无可供执行的财产，应裁定终结本次执行，而非委托其他法院执行。A、B 项正确，不当选。根据《委托执行规定》第 3 条，委托执行应当以执行标的物所在地或者执行行为实施地的同级人民法院为受托执行法院，故 C 项错误，当选。根据《委托执行规定》第 2 条第 1 款的规定，在委托执行后，受托法院依法立案，委托法院在收到受托法院的立案通知书后作销案处理。委托法院已经销案，无法再对案件进行处理，故 D 项错误，当选。

（三）不定项选择题

1.（1）答案：D

根据《民诉法》第 250 条的规定，执行申请期限统一为 2 年。

（2）答案：A

参见《民诉法》第 235 条之规定。发生法律效力的民事判决、裁定，以及刑事判决、裁定中的财产部分，由第一审人民法院或者与第一审人民法院同级的被执行的财产所在地人民法院执行。

（3）答案：ABCD

《民诉法》第 264 条规定：被执行人未按判决、裁定和其他法律文书指定的期间履行给付金钱义务的，应当加倍支付迟延履行期间的债务利息。被执行人未按判决、裁定和其他法律文书指定的期间履行其他义务的，应当支付迟延履行金。

第 114 条规定：诉讼参与人或者其他人有下列行为之一的，人民法院可以根据情节轻重予以罚款、拘留；构成犯罪的，依法追究刑事责任……拒不履行人民法院已经发生法律效力的判决、裁定的……人民法院对有前款规定的行为之一的单位，可以对其主要负责人或者直接责任人员予以罚款、拘留；构成犯罪的，依法追究刑事责任。

《执行解释》第 26 条规定：执行法院可以依职权或者依申请执行人的申请，将被执行人不履行法律文书确定义务的信息，通过报纸、广播、电视、互联网等媒体公布。媒体公布的有关费用，由被执行人负担；申请执行人申请在媒体公布的，应当垫付有关费用。《民法典》第 1000 条规定："行为人因侵害人格权承担消除影响、恢复名誉、赔礼道歉等民事责任的，应当与行为的具体方式和造成的影响范围相当。行为人拒不承担前款规定的民事责任的，人民法院可以采取在报刊、网络等媒体上发布公告或者公布生效裁判文书等方式执行，产生的费用由行为人负担。"

由此，A、B、C、D 项均是正当的执行措施。

（4）答案：C

《民诉法》第 241 条规定：在执行中，双方当事人自行和解达成协议的，执行员应当将协议内容记入笔录，由双方当事人签名或者盖章。申请执行人因受欺诈、胁迫与被执行人达成和解协议，或者当事人不履行和解协议的，人民法院可以根据对方当事人的申请，恢复对原生效法律文书的执行。

2.（1）答案：AB

《执行规定》第 45 条第 1 款规定：被执行人不能清偿债务，但对本案以外的第三人享有到期债权的，人民法院可以依申请执行人或被执行人的申请，向第三人发出履行到期债务的通知。履行通知必须直接送达第三人。本案中，被执行人服装公司不能清偿债务，但对第三人商场享有到期债权，申请执行人纺织公司和被执行人服装公司都可以提出执行商场的到期债务，但法院不能依职权主动执行。故本题应选 A、B 项。

（2）答案：A

《执行规定》第 45 条第 2 款规定，履行通知应当包含下列内容：（1）第三人直接向申请执行人履行其对被执行人所负的债务，不得向被执行人清偿……可见，法院如果执行商场对服装公司的到期债务，应当通知商场直接向申请执行人纺织公司履行。故本题选 A 项。

（3）答案：CD

《执行规定》第 47 条规定：第三人在履行通知指定的期间内提出异议的，人民法院不得对第三人强制执行，对提出的异议不进行审查。《执行规定》第 48 条第 2 款规定：第三人对债务部分承认、部分有异议的，可以对其承认的部分强制执行。可见，本题应当选 C、D 项。

（4）答案：AB

《执行规定》第 48 条第 1 款规定：第三人提出自己无履行能力或其与申请执行人无直接法律关系，不属于本规定所指的异议。可见，本题应当选 A、B 项。

3.（1）答案：ABCD

本题考查执行措施。选项 A 正确：最高人民法院《关于限制被执行人高消费及有关消费的若干规定》第 1 条规定，被执行人未按执行通知书指定的期间履行生效法律文书确定的给付义务的，人民法院可以限制其高消费及非生活或经营必需的消费。该解释第 3 条第 1 款第 1 项规定，被执行人为自然人的，被采取限制消费措施后，乘坐交通工具时，不得选择飞机、列车软卧、轮船二等以上舱位。选项 B 正确：《民诉法》第 252 条规定：被执行人未按执行通知履行法律文书确定的义务，应当报告当前以及收到执行通知之日前一年的财产情况。被执行人拒绝报告或者虚假报告的，人民法院可以根据情节轻重对被执行人或者其法定代理人、有关单位的主要负责人或者直接责任人员予以罚款、拘留。选项 C 正确：《民诉法》第 264 条规定，被执行人未按判决、裁定和其他法律文书指定的期间履行给付金钱义务的，应当加倍支付迟延履行期间的债务利息。被执行人未按判决、裁定和其他法律文书指定的期间履行其他义务的，应当支付迟延履行金。选项 D 正确：《执行规定》第 45 条第 1 款规定，被执行

人不能清偿债务，但对本案以外的第三人享有到期债权的，人民法院可以依申请执行人或被执行人的申请，向第三人发出履行到期债务的通知（以下简称履行通知）。履行通知必须直接送达第三人。

（2）答案：CD

本题考查执行担保。《民诉法》第242条规定：在执行中，被执行人向人民法院提供担保，并经申请执行人同意的，人民法院可以决定暂缓执行及暂缓执行的期限。被执行人逾期仍不履行的，人民法院有权执行被执行人的担保财产或者担保人的财产。

（3）答案：AC

本题考查案外人异议。选项A、C正确，选项D错误：《民诉法》第236条规定，执行过程中，案外人对执行标的提出书面异议的，人民法院应当自收到书面异议之日起15日内审查，理由成立的，裁定中止对该标的的执行；理由不成立的，裁定驳回。案外人、当事人对裁定不服，认为原判决、裁定错误的，依照审判监督程序办理；与原判决、裁定无关的，可以自裁定送达之日起15日内向人民法院提起诉讼。据此可知，朱某应当以书面方式提出异议。另外，朱某的异议内容与原裁决无关，因此，其对驳回其异议裁定不服的，可以提出执行标的异议之诉，而不是申请再审。选项B错误：《执行解释》第15条第1、2款规定，案外人异议审查期间，人民法院不得对执行标的进行处分。案外人向人民法院提供充分、有效的担保请求解除对异议标的的查封、扣押、冻结的，人民法院可以准许；申请执行人提供充分、有效的担保请求继续执行的，应当继续执行。

简答题

1. 可以从以下几个方面理解执行竞合问题。

（1）执行竞合，又称执行程序的竞合，是指在民事执行程序中，两个或两个以上的债权人同时或先后以不同的执行名义对同一债务人的特定财产申请法院强制执行，而各债权人之间的请求相互排斥，各个债权人的权利难以同时得到满足的一种竞争状态。

（2）执行竞合，必须具备一定的条件，主要是：a. 必须有两个或两个以上的执行权利人。如果是单个执行权利人的数个执行根据之间产生了竞争，也不构成执行竞合。b. 数个执行权利人的执行根据各不相同。这里包括不同种类的执行根据之间的竞合，还包括同种执行根据之间的竞合。c. 执行标的必须是同一执行义务人的同一特定财产。d. 数个执行必须发生在同一时期，但并不要求是同时发生，数个执行根据之间可以有先后顺序。

应当注意的是，执行竞合不包括一般的破产执行程序，也不包括金钱债权的执行。在破产执行程序中，所有一般债权人的债权都是平等的破产债权，对债务人的全部破产财产平等享有按比例受偿的权利。而至于金钱债权，由于不涉及某一特定的执行标的物，因而债权人可以直接执行债务人的财产而得到满足；即使债务人资不抵债，债权人仍然可以通过参与分配或者债务人破产程序受偿，因此不会发生请求之间相互排斥的情形。

（3）执行竞合的形态可以首先类型化为民事执行之间的竞合、民事执行与行政处罚的执行之间的竞合、民事执行与财产刑的执行之间的竞合。而民事执行之间的竞合又可以具体分为终局执行之间的竞合、财产保全执行与终局执行之间的竞合以及财产保全之间的竞合。

（4）对执行竞合的不同处理。

理论上对执行竞合的争议主要集中在对财产保全执行与终局执行之间的竞合的处理。在一般情况下，先行的财产保全执行排斥后行的终局执行；但是，在不违背保全执行目的的前提下，允许后行的终局执行的权利人就同一保全的财产进行查封、扣押，只是不得作出最终处分。

对于财产保全执行之间的竞合，根据《民诉法》以及司法解释的精神，先行的财产保全执行排斥后行的财产保全执行，对于同一保全财产，先行与后行的财产保全执行不得并存。

对于终局执行之间的竞合，应当先予执行存在法定优先权的债权；没有优先权的，则应当区分债务人能否清偿所有债权的情况，采取不同的处理方式。

民事执行原则上优先于行政处罚的执行。此外，应当注意税收征收与民事执行之间的竞合的处理。

犯罪分子在刑事判决生效前发生的合法债务的执行优先于没收财产的执行；附带民事案件中的赔偿优先于同一犯罪行为的罚金刑的执行。

2. 这里首先应当区分两种情况：如果多个债权人申请强制执行的标的是债务人的同一特定财产，就会产生执行竞合的情况；如果多个债权人申请强制执行的标的并非同一特定财产，就不属于执行竞合。

于前一种情形，即产生执行竞合的情况下，显然属于终局执行之间的竞合，法院自然应当根据《民诉法》以及司法解释规定的精神，区分有无优先权、债务人能否清偿全部债务等不同情形而具体处理。

于后一种情形，即不属于执行竞合的情况下，由于不会出现不同债权人的请求相互排斥的状态，法院可以分别针对各执行依据具体执行。如果出现债务人资不抵债、无法清偿全部债务的情况，债权人还可以申请参与分配或者参加债务人的破产分配程序，按照债权比例受偿。

3. 执行的基本原则包括如下六项：

（1）执行合法原则：执行根据合法、启动方式合法、执行程序合法。

（2）执行标的有限原则：执行标的限于财产和行为。

（3）执行当事人不平等原则：申请执行人与被执行人的权利、义务并不平等。

（4）全面保护当事人合法权益原则：执行程序必须兼顾被执行人的实际需要。

（5）执行及时原则：债权人应及时申请，法院应当及时执行。

（6）执行穷尽原则：法院应当穷尽各种执行措施，否则不得终结程序。

4. 代位申请执行是一项特殊的执行制度，存在被执行人的扩张以及执行标的的特殊性等特点，因而与通常的执行在理论基础上存在着一定的差别。

代位申请执行主要有以下理论依据：

从实体法上看，代位申请执行是以债权人的代位权为其依据的。债权人的代位权是指，当债务人怠于行使其到期债权而对债权人债权的实现构成危害时，债权人得代债务人之位，要求债务人的债务人履行义务。债权人的代位权是债的保全制度的重要内容，有利于保护债权人的合法权益。

从程序法上看，执行力的扩张理论以及略式诉讼程序理论是代位申请执行的理论依据。根据执行力的扩张理论，在一定情况下，以执行名义可以对执行当事人以外的其他第三人为强制执行。只是，这里的第三人并非指任何第三人，而仅限于与执行当事人有债权债务关系的人。略式诉讼程序是指针对特定的诉讼标的而采取简略的诉讼方式，以迅速、简便地解决纠纷和实现权利义务关系的稳定。

此外，也可以从执行标的这个角度理解代位申请执行的理论依据。如果被执行人所享有的到期债权显然应当属于其合法财产的范围，那么将其作为执行标的就是有充足的理论支持的。

5. 被执行人提供合法的执行担保之后，法院一般都会同意暂缓执行，并制作准予担保裁定书。该裁定书一经送达双方当事人即具有以下法律效力：（1）执行中止的效力，即在暂缓执行的期限以内，法院不再采取执行措施，当事人也不得无故要求恢复执行。暂缓执行的期限应当与担保的期限一致，但最长不得超过一年。（2）要求被执行人履行义务的效力。这里要求的履行应当是按照准予担保裁定所确定的期限及时履行。（3）恢复执行的效力，即如果在暂缓执行期限内，被执行人有转移、隐藏、变卖和毁坏财产等行为，人民法院可以恢复执行。（4）被执行人在暂缓执行的期限届满之后仍不履行义务的，人民法院可以直接执行担保财产或者要求担保人履行。

6. 执行和解，是指在执行过程中，双方当事人就执行标的进行协商，自愿达成协议，经人民法院审查批准以中止执行程序的一种行为。从执行和解的内容来看，其强调的是执行当事人双方在执行过程中为了更好地实现权利、履行义务，通过平等协商寻求一种双方都能接受的履行方案，并以之替代执行依据的内容的制度。因此，执行和解实际上是允许当事人从自身的实际利益出发，在法律允许的范围内变更执行依据，以双方认可的其他方式实现权利、履行义务。执行和解是当事人处分权在执行程序中的具体体现。

执行程序中不适用法院调解，是由执行程序的特殊属性决定的。执行程序属于广义上的民事诉讼程序，但是又与狭义的诉讼程序——民事审判程序有着很大区别。首先，执行程序从直接目的来说，就是实现生效法律文书的内容。当事人双方的权利义务关系已经得到了法律的认可和确定，执行机关只需要按照执行依据的内容具体执行即可，而无须对当事人再行调解。然而在审判程序中，当事人之间的权利义务关系处于争议状态，人民法院希望纠纷能够得到及时、彻底的解决，而双方当事人根据实际情况也可能需要尽快解决纠纷，确定权利义务关系，从而使调解成为必要。其次，作为执行机关的人民法院有着很强的主动性、强制性，这种强烈的行政化色彩也决定了执行机关在执行过程中不能成为裁判者，只能根据执行依据进行活动。最后，从既判力的角度来看，民事判决、裁定等执行依据一旦确定，法院自然无权再主动通过组织当事人调解来寻求变更。但是对当事人来说，生效裁判文书所确定的权利是可以放弃的，这属于对新的权利义务关系的变更，是当事人意思自治的范围之内的。

总之，在执行程序中允许和解而不允许法院调解，是基于尊重当事人程序主体地位以及对执行程序的特有属性的考虑。

7. 执行回转是指执行完毕以后，由于据以执行的法律文书被撤销或者变更，已经被执行财产的一部分或全部返还给被执行人，从而恢复到执行程序开始的状况。能够导致执行回转的情形主要有：一是人民法院制作的先予执行的裁定执行完毕后，被本院生效的判决或者上级人民法院的终审判决撤销，因先予执行而取得财物的一方当事人应将所得归还对方当事人。二是人民法院制作的判决、裁定或者调解书执行完毕以后，由于发现原判决、裁定或者调解书确有错误，依照审判监督程序对案件再审后，被本院或者上级人民法院撤销的，人民法院应当采取执行回转措施。三是其他机关制作的依法由人民法院执行的法律文书执行完毕后，又被制作机关撤销其强制执行效力的，经当事人申请运用执行回转措施。

8. 申请执行作为执行程序开始的一种方式，是指根据生效法律文书享有权利的当事人，因义务人逾期拒不履行义务，为实现其合法权利，而请求人民法院依法强制执行的行为。

当事人向人民法院申请强制执行，必须符合下述条件：(1) 据以申请执行的法律文书已经发生法律效力，并且具有执行内容；(2) 法律文书规定的履行义务的期限已经届满，义务人仍然没有履行义务；(3) 必须在规定的申请执行期限内提出申请，申请执行的期限为两年。(4) 应向有管辖权的人民法院申请执行。

当事人向人民法院申请执行，通常还需要符合以下条件：(1) 应当提交申请执行书，书写确有困难的，可以口头申请；(2) 申请执行应当说明申请执行的具体事项和理由，并提交生效法律文书副本、申请执行人的身份证明以及其他应当提交的文件或者证件；(3) 申请执行仲裁机构的仲裁裁决，申请人应当向人民法院提交载有仲裁条款的合同书或者仲裁协议；申请执行外国仲裁机构的仲裁裁决的，应当提交经我国驻外使领馆认证或我国公证机构公证的仲裁裁决书中文本。

9. 案外人异议是指案外人在执行过程中，对执行标的提出书面异议，请求执行法院予以救济的制度。案外人异议之诉是指案外人对执行标的提出书面异议，人民法院认为理由不成立的，裁定驳回，案外人对裁定不服，但与原判决、裁定无关的，可以自裁定送达之日起 15 日内向人民法院提起诉讼的制度。案外人异议被驳回是案外人有异议之诉提出的前提条件。案外人异议产生以下法律后果：一是理由成立的，裁定中止对该标的的执行。二是理由不成立的，裁定驳回。案外人对裁定不服，认为原判决、裁定错误的，可以申请再审。三是理由不成立的，裁定驳回。案外人对裁定不服，与原判决、裁定无关的，可以提出案外人异议之诉。因此，案外人异议之诉是对案外人异议处理的一种方式。法律根据是《民诉法》第 238 条。

案例分析题

1. (1) 执行人员应当依法对第三人提出的执行异议进行审查；在审查期间，可以查封该房产。经过审查，理由不成立的，驳回；理由成立的，裁定中止对该标的的执行。如果执行异议一时很难查清楚，第三人又提供充分、有效的担保的，可以解除对房屋的查封。如果申请执行人提供了充分、有效的担保，可以继续执行。(《民诉法》第 238 条，《执行解释》第 14、15 条)

(2) 该做法不正确，因为根据《民诉法》第 106 条第 2 款的规定，财产已被查封、冻结的，不得重复查封、冻结。

(3) 该乡镇企业在民事诉讼法上属于其他组织的行列，资不抵债，已经有债权人对该乡镇企业申请强制执行，因此，B 公司可以申请参与分配：由 B 公司和另一债权人共同依照法律的规定对该乡镇企业的财产进行分配，而不是申请该乡镇企业破产。对于抵押权的标的物，虽然在其他诉讼中被采取财产保全措施，B 公司仍可以主张优先受偿权。

(4) 应当可以直接向法院申请执行 B 公司对 C 公司的债权，即执行债务人对第三人享有的到期债权

（《民诉解释》第499条，《执行规定》第45～52条）。如果B公司认为不能，A公司必须提起代位权诉讼。

2.（1）根据《执行规定》第45条的规定，被执行人不能清偿债务，但对本案以外的第三人享有到期债权的，法院可以依申请执行人或者被执行人的申请，向第三人发出履行到期债务的通知。因此，本案中执行法院可以向詹某发出履行通知，但前提是有高某或者范某本人的申请。

（2）执行法院向詹某发出的履行通知应当包含下列内容：詹某应当直接向高某履行其对范某所负的债务，而不得向范某清偿；詹某应当于收到履行通知后15日内向范某履行债务；如果詹某对于履行到期债务有任何异议，亦应当在收到履行通知后的15日内提出。

（3）詹某就履行通知向法院提出异议时，一般应当以书面形式提出。以口头形式提出的，执行人员应当将异议情况记入笔录，并由第三人签字或盖章。

（4）根据《执行规定》第47条的规定，如果在代位申请执行的过程中，詹某在履行通知指定的15日期限内向法院提出了合法的异议，法院应当作出如下处理：首先，法院不得再行对詹某的财产进行强制执行；其次，法院不得对詹某提出的异议进行审查。

3.（1）本案生效民事判决属于《民诉法》第235条规定的应当由一审法院执行的执行依据，因此，银河公司应当向作为一审法院的某市甲区人民法院申请强制执行。

（2）在执行过程中，执行人员不应主持双方当事人的调解。因为，当事人之间的实体权利争议已经被生效判决确定，执行机关非依审判监督程序，不得任意变更。

（3）根据《民诉解释》第465条的规定，一方当事人不履行或者不完全履行在执行中双方自愿达成的和解协议，对方当事人申请执行原生效法律文书的，人民法院应当恢复执行，但和解协议已履行的部分应当扣除。和解协议已经履行完毕的，人民法院不予恢复执行。

因此，此时只能责令大明公司支付未履行的5万元，即生效判决中确定的20万元减去已经支付的15万元。

（4）这是不正确的。因为根据《民诉法》第241条的规定，在执行中双方达成和解协议的，执行员应当将协议内容记入笔录，由双方当事人签字或者盖章。申请执行人因欺诈、胁迫与被执行人达成和解协议，或者当事人不履行和解协议的，人民法院可以根据当事人的申请，恢复对原生效法律文书之执行。

论述与深度思考题

1. 掌握民事审判程序与民事执行程序之间的关系是正确理解执行程序的性质、特征、功能以及基本程序原理的出发点。如果不能正确界定和处理审判程序与执行程序的关系，在立法上就难以设计出符合执行活动本质要求的程序规则，进而无法有效地规范、指导执行活动，不利于及时实现债权人的合法权利，最终就会使执行这个民事司法的最后一道环节与解决民事纠纷、实现民事权利、维护国家私法秩序的最高宗旨相背离。

理论上对于审判程序与执行程序的关系的通常理解是，审判程序与执行程序同属于民事诉讼程序，两者共同构成了广义上的民事诉讼程序。其中，执行程序有其本身的特点，与审判程序之间还是存在差别的，因此审判程序又被称为狭义上的民事诉讼程序。这种看法的着眼点在于，审判与执行同为国家司法权发挥作用的形式，都服务于解决民事纠纷以及稳定国家私法秩序的民事诉讼目的，因此，二者的共性是主要的，理应归入广义的民事诉讼程序。审判程序与执行程序既有联系又有区别。

两种程序之联系体现在，二者的最终目的是一致的，并且二者在具体程序上会有交叉。

两种程序的区别主要集中在以下几个方面：首先，直接目的并不相同。其次，程序的基础不同。审判程序以审判权和诉权为基础，而执行程序是以执行权与当事人的申请权为基础。再次，审判程序适用于争讼案件和非讼案件，而执行程序只适用于债务人不主动履行生效法律文书所确定的义务的情形。最后，审判程序只解决民事案件（选民资格案件除外），而执行程序还会解决刑事判决、裁定中的财产内容以及行政机关可以申请法院强制执行的行政处罚决定。

除上述区别以外，执行程序还具有相对的独立性。经过审判程序审理的案件并不必然经过执行程序，而适用执行程序的案件也并不全部是经过审判程序审理过的案件。

应当注意，理论上对于法院的民事执行权的性质存在着争议，而这种争议又直接导致了对民事执行行为的不同看法。一种观点是将执行权视为司法权，认为执行权是由作为审判机关的人民法院行使的，因而在性质上属于审判权的组成部分，相应地，执行行为被看作司法行为。另一种观点认为，执行权虽然由人民法院行使，但具有明显的确定性、主动性、命令性、强制性，因而属于行政权，相应地，执行行为被视为行政行为。还有一种观点认为，民事执行权是司法权与行政权的结合，具有双重属性。与之对应的是，执行行为也分为纯粹的执行行为和执行救济行为，前者属于行政行为，后者则是司法行为。

有待于进一步研究的是，从执行程序的特性，尤其是执行行为的强制性、主动性等特性出发，究竟应当如何配置执行机构。如果承认执行行为的行政性，就有必要根据行政行为的性质来组织各级执行力量，按照集中、主动、高效的原则设置执行机构。这必然会涉及现有的法院执行机构的改革问题。有学者就曾经以此为基础讨论过将法院执行机构剥离的问题。

对相关问题的论述可以参见肖建国：《审执关系的基本原理研究》，载《现代法学》，2004（5）；肖建国：《民事审判权与执行权的分离研究》，载《法制与社会发展》，2016（2）。

2. 执行异议包括对执行行为的异议和对执行标的的异议。

对执行行为的异议，是指民事执行中，执行当事人、利害关系人认为执行法院已经实施的执行行为违反法律规定、侵害其合法权益而向执行法院提出的异议。（1）提出执行异议的条件：1）执行异议的提出是在民事执行过程中，即执行异议应在执行程序启动后、终结前这段时间提出。2）执行异议须向执行法院提出。3）执行异议的提出主体是执行当事人或利害关系人。利害关系人是指其合法利益因执行法院之违法执行行为而遭受损害的申请执行人和被执行人之外的人。4）执行异议的提出理由是执行法院已经实施的违法执行行为对执行当事人或利害关系人的合法权益造成了侵害。5）执行异议的提出应采取书面形式，不允许以口头的形式提出执行异议。（2）对执行异议的处理程序：1）执行法院审查处理执行异议，应当在收到书面异议之日起 15 日内作出裁定。审查期间，对提出异议的处分措施应当停止执行，必要时可以责令异议人提供确实、有效的担保，申请执行人提供确实、有效的担保申请继续执行的，可以继续进行。经审查，理由成立的，裁定撤销或者改正；理由不成立的，裁定驳回。2）执行当事人、利害关系人对执行法院的裁定不服的，可以自裁定送达之日起 10 日内向上一级人民法院申请复议。

对执行标的的异议，是指民事执行中，申请执行人和被执行人以外的人因对执行标的主张全部或部分的权利而向执行法院提出的异议。（1）案外人提出异议的条件：1）案外人提出异议是在民事执行过程中。2）异议的提出主体只能是申请执行人和被执行人之外的人。3）案外人须向执行法院提出异议。4）案外人提出异议的理由是其对执行标的具有全部或部分的权利。5）执行异议的提出应采取书面形式。（2）对案外人异议的处理程序：1）执行法院审查处理案外人异议，应当在收到书面异议之日起 15 日内作出裁定。经审查，理由成立的，裁定撤销或者改正；理由不成立的，裁定驳回。审查期间，人民法院不得对异议标的物进行处分。案外人提供确实有效的担保的，可以解除对该标的物的查封、扣押或者冻结。申请执行人提供了确实有效的担保的，应当继续执行。因提供担保解除查封、扣押、冻结或者继续执行有错误，给对方造成损失的，应当裁定以担保的财产予以赔偿。2）案外人、当事人对执行法院的裁定不服，认为原判决、裁定错误的，依照审判监督程序办理；与原判决、裁定无关的，可以自裁定送达之日起 15 日内向人民法院提起诉讼。

3. 执行和解是当事人在执行过程中通过平等协商，就变更执行依据所确定的权利义务关系达成协议，从而中止执行程序的行为。对于执行和解的性质，学界存在着争议。而对执行和解性质的不同认识，又必然会导致对和解协议与原执行名义之间的关系作出不同的处理，最终影响到执行和解的法律效力。

学界对执行和解的效力主要有三种认识，即私法行为说、诉讼行为说以及并存说。私法行为说认为，执行和解属于当事人对自己享有的权利的处分，是纯粹的私法行为，其所达成的协议在性质上属于私法契约。诉讼行为说认为，执行程序属于广义的诉讼程序，而执行当事人在执行程序中的和解应当属于诉讼上的和解，具有公法上的效力。并存说则认为，执行和解同时具有私法契约和诉讼行为双重属性。

根据私法行为说，作为私法契约的和解协议不能对抗执行依据，而只能被视为当事人对执行依据所确定的内容的变通约定。而根据诉讼行为说，作为公法行为的执行和解具有替代执行依据的效力。但是这又会产生一个新的问题，因为依据审执分立原则的要求，审判程序制作的执行依据是法院对当事人权利义务关系的最终确定，执行机关不得进行变更。并存说将当事人的合意与诉讼行为摆在同等的高度，赋予当事人的合意以诉讼法上的效力。但是，根据现有立法的规定，当事人的和解协议并不具有替代执行依据的效力。

因此有学者主张，在目前的法律框架下，将执行和解定位为私法行为比较妥当。因为，执行程序是实现生效法律文书所确定的权利的制度，债权人对执行债权仍然具有支配权和处分权，只要当事人之间的和解协议是自愿、真实、合法的，就应当承认其合同效力。此外，和解协议并没有替代执行依据，而仅仅是当事人对执行依据所确定的权利的部分放弃而已。该学者同时认为，为了合理解释私法行为说下产生的私法契约与执行依据并存、两者效力如何确定的问题，应当将和解协议视为一种附特殊生效条件的合同：如果债务人不履行和解协议，则和解协议不生效，债权人可以申请法院恢复执行执行依据。

应当说，将是否履行作为所附的生效条件也是存在一定问题的。同时，该说对于债权人违反和解协议时对债务人的权利保护也没有作出合理的解释。

第二十一章　强制执行措施

知识逻辑图

- 概述
  - 含义：强制执行措施是指执行机关依法强制实现执行根据内容的具体方法和手段
  - 强制执行措施的分类
    - 控制性执行措施与处分性执行措施
    - 直接的执行措施与间接的执行措施
    - 给付金钱的执行措施、交付物的执行措施与完成行为的执行措施
- 给付金钱的执行：查封、扣押、冻结
  - 对动产、不动产的查封、扣押
    - 查封、扣押的概念
    - 查封、扣押的特点
      - 临时性、控制性的执行措施
      - 实质在于限制被执行人对执行标的物的处分权
      - 解除被执行人对执行标的物的占有
    - 查封、扣押的一般原则
      - 公示原则
      - 价值相当原则
      - 禁止重复查封、扣押原则
      - 查封、扣押财产豁免原则
    - 查封、扣押的方法
      - 作出书面裁定
      - 发出协助执行通知书
      - 张贴封条或公告、办理查封登记
      - 提取保存有关财产权证照
      - 尚未进行权属登记的建筑物、机动车辆的预查封、扣押
      - 交换查封、交换扣押
    - 查封、扣押时在场人员
      - 被执行人
      - 有关单位或基层组织
    - 对债务人财产的搜查
      - 民事搜查的概念
      - 民事搜查的条件
    - 查封、扣押笔录及财产清单
    - 查封、扣押物的保管和使用
      - 保管人的确定
      - 保管人的责任
      - 查封、扣押物的使用
    - 查封、扣押的解除
  - 对其他财产（权）的执行
    - 含义：是指执行机关为满足债权人的金钱债权，对债务人所有的动产和不动产以外的其他财产（或财产权）采取的民事执行措施
    - 对被执行人存款的执行
      - 对存款的执行方法：查询、冻结、划拨存款
      - 对存款的执行程序
      - 对存款执行的限制

- 给付金钱的执行：查封、扣押、冻结
  - 对其他财产（权）的执行
    - 对被执行人收入的执行
      - 对被执行人收入的执行方法：扣留、提取
      - 对被执行人收入的执行程序
      - 执行被执行人收入的限制
    - 就被执行人对第三人到期债权的执行
      - 含义：是指执行法院强制转移被执行人收取对第三人的债权的权利的执行程序
      - 执行到期债权的条件
        - 须被执行人不能清偿债务
        - 须申请执行人或被执行人提出申请
        - 须被执行人对第三人享有合法到期债权
        - 须第三人在履行通知指定的期限内既不提出异议也不履行债务
      - 冻结到期债权、发出履行通知
      - 对到期债权的异议
        - 异议的主体
        - 异议的方式
        - 异议的内容
        - 异议的种类
          - 第三人异议
          - 利害关系人异议
      - 第三人未提出异议的效果
        - 裁定强制执行
        - 再代位执行的禁止
        - 发给履行证明
    - 对其他特殊财产权的执行
      - 对知识产权的执行
      - 对股票等有价证券的执行
      - 对股权或投资权益的执行
  - 查封、扣押、冻结的效力
    - 查封、扣押、冻结对人的效力
    - 查封、扣押、冻结对财产的效力
    - 查封、扣押、冻结的时间效力
    - 对查封、扣押、冻结财产有处分权的法院
    - 预查封和轮候查封、扣押、冻结的效力

- 给付金钱的执行：强制拍卖、强制变卖、以物抵债、强制管理
  - 强制拍卖
    - 含义：强制拍卖是指执行机关根据民事诉讼法的规定，以公开竞价的形式，将特定物品或财产权转让给最高应价者的拍卖方式
    - 强制拍卖的性质
      - 私法说的强制拍卖理论
      - 公法说的强制拍卖理论
    - 强制拍卖的分类
      - 自行拍卖与委托拍卖
      - 现场拍卖与网络拍卖
    - 强制拍卖的原则
      - 拍卖优先原则
      - 及时拍卖原则
      - 自行拍卖原则
      - 拍卖前先评估原则
      - 拍卖穷尽原则

给付金钱的执行：强制拍卖、强制变卖、以物抵债、强制管理

- 强制拍卖
  - 强制拍卖的程序
    - 拍卖权主体：执行法院
    - 确定财产处置参考价
    - 法院确定保留价
    - 法院发布拍卖公告
    - 竞买人预交保证金
    - 法院制作调查笔录或收集有关资料
    - 法院停止拍卖
    - 拍卖成交
    - 法院重新拍卖
    - 流拍后再行拍卖
    - 强制拍卖中对优先购买权的保护
    - 法院自行拍卖的例外：委托拍卖的程序特则
  - 网络司法拍卖的优势及特殊程序规则
- 强制变卖
  - 强制变卖的概念和程序特点
  - 强制拍卖、变卖的效力
- 以物抵债：是指把财产直接作价交给申请执行人，使变价和向申请人清偿结合在一起的变价程序
- 强制管理
  - 含义：是指执行法院选任管理人对已被查封、扣押的被执行人财产实施管理，以管理所得收益清偿申请执行人的债权的执行措施
  - 强制管理的特点
    - 是对财产孳息的执行
    - 强制管理后被执行人对财产仍享有所有权
    - 强制管理使被执行人立即丧失对财产的使用、收益权
    - 强制管理过程受财产收益量的影响，一般持续时间较长
  - 强制管理的适用范围
  - 强制管理的程序
    - 强制管理的开始
    - 选定管理人
    - 裁定强制管理
    - 实施强制管理
    - 强制管理的终结

给付金钱的执行：参与分配

- 含义：参与分配是指在执行程序中，因债务人的财产不足以清偿各债权人的全部债权，申请执行人以外的其他债权人凭有效的执行依据申请加入已开始的执行程序，各债权人从执行标的物的变价中获得公平清偿的制度
- 适用条件
  - 申请参与分配的债权人的资格
  - 可申请执行及参与分配的债权须均为金钱债权
  - 多个债权人申请对同一债务人为执行
  - 在执行程序开始后、被执行人的财产执行终结前提出
  - 债务人仅限于公民和其他组织
  - 被执行人的财产不能清偿所有债权
- 参与分配的顺序
- 参与分配的程序
  - 参与分配的申请
  - 主持分配的法院
  - 优先权人优先受偿
  - 普通债权人按比例受偿
  - 财产分配方案的送达及救济
  - 债权人可以申请继续执行
  - 执行程序转为破产程序
- 被执行人不能履行的责任

交付物的执行
- 含义：交付物的执行是指将指定交付的物由被执行人的直接占有，转移为债权人的直接占有或支配
- 交付动产的执行
  - 被执行人占有执行标的物时：当事人当面交付；执行员转交
  - 由第三人占有执行标的物时：有关单位根据人民法院的协助执行通知书转交，并由被交付人签收；人民法院通知有关公民交出
- 交付不动产的执行
  - 强制被执行人迁出房屋或退出土地的概念
  - 限期履行
  - 通知当事人及有关单位派人到场
  - 解除被执行人的占有
  - 交付申请人占有
  - 作成执行笔录
  - 被执行人再占有不动产的处理
- 特定物毁损、灭失的处理

完成行为的执行
- 含义：完成行为的执行是指根据生效法律文书一方当事人有义务履行一定的行为而拒不履行的，债权人请求人民法院强制该当事人履行一定的作为或不作为义务
- 对可替代行为的执行：代为履行
- 对不可替代行为及不作为义务的执行
  - 处以罚款或拘留
  - 支付迟延履行利息和迟延履行金
  - 其他间接执行措施和执行威慑机制
- 对意思表示请求权的执行
  - 含义：意思表示请求权的执行是指执行依据所载债权人的请求权，以债务人作出一定的意思表示为标的，从而使权利实现的执行措施
  - 办理财产权证照转移手续的执行
    - 发出协助执行通知书
    - 有关单位必须办理

名词解释与概念比较

1. 查询
2. 冻结与扣留
3. 查封与扣押
4. 搜查
5. 继续执行
6. 参与分配

选择题

（一）单项选择题

1. 被执行人未按判决、裁定或其他法律文书指定的期间履行给付金钱义务的，应当（　　）。

A. 赔偿损失

B. 予以罚款

C. 加倍支付迟延履行期间的债务利息

D. 支付迟延履行金

2. 债务人未按执行通知书指定的期限履行给付金钱的义务，人民法院有权冻结债务人的存款，冻结存款的期限为（　　）。

A. 2个月　　B. 5个月

C. 6个月　　D. 1年

3. 人民法院需要到异地执行时，如果外地人民法院要对被执行人财产所在地的银行进行查询、冻结或划拨被执行人的存款的，其程序是（　　）。

A. 必须通过银行所在地的人民法院委托执行

B. 可以自行执行，但必须得到当地人民法院的书面同意，办理相关手续

C. 有权直接执行，不需要当地法院的同意

D. 必须和当地法院以及政府机关合作，共同处理

4. 下列说法中正确的是（　　）。

A. 法院对查封、扣押的被执行人的财产进行变价的，只能通过委托拍卖机构进行拍卖的途径进行

B. 当事人双方同意不必拍卖的，法院可以交由有关单位变卖或者自行变卖

C. 被执行人可以申请对人民法院查封的财产自行变卖

D. 拍卖、变卖被执行人的财产成交后必须及时钱物两清

5. 根据《民诉法》的规定，人民法院在执行过程中可以进行搜查。下列哪个主体有权发出搜查令？（　　）

A. 人民法院院长　　B. 执行庭庭长

C. 公安机关负责人　　D. 审判长

6. 在执行过程中，强制被执行人迁出房屋或者强制其退出土地的公告应当由谁签发？（　　）

A. 当地人民政府

B. 房屋或者土地管理部门

C. 执行员

D. 人民法院院长

7. 住在郊区的杨某在邻居王某家的进出要道上修建了一间临时库房，给王某及其家人的出入造成了极大不便。王某向法院起诉并胜诉，但杨某并未按照判决的要求及时拆除该临时库房，王某遂向法院申请强制执行。执行员在多次说服无效的情况下，决定请施工队强行拆除该库房。那么施工费用应当由谁承担？（　　）

A. 杨某和王某共同承担

B. 人民法院承担

C. 杨某承担

D. 王某承担

8. 执行程序的参与分配制度对适用条件作了规定。下列哪一选项不属于参与分配适用的条件？（　　）

A. 被执行人的财产无法清偿所有的债权

B. 被执行人为法人或其他组织而非自然人

C. 有多个申请人对同一被申请人享有债权

D. 参与分配的债权只限于金钱债权

（二）多项选择题

1. 甲在网上发表文章指责某大学教授乙编造虚假的学术经历，乙为此起诉。经审理，甲被判决赔礼道歉，但甲拒绝履行该义务。对此，法院可采取下列哪些措施？（　　）

A. 由甲支付迟延履行金

B. 采取公告、登报等方式，将判决的主要内容公布于众，费用由甲负担

C. 决定罚款

D. 决定拘留

2. 执行法院对下列哪些财产不得采取执行措施？（　　）

A. 被执行人未发表的著作

B. 被执行人及其所扶养家属完成义务教育所必需的物品

C. 金融机构交存在中国人民银行的存款准备金和备付金

D. 金融机构的营业场所

（三）不定项选择题

雪莲公司与天宏公司签订了一份毛料购销合同，约定天宏公司在提货后应当立即支付货款75万元。在雪莲公司履行交付毛料的义务之后，天宏公司却以资金周转紧张为由，一再拖延支付货款。雪莲公司只得以天宏公司为被告向合同履行地包头市A区法院提起诉讼，法院经审理后判决天宏公司支付75万元货款及利息。其后天宏公司未提起上诉。已知雪莲公司的住所地在呼和浩特市B区，主要营业地在包头市A区；天宏公司住所地在包头市C区，主要营业地在包头市D区。请回答：

1. 本案中，若天宏公司在判决规定的履行期限届满之后仍未履行法院判决确定的义务，雪莲公司已经获知天宏公司在包头市E区有一处价值80万元的房产，则雪莲公司可以向何地的法院申请执行？（　　）

A. 向包头市C区法院申请

B. 向包头市D区法院申请

C. 向包头市E区法院申请

D. 向一审法院包头市A区法院申请

2. 如果法院执行过程中，有关公司拒不办理产权转移手续，法院决定对其处以罚款。问：罚款的数额应为多少？（　　）

A. 1 000元以下

B. 1 000元以上1万元以下

C. 5万元以上100万元以下

D. 1 000 元以上 5 万元以下

简答题

1. 对民事执行措施可以进行怎样的分类？

2. 查封、扣押应当遵循哪些原则？具有怎样的法律效力？

3. 简述搜查的法定程序。

4. 简述参与分配的条件。

案例分析题

向阳毛纺厂与友谊宾馆于 2019 年签订了长期供货合同，向阳毛纺厂成为友谊宾馆客房浴巾、毛巾等用品的主要供货商。自 2023 年 8 月开始，向阳毛纺厂开始长期以次充好，将不符合供货合同标准要求的产品供应给友谊宾馆，后者因此遭受较大经济损失。为此，友谊宾馆从 2023 年 11 月以后，多次与向阳毛纺厂进行交涉，要求其退还 25 万元的预付货款，并赔偿各项经济损失 38 万元。对此，向阳毛纺厂一直未予理睬。因此友谊宾馆于 2024 年 3 月向 A 区人民法院起诉，请求法院判决向阳毛纺厂退还货款并赔偿 45 万元经济损失。后 A 区人民法院判决向阳毛纺厂退还货款以及赔偿经济损失 40 万元。履行期限过后向阳毛纺厂拒不履行上述义务，友谊宾馆向法院申请强制执行。法院了解到，向阳毛纺厂已经于 2019 年与新西兰一家企业共同成立了一家合资企业，为独立法人，向阳毛纺厂以其 80%的厂房、设备为出资，现已无可供执行的财产。

试分析：法院在此种情形下应当如何处理？

参考答案

名词解释与概念比较

1. 查询，是指人民法院通过向银行以及其他有储蓄业务的金融机构调查、询问，了解被执行人存款情况的执行措施。

2. 冻结，是指人民法院向存有被执行人款项的银行以及其他有储蓄业务的金融机构，发出协助执行通知书，不准被执行人在一定期限内提取和转移该项存款。

扣留，是指将被执行人的收入暂时留存在原单位，不准其动用或转移，促使其履行义务。这里的收入包括工资、奖金、劳动报酬以及非劳动收入等。

两者相比较，主要区别如下表所示：

项目	冻结	扣留
被执行人	公民、法人和其他组织	公民个人
对象	个人或单位存款	工资、奖金等合法收入
协助单位	银行、信用合作社以及其他有储蓄业务的单位	被执行人收入的发放单位

3. 查封，是指人民法院将作为执行对象的财产加贴封条就地或异地予以封存，禁止被执行人转移、处分的一种执行措施。

扣押，是指人民法院将作为执行对象的财产运送至有关的场所，从而使被执行人不能占有、使用和处分该财产的执行措施。

两者相比较，存在如下表所示区别。

项目	查封	扣押
是否转移标的物	一般不转移，而是贴上封条等，就地或异地查封	通常需要转移标的物的存放位置
对象	动产与不动产	动产

4. 搜查，是指人民法院在特定情况下，依法对被执行人及其住所或财产隐匿地进行搜查，查找被执行人财产的措施。搜查是执行机关针对被执行人恶意隐匿财产、逃避债务等行为的强制检查，集中体现了执行程序与民事审判程序的重要区别，即人民法院具有很强的主动性和强制性。搜查财产是执行中最为严厉的措施，不仅涉及被执行人的合法权益，也会产生较大的社会影响。因此，执行机关决定采取搜查措施，应当符合法律规定的诸项条件，而不得任意使用。

5. 继续执行，是指执行过程中，人民法院采取相应的执行措施以后，被执行人仍不能清偿全部债务的，应当继续履行义务；债权人发现被执行人有可供执行的财产的，可以随时请求人民法院继续强制执行，而不受《民诉法》规定的申请执行期限的限制。

6. 参与分配，是指执行程序开始后，申请执行人以外的其他债权人，因被执行人的财产不足以清偿债务，而向人民法院申请就所有债权公平受偿的制度。参与分配与我国破产制度的立法例有直接关联。我国

采取有限破产的立法例，即对于公民和其他组织不适用破产制度，因此，为了弥补法人破产主义的不足，充分保护债权人的合法权益，最高人民法院通过司法解释规定了参与分配制度。我国的参与分配制度具有两个显著特点：一是债务人只能是公民或其他组织，二是债务人资不抵债。

选择题

（一）单项选择题

1. 答案：C

《民诉法》第 264 条规定：被执行人未按判决、裁定和其他法律文书指定的期间履行给付金钱义务的，应当加倍支付迟延履行期间的债务利息。被执行人未按判决、裁定和其他法律文书指定的期间履行其他义务的，应当支付迟延履行金。

2. 答案：D

根据《民诉解释》第 485 条第 1 款的规定，人民法院冻结被执行人的银行存款的期限不得超过 1 年，查封、扣押动产的期限不得超过 2 年，查封不动产、冻结其他财产权的期限不得超过 3 年。

3. 答案：C

根据《民诉法》第 240 条第 1 款的规定，被执行人或者被执行的财产在外地的，可以委托当地人民法院代为执行。受委托人民法院收到委托函件后，必须在 15 日内开始执行，不得拒绝。执行完毕后，应当将执行结果及时函复委托人民法院；在 30 日内如果还未执行完毕，也应当将执行情况函告委托人民法院。另根据《民诉解释》第 484 条的规定，对被执行的财产，人民法院非经查封、扣押、冻结不得处分。对银行存款等各类可以直接扣划的财产，人民法院的扣划裁定同时具有冻结的法律效力。因此，A、B、D 项均错误。

4. 答案：B

根据《民诉法》第 258 条的规定，财产被查封、扣押后，执行员应当责令被执行人在指定期间履行法律文书确定的义务。被执行人逾期不履行的，人民法院应当拍卖被查封、扣押的财产；不适于拍卖或者当事人双方同意不进行拍卖的，人民法院可以委托有关单位变卖或者自行变卖。国家禁止自由买卖的物品，交有关单位按照国家规定的价格收购。因此，B 项正确。

5. 答案：A

根据《民诉法》第 259 条第 2 款的规定，搜查令只能由人民法院院长签发。

6. 答案：D

根据《民诉法》第 261 条第 1 款的规定，强制迁出房屋或者强制退出土地应当由院长发出公告。

7. 答案：C

根据《民诉法》第 263 条的规定，被执行人不按执行通知履行的强制执行，执行费用或委托执行的费用全部由被执行人承担。

8. 答案：B

参与分配适用的条件包括：（1）被执行人的财产无法清偿所有债权；（2）被执行人为自然人或其他组织，而非法人；（3）有多个申请人对同一被申请人享有债权；（4）申请人必须取得生效的执行根据，起诉后尚未获得生效判决的债权人不具备参与分配的资格；（5）参与分配的债权只限于金钱债权；（6）参与分配必须发生在执行程序开始后，被执行人的财产清偿完毕之前。据此可知，选项 B 不属于参与分配适用的条件。

（二）多项选择题

1. 答案：ABCD

《执行解释》第 26 条规定：依照民事诉讼法第 266 条的规定，执行法院可以依职权或者依申请执行人的申请，将被执行人不履行法律文书确定义务的信息，通过报纸、广播、电视、互联网等媒体公布。媒体公布的有关费用，由被执行人负担；申请执行人申请在媒体公布的，应当垫付有关费用。故选项 A 正确。

《民诉法》第 114 条规定，诉讼参与人或者其他人有下列行为之一的，人民法院可以根据情节轻重予以罚款、拘留；构成犯罪的，依法追究刑事责任：（1）伪造、毁灭重要证据，妨碍人民法院审理案件的；（2）以暴力、威胁、贿买方法阻止证人作证或者指使、贿买、胁迫他人作伪证的；（3）隐藏、转移、变卖、毁损已被查封、扣押的财产，或者已被清点并责令其保管的财产，转移已被冻结的财产的；（4）对司法工作人员、诉讼参加人、证人、翻译人员、鉴定人、勘验人、协助执行的人，进行侮辱、诽谤、诬陷、殴打或者打击报复的；（5）以暴力、威胁或者其他方法阻碍司法工作人员执行职务的；（6）拒不履行人民法院已经发生法律效力的判决、裁定的。人民法院对有前述行为之一的单位，可以对其主要负责人或者直接责任人员予以罚款、拘留；构成犯罪的，依法追究刑事责任。故选项B、C正确。

《民诉法》第264条规定：被执行人未按判决、裁定和其他法律文书指定的期间履行给付金钱义务的，应当加倍支付迟延履行期间的债务利息。被执行人未按判决、裁定和其他法律文书指定的期间履行其他义务的，应当支付迟延履行金。故选项D正确。

2. 答案：ABCD

请参见《执行规定》第27条以及《查封规定》第3条。

（三）不定项选择题

1. 答案：CD

《民诉法》第235条第1款规定：发生法律效力的民事判决、裁定，以及刑事判决、裁定中的财产部分，由第一审人民法院或者与第一审人民法院同级的被执行的财产所在地人民法院执行。故C、D项正确。

2. 答案：C

根据《民诉法》第118条的规定，选项C为正确答案。

简答题

1. 依据不同的标准，对民事执行措施可以进行不同分类。

首先，依据民事执行行为在法律上产生的不同效果，可以将执行措施划分为控制性的执行措施和处分性的执行措施。控制性的执行措施在法律上的主要效果是，保持被执行人财产的稳定状态，防止被执行人、直接占有财产的第三人以及协助执行人处分、转移或者损毁被采取执行措施的财产，从而为下一步的变价清偿做好准备。具备此种法律效果的执行措施一般就被称为控制性的执行措施，查封、扣押、冻结被执行人财产是最主要的控制性执行措施。处分性执行措施的主要法律效果是，对被采取执行措施的债务人财产依法进行处分，通过将其变价的方式偿还债务人所负债务，实现债权人的权利。处分性的执行措施以强制拍卖以及变卖为主要形式。将执行措施划分成控制性的执行措施与处分性的执行措施的意义在于，区分执行措施的不同效果，从而更有针对性地对被执行人的财产采取不同的执行措施。

其次，依据通过执行行为能否直接实现债权，可以把执行措施分为直接执行措施与间接执行措施。直接执行措施是指通过执行措施的实施，申请执行人可以顺利实现生效法律文书确定的债权，从而达到执行目的。间接执行措施则是指，执行措施的实施并不能直接、完全实现债权人的权利，执行机构还需要继续采取其他执行措施才能达到执行程序的最终目的。这种区分强调的是执行措施的直接结果，因此，同一项执行措施在对不同债权的执行程序中，根据被执行人的财产状况，可能分别属于直接执行措施和间接执行措施。

最后，根据执行依据所确定的债权的不同内容，可以将执行措施分为金钱债权的执行与非金钱债权的执行。金钱债权是指以给付一定数额的金钱为内容的请求权，而对金钱债权的执行是以强制债务人给付一定数量的金钱为目的的执行行为。由于金钱债权具有可替代性，因而法院可以对被执行人的金钱或者其他可变价的财产实施执行措施，以实现债权人的权利。对金钱债权的执行措施主要包括：查询、冻结、划拨被执行人的存款，扣留、提取被执行人的收入，查封、扣押、冻结、拍卖、变卖被执行人的财产，以及根据司法解释对知识产权、股份凭证、投资权益、股息等特殊非金钱财产的执行措施。对非金钱债权的执行主要是指强制被执行人交付一定物或者实施一定的行为的执行措施。前者可以分为交付动产的执行和交付不动产的执行，后者也可以分为实施可替代的行为的执行和实施不可替代的行为的执行。

2. 查封、扣押均适用于对公民、法人以及其他组织的执行，执行机关实施查封、扣押应当遵循以下原则：

（1）公示原则。公示原则是指执行机关在对被执行人的财产采取查封、扣押措施时，应当根据该财产的属性，按照法律规定的方法将查封、扣押的情形公之于众，以使被执行人、案外人以及其他法院的执行机构知晓该财产已被查封、扣押的事实。根据民事实体法的物权公示主义的要求，对于动产和不动产应当采取不同的公示方式。不动产物权以登记主义为原则，动产物权以移转占有为公示方式。公示原则对于维护执行秩序、解决执行争议和维护社会交易安全具有重

要意义。

（2）价值相当原则。该原则是指执行机关查封、扣押被执行人的有关财产的价值应当与被执行人应当履行的债务的价值相当。应当注意，这里的被执行人应当履行的债务不仅包括生效法律文书所确定的债务，还包括执行中支出的必要费用以及因迟延履行所产生的利息和迟延履行金。

（3）禁止重复查封、扣押的原则。该原则是指执行机关依法对被执行人的财产查封、扣押之后，任何单位包括其他法院不得再行查封、扣押该财产，否则一律无效。这里的禁止是绝对的，不论先行采取执行措施的法院查封、扣押后是否还有足够的余额可供后行法院执行。

（4）查封、扣押豁免原则。该原则是指执行机关对被执行人的某些财产不得采取查封、扣押等执行措施。这一原则的依据是，被执行人的生存权高于债权人的债权，被执行人的精神利益高于债权人的物质利益，公序良俗高于对私人利益的维护。

查封、扣押作为国家公权力的作用形式，一经作出便具有公法上的效力，任何机关、组织和个人都必须予以尊重。具体来说，查封、扣押措施具有下列效力：一方面，查封、扣押行为限制了债务人对该财产的处分权、用益权。另一方面，查封、扣押措施还可能对执行程序外的一般债权人以及对被查封、扣押的财产享有担保物权或优先权的人的权利产生影响。对于一般债权，如果被执行人的财产不能清偿全部债务，全部一般债权人可以参照破产程序平等受偿。至于享有担保物权、优先权的债权人，当然可以优先受偿。

3. 搜查是最为严厉的执行措施之一，会对被执行人的权益产生重大影响，因此必须严格遵守法定程序。

根据《民诉法》的规定，被执行人不履行法律文书确定的义务，并隐匿财产的，人民法院有权发出搜查令，对被执行人及其住所或者财产隐匿地进行搜查。具体来说，搜查必须同时具备三个条件：生效法律文书所确定的履行期限届满；被执行人不履行法律文书确定的义务；人民法院认为被执行人有隐匿财产的行为。

执行机构进行搜查必须遵守下列程序规定：（1）执行法院院长签发搜查令；（2）搜查人员进行搜查时必须出示搜查令和身份证件；（3）搜查时禁止无关人员在场，应当通知被搜查的公民本人或其成年家属，以及被搜查的法人或其他组织的法定代表人或主要负责人到场；（4）搜查女性公民应当由女执行人员进行；（5）搜查中发现应当依法扣押的财产的，应当依照相关规定办理。

4. 根据司法解释的规定，参与分配需要具备以下条件：（1）申请执行以及参与分配的只能是金钱债权。（2）只有在被执行人的财产被执行完毕之前取得执行依据的其他债权人才能申请参与分配。（3）须有多数债权人。（4）申请参与分配的时间应当是执行开始以后、被执行人的财产被执行完毕之前。（5）债务人仅限于公民和其他组织。（6）须债务人的财产不能清偿所有债权。

案例分析题

A区人民法院可以直接对向阳毛纺厂在合资企业中的投资权益采取执行措施，冻结其投资权益或股权，责令合资企业不得向向阳毛纺厂支付股息或红利。

实践中经常出现法人将其部分甚至绝大部分财产投入另一个独立法人的情况。该案例中就涉及法人将其绝大部分财产投入另一个独立的法人企业，而无力偿还自身作为独立法人所负债务的执行问题。《执行规定》第38条规定：对被执行人在有限责任公司、其他法人企业中的投资权益或者股权，人民法院可以采取冻结措施。冻结投资权益或者股权的，应当通知有关企业不得办理被冻结投资权益或股权的转移手续，不得向被执行人支付股息或红利。被冻结的投资权益或股权，被执行人不得自行转让。

第二十二章　涉外民事诉讼程序和区际民事司法协助

知识逻辑图

- 涉外民事诉讼程序概述
  - 涉外民事诉讼：是以内国司法权解决涉外民事案件的程序或活动
  - 涉外民事诉讼法的主要内容
    - 关于涉外民事诉讼程序的基本原则
    - 关于涉外民事诉讼管辖权或国际民事诉讼管辖权的规定
    - 关于外国人或无国籍人在内国涉外民事诉讼中的地位的规定
    - 关于审判和执行涉外民事案件应当适用的特殊程序制度
    - 涉外或国际司法协助
  - 涉外民事诉讼法的渊源
    - 国内法渊源
    - 国际法渊源
  - 我国涉外民事诉讼程序的基本原则
    - 信守国际条约原则
      - 诉讼权利义务同等和对等
      - 民事司法豁免：外交特权与豁免；国家及其财产豁免
    - 适用法院地法原则
      - 适用我国民事诉讼法
      - 使用我国通用语言文字
      - 委托我国律师代理出庭诉讼

- 涉外民事诉讼程序规范的选择适用
  - 决定民事诉讼程序规范适用的因素
    - 当事人方面的因素
    - 国家公共政策方面的因素
    - 国际民事交往方面的因素
  - 适用法院地法原则及其例外
  - 外国民事诉讼法规范的排除适用
    - 公共秩序或公共政策保留
    - 不存在互惠
    - 欺诈性法律规避

- 涉外民事诉讼管辖
  - 含义：对于涉外民事案件，依一定的联结关系，决定各国之间的管辖权
  - 涉外民事诉讼管辖的原则
    - 属地管辖原则
    - 属人管辖原则
    - 实际控制管辖原则
  - 我国涉外民事诉讼管辖
    - 级别管辖
    - 地域管辖
      - 一般地域管辖和特殊地域管辖
      - 协议管辖
      - 专属管辖

- 涉外民事诉讼管辖
  - 涉外民事诉讼管辖冲突及其解决
    - 涉外民事诉讼管辖冲突
      - 消极冲突
      - 积极冲突
    - 平行管辖
      - 含义：在非专属管辖的情形中，平行管辖（诉讼竞合、平行诉讼）即一事多讼，实际上属于未决诉讼问题，即未决诉讼程序在内国的法律效力问题
      - 平行诉讼（parallel proceedings），是指相同当事人基于同一纠纷事实在两个以上国家的法院进行诉讼的情形
      - 国际上对平行管辖的处理
      - 我国对平行管辖的处理
    - 不方便法院原则
  - 跨境网上立案和涉外送达、调查取证、期间
    - 跨境网上立案
    - 涉外送达
      - 含义
      - 《海牙送达公约》
      - 送达方式
    - 涉外调查取证
      - 含义
      - 《海牙取证公约》
      - 涉外调查取证的方式
    - 涉外期间
      - 答辩期间
      - 上诉期间
      - 审理期间和再审申请审查期间
    - 国际民事司法协助
      - 概念：是指一国法院或其他国家机关根据本国缔结或参加的国际条约或者互惠原则，为他国法院代为民事诉讼行为或与民事诉讼有关的行为
      - 国际民事司法协助的根据
        - 双边国际条约
        - 多边国际条约
        - 互惠关系
      - 我国提供司法协助的一般条件
        - 不得有损于我国的公共秩序
        - 外国法院请求人民法院提供司法协助的请求书及其所附文件，应当附有中文译本或者国际条约规定的其他文字文本
        - 依照我国法律规定的程序协助执行
      - 一般国际民事司法协助：主要包括送达司法文书和司法外法律文书、代为调查取证、提供有关法律资料等
      - 特殊国际民事司法协助
        - 一般程序
        - 承认与执行我国法院裁判和仲裁裁决
        - 承认与执行外国法院裁判和仲裁裁决
    - 我国区际民事司法协助
      - 含义
      - 产生条件
        - 区际民事法律冲突
        - “一国两制”的基本国策
        - 各法域享有独立的司法权
      - 原则
        - “一国两制”
        - 各法域平等
        - 遵守各法域公共秩序
        - 适用被请求法域的诉讼程序
        - 程序审查
      - 内容
        - 一般区际民事司法协助
        - 特殊区际民事司法协助

名词解释与概念比较

1. 涉外民事诉讼
2. 不方便法院原则
3. 涉外民事诉讼中的专属管辖
4. 平行管辖
5. 司法协助（考研）
6. 涉外民事诉讼与国际民事诉讼之比较
7. 区际司法协助
8. 法域
9. 公共秩序保留

选择题

（一）单项选择题

1. 英国的A公司与中国的B公司在泰国签订货物买卖合同时约定，双方在履行合同过程中发生的争议，应当在A公司在中国境内的子公司C所在地的法院进行诉讼。如果双方在履行合同过程中真的发生争议，则应当适用哪国的民事诉讼法？（　　）

A. 可以适用合同签订地泰国的法律

B. 只能适用中国的民事诉讼法

C. 可以由人民法院选择适用与案件有最密切联系的国家的法律

D. 可以由人民法院选择适用中国、泰国或者英国的民事诉讼法

2. 我国《民诉法》以及司法解释对涉外民事诉讼作出了一些特殊规定。下列说法不正确的是？（　　）

A. 我国人民法院和外国法院都有管辖权的案件，一方当事人向外国法院起诉，另一方当事人向人民法院起诉的，人民法院可以受理

B. 申请人向人民法院申请执行我国涉外仲裁机构的裁决，应当提交书面申请书，并附裁决书正本。如果申请人为外籍当事人一方，其申请书可以使用本国语言

C. 涉外民事诉讼的外籍当事人，可以委托本国人为诉讼代理人，也可以委托本国律师以非律师身份担任诉讼代理人

D. 涉外民事诉讼中，经调解双方达成协议的，应当制作调解书；当事人要求根据调解协议的内容制作判决的，可以准许

3. 原告董某于2024年暑假赴海南旅游，其间因琐事与美国游客弗雷德发生冲突，弗雷德当众侮辱董某及其同伴。董某以弗雷德为被告向当地人民法院起诉，要求弗雷德赔礼道歉并赔偿精神损失5 000元。请判断下列说法中正确的是（　　）。

A. 本案的诉讼标的是请求赔礼道歉以及赔偿精神损失5 000元

B. 本案的诉讼标的是赔礼道歉以及精神损失5 000元

C. 本案的诉讼只能适用我国民事诉讼法

D. 双方当事人可以约定选择适用的民事诉讼法

4. 外国驻华使领馆官员，受本国公民的委托可以以下列哪种名义担任诉讼代理，但在诉讼中不享有外交特权和豁免权？（　　）

A. 以国家的名义

B. 以本国律师的名义

C. 以驻华使领馆官员的名义

D. 以个人名义

5. 居住甲国的商人麦克与我国某市的乙厂签订了一份中外合资经营企业合同，合同履行过程中双方发生争议。双方协商同意到丙国某法院进行诉讼。根据我国涉外民事诉讼管辖的规定，本案应由（　　）管辖。

A. 麦克的住所地法院管辖

B. 丙国法院管辖

C. 国际法院管辖

D. 我国法院管辖

6. 根据《民诉法》以及相关司法解释的规定，下列涉外案件中我国人民法院不具有管辖权的是？（　　）

A. 菲律宾某公司与中国石油总公司签订共同开发海底石油的合同，约定合同争议由香港某法院管辖，后双方因合同履行争议引发诉讼

B. 中国某公司在上海总部与德国某公司签订购买德国公司在慕尼黑的一栋办公楼的合同，后因合同价款的支付方式问题发生争议，中国公司向北京市第一中级人民法院起诉，德国公司在答辩期限内提交了答辩状

C. 一汽大众集团与埃及某公司签订了出口轻型货车的合同，约定由一汽大众将500辆货车运往天津港，由埃及公司雇用海运公司将货车运送

至亚历山大港。后双方发生争议，引发诉讼

D. 印度某软件公司与深圳某公司签订合同，共同出资在莆田区成立合资企业，双方约定合同争议由中国国际贸易仲裁委员会仲裁

视频讲题

7. 广州市B区的甲珠宝行与南非的乙钻石供应商在新加坡签订了一份大额钻石买卖合同，约定履行地在马来西亚。后来乙钻石供应商拒不履行合同，甲珠宝行只得向法院起诉。已知乙钻石供应商在我国并无住所，但在南京市A区设有代表机构，则甲珠宝行可以向下列哪个法院起诉？（　　）

A. 广州市中级人民法院

B. 南京市中级人民法院

C. 南京市A区法院

D. 广州市B区人民法院

8. 在涉外民事诉讼中，涉外合同或者涉外财产权益纠纷的当事人，可以用书面协议选择下列哪个法院管辖？（　　）

A. 与争议有最密切联系的地点的法院

B. 被告住所地或合同履行地的法院

C. 与争议有实际联系的地点的法院

D. 诉讼标的物所在地或可供扣押财产所在地的法院

9. 加拿大籍华人黎某与中国公民徐某是夫妻，2023年3月，徐某以夫妻感情确已破裂为由向中国大连市金州区人民法院起诉，要求与黎某离婚。黎某于2024年6月23日收到了起诉状副本，并于2024年7月8日向大连市金州区人民法院提出管辖权异议，法院于2024年7月22日向黎某送达了裁定书，黎某当日签收了该裁定书，并表示不上诉，但又于2024年8月15日就管辖异议裁定向上一级法院提起上诉。对于黎某的上诉，下列选项中（　　）是正确的。

A. 黎某对驳回管辖权异议的裁定无权上诉，其上诉无效

B. 黎某因在接到驳回管辖权异议裁定书时已表示不上诉，所以其后来的上诉就视为无效

C. 黎某的上诉符合法律规定，其上诉有效

D. 黎某的上诉已超过上诉期限，故已丧失了上诉权，上诉无效

10. 中国华彬公司同法国公司在上海签订了一份货物买卖合同，约定合同履行中若发生争议，则双方应当在法国某法院诉讼解决。华彬公司依据合同交付了货物，但法国公司迟迟未将货款汇入合同约定的账户，于是华彬公司起诉要求法国公司履行合同并赔偿相应的损失，法国公司在收到起诉状副本后，并未就管辖权提出异议，并且在规定的时间内提交了书面答辩状。北京市第一中级人民法院经审理后，判决法国公司败诉。法国公司于是以合同中约定管辖法院为法国某法院为由，上诉至北京市高级人民法院。请判断下列说法中正确的是（　　）。

A. 因为合同双方在合同中约定了管辖法院，所以北京市第一中级人民法院无权管辖该案件，北京市高级人民法院应当裁定撤销一审判决并驳回起诉

B. 虽然合同双方约定了管辖法院，但是因为该约定违反了我国《民诉法》对管辖的规定，因此是无效的

C. 虽然合同双方约定了管辖法院，但是因为法国公司并未对管辖权提出异议且提交了书面答辩状，因此应当视为承认了北京市第一中级人民法院对本案的管辖权，所以，北京市高级人民法院应当驳回其上诉，维持原判

D. 虽然合同双方约定的争议在法国某法院诉讼，但是因为法国法院同合同之间没有关系，所以该约定是无效的

11. 张某向我国大连市中级人民法院起诉在我国没有住所的韩国公民郑某，我国法院欲向其送达应诉通知书。我国法院不能通过以下哪种途径向其送达法律文书？（　　）

A. 按照韩国与中国缔结或参加的国际条所规定的途径送达

B. 通过外交途径请求司法协助

C. 向郑某委托的有权代其接受送达的诉讼代理人送达

D. 通过我国在韩国的使领馆向其送达

12. 高某委托龚律师向县法院起诉，要求与其在英国留学多年不回的英籍华人丈夫蔡某离婚；蔡某委托

丁律师代为诉讼与接受诉讼文书。在诉讼过程中，县法院可以适用（　　）的方式，向蔡某送达诉讼文书。

A. 由中国驻英国使领馆代为送达
B. 向蔡某的代理人丁律师送达
C. 向高某的代理人龚律师送达，并转交蔡某
D. 向高某送达并转交蔡某

13. 关于涉外民事诉讼，下列哪一选项是正确的？（　　）

A. 涉外民事诉讼中的司法豁免是无限的
B. 当事人可以就涉外合同纠纷或者涉外财产权益纠纷协议确定管辖法院
C. 涉外民事诉讼中，双方当事人的上诉期无论是不服判决还是不服裁定一律都是 30 日
D. 对居住在国外的外国当事人，可以通过我国驻该国的使领馆代为送达诉讼文书

14. 我国涉外仲裁机构作出的发生法律效力的仲裁裁决，当事人请求执行的，如果被执行财产不在我国境内，应当（　　）。

A. 由当事人直接向有管辖权的我国人民法院申请执行
B. 由当事人直接向有管辖权的外国法院申请承认和执行
C. 由我国涉外仲裁机构向有管辖权的我国人民法院申请承认和执行
D. 由我国有管辖权的人民法院根据我国缔结或参加的国际条约或按互惠原则请求外国法院承认和执行

15. 人民法院作出的发生法律效力的判决，需要外国法院执行的，（　　）。（考研）

A. 只能由人民法院请求外国法院执行
B. 可由当事人直接向外国有管辖权的法院申请
C. 当事人只能向人民法院提出申请，由人民法院以司法协助的形式请求外国法院执行
D. 经当事人同意，可由人民法院依我国缔结或参加的国际条约的规定，或按照互惠原则请求外国法院承认和执行

16. 甲国公民乔治欲委托我国律师代理诉讼。已知乔治在我国并无住所，且乔治的国籍国与我国亦未订立任何司法协助条约。乔治从甲国向我国寄交授权委托书应当（　　）。

A. 履行甲国规定的证明手续
B. 经甲国的公证机关公证
C. 经我国驻甲国的使领馆认证
D. 经甲国公证机关证明，并经我国驻甲国使领馆认证

17. 韩国当事人尹某请求北京市第一中级人民法院执行韩国某法院作出的民事判决，北京市第一中级人民法院收到该申请后应该如何处理？（　　）

A. 不予受理
B. 审查后认为可以执行并裁定承认该判决的效力，而后发出执行令予以执行
C. 审查后认为可以执行并判决承认该判决的效力，而后发出执行令予以执行
D. 审查后认为可以执行并直接依照该判决予以执行

18. 根据我国《民诉法》的规定，下列说法中错误的是（　　）。

A. 请求和提供司法协助，应当依照中华人民共和国缔结或参加的国际条约所规定的途径进行
B. 请求和提供司法协助，没有条约关系的，通过外交途径解决
C. 除法定情况外，未经中国主管机关准许，任何外国机关或者个人不得在中国领域内送达文书、调查取证
D. 外国驻华使领馆可以向该国公民送达文书和调查取证，必要时可以采取强制措施

19. 在中华人民共和国领域外作出的发生法律效力的仲裁裁决，需要人民法院承认和执行的，（　　）。

A. 由仲裁机构向被执行人住所地或者其财产所在地的中级人民法院申请
B. 由当事人向被执行人住所地或者其财产所在的中级人民法院申请
C. 由外国驻华使领馆向被执行人住所地或者其财产所在地的中级人民法院申请
D. 由仲裁机构向该国驻华使领馆申请

20. 德国的 A 公司与巴西的 B 公司在泰国签订货物买卖合同时约定，双方在履行合同过程中发生的争议由中国某法院管辖。如果双方在履行合同过程中真的发生争议，原告向中国某法院起诉，则该法院是否具有管辖权？（　　）

A. 只有当合同履行地、标的物所在地、可供扣押财产所在地、代表机构住所地位于中国境内，

该法院才可取得管辖权

B. 该法院与案件争议无实际联系，故不能取得管辖权

C. 只要被告不提出管辖权异议且应诉答辩或提出反诉，该法院即取得管辖权

D. 因双方书面协议约定选择该法院管辖，则该法院可以取得管辖权

（二）多项选择题

1. A 国公民哈里 19 岁，2023 年在我国境内购买了一件民间工艺品，价值 1 700 元，现哈里以其本国法上 20 岁为成年才具有行为能力为由，要求解除合同。我国法院在审理此案时应认定（　　）。

A. 哈里的行为无效，可以解除合同，买卖不成立

B. 哈里的行为有效

C. 合同成立

D. 依据 1980 年《国际货物买卖合同公约》有效

2. 外国人、外国企业和组织在我国进行民事诉讼（　　）。（考研）

A. 可以委托其本国公民作为诉讼代理人

B. 可以委托第三国公民作为诉讼代理人

C. 可以委托我国公民作为诉讼代理人

D. 只能委托中国律师

3. 涉外民事诉讼中（　　）。

A. 当事人要求提供翻译的，可以提供，费用由当事人分担

B. 外国人起诉、应诉，须委托中国律师代理诉讼

C. 我国法院作出的生效裁判，若被执行人或财产不在我国境内，当事人请求执行的，可由人民法院请求外国法院承认和执行或由当事人直接向有管辖权的外国法院申请

D. 可使用双方当事人所共通或各自的语言文字

4. 下列关于涉外民事诉讼的表述，哪些符合《民诉法》的规定？（　　）

A. 被告对人民法院管辖不提出异议，并应诉答辩的，视为承认该人民法院是有管辖权的法院

B. 中外合资经营企业合同的中外双方当事人有权约定外方当事人所在国的法院管辖

C. 财产保全可以依当事人申请进行，也可由法院主动依职权进行

D. 当事人不服一审判决的，有权在判决送达之日起 30 日内提起上诉

视频讲题

5. 涉外协议管辖必须具备以下哪些条件？（　　）

A. 限于在合同纠纷或者财产权益纠纷中适用

B. 管辖协议必须采用书面的方式

C. 当事人只能协议选择原告住所地、被告住所地、合同签订地、合同履行地、合同标的物所在地的法院管辖

D. 不得违背我国《民诉法》规定的级别管辖和专属管辖

6. 我国公司 A 与某外国公司 B 签订了一份合作勘探开发我国某地铁矿资源的合同，后双方发生了合同纠纷。试问：双方当事人的下列做法中合法的是哪些？（　　）

A. 双方书面协议选择某外国法院管辖

B. 双方书面协议选择某外国仲裁机构进行裁决

C. 双方在中国法院进行诉讼

D. 双方书面协议选择国内仲裁机构裁决

7. 就读于北京市海淀区某高校的韩国籍留学生金某在一家位于朝阳区的酒吧与一名中国籍服务生发生冲突，并将该服务生打伤。现该服务生欲向人民法院起诉要求金某赔偿医疗费、误工费等共计 4 200 余元。下列哪个法院对该案有管辖权？（　　）

A. 朝阳区法院

B. 海淀区法院

C. 原告自己的住所地法院

D. 北京市第一中级人民法院

8. 费某与梁某均为中国公民，两人于 2019 年 10 月在广州结婚，次年梁某即留学意大利。2024 年 3 月，梁某向意大利法院提起离婚诉讼，要求解除与费某的婚姻关系。同年 4 月，费某在国内获知梁某起诉一事，遂向广州市天河区法院提起离婚诉讼。请判断下列哪些说法是不正确的。（　　）

A. 由于意大利法院已经受理了梁某的离婚诉讼，天河区法院不得再行管辖

B. 不论哪一方向人民法院提起离婚诉讼，国内一

方住所地的人民法院均有权管辖

C. 尽管梁某已经向意大利法院起诉，但对于费某的诉讼，天河区法院仍然享有管辖权

D. 根据原告就被告的原则，费某应当到意大利法院应诉

视频讲题

9. 当事人可以用书面协议选择管辖人民法院的涉外案件包括（　　）。

A. 涉外财产权益纠纷

B. 涉外合同纠纷

C. 涉外人身关系纠纷

D. 涉外婚姻纠纷

10. 甲男与乙女分别是北京市东城区和西城区人，2023年6月在天津市滨海新区举行婚礼。婚后甲、乙居住在北京市朝阳区。2024年1月，甲与乙一同留学美国，但并未定居。同年4月，甲提出离婚。试问：国内哪些法院对该案有管辖权？（　　）

A. 北京市东城区人民法院

B. 北京市西城区人民法院

C. 天津市滨海新区人民法院

D. 北京市朝阳区人民法院

11. 香港恒生公司总部设在香港九龙，在广州设有办事处，并在深圳拥有一栋写字楼。该公司因与天宇公司发生合同纠纷，被天宇公司诉至法院。已知合同签订于佛山，并约定在珠海履行，目前双方的合同并未履行。试问：对于本案何地的法院有管辖权？（　　）

A. 广州　　B. 深圳

C. 佛山　　D. 珠海

12. 对涉外仲裁裁决的执行管辖权属于（　　）。（考研）

A. 被申请人住所地的中级人民法院

B. 被执行财产所在地的中级人民法院

C. 申请执行人住所地的中级人民法院

D. 仲裁机构所在地的中级人民法院

13. 根据我国《民诉法》规定，涉外民事诉讼中关于期间的特别规定适用于下列哪些当事人？（　　）

A. 居住在我国领域内的外籍当事人

B. 居住在我国领域外的外籍当事人

C. 居住在我国领域内的中国籍当事人

D. 居住在我国领域外的中国籍当事人

14. 下列适用30日的答辩期限规定的有（　　）。

A. 任何在我国人民法院进行的民事诉讼

B. 涉外民事诉讼

C. 被告在我国境内没有住所的涉外民事诉讼

D. 当事人双方是外国人，住所地均在外国的涉外民事诉讼

15. 对在中国领域内没有住所的当事人送达诉讼文书，可以采用的方式有：（　　）。

A. 通过外交途径送达

B. 向受送达人委托的有权代其接受送达的诉讼代理人送达

C. 向受送达人驻华代表机构送达

D. 公告送达

16. 对中华人民共和国涉外仲裁机构作出的裁决，下列属于法定不予执行的情形的是：（　　）。

A. 当事人在合同中未订立仲裁条款或者事后没有达成书面仲裁协议的

B. 仲裁庭的组成不符合仲裁规则的规定

C. 被申请人由于一些不可归责于自身的原因未能陈述意见

D. 裁决的事项不属于仲裁协议的范围

17. 根据《民诉法》的规定，我国法院与外国法院可以进行司法协助，互相委托，代为一定的诉讼行为。但是在下列哪些情况下，我国法院应予以驳回或说明理由退回外国法院？（　　）

A. 委托事项同我国的主权、安全不相容的

B. 不属于我国法院职权范围的

C. 违反我国法律的基本准则或者我国国家利益、社会利益的

D. 外国法院委托我国法院代为送达法律文书，未附中文译本的

18. 2023年6月，上海华士公司同英国托马斯公司签订了一份货物买卖合同，双方在合同中约定：如果合同履行出现争议，则双方应当将争议提交伦敦仲裁机构解决。后双方因货物质量问题发生争议，华士公司于2024年1月13日向上海市第一中级人民法院起诉，托马斯公司在法定期限内并未提出管辖权异议，

并向人民法院提交了答辩状。经审理，托马斯公司败诉。经查明，托马斯公司在我国境内没有财产，其财产均在英国境内，则本案的判决应当如何执行？（　　）

A. 由华士公司直接向有管辖权的英国法院申请承认和执行

B. 由华士公司向人民法院申请执行

C. 由人民法院依照中国缔结或者参加的国际条约的规定，或者按照互惠原则，请求英国法院承认和执行

D. 由华士公司向伦敦仲裁机构申请承认和执行

19. 住所位于我国A市B区的甲公司与美国乙公司在我国M市N区签订了一份买卖合同，美国乙公司在我国C市D区设有代表处。甲公司因乙公司提供的产品存在质量问题诉至法院。关于本案，下列哪些选项是正确的？（　　）

A. M市N区法院对本案有管辖权

B. C市D区法院对本案有管辖权

C. 法院向乙公司送达时，可向乙公司设在C市D区的代表处送达

D. 如甲公司不服一审判决，应当在一审判决书送达之日起15日内提起上诉

20. 中国公民甲与外国公民乙因合同纠纷诉至某市中级法院，法院判决乙败诉。判决生效后，甲欲请求乙所在国家的法院承认和执行该判决。关于甲可以利用的途径，下列哪些说法是正确的？（　　）

A. 可以直接向有管辖权的外国法院申请承认和执行

B. 可以向中国法院申请，由法院根据我国缔结或者参加的国际条约，或者按照互惠原则，请求外国法院承认和执行

C. 可以向司法行政部门申请，由司法行政部门根据我国缔结或者参加的国际条约，或者按照互惠原则，请求外国法院承认和执行

D. 可以向外交部门申请，由外交部门向外国中央司法机关请求协助

21. 某合同纠纷案的被告为一外国公司，在我国境内无住所地，法院可以采取以下哪几种方式向其送达法律文书？（　　）（考研）

A. 公告送达

B. 委托我国驻外使领馆送达

C. 向有权接受送达的诉讼代理人送达

D. 若该公司在我国领域内有代表机构的，可以向其代表机构送达

22. 2019年1月，中国甲市公民李虹（女）与美国留学生琼斯（男）在中国甲市登记结婚，婚后两人一直居住在甲市B区。2024年2月，李虹提起离婚诉讼，甲市B区法院受理了该案件，适用普通程序审理。关于本案，下列哪些表述是正确的？（　　）

A. 本案的一审审理期限为6个月

B. 法院送达诉讼文书时，对李虹与琼斯可采取同样的方式

C. 不服一审判决，李虹的上诉期为15天，琼斯的上诉期为30天

D. 美国驻华使馆法律参赞可以个人名义作为琼斯的诉讼代理人参加诉讼

23. 当事人之间的同一纠纷，一方当事人向中国法院起诉，另一方当事人向外国法院起诉，关于中国法院对案件的处理，正确的是（　　）。

A. 只要中国法院依照我国《民诉法》具有管辖权，就可以受理

B. 如果外国法院先于中国法院受理，那么应裁定将案件移送先受理的外国法院

C. 若本案属于中国法院专属管辖的纠纷，则即便外国法院在先受理，中国法院也可以受理案件

D. 若外国法院作出的生效裁判已经获得中国法院承认，则就已经获得承认的部分，中国法院应裁定不予受理

（三）不定项选择题

1. 温州菲克鞋业有限公司与西班牙奥莱公司签订了一份皮鞋出口合同，双方约定：菲克公司应当于签约之后一个月内向奥莱公司提供1.5万双优质皮鞋，奥莱公司在组织验货合格后即向菲克公司支付货款25万欧元；合同中的相关争议应当交付仲裁。其后，奥莱公司技术人员经过验货认为，该批皮鞋有两千多双不符合合同约定的质量标准，因此拒绝付款。

请回答下列问题：

（1）有关本案仲裁条款的表述正确的是：（　　）。

A. 仲裁条款的约定不明

B. 双方可以以补充协议的形式对该仲裁条款进行完善

C. 菲克公司可以申请温州市仲裁委员会对该仲裁条款的效力进行认定

D. 菲克公司可以申请人民法院对该仲裁条款的效力进行认定

（2）如果双方无法就仲裁条款达成补充协议，菲克公司向人民法院起诉的，奥莱公司应当在什么时间内答辩？（　　）

A. 收到起诉状副本 30 日内

B. 收到起诉状副本 20 日内

C. 收到起诉状副本 15 日内

D. 收到起诉状副本 10 日内

（3）在本案的审理过程中，菲克公司向人民法院申请对该批皮鞋的质量问题进行鉴定。此时，人民法院可以（　　）。

A. 决定延期审理　　B. 裁定延期审理

C. 决定中止诉讼　　D. 裁定中止诉讼

（4）假设本案的一审法院判决奥莱公司败诉，且奥莱公司提起上诉，则二审法院在什么情况下可以裁定撤销原判、发挥重审？（　　）

A. 一审判决认定的事实不清的

B. 一审判决适用法律有错误的

C. 审理本案的审判人员具有应当回避的情形，没有回避的

D. 一审合议庭未经开庭审理就作出判决的

2. 耿某与孙某系福州市人，耿某计划于 2023 年 8 月去澳大利亚留学，因此于 2023 年 6 月与孙某签订买卖合同，约定出国前将其苹果笔记本电脑连同惠普彩色打印机一并转让给孙某，孙某则先支付一半价金 6 000 元。后耿某提前出国，电脑与打印机不知去向，孙某多方努力也未能与耿某取得联系，故而欲就该买卖合同向人民法院起诉。

请回答下列问题：

（1）人民法院在委托我国驻澳使领馆送达未果的情况下，可以采取下列哪种措施？（　　）

A. 通知孙某撤诉

B. 公告送达

C. 委托澳大利亚驻华使领馆代为查找并送达

D. 请求澳地方当局协助查找

（2）人民法院最终于 2023 年 9 月 11 日作出判决，并于当日公告该判决。试问：该判决的生效时间是？（　　）

A. 2024 年 9 月 12 日

B. 2024 年 5 月 12 日

C. 2023 年 12 月 12 日

D. 2024 年 3 月 12 日

视频讲题

（3）就本案而言，如果耿某在国内尚留有一辆汽车，孙某就该汽车向法院申请财产保全。下列说法中正确的是：（　　）。

A. 因为本案是涉外民事诉讼，孙某不得申请诉前财产保全

B. 孙某如果申请诉前财产保全，则应当在 30 日内向人民法院起诉

C. 孙某可以在诉讼过程中申请财产保全

D. 人民法院采取财产保全措施后，如果耿某出现并提供担保，人民法院应当解除保全措施

简答题

1. 简述涉外民事诉讼程序的原则及其内容。
2. 简述涉外民事诉讼管辖权的确定原则。
3. 简述涉外民事诉讼中的诉讼竞合。（考研）
4. 试述涉外仲裁与涉外民事诉讼的关系。
5. 一般国际司法协助可以通过哪些途径进行？
6. 简述法院裁判的承认与执行的条件和程序。
7. 简述区际司法协助中的法律适用原则。
8. 我国进行区际司法协助的原则是什么？

案例分析题

1. 边某与戈某于 2006 年结婚，婚后双方育有一女。2012 年 8 月，边某赴日本留学。夫妻双方由于长期分居，感情逐渐淡漠。2016 年 3 月，戈某偕女儿前往日本工作，夫妻双方在共同生活一段时间之后，于 2017 年 1 月正式分居。同年 9 月，戈某向日本某地方法院起诉离婚。日本法院经过调解解除了双方的婚姻关系；戈某在日本的财产均归戈某所有；边某给付戈

某 300 万日元的生活费用；女儿由戈某抚养，边某一次性支付抚养费 200 万日元。双方离婚后一个月，戈某辞去工作准备回国，并向日本法院要求提取全部 500 万日元的生活费、抚养费。日本法院则告知戈某，根据日本法律，只有法院的离婚调解协议得到中国法院的承认，上述费用才能支付给戈某。因此，戈某又向北京市第一中级人民法院申请承认日本地方法院的离婚调解协议。

问：北京市第一中级人民法院对该调解协议应当如何处理？能否承认？

2. 黎某与吴某是台湾地区居民，两人存在债权债务关系。债务履行期限届满后，债权人黎某多次催讨，但吴某始终拒绝偿还。黎某无奈，遂向高雄地方法院提出支付令申请，要求吴某还款。20××年 4 月 15 日，高雄地方法院根据黎某的申请向吴某发出支付令。吴某在法定期限内并未对该支付令提出合法的异议，因此高雄地方法院于 5 月 18 日发出确定证明书，确定该支付令已经具有强制执行力。黎某在向高雄地方法院申请执行时发现，吴某本人在台湾地区并没有足够的财产可供执行，其已将大部分的个人资产用于在厦门投资建厂。黎某于是向厦门市中级人民法院申请对该支付令予以认可并执行。

请分析：厦门市中级人民法院能否认可并执行该支付令？

论述与深度思考题

你认为在涉外民事诉讼中应当如何处理国家及其财产的民事司法豁免问题？我国在该问题上的基本立场如何？可以从哪些方面进一步完善国家及其财产的民事司法豁免问题？

参考答案

名词解释与概念比较

1. 涉外民事诉讼，是指含有涉外因素的民事诉讼，具体而言，是指人民法院在双方当事人和其他诉讼参与人的参加下，审理和解决涉外民事案件的活动。这里的“民事”应当作广义的理解，既包括民事诉讼，也包括商事诉讼。这里的“涉外”，从实体因素上看，主要是指当事人、法律事实以及标的物方面的涉外。

2. 不方便法院实际上是处理涉外民事司法管辖权冲突的一种做法。在涉外民事诉讼中，如果将案件交由原告所选择的法院来审理会对被告造成显著不利或者给法院审理带来巨大不便，那么受诉法院可以其是不方便法院并且存在更方便的他国法院为由，拒绝行使管辖权或审判权。

适用不方便法院的条件是：(1) 对于适用该原则的案件，存在着共同管辖的法院；(2) 在受诉法院进行诉讼是显著不便的；(3) 存在一个对该案管辖更为方便的他国法院。

通常来说，确定不方便法院时应当考虑的因素主要是当事人的居住地、诉讼期间的长短、送达的繁简程度、能否及时查明准据法、法院的判决被他国承认和执行的可能性等。

3. 涉外民事诉讼中的专属管辖，是指有关国家对特定范围的民事案件无条件地保留其受理诉讼和作出裁判的权利，从而排除其他国家对这类案件的管辖权。在我国，涉外专属管辖的概念包含两层意思：一层意思是对于这些案件，我国的人民法院享有排他的专属管辖权；另一层意思是并非各级、各地方的人民法院均享有对这些案件的管辖权，而是只有特定的人民法院享有专属的管辖权。

根据我国《民诉法》的规定，下列民事案件，由我国法院专属管辖：(1) 因在我国领域内设立的法人或者其他组织的设立、解散、清算，以及该法人或者其他组织作出的决议的效力等纠纷提起的诉讼；(2) 因与在我国领域内审查授予的知识产权的有效性有关的纠纷提起的诉讼；(3) 因在我国领域内履行中外合资经营企业合同、中外合作经营企业合同、中外合作勘探开发自然资源合同发生纠纷提起的诉讼；(4) 不动产在我国领域内的涉外不动产纠纷诉讼；(5) 港口在我国领域内的涉外港口作业纠纷诉讼；(6) 被继承人死亡时住所地或者主要遗产所在地在我国领域内的涉外遗产继承纠纷诉讼。此外，《海事诉讼特别程序法》第 7 条规定的案件，含有涉外因素的，也由我国海事法院专属管辖。

我国确立专属管辖的依据是国际公认的合同纠纷应由与合同有最密切联系的国家的法院管辖，以及不动产纠纷应当由不动产所在地法院管辖原则；同时充分考虑到自然资源与国家主权的不可分性。

4. 平行诉讼，是指相同当事人基于同一纠纷事实

在两个以上国家法院进行诉讼的情形。平行诉讼主要有两种类型。一是原告被告共通型，是指就同一纠纷事实，同一原告在两个以上国家针对同一被告提起诉讼的情形。比如，基于同一案件事实，原告在一国提起侵权之诉，而针对同一被告在另一国提起侵权之诉或违约之诉。二是原告被告逆转型，是指基于同一纠纷事实，A对B在一国法院起诉，同时B对A在另一国法院起诉。比如，在国际货物买卖合同中，一方当事人在一国提起给付之诉，而对方当事人在另一国提起确认该合同无效之诉。

5. 司法协助，是指不同国家的法院之间，根据本国缔结或者参加的国际条约或者互惠关系，彼此相互协助，替对方代为一定的诉讼行为。司法协助通常是基于国家间正式的司法协助关系或者国家间存在的事实上的互惠关系。司法协助是国际民商事交往中克服司法管辖权障碍、便利诉讼顺利进行的重要手段，具有积极意义。

6. 国际民事诉讼是国际私法上的一个概念，是指涉及外国因素的民事诉讼，即在有关的民事诉讼程序中涉及两个或两个以上的国家的人和事，或同两个国家存在着不同程度的联系。从基本内涵上看，国际民事诉讼与涉外民事诉讼有很大的一致性，通常人们也是将涉外民事诉讼与国际民事诉讼同等看待的。

产生这种概念上的差别的主要原因是民事诉讼法学者与国际私法学者看待这一问题的角度不尽相同。民事诉讼法学者多是从内国主权或者内国民事诉讼法的角度出发，研究对于具有涉外因素的民事案件应当适用哪些特殊的程序性规定。而国际私法学者在内国主权之外，更加关注如何妥善处理国际民商事交往中所产生的纠纷，因此特别强调"国际"因素。

7. 区际司法协助，是指存在于同一主权国家内部不同法域的司法机关之间在司法领域的合作和互助。区际司法协助的概念中，最为重要的就是"区际"。这里的"区际"首先是一个地理上的概念，即同一主权国家之内的不同地域。其次，"区际"更主要是一个法律上的概念，不同的地域强调的是不同"法域"，即有着独立或者相对独立的法律制度的区域。

我国的区际司法协助主要包括以下行为：一是区际送达诉讼文书，二是区际调查取证，三是区际认可与执行法院裁判以及仲裁裁决。

8. 法域指的是有着独立或者相对独立的法律制度的区域。法律制度作为国家的重要内容，与主权密不可分，因此通常与一国主权的管辖范围是一致的。一个国家的领域范围就是一个独立的、统一的法域。但是，由于各国历史传统和现实国情的千差万别，上述常态也是存在例外情况的，即在一个统一主权的国家领土范围之内存在数个相互独立的法律体系及其相应的司法体系——多个法域。

一国之内存在一个以上的独立的法域是区际司法协助产生的现实基础。

9. 公共秩序保留，是指一国法院如果认为对外国法的适用，或对外国诉讼程序法律效力的承认，或对外国法院裁判以及仲裁裁决的承认和执行，会与本国的公共秩序相违背，就不适用该外国法，或不承认其诉讼程序的效力，或对其法院裁判、仲裁裁决不予承认和执行。我国的区际司法协助是建立在"一国两制"的基本政治原则基础上的，这就决定了大陆/内地与港、澳、台地区在政治、经济、社会、法律等制度方面会存在较大差异。因此，我国的区际司法协助极有必要适用公共秩序保留制度。

选择题

（一）单项选择题

1. 答案：B

根据《民诉法》第4条的规定，在中华人民共和国领域范围内进行民事诉讼只能适用我国的民事诉讼法。

2. 答案：B

根据《民诉解释》第531条的规定，A项正确，不当选。根据《民诉解释》第526条的规定，C项正确，也不当选。根据《民诉解释》第528条的规定，D项正确，不当选。另根据《民诉解释》第538条的规定，申请书只能使用中文，因此B项当选。

3. 答案：C

本题的D项比较容易识别：在人民法院进行民事诉讼只能适用我国的民事诉讼法，因此是错误的。至于A、B两项关于诉讼标的问题，由于在我国的理论上和实务中是以旧实体法说为通说，即以争议的实体权利义务关系为诉讼标的，因此，本案的诉讼标的并非诉讼请求。

4. 答案：D

《民诉解释》第 526 条规定，涉外民事诉讼中的外籍当事人，可以委托本国人为诉讼代理人，也可以委托本国律师以非律师身份担任诉讼代理人；外国驻华使领馆官员，受本国公民的委托，可以以个人名义担任诉讼代理人，但在诉讼中不享有外交或者领事特权和豁免。

5. 答案：D

根据《民诉法》第 279 条关于专属管辖的规定，因在我国履行中外合资经营企业合同而发生争议提起的诉讼，由我国的人民法院管辖。

6. 答案：D

参见《民诉法》第 279、130、276 条以及《仲裁法》第 6 条之规定。

7. 答案：B

首先确定级别管辖：根据《民诉法》第 19 条的规定，重大涉外案件由中级人民法院管辖。本案中涉及大宗的钻石交易，可以推断交易额应当很大，因此属于重大涉外案件的范围，因此 C、D 项不当选。又根据《民诉法》第 276 条第 1 款的规定，因涉外民事纠纷，对在中华人民共和国领域内没有住所的被告提起除身份关系以外的诉讼，如果合同签订地、合同履行地、诉讼标的物所在地、可供扣押财产所在地、侵权行为地、代表机构住所地位于中华人民共和国领域内的，可以由合同签订地、合同履行地、诉讼标的物所在地、可供扣押财产所在地、侵权行为地、代表机构住所地人民法院管辖，而乙钻石供应商在南京市设有代表机构，因此 B 项是正确的。

8. 答案：C

参见《民诉法》第 35 条的规定。

9. 答案：C

根据《民诉法》第 286 条的规定，在中华人民共和国领域内没有住所的当事人，不服第一审人民法院判决、裁定的，有权在判决书、裁定书送达之日起 30 日内提起上诉。当事人不能在法定期间提起上诉或者提出答辩状，申请延期的，是否准许，由人民法院决定。因此，黎某的上诉有效。

10. 答案：C

参见《民诉法》第 130 条第 2 款的规定。

11. 答案：D

《民诉法》第 283 条规定，人民法院对在中华人民共和国领域内没有住所的当事人送达诉讼文书，可以采用下列方式：(1) 依照受送达人所在国与中华人民共和国缔结或者共同参加的国际条约中规定的方式送达；(2) 通过外交途径送达；(3) 对具有中华人民共和国国籍的受送达人，可以委托中华人民共和国驻受送达人所在国的使领馆代为送达；(4) 向受送达人在本案中委托的诉讼代理人送达；(5) 向受送达人在中华人民共和国领域内设立的独资企业、代表机构、分支机构或者有权接受送达的业务代办人送达；(6) 受送达人为外国人、无国籍人，其在中华人民共和国领域内设立的法人或者其他组织担任法定代表人或者主要负责人，且与该法人或者其他组织为共同被告的，向该法人或者其他组织送达；(7) 受送达人为外国法人或者其他组织，其法定代表人或者主要负责人在中华人民共和国领域内的，向其法定代表人或者主要负责人送达；(8) 受送达人所在国的法律允许邮寄送达的，可以邮寄送达，自邮寄之日起满 3 个月，送达回证没有退回，但根据各种情况足以认定已经送达的，期间届满之日视为送达；(9) 采用能够确认受送达人收悉的电子方式送达，但是受送达人所在国法律禁止的除外；(10) 以受送达人同意的其他方式送达，但是受送达人所在国法律禁止的除外。不能用上述方式送达的，公告送达，自发出公告之日起，经过 60 日，即视为送达。

要注意的是，通过我国在外国的使领馆送达的，受送达人必须是具有中华人民共和国国籍的人。本题不符合这个条件，故选择 D 项。

12. 答案：B

《民诉法》第 283 条第 4 项规定，人民法院对在中国没有住所的当事人送达诉讼文书，向受送达人在本案中委托的诉讼代理人送达。

13. 答案：B

参见《民诉法》第 272、35、286、283 条之规定。

14. 答案：B

《民诉法》第 297 条第 2 款规定，在中华人民共和国领域内依法作出的发生法律效力的仲裁裁决，当事人请求执行的，如果被执行人或者其财产不在中华人民共和国领域内，当事人可以直接向有管辖权的外国法院申请承认和执行。

15. 答案：B

《民诉法》第 297 条第 1 款规定：人民法院作出的

发生法律效力的判决、裁定，如果被执行人或者其财产不在我国领域内，当事人请求执行的，可以由当事人直接向有管辖权的外国法院申请承认和执行，也可以由人民法院依照我国缔结或参加的国际条约的规定，或者按照互惠原则，请求外国法院承认和执行。因此，B项应选，A、C项显然错误。关于D项应当注意的是，即便是由人民法院申请外国法院承认和执行，其前提仍然是当事人提出请求，并经过人民法院审查，而不是法院主动作出决定。因此，D项不选。

16. 答案：D

《民诉法》第275条规定：在我国领域内没有住所的外国人、无国籍人、外国企业和组织委托我国律师或其他人代理诉讼，从我国领域以外寄交或者托交的授权委托书，应当经所在国公证机关证明，并经我国驻该国使领馆认证，或者履行我国与该所在国订立的有关条约中规定的证明手续后，才具有效力。本题中，由于不存在双边条约，因此应当选D项。

17. 答案：B

《民诉法》第299条规定：人民法院对申请或者请求承认和执行的外国法院作出的发生法律效力的判决、裁定，依照我国缔结或者参加的国际条约，或者按照互惠原则进行审查后，认为不违反我国法律的基本原则且不损害国家主权、安全、社会公共利益的，裁定承认其效力，需要执行的，发出执行令，依照本法的有关规定执行。

18. 答案：D

《民诉法》第294条规定：请求和提供司法协助，应当依照我国缔结或者参加的国际条约所规定的途径进行；没有条约关系的，通过外交途径进行。外国驻中华人民共和国的使领馆可以向该国公民送达文书和调查取证，但不得违反我国的法律，并不得采取强制措施。除前款规定的情况外。未经我国主管机关准许，任何外国机关或者个人不得在我国领域内送达文书、调查取证。

19. 答案：B

《民诉法》第304条规定，在中华人民共和国领域外作出的发生法律效力的仲裁裁决，需要人民法院承认和执行的，当事人可以直接向被执行人住所地或者其财产所在地的中级人民法院申请。被执行人住所地或者其财产不在中华人民共和国领域内的，当事人可以向申请人住所地或者与裁决的纠纷有适当联系的地点的中级人民法院申请。人民法院应当依照中华人民共和国缔结或者参加的国际条约，或者按照互惠原则办理。

20. 答案：D

根据《民诉法》第277条，涉外民事纠纷即使与中国无实际联系，只要当事人书面选择由中国法院管辖，中国法院也可取得管辖权。

（二）多项选择题

1. 答案：BC

《涉外法》第12条第2款规定，自然人从事民事活动，依照经常居住地法律为无民事行为能力，依照行为地法律为有民事行为能力的，适用行为地法律，但涉及婚姻家庭、继承的除外。因此，应当认定哈里的行为有效、合同成立。D项的错误在于，1980年联合国《国际货物买卖合同公约》并不适用于民间工艺品的买卖，因而不能作为认定行为是否有效的依据。

2. 答案：ABCD

《民诉法》第274条规定，外国人、无国籍人、外国企业和组织在人民法院起诉、应诉，需要委托律师代理诉讼的，必须委托中国的律师。

此外，根据《民诉解释》第526条的规定，外国人还可以委托本国公民、本国律师以非律师的身份担任诉讼代理人。因此，A、D两项显然应选。至于B、C两项，由于我国涉外民事诉讼立法并未加以禁止，而且其完全符合当事人意思自治的要求，故而也是正确的。

3. 答案：BC

《民诉法》第273条规定，人民法院审理涉外民事案件，应当使用中华人民共和国通用的语言、文字；当事人要求提供翻译的，可以提供，费用由当事人承担。注意，这里的“由当事人承担”应当理解为由要求提供翻译的一方当事人承担。因此，A项、D项均不正确。《民诉法》第274条规定，外国人、无国籍人、外国企业和组织在人民法院起诉、应诉，需要委托律师代理诉讼的，必须委托中国的律师。因此B项正确。《民诉法》第297条规定：“人民法院作出的发生法律效力的判决、裁定，如果被执行人或者其财产不在中华人民共和国领域内，当事人请求执行的，可以由当事人直接向有管辖权的外国法院申请承认和执行，也可以由人民法院依照中华人民共和国缔结或者

参加的国际条约的规定，或者按照互惠原则，请求外国法院承认和执行。”因此C项正确。

4. 答案：AC

参见《民诉法》第130、279、103、286条的规定。

5. 答案：ABD

参见《民诉法》第35条的规定。

6. 答案：BCD

本题考查合作勘探开发自然资源合同的争议解决方式。《民诉法》第279条规定，下列民事案件，由人民法院专属管辖：……因在中华人民共和国领域内履行中外合资经营企业合同、中外合作经营企业合同、中外合作勘探开发自然资源合同发生纠纷提起的诉讼，由中华人民共和国人民法院管辖。《民诉解释》第529条第2款规定，根据《民诉法》第34条和第279条规定，属于中华人民共和国法院专属管辖的案件，当事人不得协议选择外国法院管辖，但协议选择仲裁的除外。本题为合作勘探开发自然资源合同纠纷，据此选择B、C两项。选项D符合有效仲裁协议的条件。

7. 答案：AB

本案属于一般性的涉外民事案件，因此不应当适用《民诉法》第19条规定的“重大涉外案件由中级人民法院管辖”的规定，可以由基层人民法院管辖。对具体管辖法院的确定，可以适用《民诉法》关于确定管辖权的一般规定，即对于侵权案件可以由被告住所地或者侵权行为发生地的法院管辖。本案中，金某住在海淀区，侵权行为发生在朝阳区，因此，A、B两项当选。

8. 答案：AD

根据《民诉解释》第15条对涉外离婚案件管辖权的特殊规定，中国公民一方居住在国外，一方居住在国内，不论哪一方向人民法院提起离婚诉讼，国内一方住所地的法院都有权管辖；如国外一方在居住国法院起诉，国内一方向人民法院起诉的，受诉人民法院有权管辖。

9. 答案：AB

参见《民诉法》第35条。

10. 答案：AB

《民诉解释》第16条规定，中国公民双方在国外但未定居，一方向人民法院起诉离婚的，应由原告或者被告原住所地人民法院管辖。

11. 答案：ABCD

《民诉法》第276条规定：“因涉外民事纠纷，对在中华人民共和国领域内没有住所的被告提起除身份关系以外的诉讼，如果合同签订地、合同履行地、诉讼标的物所在地、可供扣押财产所在地、侵权行为地、代表机构住所地位于中华人民共和国领域内的，可以由合同签订地、合同履行地、诉讼标的物所在地、可供扣押财产所在地、侵权行为地、代表机构住所地人民法院管辖。除前款规定外，涉外民事纠纷与中华人民共和国存在其他适当联系的，可以由人民法院管辖。”《民诉解释》第549条规定：“人民法院审理涉及香港、澳门特别行政区和台湾地区的民事诉讼案件，可以参照适用涉外民事诉讼程序的特别规定。”

12. 答案：AB

《民诉法》第290条规定：一方当事人不履行仲裁裁决的，对方当事人可以向被申请人住所地或者财产所在地的中级人民法院申请执行。因此，可以直接选定A、B两项。

13. 答案：BD

根据《民诉法》第285、286条的规定，涉外民事诉讼的期间适用于在中华人民共和国领域内没有住所的人，该种人应被理解为居住在中国领域外的中国人和外国人。

14. 答案：CD

《民诉法》第285条规定：被告在中华人民共和国领域内没有住所的，人民法院应当将起诉状副本送达被告，并通知被告在收到起诉状副本后30日内提出答辩状。被告申请延期的，是否准许，由人民法院决定。

15. 答案：ABCD

根据《民诉法》第283条的规定，本题应全选。

16. 答案：ABCD

《民诉法》第291条规定，对中华人民共和国涉外仲裁机构作出的裁决，被申请人提出证据证明仲裁裁决有下列情形之一的，经人民法院组成合议庭审查核实，裁定不予执行：（1）当事人在合同中没有订立仲裁条款或者事后没有达成书面仲裁协议的；（2）被申请人没有得到指定仲裁员或者进行仲裁程序的通知，或者由于其他不属于被申请人负责的原因未能陈述意见的；（3）仲裁庭的组成或者仲裁的程序与仲裁规则不符的；（4）裁决的事项不属于仲裁协议的范围或者仲裁机构无权仲裁的。人民法院认定执行该裁决违背社会公共利益的，裁定不予执行。

17. 答案：ABCD

《民诉法》第 293 条规定：根据中华人民共和国缔结或者参加的国际条约，或者按照互惠原则，人民法院和外国法院可以相互请求，代为送达文书、调查取证以及进行其他诉讼行为。外国法院请求协助的事项有损于中华人民共和国的主权、安全或者社会公共利益的，人民法院不予执行。《民诉法》第 299 条虽然没有明确规定不属于我国法院职权范围的应当予以驳回或者说明理由退回外国法院，但据民事诉讼基本法理，超出我国法院职权范围的，法院当然不能进行司法协助，此与司法协助的目的相违背。至于中文译本，则是《民诉法》第 295 条的规定。

18. 答案：AC

《民诉法》第 297 条规定，人民法院作出的发生法律效力的判决、裁定，如果被执行人或者其财产不在中华人民共和国领域内，当事人请求执行的，可以由当事人直接向有管辖权的外国法院申请承认和执行，也可以由人民法院依照中华人民共和国缔结或者参加的国际条约的规定，或者按照互惠原则，请求外国法院承认和执行。

19. 答案：ABCD

参见《民诉法》第 276 条和《民诉解释》第 536 条之规定。

20. 答案：AB

《民诉法》第 297 条第 1 款规定：人民法院作出的发生法律效力的判决、裁定，如果被执行人或者其财产不在中华人民共和国领域内，当事人请求执行的，可以由当事人直接向有管辖权的外国法院申请承认和执行，也可以由人民法院依照中华人民共和国缔结或者参加的国际条约的规定，或者按照互惠原则，请求外国法院承认和执行。因此，本题的正确答案是 A、B 项。

21. 答案：ACD

参见《民诉法》第 283 条之规定。

22. 答案：BD

参见《民诉法》第 287、283、286 条，《民诉解释》第 526 条之规定。

23. 答案：ACD

根据《民诉法》第 280、281、282 条，A、C、D 项正确。

（三）不定项选择题

1.（1）答案：ABCD

当事人对仲裁事项的约定必须明确，其中重要的内容就是应当明确选定仲裁机构。本案中当事人仅约定采用仲裁方式解决合同履行过程中的争议，但是并未明确选定仲裁机构。因此，A 项当选。根据《仲裁法》第 18 条的规定，双方当事人可以达成补充协议，如果未能达成补充协议，则仲裁条款或者仲裁协议无效。因此 B 项正确。另根据《仲裁法》第 20 条第 1 款的规定，菲克公司对仲裁条款的效力有异议的，可以请求仲裁委员会或者人民法院进行认定。因此 C、D 项正确。

（2）答案：A

根据《民诉法》第 285 条的规定，本案中的奥莱公司在我国领域内没有住所，因此应当在收到起诉状副本 30 日内进行答辩。值得提醒的是，如果奥莱公司在我国境内有住所，则其提出答辩的期限为 15 日。

（3）答案：A

根据《民诉法》第 149 条第 3 项的规定，当事人申请鉴定的，人民法院可以延期审理。又根据《民诉法》第 157 条的规定，延期审理不能以裁定的方式作出，而只需口头宣布并记入庭审笔录即可。

（4）答案：ACD

参见《民诉法》第 177 条和《民诉解释》第 323 条之规定。

2.（1）答案：B

根据《民诉法》第 283 条的规定，人民法院对在我国领域内没有住所的当事人进行送达的，可以采用公告送达的方式。

（2）答案：C

《民诉法》第 283 条规定，不能用上述方式送达的，公告送达，自发出公告之日起，经过 60 日，即视为送达。因此，在公告期满后 60 日，经过 30 日的上诉期当事人没有上诉的，一审判决生效。

（3）答案：BCD

参见《民诉法》第 103、107 条的规定。

简答题

1. 涉外民事诉讼程序的原则，是根据我国民事诉

讼法的基本原则以及我国缔结或参加的国际条约，参照国际惯例，结合我国涉外民事诉讼的特殊情况而制定的，当事人在进行涉外民事诉讼以及人民法院在适用涉外民事诉讼程序审理案件时，除应遵守民事诉讼法的基本原则外，还应当遵守的涉外民事诉讼程序的一般原则。

涉外民事诉讼直接关系到一国的主权，因此，国家主权原则是各国规定涉外民事诉讼程序的基本出发点。涉外民事诉讼程序的一般原则都是以国家主权原则为基础，并体现了国家主权原则的要求。

具体来说，涉外民事诉讼的一般原则包括适用我国民事诉讼法原则、信守国际条约原则、尊重外交特权与豁免原则、使用我国通用的语言文字原则、委托我国律师代理诉讼原则。

适用我国民事诉讼法原则，是指人民法院审理涉外民事案件，根据国际惯例，原则上适用法院所在地（我国）民事诉讼法。

信守国际条约原则，是指人民法院审理涉外民事案件时，如果国际条约规定的有关程序和民事诉讼法不一致的，应当以该国际条约优先，但我国声明保留的条款除外。

尊重外交特权与豁免原则，是指人民法院审理涉外民事案件时，遇有涉案当事人或者财产等享有外交特权或者属于豁免范围的，应当按照有关国际公约、国际惯例办理。

使用我国通用的语言文字原则，是指人民法院审理涉外民事案件时，应当使用中华人民共和国通用的语言、文字；当事人要求提供翻译的，可以提供，费用由当事人承担。

委托我国律师代理诉讼原则，是指外国人、无国籍人、外国企业和组织在人民法院起诉、应诉，如需要委托律师代理诉讼，只能委托中华人民共和国的律师。

2. 一国的法院对民商事案件具有管辖权是以该案件与该国具有某种连结因素为基础的。根据不同的连结点，各国具体确定涉外管辖权的原则可以分为三种。

首先是属地管辖权原则，指的是以当事人的住所地、居所地或事物的存在地等作为行使管辖权的连结因素而形成的原则。该原则主张以有关涉外民事案件中的案件事实和当事人双方与有关国家的地域联系作为确定法院涉外民事诉讼管辖权的标准。属地原则是国家主权原则，特别是国家领土主权原则在涉外民事案件管辖权问题上的具体体现。具体来说，内国法院对于涉及其所属国境内的一切人和物以及法律事件和行为的诉讼案件都具有受理、审判的权力。在属地管辖权原则下，通常是以被告的住所地作为法院行使管辖权的依据，即“原告就被告”。现在，越来越多的国家已经不仅仅强调被告的住所地，而是日益重视被告经常居住地在确定涉外管辖权方面的作用。

其次是属人管辖权原则，是指以当事人的国籍作为连结因素而行使管辖权的原则。属人管辖强调的是涉外民事案件中的双方当事人与有关国家的法律联系，从另一个方面体现了国家主权原则的要求，即国籍主义。只要当事人一方具有内国国籍，则不论其现居何处，均由内国法院管辖。属人原则十分强调当事人的国籍因素，因而往往会使外国人处于不利的地位。

最后是实际控制管辖权原则，又称为“有效原则”，即法院对涉外民事案件是否具有管辖权，取决于其是否能对被告或其财产实行直接的控制、能否作出有效并能顺利执行的判决。实际控制原则是英美法系国家特有的确定涉外民事诉讼管辖权的原则。

从上述三项原则的发展来看，实行属地管辖原则和属人管辖原则的国家在管辖上日益接近，大部分实行属地管辖原则的国家为了更好地保护本国国民的利益，以属人管辖原则为补充。

此外不应当忽视的是，在现代国际民商事交往中，当事人合意选择争议管辖法院被普遍承认，协议管辖在具体确定涉外民商事案件管辖权时的作用越来越突出。

3. 诉讼竞合，又称为“平行诉讼”，是指相同的当事人基于同一纠纷事实在两个以上国家的法院进行诉讼的情形。诉讼竞合只能存在于非专属管辖的情形，因为对于一国专属管辖的案件，是排除任何外国法院的管辖的。只有在受诉的两个以上国家的法院均对案件具有管辖权的情况下，当事人同时进行诉讼才是合法有效的。

诉讼竞合分为两种基本形式，即原告、被告共同型（又称“重复诉讼”）和原告、被告逆转型（又称“对抗诉讼”）。前者是指不同诉讼中某方当事人始终是作为原告，而另一方当事人始终作为被告。后者是指在不同的诉讼中，原、被告双方的诉讼地位存在逆转。

诉讼竞合的存在在一定程度上是有其合理性的。

例如，重复诉讼就有利于克服原告胜诉后因判决在他国无法承认、执行而落空的弊端；对抗诉讼则有利于制约原告选择对被告极为不利或不便的管辖法院的做法，充分平衡双方的权利、义务。但是，诉讼竞合的弊端同样明显：其会造成司法资源的浪费，加重当事人的负担，导致判决的矛盾和冲突。此外，诉讼竞合中的重复及不公正现象是较为严重的，它给国际司法协助，特别是判决的承认与执行，带来诸多问题。

对于诉讼竞合现象，各国的做法大致可以分为四种类型。第一种是本国法院拒绝行使管辖权或中止诉讼。它又具体包括三种做法：以不方便法院为由拒绝管辖（这主要是英美法系的做法，又称“利益衡量说”）；因承认首先诉讼国家法院的管辖权而中止本国之诉讼；以外国法院的判决将被内国法院承认为前提而中止本国的诉讼（这以日本为代表，又称为“承认预测说”）。第二种是在发生诉讼竞合时，禁止在外国进行的诉讼。第三种是对于诉讼竞合，本国法院允许当事人自行选择审判法院。第四种是准许竞合之诉讼继续进行。

我国《民诉法》第 280 条规定：“当事人之间的同一纠纷，一方当事人向外国法院起诉，另一方当事人向人民法院起诉，或者一方当事人既向外国法院起诉，又向人民法院起诉，人民法院依照本法有管辖权的，可以受理。当事人订立排他性管辖协议选择外国法院管辖且不违反本法对专属管辖的规定，不涉及中华人民共和国主权、安全或者社会公共利益的，人民法院可以裁定不予受理；已经受理的，裁定驳回起诉。”《民诉解释》第 531 条对《民诉法》第 280 条作出了以下两项补充性规定：一是，除非双方共同缔结或者参加的国际条约另有规定，人民法院作出判决后，外国法院申请或者当事人请求人民法院承认和执行外国法院对本案作出的判决、裁定的，不予准许；二是，外国法院判决、裁定已经被人民法院承认，当事人就同一争议向人民法院起诉的，人民法院不予受理。

4. 涉外仲裁与涉外民事诉讼都是解决涉外民商事纠纷的方式，各有特点。从宏观的角度来说，涉外仲裁与涉外民事诉讼共同处于涉外民商事纠纷解决机制体系之内，是其有机的重要组成部分。但是，基于两种纠纷解决方式所具有的不同个性，二者在这个体系之中并不是简单并列的关系，而是存在着层次、功能上的差异的。

首先，从涉外民事纠纷的主管范围来看，仲裁与诉讼是一种平行关系。除当事人有书面协议将纠纷提交我国涉外仲裁机构裁决以外，一切有涉外因素的民事案件均由人民法院管辖。对于法律允许选择仲裁方式解决的民事纠纷，当事人的仲裁协议或仲裁条款具有优先效力和排除法院主管的效力；在当事人没有协议选择仲裁或者仲裁协议被依法撤销的情况下，由人民法院受理涉外民商事纠纷。

其次，在财产保全问题上，涉外仲裁与涉外民事诉讼之间是一种协助关系。仲裁作为一种“民间司法”，无权采取任何强制措施，包括财产保全措施。在涉外仲裁中需要采取保全措施时，应当由仲裁机构将保全申请提交有管辖权的人民法院审查决定，保全措施的执行也应当由人民法院具体进行。

最后，在涉外仲裁裁决的执行方面，应当从两个方面理解仲裁与诉讼的关系。一方面，生效的仲裁裁决具有与法院的生效民事裁判类似的法律效力，即任何个人、机构不得变更和拒绝执行。另一方面，人民法院对仲裁裁决具有一定的司法监督审查权，从而为仲裁当事人提供了司法的救济途径。具体来说：（1）仲裁裁决具有终局性，任何一方当事人不得向人民法院起诉，亦不得向其他任何机构提出变更仲裁裁决的请求。仲裁机构本身也不得对自己作出的裁决进行复议或复审。（2）一方当事人不履行仲裁裁决的，另一方当事人可以向有关的人民法院申请强制执行。（3）人民法院依据当事人的执行申请，应当主要对涉外仲裁裁决的程序问题进行审查，而不涉及裁决在认定事实和适用法律上的准确性、合理性。（4）人民法院裁定不予执行的仲裁裁决无效，当事人得选择重新仲裁或者另行起诉。

总之，涉外民事诉讼作为国家行使司法权的方式，既与涉外仲裁共同发挥着解决涉外民商事纠纷的作用，也以国家公权力的特有方式协助、保障、监督涉外仲裁的运行，二者并行不悖、相得益彰。

5. 根据我国《民诉法》的规定，我国人民法院与外国法院之间进行一般国际司法协助主要有三种途径。

（1）依照我国缔结或者参加的国际条约规定的途径进行。依照条约或者公约途径的司法协助，是通过各自指定的代为协助的中央机关进行司法协助。

（2）通过外交途径进行。在我国与外国尚未缔结国际条约或者共同参加相关国际公约，但双方已经建

立外交关系的情况下，可以通过外交途径进行司法协助。

（3）通过本国驻外使领馆进行。外国驻我国的使领馆可以向我国境内的该国公民送达诉讼文书和调查取证，但通过此种途径时不得违反我国法律，并不得采取任何强制措施（包括对其本国公民）。

6. 法院裁判的承认与执行包括两种情况：一是外国法院制作的生效裁判在我国的承认与执行，二是人民法院制作的生效裁判在外国的承认与执行。

（1）外国法院制作的生效裁判在我国的承认与执行。我国承认和执行外国法院裁判的法律依据主要有国内立法、双边条约以及国际公约。外国法院的裁判要得到我国法院的承认和执行，必须具备以下条件：1）该法院所在国与我国存在条约或互惠关系；2）请求承认与执行的外国文书已经确定或生效；3）外国法院对该文书的裁决事项拥有国际司法管辖权；4）对于外国司法文书所解决的案件，我国人民法院没有受理或者作出确定判决，或没有承认第三国对该案的裁判；5）外国司法文书的裁判程序合法；6）外国司法文书不违反我国公共秩序。人民法院承认和执行外国法院裁判的程序是：先由当事人向有管辖权的我国法院提出申请，并附具有关文件；人民法院立案后对该申请是否符合上述条件进行审查；对于符合条件的，裁定承认后，根据《民诉法》第三编的规定予以执行，不符合条件的，裁定不予承认和执行。

（2）人民法院制作的生效裁判在外国的承认与执行，必须具备下述条件：1）该判决或裁定已经发生法律效力并且具有执行内容；2）被执行人或其财产不在我国境内，需要到外国执行；3）对于与我国有国际条约或者有共同参加的国际公约的国家，可以由人民法院申请执行；其他情况下由当事人直接向有管辖权的外国法院申请执行。

7. 对于区际司法协助的法律性质主要存在三种认识：一是认为司法协助属于行政行为，二是认为其是诉讼行为，三是认为其兼具行政行为和诉讼行为的双重性质。应当从司法行为的角度理解司法协助的性质，理由如下：首先，法院是区际司法协助必不可少的主体，不能忽视作为司法机关的法院在区际司法协助中的核心地位。其次，区际司法协助的内容是各法域行使司法权的行为，属于司法权的范畴；而且区际司法协助的实施大多数产生诉讼法或实体法上的法律效力。最后，区际司法协助不同于一般民事诉讼。因此，区际司法协助既不同于行政行为，也不是诉讼行为，而是司法行为。

8. 区际司法协助中的法律适用，是指一法域的法院被请求提供司法协助时，应当根据哪一法域的法律来审查决定是否向外法域提供司法协助，以及在同意协助的情况下，按照哪一法域的法律规定的程序具体实施司法协助行为。

各国大多从下述原则出发，决定区际司法协助中的法律适用问题，即一个法域的法院在处理民事司法协助案件时，应当根据本法域的法律决定是否向外法域提供司法协助；在同意提供司法协助时，应当按照本法域的法律规定实施协助行为。

区际司法协助以适用被请求方的法律作为一般原则，但也有其例外情况。在特定情况下，一法域可以根据请求方的请求，适用请求方所属法域的某些程序规则。适用请求方所属法域的法律通常需要具备三个条件：一是请求方必须就此提出明确的请求；二是所适用的请求方所属法域的法律不违反被请求方所属法域的法律的基本原则；三是所请求适用的法律是可行的，即不存在难以克服的实际困难。

9. 解决港、澳地区与内地（也包括将来解决台湾地区与祖国大陆）在民事司法协助问题上的最主要原则，就是“一国两制”原则。“一国”就是要维护国家统一和领土完整，特别行政区与大陆/内地的司法协助必须以此为基本出发点。“两制”则表明要尊重和维护各法域内法律制度的独立性，不以全国性的民事法律取代特别行政区自己的法律，允许其保留自身特有的制度及做法，正确对待特别行政区为维护自身的合法权益在符合法律规定的条件下作出的拒绝协助的决定。

此外，还应当遵循以下原则：（1）各法域平等原则。虽然特别行政区是中华人民共和国不可分割的部分，但是其特有的法律制度与大陆/内地的法律制度在非宪法性层面上是平等的。特别行政区享有独立的终审权，其法院在与人民法院进行司法协助时是完全平等的主体，不存在隶属关系。（2）保护当事人合法权益至上的原则。司法协助的最终目的是实现当事人的合法权益，因此，各法域在进行区际司法协助时，应当将及时、充分实现当事人的合法权益作为最高宗旨，最大限度地排除无关因素的干扰。（3）程序性审查的原则。被申请提供司法协助的法院应当以程序性审查作为原则，不得对请求方的裁判、仲裁裁决进行实质性审查。

案例分析题

1. 本案涉及人民法院能否承认外国法院的离婚调解协议的问题。

根据最高人民法院《关于中国公民申请承认外国法院离婚判决程序问题的规定》，对于外国法院制作的中国公民离婚判决，我国人民法院可以依照法定的程序进行审查，对于符合条件、不违背我国主权和公共秩序的离婚判决可以予以承认。但是，该规定并未就对离婚调解协议是否采取相同方式处理作出明确规定。

应当认为，人民法院承认和执行的外国法院生效法律文书中，理应包括生效的调解协议。这是因为，只要根据该法院所在国的法律，法院有权以调解的方式处理案件，并有权以制作的调解协议作为终结本案诉讼的法律文书，那么调解就应当是法院行使裁判权的一种合法方式，调解协议就是一种具有强制执行力的法律文书。此外，根据通常的理解，法院制作的调解书也应当属于法院依法制作的生效法律文书范围。例如，我国与波兰、法国所缔结的司法协助协定中都明确规定，协定中所指的“裁决”包括调解书。因此，对于我国法律所规定的承认和执行外国法院的判决、裁定，应当理解为包括调解协议。

对于当事人提出的承认外国法院调解协议的请求，人民法院应当在国家主权原则下，认真进行司法审查，经审查认为该调解协议不违反我国法律的基本原则或者社会公共秩序的，可以裁定承认。

还应当注意的是，最高人民法院《关于中国公民申请承认外国法院离婚判决程序问题的规定》第2条规定，“外国法院离婚判决中的夫妻财产分割、生活费负担、子女抚养方面判决的承认执行，不适用本规定”。因此，就本案来说，北京市第一中级人民法院对日本地方法院调解协议的承认仅限于解除边某与戈某的婚姻关系。

2. 本案涉及台湾地区的法院作出的民事裁判在祖国大陆的认可与执行问题。

最高人民法院2015年通过了《认可执行台湾地区判决规定》，目的就在于充分保障台湾地区当事人的实体权利和程序权利。根据上述规定，题中支付令不存在程序违法、违背人民法院专属管辖。发出支付令的法院不具有管辖权，人民法院已作出判决或者中国大陆的仲裁庭已作出仲裁裁决等不予认可的事由，申请认可执行也未超过二年的申请期间。因此，厦门市中级人民法院可以认可并执行该支付令。

论述与深度思考题

国家及其财产的豁免是民事司法豁免的重要内容，尽管不同国家对这个问题存在着不同的理解，但是对其内容是有一个基本共识的，即国家及其财产的豁免应当包含三个方面的内容。首先是司法管辖上的豁免，即未经国家同意，不得对其提起诉讼或者以其财产为诉讼标的。其次是诉讼程序上的豁免，就是说即便一国放弃管辖上的豁免，但未经其同意亦不得对其财产采取保全措施，也不得强迫其出庭作证或者提供证据等。最后是执行上的豁免，即国家即使败诉，未经其同意，也不得对其财产实施强制执行。国际上普遍承认豁免原则的下列例外：一是国家明示放弃豁免的，二是对他国的行为采取报复措施。

我国认为，处理国家及其财产的豁免问题，应当在坚持豁免原则的前提下，对此原则实行某些例外，旨在减少和防止主权国家滥用国内司法程序，同时提供公平、合理的解决争端的途径。

目前，在国家及其财产的豁免问题上主要存在三个争议问题。

一是“国家商业行为”的判断标准。应当将性质标准与目的标准有机地结合起来，以性质标准为主，以目的标准为补充。单纯以性质标准为判断依据不仅缺乏可操作性，而且容易引发争端。

二是国家与国有企业的关系。原则上，不应当认可国有企业以及国家设立的其他实体具有豁免特权，因其具有独立的行为能力来进行诉讼，也具有独立的财产来承担民事责任。

三是对国有财产的强制措施。对国有财产采取强制措施必须严格符合下列条件：第一，该财产位于法院地国的领土；第二，该财产被该国家用于或意图用于政府非商业性用途以外的目的；第三，该财产与诉讼标的之要求或与被诉的机构或部门有关。

综合测试题（一）

一、名词解释

1. 本证与反证
2. 代表人诉讼
3. 督促程序
4. 执行承担

二、选择题

（一）单项选择题

1. 张某起诉陈某，要求解除双方之间的婚姻关系，并平均分割双方共同所有的两套住房以及存款 30 万元。本案的诉讼标的是（　　）。

A. 张某提出的离婚请求

B. 张某要求分得的一套住房

C. 张某要求分得的 15 万元钱

D. 张某请求法院解除的其与陈某之间的婚姻关系

2. 撤诉是当事人的一种处分行为，当事人撤诉，人民法院准许的，意味着（　　）。

A. 当事人对自己实体权利的处分，而没有对诉讼权利进行处分

B. 当事人放弃了自己的诉讼权利，但并不意味着同时完全放弃了自己的实体权利

C. 当事人放弃了自己的诉讼权利，同时完全放弃了自己的实体权利

D. 不是当事人对自己权利的处分，而是人民法院对当事人权利的处分

3. 下列哪一情形，不能引起必要共同诉讼？（　　）

A. 甲驾车不慎将停在路边的乙、丙共同拥有的一辆载货卡车撞毁，乙遂向人民法院起诉甲，请求赔偿其损失

B. 某贸易公司借用一机械厂的合同专用章与某商场签订一份购销合同，后贸易公司因未能履约而被商场诉至人民法院

C. 因一般保证责任保证合同纠纷引起的诉讼中，债权人仅向被保证人主张权利

D. 张某、王某、李某三人合伙成立一家生产家具的工厂，因与 A 公司发生合同纠纷，该工厂遂向人民法院起诉 A 公司

4. 下列有关委托诉讼代理人的代理权限的说法中不正确的是（　　）。

A. 委托诉讼代理人代理权限的大小，取决于被代理人的授权

B. 代为承认、变更、放弃诉讼请求，申请回避、提出管辖权异议等事项，诉讼代理人必须经委托人特别授权，才能实施

C. 授权委托书仅写“全权代理”而无具体授权，诉讼代理人无权代为进行和解、提起上诉或反诉

D. 当事人在授权委托书中没有写明代理人在执行程序中有代理权及具体的代理事项，代理人的代理权不及于执行程序

5. 赵老先生与老伴相继去世，其长子欲独占全部遗产，幼子遂起诉要求分割遗产，次子既不参加诉讼又不表

示放弃实体权利。法院受理此案后，下列哪种做法是正确的？（　　）

A. 追加次子为被告　　B. 追加次子为原告

C. 推定次子放弃继承权　　D. 视为次子放弃继承权

6. 香江房地产公司和海天建筑公司签订了一份承包合同，并由华宇公司为香江房地产公司提供连带责任担保。后香江房地产公司和海天建筑公司因履行该合同发生纠纷，海天建筑公司欲起诉。下列有关本案被告的表述中，哪个是正确的？（　　）

A. 如果海天建筑公司向香江房地产公司和华宇公司一并主张权利，人民法院应当将香江房地产公司列为被告

B. 如果海天建筑公司仅起诉香江房地产公司，人民法院应当将香江房地产公司和华宇公司列为共同被告

C. 如果海天建筑公司仅起诉华宇公司，人民法院可以只将华宇公司列为被告

D. 如果海天建筑公司仅起诉华宇公司，人民法院应当将华宇公司、香江房地产公司列为被告

7. 甲市的孙某欲将其所有的位于乙市的一栋商业用房出售。丙市的黎某与丁市的余某商定联手买下孙某的该栋商用房。买卖双方在合同中约定，如果发生争议应当在甲市法院起诉。试问：如果双方因合同价金支付问题发生纠纷，孙某欲行起诉，则（　　）。

A. 应向甲市法院起诉

B. 可以选择乙市、丙市或者丁市的法院起诉

C. 只能向乙市法院起诉

D. 可以选择向丙市或者丁市的法院起诉

8. A、B两公司于甲地签订一项钢材购销合同，约定在乙地履行。在履行期届满之前，A公司明确表示不履行，B公司即解除合同，请求损害赔偿。A、B公司的住所地分别为丙地和丁地，则本案应由哪一个法院管辖？（　　）

A. 甲地　　B. 乙地　　C. 丙地　　D. 丁地

9. 根据我国《民诉法》的规定，下列哪一案件经人民法院调解后，应制作调解书？（　　）

A. 甲与乙的离婚案件经调解后双方达成关于财产分配及其他相关问题的离婚协议

B. 甲与其收养的儿子乙之间的收养案件经调解后双方同意维持收养关系

C. 甲与乙的离婚案件经调解后双方同意不再要求离婚，保持婚姻关系，共同生活

D. 甲与乙之间关于某块名贵手表所有权的争议案件，经调解甲同意归还，并表示由于带在身边，可以立即归还

10. 魏某与夏某系夫妻，两人育有一子。2023年10月，夏某向人民法院起诉要求解除婚姻关系。经法院调解，双方达成协议：魏某同意离婚，夫妻财产双方均分，孩子由夏某抚养，魏某定期支付抚养费。双方于10月25日签订离婚协议，法院据此制作了调解书。10月28日法院将该调解书送达夏某签收，10月30日法院将调解书送达魏某签收。试问：调解书的生效时间是（　　）。

A. 达成即生效，即10月25日

B. 分别计算，即对于夏某是10月28日，对于魏某是10月30日

C. 魏某签收之日，即10月30日

D. 该调解书无效

11. 在一起合同纠纷上诉案中，一审法院曾依法作出对被告的财产保全的裁定，二审法院受理上诉后，保全被申请人对财产保全提供了担保。在这种情况下，应当如何处理？（　　）

A. 由一审法院裁定解除保全　　B. 由二审法院裁定解除保全

C. 由二审法院判决解除保全　　D. 由一审法院判决解除保全

12. 下列行为人实施的行为属于妨害民事诉讼行为的是（　　）。

A. 某日报的记者未经允许于开庭前在法庭中拍照

B. 某银行储蓄所接到人民法院的协助执行通知后，由于正在进行金融大检查，未能及时协助冻结有关存款，直至检查结束后，才办理了冻结

C. 张某在法院判决其败诉后对合议庭的法官横加指责

D. 李某被其父诉至法院，要求其承担相应的赡养义务，但李某经法院两次传票传唤，仍然态度恶劣，拒绝到庭

13. 张凌向人民法院起诉，要求判决其与李翔离婚。法院经审查后认为两人感情基础尚好，因而判决不准离婚。根据上述情况，下列说法中正确的是（　　）。

A. 李翔在判决生效 6 个月内又起诉，由于无新情况、新理由，因此人民法院未予受理

B. 张凌以有新情况、新理由为由，在判决生效 6 个月内又起诉，人民法院应予受理

C. 张凌尽管有新情况、新理由，但由于是在判决生效 6 个月内起诉的，因此人民法院未予受理

D. 张凌尽管无新情况、新理由，仍然在判决生效 6 个月后又起诉，人民法院未予受理

14. 开庭审理时，原告郑某突然申请审判长回避，此时，法院可以（　　）。

A. 决定延期审理　　B. 裁定延期审理

C. 裁定中止诉讼　　D. 决定中止诉讼

15. 人民法院在适用简易程序审理案件时，如果在法定的 3 个月审限内未审结案件，应当（　　）。

A. 报请院长批准延长审限　　B. 报请上级法院延长审限

C. 转为普通程序进行审理　　D. 移送另一审判组织审理

16. 二审法院在二审程序中发现必须参加诉讼的当事人在一审中未参加诉讼，二审法院应当如何处理？（　　）

A. 可以根据当事人自愿的原则予以调解，调解不成的，发回重审

B. 可以根据当事人自愿的原则予以调解，调解不成的，及时判决

C. 裁定发回重审

D. 将遗漏的该当事人追加为当事人，进行判决

17. 樊某诉黄某离婚案件中，二审法院宣判后樊某不服，她认为，自己是从事摄影的专业人员，而二审法院却将夫妻共有的一架进口相机判给黄某，有失公正，因此申请再审。此外，樊某还想起有一个 10 万元存折是夫妻二人共有财产，在一、二审中，双方当事人均未提及此事，现存折在黄某手中，她希望法院再审时一并处理。本案应如何处理？（　　）

A. 立案再审，对相机和存折问题一并处理

B. 告知樊某另外起诉相机和存折问题

C. 对相机归属争议立案再审，存折问题告知樊某另行起诉

D. 告知樊某可以一并处理相机和存折问题

18. 依照特别程序审理的案件，如果发现判决有错误，应如何处理？（　　）

A. 由利害关系人向原审人民法院提出申请，撤销原判决，重新作出判决

B. 由利害关系人按审判监督程序提起再审

C. 由利害关系人另行起诉

D. 由利害关系人向检察院申请抗诉

19. 2022 年 8 月 15 日，何某与谢某签订了借款协议，何某向谢某借款 15 万元，定于 2023 年 8 月 15 日前返还。协议书经公证处公证。公证书上写明：如果债务人不履行义务，届时可申请强制执行。合同签订后，谢某如约履行了合同义务。但是，2023 年 8 月 15 日何某没有还款。谢某以何某未履行合同义务为由，向法院申请执行。本案可由哪一法院执行？（　　）

A. 公证处所在地人民法院　　B. 何某财产所在地人民法院

C. 谢某住所地人民法院　　D. 何某住所地或谢某住所地人民法院

（二）多项选择题

1. 在民事诉讼中，存在民事诉讼法律关系的有哪些？（　　）

A. 人民法院与当事人　　B. 原告与被告

C. 人民法院与其他诉讼参与人　　D. 当事人与委托代理人

2. 根据我国法律的规定，在诉讼中，无独立请求权的第三人有当事人的诉讼权利义务，但该第三人在一审中无权进行下列哪些民事诉讼行为？（　　）

A. 对案件的管辖权提出异议　　B. 放弃、变更诉讼请求

C. 申请撤诉　　D. 提出回避申请

3. 徐某与杨某系夫妻，于 2022 年在甲市 A 区登记结婚，婚后两人因感情不和而分居。2023 年 4 月杨某一个人迁居至乙市 B 区。2024 年 1 月，徐某因盗窃被丙市 C 区法院判决有期徒刑 3 年，并被位于丙市 D 区的某监狱收监关押。2024 年 3 月杨某欲向法院起诉解除与徐某的婚姻关系，则下列法院中对本案没有管辖权的是（　　）。

A. 甲市 A 区法院　　B. 乙市 B 区法院　　C. 丙市 C 区法院　　D. 丙市 D 区法院

4. 甲市居民刘某在甲市 A 区购买了一套商品住房，并与甲市 B 区的富丽装修公司签订了装修合同。在装修过程中，由于富丽公司的技术失误，刘某房屋的墙体结构被严重破坏，刘某遂将富丽公司告上甲市 B 区法院。甲市 B 区法院认为本案由甲市 A 区法院审理更为方便，因此裁定将该案移送甲市 A 区法院。甲市 A 区法院经审查认为，该案应当由甲市 B 区法院审理。下列说法中正确的是（　　）。

A. 向哪个法院起诉可以由刘某选择决定

B. 甲市 B 区法院的移送管辖是错误的

C. 甲市 A、B 区的法院对本案都有管辖权

D. 甲市 A 区的法院认为本院没有管辖权的，不得再行移送，应当报请甲市中级人民法院指定管辖

5. 某地一化工厂向河里排放有毒废水，致使下游三十多户养鱼专业户遭受严重损失。众养鱼专业户推选郝某与甘某为代表，向法院提起损害赔偿诉讼。请问：郝某、甘某在诉讼中的下列哪些行为须经众养鱼专业户同意？（　　）

A. 申请审判长回避　　B. 变更诉讼请求

C. 进行和解　　D. 承认对方的诉讼请求

6. 甲、乙两船因在海上碰撞造成的损失而提起诉讼，应到下列哪些法院起诉？（　　）

A. 受害船舶最初到达地　　B. 加害船舶被扣留地

C. 被告住所地　　D. 运输终点地

7. 依据《民诉法》的规定，不应由人民法院负责调查取证的证据包括（　　）。

A. 当事人及其诉讼代理人不能自行收集的　　B. 人民法院认为需要鉴定、勘验的

C. 当事人提供的证据不充足的　　D. 当事人提供的证据互相矛盾、无法认定的

8. 李小姐日前购买了 A 公司生产的护肤品，使用后造成脸部皮肤严重过敏并留下疤痕。李小姐向法院起诉，要求 A 公司赔偿自己所花费的医疗费用、其他费用等，并支付精神损害赔偿。试问：原告李小姐应对下列哪些事实举证？（　　）

A. 所购护肤品系 A 公司生产

B. A 公司生产的护肤品销量很广

C. 自己脸部皮肤过敏并留下疤痕是使用 A 公司生产的护肤品所致

D. A 公司的生产状况

9. 甲、乙在第二审人民法院审理上诉案件的过程中，自愿请求调解。以下说法中正确的是（　　）。

A. 民事案件一旦进入二审程序，则不适用调解

B. 二审人民法院可进行调解

C. 在二审调解中，当事人双方既可就上诉请求范围内的实体问题进行调解，也可对新增加的诉讼请求进行调解

D. 二审中作成的调解书送达当事人后，原一审裁判即视为撤销

10. 在裁定中，可以提起上诉的是（　　）。

A. 不予受理的裁定　　B. 对管辖权有异议的裁定

C. 财产保全和先予执行的裁定　　D. 驳回起诉的裁定

11. 当事人可对某些诉讼事项进行约定，法院应尊重合法有效的约定。关于当事人的约定及其效力，下列哪些表述是错误的？（　　）

A. 当事人约定“合同是否履行无法证明时，应以甲方主张的事实为准”，法院应根据该约定分配证明责任

B. 当事人在诉讼和解中约定“原告撤诉后不得以相同的事由再次提起诉讼”，法院根据该约定不能再受理原告的起诉

C. 当事人约定“如果起诉，只能适用普通程序”，法院根据该约定不能适用简易程序审理

D. 当事人约定“双方必须亲自参加开庭审理，不得无故缺席”，如果被告委托了代理人参加开庭，自己不参加开庭，法院应根据该约定在对被告两次传唤后对其拘传

（三）不定项选择题

1. A公司与B公司签订了电脑显示器购销合同后，A公司以B公司提供的显示器存在质量问题为由，向人民法院提起诉讼。后经鉴定，B公司交付的显示器确实存在较为严重的质量问题。B公司辩称显示器的质量问题是A公司所选定的C运输公司在运输途中保管不当造成的。请回答下列问题：

（1）C公司在本案中处于什么样的地位？（　　）

A. 共同被告　　B. 有独立请求权的第三人

C. 无独立请求权的第三人　　D. 可以不参加到诉讼中作为本案当事人

（2）如果在A公司与C公司所签订的运输合同中双方约定了争议的管辖法院，而该法院并非A公司与B公司之纠纷的管辖法院，C公司如果参加诉讼，应当通过下列什么方式？（　　）

A. 法院依职权追加　　B. 法院根据A公司的申请进行追加

C. C公司向法院提出参加的申请　　D. C公司不能参加A、B两公司的诉讼

（3）假设C公司参加到A、B两公司的诉讼中，并被一审法院判决承担赔偿责任，则C公司享有下列哪些权利？（　　）

A. 对一审判决提起上诉　　B. 在一审程序中就一审法院的管辖权提出异议

C. 在一审审理过程中申请审判人员回避　　D. 在一审程序中申请重新鉴定

2. 某市甲公司与乙公司之间存在债务纠纷。甲公司强行扣留了乙公司价值50万元的货物，以此要求乙公司还债。乙公司向法院提起诉讼，要求甲公司返还扣留的货物。诉讼过程中，甲公司提起反诉，要求乙公司偿还欠债。乙公司得知甲公司准备将扣留的货物运出本市销售后，向法院申请查封或扣押这批货物。据此，回答下列问题：

（1）人民法院接受了乙公司的申请后，因情况紧急，至迟在多长时间内作出裁定？（　　）

A. 12小时　　B. 24小时　　C. 48小时　　D. 72小时

（2）人民法院采取了下列财产保全措施，其中哪些是不对的？（　　）

A. 扣押甲公司试图运出并销售的该批货物

B. 查封甲公司的办公楼

C. 甲公司提供了相应的担保后，仍有理由不解除财产保全

D. 在冻结甲公司银行账户后的第四天通知甲公司

3. 2023年6月某日，家住东城区的颜某骑车上街，行至一胡同拐弯处，被迎面突然驶出的一辆出租车刚倒。交警赶到后作出事故责任认定书，认定颜某无责任、出租车司机吴某负全部责任。颜某1个月后出院，但从此左臂不能用力。颜某起诉到法院，要求获得赔偿。

(1) 法院认为应采取举证与查证相结合的办法，那么，法院在调查证据方面哪些做法是错误的？(　　)

A. 当事人双方提出的影响查明案件主要事实的证据材料，法院应当调查核实

B. 颜某因客观原因收集不到并已提供线索的有关证据，法院不予收集

C. 法院在查证时，始终由两人共同进行

D. 法院认为应当自行查证的证据，法院未能收集到的，由负有举证责任的当事人承担举证不能的后果

(2) 人民法院委托有关部门对颜某的伤残等级进行鉴定，鉴定中哪些做法是错误的？(　　)

A. 人民法院应当委托法定的鉴定机构进行鉴定

B. 没有法定鉴定机构的，由人民法院指定的鉴定部门鉴定

C. 鉴定部门接受委托后，可以出具口头鉴定意见

D. 鉴定机构须在鉴定意见上加盖单位印章，鉴定人须在鉴定书上签字

(3) 鉴定意见出具后，法院开庭审理此案，被告对鉴定意见提出异议，要求重新鉴定。法院面对这种情况，应如何处理？(　　)

A. 应延期审理　　B. 让被告自行委托鉴定

C. 法院重新委托鉴定　　D. 新的鉴定意见无须当庭质证

4. 华某移民定居法国，将其在国内的财产交唐某代管。后来，华某向某基层人民法院起诉，诉称唐某侵占其一幅名画拒不归还。某人民法院依法判决唐某返还财产。回答以下问题：

(1) 一审判决作出后，法院应给予双方多长的上诉期？(　　)

A. 华某30日，唐某也为30日　　B. 华某、唐某均为15日

C. 华某、唐某均为10日　　D. 华某为30日，唐某为15日

(2) 一审判决作出后，在上诉期内，第三人曾某向人民法院表示该幅名画为其祖传，后失窃，故该幅名画应归还其所有。同时，唐某提起上诉。对该案二审人民法院应如何处理？(　　)

A. 应吸收曾某作为有独立请求权的人参加上诉

B. 对曾某的要求不予理睬

C. 应本着自愿原则吸收曾某参加调解，调解不成，告知曾某另行起诉

D. 应本着自愿原则吸收曾某进行调解，调解不成，发回原一审人民法院重审

三、简答题

1. 简述“辩论原则”。

2. 什么是民事诉讼中的证明责任？

3. 涉外民事诉讼中有哪些一般原则？

四、案例分析题

1. 案情：石某与宇宏商品批发市场（以下简称宇宏市场）签订了摊位承租合同，根据该合同，石某每年向宇宏市场缴纳租金、管理费等共计20万元。在合同履行的第三年里，由于旧城拆迁改造、其他商品批发市场的激烈竞争等原因，宇宏市场的客流量开始较大幅度下降，致使石某等商户的营业额不断减少。为此，石某在合同履行期的第四年，向宇宏市场单方面提出减少租金、管理费的要求。在与宇宏市场协商未果的情况下，石某有意减少了缴纳给市场的年租金及管理费，双方因此发生争议。人民法院依法受理后，由审判员卢某进行独任审理。一审

判决石某败诉，应足额缴纳合同约定的租金、管理费等。石某不服，提起上诉，二审法院由审判员王某、肖某、葛某、林某组成合议庭，判决驳回上诉、维持原判。二审判决后，石某又以二审合议庭成员肖某与宇宏市场有利害关系为由，向上一级法院申请再审。上一级法院认为申请人的理由成立，将案件交由二审法院再审，二审法院改由葛某、杨某、陈某重新组成合议庭进行再审。

问题：

（1）一审法院组成独任庭对本案进行审理是否正确？

（2）二审是否符合法定程序？

（3）上一级法院接到石某的再审申请后应否决定再审？

（4）石某的再审申请应当在什么时间提出？如果其申请超出法定期限，法院应当如何处理？

（5）二审法院审理再审案件的程序是否正确？

2. 案情：赵文、赵武、赵军系亲兄弟，其父赵祖斌于 2023 年 1 月去世，除了留有一个元代青花瓷盘，没有其他遗产。该青花瓷盘在赵军手中，赵文、赵武要求将该瓷盘变卖，变卖款由兄弟三人平均分配。赵军不同意。2023 年 3 月，赵文、赵武到某省甲县法院（赵军居住地和该瓷盘所在地）起诉赵军，要求分割父亲赵祖斌的遗产。经甲县人民法院调解，赵文、赵武与赵军达成调解协议：赵祖斌留下的青花瓷盘归赵军所有，赵军分别向赵文、赵武支付人民币 20 万元。该款项分 2 期支付：2023 年 6 月各支付 5 万元，2023 年 9 月各支付 15 万元。

但至 2023 年 10 月，赵军未向赵文、赵武支付上述款项。赵文、赵武于 2023 年 10 月向甲县人民法院申请强制执行。经法院调查，赵军可供执行的款项有其在银行的存款 10 万元，可供执行的其他财产折价为 8 万元，另外赵军手中还有一把名家制作的紫砂壶，市场价值大约 5 万元。赵军声称其父亲留下的那个元代青花瓷盘被卖了，所得款项 50 万元做生意亏掉了。法院全力调查也未发现赵军还有其他的款项和财产。法院将赵军的上述款项冻结，扣押了赵军可供执行的财产和赵军手中的那把紫砂壶。

2023 年 11 月，赵文、赵武与赵军拟达成执行和解协议：2023 年 12 月 30 日之前，赵军将其在银行的存款 10 万元支付给赵文，将可供执行的其他财产折价 8 万元与价值 5 万元的紫砂壶交付给赵武。赵军欠赵文、赵武的剩余债务予以免除。

此时，出现了以下情况：（1）赵军的朋友李有福向甲县人民法院报告，声称赵军手中的那把紫砂壶是自己借给赵军的，紫砂壶的所有权是自己的。（2）赵祖斌的朋友张益友向甲县人民法院声称，赵祖斌留下的那个元代青花瓷盘是他让赵祖斌保存的，所有权是自己的。自己是在一周之前（2023 年 11 月 1 日）才知道赵祖斌已经去世以及赵文、赵武与赵军进行诉讼的事。（3）赵军的同事钱进军向甲县人民法院声称，赵军欠其 5 万元。同时，钱进军还向法院出示了公证机构制作的债权文书执行证书，该债权文书所记载的钱进军对赵军享有的债权是 5 万元，债权到期日是 2023 年 9 月 30 日。

问题：

（1）在不考虑李有福、张益友、钱进军提出的问题的情况下，如果赵文、赵武与赵军达成了执行和解协议，将产生什么法律后果？（考生可以就和解协议履行的情况作出假设）

（2）根据案情，如果李有福要对案中所提到的紫砂壶主张权利，在民事诉讼制度的框架下，其可以采取什么方式？采取相关方式时，应当符合什么条件？（考生可以就李有福采取的方式可能出现的后果作出假设）

（3）根据案情，如果张益友要对那个元代青花瓷盘所涉及的权益主张权利，在民事诉讼制度的框架下，其可以采取什么方式？采取该方式时，应当符合什么条件？

（4）根据案情，如果钱进军要对赵军主张 5 万元债权，在民事诉讼制度的框架下，其可以采取什么方式？为什么？

五、论述题

论判决的效力。

参考答案

一、名词解释

1. 本证与反证是民事诉讼证据的一种分类。本证是指能够证明负有证明责任的一方当事人所主张的事实的证据；反证则是指能够否定负有证明责任的一方当事人所主张的事实的证据。本证与反证在证明标准上是不完全相同的。区分本证与反证的主要意义是有助于在具体证据中落实证明责任。

2. 代表人诉讼是我国民事诉讼法解决群体性纠纷的一种诉讼制度。它是指具有共同利益关系的多数当事人一方将诉讼实施权授予其中的一名或几名当事人，由他们代表其他有共同利益关系的全体当事人起诉、应诉，法院作出的判决对全体当事人都有拘束力的一种诉讼制度。我国的代表人诉讼制度既具有群体性诉讼的共性，又具有鲜明的中国特色，是一种独立的多数人诉讼制度。

3. 督促程序，是指对于债权人提出的以给付一定数量的金钱、有价证券为标的的财产上的请求，基层人民法院根据债权人的申请，不经过开庭审理，而直接以其主张为内容，向债务人发出支付命令的程序。督促程序属于非讼程序，不涉及对立的双方当事人之间的民事争议。

4. 执行承担，是指在民事执行过程中，由于出现法定的特殊情形，由原被执行人以外的其他公民、法人或者其他组织作为被执行人，向债权人承担生效法律文书确定的债务的制度。执行承担可以视为执行主体变更的一种形式，即执行当事人的变更。执行承担对于确保执行程序的顺利进行，以及债权人合法权益的实现具有积极意义。

二、选择题

（一）单项选择题

1. 答案：D

根据我国理论上的通说以及实践中的通行做法，诉讼标的是指民事诉讼所指向的对象，是由起诉人提起的有争议的民事实体法律关系。

2. 答案：B

撤诉仅仅是当事人对自己的诉讼权利进行处分的一种行为，法律上并不必然导致当事人对自己的实体权利的放弃。

3. 答案：C

A 项的案件属于共有所有权，按照现行司法解释以及通说，该案属于必要共同诉讼。B 项的案件属于借用合同专用章纠纷。对此，《民诉解释》第 65 条明确规定将出借人与借用人列为必要共同被告。C 项的案件属于一般保证纠纷。根据《民诉解释》第 66 条，因保证合同纠纷提起的诉讼，债权人向保证人和被保证人一并主张权利的，人民法院应当将保证人和被保证人列为共同被告。保证合同约定为一般保证，债权人仅起诉保证人的，人民法院应当通知被保证人作为共同被告参加诉讼；债权人仅起诉被保证人的，可以只列被保证人为被告。这里需要注意的是，在债权人仅起诉被保证人的情形下，人民法院只是“可以”而非应当。司法解释之所以这样规定，主要是因为一般保证涉及先诉抗辩权。D 项的案件属于合伙纠纷，《民诉解释》第 60 条规定：未依法登记领取营业执照的个人合伙的全体合伙人在诉讼中作为共同诉讼人。故 C 项符合题意。

4. 答案：B

参见《民诉法》第 62 条之规定。申请回避、提出管辖权异议等事项，无须经过委托人的特别授权，诉讼代理人即可实施。

5. 答案：B

根据《民诉解释》第 70 条的规定，在继承遗产的诉讼中，部分继承人起诉的，人民法院应通知其他继承人作为共同原告参加诉讼；被通知的继承人不愿意参加诉讼又未明确表示放弃实体权利的，人民法院仍应把其列为共同原告。

6. 答案：C

《民法典》第 688 条第 2 款规定，连带责任保证的债务人不履行到期债务或者发生当事人约定的情形时，债权人可以请求债务人履行债务，也可以请求保证人在其保证范围内承担保证责任。《民诉解释》第 66 条规定，因保证合同纠纷提起的诉讼，债权人向保证人和被保证人一并主张权利的，人民法院应当将保证人和被保证人列为共同被告。保证合同约定为一般保证，债权人仅起诉保证人的，人民法院应当通知被保证人作为共同被告参加诉讼；债权人仅起诉被保证人的，可以只列被保证人为被告。据此可知只有 C 项符合该条规定。

7. 答案：A

《民诉解释》第 28 条规定：民事诉讼法规定的适用专属管辖的不动产纠纷是指因不动产的权利确认、分割、相邻关系等引起的物权纠纷。农村土地承包经营合同纠纷、房屋租赁合同纠纷、建设工程施工合同纠纷、政策性房屋买卖合同纠纷，按照不动产纠纷确定管辖。题中涉案房屋只是商业用房，不属于政策性房屋买卖，因而应适用合同纠纷来确定管辖。《民诉法》第 35 条允许合同纠纷的当事人书面协议选择被告住所地、合同履行地、合同签订地、原告住所地、标的物所在地等与争议有实际联系的地点的人民法院管辖。因而，题中当事人约定由原告住所地甲市法院管辖，应尊重当事人的约定。

8. 答案：C

《民诉解释》第 18 条第 3 款规定，合同没有实际履行，当事人双方住所地都不在合同约定的履行地的，由被告住所地人民法院管辖。

9. 答案：A

根据《民诉法》第 101 条的规定，对下列案件调解达成协议的，人民法院可以不制作调解书：(1) 调解和好的离婚条件；(2) 调解维持收养关系的案件；(3) 能够即时履行的案件；(4) 其他不需要制作调解书的案件。

10. 答案：C

根据《民诉法》第 100 条第 3 款的规定，调解书只有经双方当事人签收后才具有法律效力，因此，若双方当事人的签收在时间上有差异的话，必须等最后的当事人签收之后调解协议才能生效。

11. 答案：B

根据《民诉法》第 107 条和《民诉解释》第 166 条的规定，财产纠纷案件，被申请人提供担保的，人民法院应当裁定解除保全。案件已经进入二审程序，由二审法院进行裁定更为方便、合理。

12. 答案：D

根据《民诉法》第 112 条至第 120 条及有关司法解释的规定，未经允许在开庭时拍照、录像的，构成妨害民事诉讼的行为，故 A 项中在开庭前拍照、录像，不构成妨害民事诉讼的行为；B、C 项中当事人并无妨害民事诉讼的故意及行为，依法不构成妨害民事诉讼的行为；D 项中李某的行为依《民诉法》第 112 条之规定，构成妨害民事诉讼的行为，可适用拘传。

13. 答案：B

根据《民诉法》第 127 条第 7 项的规定，判决不准离婚和调解和好的离婚案件，判决、调解维持收养关系的案件，没有新情况、新理由，原告在 6 个月内又起诉的，不予受理。本题中张凌以新情况、新理由为由又起诉的，人民法院应予受理。而李翔作为被告，不受该项规定的约束。

14. 答案：A

根据《民诉法》第 149 条的规定，可以延期开庭审理的情形的第二种就是当事人临时提出回避申请。注意：延期审理应由法院以决定的形式作出，而中止审理和终结审理由法院以裁定方式作出，并不准上诉。

15. 答案：A

《民诉解释》第 258 条规定：适用简易程序审理的案件，审理期限到期后，双方当事人同意继续适用简易程序的，由本院院长批准，可以延长审理期限。延长后的审理期限累计不得超过 4 个月。人民法院发现案件不宜适用简易程序，需要转为普通程序审理的，应当在审理期限届满前作出裁定并将审判人员及相关事项书面通知双方当事人。

16. 答案：A

根据《民诉解释》第 325 条的规定，必须参加诉讼的当事人或者有独立请求权的第三人，在第一审程序中未参加诉讼，第二审人民法院可以根据当事人自愿的原则予以调解；调解不成的，发回重审。

17. 答案：C

根据《民诉解释》第 380 条的规定，当事人就离婚案件中的财产分割问题申请再审，如涉及判决中已分割的财产，人民法院应当依照《民诉法》第 211 条的规定进行审查，符合再审条件的，应当裁定再审；如涉及判决中未作处理的夫妻共同财产，应当告知当事人另行起诉。

18. 答案：A

《民诉法》第 193 条规定，被宣告失踪、宣告死亡的公民重新出现，经本人或者利害关系人申请，人民法院应当作出新判决，撤销原判决。第 201 条规定，人民法院根据被认定为无民事行为能力人、限制民事行为能力人或者他的监护人的申请，证实该公民无民事行为能力或者限制民事行为能力的原因已经消除的，应当作出新判决，撤销原判决。第 204 条规定，判决认定财产无主后，原财产所有人或者继承人出现，在《民法典》规定的诉讼时效期间可以对财产提出请求，人民法院审查属实后，应当作出新判决，撤销原判决。

19. 答案：B

根据《民诉法》第 235 条第 2 款的规定，由人民法院执行的其他法律文书，包括仲裁裁决书、公证债权文书。其他法律文书由被执行人住所地或者被执行人的财产所在地人民法院执行。

（二）多项选择题

1. 答案：ABCD

我国民事诉讼法学的传统理论认为，民事诉讼法律关系是人民法院与一切诉讼参与人之间形成的法律关系，其主体一方必须是人民法院。但是，越来越多的民事诉讼法学者已经接受了以下的观点，即民事诉讼法律关系是指人民法院、当事人以及其他诉讼参与人之间的法律关系，具有多样性，并不以法院作为一方主体为必要条件。

2. 答案：ABC

根据《民诉解释》第 82 条的规定，在一审诉讼中，无独立请求权的第三人无权提出管辖异议，无权放弃、变更诉讼请求或者申请撤诉；被判决承担民事责任的，有权提起上诉。

3. 答案：ACD

根据《民诉法》第 23 条的规定，杨某对被监禁的徐某提起的离婚诉讼，应当由原告住所地法院管辖。这里应当注意，杨某的经常居住地与住所地并不一致，因此本案只能由杨某迁居后的经常居住地法院管辖。因此，只有 B 项是有管辖权的法院，不应当选。

4. 答案：ABCD

根据《民诉法》第 36 条的规定，两个以上的法院都有管辖权的诉讼，原告可以向其中一个法院起诉，因此 A 项当选。又根据《民诉法》第 29 条的规定，对于侵权纠纷，由侵权行为地或者被告住所地法院管辖，因此 B、C 项当选。最后，根据《民诉法》第 37 条的规定，D 项当选。

5. 答案：BCD

根据《民诉法》第 56 条的规定，当事人一方人数众多的共同诉讼，可以由当事人推选代表人进行诉讼；代表人的诉讼行为对其所代表的当事人发生效力，但代表人变更、放弃诉讼请求或者承认对方当事人的诉讼请求，进行和解，必须经被代表的当事人同意。郝某与甘某作为诉讼代表人，仅就 A 项可自行决定。

6. 答案：ABC

根据《民诉法》第 31 条的规定，因船舶碰撞或者其他海事损害事故请求损害赔偿提起的诉讼，由碰撞发生地、碰撞船舶最先到达地、加害船舶被扣留地或者被告住所地人民法院管辖。

7. 答案：BCD

根据《民诉法》第 67 条第 2 款，当事人及其诉讼代理人因客观原因不能自行收集的证据，或者人民法院认为审理案件需要的证据，人民法院应当调查收集。根据《民诉解释》第 96 条，《民诉法》第 67 条第 2 款规定的人民法院认为审理案件需要的证据包括：（1）涉及可能损害国家利益、社会公共利益的；（2）涉及身份关系的；（3）涉及《民诉法》第 58 条规定诉讼的；（4）当事人有恶意串通损害他人合法权益可能的；（5）涉及依职权追加当事人、中止诉讼、终结诉讼、回避等程序性事项的。除前款规定外，人民法院调查收集证据，应当依照当事人的申请进行。根据《证据规定》第 2 条第 2 款，当事人因客观原因不能自行收集的证据，可申请人民法院调查收集。据此，只有 A 项的证据可以由人民法院调查收集，而其他选项的证据均不应由人民法院调查收集。

8. 答案：AC

《民诉解释》第 90 条规定，当事人对自己提出的诉讼请求所依据的事实或者反驳对方诉讼请求所依据的事实，应当提供证据加以证明，但法律另有规定的除外。本案中李小姐欲诉 A 公司要求赔偿，就需证明过敏并留下疤痕这一后果与 A 公司生产的护肤品有因果联系。

9. 答案：BCD

根据《民诉法》第 179 条的规定，第二审人民法院审理上诉案件，可以进行调解。调解达成协议，应当制作调解书，由审判人员、书记员署名，加盖人民法院印章。调解书送达后，原审人民法院的判决即视为撤销。因此 B、D 项当选。另根据《民诉解释》第 326 条第 1 款的规定，在第二审程序中，原审原告增加独立的诉讼请求或原审被告提出反诉的，第二审人民法院可以根据当事人自愿的原则就新增加的诉讼请求或反诉进行调解，调解不成的，告知当事人另行起诉。因此 C 项当选。

10. 答案：ABD

根据《民诉法》第 157 条的规定，可以提起上诉的裁定只有三类，即不予受理的裁定、对管辖权有异议的裁定、驳回起诉的裁定。

11. 答案：ABCD

选项 A 说法错误：《民诉解释》第 91 条规定，人民法院应当依照下列原则确定举证证明责任的承担，但法律另有规定的除外：（1）主张法律关系存在的当事人，应当对产生该法律关系的基本事实承担举证证明责任；（2）主张法律关系变更、消灭或者权利受到妨害的当事人，应当对该法律关系变更、消灭或者权利受到妨害的基本事实承担举证证明责任。据此可知，该种证明责任的分配规则已由司法解释预先确定了，不允许当事人通过约定来改变。选项 B 说法错误：《民诉解释》第 214 条第 1 款规定，当事人撤诉或人民法院按撤诉处理后，当事人以同一诉讼请求再次起诉的，人民法院应予受理。选项 C 说法错误：《民诉法》第 160 条规定，基层人民法院和它派出的法庭审理事实清楚、权利义务关系明确、争议不大的简单的民事案件，适用本章规定。基层人民法院和它派出的法庭审理前款规定以外的民事案件，当事人双方也可以约定适用简易程序。据此可知，当事人可以通过合意的方式将适用普通程序审理的案件约定适用简易程序，但相反的约定则不能成立。也就是说，当事人不得以合意选择的方式将依法适用简易程序审理的案件转为适用普通程序审理。选项 D 说法错误：《民诉法》第 112 条规定，人民法院对必须到庭的被告，经两次传票传唤，无正当理由拒不到庭的，可以拘传。必须到庭的被告，一般是指给付赡养费、抚育费、扶养费等案件中的被告和离婚案件中的被告以及被告不到庭就无法查清案情的案件的被告。该法第 119 条第 1 款规定，拘传、罚款、拘留必须经院长批准。据此可知，民事诉讼法对拘传的适用对象及适用条件给出了明确的规定，且作出了严格的限制，当事人不能通过约定来改变。另外，《民诉法》赋予了诉讼代理人代理被代理人出庭应诉的权利，当事人不能通过约定来剥夺。

（三）不定项选择题

1.（1）答案：CD

根据《民诉法》第 59 条对于诉讼第三人的规定，C 项较容易判断出来，因为 C 公司与本案并无直接的利害关系，不具有独立的请求权，但与案件有法律上的利害关系。同时，根据该条的规定还可以得出的结论是，无独立请求权第三人并非一定要参加到诉讼中来。

（2）答案：C

《民诉解释》第 81 条规定，根据《民诉法》第 59 条的规定，有独立请求权的第三人有权向人民法院提出诉讼请求和事实、理由，成为当事人；无独立请求权的第三人，可以申请或者由人民法院通知参加诉讼。因此，C 公司可以主动申请以无独立请求权的第三人的身份参加诉讼也可以由法院主动追加为第三人。

（3）答案：ACD

根据《民诉解释》第 82 条的规定，无独立请求权第三人在诉讼中具有当事人的诉讼地位，被判决承担民事责任的无独立请求权第三人还有权提起上诉。但是，具有当事人的诉讼地位并非就是当事人，因此，无独立请求权第三人无权提出管辖权异议，无权放弃、变更诉讼请求或者申请撤诉。

2.（1）答案：C

根据《民诉法》第 104 条第 2 款的规定，人民法院接受申请后，必须在 48 小时内作出裁定。

（2）答案：BCD

根据《民诉法》第 105 条的规定，保全限于请求的范围，或者与本案有关的财物。因本案涉及的是乙公司 50 万元的货物，所以查封甲公司的办公楼显然超出了限度。根据《民诉法》第 107 条的规定，被申请人提供担保的，人民法院应当解除财产保全。另根据《民诉法》第 106 条的规定，法院即使冻结甲公司的银行账户，也应立即告知。

3.（1）答案：AB

《民诉法》第 67 条第 1、2 款规定：当事人对自己提出的主张，有责任提供证据。当事人及其诉讼代理人因客观原因不能自行收集的证据，或者人民法院认为审理案件需要的证据，人民法院应当调查收集。又根据《民诉解释》第 97 条的规定，人民法院收集调查证据，应由两人以上共同进行。

（2）答案：CD

《民诉法》第 79 条规定，人民法院对专门性问题认为需要鉴定的，应当委托具备资格的鉴定人进行鉴定。因此 A、B 项正确，不选。根据《民诉法》第 80 条第 2 款的规定，鉴定人应当提出书面鉴定意见，在鉴定书上签名或者盖章。因此 C、D 项错误。

（3）答案：AC

根据《民诉法》第 149 条的规定，可以延期开庭审理的第三种情形就是需要通知新的证人到庭，调取新的证据，重新鉴定、勘验，或者需要补充调查的。《民诉法》第 79 条规定："当事人可以就查明事实的专门性问题向人民法院申请鉴定。当事人申请鉴定的，由双方当事人协商确定具备资格的鉴定人；协商不成的，由人民法院指定。"可见，不应由被告一方自行委托鉴定而应申请法院进行重新鉴定。新的鉴定意见应适用《民诉法》第 80～82 条规定进行质证。

4.（1）答案：D

对于本案中当事人的上诉期限应当分别计算。根据《民诉法》第 171 条的规定，当事人不服地方人民法院第一审判决的，有权在判决书送达之日起 15 日内向上一级人民法院提起上诉。根据《民诉法》第 286 条的规定，在中华人民共和国领域内没有住所的当事人，不服第一审人民法院判决、裁定的，有权在判决书、裁定书送达之日起 30 日内提起上诉。

（2）答案：D

曾某在本案中是有独立请求权的第三人，是必须参加诉讼的当事人。根据《民诉解释》第 325 条的规定，必须参加诉讼的当事人在一审中未参加诉讼，第二审人民法院可以根据当事人自愿的原则予以调解，调解不成的，发回重审。

三、简答题

1. 无论是在大陆法系各国还是在我国，辩论原则都是民事诉讼中的一项重要的基本原则。但是，大陆法系国家民事诉讼中的辩论原则与我国民事诉讼中的辩论原则，无论是在内涵上还是在实际功能上，都存在着巨大的差别。

在大陆法系国家的民事诉讼中，辩论原则和处分原则被视为民事诉讼程序的两大支柱，共同成为贯穿各项程序制度的核心原理。一般认为，大陆法系国家民事诉讼中的辩论原则主要包含三个方面的内容：(1) 直接决定法律效果发生或消灭的主要事实必须在当事人的辩论中出现，法院不得以当事人没有主张的事实作为裁判的依据；(2) 对于双方当事人没有争议的事实，法院应当作为判决的依据，即法院必须受当事人自认的约束；(3) 法院对证据的调查，原则上仅限于当事人提出的证据，而不允许法院依职权主动调查取证。

我国《民诉法》第 12 条以基本原则的形式规定了“辩论原则”，对此学理上一般是从四个方面解说的：(1) 辩论原则贯穿于民事诉讼的全过程；(2) 辩论的内容既可以是程序方面的，也可以是实体方面的；(3) 辩论的表现形式既可以是书面形式，也可以是口头形式；(4) 人民法院应当充分保障当事人的辩论权。

可见，我国的“辩论原则”与大陆法系国家的辩论原则的主要差别是：后者对民事诉讼中当事人与法院的作用进行了明确的区分和界定，其核心在于通过当事人对事实的主张和对证据的提出约束、限制法院审判权的作用。前者则主要局限于对当事人诉讼过程中辩论权利的保护，而并不涉及当事人和法院在事实主张和证据提出方面的角色定位，也就不具备制约法院裁判行为的内涵。在《证据规定》颁发前，我国民事诉讼中的辩论原则是“非约束性辩论原则”。随着《证据规定》的实施和民事诉讼法的修改和完善，“辩论原则”已逐步转变为“约束性辩论原则”。

2. 证明责任是以当事人为主导的诉讼制度的必然内涵，它既体现了当事人在诉讼中的主体地位，又以自我责任的形式，促使当事人积极推进诉讼程序的进行。

证明责任，也可以称为举证责任，通常情况下包含两个方面的意义：一是从行为意义上把握证明责任，即提供证据的责任、行为证明责任或主观证明责任，是指对于有利于自己的案件事实，当事人有责任提供证据加以证明；二是从结果意义上把握证明责任，即说服责任、结果证明责任或客观证明责任，是指在审理终结时，案件实体事实仍处于真伪不明状态时，一方当事人应当接受不利益判决的结果。

行为证明责任与结果证明责任既有区别又有联系。前者是一种严格意义上的“责任”，当事人在诉讼中必须现实承担；后者则是一种潜在的“风险”，只有在特定的情形下才会出现结果证明责任的实际负担。正是结果证明责任的这种特性，使它能够起到促使当事人积极承担行为证明责任的作用。

应当注意，证明责任不同于主张责任。主张责任是指当事人对于支持自己请求的相关要件事实应当进行主张，否则将承担不利后果。主张责任与辩论原则关系紧密，它是当事人作为主导者推进诉讼进程以及约束法院裁判范围的前提。而证明责任与当事人主张的要件事实紧密相关。

总体来说，可以这样描述上述“责任”之间的关系。当事人提出诉讼请求后，根据主张责任对要件事实进行主张；当事人对于支持自己请求的要件事实需要提供证据加以证明，是提供证据的责任（行为证明责任）；如果当事人不能通过证据说服法官，让其达到内心确信，使得在审理结束时仍有要件事实处于真伪不明的状态，则该方当事人根据结果证明责任负担不利后果。

3. 涉外民事诉讼程序的原则，是根据我国民事诉讼法的基本原则以及我国缔结或参加的国际条约，参照国际惯例，结合我国涉外民事诉讼的特殊情况而制定的。当事人在进行涉外民事诉讼以及人民法院在适用涉外民事诉讼程序审理案件时，除应遵守民事诉讼法的基本原则外，还应当遵守涉外民事诉讼程序的一般原则。

涉外民事诉讼直接关系到一国的主权，因此国家主权原则是各国规定涉外民事诉讼程序的基本出发点。涉外民事诉讼程序的一般原则都是以国家主权原则为基础，并体现了国家主权原则的要求的。

具体来说，涉外民事诉讼的一般原则包括：

(1) 适用我国民事诉讼法原则，是指人民法院审理涉外民事案件，根据国际惯例，原则上适用法院所在地（我国）民事诉讼法。

（2）信守国际条约原则，是指人民法院审理涉外民事案件时，国际条约规定的有关程序和民事诉讼法不一致的，应当以该国际条约为优先，但我国声明保留的条款除外。

（3）尊重外交特权与豁免原则，是指人民法院审理涉外民事案件时，遇有涉案当事人或者财产等享有外交特权或者属于豁免范围的，则应当按照有关国际公约、国际惯例办理。

（4）使用我国通用的语言文字原则，是指人民法院审理涉外民事案件时，应当使用中华人民共和国通用的语言、文字。当事人要求提供翻译的，可以提供，费用由当事人承担。

（5）委托我国律师代理诉讼的原则，是指外国人、无国籍人、外国企业和组织在人民法院起诉、应诉，如需要委托律师代理诉讼，只能委托中华人民共和国的律师。

四、案例分析题

1.（1）该案的一审法院适用独任制对该案进行审理是不正确的。根据《民诉法》第 40 条的规定，适用简易程序审理的民事案件，由审判员一人独任审理。基层人民法院审理的基本事实清楚、权利义务关系明确的第一审民事案件，可以由审判员一人适用普通程序独任审理。本案由于争议的金额较大，不应适用简易程序审理，案情较为复杂，也不适宜适用独任制。

（2）二审法院在合议庭的构成上存在明显的错误。根据《民诉法》第 41 条第 1 款的规定，二审案件只能由审判员组成合议庭，并且合议庭的人数必须是单数。

（3）二审法院接到石某的申请后决定再审是正确的。《民诉法》第 211 条规定了当事人申请再审的法定条件，其中第 7 项为"审判组织的组成不合法或者依法应当回避的审判人员没有回避的"。本案中，上诉人石某认为二审合议庭成员肖某与被上诉人宇宏市场存在利害关系，显然属于应当回避的情形，但肖某并没有回避，所以上一级法院根据石某的再审申请决定再审是正确的。

（4）石某应当在二审判决作出（发生法律效力）后 6 个月内申请再审。根据《民诉法》第 216 条的规定，当事人申请再审，应当在判决、裁定发生法律效力后 6 个月内提出。根据《民诉解释》第 393 条第 2 款，对于超出该期限申请再审的，人民法院应当在查明情况后，裁定驳回其申请。

（5）葛某作为本案二审合议庭成员，不应当参加再审合议庭的审理。《民诉法》第 41 条第 4 款明确规定，审理再审案件，原来是第二审的或者是上级人民法院提审的，按照第二审程序另行组成合议庭。

2.（1）如果赵文、赵武与赵军达成了执行和解协议，将产生的法律后果是：1）执行和解协议达成后，执行程序中止；2）如果在执行和解协议履行期内赵军履行了协议，执行程序终结，调解书被视为执行完毕；3）如果在执行期届满后，赵军没有履行执行和解协议，赵文、赵武可以申请恢复执行，执行将以调解书作为根据，执行和解协议失效。如果赵军履行了执行和解协议的一部分，执行时应当对该部分予以扣除。

（2）如果李有福要对案中所提到的紫砂壶主张权利，在赵文、赵武与赵军的案件已经进入了执行阶段的情况下，在民事诉讼制度的框架下，其可以采取的方式是：第一，提出对执行标的的异议。提出异议应当以书面的形式向甲县人民法院提出。第二，如果法院裁定驳回了李有福的执行标的异议，李有福可以提出案外人异议之诉。提出案外人异议之诉应当符合的条件是：1）起诉的时间应当在收到执行法院对执行标的异议作出的驳回裁定后 15 日内；2）管辖法院为执行法院，即甲县人民法院；3）李有福作为原告，赵文、赵武作为被告，如果赵军反对李有福的主张，赵军也作为共同被告。

（3）如果张益友要对那个元代青花瓷盘所涉及的权益主张权利，在赵文、赵武与赵军的案件已经进入了执行阶段的情况下，在民事诉讼制度的框架下，其可以提出第三人撤销之诉。张益友提出第三人撤销之诉应当符合的条件是：1）张益友作为原告，赵文、赵武、赵军作为被告；2）向作出调解书的法院即甲县人民法院提出诉讼；3）应当在 2023 年 11 月 1 日之后的 6 个月内提出。

（4）如果钱进军要对其对赵军所享有的那 5 万元债权主张权利，在赵文、赵武与赵军的案件已经进入了执行阶段的情况下，在民事诉讼制度的框架下，其可以申请参与分配，因为其条件符合申请参与分配的条件。按照民事诉讼法的规定，参与分配的条件包括：第一，被执行人的财产无法清偿所有债权。本案中赵军的财产不足以清

偿其所有的债务。第二，被执行人为自然人或其他组织，而非法人。本案中赵军为自然人。第三，有多个申请人对同一被申请人享有债权。本案中有三个申请人对赵军享有债权。第四，申请人必须取得生效的执行根据。本案中钱进军有经过公证的债权文书作为执行根据。第五，参与分配的债权只限于金钱债权，本案中钱进军对赵军享有的就是金钱债权。第六，参与分配必须发生在执行程序开始后、被执行人的财产清偿完毕之前。本案情形与此相符。

五、论述题

在我国，民事判决既包括争讼程序的判决，又包括非讼程序的判决。然而，由于非讼程序在程序构造上有着与争讼程序根本的差异，所以在大陆法系国家，通常是以裁定的方式来终结非讼程序。它们对于民事判决的效力问题也是以争讼程序作出的判决作为对象的。因此，必须首先明确这个差异，把对判决效力的讨论集中于争讼程序作出的判决范围。

我国传统理论一般认为，判决的效力主要有：排除效力或排他效力，即生效判决具有排除当事人对同一案件重新起诉和法院对同一案件重新审理的效力；不可争议效力，即对于生效判决，当事人不得再行争议而提起上诉，法院非经审判监督程序也不得予以变更或撤销；强制执行力。但是，我国理论上对判决效力的研究尚不充分，司法实践中也较为普遍地存在着忽视判决效力的情况。因此，极有必要加强对判决效力理论的研究，以引导司法实践尊重判决的效力，维护私法秩序的安定性。

大陆法系国家的民事诉讼理论一般认为，生效判决的效力可以划分成两个主要层次：一是判决的原有效力，即判决在法律上被当然认可的制度性效力；二是判决的附随效力，即主要基于理论上的分析而抽象出来的效力。

判决的原有效力主要包括：羁束力、确定力、形成力、执行力等。（1）羁束力，是指判决宣告后，法院原则上不得任意撤销或变更该判决。这种羁束力又被称为判决的自我拘束力、自缚力。羁束力是任何判决一经作出便具有的效力，因此，我国立法上所称的“生效判决”的概念是不准确的。（2）确定力是判决的核心效力，它包括形式的确定力和实质的确定力。形式的确定力又称判决的不可撤销效力，是判决对当事人的效力，专指当事人不得以上诉请求撤销或变更判决。实质的确定力即判决的既判力，是指判决中对争议的实体权利义务关系的判断对当事人和法院的拘束力。既判力是判决最核心的效力，可以从主观范围、客观范围以及标准三个方面理解既判力。判决的确定力发生在判决确定之时。（3）形成力是形成判决独有的效力，是指确定判决具有使原民事法律关系变更或使新的民事实体法律关系产生的效力。判决的形成力也发生在判决确定之时。（4）执行力是给付判决独有的效力，它是判决的内容可通过强制执行实现的效力。判决的执行力一般来说发生在判决确定之后。

判决的附随效力主要包括：参加效力、争点效力、反射效力等。（1）参加效力是指在被辅助的当事人败诉时，判决在辅助参加人与被辅助的当事人之间会产生以下效力：他们不得彼此主张如果更充分地进行诉讼，就不会产生如此的败诉后果。（2）争点效力是判决理由所具有的效力，它强调通过赋予判决理由中的判断以拘束力，使前后不同的两诉在对同一事项的判断上保持一致，以发挥统一司法、避免矛盾判决以及一次性集中解决纠纷的效能。（3）反射效力又称波及效力，是指本案判决对本案以外的第三人的实体权利、义务所产生的影响。反射效力并不直接影响任何第三人的实体权利、义务，只有确定判决对某个第三人的实体权利、义务产生影响时，反射效力才对该第三人产生。

一个完整的判决效力的体系是民事判决制度完备的必要条件，从而使其与整体民事诉讼保持体系化的有机联系。我国的诉讼制度在许多方面都是以大陆法系的诉讼制度为模板的，理论中已经吸收了大陆法系诸多基本概念，而这些概念作为理论单元已经为我们实务界和学术界所熟悉和掌握，这就为理解和掌握大陆法系判决效力理论提供了基础。因此，充分借鉴大陆法系的判决理论，不失为完善我国民事判决制度的一条可行的途径。

综合测试题（二）

一、名词解释

1. 客观真实与法律真实

2. 既判力

3. 法院调解与执行和解

二、选择题

（一）单项选择项

1. 下列关于民事诉讼制度或程序的判断，哪一个是不正确的？（　　）

A. 因环境污染引起的损害赔偿诉讼，对原告提出的侵权行为，被告否认的，由被告负责举证

B. 人民法院对汽车进行财产保全，可以扣押机动车行驶证，也可以查封汽车

C. 人民法院依照第二审程序审理民事案件，认为该案件依法不应由人民法院受理的，可以由第二审人民法院直接裁定撤销原判，驳回起诉

D. 人民法院依公示催告程序作出除权判决后，利害关系人因正当理由未能向人民法院申报权利的，自知道或者应当知道判决公告之日起 1 年内，可以向作出判决的人民法院起诉

2. 甲公司股东会决议将公司解散，于是甲公司依法成立了清算组。在清算过程中，甲公司的债权人乙向人民法院起诉要求甲公司清偿债务。关于清算组在诉讼中的地位，下列哪一项正确？（　　）

A. 清算组应作为被告　　B. 清算组应与甲公司作为必要共同被告

C. 清算组可以作为无独立请求权第三人　　D. 公司应作为被告

3. 甲公司与乙公司就双方签订的加工承揽合同达成仲裁协议，约定一旦因合同履行发生纠纷，由当地仲裁委员会仲裁。后因合同履行发生争议，甲公司将乙公司告上法庭。对此乙公司没有向受诉法院提出异议。开庭审理中，甲公司举出充分证据，乙公司败诉几成定局，于是乙公司向法院提交了双方达成的仲裁协议。法院经审查后认为该仲裁协议无效。此时应如何处理？（　　）

A. 继续审理

B. 判决该仲裁协议无效

C. 如甲公司对仲裁协议效力没有异议，则裁定驳回起诉

D. 将仲裁协议的效力问题移交有关仲裁委员会审理

4. 2017 年 5 月 12 日，底某与王某签订了借款协议，底某向王某借款 10 万元，定于 2018 年 5 月 12 日返还。协议书经公证处公证，公证书上写明，如果债务人不履行义务，届时可申请强制执行。合同签订后，王某如实履行了合同义务。但是，2018 年 5 月 12 日底某没有还款。王某以底某未履行合同义务为由，向法院申请执行。本案可由哪一个法院执行？（　　）

A. 公证处所在地人民法院　　B. 底某财产所在地人民法院

C. 王某住所地人民法院　　D. 底某住所地或王某住所地人民法院

5. 甲向法院起诉乙要求赔偿违约损失 200 万元。一审判决后乙上诉，诉讼中甲将请求数额增加到 400 万元。对此二审法院应当如何处理？（　　）

A. 二审法院可以根据自愿原则进行调解，调解不成的发回重审

B. 二审法院可以根据自愿原则进行调解，调解不成的告知甲另行起诉

C. 二审法院可以根据自愿原则进行调解，调解不成的应当继续审理

D. 二审法院应当不准许甲增加诉讼请求数额

6. 马桂诉李雄侵权赔偿一案，李雄败诉。但判决生效后，李雄未如期履行判决。马桂依法向法院申请执行。法院受理案件后，查明李雄因病在家，三个月没有收入，家中也没有可供执行的财产。马桂表示不撤回执行申请，但可以等一段时间再执行。在此情况下，法院应如何处理马桂的执行申请？（　　）

A. 裁定驳回马桂的申请　　B. 裁定中止执行

C. 裁定终结本次执行程序　　D. 裁定不予执行

7. 甲市物资局下属的甲市物资租赁贸易服务总公司于 2016 年 10 月与乙市农业生产资料服务公司签订了一份买卖合同，该合同在履行过程中发生了纠纷。此时，甲市物资租赁贸易服务总公司一分为二，分立为甲市物资租赁服务公司和甲市物资贸易公司（均为独立法人）。公司分立时，对上述买卖合同如何处理未作安排。现乙市农业生产资料服务公司到法院就该合同纠纷提起诉讼，本诉讼的被告应当是谁？（　　）

A. 甲市物资租赁贸易服务总公司　　B. 甲市物资局

C. 甲市物资租赁服务公司或甲市物资贸易公司　　D. 甲市物资租赁服务公司和甲市物资贸易公司

8. S 市东区人民法院受理了一起民事诉讼案件，后发现自己对本案无管辖权，于是将该案移送 S 市西区人民法院，西区人民法院则认为对该案有管辖权的应是 S 市南区人民法院。在此种情况下，西区人民法院依法应当如何处理？（　　）

A. 将案件移送到南区人民法院　　B. 将案件移送到东区人民法院

C. 由自己对该案件进行审理　　D. 将此案报请 S 市中级人民法院指定管辖

9. 人民法院作出判决，宣告某公民死亡。三天后该公民出现。在此种情况下，该公民或者利害关系人，可以采用以下哪一选项所列的程序和办法，撤销或改变原判决？（　　）

A. 向原审人民法院提出申请，由人民法院适用宣告死亡案件审理程序作出新判决，撤销原判决

B. 向原审人民法院提出再审，人民法院适用再审程序作出新判决，撤销原判决

C. 向原审人民法院的上级人民法院提起上诉，由上级人民法院适用二审程序予以改判

D. 请求原审人民法院适用普通程序对案件进行审理，改变原判决

10. 村民许立与任国因返还借款发生纠纷，后经村人民调解委员会调解，双方达成协议：任国于调解协议达成后一个月内返还许立借款 7 000 元。人民调解委员会就此制作了调解书，并将调解书送给许立与任国。一个月之后，任国未按该调解书履行义务。在此种情况下，许立怎么办？（　　）

A. 可以直接到法院申请强制执行

B. 应当通过村人民调解委员会就任国借款问题提起诉讼

C. 可以直接到人民法院就任国借款问题提起诉讼

D. 应由村人民调解委员会开出借款问题经人民调解委员会调解的证明方可到人民法院起诉

11. 在我国领域内没有住所的外国人其所在国与我国未订立有关条约，当其委托我国律师代理诉讼时，从我国领域外寄交授权委托书，（　　）才具有效力。

A. 只需经所在国公证机关证明

B. 只需经我国驻该国使领馆认证

C. 应当经所在国公证机关证明，并经我国驻该国使领馆认证

D. 履行所在国规定的证明手续

12. 甲向人民法院起诉乙，要求乙返还汽车。丙认为自己对该汽车拥有所有权，于是以有独立请求权第三人身份参加诉讼。诉讼中，甲丧失了诉讼行为能力。对此，下列说法正确的有（　　）。

A. 本诉诉讼中止，而参加之诉应继续进行　　B. 本诉和参加之诉都应继续进行
C. 本诉应继续进行，而参加之诉应诉讼中止　　D. 本诉和参加之诉都应诉讼中止

13. 南园实业公司拖欠海达电脑公司货款7万元，海达电脑公司多次催讨无结果，遂向人民法院申请支付令。法院受理后经过审查，向南园实业公司发出了支付令，限期还款。南园实业公司以书面形式提出原合同规定价格不合理，愿意付款5.8万元，另外1.2万元希望免除。在这种情况下，（　　）。

A. 法院应当直接裁定终结督促程序
B. 法院应进行必要的审查，如合同确定的价格合理，则支付令有效
C. 法院应进行必要的审查，如合同确定的价格确实不合理，裁定驳回债权人的申请，支付令无效
D. 法院应询问债权人的意见，如其同意债务人只付款5.8万元，可将支付令数额改为5.8万元

14. 夏麦（男）与程黎芳（女）结婚半年，因性格不合经常发生争吵，直到打架、分居。程黎芳遂向人民法院起诉要求离婚。某县法院判决准许离婚，并在判决中对家庭财产进行了分割处理。夏、程二人在法定期限内均未上诉。两个月后，程黎芳想起她的一件祖传玉器被夏麦占有，该玉器系程黎芳结婚后其父所赠，后来程黎芳给了夏麦。程黎芳在诉讼过程中未提及玉器之事，法院判决也未涉及此物。程黎芳如想要回玉器，可以（　　）。

A. 上诉　　B. 申诉　　C. 申请再审　　D. 另行起诉

15. 人民法院执行人员对发现民事执行根据确有错误的案件的处理中，错误的是（　　）。

A. 民事案件执行法官在执行时发现判决有误，认为需要再审的，应当提交审判委员会讨论决定
B. 上级法院在指导下级法院执行案件中，发现据以执行的判决有误，可直接裁定中止执行
C. 据以执行的公证债权文书确有错误，人民法院裁定不予执行
D. 人民法院院长发现发生法律效力的支付令确有错误，需要撤销的，应当先提交本院审判委员会讨论决定

16. 在诉讼中，一方当事人死亡，有继承人的，裁定中止诉讼，人民法院应及时通知继承人作为当事人承担诉讼。被继承人已经进行的诉讼行为对承担诉讼的继承人是否有效？（　　）

A. 无效　　B. 有效
C. 有效与否由法院决定　　D. 有效与否由继承人决定

17. 对不在我国境内居住的被告，经用公告方式送达诉状或传唤，公告期满不应诉，人民法院缺席判决后，仍应将裁判文书公告送达被告。自公告送达裁判文书满（　　）的次日起，经过（　　）的上诉期当事人没有上诉的，一审判决即发生法律效力。

A. 6个月，15日　　B. 6个月，15日　　C. 60日，30日　　D. 3个月，50日

18. 下列关于审理期限的说法中，正确的是（　　）。

A. 适用简易程序审理案件，应在立案之日起3个月内审结
B. 审理选民资格案件，应当在受理案件后的10日内审结
C. 人民法院适用普通程序审理的案件，最长期限是立案之日起10个月
D. 人民法院审理对判决的上诉案件，最长期限是立案之日起3个月

（二）多项选择题

1. 2016年11月20日，某人民法院二审判决甲在10日内向乙赔偿损失30万元。甲未履行判决义务，于是乙于2017年3月30日向人民法院申请执行。后甲和乙达成谅解，乙于2017年4月20日向人民法院撤销了执行申请。事后乙十分后悔，于是在2017年9月20日再次向人民法院申请执行。对此，下列说法正确的有（　　）。

A. 本案已经执行终结
B. 人民法院应当受理乙的再次申请
C. 人民法院应当裁定不予受理乙的再次申请
D. 人民法院应当综合考虑各种因素后再决定是否受理

2. 我国《民诉法》规定，实行一审终审的案件包括哪些？（　　）

A. 权利义务关系明确、争议不大，可适用简易程序的案件

B. 债权人向法院申请支付令的案件

C. 认定财产无主案件

D. 申请人向法院申请公示催告的案件

3. 马玉兰与韩春林系邻居。马玉兰未选上街道代表，怀疑是韩春林说了坏话，便伺机报复。2014 年 5 月 12 日，马玉兰带领儿子李敏、儿媳赵君闯入韩家，殴打韩春林，致使韩多处受伤。韩春林之子童祥云下班回家与马家三人相遇，马玉兰与儿子、儿媳一拥而上，将童祥云的眼镜打坏，将左颧骨打成骨折，童花去医疗费1 150 元。韩春林的丈夫童厚财于 2014 年 5 月底以原告身份向法院提起诉讼，要求被告马玉兰赔偿打伤其妻子的医药费 1 100 元。在起诉中，对其子被打伤的问题未涉及。法院受理此案后，在调查中发现童祥云也被打伤，于是将童祥云追加为共同诉讼的共同原告。有关此案的下列观点中哪些是正确的？（　　）

A. 人民法院受理童厚财的起诉是错误的，因他与本案没有直接利害关系

B. 人民法院受理童厚财的起诉是正确的，因韩春林与其系夫妻，赔偿费用给付后归他夫妻二人共有

C. 法院将童祥云追加为必要共同诉讼的共同原告是错误的，因为他与韩春林的诉讼标的不是共同的

D. 法院可以将马玉兰作为被告人，而不需要追加马玉兰的儿子、儿媳作为共同被告人参加诉讼

4. 在甲诉乙侵犯名誉权一案中，法院判决甲赔偿乙 3 万元并在媒体上赔礼道歉。但甲只交付了赔款，未按期赔礼道歉，经多次催促，仍然拒不履行。乙于是申请执行。对此，法院可以采取哪些措施？（　　）

A. 由甲支付迟延履行金

B. 对甲进行罚款

C. 拘留甲

D. 由法院在媒体上将判决的主要内容公布，费用由甲承担

5. 下列哪些案件即使原来是一审人民法院审结的，也要按二审程序进行审理？（　　）

A. 上级人民法院提审的再审案件

B. 最高人民法院提审的案件

C. 上级人民法院指令下级人民法院再审的案件

D. 人民检察院提出抗诉的案件

6. 第一审人民法院适用普通程序审理的案件，当事人未经传票传唤而缺席判决，可能影响案件正确判决的，第二审人民法院应当（　　）。

A. 查清事实后改判　　B. 依法改判

C. 裁定撤销原判　　D. 发回一审法院重审

7. 当事人可以用书面协议选择管辖法院的涉外案件包括（　　）。

A. 涉外财产权益纠纷　　B. 涉外合同纠纷

C. 涉外人身关系纠纷　　D. 涉外婚姻纠纷

8. 我国公司 A 与某外国公司 B 签订了一份合作勘探开发我国某地铁矿资源合同，后双方发生了合同纠纷。试问：双方当事人的下列做法中合法的是？（　　）

A. 双方书面协议选择某外国法院管辖

B. 双方书面协议选择某外国仲裁机构裁决

C. 双方在中国法院进行诉讼

D. 双方书面协议选择国内仲裁机构裁决

（三）不定项选择题

1. 某幼儿园聘请甲担任幼儿班教师。某日上午 9 时左右，幼儿班课间休息时，甲离园打电话，几个幼儿在教

室里的火炉旁烤火。其中乙（5 岁）和丙（4 岁）因争夺位置而打斗，乙用石块将丙头部打破，而丙则把乙按在火炉上，乙被烫伤。为此，丙花去医药费 5 000 元，乙花去医药费 5 000 元。问：乙的医药费应由谁承担？（　　）

A. 由甲承担

B. 由丙的监护人承担

C. 主要由丙的监护人承担，幼儿园承担适当赔偿责任

D. 由丙的监护人承担责任，但幼儿园应承担与其过错相应的补充赔偿责任

2. 刘稳与刘永系父子，刘稳在农村，年老多病；刘永外出做生意，收入颇丰，遂在县城买房定居，但刘永长期不给其父赡养费导致刘稳生活困难。2012 年，刘稳就此诉至人民法院，人民法院判决刘永每月给付刘稳生活费 400 元，刘稳、刘永均服判。至 2017 年，刘稳因身体不好，医疗费增多，再次向人民法院起诉，要求刘永增加赡养费。

(1) 针对刘稳的起诉，人民法院应（　　）。

A. 依法受理　　B. 按审判监督程序处理

C. 根据一事不再理原则，不予受理　　D. 先依法受理，再裁定驳回起诉

(2) 如果刘稳为文盲，书写起诉状确有困难，要求口头起诉，对此，人民法院应（　　）。

A. 要求另行提交起诉状　　B. 记入笔录并告知对方当事人

C. 裁定不予受理　　D. 裁定驳回起诉

(3) 如果在开庭审理后，刘永拒不到庭，则人民法院（　　）。

A. 应延期审理　　B. 应中止诉讼

C. 经两次传唤的，可拘传刘永到庭　　D. 如果拘传不到刘永，人民法院可缺席判决

(4) 如果开庭当天刘稳没坐上开往县城的早班车，未能出庭，人民法院应当（　　）。

A. 按撤诉处理　　B. 缺席判决

C. 延期审理　　D. 先予执行

3. 2016 年 2 月，家住甲市 A 区的赵刚向家住甲市 B 区的李强借了 5 000 元，言明 2017 年 2 月之前偿还。到期后赵刚一直没有还钱。

2017 年 3 月，李强找到赵刚家追讨该债务，发生争吵。赵刚因所牵宠物狗易受惊，遂对李强说：“你不要大声喊，狗会咬你。”李强不理，仍然叫骂，并指着狗叫喊。该狗受惊，扑向李强并将其咬伤。李强治伤花费 6 000 元。

李强起诉要求赵刚返还欠款 5 000 元、支付医药费 6 000 元，并向法院提交了赵刚书写的借条、其向赵刚转账 5 000 元的银行转账凭证、本人病历、医院的诊断书（复印件）、医院处方（复印件）、发票等。

赵刚称：其向李强借款是事实，但在 2017 年 1 月卖给李强一块玉石，价值 5 000 元，说好用玉石货款清偿借款。当时李强表示同意，并称之后会把借条还给赵刚，但其一直未还该借条。

赵刚还称：李强故意激怒狗，被狗咬伤的责任应由李强自己承担。对此，赵刚提交了邻居孙某出具的书面证词，该证词描述了李强当时骂人和骂狗的情形。

赵刚认为，李强提交的诊断书、医院处方均为复印件，没有证明力。

请回答下列问题。

(1) 关于李强与赵刚之间欠款的诉讼管辖，下列选项中正确的是（　　）。

A. 甲市 A 区法院　　B. 甲市 B 区法院

C. 甲市中级法院　　D. 应当专属甲市 A 区法院

(2) 关于李强要求赵刚支付医药费的诉讼管辖，下列选项中正确的是（　　）。

A. 甲市 A 区法院　　B. 甲市 B 区法院

C. 甲市中级法院　　D. 应当专属甲市 A 区法院

(3) 关于法院对李强提出的返还欠款 5 000 元和支付医药费 6 000 元的诉讼的审理，下列选项正确的

是（　　）。

A. 可以分别审理，分别作出判决　　B. 可以合并审理，一起作出判决

C. 可以合并审理，分别作出判决　　D. 必须分别审理，分别作出判决

（4）关于赵刚向李强借款 5 000 元的证据证明问题，下列选项中正确的是（　　）。

A. 李强提出的借条是本证

B. 李强提出的其向赵刚转账 5 000 元的银行转账凭证是直接证据

C. 赵刚承认借款事实属于自认

D. 赵刚所言已用卖玉石的款项偿还借款属于反证

（5）关于本案李强被狗咬伤的证据证明问题，下列选项中正确的是（　　）。

A. 赵刚的证人提出的书面证词属于书证

B. 李强提交的诊断书、医院处方为复印件，肯定无证明力

C. 李强是因为挑逗赵刚的狗而被狗咬伤的事实的证明责任由赵刚承担

D. 李强受损害与被赵刚的狗咬伤之间具有因果关系的证明责任由李强承担

（6）关于赵刚“用玉石货款清偿借款”的辩称，下列选项中正确的是（　　）。

A. 将该辩称作为赵刚偿还借款的反驳意见来审查，审查的结果可以作为判决的根据

B. 赵刚应当以反诉的形式提出请求，法院可以将其与本诉合并进行审理

C. 赵刚必须另行起诉，否则法院不予处理

D. 赵刚既可以反诉的形式提起，也可另行起诉

三、简答题

1. 简述起诉的概念及要件。

2. 简述世界各国解决涉外民事诉讼竞合的主要途径。

四、案例分析题

1. 案情：2016 年 11 月，甲市 A 区的天意纺织公司与乙市 B 区的宏大机械公司签订一份 6 台纺织机械的买卖合同，约定：宏大机械公司应在 2016 年 12 月底前向天意纺织公司提供符合合同约定的 6 台纺织机械，天意纺织公司应在接到 6 台机械后 10 日付清全部货款。一方如果违约，应向对方支付标的总额的 4%的违约金。合同签订后，宏大机械公司按时提供了 6 台纺织机械，天意纺织公司支付了部分货款，剩余 33 万元未支付。宏大机械公司催要过程中，天意纺织公司以宏大机械公司提供的纺织机械存在严重质量问题，给自己造成了大量的丝麻原材料损失为由拒绝支付剩余货款。2017 年 2 月 19 日，宏大机械公司向甲市 A 区人民法院提起诉讼，要求天意纺织公司支付所拖欠的货款 33 万元。天意纺织公司在接到 A 区人民法院送达的应诉通知书之后的第四天，向 A 区人民法院提交答辩状并提出要求宏大机械公司赔偿因所提供纺织机械不合格给自己造成的丝麻原材料损失 58 万元。

问题：

（1）天意纺织公司提出的赔偿原材料损失的请求属于何种诉讼请求？A 区人民法院应如何处理这一请求？

（2）如果 A 区人民法院向双方当事人送达开庭传票后，宏大机械公司无正当理由拒不到庭参加案件审理，A 区人民法院能否将宏大机械公司的支付货款请求与天意纺织公司的赔偿原材料损失的请求合并判决？

（3）如果 A 区人民法院判决宏大机械公司赔偿因所提供纺织机械不合格给天意纺织公司造成的丝麻原材料损失 50 万元，天意纺织公司不服，提起上诉，并提出宏大机械公司违约，应按照合同约定支付违约金。对于天意纺织公司的该诉讼请求，二审法院应如何处理？

（4）如果二审人民法院在审理过程中，发现 A 区人民法院审理本案的审判员应当回避而未回避，可能影响案

件正确判决的，二审人民法院应当如何处理该案件？

（5）在二审审理过程中，天意纺织公司为使人民法院能够支持其上诉请求，能否向二审人民法院提供新的证据？

2. 案情：2015 年 3 月，北方工贸总公司（位于 A 市甲区）与博达投资公司（位于 A 市乙区）、新特产业集团（位于 A 市丙区）签订一份联合开发通讯软件的合作合同。合同约定：北方工贸总公司投资 600 万元完成软件系统的开发工作，博达投资公司与新特产业集团完成后期一些市场宣传工作，2016 年 10 月底之前，北方工贸总公司将其 600 万元投资及其利息全部收回。但是，到 2016 年 10 月底，北方工贸总公司仅收回部分投资，剩余 120 万元，博达投资公司与新特产业集团迟迟不给。为此双方发生争议。2017 年 1 月，北方工贸总公司向 A 市甲区人民法院和 A 市乙区人民法院递交了起诉状，甲区人民法院和乙区人民法院就该案件的管辖权问题发生争议。

问题：

（1）如果在管辖权争议解决之前，甲区人民法院抢先对该争议案件作出了判决，对该判决应如何处理？

（2）在该案审理过程中，如果双方当事人经法院主持调解达成由博达投资公司与新特产业集团于 2017 年 5 月底之前一次性向北方工贸总公司支付 106 万元的调解协议，人民法院根据调解协议制作的调解书在什么情况下发生法律效力？

（3）该调解书发生法律效力后，如果博达投资公司与新特产业集团拒绝履行调解书所确定的义务，人民法院基于北方工贸总公司的申请开始执行程序后，博达投资公司与新特产业集团能否申请执行法院主持调解？为什么？

（4）在该执行程序中，如果北方工贸总公司与其他公司发生合并但尚未完成，此时，人民法院应如何处理？

（5）在执行程序中，如果被执行人拒绝履行生效法律文书确定的义务但拥有两项商标权，人民法院对该商标权如何执行？

3. 案情：孙某与钱某合伙经营一家五金店，后因经营理念不合，孙某唆使赵龙、赵虎兄弟寻衅将钱某打伤，钱某花费医疗费 2 万元、营养费 3 000 元、交通费 2 000 元。钱某委托李律师向甲县人民法院起诉赵家兄弟，要求其赔偿经济损失 2.5 万元、精神损失 5 000 元，并提供了医院诊断书、处方、出租车票、发票、目击者周某的书面证言等证据。甲县人民法院适用简易程序审理本案。二被告没有提供证据，庭审中承认将钱某打伤，但对赔偿金额提出异议。甲县人民法院最终支持了钱某的所有主张。

二被告不服，向乙市中级人民法院提起上诉，并向该法院承认，二人是受孙某唆使。钱某要求追加孙某为共同被告，赔偿损失，并要求退伙析产。乙市中级人民法院经过审查，认定孙某是必须参加诉讼的当事人，遂通知孙某参加调解。后各方达成调解协议，钱某放弃精神损害赔偿，孙某即时向钱某支付赔偿金 1.5 万元，赵家兄弟在 7 日内向钱某支付赔偿金 1 万元，孙某和钱某同意继续合伙经营。乙市中级人民法院制作调解书送达各方后结案。

问题：

（1）请结合本案，简要概括钱某的起诉状和法院的一审判决书的结构和内容。

（2）如果乙市中级人民法院调解无效，应当如何处理？

（3）如果甲县人民法院重审本案，应当在程序上注意哪些特殊事项？

（4）请结合本案和社会发展情况，试述调解和审判在转型时期的关系。

五、论述题

某人民法院受理了甲诉乙的损害赔偿案件后，依法组成合议庭，采用普通程序审理本案，并进行了审理前的各项准备工作。被告也按期提供了答辩，双方进行了证据交换。但在开庭审理前一天，甲向法院提出撤诉申请，法院认为此时准许撤诉不利于纠纷的彻底解决，有滥诉嫌疑，遂裁定不准许撤诉。开庭审理完毕后，法院作出判决，但尚未宣判，此时甲认为根据开庭审理的情况，自己必定败诉，遂再次提出撤诉申请。法院认为此时准许撤诉是对司法资源的极大浪费，也裁定不予准许，并作出驳回原告甲的诉讼请求的判决。

请结合你的法律知识，联系甲的两次撤诉申请和法院的两次驳回，分析我国民事诉讼制度。

参考答案

一、名词解释

1.

客观真实	法律真实
依事物的本来面目认识事物，使认识与对象的实际情况相符	符合实体法与程序法的规定，从而达到从法律的角度可认为是真实的程度的事实

2. 既判力是指法院的终局判决确定后，无论当事人还是法院均受判决内容的拘束，当事人不得主张与之相反的内容，法院不得作出与之内容矛盾的判断。

3.

法院调解	执行和解
法院调解是指在人民法院审判组织主持下，由双方当事人就民事权益平等、自愿协商，达成协议，解决纠纷的诉讼活动。	执行和解是指在执行程序中，双方当事人就执行标的进行协商，自愿达成协议，经人民法院审查批准以结束执行程序的一种行为。

二、选择题

（一）单项选择题

1. 答案：A

民事诉讼中的举证责任分配法则是“谁主张，谁举证”。侵权行为这一要件事实必然由原告主张，故即使被告否认，该举证责任也由原告承担。这里要注意的是“否认”与“抗辩”的区别。“否认”是指当事人对某事实单纯拒绝承认其存在，而“抗辩”则是虽然承认该事实存在，但主张由于存在另外的事实而使对方当事人的请求不能成立。学界通说认为，否认该事实的，不承担举证责任；而抗辩的，则应当由提出抗辩的一方当事人对其主张的另外的事实承担举证责任。故A项错误。

2. 答案：D

《公司法规定二》第10条第1款规定：公司依法清算结束并办理注销登记前，有关公司的民事诉讼，应当以公司的名义进行。故应选D项。这里应注意的是，公司普通清算与破产清算中的清算组织的诉讼地位有本质的差别。

3. 答案：A

根据《仲裁法》第26条，当事人达成仲裁协议，一方向人民法院起诉未声明有仲裁协议，人民法院受理后，另一方在首次开庭前未对人民法院受理该案提出异议的，视为放弃仲裁协议，人民法院应当继续审理。故A项正确。

4. 答案：B

根据《公证执行规定》第2条第1款，公证债权文书执行案件，由被执行人住所地或者被执行的财产所在地人民法院管辖。故选B项。

5. 答案：D

本案中甲增加诉讼标的额的行为属于变更诉讼请求。《民诉解释》第232条规定，在案件受理后，法庭辩论结束前，原告增加诉讼请求，被告提出反诉，第三人提出与本案有关的诉讼请求，可以合并审理的，人民法院应当合并审理。本案中，已经到了二审阶段，所以一审的法庭辩论早已结束，因此二审法院应当驳回甲增加标的额的请求。故选D项。

6. 答案：C

根据《民诉解释》第 517 条第 1 款的规定，经过财产调查未发现可供执行的财产，在申请执行人签字确认或者执行法院组成合议庭审查核实并经院长批准后，可以裁定终结本次执行程序。故选 C 项。

7. 答案：D

根据《民诉解释》第 63 条的规定，企业法人分立的，因分立前的民事活动发生的纠纷，以分立后的企业为共同诉讼人。故选 D 项。

8. 答案：D

根据《民诉法》第 37 条的规定，受移送的人民法院认为受移送的案件依照规定不属于本院管辖的，应当报请上级人民法院指定管辖，不得再自行移送。故选 D 项。

9. 答案：A

宣告死亡案件属于适用特别程序的案件。根据《民诉法》有关规定，这类案件实行一审终审制，当事人不得上诉也不得申请再审。故 B、C 项错误。另根据《民诉法》第 193 条的规定，被宣告失踪、宣告死亡的公民重新出现，经本人或者利害关系人申请，人民法院应当作出新判决，撤销原判决。这里要注意的是，人民法院作出新的判决所适用的程序应当是特别程序而非普通程序，因为此时的案件依然属于非诉案件，而普通程序主要适用于诉讼案件。故 D 项也错误。

10. 答案：C

人民调解委员会主持达成的调解协议属于民事合同，没有强制执行力，一方不履行的，当事人可直接向人民法院提起诉讼。

11. 答案：C

根据《民诉法》第 275 条的规定，在我国领域内没有住所的外国人、无国籍人、外国企业和组织委托中国律师或者其他人代理诉讼，从我国领域外寄交或者托交授权委托书，有两种方式：如果其所在国与我国订有条约，则按照条约规定的证明手续办理。如果两国没有条约，则应当经其所在国公证机关证明，并经我国驻该国使领馆认证。本题中，该外国人所在国没有与我国订立相关条约，故只能选 C 项。

12. 答案：D

本题中甲丧失了诉讼行为能力，此种情形下应当诉讼中止。有独立请求权第三人参加诉讼形成了本诉和参加之诉两个诉，甲在其中既作为本诉的原告又作为参加之诉的被告之一，故身兼两个身份的甲出现了应当诉讼中止的情形时，本诉和参加之诉都应当诉讼中止。故选 D 项。

13. 答案：B

《民诉法》第 228 条规定："人民法院收到债务人提出的书面异议后，经审查，异议成立的，应当裁定终结督促程序，支付令自行失效。"《民诉法》第 228 条第 2 款规定："支付令失效的，转入诉讼程序，但申请支付令的一方当事人不同意提起诉讼的除外。"因而，当债务人提出书面异议时，法院应进行必要的审查，如果异议成立，则裁定终结督促程序，案件进入诉讼程序，如果异议不成立，则支付令继续有效。

14. 答案：D

根据《民诉解释》第 380 条的规定，如涉及判决中未作处理的夫妻共同财产，应当告知当事人另行起诉。之所以这样规定，主要是为了保护当事人的审级利益。从本案描述的案情来看，本案中的玉器应当属于夫妻共同财产。故应选 D 项。当然，即使玉器不属于夫妻共同财产，针对此玉器的归属纠纷，当事人也只能另行起诉，理由还是保护当事人的审级利益。

15. 答案：B

根据《民诉法》第 209 条第 1 款规定，各级人民法院院长对本院已经发生法律效力的判决、裁定、调解书，发现确有错误，认为需要再审的，应当提交审判委员会讨论决定。选项 A 正确。

根据《执行规定》第 75 条规定，上级法院在监督、指导、协调下级法院执行案件中，发现据以执行的生效法律文书确有错误的，应当书面通知下级法院暂缓执行，并按照审判监督程序处理。选项B错误，为应选项。

根据《民诉法》第249条第2款规定，公证债权文书确有错误的，人民法院裁定不予执行，并将裁定书送达双方当事人和公证机关。选项C正确。

根据《民诉解释》第441条规定，人民法院院长发现本院已经发生法律效力的支付令确有错误，认为需要撤销的，应当提交本院审判委员会讨论决定后，裁定撤销支付令，驳回债权人的申请。选项D正确。

16. 答案：B

根据《民诉解释》第55条的规定，被继承人已经进行的诉讼行为对承担诉讼的继承人有效。故应选B项。

17. 答案：C

根据《民诉法》第283条，公告送达的期限为60日。另根据《民诉解释》第532条的规定，当事人的上诉期限为30日。故选C项。

18. 答案：A

审理选民资格案件，应当在选举日前审结。人民法院适用普通程序审理一审案件的期限是6个月，适用二审程序审理上诉案件的期限是3个月，但都可延长。

（二）多项选择题

1. 答案：AC

根据《民诉法》第268条第1项的规定，当事人撤销申请的，应当裁定执行终结。故A项正确。同时，执行终结意味着本案的执行程序永久性结束而不可能恢复，所以C项正确。基于此，B、D两项均错误。

2. 答案：BCD

适用特殊程序审理的案件，均实行一审终审。

3. 答案：AC

民事诉讼的原告必须是与案件有直接利害的公民、法人和其他组织。本案受伤的是韩春林，韩春林才是本案的原告，因此A项对，B项错。虽然童祥云也被打伤，但是否提起诉讼，属于其对自身诉讼权利的处分，法院不能主动追加其为共同原告。故C项正确。

4. 答案：ABCD

根据《民诉法》第264条的规定，被执行人未按执行依据指定的期间履行非金钱给付义务的，应当支付迟延履行金。根据《民诉法》第114条第6项的规定，当事人拒不履行人民法院已经生效的裁判的，人民法院有权对其进行罚款、拘留。根据《执行解释》第26条规定：依照《民诉法》第266条的规定，执行法院可以依职权或者依申请执行人的申请，将被执行人不履行法律文书确定义务的信息，通过报纸、广播、电视、互联网等媒体公布。媒体公布的有关费用，由被执行人负担；申请执行人申请在媒体公布的，应当垫付有关费用。故应选ABCD项。

5. 答案：AB

在审判监督程序中，凡是提审的案件，一律按二审程序审理。故A、B项正确。上级人民法院指令下级人民法院再审的案件，由于原审既可能是一审也有可能是二审，所以指令下级人民法院再审的案件有可能适用一审程序，故C项不应选。根据《民诉法》第222条的规定，人民检察院提起抗诉的案件，接受抗诉的人民法院在法定条件下可以交下一级人民法院再审，故也有可能适用一审程序。故D项不应选。

6. 答案：CD

根据《民诉法》第177条第4项的规定，原判决遗漏当事人或者违法缺席判决等严重违反法定程序的，裁定撤销原判决，发回重审。故选CD项。

7. 答案：AB

参见《民诉法》第35条之规定。

8. 答案：BCD

当事人可以任意选择仲裁机构，但根据《民诉法》第 279 条的规定，因中外合作勘探开发自然资源合同发生纠纷的诉讼，必须由中国法院管辖。

（三）不定项选择题

1. 答案：D

《民法典》第 1201 条规定：无民事行为能力人或者限制民事行为能力人在幼儿园、学校或者其他教育机构学习、生活期间，受到幼儿园、学校或者其他教育机构以外的第三人人身损害的，由第三人承担侵权责任；幼儿园、学校或者其他教育机构未尽到管理职责的，承担相应的补充责任。幼儿园、学校或者其他教育机构承担补充责任后，可以向第三人追偿。故应选 D 项。

2.（1）答案：A

根据《民诉解释》第 218 条的规定，赡养费、扶养费、抚育费案件，裁判发生效力后，因新情况、新理由，一方当事人再行起诉要求增加或减少费用的，人民法院应当作为新案受理。故选 A 项。

（2）答案：B

根据《民诉法》123 条第 2 款的规定，书写起诉状确有困难的，可以口头起诉，由人民法院记入笔录，并告知对方当事人。故选 B 项。

（3）答案：ACD

由于本案属于追索赡养费案件，所以刘永属于必须到庭的被告。对于必须到庭的被告，经一次传票传唤被告拒不到庭的，一方面由于被告没有到庭，因此只能延期审理，另一方面可以对刘永继续传票传唤。如果刘永经第二次传票传唤仍然拒不到庭，法院可以拘传刘永。故 A、C 项正确。同时，如果拘传不到刘永，法院可以缺席判决。故 D 项也正确。

（4）答案：C

根据《民诉法》第 149 条第 1 项的规定，必须到庭的当事人和其他诉讼参与人有正当理由不能到庭的，可以延期审理。据此应选 C 项。

3.（1）答案：AB

本题主要考查合同纠纷的诉讼管辖。参见《民诉法》第 18、19、24、34 条，《民诉解释》第 18 条的规定。

（2）答案：A

本题主要考查侵权纠纷的诉讼管辖。参见《民诉法》第 18、19、29、34 条的规定。

（3）答案：AC

本题主要考查诉的合并。本题中，李强向赵刚提起返还借款之诉和损害赔偿侵权之诉，符合诉的合并要件，法院可以分别审理，也可以合并审理。借款纠纷与侵权纠纷是两个无牵连关系的诉讼标的，因此法院在审理后应当分别作出判决，结合本题，A、C 项正确，B、D 项错误。

（4）答案：AC

本题主要考查证据的分类。根据证据与当事人主张事实的关系，可以把证据分为本证与反证。本证是指负有证明责任一方为证明自己主张的事实而提出的证据。没有证明责任一方提出的对抗当事人的证据就是反证。结合本题，在借贷合同纠纷中，由主张借贷合同存在的当事人负担证明责任，李强主张借贷关系存在，他提出借条，欲证明他与赵刚之间存在借贷关系，因此，李强提出的借条是本证。赵刚所言已用玉石抵偿借款，实际上是提出了一项抵销事实，该事实的证明责任由赵刚负担，因此赵刚所言并非反证。由此可知，A 项正确，D 项错误。根据单个证据与证明对象之间的关系，可以把证据分为直接证据和间接证据。直接证据是能单独地证明待证事实的证据，间接证据是单个、无法直接证明待证事实的证据。结合本题，李强提出的银行转账凭证无法直接证明借贷事实的存在，因此该银行转账凭证不是直接证据，应属于间接证据。故 B 项错误。所谓自认，是指一方当事人对另一方当事人主张的案件事实予以承认。结合本题，赵刚承认曾向李强借款的事实，应属于自认，因此，C 项正确。

（5）答案：CD

本题主要考查证据的种类、证明力和证明责任分配。书证是以文字、符号、图案等表示内容来证明案件待证事实的书面材料。证人证言是指除当事人外了解案件的人向法院就自己所知的案件事实所作的陈述。证人证言以口头为原则，经法院许可，可以为书面证言。结合本题，赵刚所提交的书面证词是书面形式的证人证言，并非书证。因此A项错误。根据我国《证据规定》第11条的规定，当事人向人民法院提供证据，应当提供原件或者原物。如需自己保存证据原件、原物或者提供原件、原物确有困难的，可以提供经人民法院核对无异的复制件或者复制品。因此，李强提交的诊断书、医院处方为复制件，并不必然不具有证明力。因此B项错误。《民法典》第1245条规定，饲养的动物造成他人损害的，动物饲养人或者管理人应当承担侵权责任；但是，能够证明损害是因被侵权人故意或者重大过失造成的，可以不承担或者减轻责任。结合本题，赵刚是其狗的饲养人，他对于李强受伤是由李强自己故意或重大过失引起的负有证明责任。因此C项正确。就本案而言，李强所受损害与狗咬伤之间的因果关系并无特殊的分配规则，应按照证明责任分配的一般规定，由李强负证明责任。因此D项正确。

（6）答案：BD

反诉是指在民事诉讼程序中，本诉被告针对本诉原告向法院提出的独立的反请求。民事诉讼法设置反诉的目的一方面在于利用诉讼程序解决相关联的纠纷，提高效率；另一方面是为避免分别审理而造成的裁判抵触。反诉与反驳的主要区别体现为：在性质上，反诉是一种诉，反驳只是一种对抗对方当事人的手段；就主体而言，反诉的主体只能是本诉的被告，而反驳可以是各种当事人。反诉的提起要满足以下条件：1）须由本诉的被告向本诉的原告提起；2）须在本诉进行中提起；3）须向受理本诉的法院提起，且受诉法院对反诉有管辖权；4）须与本诉适用同一诉讼程序；5）须本诉与反诉之间存在牵连关系。结合本题，作为本诉被告的赵刚所称以玉石贷款清偿李强借款是向作为本诉原告的李强提出，并且提出的时间是在借款合同本诉已经开始、尚未终结之时，符合反诉的主体和时间要件。另外，对于赵刚主张的抵销，法院有管辖权且对赵刚的请求可与李强的借贷合同案件适用同一程序审理。抵销是债消灭的原因之一，因此赵刚所称以玉石贷款清偿借款与借贷关系具有牵连性。基于以上分析，赵刚应提起反诉，从而使自己得到诉讼程序的保护。由于反诉本身是独立的诉讼请求，故赵刚也可另行起诉，运用诉讼程序保护自己在玉石买卖合同中的权利。综上，B、D项正确，A、C项错误。

三、简答题

1. 起诉是指公民、法人或者其他组织，认为自己所享有的或者依法由自己管理、支配的民事权益受到侵害或者与他人发生争议，以自己的名义请求法院通过审判给予司法保护的诉讼行为。

依照《民诉法》的规定，起诉必须符合下列条件：（1）原告是与本案有直接利害关系的公民、法人或其他组织。（2）有明确的被告。（3）有具体的诉讼请求和事实、理由。（4）属于法院受理民事诉讼的范围和受诉法院管辖。

2. 涉外民事诉讼竞合，是指当事人就同一争议，基于相同的事实以及目的，在两个以上国家或者独立法域的法院提起民事诉讼的现象。比较世界各国的做法，解决民事诉讼竞合的途径主要分为以下四种：（1）当出现诉讼竞合时，本国法院拒绝行使管辖权或者中止诉讼。（2）发生诉讼竞合时，禁止在外国进行诉讼。（3）对于诉讼竞合，本国法院让当事人自行选择审判法院。（4）准许竞合之诉继续进行。

四、案例分析题

1. （1）天意纺织公司提出的赔偿原材料损失的请求属于反诉，A区人民法院应将该反诉请求与宏大机械公司提出的支付货款的本诉请求合并审理。

（2）A区人民法院不能将宏大机械公司的支付货款请求与天意纺织公司的赔偿原材料损失的请求合并判决。因为宏大机械公司经传票传唤后，无正当理由拒不到庭参加案件审理的，A区人民法院对于其支付货款的请求可按撤诉处理，但由于天意纺织公司提起反诉，故A区人民法院应当在宏大机械公司缺席的情况下，对天意纺织公司的反诉请求进行审理，并作出缺席判决。其法律依据是《民诉法》第146条。

(3) 对天意纺织公司的该反诉请求，二审人民法院可以根据当事人自愿原则调解，调解不成的，告知当事人另行起诉。其法律依据是《民诉解释》第 326 条。

(4) 二审人民法院应裁定撤销原判决，发回 A 区人民法院重审。

(5) 在二审过程中，天意纺织公司为使法院能够支持其上诉请求，只能向二审人民法院提供如下新的证据：1) 一审庭审结束后新发现的证据；2) 在一审举证期限届满前申请人民法院调查取证未获准许，二审人民法院经审查认为应当准许并依当事人申请调取的证据。

2. (1) 如果在管辖权争议解决之前，甲区人民法院抢先对该争议案件作出了判决，则上级人民法院应当在裁定指定管辖的同时，一并撤销下级人民法院的判决。法律依据是《民诉解释》第 41 条。

(2) 一般情况下，人民法院根据该调解协议制作的调解书在北方工贸总公司、博达投资公司与新特产业集团均签收后发生法律效力。

(3) 在执行程序开始后，博达投资公司与新特产业集团不能申请人民法院主持调解。因为强制执行程序是人民法院执行机构运用国家强制执行力迫使义务人履行生效法律文书所确定的义务，以便于实现权利人权利的程序。而调解是在人民法院主持下，由双方当事人自愿协商解决争议案件的活动与方式。因此，执行程序中当事人不得申请调解。但是，在执行程序中，双方当事人可以进行执行和解。

(4) 在该案执行过程中，如果北方工贸总公司与其他公司合并但尚未完成，人民法院应裁定中止执行程序。

(5) 人民法院有权裁定禁止被执行人转让其商标权，同时向有关部门发出协助执行通知书，要求其不得办理商标权转移手续，必要时可以责令被执行人将商标权证书交人民法院保存。此外，还可以采取拍卖、变卖等执行措施。

3. (1) 钱某的起诉状的结构和内容：一是原告，即钱某的姓名、性别、年龄、民族、职业、工作单位、住所、联系方式。二是二被告，即赵龙、赵虎的姓名、性别、工作单位、住所等信息。三是诉讼请求和所根据的事实与理由，即要求二被告赔偿经济损失 2.5 万元、精神损失 5 000 元以及所依据的侵权事实和法律依据。四是证据和证据来源、证人姓名和住所，即钱某提供的医院诊断书、处方、出租车票、发票、目击者周某的书面证言等证据。此外，起诉状还应写明受诉人民法院的全称和起诉的具体日期，并由原告签名或盖章。

法院的一审判决书的结构和内容：一是案由、诉讼请求、争议的事实和理由，二是判决认定的事实和理由、适用的法律和理由，三是判决结果和诉讼费用的负担，四是上诉期间和上诉的法院。判决书由审判人员、书记员署名，注明制作日期，加盖人民法院印章。

(2) 如果乙市中级人民法院调解无效，则发回重审。根据《民诉解释》第 325 条的规定，必须参加诉讼的当事人或者有独立请求权的第三人，在第一审程序中未参加诉讼，第二审人民法院可以根据当事人自愿的原则予以调解；调解不成的，发回重审。孙某属于必须参加诉讼的当事人，如果二审法院调解无效，则发回重审。

(3) 如果甲县人民法院重审本案，则在程序上须注意：第一，发回重审的案件，无论原来是否组成合议庭，重审时需要组成合议庭进行审理；第二，重审时应当另行组成合议庭，即原审合议庭的组成人员或者独任审判员不得参加重审案件的合议庭；第三，另行组成合议庭，不受原来合议庭组成形式的限制，例如，原合议庭有陪审员参加的，另行组成合议庭时不一定吸收陪审员参加；第四，发回重审的案件，原审法院应当按照第一审程序另行组成合议庭进行审理，审理后所作的判决、裁定，仍然属于一审判决、裁定，当事人可以上诉。

(4) 调解和审判在转型时期的关系：明确法院的功能定位；尊重当事人的程序主体地位和程序选择权；遵循当判则判、当调则调，调判适当分离原则。

五、论述题

我国民事诉讼中的撤诉是指法院在案件受理之后、作出裁判之前，原告向法院表示撤回起诉或者上诉，要求法院对案件停止审理的行为。它是当事人的一项诉讼权利。根据民事诉讼法的处分原则，当事人在法定范围内可以行使撤诉权。

我国《民诉法》规定，当事人撤诉必须合法，不得损害国家、集体和他人的利益，因此当事人可以申请撤诉，是否准许，须由人民法院审查决定。由于法律没有明确规定国家、集体和他人利益的范围，因而法院在是否准许撤诉上享有很大的自由裁量权，并且没有相应的制约机制。

本案中第一种情况，属于当事人自愿申请撤诉，并没有直接损害国家、集体和他人的利益，符合法律规定。法院不允许甲撤诉实际上构成审判权对诉权的无理干涉。第二种情况，由于法院已经作出裁判，因而已经过了撤诉期，原告甲不能再行使撤诉权，法院的驳回裁定是合法的。

我国民事诉讼中虽然确立了撤诉制度，但由于缺乏具体、明确的规定，当事人的撤诉权难以得到彻底、完整的实现，依然保留着超职权主义诉讼模式的特征，法院可以不受限制地干涉当事人诉权的行使，这是民事诉讼法需要进一步完善的地方。

参见张晋红：《论撤诉的后果与对撤诉的控制》，载《法律科学》，1996（5）；林剑锋：《我国民事撤诉的结构性重置》，载《法律科学》，2018（3）。

综合测试题（三）

一、名词解释

1. 释明权
2. 民事诉讼法律关系
3. 正当当事人
4. 执行回转

二、选择题

（一）单项选择题

1. C市B区的甲装修公司和A市的乙签订了一个房屋装修合同，约定对位于C市D区的属于乙的新房进行装修。但合同签订之后的第三天，甲装修公司借口材料市场涨价无法履行协议。乙欲起诉甲装修公司，请问：如何确定本案的管辖地？（　　）

A. 由甲装修公司住所地的人民法院管辖

B. 甲装修公司所在地的人民法院和约定合同履行地的D区人民法院都有管辖权

C. 由D区的人民法院管辖

D. 由乙所在地人民法院管辖

2. 某铁路局下属的客运火车行驶至石家庄境内时，一名乘客因窗外飞进来一块石子而被砸伤，因火车正在快速行驶中，事后已经无法找到肇事者。现旅客欲起诉铁路局对乘客人身安全保护不力。关于本案的管辖正确的是（　　）。

A. 可以由事故发生地所在地基层人民法院管辖

B. 可以由该客运火车的起点站、终点站所在地人民法院管辖

C. 可以由被告住所地人民法院管辖

D. 由铁路运输法院管辖

3. 甲以感情破裂为由起诉乙要求法院判决离婚，后经法院调解和好。调解书生效的5个月后，乙又以甲有外遇为由起诉离婚。法院应当如何处理？（　　）

A. 裁定不予受理

B. 审查有外遇的理由，如果属于新事实和新理由，则予以受理

C. 应当受理

D. 法院裁量决定是否受理

4. 某超市出卖的猪肉因为保管不善被污染，使几十位顾客发生食物中毒现象。这几十位顾客准备推选代表人起诉超市，这会形成（　　）。

A. 普通的共同诉讼　　B. 必要的共同诉讼

C. 人数确定的代表人诉讼　　D. 人数不确定的代表人诉讼

5. 在民事诉讼中，由于特殊原因，原来当事人的诉讼权利转让给新的当事人，由新的当事人享有原当事人的诉讼权利、承担其诉讼义务。这种变化被称为（　　）。

A. 当事人的更换　　B. 诉讼权利义务的承担
C. 诉讼义务的转换　　D. 当事人的追加

6. 人民法院适用的下列强制措施，可申请复议一次的是（　　）。
A. 拘留　　B. 拘传　　C. 训诫　　D. 责令退出法庭

7. 某人民法院在一审宣判后发现该判决有错误，而被告已经提起了上诉。对此，下列说法正确的有（　　）。
A. 一审人民法院有权启动审判监督程序，二审中止诉讼
B. 一审人民法院应当报二审人民法院启动审判监督程序，并中止二审
C. 二审继续审理
D. 二审人民法院应当调解，调解不成的发回重审

8. 以下哪些案件法院应当先行调解？（　　）
A. 以程序违法为由被二审发回重审的宅基地纠纷案件
B. 确认婚姻关系是否存在的婚姻类案件
C. 适用简易程序的标的额较小的诉讼案件
D. 重大的涉外交通事故损害赔偿案件

9. 基层人民法院审理事实清楚、权利义务关系明确且争议不大，但一方当事人人数众多的共同诉讼案件，应如何确定审理方式？（　　）
A. 不能适用简易程序审理　　B. 只能适用简易程序审理
C. 可由当事人单方决定是否采用简易程序　　D. 可由法院和当事人共同商定是否采用简易程序

10. 2014 年 4 月 2 日，甲和乙因经济合同纠纷起诉至法院。审理期间双方曾在庭外进行谈判磋商，在谈判的过程中，乙私自录下了双方的谈话内容，其中涉及一些案件争议的事实。后来乙将录音资料作为证据提交给法院，主张某些事实已经通过录音得到对方的认可，构成自认。法院对此证据应如何处理？（　　）
A. 私自录音的证据不合法，因此应当被排除
B. 私自录音并未侵犯他人合法权益，因此应当采纳
C. 录音如果能证明甲亲口承认的事实，则属于一方当事人的自认，可以被采纳
D. 法院不能以该录音为依据认定事实

11. 2014 年 3 月，甲诉乙超市出售变质食品致使其生病住院，对于致病原因双方当事人产生争议，法官也无法凭借自己的知识判断。以下说法中正确的是（　　）。
A. 双方当事人都可以就食品是否变质以及食品与疾病的因果关系申请鉴定
B. 甲在诉讼审理终结前可以申请鉴定
C. 在规定期间内双方都不申请鉴定的，法院为查明事实、分清是非可以主动提起鉴定
D. 产品质量实行举证责任倒置，因此如果无人申请鉴定，法院应当裁判被告乙超市败诉

12. 下列关于督促程序的说法正确的是（　　）。
A. 债权人提出申请后，人民法院应当在 5 日内通知债权人是否受理
B. 债务人收到支付令后，在法定期间提出书面异议或向其他人民法院起诉的，支付令失效
C. 审判员进行审查后认为申请不成立的，应当在 10 日内裁定驳回申请
D. 支付令应当向债务人本人送达，且不可以留置送达

13. 如果在执行开始前据以执行的法律文书被撤销，人民法院应当作出的裁定是（　　）。
A. 不予执行　　B. 终结执行　　C. 中止执行　　D. 执行回转

14. 人民法院需要异地执行时，如果法院要求被执行人财产所在地的银行查询、冻结或划拨被执行人的存款的，其程序是（　　）。
A. 必须通过银行所在地的人民法院委托执行

B. 可以自行执行，但必须得到当地人民法院的书面同意，办理相关手续

C. 有权直接执行，不需要当地法院的认可

D. 必须和当地法院及政府机关合作，共同处理

15. 为了保证法院判决将来能够执行，或者为了使当事人、利害关系人的权益免受进一步的损害，法院根据当事人或利害关系人的申请，裁定被申请人为一定行为或者不为一定行为的保全措施，称为（　　）。

A. 诉前财产保全　　B. 诉讼财产保全　　C. 证据保全　　D. 行为保全

16. 依法治国要求树立法律权威，依法办事，因此在民事纠纷解决的过程中，各方主体都须遵守法律的规定。下列哪一行为违背了相关法律？（　　）

A. 法院主动对确有错误的生效调解书启动再审

B. 派出所民警对民事纠纷进行调解

C. 法院为下落不明的被告指定代理人参加调解

D. 人民调解委员会主动调解当事人之间的民间纠纷

17. 执法为民是社会主义法治的本质要求，据此，法院和法官应在民事审判中遵守诉讼程序、履行释明义务。下列哪一审判行为符合执法为民的要求？（　　）

A. 在李某诉赵某的欠款纠纷中，法官向赵某释明诉讼时效，建议赵某提出诉讼时效抗辩

B. 在张某追索赡养费的案件中，法官依职权作出先予执行裁定

C. 在杜某诉阎某的离婚案件中，虽然杜某未提出离婚损害赔偿，法官仍将其作为焦点问题进行审理

D. 在罗某诉华兴公司的房屋买卖合同纠纷中，法官主动走访现场，进行勘查，并据此支持了罗某的请求

（二）多项选择题

1. 甲和乙签订一份合同，同时约定丙作为乙的保证人并签订了保证合同，合同中明确约定丙承担连带责任。现甲认为乙违约，于是向法院提起诉讼。请问：被告应该如何确定？（　　）

A. 甲可以以乙和丙为共同被告　　B. 甲只能以乙和丙为共同被告

C. 甲可以只以乙为被告　　D. 甲可以只以丙为被告

2. 以下关于证据交换的说法正确的是（　　）。

A. 证据交换的时间必须由人民法院指定　　B. 证据交换的次数可能超过两次

C. 证据交换以后双方当事人可以提交新的证据　　D. 证据交换可以由书记员主持

3. 裁定不予受理或驳回起诉的案件，原告可以（　　）。

A. 对裁定提起上诉

B. 向原审法院提出复议申请

C. 对因没有管辖权而被驳回的案件向其他法院起诉

D. 再次起诉

4.《民诉法》规定的审限，不应计算下列哪些期间？（　　）

A. 审理当事人提出的管辖权异议的期间　　B. 审查当事人提出的回避申请的期间

C. 送达的期间　　D. 双方当事人申请庭外和解的期间

5. 关于证明责任，下列说法正确的是（　　）。

A. 因医疗行为引起的侵权诉讼，由医疗机构就医疗行为与损害结果之间不存在因果关系承担证明责任

B. 新产品制造方法发明专利纠纷中，加害方就不存在加害行为承担证明责任

C. 因环境污染引起的损害赔偿诉讼，由加害人就其行为与损害结果之间不存在因果关系承担证明责任

D. 因缺陷产品致人损害的侵权诉讼，由产品质量责任人对产品和损害之间的因果关系承担证明责任

6. 若甲对鉴定机构的鉴定不服申请重新鉴定的，其理由不应当包括（　　）。

A. 鉴定人员在鉴定意见作出后才取得相应的鉴定人资质

B. 鉴定人与被告存在亲属关系

C. 鉴定意见存在缺陷

D. 鉴定意见与生活常识不一致

7. 关于审判监督程序，下列哪些选项正确？（　　）

A. 对适用督促程序、公示催告程序以及破产程序审理的事件，人民法院不得适用审判监督程序

B. 对于不予受理、驳回起诉以及管辖权异议裁定，当事人可以申请再审

C. 对于当事人申请再审，人民法院认为不符合再审条件的，应当裁定驳回申请

D. 再审案件的审限应当自人民法院决定或者裁定再审的次日起计算

8. 汤某因病到A医院就医，在手术中医生不慎将纱布留在了汤某的腹中。汤某出院返回居住地B地后不久即出现腹痛、高烧等症状，到B医院检查才发现原因。汤某多次与A医院协商未果，遂向A市人民法院起诉了A医院。A市人民法院经审理后分别于2016年4月16日、4月19日向A医院和汤某送达了判决书，判决A医院一次性赔付汤某医疗费、误工费、精神损害赔偿费等各项费用共计7万元。汤某回到B地后，经子女劝说，汤某决定提起上诉，并于2016年5月3日通过邮局寄出了上诉书，A市人民法院5月5日收到。当年国家规定5月1日至5月3日为“五一”假期。关于当事人的上诉期间，下列说法中哪些是错误的？（　　）

A. A医院的上诉期间为4月16日起，至4月30日届满

B. 汤某于5月3日将上诉状寄出，法院于5月5日收到，仍在上诉期之内

C. A医院和汤某的上诉期间均于5月4日届满

D. 汤某的上诉期间于5月4日届满，法院于5月5日才收到上诉状，所以已超过了上诉期

9. 关于上一案件上诉期间的计算方法正确的是（　　）。

A. A医院的上诉期间和汤某一起从4月20日起计算

B. A医院与汤某的上诉期间应当分别计算，起算日期分别是4月17日和4月20日

C. 汤某的上诉期间因为“五一”假期延伸到5月7日

D. A医院的上诉期间因为“五一”假期延伸到5月4日

（三）不定项选择题

中国公民赵某（女）与居住在美国加利福尼亚州的美籍华人刘某（男）系夫妻，2017年8月7日，赵某以两人长期分居、夫妻感情确已破裂为由向中华人民共和国湖北省武汉市青山区人民法院起诉离婚。一审法院认为双方感情确已破裂，判决准予离婚，并对共有财产进行了分割。判决书于2017年10月12日送达双方当事人。

1. 如果赵某认为人民法院对财产的处理不公平，提起上诉。法院在审理过程中发现赵某已怀孕两个月，法院应当如何处理？（　　）

A. 裁定驳回起诉　　B. 判决不准离婚

C. 中止诉讼，待赵某分娩一年后继续审理　　D. 可以继续审理

2. 如果刘某签收判决书时表示不上诉，但其又于2017年11月2日提起上诉，该上诉是否有效？（　　）

A. 无效，因为其已经表示不上诉

B. 虽然刘某签收判决书时表示不上诉，其仍可上诉，只是其上诉已经超过上诉期限，故上诉无效

C. 刘某的上诉符合法律规定，其上诉有效

D. 刘某的上诉已超过了上诉期限，但其可以向人民法院申请延期，获得准许的，上诉有效，否则无效

3. 如果在二审审理期间，刘某因意外事故死亡，二审法院应作何处理？一审法院的判决效力如何？（　　）

A. 二审法院应裁定诉讼终结，一审法院的离婚判决不发生法律效力

B. 二审法院应裁定维持原判，一审法院的离婚判决因此即发生法律效力

C. 二审法院应裁定诉讼终结，一审法院的离婚判决是否发生法律效力，取决于上诉期间是否届满，只要上诉期间届满，该判决即生法律效力

D. 二审法院应裁定诉讼终结，一审法院的离婚判决即发生法律效力

4. 在二审审理过程中，赵某偶然从朋友处得知一审法院审理本案时，书记员是刘某的弟弟的未婚妻。下列说法中错误的是（　　）。

A. 二审法院应继续审理，发现错误则改判

B. 二审法院应发回重审

C. 虽然属于应当回避的情形，但当事人在二审审理过程中才提出，已经无效

D. 书记员不在应当回避的范围内

5. 赵某上诉后又在上诉期限内申请撤回，二审法院经审查认为一审判决确有错误的，应如何处理？（　　）

A. 尽管存在错误，但当事人坚持撤诉的应当准许，因为当事人对其权利享有处分权

B. 应当判决不准撤诉

C. 如果当事人坚持撤诉的，法院应当主持调解

D. 应当裁定不准撤诉

6. 双方当事人经二审法院调解，就离婚问题达成了协议，同意解除双方的婚姻关系，并签收了人民法院送达的调解书。若刘某对此反悔，可否就解除双方婚姻关系问题申请再审？为什么？（　　）

A. 可以，申请再审是公民的基本权利

B. 可以，《民诉法》仅规定当事人对已经发生法律效力的解除婚姻关系的判决，不得申请再审，调解书不在其列

C. 不可以，刘某应当是向二审法院提起上诉而不是再审

D. 不可以，当事人对已经发生法律效力的解除婚姻关系的判决，不得申请再审。生效的调解书与生效的法律判决具有同等效力，所以不能申请再审

三、简答题

1. 执行和解和法院调解的区别。
2. 运用间接证据认定案件事实应遵循的规则。
3. 人民法院受理原告的起诉后产生的法律效果。

四、案例分析题

1. 案情：肖某是甲公司的一名职员，在 2016 年 12 月 17 日出差时不慎摔伤，住院治疗两个多月，花费医疗费若干。甲公司认为，肖某伤后留下残疾已不适合从事原岗位的工作，于 2017 年 4 月 9 日解除了与肖某的劳动合同。因与公司协商无果，肖某最终于 2017 年 11 月 27 日向甲公司所在地的某省 A 市 B 区法院起诉，要求甲公司继续履行劳动合同并安排其工作，支付其住院期间的医疗费、营养费、护理费、住院期间公司减发的工资、公司 2016 年三季度优秀员工奖金等共计 3.6 万元。

B 区法院受理了此案。之后，肖某向与其同住一小区的 B 区法院法官赵某进行咨询。赵某对案件谈了几点意见，同时为肖某推荐律师李某作为其诉讼代理人，并向肖某提供了本案承办法官刘某的手机号码。肖某的律师李某联系了承办法官刘某。刘某在居住的小区花园，听取了李某对案件的法律观点，并表示其一定会依法审理此案。两天后，肖某来到法院找刘某说明案件的其他情况，刘某在法院的谈话室接待了肖某，并让书记员对他们的谈话内容进行了记录。

本案经审理，一审判决甲公司继续履行合同、支付相关费用。肖某以各项费用判决数额偏低为由提起上诉。二审开庭审理时，由于一名合议庭成员突发急病住院，法院安排法官周某临时代替其参加庭审。在二审审理中，肖某提出了先予执行的申请。2018 年 5 月 12 日，二审法院对该案作出了终审判决，该判决由原合议庭成员署名。

履行期届满后，甲公司未履行判决书中确定的义务。肖某向法院申请强制执行，而甲公司向法院申请再审。

问题：

(1) 纠纷发生后，肖某与甲公司可以通过哪些方式解决他们之间的纠纷？

(2) 诉讼中，肖某与甲公司分别应当对本案哪些事实承担举证责任？

(3) 二审中，肖某依法可以对哪些请求事项申请先予执行？对该申请应当由哪个法院审查并作出先予执行的裁定？该裁定应当由哪个法院执行？

(4) 若执行中甲公司拒不履行法院判决，法院可以采取哪些与金钱相关的执行措施？对甲公司及其负责人可以采取哪些强制措施？

(5) 根据案情，甲公司可以根据何种理由申请再审？可以向何法院申请再审？甲公司申请再审时，已经开始的执行程序如何处理？

(6) 本案中，有关法官的哪些行为违反了法官职业道德？

2. 案情：居住在甲市 A 区的王某驾车以 60 千米时速在甲市 B 区行驶，突遇居住在甲市 C 区的刘某骑自行车横穿马路，王某紧急刹车，刘某在车前倒地受伤。刘某被送往甲市 B 区医院治疗，疗效一般，留有一定后遗症。之后，双方就王某开车是否撞倒刘某以及相关赔偿事宜发生争执，无法达成协议。

刘某诉至法院，主张自己被王某开车撞伤，要求赔偿。刘某提交的证据包括：甲市 B 区交警大队的交通事故处理认定书（该认定书没有对刘某倒地受伤是否为王某开车所致作出认定）、医院的诊断书（复印件）、处方（复印件）、药费和住院费的发票等。王某提交了自己在事故现场用数码摄像机拍摄的车与刘某倒地后状态的视频资料，图像显示，刘某倒地的位置与王某的车距离 1 米左右。王某以该证据证明其车没有撞倒刘某。

一审中争执焦点为：刘某倒地受伤是否为王某所致；刘某所留后遗症是否系医疗措施不当所致。

法院审理后，无法确定王某的车是否撞倒刘某。一审法院认为，王某的车是否撞倒刘某无法确定，但即使王某的车没有撞倒刘某，王某的车车型较大、车速较快、刹车突然、刹车声音刺耳等原因，足以使刘某受到惊吓而从自行车上摔倒受伤。因此，王某应当对刘某受伤承担相应责任。同时，刘某因违反交通规则，对其受伤也应当承担相应责任。据此，法院判决：王某对刘某的经济损失承担 50% 的赔偿责任。关于刘某受伤后留下后遗症问题，一审法院没有作出说明。

王某不服一审判决，提起上诉。二审法院审理后认为，综合各种证据，认定王某的车撞倒刘某，致其受伤。同时，二审法院认为，一审法院关于双方当事人就事故的经济责任分担符合法律原则和规定。故此，二审法院驳回王某上诉，维持原判。

问题：

(1) 对刘某提起的损害赔偿诉讼，哪个（些）法院有管辖权？为什么？

(2) 本案所列当事人提供的证据，属于法律规定中的哪种证据？属于理论上的哪类证据？

(3) 根据民事诉讼法学（包括证据法学）相关原理，一审法院判决是否存在问题？为什么？

(4) 根据《民诉法》有关规定，二审法院判决是否存在问题？为什么？

五、论述题

论法院调解与判决程序的关系。

参考答案

一、名词解释

1. 释明权是指当事人的主张不明确或者有矛盾，或者不正确，或者不充分时，法院可以依据职权向当事人提出关于事实及法律上的质问，促请当事人提出证据，以查明案件事实的权能。

2. 民事诉讼法律关系是指受民事诉讼法律、法规调整的，人民法院、当事人及其他诉讼参与人之间存在的，以诉讼权利和义务为内容的具体社会关系。

3. 正当当事人是指当事人就特定的诉讼，有资格以自己的名义成为原告或被告，因而受本案判决拘束的当事人。日本学者也称之为当事人适格。

4. 执行回转是指执行完毕后，因特殊原因的发生，对已被执行的财产，法院重新开始强制执行，使其恢复到执行程序开始前的状态。

二、选择题

（一）单项选择题

1. 答案：A

本题的法律依据是《民诉解释》第 18 条第 3 款的规定：合同没有实际履行，当事人双方住所地都不在合同约定的履行地的，由被告住所地人民法院管辖。本案的情形恰恰属于这种情形，因此由被告甲装修公司住所地法院管辖。本题容易适用《民诉法》第 24 条关于合同管辖的规定而选 B 项。这是需要注意的地方。

2. 答案：D

本题考查的是铁路运输纠纷的管辖问题。参见最高人民法院《关于铁路运输法院案件管辖范围的若干规定》第 3 条之规定。

3. 答案：C

本题是对几个容易混淆的知识点的综合运用。参见《民诉法》第 127 条之规定。

4. 答案：D

本题考查代表人诉讼的形成。我国代表人诉讼分人数确定与人数不确定两种，本案虽然买变质猪肉的顾客人数是一定的，但在起诉的时候不一定所有的顾客都能成为原告，有些可能尚不知情，因此只能是人数不确定的代表人诉讼。

5. 答案：B

本题考查几个相近概念的区分。当事人的更换是把不适格的当事人更换成适格的当事人，被更换的当事人享有的权利义务都是自己所有的，不是原来当事人的，而权利义务的承担则存在一个权利义务继承的问题，前后是相继的。

6. 答案：A

本题考查强制执行措施的救济手段。《民诉法》第 119 条第 3 款规定：“罚款、拘留应当用决定书。对决定不服的，可以向上一级人民法院申请复议一次。复议期间不停止执行。”

7. 答案：C

《民诉解释》第 242 条规定，一审宣判后，原审人民法院发现判决有错误，当事人在上诉期内提起上诉的，原审人民法院可以提出原判决有错误的意见，报送第二审人民法院，由第二审人民法院按照第二审程序进行审理，当事人不上诉的，按照审判监督程序处理。据此可知应选 C 项。

8. 答案：C

本题是对可以调解案件和先行调解案件适用范围的知识点考查，涉及多个法律条文。首先，关于调解案件的范围，一般认为，人民法院对受理的第一审、第二审和再审民事案件可以进行调解。但根据《民诉解释》第 143 条，适用特别程序、督促程序、公示催告程序的案件，婚姻等身份关系确认案件以及其他根据案件性质不能进行调解的案件，不能调解。因此 A、C、D 项中的案件都可以进行调解。然后看关于“先行调解”案件的适用范围，我国现有的规范包括《简易程序规定》第 14 条，该条规定，下列民事案件，人民法院在开庭审理时应当先行调解：（1）婚姻家庭纠纷和继承纠纷；（2）劳务合同纠纷；（3）交通事故和工伤事故引起的权利义务关系较为明确的损害赔偿纠纷；（4）宅基地和相邻关系纠纷；（5）合伙协议纠纷；（6）诉讼标的额较小的纠纷。但是根据案件的性质和当事人的实际情况不能调解或者显然没有调解必要的除外。该条列举了适用简易程序的案件中需要先行调解的情况，C项是符合的。D项虽然是交通事故案件，但因为案件性质属于重大的涉外案件，根据《民诉法》第19条，属于中级人民法院管辖的一审案件，而根据《民诉法》第160条第1款，基层人民法院和它派出的法庭审理事实清楚、权利义务关系明确、争议不大的简单的民事案件，适用《民诉法》第十三章的规定。因此二审案件不能适用简易程序，也就不能适用《简易程序规定》第14条关于先行调解情形的规定。至于A项，因为是发回重审的，根据《简易程序规定》第1条的规定，发回重审的案件不适用简易程序，因此也不能适用该条关于简易程序案件中先行调解的规定。

9. 答案：D

本题是关于简易程序适用范围的理解。根据《简易程序规定》第1条的规定，基层人民法院根据《民诉法》第160条规定审理简单的民事案件，适用该规定，但有下列情形之一的案件除外：(1) 起诉时被告下落不明的；(2) 发回重审的；(3) 共同诉讼中一方或者双方当事人人数众多的；(4) 法律规定应当适用特别程序、审判监督程序、督促程序、公示催告程序和企业法人破产还债程序的；(5) 人民法院认为不宜适用简易程序进行审理的。

因为本题中一方当事人人数众多，所以法院不能主动决定采用简易程序。但根据《简易程序规定》第2条第1款，基层人民法院适用第一审普通程序审理的民事案件，当事人各方自愿选择适用简易程序，经人民法院审查同意的，可以适用简易程序进行审理。因此如果当事人自愿选择而法院审查同意的，也可以适用简易程序，因此D项是正确的。

10. 答案：D

本题是一个融合了多个知识点的复合问题。根据《民诉解释》第106条的规定，对以严重侵害他人合法权益、违反法律禁止性规定或者严重违背公序良俗的方法形成或者获取的证据，不得作为认定案件事实的根据。私自录音证据资料的合法性需要结合实际情况认定。本案中的录音是对双方民事活动内容的记载，不涉及严重侵犯隐私权等合法权益，也没有违反法律的禁止性规定及公序良俗，因此证据是合法的。但根据《民诉解释》第107条的规定，在诉讼中，当事人为达成调解协议或者和解协议作出妥协而认可的事实，不得在后续的诉讼中作为对其不利的根据，但法律另有规定或者当事人均同意的除外。因为该录音证据证明的事实是在对方当事人和解时作出的，不能在其后的诉讼中作为对自己不利的证据。因此法院不能以该录音资料为依据认定对被偷录的一方当事人不利的事实，应选择D项。

11. 答案：A

本题涉及对产品质量责任举证责任倒置的理解和鉴定的有关程序等两大知识点。

关于鉴定的提起主体，《证据规定》第31条第1款规定：当事人申请鉴定，应当在人民法院指定期间内提出，并预交鉴定费用。逾期不提出申请或者不预交鉴定费用的，视为放弃申请。

对需要鉴定的待证事实负有举证责任的当事人，在人民法院指定期间内无正当理由不提出鉴定申请或者不预交鉴定费用，或者拒不提供相关材料，致使待证事实无法查明的，应当承担举证不能的法律后果。申请鉴定有时限限制，因此B项是错误的。而《证据规定》第31条第2款规定了对鉴定事项负有有举证责任的当事人不申请鉴定的后果，但并没有规定只有该方当事人有权申请鉴定，因此A项是正确的。至于C项，根据以上条文，如果都不申请鉴定，则法院也没有责任主动提起，直接判决某一方败诉即可。另外，《民诉解释》第96条关于法官依职权取证的情形，也不适用于本题涉及的事项，因此，法院不能主动去提起鉴定。这是新的《证据规定》对我国传统立法的突破。至于D项，则涉及对产品质量损害赔偿的举证责任问题。《产品质量法》第41条规定，因产品存在缺陷造成人身、缺陷产品以外的其他财产（以下简称他人财产）损害的，生产者应当承担赔偿责任。生产者能够证明有下列情形之一的，不承担赔偿责任：……因此，乙超市只对免责事由承担举证责任，在无法证明免责事由存在的情况下承担不利后果。但是，在产品质量侵权纠纷中，对于产品的缺陷和产品与损害后果的因果关系，仍然遵循“谁主张，谁举证”原则，应当由原告承担举证责任。原告如果不申请鉴定，依照《证据规定》第31条第2款，应当承担败诉风险。因此，D项是错误的。这里需要清楚，举证责任倒置只是对部分事项倒置，并非所有的要件事实都由被告来举证。除了法律规定的那些事项明确由被告举证，其他的事项还是遵循“谁主张，谁举证”的一般规则。不能因为产品质量侵权纠纷被规定在特殊举证责任的条款中，就以为所有事项都由被告承担举证责任。

12. 答案：A

本题考查支付令的基本知识。

《民诉法》第 226 条规定：债权人提出申请后，人民法院应当在 5 日内通知债权人是否受理。易知 A 项正确。

《民诉解释》第 431 条规定：债务人在收到支付令后，未在法定期间提出书面异议，而向其他人民法院起诉的，不影响支付令的效力。债务人超过法定期间提出异议的，视为未提出异议。易知 B 项错误。

《民诉解释》第 428 条规定：人民法院受理申请后，由审判员一人进行审查。……人民法院受理支付令申请后，发现不符合本解释规定的受理条件的，应当在受理之日起 15 日内裁定驳回申请。易知 C 项错误。

《民诉解释》第 429 条规定：向债务人本人送达支付令，债务人拒绝接收的，人民法院可以留置送达。易知 D 项错误。

13. 答案：B

本题考查的是对执行终结和执行回转的理解。执行回转是对已经执行的财产，如果执行依据被撤销，则需要将被执行的财产恢复原状的制度，而执行终结是没有必要再执行了。本题的题干是执行开始前执行依据被撤销，所以选择 B 项。

14. 答案：C

本题考查的是对异地执行程序的理解。根据《民诉法》第 240 条第 1 款，被执行人或者被执行的财产在外地的，可以委托当地人民法院代为执行。当然，执行法院也可以自行执行。执行法院异地直接执行案件时，应主动请求当地法院协助执行，同时应出具协助执行公函、介绍信，出示执行公务证，并可以主动介绍案情和准备采取的执行方案，同时阐明要求协助的内容。对执行法院的协助执行请求，当地法院应积极配合，积极办理，不得借故推托，不得消极应付，不得设置障碍，更不得与当地被执行人串通，对抗外地法院执行。《民诉解释》第 484 条规定：对被执行的财产，人民法院非经查封、扣押、冻结不得处分。对银行存款等各类可以直接扣划的财产，人民法院的扣划裁定同时具有冻结的法律效力。因此人民法院有两种方式执行被执行人在外地的财产。对于自行执行的，执行法院可以要求当地法院协助执行，但这并非强制的，也不意味着需要得到当地法院的书面同意。因此 A、B、D 项都是错误的。

15. 答案：D

本题考查几个相关概念的区分。财产保全、证据保全和行为保全都是民事诉讼制度中为了将来的审判和执行顺利进行而采取的临时性救济措施，这几个制度区分的关键在于保全对象不同，财产、证据和行为都有不同的表现形式。

16. 答案：C

参见《民诉法》第 209、96 条，《人民调解法》第 17 条之规定。

17. 答案：D

参见《诉讼时效规定》第 2 条，《民诉法》第 109、67 条，《证据规定》第 53 条之规定。

（二）多项选择题

1. 答案：ACD

《民法典》第 688 条第 2 款规定，连带责任保证的债务人不履行到期债务或者发生当事人约定的情形时，债权人可以请求债务人履行债务，也可以请求保证人在其保证范围内承担保证责任。《民诉解释》第 66 条规定，因保证合同纠纷提起的诉讼，债权人向保证人和被保证人一并主张权利的，人民法院应当将保证人和被保证人列为共同被告。保证合同约定为一般保证，债权人仅起诉保证人的，人民法院应当通知被保证人作为共同被告参加诉讼；

债权人仅起诉被保证人的，可以只列被保证人为被告。根据上述规定，连带责任保证的债权人可以将债务人或保证人作为被告提起诉讼，也可以将债务人和保证人作为共同被告提起诉讼。故应选 A、C、D 项。

2. 答案：BC

本题是对证据交换有关知识的考查。《证据规定》第 56 条第 2 款规定：证据交换的时间可以由当事人协商一致并经人民法院认可，也可以由人民法院指定。当事人申请延期举证经人民法院准许的，证据交换日相应顺延。故 A 项错误。

《证据规定》第 58 条规定，当事人收到对方的证据后有反驳证据需要提交的，人民法院应当再次组织证据交换。可见证据交换以后，只要当事人收到对方的证据后有反驳证据需要提交的，法院就可以再次组织证据交换而没有次数限制。故 B、C 项正确。

《证据规定》第 57 条第 1 款规定，证据交换由审判人员主持。故 D 项错误。

3. 答案：AD

本题比较简单，是对两个知识点的综合运用。《民诉法》第 157 条规定，裁定适用于下列范围：(1) 不予受理；(2) 对管辖权有异议的；(3) 驳回起诉；(4) 财产保全和先予执行；(5) 准许或者不准许撤诉；(6) 中止或者终结诉讼；(7) 补正判决书中的笔误；(8) 中止或者终结执行；(9) 撤销或者不予执行仲裁裁决；(10) 不予执行公证机关赋予强制执行效力的债权文书；(11) 其他需要裁定解决的事项。对前款第 1、2、3 项裁定，可以上诉。因此本题 A 项正确。根据《民诉解释》第 212 条的规定，裁定不予受理、驳回起诉的案件，原告再次起诉，符合起诉条件且不属于《民诉法》第 127 条规定情形的，人民法院应予受理。这是一个比较容易被忽视的条文。

4. 答案：AD

本题是对知识点的记忆。根据《民诉解释》第 243 条的规定，《民诉法》第 152 条规定的审限，是指从立案之日起至裁判宣告、调解书送达之日止的期间，但公告期间、鉴定期间、双方当事人和解期间、审理当事人提出的管辖异议以及处理人民法院之间的管辖争议期间不应计算在内。因此 A 项正确。根据《法院调解规定》第 2 条第 1 款，当事人在诉讼过程中自行达成和解协议的，人民法院可以根据当事人的申请依法确认和解协议制作调解书。双方当事人申请庭外和解的期间，不计入审限。因此 D 项也正确。

5. 答案：BC

本题是对侵权诉讼中证明责任的考查。

《最高人民法院关于审理医疗损害责任纠纷案件适用法律若干问题的解释》第 4 条第 2 款规定，患者无法提交医疗机构或者其医务人员有过错、诊疗行为与损害之间具有因果关系的证据，依法提出医疗损害鉴定申请的，人民法院应予准许。因此 A 项错误。

《专利法》第 66 条规定，专利侵权纠纷涉及新产品制造方法的发明专利的，制造同样产品的单位或者个人应当提供其产品制造方法不同于专利方法的证明。因此 B 项正确。

《民法典》第 1230 条规定，因污染环境、破坏生态发生纠纷，行为人应当就法律规定的不承担责任或者减轻责任的情形及其行为与损害之间不存在因果关系承担举证责任。因此 C 项正确。

关于产品质量侵权的举证责任问题，需要结合《产品质量法》第 41 条的规定：因产品存在缺陷造成人身、缺陷产品以外的其他财产（以下简称他人财产）损害的，生产者应当承担赔偿责任。生产者能够证明有下列情形之一的，不承担赔偿责任：(1) 未将产品投入流通的；(2) 产品投入流通时，引起损害的缺陷尚不存在的；(3) 将产品投入流通时的科学技术水平尚不能发现缺陷的存在的。产品侵权损害赔偿责任，又称产品侵权责任，是指因产品存在缺陷而给消费者造成人身或财产损害时，该产品的生产、销售者对受害人承担的一种民事侵权赔偿责任，这是一种特殊的侵权民事责任。该条第 1 款的规定，表明了产品侵权损害赔偿责任的三个构成条件：(1) 产品存在缺陷；(2) 造成人身、缺陷产品以外的其他财产（他人财产）损害；(3) 缺陷与损害有因果关系。具备这三个条件，生产者就要承担损害赔偿责任。这些属于构成侵权行为的要件，仍然奉行谁主张谁举证的一般举证责任分配规则，由受害者主张并证明。该条第 2 款规定了生产者的免责条件，只要具备了其中一个条件，生产者就可以免责，但是，是否具备免责条件，要由生产者自己提供有效的证明，不能有效证明具备免责条件的，则不能免除生产者的赔偿责任。这里，法律并没有规定产品质量责任人对产品和损害之间的因果关系承担证明责任，因此D项不能入选。

6. 答案：CD

根据《证据规定》第40条第1款的规定，当事人申请重新鉴定，存在下列情形之一的，人民法院应当准许：(1) 鉴定人不具备相应资格的；(2) 鉴定程序严重违法的；(3) 鉴定意见明显依据不足的；(4) 鉴定意见不能作为证据使用的其他情形。第3款规定，对鉴定意见的瑕疵，可以通过补正、补充鉴定或者补充质证、重新质证等方法解决的，人民法院不予准许重新鉴定的申请。因此C项属于鉴定存在缺陷，不能重新鉴定。A属于 (1) 项的规定，而B则属于程序违法的情形。D项值得思量。鉴定涉及专业知识，并非所有的鉴定意见都能用生活常识来判断，比如某些因果关系需要用科学理论来解释，普通人很难弄懂，因此以生活常识来否定鉴定意见是不妥当的。

7. 答案：CD

《民诉解释》第378条规定，适用特别程序、督促程序、公示催告程序、破产程序等非讼程序审理的案件，当事人不得申请再审。但该条只是禁止当事人申请再审而没有禁止人民法院主动依职权启动审判监督程序。所以A项错误。《民诉解释》第379条规定，当事人认为发生法律效力的不予受理、驳回起诉的裁定错误的，可以申请再审。管辖权异议裁定不在该范围，故B项错误。根据《审判监督解释》第16条第1款、《民诉解释》第393条第2款、《关于受理审查民事申请再审案件的若干意见》第26条之规定，人民法院应当用裁定驳回当事人的再审申请而不得用通知驳回。故C项正确。根据《民诉法》第171条的规定，D项也正确。

8. 答案：AD

本题考查期间的计算。《民诉法》第85条规定："期间包括法定期间和人民法院指定的期间。""期间以时、日、月、年计算。期间开始的时和日，不计算在期间内。""期间届满的最后一日是法定休假日的，以法定休假日后的第一日为期间届满的日期。""期间不包括在途时间，诉讼文书在期满前交邮的，不算过期。"

由上述第2款可知，B项表达正确，A项表达错误；由上述第3款可知，C项表达正确，D项表达错误；由上述第4款可知，B项表达正确，D项表达错误。

9. 答案：BD

《民诉法》第171条第1款规定：当事人不服地方人民法院第一审判决的，有权在判决书送达之日起15日内向上一级人民法院提起上诉。正确的上诉期间计算方法是：A医院的上诉期间是从4月17日到5月1日，又因为"五一"放假，所以延伸到5月4日；汤某的上诉期间则是从4月20日到5月4日。

（三）不定项选择题

1. 答案：D

应当可以继续审理。本案是女方提出的离婚，根据《民法典》第1082条的规定，男方在女方怀孕期间提出离婚的，法院不予受理，已经立案的，驳回起诉。但女方提出离婚的，不受此限制，所以法院可以继续审理。

2. 答案：C

上诉有效，刘某是在30日内提起的上诉。《民诉法》第286条规定：在中华人民共和国领域内没有住所的当事人，不服第一审人民法院判决、裁定的，有权在判决书、裁定书送达之日起30日内提起上诉。被上诉人在收到上诉状副本后，应当在30日内提出答辩状。当事人不能在法定期间提起上诉或者提出答辩状，申请延期的，是否准许，由人民法院决定。

3. 答案：A

所谓诉讼终结是指在诉讼进行中，因发生法定原因，使诉讼无法继续或继续无必要，从而结束诉讼程序。《民诉法》第154条规定，有下列情形之一的，终结诉讼：(1) 原告死亡，没有继承人，或者继承人放弃诉讼权利的；(2) 被告死亡，没有遗产，也没有应当承担义务的人的；(3) 离婚案件一方当事人死亡的；(4) 追索赡养费、扶养费、抚育费以及解除收养关系案件的一方当事人死亡的。本案中刘某在二审期间因意外事故死亡，故二审法院应当裁定诉讼终结，而因为已经提起了上诉，阻断了一审法院判决的效力，所以一审判决不发生法律效力。

4. 答案：ACD

参见《民诉解释》第 323 条、《民诉法》第 177 条之规定。

5. 答案：D

正确的做法应当是裁定不准撤诉。《民诉法》第 180 条规定：第二审人民法院判决宣告前，上诉人申请撤回上诉的，是否准许，由第二审人民法院裁定。《民诉解释》第 335 条进一步规定：在第二审程序中，当事人申请撤回上诉，人民法院经审查认为一审判决确有错误，或者双方当事人之间恶意串通损害国家和集体利益、社会公共利益及他人合法权益的，不应准许。

6. 答案：D

不能申请再审。当事人对已经发生法律效力的解除婚姻关系的判决，不得申请再审。生效的调解书与生效的法律判决具有同等效力，所以不能申请再审。法律依据是：《民诉法》第 213 条规定，当事人对已经发生法律效力的解除婚姻关系的判决、调解书，不得申请再审。《民诉法》第 179 条规定：第二审人民法院审理上诉案件，可以进行调解。调解达成协议，应当制作调解书，由审判人员、书记员署名，加盖人民法院印章。调解书送达后，原审人民法院的判决即视为撤销。

三、简答题

1. （1）执行和解是双方当事人自愿、平等进行，没有第三者的介入；法院调解是在法院审判人员的主持下讲道理，以促成双方当事人达成和解。

（2）执行和解是当事人对自己民事权利和诉讼权利的处分行为；法院调解虽包含着当事人处分的因素，但也是法院解决民事纠纷的一种职能活动。

（3）法院调解仅适用于起诉和审理阶段，不适用于执行阶段，理由有二：一是法院制作的判决、裁定、调解书等执行根据，非经审判监督程序不得变更，在执行程序中法院无权通过调解来变更执行根据内容。二是执行机构只能依法执行法律文书，无权解决实体权益纠纷，无权变更法律文书中有关民事实体权利和义务的内容，所以执行机构不得进行调解。

（4）和解协议不具有强制执行力，也不能撤销原法律文书，不能作为执行根据。经法院调解而达成的协议，即调解协议，具有强制执行力，是一种执行根据。

2. （1）据以定案的各个间接证据必须查证属实；（2）间接证据必须与案件事实有客观联系；（3）间接证据之间以及它们与案件事实之间应当协调一致，没有矛盾；（4）间接证据能够互相结合形成一个完整的证明体系；（5）由间接证据形成的证明体系足以排除其他可能性，得出一个唯一的结论。

3. （1）受诉人民法院取得了对该案件的专有审判权，非有法定原因，不得中途停止对该案件的审判。

（2）双方当事人取得了原告和被告的诉讼地位，分别享有了法定的诉讼权利并须依法承担相应的诉讼义务，他们分别与受诉人民法院之间的民事诉讼法律关系亦自此发生。

（3）人民法院依法受理起诉后还具有实体法上的效果，即诉讼时效因提起诉讼而就此中断。从中断时起，诉讼时效期间应当重新开始计算。

四、案例分析题

1. （1）和解；向公司劳动争议调解委员会申请调解；向劳动争议仲裁委员会申请仲裁；向法院起诉。

（2）肖某应当对以下事实承担举证责任：1）与甲公司存在劳动合同关系；2）其受伤属工伤的事实；3）各项损失的事实；4）未支付全额工资和奖金的事实。甲公司应当对以下事实承担举证责任：1）解除劳动合同的事实；2）减少肖某住院期间工资报酬的事实。

（3）肖某依法可以对医疗费、住院期间的工资申请先予执行；肖某应当向二审法院申请；先予执行的裁定应当由 B 区法院执行。

（4）1）法院可采取以下与金钱有关的执行措施：查询、冻结、划拨被执行人的存款；强制被执行人加倍支付迟延履行债务的利息。2）法院可对甲公司采取罚款的强制措施；对甲公司的负责人可采取罚款或拘留的强制措施。

（5）甲公司可以二审审判组织的组成不合法为由申请再审；可以向某省高级人民法院申请再审；执行程序继续进行。

（6）法官赵某向当事人泄露承办人信息，向当事人就法院未决案件提供法律咨询；法官赵某提出法律意见；法官刘某在居住的小区花园私下会见原告肖某的代理人。

2.（1）对本案享有管辖权的有甲市A区法院和甲市B区法院。本案属于侵权纠纷，侵权行为地与被告住所地法院享有管辖权；本案的侵权行为发生在甲市B区，被告王某居住在甲市A区。

（2）根据《民诉法》关于证据的分类，本案中，交警大队的事故认定书、医院的诊断书（复印件）、处方（复印件）、药费和住院费的发票都属于书证，王某在事故现场用数码摄像机拍摄的就他的车与刘某倒地之后的状态的视频资料属于视听资料。根据理论上对证据的分类，上述证据都属于间接证据。甲市B区交警大队的交通事故处理认定书、药费和住院费的发票，王某自己在事故现场用数码摄像机拍摄的就他的车与刘某倒地之后的状态的视频资料属于原始证据；医院的诊断书（复印件）、处方（复印件）属于传来证据。就证明王某的车撞倒刘某并致刘某受伤的事实而言，刘某提供的各类证据均为本证，王某提供的证据为反证。

（3）一审法院的判决存在如下问题：第一，判决没有针对案件的争议焦点作出事实认定，违反了辩论原则；第二，在案件争执的法律要件事实真伪不明的情况下，法院没有根据证明责任原理来作出判决；第三，法院未对第二个争执焦点作出事实认定。

理由说明：1）本案当事人的争执焦点是：刘某倒地受伤是否为王某驾车撞倒了刘某；刘某受伤之后所留下的后遗症是否是医院对刘某采取的医疗措施不当所致。但法院的判决中没有对这两个争议事实进行认定，而是把法院自己认为成立的事实——刘某因受到王某开车的惊吓而摔倒——作为判决的根据，而这一事实当事人并未主张，也没有经过双方当事人的辩论。因此，在这个问题上，法院的做法实际上是严重地限制了当事人辩论权的行使。2）法院通过调取相关证据，以及经过开庭审理，最后仍然无法确定王某的车是否撞到了刘某。此时，当事人所争议的案件事实处于真伪不明的状态，在此情况下，法院应当根据证明责任分配来作出判决。

（4）二审法院维持原判、驳回上诉是不符合《民诉法》规定的。因为，依据法律规定，只有在一审法院判决认定事实清楚、适用法律正确的情况下，二审法院才可以维持原判、驳回上诉。而本案中，二审法院的判决认定了王某开车撞到了刘某，该事实认定与一审法院对案件事实的认定有根本性的差别，这说明一审法院判决认定案件事实不清或存在错误，在此情况下，二审法院应当裁定撤销原判决、发回重审或依法改判，而不应当维持原判。

五、论述题

法院调解是指在民事诉讼中，双方当事人在法院主持下自愿达成调解协议而结束诉讼的一种制度。法院调解与判决程序在很大程度上是一对矛盾的统一体。说它们对立是指二者之间存在很大差异，而说它们是统一体是指二者都是纠纷解决方式的一种，因此又具有一些共通之处。

首先，来看二者的共通之处。一方面，法院调解和判决程序共同存在于民事诉讼法内。由于二者都是纠纷解决方式的一种，所以两种程序可以互相转换。例如，法官在适当的时候可以在审前程序结束后经过当事人双方同意进行调解。反过来，法官如果在调解中发现双方当事人对某主要事实争议很大，则可以暂时结束调解，转换为判决程序，经过正式庭审认定事实后再继续进行调解。另一方面，二者之间也存在着某种相互吸收转化的契机。这就是判决程序的非规范化与法院调解的规范化。受传统的程序正义理念约束，以往的判决程序过于严格。而在价值多元化的今天，适应社会多元发展的要求，促使判决程序严格的程序约束性开始软化。反过来，由于法院调解存在弊端，对法院调解的规范化趋势日益显现。

其次，虽然二者存在某些共通之处，但二者的差异非常明显，主要表现在以下几个方面：（1）法院调解的目的是妥善解决纠纷；而判决程序的直接目的往往是保障当事人权利。（2）法院调解本质上是一种经验型的解决纠纷方式；而判决程序恰恰是规范型的解决纠纷方式。(3) 法院调解的解决范围往往宽于诉讼请求；而判决程序受处分主义约束而其范围只能限于当事人的诉讼请求。(4) 由于贯彻当事人自愿原则，受当事人视野的局限，法院调解一般只能解决过去的纠纷；而判决程序具有相对较强的政策形成功能，具备向后看的长远视野。

在诉讼中心主义背景下，判决程序被视为法治的唯一正当表现，而法院调解等非诉纠纷解决机制颇受冷落。而在现代的多元化的解决纠纷视野里，法院调解等非诉解决纠纷机制与判决程序受到同等重视。目前，多元化纠纷解决体系的建构是学界热点课题之一。

而我国历来实行的是调解中心主义，也就是说优先选择调解解决纠纷。虽然现行立法没有明确体现，但以往的司法实践充分表明了这一点。随着社会主义市场经济的逐步建立和完善，法院调解一度受到冷落。不过在建构和谐社会的国家政策下，法院调解又开始被人们重视。学界对此看法不一，有人持肯定态度，也有人持反对意见。不过有一点是没有争议的，这就是应当逐步完善法院调解制度。目前学界的通说主张实行调审分离，并对调解进行适度的规范化整合。

参见范愉：《调解的重构》(上、下)，载《法制与社会发展》，2004 (2) (3)；李喜莲：《我国民事审判中调审关系的再思考》。载《法律科学》，2019 (6)。

图书在版编目（CIP）数据

民事诉讼法练习题集/江伟，肖建国主编．--6版
--北京：中国人民大学出版社，2024.4
21世纪法学系列教材配套辅导用书
ISBN 978-7-300-32764-8

Ⅰ.①民… Ⅱ.①江… ②肖… Ⅲ.①民事诉讼法—中国—高等学校—习题集 Ⅳ.①D925.1-44

中国国家版本馆CIP数据核字（2024）第081993号

21世纪法学系列教材配套辅导用书
民事诉讼法练习题集（第六版）
主　编　江　伟　肖建国
副主编　黄忠顺
Minshi Susongfa Lianxitiji

出版发行	中国人民大学出版社			
社　址	北京中关村大街31号	**邮政编码**	100080	
电　话	010－62511242（总编室）		010－62511770（质管部）	
	010－82501766（邮购部）		010－62514148（门市部）	
	010－62515195（发行公司）		010－62515275（盗版举报）	
网　址	http://www.crup.com.cn			
经　销	新华书店			
印　刷	唐山玺诚印务有限公司	**版　次**	2006年4月第1版	
开　本	890 mm×1240 mm　1/16		2024年4月第6版	
印　张	21.75	**印　次**	2025年3月第3次印刷	
字　数	637 000	**定　价**	59.00元	

使用说明

学习卡使用说明：

1. 扫描封二学习卡上二维码
2. 进入序列号兑换界面，点击“确定”，激活本书
3. 进入课程学习界面，点击“确定”，激活配套课程

加群流程：

1. 进入课程学习界面，点击题目下“立即扫码”
2. 长按识别二维码
3. 扫码加入专属答疑群

题库使用说明：

1. 关注“人大社法律出版”微信公众号
2. 点击“电子书”菜单栏下“芸题库”
3. 手机注册进入芸题库，点击“添加新题库”，选择法学题库进行学习

《　　　　　　　》※任课教师调查问卷

为了能更好地为您提供优秀的教材及良好的服务，也为了进一步提高我社法学教材出版的质量，希望您能协助我们完成本次小问卷，完成后您可以在我社网站中选择与您教学相关的 1 本教材作为今后的备选教材，我们会及时为您邮寄送达！如果您不方便邮寄，也可以申请加入我社的**法学教师 QQ 群：436438859（申请时请注明法学教师）**，然后下载本问卷填写，并发往我们指定的邮箱（cruplaw@163. com）。

邮寄地址：北京市海淀区中关村大街 59 号文化大厦中国人民大学出版社 1202 室收

邮　　编：100872

再次感谢您在百忙中抽出时间为我们填写这份调查问卷，您的举手之劳，将使我们获益匪浅！

基本信息及联系方式：※

姓名：__________ 性别：__________ 课程：__________

任教学校：__________ 院系（所）：__________

邮寄地址：__________ 邮编：__________

电话（办公）：__________ 手机：__________ 电子邮件：__________

调查问卷：※

1. 您认为图书的哪类特性对您选用教材最有影响力？（　　）（可多选，按重要性排序）

   A. 各级规划教材、获奖教材　　B. 知名作者教材

   C. 完善的配套资源　　D. 自编教材

   E. 行政命令

2. 在教材配套资源中，您最需要哪些？（　　）（可多选，按重要性排序）

   A. 电子教案　　B. 教学案例

   C. 教学视频　　D. 配套习题、模拟试卷

3. 您对于本书的评价如何？（　　）

   A. 该书目前仍符合教学要求，表现不错将继续采用。

   B. 该书的配套资源需要改进，才会继续使用。

   C. 该书需要在内容或实例更新再版后才能满足我的教学，才会继续使用。

   D. 该书与同类教材差距很大，不准备继续采用了。

4. 从您的教学出发，谈谈对本书的改进建议：__________

选题征集：如果您有好的选题或出版需求，欢迎您联系我们：

联系人：黄　强　联系电话：010-62515955

索取样书：书名：__________

书号：__________

备注：※ 为必填项。